Philipp Marti
Der Fall Reinefarth

Beiträge zur Zeit- und Regionalgeschichte

Herausgegeben von Uwe Danker, Robert Bohn und Sebastian Lehmann
für das Institut für schleswig-holsteinische Zeit- und Regionalgeschichte (IZRG)
der Universität Flensburg

Band 1

Philipp Marti

Der Fall Reinefarth

**Eine biografische Studie zum öffentlichen
und juristischen Umgang mit den NS-Vergangenheit
Beiträge zur Zeit- und Regionalgeschichte**

WACHHOLTZ

© 2014 Wachholtz Verlag, Neumünster/Hamburg

Das Werk, einschließlich aller seiner Teile, ist urheberrechtlich
geschützt. Jede Verwertung ist ohne Zustimmung des Verlags unzulässig.
Das gilt insbesondere für Vervielfältigungen, Übersetzungen,
Mikroverfilmungen und die Einspeicherung und Verarbeitung
in elektronischen Systemen.

Satz: Greiner & Reichel, Köln
Titelbild unter Verwendung eines Bildes von getty images
Gesamtherstellung: Wachholtz Verlag
Printed in Germany

ISBN 978-3-529-02251-7

Besuchen Sie uns im Internet:
www.wachholtz-verlag.de

INHALT

GELEITWORT ZUR REIHE	7
VORWORT	9
EINLEITUNG	11
Eine deutsche Biografie im 20. Jahrhundert:	
Thema, Ansatz und Problemstellung	11
Aufbau	16
Forschungskontext	18
Quellen	22

I. IDEOLOGIE UND MASSENGEWALT   25

1. Ein später Aufstieg   25
    Völkische Sozialisation und bürgerliche Existenz   25
    Dalueges rechte Hand   36
    Himmlers letzter Stellvertreter im Reichsgau Wartheland   44
2. Ein politischer Soldat   55
    »Weniger Munition als Gefangene«: Warschau 1944   55
    Ruhm und Ehre im Angesicht des Zusammenbruchs   66
    Unbeirrt in den Untergang: Die Verteidigung
    der Festung Küstrin   70

II. INTEGRATION UND IRRITATION   78

1. Die Abwicklung der Vergangenheit   78
    Westalliierte Protektion   78
    »Dem Mann muss unbedingt geholfen werden«:
    Neubeginn unter Flüchtlingen   87
2. Öffentlicher Dienst   101
    Anfänge einer zweiten Karriere: Pragmatismus und
    Sachlichkeit in Zeiten der Not   102
    »Gute und Reine-Fahrt in alle Zukunft«:
    Bürgermeister von Westerland   109
    Reinefarth als Kommunal- und Landespolitiker   115
3. »Der Fall des SS-Generals Reinefarth«   126
    Geburtsstunde eines Skandals   126
    Justizielles Erwachen   133
    Ein beschleunigtes Ermittlungsverfahren
    gegen einen Landtagskandidaten   139
    Primat der Demokratie oder Primat des Rechtsstaates?   152

III. AUFARBEITUNG 166

1. Neue Wahrnehmungen 166
   Vergangenheitspolitischer Aufbruch 166
   Neue Fakten 171
   Ende einer öffentlichen Laufbahn 184
2. Die juristische Aufarbeitung des Warschauer Aufstandes im Spannungsfeld von rechtspolitischen Erwägungen und historischer Faktizität 191
   Unter der Prämisse der Sachaufklärung:
   Das zweite Ermittlungsverfahren 194
   Der Bruch mit dem Sachverständigen Krannhals 199
   Neuausrichtung der Untersuchungsarbeit 206
   »Manches musste offenbleiben«:
   Reinefarth wird außer Verfolgung gesetzt 217
   Polnisch-deutsche Wechselwirkungen 220
3. Aufarbeitung ohne Anklage: Schwierigkeiten und Tendenzen einer ermittelnden Behörde 230
   Rahmenbedingungen von NSG-Ermittlungen im Kontext der 1960er-Jahre 230
   Perzeptionen eines Massenverbrechens:
   Zeugenaussagen von Opfern, Beobachtern und Tätern 236
   Die Frage der Verantwortlichkeit: Befehle und Unterstellungsverhältnisse 248
   Beispiele der Beweisführung: Die Sondereinheit Dirlewanger und das Einsatzkommando Sicherheitspolizei Kampfgruppe Reinefarth 259
4. Epilog: Selbstwahrnehmungen und wandelnde öffentliche Beurteilung eines prominenten Nationalsozialisten und Kriegsverbrechers 265

DER FALL REINEFARTH: DIMENSIONEN UND AKTEURE EINES GESELLSCHAFTLICHEN LEHRSTÜCKS 275

ANHANG 289

Anmerkungen 289
Abkürzungsverzeichnis 366
Quellen und Literatur 369
Personenregister 392
Über den Autor 397

GELEITWORT ZUR REIHE

Der Band von Philipp Marti »Der Fall Reinefarth. Eine biografische Studie zum öffentlichen und juristischen Umgang mit der NS-Vergangenheit« eröffnet eine neue Schriftenreihe des Instituts für schleswig-holsteinische Zeit- und Regionalgeschichte (IZRG) der Universität Flensburg.

Die »Beiträge zur Zeit- und Regionalgeschichte« sollen ein attraktives Forum für aktuelle Forschungen zu den verschiedenen Aufgabenfeldern des IZRG werden. Dazu gehört das nach wie vor wichtige Thema des Nationalsozialismus in Schleswig-Holstein einschließlich seiner Vor- und Nachgeschichte oder als relativ neues Feld die Erforschung des gesellschaftlichen Strukturwandels in der zweiten Hälfte des 20. Jahrhunderts sowie auch aktuelle Fragestellungen der Geschichtsdidaktik, insbesondere der außerschulischen Geschichtsvermittlung bis hin zu konkreten Umsetzungsprojekten. Die analytische Klammer, mit der ein so breites Spektrum an Themen zusammengehalten wird, ist der Begriff der Region als mentale Konstruktion. Er bildet methodisch, fachdidaktisch und theoretisch den Ausgangspunkt für Projekte des IZRG.

Die neue Schriftenreihe ist jedoch nicht nur ein Publikationsort für Bücher aus der laufenden IZRG-Produktion. Sie soll gleichzeitig ein Forum für Arbeiten sein, die im weiteren wissenschaftlichen Umfeld des Schleswiger Instituts entstehen oder die in den von uns beackerten Forschungsfeldern angesiedelt sind. Das können Qualifikationsarbeiten sein, wobei nicht nur Dissertationen in Frage kommen. Wir denken auch an Sammelbände, welche beispielsweise die Ergebnisse wissenschaftlicher Tagungen zusammenbinden. Selbst die Aufnahme exzellenter Masterarbeiten ist denkbar – das Format der Reihe bietet uns alle Freiheiten.

Zu diesem Band: Dass ausgerechnet ein Eidgenosse aus Bern einen wichtigen Beitrag zur Geschichte des Umgangs mit der NS-Vergangenheit im hohen Norden der Bundesrepublik leistet, mag man für bemerkenswert halten oder auch nicht. In jedem Fall erfüllt Philipp Martis Untersuchung über Reinefarths Karriere als NS-Täter sowie den vergangenheitspolitischen und juristischen Umgang nach 1945 damit einige der oben genannten Merkmale. Der Autor hat zwar in der Schweiz studiert und wurde dort auch promoviert; er ist jedoch dem Haus durch seine Forschungsaufenthalte während seines Dissertationsprojekts, durch seinen Auftritt im IZRG-Kolloquium zur Zeit- und Regionalgeschichte sowie durch zahlreiche fruchtbare Fachdiskussionen kollegial und freundschaftlich verbunden. Inhaltlich ist seine exzellente Studie in einem der Kernforschungsbereiche des Instituts angesiedelt. Und er formuliert seine anregenden Analysen sprachlich so gut lesbar, dass sie nicht ausschließlich ein Fachpublikum erreichen werden. Mit dem Fall Reinefarth liefert Philipp Marti ein Lehrstück über den regionalen und überregionalen Umgang mit »Altlasten« aus der NS-Zeit, über Fragen nach Möglichkeiten und Grenzen der Re-Integration von Nationalsozialisten und Kriegsverbrechern, über gesellschaftliche Konsense und Narrative der Nachkriegszeit. Er kommt zu Ergebnissen, die eine außerordentlich hohe exemplarische Relevanz besitzen.

Es ist uns eine Freude, mit diesem Band die »Beiträge zur Zeit- und Regionalgeschichte« im Wachholtz-Verlag zu starten, der für ihre attraktive Ausstattung verantwortlich ist.

Uwe Danker, Robert Bohn und Sebastian Lehmann

VORWORT

Bei der vorliegenden Veröffentlichung handelt es sich um eine geringfügig überarbeitete Fassung meiner Dissertation, welche unter dem Titel »Der Fall Reinefarth – Nationalsozialismus und Vernichtungskrieg im Diskurs von Justiz und Öffentlichkeit der Bundesrepublik Deutschland« Anfang 2013 von der Philosophisch-historischen Fakultät der Universität Bern angenommen wurde.

Viele Leute standen mir bei dem Projekt zur Seite und haben zu seiner Verwirklichung maßgeblich beigetragen. Der erste Dank gilt meinem Doktorvater Prof. Stig Förster, der die Gabe besitzt, den Arbeiten seiner Schüler mit Begeisterungsfähigkeit und einem bemerkenswert breiten thematischen und methodologischen Interessenshorizont zu begegnen. Er versteht es, eine Forschungskonzeption mit kritischem Auge, aber stets ermutigend zu fördern. Prof. Sönke Neitzel danke ich bestens für die Übernahme des Zweitgutachtens und die hilfreichen Hinweise, die in der Publikation ihren Niederschlag gefunden haben.

Entscheidenden Schub erhielt die Dissertation durch einen halbjährigen Forschungsurlaub, zum größten Teil verbracht im Landesarchiv Schleswig-Holstein in Schleswig und im Sylter Archiv in Westerland. An dieser Stelle sei den dortigen und darüber hinaus den Mitarbeiterinnen und Mitarbeitern aller aufgesuchten Archive und Bibliotheken für ihre Hilfe bei der Erarbeitung der Materialgrundlage gedankt. Nicht vergessen werden soll bei der Gelegenheit der Hinweis auf meinen Arbeitgeber, vertreten durch die Schulleitung des Gymnasiums Burgdorf, der mir die notwendige Auszeit zur Intensivierung meiner Studien bereitwillig gewährte.

Der Aufenthalt in Schleswig brachte mich in Kontakt mit dem Institut für schleswig-holsteinische Zeit- und Regionalgeschichte der Universität Flensburg. Was mit wissenschaftlichem Austausch und logistischer Unterstützung vor Ort seinen Anfang nahm, hat sich seither zu einer nachhaltigen Kooperation weiterentwickelt, in deren Zug ich das Angebot erhielt, die Arbeit aufgrund ihres regionalgeschichtlichen Bezugs als Auftaktband der neuen Institutsreihe zu veröffentlichen. Das vorliegende Buch wäre ohne die Mitwirkung des IZRG unter Führung von Prof. Uwe Danker und Prof. Robert Bohn in der Form nicht denkbar. Während der Publikationsvorbereitung wirkte Dr. Sebastian Lehmann als kompetenter Mitarbeiter, der mir durch seine Erfahrung, Kontakte und Initiative vieles erheblich erleichterte. Die durch ihn vermittelte Freude des IZRG an dem entstehenden Band war mir ein großer Ansporn.

Eine Reihe weiterer Personen hat sich in besonderer Weise um die Doktorarbeit verdient gemacht. Als ich die Arbeit daran aufnahm, war Andreas Mix der einzige mir bekannte deutschsprachige Historiker, der der Person von Heinz Reinefarth ein gesondertes Interesse entgegenbrachte. Er scheute sich nicht davor, sein Wissen von Anfang an uneigennützig mit mir zu teilen, und stand auch in der Folge wiederholt mit Rat und Tat zur Seite. Eine wichtige Quelle der Inspiration stellte in der Frühphase außerdem das Forschungskolloquium der Abteilung Neueste Geschichte und Zeitgeschichte des Historischen Instituts der Universität Bern dar. Ich danke allen Teilnehmern für ihre konstruktiven Rückmeldungen, die zwar – dem Zweck einer solchen Veranstaltung entsprechend – vieles in Frage stellten, letztlich aber halfen, die konzeptionelle Ausrichtung des sich entwickelnden Werks zu optimieren. Wertvolle fachliche Hinweise erhielt ich weiterhin von Dr. Michael Alberti und Dr. René Küpper. Dankend erwähnen möchte ich ferner Manfred Joss, Jakob Scheuermeier, Stefan Schmid, Thomas Schmid, Christoph Sperisen, Christoph Zaugg und Franziska Zaugg, die sich Zeit und Mühe nahmen, Teile des Manuskripts kritisch durchzulesen.

Ein besonderer Dank gilt schließlich den Institutionen, die durch ihre großzügigen finanziellen Zuschüsse die Publikation überhaupt erst möglich machten. Es sind dies die Gemeinde Sylt auf Antrag des kommunalen Schul-, Jugend-, Kultur- und Sportausschusses, die Landeszentrale für politische Bildung Schleswig-Holstein, die Stiftung Nordfriesland sowie das IZRG, dessen umfassende Förderung des Vorhabens sich somit auch auf diesen bedeutsamen Bereich erstreckte.

Enden möchte ich mit der Danksagung an mein soziales Umfeld für den Rückhalt, den ich in den Jahren der Erarbeitung der Dissertation verspüren durfte. Darin schließe ich Familie und private Freunde ein, aber auch einen Kreis von Bezugspersonen aus dem universitären und beruflichen Leben, anders ausgedrückt: alle Menschen, die sich mir verbunden fühlen und an dem Promotionsprojekt und seinem Fortgang sowie den typischen Begleiterscheinungen eines derartigen Unterfangens in irgendeiner Form unterstützend Anteil nahmen. Ihnen ist dieses Buch gewidmet.

Philipp Marti   Bern, im Januar 2014

EINLEITUNG

Eine deutsche Biografie im 20. Jahrhundert: Thema, Ansatz und Problemstellung

In Keitum, dem östlichen Nachbarort der Touristenmetropole Westerland auf Sylt, ging am Nachmittag des 14. Mai 1979 ein bemerkenswertes Ereignis über die Bühne. Auf dem örtlichen Friedhof wurde im Beisein einer vergleichsweise überschaubaren Trauergemeinde eine der bekanntesten, ganz sicher aber die umstrittenste Sylter Nachkriegspersönlichkeit zu Grabe getragen. Obwohl der Verstorbene bis zuletzt in Westerland gelebt hatte, musste für die Beerdigung nach Keitum ausgewichen werden: Der Pastor der evangelisch-lutherischen Kirchengemeinde Westerland hatte sich geweigert, eine kirchliche Bestattung durchzuführen.[1] Heinz Reinefarth, der langjährige Westerländer Bürgermeister, war 1942 aus der evangelischen Kirche ausgetreten, weil dies für eine Karriere als hoher SS-Führer erwünscht war, und er hatte davon abgesehen, nach dem Krieg wieder in die Landeskirche zurückzukehren. Dazwischen gelang ihm eine äußerst steile NS-Karriere, die ihn nacheinander in die Funktionen des jeweils formell obersten Verwaltungschefs im Protektorat Böhmen und Mähren respektive Polizeiführers im sogenannten »Reichsgau Wartheland« sowie in die eines von den Nationalsozialisten gefeierten Militärführers der Kriegsendphase führte. Als letzterer war und ist sein Name unauslöschlich verbunden mit der Niederschlagung des Warschauer Aufstandes 1944, und da vor allem mit den systematischen Massakern an der polnischen Zivilbevölkerung in den ersten Tagen des deutschen Gegenstoßes. Die demonstrative Geste des Westerländer Geistlichen, gerichtet gegen einen trotz seiner NS-Vergangenheit lokal noch immer respektierten und gesellschaftlich abgestützten Bürger der Stadt[2], zeigt, dass sich der öffentliche Umgang mit der nationalsozialistischen Vergangenheit seit Kriegsende gewandelt und sich neben den vor allem in den 1950er-Jahren dominanten Verdrängungsdiskursen[3] neue, alternative Formen der Auseinandersetzung etabliert hatten. Wenige Monate vor Reinefarths Tod hatte die Ausstrahlung des amerikanischen Fernsehfilms »Holocaust« in dieser Hinsicht einen weiteren Meilenstein gesetzt und dafür gesorgt, dass eine breite Öffentlichkeit plötzlich die Ergebnisse der

Zeitgeschichtsforschung nachhaltig zur Kenntnis zu nehmen begann.[4] Dass die kollektive Erinnerung der Sylter an das Lebenswerk Reinefarths zum damaligen Zeitpunkt einen höchst zwiespältigen Charakter aufwies, war in erster Linie dessen über zehnjähriger Amtszeit als Westerländer Bürgermeister geschuldet, während der in vielerlei Hinsicht die Grundlagen gelegt wurden für die Entwicklung der Gemeinde zu einem Kur- und Badeort von europäischer Ausstrahlung. Andererseits verband sich mit der Nachkriegskarriere des verstorbenen Altbürgermeisters, gipfelnd in einem Landtagsmandat für die Vertriebenenpartei »Gesamtdeutscher Block/Bund der Heimatvertriebenen und Entrechteten«, einer der größten politischen Skandale in der Geschichte der frühen Bundesrepublik, der – im Unterschied zur städtischen Verwaltungsarbeit Reinefarths – von einer überregionalen, ja internationalen Öffentlichkeit mit zeitweise höchstem Interesse verfolgt wurde. Heinz Reinefarth war – so viel dürfte deutlich geworden sein – eine schillernde Figur, aber eignet sich sein Leben deswegen auch als Thema einer wissenschaftlichen Darstellung?

Wer sich einer historischen Thematik mit einem biografischen Ansatz annähert, wird sich spätestens seit der Blütephase der historischen Sozialwissenschaft in verstärktem Maße für den gewählten Zugang rechtfertigen müssen. Die Generalkritik der Sozial- und Strukturhistoriker bezog sich in erster Linie auf eine mit dieser Darstellungsform angeblich unausweichlich einhergehende Tendenz zur Theorieferne und unkritischen Oberflächlichkeit.[5] Die Biografie galt als verstaubt, als »letzte Auffangstellung des deutschen Historismus« und war gleichsam zu einer »unschuldigen Gattung« verkommen, die man von der wissenschaftlichen Warte aus nicht mehr ernst nahm, aber doch gewähren ließ.[6] Der Abgesang kulminierte schließlich in dem berühmt gewordenen Ausspruch von Pierre Bourdieu, der die von niemandem bestrittene Kohärenz- und Teleologiefalle der Biografik mit dem Schlagwort der »biographischen Illusion« umschrieb und das Individuum als »zusammengewürfelte und disparate Rhapsodie aus sich ständig verändernden biologischen und sozialen Eigenschaften« in radikaler Manier auf seine sozialen Funktionen reduzierte und faktisch für tot erklärte.[7]

In den letzten beiden Jahrzehnten hat das Genre, insbesondere im deutschen Sprachraum, indes eine nachhaltige Neubelebung erfahren, wofür zeitgeschichtliche Rahmenbedingungen wie auch methodische Gründe verantwortlich gemacht werden: So habe der Niedergang der Ideologien am Ende des 20. Jahrhunderts indirekt die Legitimation der großen sozialgeschichtlichen, strukturalistischen und funktionalistischen Ansätze ins Wanken gebracht, deren Vertreter einst glaubten, mit ihren Modellen alles erklären zu können, und durch ihre institutionelle Dominanz einem personalisierenden Zugang zur Geschichte lange Zeit im Weg gestanden hatten.⁸ Nun aber habe die Biografie »die Herausforderungen der Sozialgeschichte produktiv verarbeitet« und aus der Kulturgeschichte durch die dortige Akteurszentrierung eine neue Legitimation erhalten.⁹ Die eher lose Theoriegebundenheit gereiche ihr dagegen forschungspragmatisch sogar zum Vorteil, werde damit doch ermöglicht, dass »bei der kreativen Konstruktion des Lebens einer Person ein produktiver Eklektizismus zum Tragen kommen« könne.¹⁰ Es lohnt sich zwar durchaus, genauer hinzusehen, ob die viel gepriesene »neue« Biografik gemeinhin tatsächlich einzulösen vermag, was sie verspricht, respektive ob die älteren biografischen Klassiker zwangsläufig jeglicher methodologischer Reflektiertheit entbehren.¹¹ Dennoch scheint es hermeneutisch gerechtfertigt, dass sich der Historiker dem Leben eines Individuums als inhaltliche Klammer seiner Untersuchung genauso unbefangen annähert wie jedem anderen historischen Gegenstand auch.¹² Dies umso mehr, als sich dadurch die Gelegenheit ergibt, längerfristige und komplexe Zusammenhänge von historischen Perioden, Entwicklungen und Brüchen überwiegend erzählerisch statt analytisch zu bewältigen und somit anschaulicher zu vermitteln, als dies im Rahmen einer Gesamtdarstellung möglich wäre.¹³ Der Lebenslauf der porträtierten historischen Persönlichkeit fungiert demzufolge, mit den Worten von Ulrich Herbert, als »Sonde, die es ermöglicht, das Funktionieren der Apparate ebenso wie das Handeln und Denken der Protagonisten aus der Nähe zu studieren.«¹⁴ Der Nationalsozialismus erweckt nun aufgrund der zahlreichen damit ins Blickfeld rückenden historischen Bruchlinien und Widersprüchlichkeiten, vor allem aber der singulären Verbrechen den Anschein, für biografische Studien tatsächlich ein besonders ergiebiges Feld darzustellen, worüber die in letzter Zeit prosperierende Täterforschung beredtes Zeugnis ablegt.¹⁵ Hinsichtlich des einzelbiografischen Ansatzes dürfte dabei das größte Potenzial bei den bekannten, eigentlichen Haupttätern liegen, Persönlichkeiten also, die die Strukturen der Vernichtung selber geschaffen oder zumindest maßgeblich geprägt haben, wobei wiederum die Art und Weise, wie sie dies taten, ohne Kenntnis von deren Biografie nicht hinreichend zu fassen ist.¹⁶

Es wäre nun freilich übertrieben, mit Blick auf Reinefarths NS-Laufbahn von einem derartigen Befund auszugehen. Reinefarth hat keine Strukturen geschaffen oder verändert, sondern von ihnen profitiert und, wo immer er sich aufhielt, tatkräftig mitgeholfen, diese zu optimieren. Er hat sich jedoch nie mit aller Gewalt nach oben gekämpft, sondern ließ sich bereitwillig ziehen und protegieren, zunächst von Kurt Daluege, dem Chef der Ordnungspolizei, ab 1943 von Himmler selber. Obwohl er der völkischen Rechten¹⁷ seit den frühen 1920er-Jahren gesinnungsmäßig, ab 1932 auch institutionell verbunden war und eigentlich alle Voraussetzungen erfüllt hätte, im NS-Apparat frühzeitig Karriere zu machen, finden wir ihn erst 1942 in einer maßgeblichen Funktion vor. Wiewohl vor allem Reinefarths entscheidende Beteiligung an der brutalen Niederschlagung des Warschauer Aufstandes sowie allgemein der atypische Verlauf seiner Karriere bis 1945 durchaus eine Reihe interessanter Anknüpfungspunkte generieren, denen nachzugehen sich lohnt, liegt das größte Potenzial einer biografisch angelegten Studie über seine Person deshalb eindeutig in einer eingehenden Betrachtung der Rahmenbedingungen und des Verlaufs seiner Laufbahn in der Bundesrepublik Deutschland. Dies gilt auch, aber nicht insbesondere, für die Inhalte seiner politischen Agenda als Kommunal- und Landespolitiker, viel mehr aber noch bezüglich der öffentlichen Diskurse[18], die seine späte politische Karriere nach deren Skandalisierung durch einen ostdeutschen Propagandafilm begleiteten. Von immenser Bedeutung und Ergiebigkeit ist schließlich die Analyse der juristischen Aufarbeitung und Beurteilung seines Handelns als staatlicher und militärischer Funktionsträger in den Jahren 1944 und 1945, hier ganz besonders hinsichtlich seiner Rolle während des Warschauer Aufstandes. Die langjährige öffentliche und rechtliche Auseinandersetzung mit dem NS-Repräsentanten Reinefarth lenkt den Blick mit fortschreitender Chronologie immer weiter weg vom Denken und Handeln des Protagonisten, so dass eine Betitelung der vorliegenden Untersuchung als klassische Biografie gewiss irreführend wäre. Anstelle der Einnahme einer rein biografischen Perspektive mit fragwürdigem empirischen Mehrwert empfiehlt es sich in diesem Fall, den Blick auszuweiten, und zwar nicht bloß auf die Strukturen, die auf die zu untersuchende historische Persönlichkeit einwirken, sondern bewusst auch auf die Sichtweise anderer Akteure: In den Fokus rücken deshalb nachfolgend auch Charaktere aus dem Mikrokosmos der Nachkriegspolitik Schleswig-Holsteins, der dortigen Justiz, der Geschichtswissenschaft oder der bundesdeutschen Öffentlichkeit.[19] Verwendet man also den Lebenslauf Reinefarths nur partiell, in erster Linie betreffend seine NS-Karriere, eingeschränkt auch noch im Hinblick auf die frühe Nachkriegszeit als eigentlichen Untersuchungsgegenstand, ansonsten aber lediglich als Aufhänger und Mittel zum Zweck, so verspricht der gewählte Ansatz reichen Ertrag. Reinefarth erscheint so nicht bloß als Akteur, sondern zunehmend auch als Symbol im Rahmen gesellschaftlicher und juristischer Auseinandersetzung mit der Vergangenheit des Dritten Reiches, mithin als Objekt »kultureller Zuschreibungsakte«.[20]

Die zentrale Fragestellung dieser Arbeit ist demzufolge eine doppelte: Sie geht einerseits von Reinefarth selber aus und kreist um die Bedingungen und Besonderheiten seiner zwei Karrieren vor und nach 1945. Beide waren sie schon allein unter formalen Gesichtspunkten ungewöhnlich: Verlief seine Laufbahn zwischen 1942 und 1945 nämlich selbst im NS-Kontext außerordentlich rasant, so war er in der Bundesrepublik der einzige frühere SS-General, der jemals in ein Landesparlament einzog. Im Zentrum steht hier also das Agieren Reinefarths als Entscheidungsträger nationalsozialistischer Besatzungspolitik und Kriegsführung, namentlich im Polen des Jahres 1944, aber auch vor dem Hintergrund des militärischen Zusammenbruchs im Frühjahr 1945, ferner als Politiker in den 1950er-Jahren. Von Interesse sind in diesem Zusammenhang auch seine Selbstreflexionen, die zeitlich vor allem für die Phase während und nach der gegen ihn laufenden juristischen Untersuchung fassbar sind, also nach seinem erzwungenen Abschied aus dem öffentlichen Dienst. Zum anderen und quantitativ umfassender fokussiert sich das Erkenntnisinteresse auf Reinefarth nicht als handelnde, sondern vielmehr als öffentlich wahrgenommene Persönlichkeit. Dieser Umstand wird erstmals nach der erfolgreichen Niederschlagung des Warschauer Aufstandes relevant, als Reinefarth in der Nazi-Presse zum Weltanschauungskämpfer und idealtypischen Anführer des sprichwörtlichen letzten Aufgebots zur Verteidigung deutschen Bodens stilisiert wurde. Die Perzeption Reinefarths ist weiter von Interesse, wenn seine Legende als Kriegsheld und vermeintlicher NS-Oppositioneller in der frühen Nachkriegszeit das, was er wirklich gewesen war, überdeckte und ihm wesentlich mit ermöglichte, in einer neuen Umgebung – trotz seines Flüchtlingsstatus – rasch gesellschaftlich Tritt zu fassen und in sozial und wirtschaftlich schwierigen Zeiten als eigentliche Integrationsfigur alsbald zu einem über die Parteien hinweg anerkannten und hochgeschätzten Bürgermeister zu avancieren. Schließlich wird ausführlich darauf einzugehen sein, wie sich diese Deutungsmuster im Zuge der öffentlichen Skandalisierung seiner Person nach und nach auflösten und einem differenzierteren und authentischeren Bild Platz machten. Dies bezog sich nur vordergründig auf Reinefarth selber, viel mehr aber noch darauf, wofür er stand: für den NS-Unrechtsstaat, für einen Krieg, der noch nicht überwiegend als solcher, aber doch in der Art und Weise, wie er geführt worden war, mehr und mehr hinterfragt wurde[21], nicht zuletzt auch für die massiv belasteten Beziehungen zu Polen. In Bezug auf die Aufarbeitung des Falls Reinefarth gilt zudem den Kontrasten zwischen der Herangehensweise der schleswig-holsteinischen Justizbeamten, der publizistischen Begleitung und Beförderung des Skandalfalls Reinefarth sowie der – soweit methodisch erfassbaren – Haltung der breiten Bevölkerung ein spezielles Augenmerk.[22] Von Interesse ist schließlich auch die Frage, inwiefern Reinefarth bewusst versuchte, aus den positiven Elementen seines öffentlichen Bildes, die in einem lokalen Kontext anfänglich fast konkurrenzlos dominierten und im Gegensatz zur überregionalen Öffentlichkeit bis zuletzt mehr als nur verkümmerte Restbestände darstellten, Kapital zu schlagen. Daran schließt sich automatisch die Nachfrage an, wie andere maßgebliche Akteure aus Politik, Justiz und Verwaltung mit dem Reinefarth-Bild umgingen, will heißen, auf welche Weise es für diese Personen konkret handlungsleitend war. Die damit angesprochenen Wirkungen und Wechselwirkungen von respektive zwischen Reinefarth als Akteur und Symbol bringen die Intention dieser Arbeit letztendlich auf einen Nenner.

Aufbau

Der biografische Ansatz legt nahe, die Arbeit im Grundsatz chronologisch zu gliedern. Der erste Teil der Darstellung widmet sich Reinefarths erster Lebenshälfte bis 1945, die er in Friedenszeiten vorwiegend im Raum Cottbus und in Jena verbrachte. Im ersten Kapitel wird zunächst seine politische Sozialisation in einem völkischakademischen Umfeld nachvollzogen, sodann nach Gründen für sein zurückhaltendes Engagement für die nationalsozialistische Bewegung während der 1930er-Jahre gesucht und die gewonnenen Erkenntnisse im Kontext mit generationellen Erklärungsansätzen über das SS-Führungskorps reflektiert. Nachdem der Krieg mittelbar dazu geführt hatte, dass sich Reinefarths Verbindung zum NS-Staat auch in seiner hauptberuflichen Tätigkeit widerspiegelte, führte die alte Verbundenheit mit dem mittlerweile zum Chef der Ordnungspolizei[23] aufgestiegenen Kurt Daluege[24] wenig später zu seiner Berufung als dessen Oberaufseher über die Verwaltung Böhmens und Mährens in der Behörde des stellvertretenden Reichsprotektors. Die steile Karriere wurde durch Dalueges Machtverfall nicht gebremst und fand stattdessen in der Einsetzung als Höherer SS- und Polizeiführer (HSSPF)[25] im Reichsgau Wartheland ihre Fortsetzung. Ebenso wie für seine Zeit im Protektorat stehen hier die gestalterischen Möglichkeiten und Grenzen im Fokus, die durch das formell hohe Amt einerseits, durch langjährig gefestigte personelle Strukturen vor Ort andererseits determiniert wurden. Da der Reichsgau Wartheland zu den Brennpunkten nationalsozialistischer Volkstumspolitik gehörte, richtet sich der Blick hier auch auf diesbezügliche Verantwortlichkeiten Reinefarths. Das zweite Kapitel zeigt ihn als Militärführer, der – obwohl ohne jegliche fachliche Qualifikation – mit der Niederschlagung des Warschauer Aufstandes betraut wird, später mit der Aufstellung eines SS-Korps und schließlich in den letzten Kriegswochen mit der Befehlsgewalt über die Festung Küstrin.[26] Reinefarths operatives Agieren interessiert hierbei eher am Rande. Im Zentrum steht vielmehr die Frage, wie er die stets in engem Zusammenhang mit der Einflussnahme Himmlers stehenden Aufträge ausführte, die auf eine unerbittliche, im Fall von Warschau eindeutig verbrecherische Kriegsführung abzielten, welche Handlungsspielräume er dabei vorfand und wie er diese gegebenenfalls nutzte.

Der zweite Teil, bestehend aus drei Kapiteln, umfasst den Zeitraum bis einschließlich der ersten großen öffentlichen Kontroverse um Reinefarths politische Karriere, die zu Beginn des Jahres 1959 fürs erste abflaute. Der Abschnitt beinhaltet somit die biografischen Stationen von der mehrjährigen Gefangenschaft und Internierung über die problemlos verlaufende Integration in die Sylter Nachkriegsgesellschaft bis hin zu einer beachtlichen Laufbahn als Politiker. Zu erörtern sind hier zunächst die durch den Kontext des Kalten Krieges bedingten Umstände, auf die direkt zurückzuführen ist, dass Reinefarth in amerikanischem Gewahrsam verblieb und dadurch mit dem Leben davonkam, sodann die Apologiediskurse und Integrationsmechanismen[27], die es ihm ermöglichten, seine Vergangenheit abzustreifen und ein neues bürgerliches Leben zu beginnen, ohne dass ihm seine SS-Karriere nachteilig anhaftete. Aus Darstellungsgründen wird Reinefarths politische Arbeit anschließend in einem Kapitel zusammengefasst, obwohl sie nach Beginn der Debatte um seine Person weiter andauerte und formell erst 1963 zu Ende ging. Es erscheint zudem sinnvoll, die erste Hochphase öffentlicher und justizieller Auseinandersetzung mit Reinefarth, die ohne Zweifel bereits den Ausgangspunkt einer längeren Zeitspanne der Aufarbeitung markiert, gleichwohl als letztes Kapitel in den zweiten Teil der Studie zu integrieren: Es lässt sich daran zeigen, dass die mit der Infragestellung seiner Doppelkarriere einhergehende Irritation zwar groß war und bei den überregionalen Medien und der schleswig-holsteinischen SPD sogar schon in offene Grundsatzkritik mündete, die Abwehrfront sich aber auf allen anderen Ebenen insgesamt als so stabil präsentierte, dass seine öffentliche Stellung vorderhand weiterhin mehrheitsfähig blieb.

Der dritte Teil behandelt schwergewichtig die ab 1961 einsetzende vertiefte juristische Auseinandersetzung mit Reinefarths Verantwortlichkeit für die Verbrechen während des Warschauer Aufstandes. Dem gingen rechtspolitische und gesellschaftliche Entwicklungen[28] voraus, die seit der ersten öffentlichen und juristischen Beschäftigung mit seinem Fall für eine Erosion der bis dahin überwiegenden Verteidigungsdiskurse gesorgt hatten und seine Position prekär werden ließen. Neue wissenschaftliche Erkenntnisse, die den Schuldvorwurf gegen Reinefarth erhärteten, gaben dann den Ausschlag, dass seine politische Laufbahn faktisch endete und die Ermittlungen der Staatsanwaltschaft Flensburg[29] erneut aufgenommen wurden. Diese Prozesse werden im ersten Kapitel analysiert. In den nächsten beiden Kapiteln stehen in erster Linie die Akteure der schleswig-holsteinischen Justiz im Zentrum, wobei in dem einen die Ermittlungsarbeit prozessual, im anderen dagegen gleichsam strukturell untersucht wird. Stellt sich also zunächst die Frage nach den rechts- und außenpolitischen, fachhistorischen und nicht zuletzt zwischenmenschlichen Einflussfaktoren, die den Verlauf der Ermittlungen lenkten, so rückt anschließend, nach Würdigung der formalrechtlichen Rahmenbedingungen, die Denk- und Argumentationsweise der beteiligten Juristen, Opfer, Zeugen und Täter in den Mittelpunkt des Interesses. Von besonderer Bedeutung ist in dieser Hinsicht auch eine Prüfung der Wirkungsmacht der dabei implizit und explizit evozierten Geschichtsbilder, insbesondere in Bezug auf die Zuordnung der Verbrechen zu den verschiedenen Wehrmachts-, Polizei- und Sondereinheiten. Schließlich bedarf es einer detaillierten Analyse der Faktoren, die letztendlich zur Außerverfolgungssetzung Reinefarths führten. In einem kurzen Epilog wird anhand seiner Bemühungen um die Wiederzulassung zum Notariat abschließend der vergebliche Kampf einer zwar freigesprochenen, aber ausrangierten öffentlichen Persönlichkeit um die Deutungshoheit über die eigene Vergangenheit geschildert, der letzten Endes an der – nicht zuletzt durch ein gewandeltes Geschichtsverständnis bedingten – politischen Sensibilität der schleswig-holsteinischen Justizbehörde scheitert.

Forschungskontext

Die vorliegende Arbeit versteht sich primär als Beitrag zur Geschichte der sogenannten »Vergangenheitsbewältigung«. Aufgrund der Vorgeschichte bis 1945 und des gewählten personellen Zugangs kommt sie aber auch mit der NS-Täterforschung in Berührung. Beide Themenbereiche fanden in jüngerer Zeit ein hohes Maß an wissenschaftlicher Aufmerksamkeit.

Die Täterforschung[30] unternimmt als Zweig der Holocaustforschung den Versuch, biografisch fundierte Antworten auf das Jahrhundertverbrechen der Judenvernichtung zu liefern. Sie hat in ihren Vorformen durchaus eine bis in die frühe Nachkriegszeit zurückgehende Geschichte und lieferte zunächst Interpretationen, die vorwiegend auf eine Dämonisierung und Kriminalisierung der Täter hinausliefen[31], bevor letztere im Kielwasser von Hannah Arendts Darstellung über den Eichmann-Prozess[32] mitsamt ihren Motiven für längere Zeit in den Weiten von Bürokratie und Struktur verschwanden.[33] Seit der von Browning und Goldhagen ausgelösten Debatte um Situation oder Intention[34] ist jedoch eine andauernde Konjunktur der Täterforschung festzustellen, wobei die Diskussion in der Zwischenzeit um weitere Dichotomien wie »Peripherie« und »Zentrum« oder »ideologische« versus »utilitäre« Tätermotivation angereichert worden ist.[35] Gesucht wurde seither unter anderem nach den Besonderheiten einzelner Karrieren[36], kollektiven Merkmalen in Bezug auf die Angehörigen verschiedener NS-Institutionen[37], milieu- und regionalspezifischen Auffälligkeiten[38] oder nach generationellen[39] und sozialpsychologischen[40]

Charakteristika, und es wurde der Versuch angestellt, übergreifende Typologien[41] zu skizzieren. In den letzten Jahren wurde die empirische Durchschlagskraft dieser als »neue« Täterforschung propagierten Disziplin[42] indes wiederholt in Frage gestellt. Dabei wurde etwa eine gewisse »Konsolidierung und Sättigung« konstatiert[43], auf die Quellenlage bezogene methodische Zweifel angemeldet[44], mitunter auch mehr oder weniger grundsätzliche Ablehnung geäußert.[45] Aufgrund derartiger Befunde ist daher die Forderung nach neuen Fragestellungen, etwa nach den Wechselbeziehungen zwischen Tätern und Opfern im Okkupationsalltag, laut geworden.[46] Ferner steht der Vorschlag im Raum, die Täterforschung mit anderen Teilbereichen der Holocaustforschung zu vernetzen.[47]

Weniger umstritten scheint dagegen die wissenschaftliche Betrachtung von Täterbiografien für die Zeit nach 1945 zu sein, wobei dies mit dem damit verbundenen, zwangsläufig veränderten Fragehorizont zu tun haben dürfte: Hier steht nicht mehr die Bedeutung von einzelnen Persönlichkeiten für Holocaust und Vernichtungskrieg zur Debatte, sondern vordergründig »nur« die Frage nach den Umständen von deren Integration in die Nachkriegsgesellschaft. Nicht zufällig wurde diesem Aspekt der Täterforschung zunächst eher wenig Beachtung geschenkt. Dessen ungeachtet wiesen die vorliegenden Ergebnisse von Beginn an eine klare Tendenz auf und unterstrichen die auffällige Geräuschlosigkeit, mit der der Reintegrationsprozess der ehemaligen Täter vonstattenging. Zu diesem Schluss kam etwa Ulrich Herbert, der 1995 in einem Pionieraufsatz auf die ambivalenten Folgen dieses Phänomens hinwies: Demnach war die reibungslose und häufig genug zumindest faktisch straffreie Wiedereingliederung der nationalsozialistischen Funktionseliten angesichts der millionenfachen Verbrechen zwar zweifelsohne »ein allen Vorstellungen von politischer Moral so grundlegend widersprechender Skandal, daß dies unmöglich ohne schwerwiegende und langwirkende Folgen für diese Gesellschaft, ihre innere Struktur wie ihr außenpolitisches Ansehen bleiben konnte.« Andererseits stellte aber der damit einhergehende »geduckte Opportunismus« eine wesentliche Voraussetzung dar für die politische Neutralisierung dieser gesellschaftlichen Gruppe.[48] In der Zwischenzeit ist den Lebenswegen von NS-Tätern nach 1945 eine Vielzahl von Aufsätzen, Spezialstudien und eigenen Abschnitten innerhalb von größeren Darstellungen gewidmet worden, so beispielsweise den vormaligen Befehlsträgern des SD[49], der Gestapo[50], des Reichssicherheitshauptamts als Ganzes[51], den Kreisleitern Schleswig-Holsteins[52] oder den Kreishauptleuten im Generalgouvernement.[53] Ins Blickfeld rückten Themen wie die Netzwerke und personellen Kontinuitäten innerhalb der Polizei[54], die strafrechtliche Verfolgung der Täter[55] oder die Lobbyarbeit herausragender Exponenten des NS-Polizeiapparates im Dienste der juristischen und gesellschaftlichen Rehabilitierung ihrer einstigen Untergebenen.[56]

Breit gestreute Einblicke vermittelt der Sammelband von Mallmann und Angrick über die »Gestapo nach 1945«, in dem anhand einer Reihe von Lebensläufen juristische, gesellschaftliche und berufliche Aspekte wie auch die Selbstbilder der ehemaligen Funktionsträger und deren Vermittlung gegen außen gleichermaßen aufbereitet werden.[57] Christina Ullrich hat unlängst den verdankenswerten Versuch unternommen, die Thematik mit einem umfassenden und systematischen Anspruch in Form einer Monografie anzugehen.[58] Allerdings scheint die Täterforschung mit ihrem bisherigen inhaltlichen Schwergewicht auch für die Zeit nach 1945 langsam an gewisse Grenzen zu stoßen. Um Neues zu leisten, drängen sich deshalb auch hier alternative Fragestellungen und Perspektiven auf. Einen solchen Ausweg könnte – unter Bezugnahme auf Durkheims Verbrecherbegriff – beispielsweise ein »integriertes Täternarrativ« darstellen. Über die Aspekte der juristischen Abwehr und der beruflichen Integration hinaus könnte dieses ein vielversprechendes Mittel abgeben, um des Täters »Handeln, Wollen und Einordnen« ohne Berührungsängste und normative Scheuklappen besser zu verstehen.[59]

Eine wissenschaftliche Annäherung an die Integration von nationalsozialistischen Tätern oder Tätergruppen in die Gesellschaft der Bundesrepublik bedarf fraglos der Einordnung der dabei verfolgten Handlungsstränge in die Geschichte der deutschen Vergangenheitsbewältigung.[60] Für das vorliegende Fallbeispiel gilt dies umso mehr, als hier, wie gesehen, nicht primär der Lebensweg Reinefarths nach 1945 weitererzählt werden soll, sondern in erster Linie die sich wandelnden öffentlichen, politischen und juristischen Diskurse um seine Person Betrachtung finden. Die vielschichtigen Prozesse des Aufarbeitens, Deutens und Erinnerns sind mit dem Konzept der Täterforschung oder dem pauschalen Verweis auf die verschlungenen Entwicklungslinien der Vergangenheitsbewältigung nur unzureichend zu erfassen. Vergangenes Unrecht kann bloß erinnert, vergessen oder verdrängt werden, nicht aber bewältigt wie eine erst noch bevorstehende Aufgabe. Keinerlei Maßnahmen vermögen es rückwirkend zu begleichen, so dass es nicht mehr als Erinnerung auf der Gegenwart lastet.[61] Dennoch bedeutet eine Auseinandersetzung mit der von Adorno noch gänzlich vermissten »Aufarbeitung der Vergangenheit«[62] mehr als die von ihm damit vornehmlich verbundene Einsicht in abstrakte Mechanismen der Schuldabwehr oder -konfrontation: Die Beschäftigung mit der Vergangenheitsbewältigung kann aus heutiger Sicht nicht auf den Aspekt des gesellschaftlichen Erinnerns reduziert werden.[63] Die ab den 1990er-Jahren verstärkt betriebene Forschung zur Nachgeschichte der NS-Diktatur hatte daher fast zwangsläufig zur Folge, dass sich seither verschiedene, durchaus hilfreiche Analysekategorien etablieren konnten. Diese sind aber nicht immer klar voneinander zu trennen und konkurrieren zuweilen.[64]

Als analytischer Rahmen bietet sich deshalb der integrative Ansatz von Reichel, Schmid und Steinbach an, die die neutrale Bezeichnung einer »zweiten Geschichte« des Nationalsozialismus vorgeschlagen haben. Die Benennung drückt demnach sowohl Loslösung von der Vergangenheit als auch Integration in das Nachkriegsbewusstsein aus und beinhaltet drei parallele Handlungsfelder: Erstens das politisch-justizielle und politisch-kulturelle Feld der versuchten Vergangenheitsbewältigung im eigentlichen und engeren Sinn, für das Norbert Frei mit Blick auf die 1950er-Jahre den Begriff der »Vergangenheitspolitik«[65] geprägt hat. Zweitens den Bereich der wissenschaftlichen und publizistischen Deutung und der öffentlich vermittelten Erinnerung, der wiederholt Gegenstand kontroverser Auseinandersetzungen war und sich unter dem Schlagwort der »Geschichtspolitik« – im deutschen Sprachgebrauch präsent seit den Stellungnahmen von Christian Meier und Heinrich August Winkler während des sogenannten »Historikerstreits« – einen festen Platz im akademischen Diskurs gesichert hat. In diesem Zug mutierte die Bezeichnung mit den Jahren semantisch von einem polemisch konnotierten Schlagwort im Rahmen von wissenschaftlichen Grabenkämpfen hin zu einem begrifflich neutral besetzten Forschungskonzept[66] zur retrospektiven Beschreibung von politischer Instrumentalisierung der Geschichte, bei dem nicht nur konservativ-reaktionäre, sondern auch liberal-progressive Deutungseliten im Blickfeld stehen.[67] In engem Bezug zum Feld der Geschichtspolitik steht das einem spezifisch deutschen Zusammenhang übergeordnete Konzept der »Erinnerungskultur«.[68] Cornelißen definiert Erinnerungskultur als »formale[n] Oberbegriff für alle denkbaren Formen der bewussten Erinnerung an historische Ereignisse, Persönlichkeiten und Prozesse (...), seien sie ästhetischer, politischer oder kognitiver Natur.«[69] Zur mitunter problematischen Unterscheidung vom Begriff des »kollektiven Gedächtnisses« nach Maurice Halbwachs betont dagegen Berek den prozessualen Charakter von Erinnerungskultur, etwa im Rahmen von politischen Auseinandersetzungen, wohingegen das kollektive Gedächtnis den Schwerpunkt auf die Inhalte des gemeinsam Erinnerten lege. Berek versteht unter Erinnerungskultur demnach »die Gesamtheit aller kollektiven Handlungen und Prozesse, die das kollektive Gedächtnis, seine Sinnstrukturen und seine materiellen Artefakte erhalten und ausbauen, indem mit ihnen Vergangenheit repräsentiert wird – (...) [Erinnerungskultur] begründet Wirklichkeit und legitimiert die institutionale Ordnung.«[70] Die dritte Ebene des öffentlichen Umgangs mit der NS-Vergangenheit beinhaltet laut Reichel, Schmid und Steinbach schließlich die ästhetisch-kulturelle und politisch-symbolische Erinnerung, mit der die Vergangenheit in künstlerischer Form verbildlicht, verdeutlicht und für die Zukunft konserviert wird.[71] Reinefarths Geschichte einer lokal-regionalen Nachkriegskarriere, die durch Anstoß aus dem Ausland jäh in Frage gestellt und in der Folge in auffälliger Weise vor allem durch überregionale Medien kritisch reflektiert wird, legt zudem nahe, den Ansatz der Erinnerungskultur auch in einem regionalen respektive transnationalen Zusammenhang anzuwenden.[72]

Vor diesem konzeptionellen Hintergrund reiht sich die Arbeit ereignis- und strukturgeschichtlich ein in die Forschung zur deutschen Besatzungspolitik und Kriegsführung in der zweiten Hälfte des Zweiten Weltkrieges, zur frühen Nachkriegsgeschichte Schleswig-Holsteins, schließlich zur juristischen Aufarbeitung von nationalsozialistischen Gewaltverbrechen.[73]

Quellen

Über das Leben und die Karriere von Heinz Reinefarth existiert bis anhin keine umfassende wissenschaftliche Gesamtdarstellung. Das Gleiche gilt sowohl für die öffentliche Kontroverse um seine Person als auch für die juristische Aufarbeitung des Warschauer Aufstandes.[74] Der schwedische Journalist Niclas Sennerteg hat sich dem Lebenslauf Reinefarths in populärwissenschaftlicher Form angenähert. Der Schwerpunkt des dabei entstandenen Buchs liegt allerdings auf der Zeit bis einschließlich der Internierung des Porträtierten, wobei die durchaus sauber rekonstruierte Ereignisgeschichte in erster Linie durch Familienmitglieder und Bekannte reflektiert wird. Dadurch wird die Darstellung zwar mit einem tragisch-schicksalhaften Narrativ versehen, enthält aber dennoch einige interessante Informationen über sein Privatleben.[75]

Der Verlauf von Reinefarths NS-Karriere lässt sich mit Hilfe seiner SS-Führer-Personalakte aus den Beständen des Berlin Document Center des Bundesarchivs gut nachvollziehen. Weitere Hinweise liefern unter anderem die Personalakte des Reichsjustizministeriums sowie Unterlagen aus dem Bundesarchiv-Militärarchiv und der Behörde des Bundesbeauftragten für die Stasi-Unterlagen. Gerade letztere waren jedoch quantitativ weniger ergiebig als erwartet. Punktuell und nach Bedarf wurden einzelne Materialien aus osteuropäischen Archiven hinzugezogen. Die im Archiv des Instituts für Zeitgeschichte München lagernden Spruchgerichtsakten sowie die Entnazifizierungsakten aus dem Landesarchiv Schleswig-Holstein liefern weniger verlässliche Informationen über die Zeit bis 1945 als vielmehr Anschauungsmaterial über die Legendenbildung um Reinefarths Kriegslaufbahn. Dasselbe lässt sich teilweise auch über die Bestände der US-Militäradministration sagen. Diese bieten darüber hinaus aber auch wertvolle Aufschlüsse über die Hintergründe der polnisch-westalliierten Auslieferungsdebatte um Reinefarth. Sein gesellschaftlicher Wiederaufstieg auf der Flüchtlingsinsel Sylt ist im dortigen Kommunalarchiv ansehnlich dokumentiert, primär durch eine umfangreiche Sammlung von Presseberichten aus Lokalmedien, die in den meisten Fällen weitaus ausführlichere und zudem lebhaftere Informationen über den Sylter Mikrokosmos vermitteln als die oftmals recht dürren amtlichen Unterlagen.

Der eigentliche »Fall Reinefarth« erschließt sich zum einen aus der gedruckten Presse, hauptsächlich aber aus den sehr umfangreichen Beständen des Landesarchivs Schleswig-Holstein über die juristische Aufarbeitung von Reinefarths NS-Karriere, insbesondere des Warschauer Aufstandes. Was die Auswertung der Zeitungen und Zeitschriften betrifft, wurde bereits auf die Problematik der gesellschaftlichen Repräsentativität verwiesen. Umso willkommener waren daher die darin vorgefundenen Leserbriefe, die – wenn auch in eingeschränktem Ausmaß – authentische Sichtweisen aus der Bevölkerung vermitteln. Im Hinblick auf die juristische Aufarbeitung wie auch generell stellen die Unterlagen der Flensburger Justizbehörde für die vorliegende Untersuchung die wichtigste Quellengrundlage dar. Von Interesse sind die überlieferten Akten nicht nur in Bezug auf die Vielzahl von Zeugenaussagen zum Zwecke der Aufarbeitung der Kriegsereignisse, sondern auch als Zeitdokumente an sich: Es sind die Kommentare und Vermerke der Staatsanwälte sowie die Korrespondenzen mit juristischen, politischen, behördlichen und wissenschaftlichen Akteuren, die diese Quellen erst richtig zum Sprechen bringen. Mit der notwendigen Vorsicht[76] lässt sich jedoch auch aus den Aussagen der Zeugen, Opfer und mutmaßlichen Täter mehr herausholen als bloße Fakten oder Behauptungen: Gelingt es nämlich, die zuweilen hochformalisierte Sprache der Justizakten »aufzubrechen«, so erscheint die Ermittlungsarbeit nicht mehr allein als vorgeblich objektives Verfahren der Wahrheitsfindung, sondern kann auch als »Bühnenstück« interpretiert werden, in dem Geschichte von den verschiedenen Beteiligten interessegeleitet konstruiert wird.[77]

Bedauert werden muss an der Quellenlage insgesamt das weitgehende Fehlen von privaten Dokumenten, etwa von Briefen oder Tagebucheinträgen. Ein öffentlich zugänglicher Nachlass Reinefarths liegt nicht vor, was jedoch für NS-Lebensläufe der Regel und nicht der Ausnahme entspricht.[78] Für Reinefarths Selbstdeutungen muss daher vorwiegend auf die zahlreichen Stellungnahmen zu seiner Vergangenheit zurückgegriffen werden, die er – häufig auch freiwillig – im Rahmen von juristischen und amtlichen Verfahren abgegeben hat. Es liegt deshalb auf der Hand, dass dem gewählten Ansatz einer inhaltlich sehr weit gefassten biografischen Studie nicht zuletzt durch den Mangel an privaten Selbstzeugnissen zusätzlich Vorschub geleistet wurde. Dennoch: Richtet man den Blick weg vom Menschen hin zum »Fall Reinefarth«, könnte kein Schluss abwegiger sein als derjenige, man mache damit quasi nolens volens aus der quellentechnischen Not eine Tugend. Der Verlauf der Debatte um Reinefarth, insbesondere in einem juristischen Zusammenhang, ist zwar ohne eingehende Kenntnisse über dessen Laufbahn bis 1945 kaum verständlich, ist aber erheblich aufschlussreicher als die Beschäftigung mit den Motiven und dem Handeln des Täters Reinefarth allein. Der Hauptdarsteller der vorliegenden Darstellung war gewiss kein NS-Exponent der obersten Ebene wie Heinrich Himmler, keine für das nationalsozialistische Terrorsystem derart maßgebliche Figur wie Reinhard Heydrich, auch kein intellektueller Vordenker der Diktatur oder Territorialfürst im besetzten Osteuropa (in einer Person verkörpert etwa durch Hans Frank), aber aus bekannten Gründen hatte keine dieser Persönlichkeiten die Möglichkeit, vor einem anderen historischen Hintergrund zum »Fall« zu werden.

I. IDEOLOGIE UND MASSENGEWALT

1. Ein später Aufstieg

Völkische Sozialisation und bürgerliche Existenz

Heinz Friedrich Reinefarth[79] kam am 26. Dezember 1903 in Gnesen (Gniezno) in der damaligen preußischen Provinz Posen als einziges Kind des Landgerichtsrats Fritz Reinefarth und dessen Frau Bertha zur Welt. Nach der Versetzung seines Vaters wurde er 1910 in Cottbus eingeschult und trat dort 1913 in das Friedrich-Wilhelm-Gymnasium ein, wo er 1922 sein Abitur ablegte.[80]

Reinefarth hat in den vorliegenden Selbstzeugnissen seine Herkunft nie herangezogen, um seine politische Sozialisation zu begründen oder zu rechtfertigen. Aus den biografischen Eckdaten seiner Vorfahren kann der Schluss gezogen werden, dass er einem staatstreuen, bürgerlichen, protestantischen Milieu mit konservativem Einschlag entstammte[81], wie dies für viele spätere Funktionsträger des SS-Apparates typisch war.[82] Kann aus diesem Sachverhalt allein also hinsichtlich der mentalen Disposition Reinefarths kaum ein heuristischer Mehrwert geschöpft werden, so scheint der Einbezug der Analysekategorie der Generation[83] im vorliegenden Fall weitaus gewinnbringender zu sein. Mit Blick auf das Führungskorps des Reichssicherheitshauptamtes (RSHA) wurde überzeugend nachgewiesen, dass es sich dabei um eine in Bezug auf die Altersklasse relativ homogene Gruppe handelte, die als Jugendliche den Ersten Weltkrieg aus der Perspektive der Heimatfront erlebt hatte und unter dem Eindruck des militärischen und politischen Zusammenbruchs sowie der darauf folgenden Phase bürgerkriegsartiger Wirren nachhaltig politisiert wurde. Reinefarth kann für jene Jahre tatsächlich noch als typischer Vertreter dieser »Generation des Unbedingten«[84] gesehen werden. Danach aber schlug er bis zu den frühen 1940er-Jahren einen eigenen Weg ein, dies obwohl ihn seine völkische Gesinnung, sein Eintritt in NSDAP und SS noch vor der Machtergreifung sowie sein akademischer Rucksack eigentlich für eine rasche Karriere innerhalb des SS-Apparates prädestiniert hätten. Diese Entwicklungslinien sollen im Folgenden nachgezeichnet und reflektiert werden.

Zwang seine Jugend Reinefarth also dazu, den Ersten Weltkrieg gleichsam als Zaungast zu verfolgen, bot sich dem 16-jährigen Obersekundaner eineinhalb Jahre nach Kriegsende die Möglichkeit, die verpasste Bewährung im Feld ansatzweise nachzuholen. Am 15. März 1920 erreichten die Stoßwellen des Kapp-Lüttwitz-Putschs seine Heimatstadt Cottbus und veranlassten den Garnisonsältesten, Major Bruno Buchrucker[85], seiner Truppe zu befehlen, auf die demonstrierenden Anhänger des Arbeiterrates das Feuer zu eröffnen. Buchruckers Ansinnen war es, durch Streikverbot und Terror eine lokale Militärdiktatur zur Unterstützung der Kapp-Regierung zu errichten.[86] In diesem Bestreben erkannte er, dass die Kräfte seiner Garnison nicht ausreichen würden, um gegen die rebellierenden Niederlausitzer Arbeiter zu bestehen. Diese hatten nach der Eskalation der Auseinandersetzung ihrerseits bewaffnete Abteilungen gebildet und Buchrucker in der Folge dazu verleitet, die Kampfführung auch auf das Cottbuser Umland auszudehnen.[87] So konnte es dem Befehlshaber nur gelegen kommen, dass sich nach Beginn der Unruhen 120 Zeitfreiwillige aus der Bevölkerung von Cottbus und Umgebung zum unterstützenden Dienst an der Waffe meldeten. Daraus wurden zwei Abteilungen gebildet und zur Bewachung der Kasernen eingesetzt, wie Buchrucker im Herbst desselben Jahres in einer von ihm veröffentlichten Rechtfertigungsschrift festhielt.[88] Einer dieser Freiwilligen war Heinz Reinefarth, der sich an diese bewegten Tage später wie folgt erinnerte: »Im Jahre 1920 habe ich während des Kapp-Putsches dem Freikorps Bat[ail]l[on]. Franz in Cottbus angehört. (…) Die ganze Klasse meldete sich damals, genauso wie die Unter- und Oberprimaner zum Dienst in dem Freikorps. Wir haben in Cottbus die Kasernen gegen die Spartakisten verteidigt.«[89] Dem Ereignis kam für ihn zweifelsohne die Bedeutung eines eigentlichen Erweckungserlebnisses zu: Offensichtlich stellte sich ihm der Wachauftrag bei einer temporären lokalen Hilfstruppe der Reichswehr noch als Pensionär als aktiver Freikorpseinsatz dar und wurde diese Stilisierung auch gegen außen vertreten. In dieser Hinsicht war es unerheblich, dass dem damaligen Einsatz alles andere als ein ruhmreiches Ende beschieden war: Nach knapp einer Woche musste Buchrucker die vollziehende Gewalt niederlegen, der Putsch war vorbei.[90]

Es mag dahingestellt bleiben, ob der jugendliche Reinefarth in dem charismatischen Truppenführer eine Art Vorbild sah. Einen bleibenden Eindruck hat bei ihm aber fraglos die Selbstverständlichkeit hinterlassen, mit der Buchrucker gegen ihm unliebsame gesellschaftliche Elemente vorgehen ließ: »Der Rückmarsch beider Kompagnien verlief glatt. (…) Die Bevölkerung hatte 4 Tote, 5 Verwundete.«[91] Eben diese Selbstverständlichkeit im Verbund mit einer auf den ersten Blick befremdend anmutenden Nüchternheit ist es, die einem später immer wieder ins Auge sticht, wenn man sich mit Ego-Dokumenten auseinandersetzt, in denen Reinefarth seine eigene Vergangenheit reflektiert. In dieser Hinsicht passt er gut in das Bild, das – anhand des Beispiels seines Alters- und Gesinnungsgenossen Werner Best – bereits vor einiger Zeit von der Generation der späteren SS-Funktionseliten gezeichnet wurde: Die Verbindung von idealistischem Denken und nüchternem Handeln, mittels derer die von der Sache ablenkenden Emotionen bestmöglichst ausgeschaltet werden sollen[92], war ein Prinzip, nach dem auch Reinefarth sein soziales, politisches und nicht zuletzt militärisches Handeln im Grundsatz ausrichtete.

Nach dem Abitur nahm Reinefarth 1922 an der Universität Jena das Studium der Rechtswissenschaften auf und trat dort der Landsmannschaft »Suevia Jena« bei.[93] Die seit 1921 unter der Bezeichnung »Thüringische Landesuniversität Jena« firmierende Hochschule befand sich zu dieser Zeit in einer Phase umfassender Reformen, bei denen es im Kern um die Loslösung von den bisherigen obrigkeitsstaatlichen Bindungen und die Anpassung an die neue republikanische Grundordnung ging.[94] Diese Entwicklung wurde von der sozialdemokratischen Minderheitsregierung Frölich entschieden gefördert.[95] Während der Lehrkörper die damit einhergehenden Veränderungen mehrheitlich als unvermeidliches Übel wahrnahm und zur Demokratie eine zumindest reservierte, wenn nicht distanzierte Haltung einnahm, machte ein großer Teil der Studenten, darunter viele Kriegsheimkehrer, aus ihrer offenen Ablehnung der neuen Verhältnisse keinen Hehl. Für sie stellte nicht der Krieg, sondern Niederlage, Revolution und Versailles die Wurzel allen gegenwärtigen Übels dar. Aus dieser geistigen Grundhaltung erwuchs eine elitär-antidemokratische Gesinnung, die Hand in Hand ging mit Kriegsverherrlichung und der Bereitschaft, die bestehende politische Ordnung notfalls mit Gewalt zu beseitigen. In Jena hatte sich diese Disposition 1919 ein erstes Mal öffentlichkeitswirksam manifestiert, als sich dort die schlagenden Verbindungen anlässlich des ersten deutschen Waffenstudententages landesweit zum »Allgemeinen Deutschen Waffenring« zusammengeschlossen hatten.[96] Stellungnahmen dieser Art fielen aber auch deshalb auf, weil sich die Mehrheit der Hochschüler ungeachtet der gesellschaftlichen Unruhen auf das Studium konzentrierte und politisch passiv blieb.[97] So dominierten die Korporationen das politische Parkett fast vollkommen und agierten – weniger in den Hörsälen als vielmehr in der Öffentlichkeit – immer selbstbewusster und ungehemmter.[98] Auf ebendieser Linie bewegte sich auch die Suevia Jena, wenngleich sich die gültige Verbindungschronik diesbezüglich eher unverbindlicher Worte bedient: »Im Bund gab es keine Parteipolitik, aber nationale, vaterländische Gesinnung mit dem Willen zur Wehrhaftigkeit. Sozialistisches Gedankengut war verpönt.«[99] Tatsächlich war die Verbindung ab den späten 1920er-Jahren dafür bekannt, der NS-Bewegung besonders nahezustehen. Neben Reinefarth hatte sie mit dem späteren Kommandeur der Sicherheitspolizei in Warschau, Ludwig Hahn, einen weiteren Mann in ihren Reihen, der später innerhalb der SS eine beachtliche Karriere absolvierte.[100] Die Wege der beiden Männer sollten – wie zu zeigen sein wird – nicht bloß im Kontext der nationalsozialistischen Besatzung Polens, sondern auch im Zuge von deren juristischen Aufarbeitung nach 1945 verbunden bleiben.

Während Reinefarths ersten Studiensemestern entluden sich die schon längere Zeit schwelenden Konflikte zwischen dem auf radikale Reformen drängenden Volksbildungsminister Max Greil (USPD) und der überwiegend konservativ und antisozialistisch eingestellten Professorenschaft, die sich mit Händen und Füßen gegen Eingriffe in die traditionelle Hochschulautonomie wehrte, im sogenannten »Thüringer Hochschulkonflikt« von 1922/23.[101] In diesen eigentlichen Kulturkampf von überregionaler Ausstrahlungskraft waren auch diejenigen Jenaer Studentengruppen involviert, die zur völkischen Hochschulring-Bewegung gehörten. Sie waren von den im Nachgang an den Mord an Walter Rathenau von der Thüringer Regierung erlassenen umfassenden Verbotsmaßnahmen direkt betroffen.[102] Bereits im August 1922 hatte Greil dem vom Hochschulring dominierten Allgemeinen Studierendenausschuss die gesetzliche Anerkennung entzogen.[103] Diese Schritte führten aber nur zu einer zusätzlichen Radikalisierung des rechten Lagers innerhalb der Jenaer Studentenschaft, was von einigen Professoren offen gefördert wurde.[104] Vor dem Hintergrund der Ruhrkrise spitzte sich derweil die innenpolitische Lage in Thüringen während des Sommers und Herbstes 1923 noch einmal zu. Die KPD verstärkte ihre Agitationstätigkeit und trieb die bis anhin von ihr tolerierte Regierung mit immer extremeren Forderungen vor sich her. Im August 1923 half sie schließlich bei deren Sturz mit, indem sie sich einem Misstrauensantrag der oppositionellen Rechten anschloss. Eine neu gebildete Koalitionsregierung mit drei kommunistischen Kabinettsmitgliedern wurde durch den Einmarsch der Reichswehr nach wenigen Wochen zum Rücktritt gezwungen. Inzwischen hatte die Reichsregierung den militärischen Ausnahmezustand über Deutschland ausgerufen.[105]

In dieser für das weitere Schicksal der Weimarer Republik entscheidenden Phase stellte der bayerisch-thüringische Grenzraum einen besonderen Brennpunkt des Geschehens dar. Die informelle Zusammenarbeit der Regierungen der drei links regierten Länder Thüringen, Sachsen und Braunschweig schürte im bürgerlich-rechten Lager die Furcht vor einem »Roten Block Mitteldeutschland«. Diese Angst wurde durch die Regierungsbeteiligung der KPD in Thüringen und Sachsen zusätzlich befeuert.[106] Demgegenüber hatten in Bayern eindeutig jene geistigen Kräfte die Oberhand, die in dem Freistaat den Treuhänder des deutschen Volkes sahen und daraus das Recht ableiteten, die Maßnahmen der Reichsregierung zum Schutz der Republik offen zu unterlaufen.[107] Am 26. September 1923, unmittelbar nach Bekanntwerden des Abbruchs des Ruhrkampfs, verhängte die bayerische Regierung ohne Absprache mit dem Reichskabinett den Ausnahmezustand und übertrug Gustav Ritter von Kahr als Generalstaatskommissar die vollziehende Gewalt.[108] Während die Nationalsozialisten in München auf den Umsturz hinarbeiteten und dabei von Teilen der Reichswehr unterstützt wurden, brach Kahr die diplomatischen Beziehungen zu Sachsen und Thüringen ab.[109] Zur gleichen Zeit sammelten sich an der Nordgrenze Bayerns unter Aufsicht der Landespolizei zahlreiche schwer bewaffnete Freiwilligenverbände, darunter der Stab der Marinebrigade Ehrhardt und zwei Kompanien des Bundes Oberland. Diese Formationen waren bereit, auf Befehl aus München Richtung Berlin loszumarschieren. Das Zentrum der illegalen Verbände befand sich in Bamberg, das Ende Oktober 1923 an eine militärische Festung gemahnte. Es waren jedoch keineswegs nur kampferprobte Freikorpsverbände, die sich nach Nordbayern begeben hatten. Zu ihnen gesellte sich eine schwer überblickbare Masse national gesinnter Jugendlicher und junger Erwachsener, die sich von der fiebrigen Stimmung anstecken ließen und an vorderster Front dabei sein wollten, wenn dem ungeliebten Weimarer Staat der Todesstoß versetzt wurde.[110]

Das dortige Mitwirken einer Jenaer Studentengruppe war bereits im Februar 1923 geistig vorbereitet worden, als mit Gerhard Roßbach einer der prominentesten Exponenten der Freikorps-Szene auf einer Veranstaltung der Korporationen eine viel beachtete Rede gehalten hatte.[111] Was dann im darauffolgenden Herbst geschah, schilderte Reinefarth in der Nachbetrachtung wie folgt:

»Eines Tages hieß es, daß in München etwas los sei und wir gebraucht würden. Daraufhin meldeten wir uns ebenso wie die Angehörigen der anderen in Jena bestehenden Korporationen freiwillig zum Freikorps. Um was es damals in München eigentlich gehen sollte, war uns damals nicht bekannt. Ich möchte in diesem Zusammenhang aber daran erinnern, daß wir damals in Weimar ja eine kommunistische Regierung hatten, und wir deshalb davon ausgingen, daß sich die in München geplanten Aktionen gegen den Kommunismus richten würden. Wir wurden damals in Richtung München mit der Bahn in Marsch gesetzt, kamen aber nur bis Bamberg. Dort bezogen wir Quartier in einer Reichswehrkaserne. Wir erfuhren dann, daß das Unternehmen in München am 9.11.1923 fehlgeschlagen sei und wurden aufgefordert, wieder nach Hause zu fahren.«[112]

Die Expedition der Jenaer Studenten nach Bamberg hatte in Entstehung, Ausführung und Abschluss einen durchwegs improvisierten Charakter.[113] Von lokalen Verbindungsleuten Roßbachs angeworben, reisten die etwa hundert jungen Männer am 7. und 8. November 1923 in zwei Gruppen nach Bamberg.[114] Dort kamen sie als

»Studentenkompagnie Jena« in Obhut des Reiter-Regiments 17 der Reichswehr und wurden anschließend im Eiltempo von Landespolizei, Reichswehrangehörigen und wahrscheinlich auch von Mitgliedern des Bundes Oberland militärisch ausgebildet.[115] Die mehrheitlich noch nicht volljährigen Aktivisten waren in ihrem Enthusiasmus wohl auf vieles vorbereitet, aber nicht auf interne Richtungskämpfe zwischen den Führungspersönlichkeiten, zu denen sie aufschauten: Über die Frage, ob im Zweifelsfall den Befehlen Hitlers oder der Reichswehr gefolgt werden sollte, herrschte in Bamberg offenkundig keine Einigkeit.[116] Das Abenteuer geriet für die Beteiligten vollends zur deprimierenden Erfahrung, als ihnen ein Tag nach dem Scheitern des Umsturzversuchs ihre sofortige Entlassung mitgeteilt wurde. Damit nicht genug, wurde ein Teil von ihnen, darunter auch Reinefarth, an der Grenze von der thüringischen Polizei verhaftet.[117] Obwohl die Festsetzung durch eine Anweisung des örtlichen Wehrkreiskommandanten nach nur einem Tag unspektakulär beendet wurde[118], sollte die Episode dem SS-Führeranwärter gut zehn Jahre später dennoch die Grundlage liefern, seinen Bamberger Nichteinsatz unverdrossen als frühes Opfer für die NS-Bewegung umzudeuten: Auch wenn er damals nicht »aktiv tätig« werden konnte, habe er für seinen politischen Eifer ein Verfahren »wegen Hochverrats« zu gewärtigen gehabt, welches jedoch »durch Amnestie eingestellt« worden sei, bekundete Reinefarth ein Jahr nach der nationalsozialistischen Machtergreifung.[119] Seine weiter oben wiedergegebene ausführlichere Schilderung des Ereignisses belegt, dass sich an der grundsätzlichen Betrachtungsweise bis in die 1960er-Jahre wenig geändert hatte: Wenn es darum ging, gegen eine angeblich »kommunistische Regierung« mobilzumachen, konnte eine gewisse geistige und organisatorische Nähe zu den Hauptakteuren des Münchner Putschs nicht verwerflich sein. Die nicht mehr nachprüfbare Behauptung, es hätten sich damals alle Korporationen zum Einsatz gemeldet, dient hierbei der Relativierung und Rechtfertigung gleichermaßen. Wie bei der Schilderung seines Einsatzes in Cottbus ist es die ihm eigene Selbstverständlichkeit, die ihn – vielleicht nicht einmal zu Unrecht – davon ausgehen lässt, mit dieser Argumentation und der damit verbundenen Einstellung beim zuhörenden westdeutschen Untersuchungsrichter auf stillschweigende Zustimmung zu stoßen.

Was später Stoff zur Verklärung und zur Verfestigung des politischen Selbstentwurfs lieferte, dürfte zum Zeitpunkt des Geschehens für den noch nicht 20-jährigen Reinefarth allerdings eine große Enttäuschung bedeutet haben: Zum zweiten Mal schien die ersehnte nationale Revolution zum Greifen nahe gewesen zu sein, aber erneut war das Ergebnis mehr als ernüchternd ausgefallen, hatte sich die politische Ordnung stabiler als erwartet präsentiert. Nichtsdestotrotz hielt er einen militärischen Umsturz offensichtlich nach wie vor für nicht ausgeschlossen: In den Semesterferien des darauffolgenden Sommers ließ er sich vom Artillerieregiment 3 in Frankfurt/Oder als illegaler Zeitfreiwilliger anwerben und während dreier Monate zum Kanonier ausbilden.[120] Generell aber galt auch für Reinefarth, was Ulrich Herbert mit Blick auf seinen Protagonisten Werner Best festgehalten hat: Nach den aufwühlenden Wochen des Herbsts 1923 musste, trotz des Bewusstseins, »auf der richtigen Seite der Geschichte« zu stehen, die Hoffnung auf die »schnelle Lösung« auf mittlere Sicht einer Strategie weichen, mit der man sich für die Zukunft alle Optionen offenhielt.[121] Dazu konnte – um für einen etwaigen Ernstfall gewappnet zu sein – auch das Nachholen einer professionellen militärischen Ausbildung gehören. Priorität besaßen für Reinefarth in den folgenden Jahren indes der Studienabschluss und sodann der Aufbau einer gesicherten beruflichen Existenz.

Reinefarth beendete sein Studium in Jena mit der Referendarsprüfung, welche er im Mai 1927 – allerdings erst im zweiten Anlauf – mit der Note »ausreichend« bestand. Im Dezember 1930 legte er in Berlin das Assessorexamen ab, ebenfalls mit dem Prädikat »ausreichend«.[122] Da sein Vater in Cottbus noch immer als Landgerichtsrat amtete, eröffnete er seine Praxis zunächst im benachbarten Forst/Lausitz. 1932 ließ sich Fritz Reinefarth in den vorzeitigen Ruhestand versetzen, um seinem Sohn die Niederlassung in Cottbus zu ermöglichen.[123] Am 30. Januar desselben Jahres heiratete dieser seine Lebensgefährtin Adelheid (»Heidi«) Reichelt und wurde in den folgenden Jahren Vater eines Sohns und einer Tochter.[124] Die Familie ließ sich in der Villa des verstorbenen Schwiegervaters in Klein Gaglow nieder, einem direkt neben Cottbus gelegenen beschaulichen Kleindorf mit 700 Einwohnern. Die gut situierte Herkunft des jungen Ehepaars und der berufliche Erfolg, der sich bei dem jungen Anwalt in der Folge einstellte, ermöglichten in den Jahren vor dem Krieg ein sorgenfreies Leben.[125] In der ländlichen Vorortgemeinde wurde das Auftreten von Reinefarth und seiner Frau von den Nachbarn später als höflich, aber distanziert und nicht frei von Standesdünkel beschrieben. Freundschaften habe das Paar in Klein Gaglow keine gepflegt. Ohnehin aber sei der viel beschäftigte Ehemann in jenen Jahren kaum je zu Hause anzutreffen gewesen.[126]

In der Industriestadt Cottbus, wenige Jahre zuvor noch eine »rote Hochburg ersten Ranges«, waren die Nationalsozialisten 1932 dabei, mit unermüdlichem Aktivismus die Hoheit über die Säle und Straßen zu erringen.[127] Hier fand der knapp 30-jährige Reinefarth nun endlich das Feld vor, in dem er seine politischen Vorstellungen mit Hilfe der mittlerweile angeeigneten beruflichen Fähigkeiten wirkungsvoll zur Geltung bringen konnte. Am 1. August 1932, ein Tag nach dem Sieg der NSDAP bei den Reichstagswahlen, trat er der Partei und einen Monat später der SA bei. Im Dezember desselben Jahres wechselte er von der SA zur SS.[128] In dieser Zeit begründete er seinen Ruf als »Rechtsanwalt der Nazis« in der Niederlausitz[129]; eine

Rolle, die er später nur während des Entnazifizierungsverfahrens abstritt[130] und sich in ehrenamtlichen Betätigungen als Leiter des Kreisrechtsamts der NSDAP, Rechtsberater im SS-Abschnitt XII und Kreisgruppenführer des Nationalsozialistischen Rechtswahrerbundes (NSRB) widerspiegelte.[131] Für den aufstrebenden NS-Juristen kam die Gelegenheit zur Profilierung, als in der Nacht zum 17. August 1932 ein sich im Bau befindliches Haus der »Jüdischen Siedlungs- und Heimstätten-Genossenschaft«, einem landwirtschaftlichen Betrieb in Groß Gaglow, von SS-Männern in die Luft gesprengt wurde.[132] Reinefarths Verteidigungsarbeit trug ihm die Aufmerksamkeit des Führers des SS-Oberabschnitts Ost ein. Dieser war es auch, der ihn einige Monate später zum Übertritt in die SS bewegte. Die Bekanntschaft sollte weitreichende Folgen haben, denn mit Kurt Daluege war Reinefarth auf einen Förderer gestoßen, der in den kommenden Jahren zu einer der einflussreichsten Persönlichkeiten an der Spitze der nationalsozialistischen Polizei avancieren sollte. Daluege vertrat insbesondere ab dem Zeitpunkt von Reinefarths Ausscheiden aus der Wehrmacht zur Kriegsmitte aktiv und an höchster Stelle die Karriereinteressen seines Gefolgsmannes, namentlich beim Reichsführer SS Heinrich Himmler und bei Innenminister Wilhelm Frick.[133]

Ab Mitte der 1930er-Jahre engagierte sich Reinefarth als juristischer Berater des Bundesvorstandes des »Kameradschaftsbundes Deutscher Polizeibeamter«.[134] Diese von Daluege protegierte Institution stellte nicht nur die organisatorische Klammer aller ehemaligen polizeilichen Berufsverbände dar, sondern war als solche auch ein Instrument im Kampf um die Kontrolle der deutschen Polizei insgesamt. Dementsprechend wurde sie von Dalueges Konkurrenten Reinhard Heydrich abgelehnt.[135] Der Bundesleiter des Kameradschaftsbunds war ebenfalls ein Bekannter Reinefarths: Daluege hatte – als damaliger Leiter der Polizeiabteilung im preußischen Innenministerium – nach der 1933 erfolgten Gründung des Kameradschaftsbunds den Cottbuser Major der Schutzpolizei und SS-Sturmbannführer Willi Luckner mit der Führung der Organisation betraut.[136]

Reinefarths unermüdlicher Einsatz in Diensten der nationalsozialistischen Justiz und Polizei zahlte sich für ihn auch beruflich aus. Die Anwaltspraxis lief derart gut, dass seine Einkommensverhältnisse aus der Vorkriegszeit von monatlich etwa 3000 Reichsmark anlässlich des 1942 anstehenden Übertritts in die Ordnungspolizei zum Diskussionsgegenstand gerieten: Für einen Quereinsteiger in den Staatsdienst existierte eine Stelle mit der gleichen Entlöhnung schlicht nicht.[137] Dass er bei seiner juristischen Erwerbstätigkeit von der Position in Partei und SS direkt profitierte, zeigt der Vorgang seiner Zulassung zum Notariat 1936. Er illustriert gleichzeitig, wie kaltschnäuzig er dabei die von staatlicher Seite her betriebene Entfernung der Juden aus der Advokatur für seinen eigenen Vorteil auszunutzen verstand.[138] Nach dem Aus-

Reinefarths erste Jahre in der SS: Die Originalbildunterschrift dieser in den Ermittlungsakten der Staatsanwaltschaft Flensburg abgelegten und undatierten Aufnahme aus der ersten Hälfte der 1930er-Jahre lautet: »Nach der Besichtigung des SS-Sturm 1/I/27.« Der ca. 30-jährige Reinefarth (sitzend ganz rechts) fungierte zu dieser Zeit als Rechtsberater im SS-Abschnitt XII.

scheiden eines Cottbuser jüdischen Notars, bewirkt durch einen Erlass des Reichs- und preußischen Justizministers Franz Gürtner vom 24. Januar 1936, bewarb sich Reinefarth bereits zwei Wochen später mittels Schreiben an den Landgerichtspräsidenten um das frei gewordene Notariatsmandat. Darin verlieh er seinem Vorhaben mit dem Argument Nachdruck, es seien in den Jahren zuvor sechs weitere Notariatsstellen weggefallen und nicht wieder ersetzt worden.[139] Nicht speziell erwähnenswert war für ihn freilich die Tatsache, dass sich unter diesen sechs Personen drei weitere Juden befanden, die bereits aus ihrem Beruf gedrängt worden waren.[140] Das vom Landgerichtspräsidenten auf dem Dienstweg an Gürtner weitergeleitete Gesuch wurde wenige Tage später vom Gauleiter Kurmark, Wilhelm Kube, unterstützt, der sich seinerseits brieflich an Gürtners Staatssekretär Roland Freisler wandte:

»Mein lieber Roland! Von beiliegendem Schreiben des alten Parteigenossen Rechtsanwalts Reinefarth in Cottbus gebe ich Dir hiermit Kenntnis. Ich wäre Dir außerordentlich dankbar, wenn Du dem Parteigenossen Reinefarth bei seinem Bestreben, das Notariat zu erlangen, behilflich sein wolltest. Reinefarth ist in der SS in verantwortlicher Stellung tätig und setzt sich auch sonst immer wieder vorbildlich für die Partei ein. Gegen seine juristische Tätigkeit bestehen keine Bedenken. Mit herzlichem Heil Hitler Dein Wilhelm Kube«.[141]

Nachdem sich auch der Landgerichtspräsident selber, der Präsident der Rechtsanwaltskammer sowie der Gauführer des NSRB für Reinefarth und gegen dessen promovierten, aber »keinesfalls (...) national zuverlässig[en]« Mitbewerber ausgesprochen hatten[142], wurde Reinefarth ab Ende Juni 1936 als Notar geführt.[143] Ein schlechtes Gewissen ob dieser Begebenheiten schien ihn auch nach dem Krieg nicht zu plagen: War die vorgeschobene Unwissenheit hinsichtlich des weiteren Schicksals der jüdischen Juristen von Cottbus für den Aussagekontext eines Spruchgerichtsverfahrens zwar nachvollziehbar (Reinefarth bemerkte dazu, diese einstigen Berufskollegen seien nach seinem Wissen mit einer Ausnahme »noch vor dem Kriege ausgewandert«), sprach der rechtfertigend und mit kaum unterdrücktem antisemitischem Unterton angefügte Zusatz, wonach die Betroffenen »durchweg begütert« gewesen seien, eine deutliche Sprache.[144]

Seine beruflichen Leistungen und die ihm eigene charakterliche und weltanschauliche Geradlinigkeit wurden in zahlreichen Personalberichten anerkennend gewürdigt. Hier erschien er etwa als »tüchtiger Jurist« und »überzeugter Nationalsozialist«, aber auch als guter Kamerad, »verantwortungsbewusst« und »entschlußkräftig«.[145] Es widerspiegelte sich darin aber auch eine diplomatische Geschmeidigkeit, die ihn zusammen mit den gewinnenden Umgangsformen deutlich kontrastierten vom Typus des rücksichtslos-grobschlächtigen Nazi-Aufsteigers. Attribute wie »gewandt und vielseitig gebildet«, »in allen Lagen taktvoll und beherrscht« oder auch »Nikotin und Alkohol mässig« lassen bereits den ausgleichenden, über den Dingen stehenden, honorigen Grandseigneur erahnen, den er in einem ihm wohlgesinnten Umfeld zeit seines Lebens zu spielen pflegte.[146] Trotz dieser vielversprechenden Beurteilungen war Reinefarths NS-Karriere bis 1939 – gemessen an rein äußerlichen Kriterien – fraglos eine eher bescheidene. Zwar erfolgte 1934 nach nur rund einjähriger Mitgliedschaft in der SS bereits die Beförderung zum Untersturmführer, der ein Jahr später diejenige zum Obersturmführer folgte. Der 1937 erreichte Rang eines Hauptsturmführers sollte jedoch bis zum Kriegsausbruch der letzte Laufbahnschritt innerhalb der Allgemeinen SS bleiben.[147]

Reinefarth hat bei späteren Gelegenheiten geäußert, dass man bereits vor dem Krieg mehrmals an ihn herangetreten sei, um ihn für eine Tätigkeit innerhalb des Amtes »Verwaltung und Recht« im SS-Hauptamt Ordnungspolizei zu gewinnen. Er habe dies aber stets abgelehnt.[148] Dass ihm ein derartiges Angebot tatsächlich unterbreitet wurde, ist nicht abwegig, wenn man sich seine guten Beziehungen zu Daluege vor Augen hält. Interessant ist jedoch die Begründung, die er für seine Reserviertheit angab. Demnach wäre er mit der ihm angebotenen Stellung »wirtschaftlich wesentlich schlechter gestanden« als mit seiner Tätigkeit als Rechtsanwalt.[149] Zwar passt die Äußerung vordergründig zu dem nach 1945 gestrickten Bild eines pragmatischen Anhängers der nationalen Revolution, der sich erst in der Ausnahmesituation des Krieges in staatlicher Funktion mit der NS-Diktatur einlassen mochte.[150] Mit der freimütigen Erklärung, auf eine hauptberufliche SS-Karriere allein deshalb verzichtet zu haben, weil er finanziell nicht davon abhängig war, wies er sich aber gleichzeitig als Opportunisten aus, der aus eigennützigen Motiven nicht danach gestrebt hatte, hauptberuflich am Aufbau der nationalsozialistischen Polizei mitzuarbeiten. Obwohl er also in jungen Jahren den gleichen Weg gegangen war wie die späteren Funktionsträger des Reichssicherheitshauptamtes, galt für ihn gerade nicht, was die Machtübernahme der Nationalsozialisten – nach den Worten von Michael Wildt – ansonsten für seinesgleichen bedeutete: »Nach vielen Versuchen, eine beruflich kontinuierliche Laufbahn zu verfolgen, hatten sie nun gefunden, wonach sie in all den Jahren gesucht hatten: eine berufliche Karriere, die ihrer politischen Weltanschauung entsprach und ihnen darüber hinaus bereits in jungen Jahren Aufstiegschancen eröffnete, die ihnen ansonsten kaum möglich gewesen wären.«[151] Reinefarth war ohne Zweifel völkisch gesinnt und ein bedingungsloser Anhänger der neu errichteten Diktatur. Andererseits befand er sich durch das Beziehungsnetz seines Vaters und den Reichtum seiner Schwiegereltern in einer beruflich und gesellschaftlich derart privilegierten Position, dass er nicht darauf angewiesen war, sich für sein Fortkommen den Ellbogenkämpfen mit all den anderen, akademisch womöglich mit höheren Weihen ausgestatteten jungen Radikalen auszusetzen. Mit seiner systematisch ausgeübten Betätigung als Rechtsbeistand derer, die im Zuge der Machtergreifung und der Konsolidierung des NS-Staates die Drecksarbeit erledigten, hatte er dagegen eine Nische gefunden, in der er seine Gesinnung ausleben und sich bedeutende Verdienste um die Bewegung erwerben konnte, ohne dabei die Brücken zu seiner großbürgerlichen Lebenswelt abbrechen zu müssen. Bezeichnend für diese Selbstsicht ist eine Gefälligkeitsbeurteilung, die er sich 1958 von Erich von dem Bach-Zelewski ausstellen ließ. Bach-Zelewski, von 1932 bis 1934 Führer des SS-Abschnitts XII und später während des Warschauer Aufstandes erneut Vorgesetzter Reinefarths[152], führte aus:

»Ich habe Herrn Reinefarth bereits vor der Machtübernahme (…) kennengelernt. (…) Ich habe Herrn Reinefarth die Führung mehrerer Zivilprozesse anvertraut, und zwar nicht zuletzt deswegen, weil er dafür bekannt war, daß er die Honorare großzügig stundete. (…) Er war nach meinem Urteil ein tüchtiger aufstrebender junger Jurist. Als überzeugter Nationalsozialist habe ich gleichwohl gegenüber

Herrn Reinefarth immer einige Vorbehalte gehabt. Er war der Sohn eines guten bürgerlichen Hauses, der für den revolutionären Schwung unserer Bewegung kein großes Verständnis hatte. Das geht insbesondere auch daraus hervor, daß er zwar Nationalsozialisten nach bestem Wissen und Gewissen verteidigte, es jedoch strikt ablehnte, irgendwelche krumme Wege zu gehen. (...) Er war ein glühender Patriot und ist wahrscheinlich der NSDAP nur deswegen beigetreten, weil er glaubte, daß seine nationalen Anliegen gerade durch diese Partei am wirkungsvollsten durchgesetzt würden. (...) Ich glaube sagen zu können, daß Herr Reinefarth, in welcher Stellung er sich auch immer befand, im Grunde seines Herzens immer der bürgerliche Rechtsanwalt geblieben ist.«[153]

Gewiss: Die zahlreichen Aussagen, die dieser einstige Hauptakteur des nationalsozialistischen Vernichtungskrieges in westdeutschen Nachkriegsverfahren tätigte, zeichneten sich beileibe nicht durch ein Übermaß an Glaubwürdigkeit und Stringenz aus.[154] Wollten aber Leute wie Reinefarth ab den späten 1950er-Jahren vor den juristischen Untersuchungsbehörden bestehen, so reichte es nicht zu beteuern, was sie nicht oder zumindest nicht aus niedrigen Beweggründen getan hatten. Von immenser Bedeutung war es gleichermaßen, ein kohärentes Bild darüber zu vermitteln, wer sie – positiv definiert – gewesen waren. Auf diese Weise konnte der Argumentationsführung in Diensten der eigenen Verteidigung Profil und Plausibilität verliehen werden. Dies war aber nur dann möglich, wenn eine Selbstkonstruktion vermittelt wurde, die nicht völlig von den Tatsachen abwich und mit der man sich letzten Endes auch selber identifizieren konnte. Aussagen wie die oben stehende geben deshalb sehr wohl Aufschluss darüber, wie Reinefarth sich und seine Vergangenheit tatsächlich wahrnahm. Dafür, dass sich dieses Bild nicht bloß auf den beflissenen Juristen und ehrenamtlichen Parteisoldaten reduzierte, sondern auch den hochdekorierten Frontkämpfer und hohen Beamten im Polizeiverwaltungsdienst umfassen konnte, lieferten aber erst die Ereignisse ab 1939 die Grundlage.

Dalueges rechte Hand
Warum Reinefarth den Kriegsausbruch als Angehöriger der Wehrmacht erlebte und sich nicht der Waffen-SS anschloss, ist nicht restlos geklärt. Es darf angenommen werden, dass er dort aufgrund seines Rangs in der Allgemeinen SS bessere Aufstiegsmöglichkeiten vorgefunden hätte.[155] Infolge eines Führererlasses vom Mai 1939 hatte die SS neben den Ungedienten neu auch auf diejenigen Angehörigen der »weißen Jahrgänge« 1901 bis 1912 Zugriff, die wie Reinefarth in Kurzlehrgängen der Wehrmacht militärisch ausgebildet worden waren.[156] Wahrscheinlich scheint je-

doch, dass der ambitionierte SS-Führer, der seinem Naturell und gesellschaftlichen Hintergrund nach nicht der Gattung des Landsknechts vom Schlage eines Sepp Dietrich oder Theodor Eicke entsprach, von sich aus einer etablierten militärischen Einheit den Vorzug gab, galt doch die Waffen-SS zu Beginn des Krieges noch keineswegs als Vorzeigetruppe.[157] Dazu passt, dass die Reichsführung SS durchaus daran interessiert war, dass ihre Mitglieder bei der Wehrmacht militärische Fertigkeiten erwarben.[158] Denkbar ist aber auch, dass sich der Mittdreißiger mit eher schwächlicher Physis und einem bescheidenen militärischen Rucksack nicht dazu berufen sah, zehn bis fünfzehn Jahre jüngere Soldaten ins Feld zu führen, die sich als schneidige Weltanschauungskrieger verstanden.[159]

So wurde Reinefarth am 26. August 1939 als einfacher Schütze der Reserve zum Wehrdienst eingezogen. In einer Panzerjäger-Kompanie der 208. Infanteriedivision machte er anschließend den Überfall auf Polen mit. Nachdem ihm bei der Einnahme von Kutno das Eiserne Kreuz zweiter Klasse verliehen worden war, erfolgte die Beförderung zum Unteroffizier.[160] Nach der Niederwerfung Polens absolvierte er in Döberitz einen Offiziers-Ergänzungslehrgang und kehrte, vorerst als Feldwebel, zu seiner alten Einheit zurück. Während des Westfeldzugs errang er daraufhin innerhalb weniger Tage das Eiserne Kreuz erster Klasse und alsdann das Ritterkreuz.[161]

Dieser Vorgang sorgte innerhalb der SS für gewaltiges Aufsehen. Nicht nur war Reinefarth der erste Angehörige der Allgemeinen SS überhaupt, sondern darüber hinaus auch einer der ersten nicht dem Offiziersstand angehörigen Soldaten, dem diese Auszeichnung verliehen wurde. Dementsprechend wurde das militärische Ereignis, das der Verleihung zugrunde lag, in mehreren Zeitungsartikeln gewürdigt[162]: Die Geschichte des Feldwebels Heinz Reinefarth, der – sofern man der Überlieferung Glauben schenken darf – am 28. Mai 1940 auf einer Erkundungstour im westflandrischen Avecapelle bei Veurne durch reine Kaltblütigkeit mehrere französische Batterien dazu brachte, sich ohne Gegenwehr zu ergeben[163], trug ihm erstmals die persönliche Aufmerksamkeit Himmlers ein.[164] Dennoch verblieb er weiterhin bei seiner Einheit, mit der er, mittlerweile zum Leutnant befördert, Ende 1941 an die Ostfront in die Nähe von Orel (Orjol) versetzt wurde.[165] Dort erlitt er Erfrierungen an den Füßen und Beinen und wurde im Januar 1942 vorübergehend dienstunfähig.[166]

Die Frontuntauglichkeit seines Weggefährten stellte für Daluege die Chance dar, ihn doch noch hauptamtlich in die Ordnungspolizei zu übernehmen. Bei Reinefarths Einverständnis mag eine Rolle gespielt haben, dass sich die Fortführung seiner einträglichen Rechtsanwaltspraxis durch Vertretungen seit dem Kriegsausbruch mitunter als mühsame Angelegenheit gestaltet hatte.[167] Den Ausschlag gegeben haben dürfte aber, dass ihm, mittlerweile militärisch bewährt und mit einem Reserveoffizierspatent sowie mehreren Tapferkeitsauszeichnungen versehen, sehr wohl bewusst war, über welche Karrieremöglichkeiten er damit innerhalb des SS-Apparates verfügte. Andererseits war an eine Rückkehr in seinen zivilen Beruf angesichts der Kriegslage in absehbarer Zeit nicht zu denken. Der Entschluss, die SS-Führerlaufbahn einzuschlagen, war unter diesen Umständen letztendlich einmal mehr pragmatischen Überlegungen geschuldet und bedeutete sicherlich keinen vollständigen inneren Neuanfang. Er bedingte aber doch die Bereitschaft, Teile eines bisher gepflegten, trotz allem bourgeois geprägten Lebensentwurfs über Bord zu werfen und sich dem Wohl und Wehe der nationalsozialistischen Idee in einem Maß auszuliefern, wie er dies bisher vermieden hatte. Ende Februar 1942 stand der Entscheid, seinen Beruf als Rechtsanwalt und Notar aufzugeben, fest.[168] Am 20. April wurde er auf Antrag Himmlers von Hitler zum SS-Brigadeführer und Generalmajor der Polizei befördert.[169] Gleichzeitig stellte er erfolgreich den Antrag, eine seinem neuen Status entsprechende tiefere SS-Nummer zu erhalten.[170] Schließlich trat er auch aus der evangelisch-lutherischen Landeskirche aus[171] und vollzog damit einen symbolischen Schritt, der für Himmler eine wichtige Voraussetzung darstellte, um künftig in höhere und höchste Positionen aufsteigen zu können.[172]

Komplizierter gestaltete sich dagegen die offensichtlich schon länger angedachte Überführung Reinefarths in das Amt Verwaltung und Recht der Ordnungspolizei. Bereits im Frühjahr 1941 hatte sich Daluege vom dortigen Chef, Werner Bracht, einen eingehenden Vorschlag über das mögliche Tätigkeitsgebiet Reinefarths und die entsprechende Gehaltseinstufung ausarbeiten lassen.[173] Diesen sandte er anschließend an Kameradschaftsbundsleiter Luckner und bat ihn, bei Gelegenheit mit dem Betroffenen darüber zu sprechen.[174] Nun, etwas mehr als ein halbes Jahr später, machte Daluege Ernst: Er veranlasste Reinefarths Entlassung aus dem aktiven Wehrdienst[175] und beantragte für ihn bei Innenminister Frick die Einstellung als Ministerialdirigent im Reichsinnenministerium.[176] Grundlage seines Antrags bildete eine Besprechung mit Reichsfinanzminister Schwerin von Krosigk, der ihm mit Schreiben vom 12. November 1941 die Schaffung der entsprechenden Planstelle zugesagt hatte. Mit ihr sollten die sich nach dem Ostfeldzug neu ergebenden Verwaltungsaufgaben innerhalb der Ordnungspolizei bewältigt werden.[177] Dalueges Vorschlag, den Posten mit Reinefarth zu besetzen, war in der Folge von Himmler gebilligt worden.[178] Frick jedoch war mit diesem Vorgehen nicht einverstanden. Er beanstandete, dass durch die Ernennung Reinefarths zum Ministerialdirigenten ein Präzedenzfall geschaffen würde, da auf diese Art jemand, der im Zivilleben bisher einem freien Beruf nachgegangen war, direkt in eine der höchsten Beamtenstellen befördert würde. Frick schlug vor, Reinefarth stattdessen zum Generalmajor der Polizei zu ernennen, was von Daluege akzeptiert wurde.[179] Damit war aber die Angelegenheit nicht erledigt, denn nun stellte man sich im Reichsfinanzministerium quer mit dem Verweis, dass für den Polizeiverwaltungsdienst nur Zivilstellen in Betracht kämen und aus der Einrichtung von Offiziersstellen für die Amtschefs und Inspekteure der Sicherheitspolizei keine gleichlautenden Forderungen abgeleitet werden könnten.[180] Staatssekretär Reinhardt leitete diese Erwägungen am 31. Mai 1942 an Daluege weiter.[181]

Der Versuch des Chefs der Ordnungspolizei, Reinefarth im Amt Verwaltung und Recht an einer entscheidenden Position zu platzieren, war möglicherweise Teil einer Strategie, seinen eigenen Einfluss im Bereich der Personalpolitik an der institutionellen Schnittstelle zwischen Polizei, SS und Verwaltung abzusichern.[182] Bis zu seiner Auflösung im Zuge der weitreichenden Umorganisierungsmaßnahmen nach Himmlers Berufung zum Reichsinnenminister verfügte das Amt Verwaltung und Recht in dieser Hinsicht über Kompetenzen, die in die Sicherheitspolizei hinüberreichten.[183] Belegt ist, dass Daluege später zumindest mit dem Gedanken spielte, Bracht selber durch Reinefarth abzulösen.[184] Auf diese Weise hätte er einen insbesondere von Heydrich dauerattackierten älteren Beamten durch einen Mann seines Vertrauens ersetzen und seinem Kontrahenten gleichzeitig den Wind aus den Segeln nehmen können: Reinefarths Vita dürfte dem Idealbild »soldatischen Beamtentums« im Sinne von Heydrich und Himmler viel eher entsprochen haben als diejenige des reinen Verwaltungsjuristen Bracht.[185]

Letztendlich wurden diese Planspiele aber von den tagesaktuellen Ereignissen in den Hintergrund gedrängt. Am 27. Mai 1942 wurde auf Heydrich in seiner Funktion als stellvertretender Reichsprotektor von Böhmen und Mähren ein Attentat verübt, an dessen Folgen er eine Woche später verstarb.[186] Noch am gleichen Tag traf Kurt Daluege in Prag ein und wurde von Hitler spätestens einen Tag später mündlich zum Nachfolger bestimmt.[187] Daluegs Berufung barg in sich erheblichen Zündstoff: Nach dem Ausfall des bisherigen Amtsinhabers war der ansonsten eigentlich starke Mann im Protektorat, Staatssekretär Karl Hermann Frank, bereits zum zweiten Mal als Nachfolger des beurlaubten Reichsprotektors und ehemaligen Außenministers von Neurath übergangen worden.[188] Hitler war daran gelegen, die harte Repressionspolitik Heydrichs fortführen zu lassen, wollte sich aber gleichzeitig die Option offenhalten, Neurath zu einem späteren Zeitpunkt in einer rein repräsentativen Funktion wieder in sein Amt einzusetzen. Für diese Pläne schien ihm der mit den tschechischen Verhältnissen an sich völlig unvertraute Daluege die geeignete Personalie darzustellen.[189]

Derweil sich die Ereignisse in der tschechischen Hauptstadt überstürzten, hielt sich Reinefarth als Hospitant beim Polizei-Präsidium in Wiesbaden auf.[190] Die für den Zeitraum vom 22. Juni bis zum 4. Juli vorgesehene fachliche Vertiefung bei der Gemeindepolizeiverwaltung Cottbus wurde jedoch am 19. Juni durch Fernspruch Himmlers an den Regierungspräsidenten in Frankfurt/Oder aufgehoben.[191] Kurze Zeit später wurde Reinefarth von Daluege als dessen wichtigste dienstliche Bezugsperson nach Prag berufen. Wann genau dies geschah, ist nicht mehr zu ermitteln. Die offizielle Ernennung zum »Generalinspekteur der Verwaltung in der Behörde des Reichsprotektors« erfolgte auf den 30. Juli 1942.[192] Unter Berücksichtigung seines Vertrauensverhältnisses zu Daluege sowie des kurzfristigen Abbruchs seines Praxislehrgangs ist aber der Schluss naheliegend, dass er frühzeitig in die Planungen eingeweiht und auf seine neue Aufgabe vorbereitet wurde.[193] Reinefarths Einsetzung hatte nicht nur fachliche Gründe, sondern war direkt gegen den etablierten und bestens vernetzten Frank gerichtet.[194] Der ihn erwartende Aufgabenbereich war wie folgt umrissen:

»Die Aufgabe des Generalinspekteurs ist es, mich bei der Ausgestaltung einer zweckmäßigen und schlagfertigen Verwaltung durch geeignete Anregung und Vorschläge zu beraten. Er erhält Einblick in die Verhältnisse der deutschen und autonomen Verwaltung, vor allem durch Reisen und Besichtigungen, sowie von allen grundsätzlichen Maßnahmen innerhalb meiner Behörde, die seinen Aufgabenbereich berühren.«[195]

Heydrich hatte die Protektoratsverwaltung in seiner Amtszeit radikal reformiert. So war die Behörde des Reichsprotektors abgebaut und daraufhin zahlreiche deutsche Beamte in die tschechische Verwaltung versetzt worden. Ziel dieses Unterfangens war es einerseits gewesen, eigene Kräfte zu sparen, andererseits die Doppelgleisigkeit der deutschen und tschechischen Verwaltung abzubauen und so mit den Worten Heydrichs »die Autonomie auszuhöhlen, ohne die Fassade zu gefährden.«[196] Zur Verwirklichung dieses Ansinnens hatte er die bisherigen leitenden Beamten aus der Behörde des Reichsprotektors in Personalunion als Ressortleiter in die Ministerien eingesetzt, der Regierung verboten, als Kollegium zusammenzutreten und Beschlüsse zu fassen, und die tschechischen Minister dergestalt zu reinen Befehlsempfängern degradiert. Gleichzeitig waren auch die Kompetenzen der zu Beginn der Besetzung von der Militärverwaltung eingesetzten Oberlandräte erheblich beschnitten worden.[197] Heydrichs Politik hatte auch auf der unteren Verwaltungsebene weitreichende Folgen: Im Herbst 1942 wurden 50 der 67 Bezirke von Deutschen geleitet, und in neun weiteren war der stellvertretende Bezirkshauptmann ebenfalls deutscher Nationalität.[198]

Reinefarths Verwaltungstätigkeit im Protektorat Böhmen und Mähren hat in den Archiven und in der Fachliteratur wenig Spuren hinterlassen.[199] Seine eigene Sichtweise, dargelegt im Rahmen der strafrechtlichen Aufarbeitung des Warschauer Aufstandes, widerspiegelt diesen Befund aber nicht unbedingt. Sie suggeriert eher die gegenteilige Auffassung, wonach er bei der Genese der Verwaltungsreform eine wichtige Rolle gespielt habe:

»Meine Aufgabe war es, die Verwaltung nach und nach aus deutschen Händen in die Hände der tschechischen Verwaltung überzuleiten. Als ich ankam, gab es dort nebeneinander eine deutsche und eine tschechische Verwaltung. Es wurde aber angestrebt, eine tschechische Verwaltung unter deutscher Aufsicht aufzubauen. Das habe ich während meiner Tätigkeit in Prag dann auch durchgeführt. Als ich im Oktober 1943 dort ausschied, wurde die Verwaltung von tschechischen Behörden ausgeübt, die mit einigen wenigen deutschen Beamten durchsetzt waren. Außerdem gab es einige deutsche Dienststellen, die eine gewisse Aufsicht über die tschechischen Behörden ausübten. Leiter der Dienststellen war jeweils entweder ein Deutscher oder ein Tscheche. Dadurch konnte es vorkommen, dass deutsche Beamten [sic] tschechische Vorgesetzte hatten. So war beispielsweise der deutsche Polizeipräsident von Prag dem tschechischen Innenminister unterstellt. Diese Art der Verwaltung funktionierte zur Zeit meines Aufenthaltes reibungslos und gut.«[200]

Taktische Zurückhaltung kann diesen Ausführungen bei dem gegebenen Aussagekontext wohl kaum attestiert werden. Hier sprach vielmehr jemand, der überzeugt war, Gutes geleistet zu haben, und es folglich nicht nötig hatte, die eigene Bedeutung herunterzuspielen. Unter Ausblendung des historischen Gesamtzusammenhangs vermittelte er so eine Normalität, in der das eigene Schaffen nicht als willfähriger Dienst für einen rücksichtslosen Besatzungsapparat wirken sollte, sondern als gediegene Verwaltungsarbeit in einem vermeintlich intakten Rechtsstaat. Weitere Aussagen wie etwa diejenige, er habe dafür gesorgt, »dass die von mir als unzulänglich empfundenen Gehälter der tschechischen Beamten aufgebessert wurden«, bestätigten das Bild.[201] Ausführlichere Erwähnung fand Reinefarths Prager Funktion in den apologetischen Erinnerungen von Horst Naudé, dem ehemaligen Leiter der Gruppe Mähren in der Behörde des Reichsprotektors. Naudé stellte ihn als fachlich und charakterlich positive Gegenerscheinung zu Daluege dar:[202]

»Auf der Burg regierte Kurt Daluege, ein robuster, grobschlächtiger Haudegen, an Intelligenz und Format seinem toten Vorgänger weit unterlegen, ohne jede

Kenntnis des Landes, ohne jede politische Konzeption. (...) Da Daluege selbst erkannte, daß er die verwickelte Verwaltung weder politisch noch technisch zu übersehen in der Lage war, beorderte er seinen Vertrauten, den Polizeigeneral Reinefarth nach Prag, ernannte ihn zum Generalinspekteur und machte ihn zum direkten Vorgesetzten der Oberlandräte, den Inspekteuren des Reichsprotektors. Reinefarth war ein Mann von verbindlichen Umgangsformen, der die SS ganz übersah und sich auf die Oberlandräte als seine engsten Mitarbeiter verließ. Bei seiner Gewandtheit verstand er es schnell, zur Verwaltung die besten Verbindungen herzustellen, jedem deutschen Behördenchef stand er zu jeder Stunde zur Rücksprache zur Verfügung und zeigte sich für jeden Wunsch und Ratschlag zugänglich. Und bei Daluege galt sein Wort.«[203]

Neben der Aufsicht über die Verwaltung hatte Reinefarth auch Einsitz im sogenannten »Zentralwirtschaftsstab«.[204] Dieses Gremium war von Frank geschaffen worden, um als oberste wirtschaftspolitische Führungsstelle sämtliche Arbeitseinsatz-, Rüstungs- und Lohnmaßnahmen zu koordinieren und gleichzeitig entsprechenden Forderungen von Rüstungsminister Albert Speer und dem »Generalbevollmächtigten für den Arbeitseinsatz« Fritz Sauckel besser begegnen zu können.[205] Als Mitglied dieser illustren siebenköpfigen Behörde war er damit zumindest von Amts wegen an entscheidender Stelle mitverantwortlich für eine Politik der gezielten wirtschaftlichen Ausbeutung, die auch die massenweise Deportation von Arbeitskräften ins »Altreich« beinhaltete.[206]

Wenngleich es Reinefarth durch seine Arbeit gelang, sich unter den alteingesessenen Funktionsträgern eine gewisse Anerkennung zu verschaffen, blieb seine Position doch stets von Daluege abhängig. Dessen Verhältnis zu Frank wiederum wurde mit der Zeit jedoch immer schlechter. Hatten die beiden die Vergeltungsmaßnahmen nach dem Heydrich-Attentat noch gemeinschaftlich durchgeführt, begann Frank schon bald darauf, den aus seiner Sicht insgesamt indisponierten und überforderten Daluege bei Himmler gezielt zu demontieren.[207] Mit diesem Vorgehen gelang es ihm immer mehr, seinen Führungsanspruch durchzusetzen und Daluege ins Abseits zu drängen. Dies äußerte sich etwa anhand der Übernahme des Geschäftsbereichs der Kulturpolitik inklusive der Inlandpropaganda, der dem machtbewussten Staatssekretär im Februar 1943 als Sonderabteilung unterstellt wurde.[208] Bei seinen Bestrebungen spielten Frank auch Dalueges gesundheitliche Probleme in die Hände: Im Juni 1943 erlitt dieser seinen zweiten Herzinfarkt und wurde daraufhin von Himmler fallen gelassen.[209] Am 17. August bat er Hitler auf Anraten seiner Ärzte um einen längeren Urlaub, der ihm gewährt wurde.[210] Mit Erlass vom 20. August 1943 entband der Diktator daraufhin sowohl Daluege als auch den formell noch

Nach dem Attentat auf Reinhard Heydrich wurde Kurt Daluege 1942 zu dessen Nachfolger als Stellvertretender Reichsprotektor in Böhmen und Mähren ernannt. Der wichtigste Mentor Reinefarths während der Zeit des Nationalsozialismus setzte seinen Vertrauten anschließend als Leiter der Protektoratsverwaltung ein. Die Aufnahme zeigt Reinefarth am 4. Juni 1943 anlässlich von Heydrichs erstem Todestag als Dalueges offiziellen Abgesandten bei einer Kranzniederlegung vor dem Grab des Verstorbenen auf dem Berliner Invalidenfriedhof.

amtierenden Reichsprotektor Neurath ihrer Ämter und erhob Karl Hermann Frank in den Rang eines Staatsministers für Böhmen und Mähren.[211] Dieser Vorgang war gleichzeitig Ausdruck von grundlegenden Verschiebungen im innenpolitischen Machtgefüge des Dritten Reiches: Es bot sich dadurch der Anlass, den abgehalfterten »Paragraphenschuster« Frick als Innenminister durch Himmler zu ersetzen und auf den politisch nunmehr gänzlich unbedeutenden Posten des Reichsprotektors abzuschieben.[212]

Weichenstellungen von dieser Tragweite waren für Reinefarth allerdings eine Nummer zu groß. Er, der seine charakterlichen Eigenschaften und fachlichen Fertigkeiten bis anhin vortrefflich darauf zu verwenden gewusst hatte, auszugleichen und zu moderieren, war nicht der Typ und darüber hinaus zu intelligent, um sich einem Machtkampf mit dem kaum antastbaren Frank zu stellen. Sein Abschied aus Prag (»für uns in der Verwaltung ein Verlust«, so Naudé[213]) und die Rückkehr ins

Hauptamt Ordnungspolizei waren somit die logischen Konsequenzen dieser Umwälzungen.[214]

Himmlers letzter Stellvertreter im Reichsgau Wartheland

Mit dem Ausfall seines langjährigen Mentors Daluege ergab sich für Reinefarth im Hinblick auf den weiteren Verlauf seiner Laufbahn eine neue Situation. Da sich seit seiner Beförderung zum SS-Brigadeführer im Frühjahr 1942 auch Heinrich Himmler verstärkt um ihn kümmerte, wirkte sich dies allerdings nicht nachteilig aus. Der Reichsführer SS hatte, wie gesehen, 1940 erstmals von Reinefarth gehört. Im Herbst 1941 erkundigte er sich nach dessen Zivilberuf, SS-Beurteilung und derzeitigem Dienstgrad bei der Wehrmacht.[215] Schließlich verlieh er ihm im Mai 1942 den Ehrendegen der SS und signalisierte mit dieser symbolischen Geste, dass er geneigt war, in Zukunft auf den vielversprechenden Juristen und Kriegshelden zu zählen.[216]

Himmler suchte sich seine künftigen Führungspersonen sorgfältig aus. Die Hauptkriterien hierbei waren ideologische Zuverlässigkeit und Leistungsfähigkeit, deren Nachweis immer wieder von Neuem zu erbringen war. Aus der Zusammenarbeit erwuchs im Optimalfall mit der Zeit eine auf absoluter Treue basierende emotionale Verbindung. Diese wurde durch persönliche Gespräche, im Normalfall aber vor allem mittels Briefkontakt gepflegt.[217] Solchermaßen beglückwünschte Himmler Reinefarth im Dezember 1942 erstmals zu dessen Geburtstag und bedachte den Brigadeführer mit einem kleinen Geschenk, wofür sich dieser in einem kurzen, aber umso überschwänglicher gehaltenen Brief bedankte.[218] Himmler, der sich selber um kleinste Details zu kümmern pflegte, wenn sie ihm wichtig erschienen, ordnete auch an, eine militärliterarische Schilderung von Reinefarths Ritterkreuz-Aktion in dessen Personalakte aufzunehmen.[219] Der auf diese Weise Geförderte war seinerseits stets bemüht, der Erwartungshaltung des Reichsführers gerecht zu werden. In diesem Bestreben wollte es Reinefarth nicht bei amtlichen Taten bewenden lassen: Dass er darüber hinaus gewillt war, in plump berechnender Manier die bisweilen obskuren Neigungen seines Vorgesetzten zu bedienen, belegt etwa der Vorgang, bei dem er dem passionierten Pflanzgärtner Himmler 1944 zwei Päckchen Tee aus dem brennenden Warschau übersenden ließ.[220]

Kurz nach seinem Amtsantritt in Prag weilte Reinefarth mit Daluege in Gesellschaft von anderen SS-Führern einige Tage bei Himmler in Berlin, wo sich die drei am 12. September 1942 spätabends zu einem vertraulichen Gespräch zurückzogen.[221] Vermutlich wurde dabei die noch immer offene Option einer leitenden Verwaltungstätigkeit innerhalb der Ordnungspolizei erörtert, die durch Dalueges Berufung nach Prag aufgeschoben worden war.[222] Im Juni 1943, als die Agonie des SS-Oberst-Gruppenführers augenfällig war, schien die Zeit gekommen, das sinkende Schiff zu verlassen und die alten Planspiele in die Tat umzusetzen. Reinefarth kehrte nach Berlin zurück und wurde dort vorerst als Leiter der Amtsgruppe II im Amt Verwaltung und Recht eingesetzt.[223] Auf den 1. Oktober 1943 erfolgte die Berufung zum Chef des neu geschaffenen Rechtsamts.[224] Die Behörde war aus der Konkursmasse des Amts Verwaltung und Recht entstanden, welches nach Himmlers Dienstantritt als Reichsinnenminister aufgelöst worden war. Im gleichen Zug musste dessen Leiter, der bereits erwähnte Werner Bracht, und mit ihm eine Vielzahl alteingesessener Verwaltungsjuristen den Hut nehmen.[225] Bracht hatte einem zu starken Eindringen der SS in die Ordnungspolizei stets skeptisch gegenübergestanden und nicht ohne Erfolg versucht, in diesem Sinn auf den mittlerweile beurlaubten Daluege einzuwirken.[226] An seine Stelle traten nun mit Reinefarth und dem Chef des ebenfalls neu geschaffenen Wirtschaftsverwaltungsamts, General der Waffen-SS August Frank, zwei höhere SS-Führer.[227] Damit einher ging eine Bereinigung der Geschäftsbereiche in organisatorischen, personellen und verwaltungstechnischen Fragen, die zulasten der Ordnungspolizei auf das Reichssicherheitshauptamt übertragen wurden.[228] In seiner neuen Funktion oblag Reinefarth in erster Linie die Aufsicht über das allgemeine Beamtenrecht, das Polizeibeamtengesetz, personelle Angelegenheiten und Dienststrafsachen.[229] Allem Anschein nach nahm er seine Aufgaben eifrig und gründlich wahr.[230] Nichtsdestotrotz wurde das Rechtsamt bereits im Dezember 1943 wieder aufgelöst.[231]

Ob Reinefarths darauf folgende Berufung als Höherer SS- und Polizeiführer der eigentliche Grund oder lediglich eine Folge dieser Auflösung war, kann nicht mehr rekonstruiert werden. Auffallend ist aber, dass die Notwendigkeit, die Stelle eines HSSPF im Reichsgau Wartheland neu zu besetzen, mit dem Verschwinden des Rechtsamts zeitlich zusammenfiel. Reinefarth selber betonte später eigennützig, er habe die neue Betätigung nicht angestrebt, sei doch die Liquidierung des Rechtsamts absehbar gewesen. Er habe deshalb um eine Rückkehr in seinen zivilen Beruf als Rechtsanwalt gebeten, was von Himmler jedoch kategorisch abgelehnt worden sei.[232] Wenn man bedenkt, welche Bedeutung die Zugehörigkeit zum engsten Führungskreis um Himmler für einen SS-Führer gemeinhin hatte, so ist es höchst unwahrscheinlich, dass diese Aussage den Tatsachen entspricht. Die angetragene Möglichkeit der Bewährung auf höchster Ebene abzulehnen, verbunden mit der Bitte, aus dem aktiven Dienst auszuscheiden, wäre – zumal in einer entscheidenden Phase des Krieges – einer Brüskierung des Reichsführers gleichgekommen, die niemand ernstlich in Erwägung ziehen konnte. Hält man sich ferner die wiederholten schriftlichen Loyalitäts- und Verbundenheitsbekundungen Reinefarths vor Augen, so kann getrost angenommen werden, dass er die Beauftragung als Auszeichnung und Ehre wahrnahm und ihr nur zu gerne folgte.

Am 18. Dezember 1943 setzte Himmler Wilhelm Koppe, HSSPF Ost in Krakau, von seiner Absicht in Kenntnis, Reinefarth als Vertreter für den erkrankten Amtsinhaber im Warthegau einzusetzen, sollte dessen Ausfall von längerer Dauer sein. Gleichzeitig wies er Koppe an, Reinefarth bei sich einzuarbeiten und »auf die besonderen Verhältnisse im SS-Oberabschnitt Warthe vor[zu]bereiten.« Koppe hatte im Reichsgau Wartheland von 1939 bis 1943 die gleiche Funktion innegehabt, war also der Vorgänger des nur wenige Monate amtierenden Theodor Berkelmann gewesen.[233] Am 27. Dezember starb dieser an den Folgen einer Krebserkrankung, woraufhin Reinefarth offiziell zum Nachfolger bestimmt wurde.[234] Nach weiterer Einarbeitung bei den HSSPF in Wien und Nürnberg[235] übernahm er am 25. Januar 1944 in Posen die Führung der Geschäfte eines Höheren SS- und Polizeiführers.[236] Die förmliche Ernennung erfolgte am 20. April, hatte aber für den Umfang der Kompetenzen keine Bedeutung.[237]

Der HSSPF Warthe war sowohl Gauleiter Arthur Greiser als auch Himmler unterstellt und verkörperte kraft seines Amtes »die Verklammerung parteieigener und staatlicher Funktionen« auf der Ebene unterhalb des Reichsführers SS und Chefs der deutschen Polizei.[238] Ihm unterstanden formell die beiden Inspekteure der Sicherheitspolizei und des SD (IdS) sowie der Ordnungspolizei (IdO).[239] Die HSSPF verfügten jedoch über keine eigene Behörde, sondern sollten sich der verschiedenen polizeilichen Institutionen in ihrem Wirkungskreis bedienen.[240]

Der Reichsgau Wartheland war nach der Besetzung Polens entstanden und als solcher ins Deutsche Reich eingegliedert worden. Auf einer Fläche von knapp 44 000 Quadratkilometern umfasste er die drei Regierungsbezirke Posen (Poznań), Litzmannstadt (Łódź) und Hohensalza (Inowrocław). Bei Kriegsbeginn lebten dort gut vier Millionen Menschen. Die Verwaltungsstruktur unterschied sich vom Altreich vor allem dahin gehend, dass eine Trennung von Staats- und Parteiverwaltung de facto nicht existierte. So regierte Arthur Greiser in Personalunion als Gauleiter und Reichsstatthalter. Als Folge dieser gekoppelten Zuständigkeiten waren die staatlichen Ämter noch stärker als im Altreich mit Persönlichkeiten durchsetzt, deren nationalsozialistische Gesinnung außer Frage stand. Dies galt bis auf die unteren Ebenen der Verwaltung.[241]

Dem Warthegau kam in Bezug auf die nationalsozialistische Volkstumspolitik eine besondere Bedeutung zu.[242] Himmler, dessen führende Kompetenz in diesem Bereich 1939 durch seine Berufung zum »Reichskommissar für die Festigung deutschen Volkstums« (RKFDV) institutionalisiert worden war[243], und Greiser betrachteten das Gebiet, in dem weniger als zehn Prozent der Einwohner deutschstämmig waren, als »Exerzierplatz des Nationalsozialismus« und Modell nationalsozialistischer Germanisierungspolitik.[244] Hier wurden erstmals Ghettos errichtet, zum ersten Mal Juden systematisch zum Arbeitseinsatz herangezogen und in Kulmhof (Chelmno) das erste Vernichtungslager überhaupt errichtet. Nirgendwo sonst in Osteuropa existierte ein größeres Netz an jüdischen Zwangsarbeitslagern.[245] Das Gegenstück zu Vertreibung und Vernichtung bildete die im großen Stil praktizierte Um- und Ansiedlung von volksdeutschen Bevölkerungsgruppen aus dem Baltikum, Russland und Südosteuropa.[246] An beiden Prozessen war eine Vielzahl von Institutionen beteiligt.[247] Die Befehlskette führte letzten Endes jedoch stets zu Himmler oder Greiser, die zwar nicht immer konfliktfrei, aber doch meistens konstruktiv (wenn man den Begriff in dem Zusammenhang verwenden will) zusammenarbeiteten.[248]

Entscheidend für Reinefarths Handlungsspielraum und Gestaltungsmöglichkeiten in seiner neuen Funktion war nun, dass bereits Vorvorgänger Koppe auf dem Gebiet der Volkstumspolitik massiv an Einfluss eingebüßt hatte. Schon 1940 war das bisher beim HSSPF angesiedelte »Amt für die Aussiedlung von Polen und Juden«, die spätere »Umwandererzentralstelle« (UWZ), direkt dem RSHA unterstellt worden.[249] Auf dem Gebiet der Ansiedlung wurde Koppe immer mehr von Greiser bedrängt, der ihn im selben Jahr als Beauftragter des RKFDV ablöste.[250] Als ab 1941 die Deportationen ins Generalgouvernement zu stocken begannen und sich daraufhin im Warthegau die Judenpolitik zunehmend radikalisierte, rückte mit Herbert Mehlhorn ein weiterer Konkurrent ins Rampenlicht. Mehlhorn avancierte als Abteilungsleiter in Greisers Reichsstatthalterei in der Folge zur zentralen Figur bei der Behandlung der sogenannten »Judenfrage«.[251]

Unter diesen Umständen nimmt es nicht wunder, dass Reinefarth sein Amt, das laut ihm zwar »einen hochklingenden Titel hatte, dafür aber jedes wesentlichen Inhalts entbehrte«, im Nachhinein als »völlig bedeutungslos« beschrieb.[252] Seine Tätigkeit erschien ihm folglich »nicht befriedigend (...), weil es wenig reale Aufgaben gab«, zumal sie auch mit keinerlei Befehlsgewalt verbunden gewesen sei.[253] In der Tat waren seine Einflussmöglichkeiten einigermaßen überschaubar. Die wichtigste persönliche Domäne stellte die Oberaufsicht über die Gerichtsbarkeit der SS und Polizei dar.[254] Darüber hinaus kam ihm eine Koordinierungsfunktion zu, die er aber nur wahrnehmen konnte, wenn er imstande war, diesen Anspruch energisch einzufordern. Dazu boten sich ihm zumindest logistisch gute Voraussetzungen, befand sich doch sein Büro im gleichen Gebäude wie diejenigen des IdS und des IdO.[255] Dass er über alle wesentlichen Entwicklungen bestens informiert war, steht unzweifelhaft fest.[256]

An diesem Punkt muss man sich die Frage stellen, welche Überlegungen sich

Himmler bei Reinefarths Einsetzung wohl gemacht hat. Dass sie zufällig erfolgte, kann mit Verweis auf seine Kontrollwut und Pedanterie ausgeschlossen werden. Auf den ersten Blick irritiert die Berufung, wurde doch damit ein in dieser Funktion völlig unerfahrener HSSPF direkt an einen der Hauptschauplätze der nationalsozialistischen Volkstumspolitik versetzt. Möglicherweise liegt aber genau in diesem scheinbaren Widerspruch die Erklärung: Die Ausbeutung und Vernichtung der Juden im Reichsgau Wartheland war ein komplexer arbeitsteiliger Prozess, der nach Koppes Zurückstufung von Greiser, Mehlhorn und den Dienststellen des RSHA in einer Weise vorangetrieben wurde, mit der Himmler und Hitler zufrieden waren.[257] Ein starker und machtbewusster Polizeiführer hätte dieses sorgsam austarierte Gleichgewicht in einer Phase gefährdet, in der Himmler ahnen musste, dass für die Verwirklichung seiner Pläne nicht mehr viel Zeit blieb. Dass der loyale Reinefarth in dieser Hinsicht keine Probleme bereiten würde, konnte der Reichsführer berechtigterweise annehmen. Mit Blick auf die damalige Kriegslage bietet sich aber noch eine weitere Erklärung an: Reinefarths Meriten als Frontkämpfer ließen ihn in den Augen Himmlers womöglich als besonders geeigneten Anführer bei der Partisanenbekämpfung erscheinen. Die diesbezügliche Zuständigkeit der HSSPF in den Wehrkreisen hatte er bereits 1942 in einem Brief an Daluege unterstrichen.[258] Über den sich formierenden militärischen Widerstand in den besetzten polnischen Gebieten gab sich Himmler keinen Illusionen hin: Laufend gingen entsprechende Meldungen ein, was ihn bereits Ende 1942 dazu veranlasst hatte, eine größere Zahl verdächtiger Polen verhaften und in Konzentrationslager überführen zu lassen.[259] Die näher rückende Ostfront und die durch den Oberbefehlshaber der polnischen Heimatarmee am 20. November 1943 ausgelöste Aktion »Burza« (Gewittersturm) machten eine bewaffnete Erhebung immer wahrscheinlicher.[260]

Vor dem Hintergrund der dramatischen Kriegslage leiteten Himmler und Greiser während Reinefarths Amtszeit das letzte Kapitel der Vernichtung der wartheländischen Juden ein. Im Februar 1944 trafen sich die beiden zu einem Gespräch, bei dem es Greiser mit Verweis auf kriegswirtschaftliche Erwägungen gelang, Himmlers Pläne einer sofortigen und vollständigen Auflösung des Ghettos Litzmannstadt fürs Erste aufzuschieben.[261] Dennoch begann schon im März die Wiedererrichtung des Vernichtungslagers Kulmhof. Die Aktion war vermutlich an einer kurz zuvor – in Anwesenheit Reinefarths – stattfindenden Führertagung in Litzmannstadt abschließend erörtert worden. In der Folge wurden zunächst diejenigen Ghettobewohner deportiert, die im Zuge des Kompromisses zwischen Himmler und Greiser als nicht kriegswichtig eingestuft worden waren. Diese gut 7000 Menschen wurden im Juni und Juli 1944 unter persönlicher Aufsicht Greisers und des IdS, Ernst Damzog[262], vom reaktivierten »SS-Sonderkommando Kulmhof« umgebracht.[263] Unmittelbar danach fand, erneut in Litzmannstadt, eine Besprechung statt, an der die endgültige Liquidierung des Ghettos beschlossen wurde. Im Ergebnis wurden die verbliebenen knapp 70 000 Juden im August 1944 nach Auschwitz deportiert.[264] Über Reinefarths Anwesenheit an dieser Sitzung liegen widersprüchliche Hinweise vor. Von Alberti wird sie vermutet.[265] Dem scheint zu widersprechen, dass Reinefarth bereits im Frühjahr angekündigt hatte, Anfang Juli einen dreiwöchigen Familienurlaub anzutreten.[266] Insgesamt überwiegen jedoch die Indizien, dass diese Absicht später zurückgestellt wurde und es ihm demzufolge möglich war, an der Unterredung zugegen zu sein: So belegt eine Meldung Damzogs, dass Reinefarth am 14. Juli an seinem Arbeitsplatz weilte und seinem IdS von dort aus ein von Himmler bestätigtes Todesurteil an einem Polen weiterleitete.[267] Zudem dokumentieren ein Telegramm an Himmlers Referenten Brandt vom 4. Juli und ein Bericht im »Ostdeutschen Beobachter« vom 21. Juli, dass er in diesen entscheidenden Wochen im Warthegau präsent war.[268]

Es ist zwar augenscheinlich, dass Reinefarth bei der letzten Etappe nationalsozialistischer Vernichtungspolitik im Warthegau nicht dringend benötigt wurde. Dem steht der Befund gegenüber, dass er in der ersten Jahreshälfte 1944 nicht bloß in seinem Posener Büro saß, sondern proaktiv handelte, sich informierte und bemühte, mit den maßgeblichen Leuten Kontakt zu halten. Aufschluss darüber gibt etwa die Aussage des stellvertretenden Leiters der Stapo-Leitstelle Litzmannstadt, Joachim Kuke. Die in einem juristischen Kontext getätigte Angabe ist deshalb interessant, weil sie Reinefarths Komplizenschaft in den Raum stellt, gleichzeitig aber nicht einseitig darauf abzielt, Kukes ehemaligen Chef, Otto Bradfisch, zu entlasten: Demnach habe er, Kuke, Reinefarth im Frühjahr 1944 in Litzmannstadt kennengelernt, als ihm dieser von Bradfisch vorgestellt worden sei. In der Folgezeit sei Bradfisch in Begleitung des Leiters der Kripo Litzmannstadt mehrfach zu seinem formellen Vorgesetzten nach Posen gefahren. Was die Vorgänge in Kulmhof betreffe, so sei das RSHA nicht in jedem Fall verpflichtet gewesen, den Höheren SS- und Polizeiführer über die einzelnen Schritte zu informieren, jedoch:

»Der Regelfall wird (...) gewesen sein, daß Reinefarth vom RSHA verständigt worden ist. Es ist ganz klar, daß der Höhere SS- und Polizeiführer wissen musste, was in seinem Zuständigkeitsbereich geschah. Im Hinblick darauf, daß die Juden von Beamten der Schutzpolizei nach Kulmhof geschafft worden sind, möchte ich sagen, daß der Befehl dazu Bradfisch nicht gegeben haben kann. Einen derartigen Befehl konnte nur der Kommandeur der Schutzpolizei geben. Dieser wiederum unterstand dem Inspekteur der Schutzpolizei [richtig: Inspekteur der Ordnungspolizei] in Posen und darüber hinaus Reinefarth.«[269]

Von entscheidender Bedeutung hinsichtlich der Versorgung mit Informationen aus erster Hand dürfte auch gewesen sein, dass sich Reinefarth mit dem IdS Damzog persönlich gut verstand, wie er später selber zugab.[270] Durch ihn stand er auch in Kontakt mit dem Kulmhof-Kommandanten Hans Bothmann.[271] Dennoch: Gesamtheitlich wird man ihm bei der Vernichtung der Juden im Reichsgau Wartheland schwerlich eine zentrale Rolle zuschreiben können. Dies entlastet Reinefarth aber nicht von seiner Rolle als aktiver Mitwisser. Auch gibt es keinerlei Hinweise dahin gehend, dass er die verbrecherischen Vorgänge nicht billigte, geschweige denn versuchte, sie zu verhindern.

Etwas anders stellte sich die Situation betreffend die Unterbringung und Ansiedlung der volksdeutschen Flüchtlinge dar. Hier lässt sich mit Originaldokumenten belegen, dass Reinefarth versuchte, eine aktive Rolle zu spielen. Eine herausgehobene Bedeutung kam dabei den sogenannten »Schwarzmeerdeutschen« zu, die auf der Flucht vor der Roten Armee ab dem Februar 1944 in Massen den Warthegau erreichten.[272] Die Trecks wurden vom »Sonderkommando R« unter SS-Brigadeführer Horst Hoffmeyer geleitet, einer Organisation der »Volksdeutschen Mittelstelle«.[273] Die anstehende Beherbergung der etwa 250 000 Menschen stellte die Besatzungsbehörden vor erhebliche logistische Probleme. Zu deren Erörterung fand am 26. April 1944 eine Dienstbesprechung der Ansiedlungsstabsführer und Außenstellendienstleiter statt. Bei dieser Gelegenheit ergriff Reinefarth das Wort und kritisierte die Zusammenarbeit mit den Angehörigen des Sonderkommandos R, zu denen »das richtige Verhältnis (…) noch nicht eingetreten« sei. Noch weitaus deutlichere Worte fand er laut Protokoll in Bezug auf die Unterbringungsfrage, wobei er gleichzeitig die historische Bedeutung der anstehenden Aufgaben unterstrich:

»Es muss mehr Platz geschaffen werden durch Evakuierung von Polen. Die Zahlen langen nicht. Es kommen mehr Schwarzmeerdeutsche herein, als Polen evakuiert werden. (…) Entscheidend ist einzig und allein der Erfolg. Durch keine bürokratischen Ansichten sich beirren lassen! (…) Mit Kleinigkeiten soll man sich nicht belasten, es geht um das Ganze, um ein grosses Stück Geschichte, welches einmal unauslöschlich im Buche der Geschichte stehen wird.«[274]

Mit dieser Ansage sollte er recht behalten: Tatsächlich wurden in der Zeit zwischen April und November 1944 noch einmal über 30 000 Polen aus dem Warthegau vertrieben.[275]

Wie schlecht das Verhältnis zwischen dem Sonderkommando R und den Ansiedlungs- und Arbeitsstäben – welche die Unterbringung der Flüchtlinge seit jeher

Als Höherer SS- und Polizeiführer im Reichsgau Wartheland bemühte sich Reinefarth, den Kompetenzbereich der deutschen Ansiedlung unter seine Kontrolle zu bringen. Die Evakuation der deutschstämmigen Bevölkerung aus dem Schwarzmeergebiet ließ die Zahl der Einwanderer 1944 schlagartig in die Höhe schnellen. Als Folge dieser Entwicklung konnte Reinefarth (Bildmitte) im März desselben Jahres im Rahmen einer Massenveranstaltung in Litzmannstadt Gauleiter Arthur Greiser (rechts) offiziell den einmillionsten deutschen Umsiedler im Warthegau vorstellen.

für sich reklamiert hatten – war, dokumentierte Hoffmeyer in einem Bericht an die Adresse Himmlers. Darin beanstandete er die chaotischen Verhältnisse im Warthegau und warf insbesondere den RKFDV-Dienststellen vor, seinen Leuten gegenüber eine herablassende Haltung einzunehmen.[276] Darüber hinaus unterstellte er den lokalen Verantwortungsträgern, sich bei der zurückliegenden Besprechung in einer Form über das Sonderkommando R ausgelassen zu haben, dass der Höhere SS- und Polizeiführer nun »vollkommen von der Untätigkeit und dem Willen [des Sonderkommandos R], sich nicht in die bestehende Organisation einzufügen, überzeugt war.«[277] Der Angesprochene dachte jedoch nicht daran, Anschuldigungen dieser Art auf sich und seinen Leuten sitzen zu lassen. In einer nicht weniger als zehn Seiten umfassenden Stellungnahme, die ebenfalls an den Reichsführer SS ging, betonte Reinefarth den Vorwürfen Hoffmeyers gegenüber die klare und eindeutige Abgrenzung der Arbeitsgebiete sowie die Bereitschaft zur Zusammenarbeit mit Hoffmeyers Untergebenen. Indes vergaß er nicht hervorzuheben, wer bei der Gesamtangelegenheit der Flüchtlinge letzten Endes die Zügel in der Hand hielt: »Fest steht (…), dass durch Erlass des Gauleiters die gesamte Verantwortung und Durchführung der Ansiedlung der Schwarzmeerdeutschen dem Höheren SS- und Polizeiführer Warthe übertragen worden ist.«[278] Die Vorwürfe von Hoffmeyer seien auch deshalb unangebracht, wenn man bedenke, was in den vergangenen Jahren von deutscher Seite im Warthegau geleistet worden sei:

> »Im übrigen will der Reichsgau Wartheland allein durch die Tatsachen seiner viereinhalbjährigen Aufbauarbeit vor jeder öffentlichen Kritik bestehen. Zu jeder Stunde ist die Dienststelle des Reichskommissars bereit, einen ungeschminkten Einblick über die Verhältnisse der Schwarzmeerdeutschen zu geben, wo immer er gewünscht wird. Das setzt voraus, dass man offenen Herzens den Reichsgau Wartheland betritt. Ein richtiges Urteil über die tatsächlichen Verhältnisse, über das bisher Geleistete und über das im Rahmen des Möglichen für die Zukunft noch Erstrebenswerte kann kein aussenstehender Beobachter finden, sondern nur derjenige, der mit Herz und Verstand inmitten dieses nun schon viereinhalb Jahre andauernden erfolgreichen Verdeutschungsprozesses im Reichsgau Wartheland steht.«[279]

In dieser Hinsicht, führte Reinefarth weiter aus, könnten auch die Flüchtlinge aus dem Schwarzmeergebiet in Zukunft einen wertvollen Beitrag leisten, wenngleich in Erwägung gezogen werden müsse,

> »dass an einem Teil der Schwarzmeerdeutschen die 25 Jahre Bolschewismus nicht ganz spurlos vorübergegangen sind, wie ebenso sicher ist, dass ein Grossteil von ihnen zunächst an systematisches Arbeiten gewöhnt werden muss. (…) Gerade die Dienststellen des Reichskommissars haben aber von Anbeginn das Hohelied der Volkstumstreue der Schwarzmeerdeutschen gesungen; sie sehen auch in den eben aufgezeigten Mängeln keineswegs charakterliche Schwächen oder Minderwertigkeiten der Umsiedler, sondern Erscheinungen, die sich bald bei folgrichtiger Einführung in die deutsche Gemeinschaft beseitigen lassen.«[280]

Was die von Hoffmeyer monierte fehlende Vertrauensbasis betraf, drehte er schließlich den Spieß einfach um:

»Meine persönliche Ansicht zu der Art der Behandlung dieser Angelegenheit ist die, dass SS-Brigadeführer Hoffmeyer etwa durch seine Leute im Warthegau vorgefundene Anstände zunächst mir hätte mitteilen müssen, damit ich ihm die entsprechenden Aufklärungen hätte geben können. Sollte der Bericht unmittelbar an den Reichsführer gegangen sein, so würde ich hierin eine Unkameradschaftlichkeit erblicken müssen. Auch die SS-Brigadeführer Hoffmeyer unterstehenden Angehörigen des Sonderkommandos ›R‹ haben hier manche Fehler begangen, ohne dass ich hierüber gleich dem Reichsführer berichtet hätte.«[281]

Um die eigene Stellung bei Himmler nicht unnötig zu gefährden, ergänzte er das Begleitschreiben zu seiner Replik vorsichtig mit der Bitte, wonach das Papier dem Reichsführer nur dann vorgelegt werden solle, wenn dieser auch den Bericht Hoffmeyers persönlich gelesen habe: Keineswegs wolle er »die Veranlassung zu irgendeinem Krach beim Reichsführer sein.«[282] Im bereits erwähnten Telegramm an Brandt vom 4. Juli sollte er allerdings alle Vorbehalte wieder zurücknehmen: Hoffmeyer sei in der Zwischenzeit bei ihm gewesen, und dabei habe »sich die Sache voellig anders als angenommen herausgestellt.«[283]

Reinefarths Ausführungen belegen zweierlei: Dass er in rassischen Kategorien dachte und die brutale Germanisierungspolitik der vergangenen Jahre ohne Abstriche befürwortete, überrascht nicht. Der übereifrige Bericht dokumentiert aber auch, dass er gewillt war, Himmlers Leistungsauftrag anzunehmen und sich in schwierigen Zeiten als Kontroll- und Koordinierungsinstanz zu bewähren. Alles in allem füllte Reinefarth seine Rolle daher genau so aus, wie sich Himmler dies gewünscht haben dürfte: Er setzte zwar keine eigenen Akzente, half aber, die bestehenden Abläufe zu optimieren, und war dennoch energisch genug, seinen Führungsanspruch gegenüber gleichrangigen Konkurrenten einzufordern, deren Agieren die zielstrebige Abarbeitung der anstehenden Probleme potenziell gefährdete. Ob ihn die Rolle als »Getriebe«[284] innerhalb des Besatzungsapparates allerdings vollumfänglich befriedigt hat, ist sehr fraglich. Er, dessen Reputation zu einem guten Teil auf seinem militärischen Leistungsausweis beruhte, hatte die vergangenen zweieinhalb Jahre vorwiegend mit Aktenarbeit, Besprechungen und Besichtigungen verbracht, ohne dabei maßgebliche Entscheidungen in eigener Kompetenz veranlassen zu können. Während dieser Zeit hatte sich die einst verheißungsvoll erscheinende Kriegslage, zu der er als Frontoffizier seinen kleinen Beitrag geleistet hatte, ins Gegenteil verkehrt. Am 20. Juli 1944 führte ihm das Attentat auf Adolf Hitler vor Augen, dass die innere Stabilität der NS-Diktatur nicht mehr uneingeschränkt vorhanden war und dass damit auch für ihn plötzlich alles vorbei sein konnte, wofür er sich jahrelang mit aller Kraft eingesetzt hatte. Dementsprechend erleichtert richtete er am nächsten Tag das Wort an die Teilnehmer einer von den örtlichen Behörden eilig organisierten Treuekundgebung:

> »Als gestern (…) die Nachricht von dem Attentat auf den Führer eintraf, und als dann weiter bekannt wurde, daß die Verräterclique durch Geheimbefehl versuchte, Verwirrung zu stiften, dadurch, daß in diesem Geheimbefehl behauptet wurde, der Führer sei tot und einer dieser Verräteroffiziere habe den Befehl über die deutsche Wehrmacht übernommen, da traten hier in Posen die verantwortlichen Männer der Partei, der Wehrmacht und der Polizei zusammen. Und es bedurfte nur weniger Worte der Besprechung, und es wurde sofort Einmütigkeit über die Lage erzielt. Es war so, wie wir es in unserem Gau nicht anders erwarten durften. Und mit großer Freude hatten wir uns alle kaum gesehen, nachdem wir gebangt hatten um das Leben und die Gesundheit unseres geliebten Führers, da wurde wieder einmal so richtig das Wort des Gauleiters wahr: Wir sind ein Gau der Frontsoldaten und der Kameradschaft. Die Verräterclique ist zerschlagen, die Verräter selbst gerichtet. Eine gnädige Vorsehung hat uns den Führer erhalten. Der Führer hat einen seiner ältesten Mitkämpfer und den Garanten für die innere Sicherheit des Großdeutschen Reiches, Heinrich Himmler, zum Befehlshaber des Ersatzheeres ernannt. Wir, die wir ihn kennen (…), wissen, daß nun in seiner starken Hand alles liegt, was zur Aufrechterhaltung der Sicherheit, Ruhe und Ordnung erforderlich ist. Wir Männer der SS und der Polizei werden wie bisher in blindem Gehorsam und unverbrüchlicher Treue zu ihm stehen und, wenn es sein muß, hart und unerbittlich den Befehlen unseres Reichsführers weiterhin nachkommen. Und ich kann zugleich im Namen meiner Männer der SS und der Polizei dieses Gelöbnis aussprechen, das seinen schönsten Ausdruck findet in dem Wahlspruch, den der Führer selbst uns geschenkt hat: Unsere Ehre heißt Treue!«[285]

Die Gelegenheit, sich in diesem Sinn zu bewähren, kam schnell. Als er von Himmler in der ersten Augustwoche 1944 vorübergehend aus Posen abkommandiert und mit der leitenden Verantwortung für einen militärischen Spezialauftrag betraut wurde, dürfte er nicht unglücklich gewesen sein, seine Stärken in dieser dramatischen Kriegslage wieder aktiver in die Waagschale werfen zu können.[286] Wie sehr diese Mission sein späteres Leben prägen würde, konnte er zu diesem Zeitpunkt freilich nicht ahnen.

2. Ein politischer Soldat

»Weniger Munition als Gefangene«: Warschau 1944

Die bewaffnete Erhebung der polnischen Heimatarmee in Warschau hatte eine längere Vorgeschichte[287] und begann sich in der zweiten Julihälfte unter dem Eindruck der militärischen Ereignisse an der Ostfront und des Hitler-Attentats zu konkretisieren. Am 1. August 1944 um 17 Uhr brach der Aufstand aus und stellte die Besatzer sofort vor größte Probleme. Obwohl von dem Ereignis nicht gänzlich überrascht, gelang es der deutschen Garnison in den darauffolgenden Tagen nicht, der militärischen Lage Herr zu werden.[288] In der Folge entwickelte sich die Erhebung zu einem von beiden Seiten verbissen geführten Abnützungskampf, der sich über zwei Monate hinzog. Aufgrund der nur sehr zögerlichen Hilfestellung der Roten Armee und der brutalen, völkerrechtswidrigen Kriegsführung der besser ausgerüsteten und laufend verstärkten deutschen Streitkräfte kämpften die Aufständischen dabei zunehmend auf verlorenem Posten und mussten schließlich Anfang Oktober kapitulieren.[289]

Heinrich Himmler entschloss sich nach dem Ausbruch nicht nur, den Aufstand mit allen verfügbaren Mitteln niederschlagen zu lassen, sondern darüber hinaus auch, an den Aufständischen ein Exempel zu statuieren: »Alle Polen in Warschau, ohne Rücksicht auf Alter und Geschlecht seien zu erschießen, Gefangene dürfen nicht gemacht werden. Warschau ist dem Erdboden gleichzumachen, um Europa zu zeigen, was es bedeutet, einen Aufstand gegen Deutsche zu unternehmen.«[290] Himmler bewegte sich mit seiner Absicht voll und ganz auf der Linie Hitlers, der mit einem noch am 1. August im Führerhauptquartier spontan geäußerten allgemeinen Zerstörungsbefehl das weitere Vorgehen sanktioniert hatte.[291] Am Abend des 2. August flog Himmler nach Posen, um auf der dort stattfindenden Gauleitertagung zu sprechen und Hitlers Stellvertreter nach dem Umsturzversuch auf die aktuellen Erfordernisse einzuschwören.[292] Dort beauftragte er am Nachmittag des darauffolgenden Tages Heinz Reinefarth mit der Niederschlagung des Aufstandes.[293] Dass ihm Himmler dabei einen Befehl zur Vernichtung der Warschauer Zivilbevölkerung mit auf den Weg gegeben hat, kann zwar nicht direkt belegt werden und wurde von ihm selber abgestritten, ist aber angesichts mehrerer indirekter Hinweise sowie der Tatsächlichkeit der folgenden Ereignisse evident.[294]

Nach der Befehlserteilung machte sich Reinefarth am Nachmittag des 3. August daran, aus dem Wehrkreis XXI und den Warthegauer Polizeidienststellen einen persönlichen Stab und eine Einsatztruppe zu rekrutieren, die zusammen mit den von Himmler zugeführten Kräften den Aufstand niederschlagen sollte. Auf diese Weise entstanden die zwei nach ihren jeweiligen Führern benannten Bataillone »Reck« und »Peterburs«, gleichsam die Keimzelle der »Kampfgruppe Reinefarth«, der später mehrmals neue Kräfte zugeführt wurden.[295] Ia im Stab Reinefarths wurde der Major der Schutzpolizei Kurt Fischer, bisher beim Stab des BdO in Posen. Seinen designierten persönlichen Adjutanten Helmut Stühmer, SS-Hauptsturmführer und Turnlehrer an der Polizeischule Posen, holte Reinefarth direkt vom Sportplatz ab.[296] Der improvisierte Charakter der Vorbereitungen, bei denen »in höchster Not und größter Eile« alle verfügbaren Kräfte »zusammengerafft« wurden, verunmöglichte eine sorgfältige Personalrekrutierung nach professionellen Gesichtspunkten, was vor allem in Bezug auf die taktische Führung nicht folgenlos blieb: »Ein regelrechter, nach militärischen Grundsätzen aufgebauter Stab, in dem jede Funktion mit einer Fachkraft besetzt gewesen ist, ist er (…) wohl nie geworden.«[297] Der Stab bestand denn auch fast ausschließlich aus Polizeioffizieren, von denen keiner einen höheren Rang als den eines Majors bekleidete. Reinefarth selber war zwar unmittelbar vor diesen Ereignissen vom Brigadeführer zum SS-Gruppenführer und Generalleutnant der Polizei befördert worden, verfügte aber, wie gesehen, nicht über eine klassische Generalstabsausbildung und allem Anschein nach auch über keine wesentliche Erfahrung im Partisanenkampf.[298] Nach einer nächtlichen Autofahrt kam Reinefarth in Begleitung von Fischer und Stühmer in den frühen Morgenstunden des 4. August im gut 300 Kilometer entfernten Warschau an, fragte sich zum Gefechtsstand der 9. Armee durch und meldete sich schließlich dort (der Gefechtsstand befand sich in Pruszków, etwa 15 Kilometer westlich von Warschau) beim Befehlshaber, General der Panzertruppe Nikolaus von Vormann.[299] Den restlichen Tag verbrachte er damit, den für den nächsten Tag geplanten Entsatzangriff auf das Stadtzentrum zu planen, wo der Warschauer Stadtkommandant Stahel und die deutsche Verwaltung im Brühl'schen Palais festsaßen.[300]

An dieser Stelle lohnt sich ein kurzer Blick auf die Rahmenbedingungen und Befehlsverhältnisse, denn diese sind für die Bewertung von Reinefarths Agieren insbesondere in den ersten Tagen nach seinem Eintreffen entscheidend. Die militärische Gesamtlage im Vorfeld des Aufstandes war geprägt durch den Zusammenbruch der Heeresgruppe Mitte innerhalb weniger Wochen, »die größte Katastrophe der deutschen Militärgeschichte«. Durch eine überraschende und riskante Gegenoffensive war es dem Oberbefehlshaber des Großverbandes, Generalfeldmarschall Walter Model, aber gelungen, den Vormarsch der Roten Armee an der Weichsel zum Stehen zu bringen. Damit verschaffte er den deutschen Kräften letztendlich die notwendige Luft, um mit den Aufständischen fertig zu werden.[301] Der erfolgreiche Vorstoß sowjetischer und polnischer Einheiten in den östlich der Weichsel gelegenen Stadtteil Praga befeuerte zwar am 10. September noch einmal die Hoffnungen der Aufständischen. Dennoch blieb das westliche Weichselufer bis zum Ende des Aufstandes (und darüber hinaus bis zur sowjetischen Winteroffensive) nominell deutsch besetztes Gebiet. Dementsprechend gestaltete sich auch die Sichtweise der deutschen Führung: Eine reguläre polnische Armee existierte in ihren Augen nicht. Somit galten die Aufständischen als Partisanen. Darüber hinaus gefährdete jeder Aufstand die militärische Sicherheit, beschädigte das Prestige der Besatzungsmacht und war folglich mit allen Mitteln zu bekämpfen.[302] Die Perzeption der zu veranlassenden Maßnahmen als Strafaktion im Rahmen der sogenannten »Bandenbekämpfung« erklärt den Nachdruck, mit dem Himmler, seit kurzem auch Befehlshaber des Ersatzheeres, die Niederschlagung des Aufstandes zu seiner Sache erklärte und deshalb in der Folge auch die Zuführung von weiteren Kräften organisierte.[303] Reinefarth und später Bach-Zelewski waren als Befehlshaber deshalb in erster Linie Himmler verpflichtet, von dem sie auch ihre Aufträge erhalten hatten, mussten sich bei ihren Aktionen aber natürlich mit der Wehrmacht, namentlich mit dem Oberkommando der 9. Armee (AOK 9) abstimmen.[304] Da Bach-Zelewski erst am Abend des 5. August in Warschau eintraf[305], lag die Gesamtverantwortung der deutschen Operationen im Stadtgebiet von Warschau bis zu diesem Zeitpunkt bei Reinefarth.[306]

Zu den Truppen, die Reinefarth selber aus dem Warthegau mitgebracht hatte, stießen im Verlauf des 4. August zwei Formationen, deren Ruf selbst im Kontext des nationalsozialistischen Vernichtungskriegs kaum schlechter sein konnte: Das nach seinem Anführer benannte Sonderregiment Dirlewanger war eine Bewährungseinheit, deren Stamm ursprünglich aus Wilddieben bestanden hatte, sich aber durch die hohen Verluste mittlerweile vorwiegend aus straffällig gewordenen Soldaten und SS-Angehörigen sowie Berufskriminellen zusammensetzte. Seit 1942 in Weißrussland zur Partisanenbekämpfung eingesetzt, hatte sich die Einheit durch ihre Erschießungszahlen im Verbund mit unerhörter Grausamkeit die Anerkennung Himmlers erworben, war für ihre »Leistungen« aber auch von der Wehrmacht belobigt worden.[307] Nach dem Rückzug aus der Sowjetunion sollte sie eigentlich in Ostpreußen aufgefrischt werden, wurde dann aber in Teilen nach Warschau umgeleitet, wo das 1. Bataillon unter der Bezeichnung »Kampfgruppe Meyer« ab dem 5. August zum Einsatz kam.[308] Kaum vorteilhafter präsentierte sich der Leumund der SS-Sturmbrigade RONA unter Bronislaw Kaminski. Der sowjetische Überläufer, geboren als Sohn eines Polen und einer Deutschen, hatte im Raum Brjansk in Diensten der Wehrmacht eine weitgehend autonome russische Verwaltung und zur Partisanenabwehr eine »Russische Volksbefreiungsarmee« (russ. Abkürzung: RONA) aufgebaut. Im Zuge des Vormarsches der Roten Armee war die Truppe immer weiter gegen Westen evakuiert worden und hatte sich dabei den Ruf erworben, nicht nur zu töten, sondern auch systematisch zu plündern und zu vergewaltigen. Kurz vor Ausbruch des Warschauer Aufstandes hatte Himmler beschlossen, die Einheit zu einer regulären Division der Waffen-SS auszubauen (ein Plan, der infolge der Kriegsereignisse nie vollendet wurde), und Kaminski zum SS-Brigadeführer ernannt.[309] Am 4. August vermeldete das AOK 9 die Ankunft der Einheit, fügte angesichts des äußeren Erscheinungsbilds der Truppe jedoch hinzu: »Verwechslung mit Banditen möglich. Genaueste Anweisung an in Warschau eingesetzte Truppen zur Vermeidung von Zusammenstößen wird befohlen.«[310] Das Aufgebot wurde vervollständigt durch zwei Kompanien des Aserbaidschanischen Bataillons Nr. II aus dem Sonderverband Bergmann. Im Lauf des 5. August kamen noch vier weitere Polizeikompanien aus dem Warthegau hinzu.[311] Mit diesen Kräften wurde der für die Zivilbevölkerung Warschaus so verhängnisvolle Stoß Richtung Innenstadt bestritten, mit dem Ziel, die Verbindung zu den östlich der Weichsel abgeschnittenen deutschen Einheiten wiederherzustellen.[312]

Am frühen Morgen des 5. August 1944 hielt Reinefarth mit den Führern der bis dato eingetroffenen Kampfverbände eine Einsatzbesprechung ab, die in einem Haus in Włochy, etwa fünf Kilometer westlich von Warschau, stattfand.[313] Fest steht, dass er dabei seinen Untergebenen auseinandersetzte, dass man es mit einem erbittert kämpfenden Feind zu tun habe, der zum Teil deutsche Uniformen trage und Grausamkeiten an deutschen Soldaten begangen habe. Es sei Eile geboten und schonungslos vorzugehen.[314] An eine Erteilung eines Bevölkerungsvernichtungsbefehls im Sinne Himmlers wollte sich später die Mehrheit der damals Anwesenden nicht erinnern. Umso erstaunlicher und bedeutsamer ist daher die Zeugenaussage des Kommandanten des Polizeibataillons Peterburs: Der 1944 bereits 55-jährige Gendarmerieoffizier Friedrich Peterburs wurde wenige Tage nach dieser Besprechung auf eigenes Ersuchen von seinem Kommandoposten enthoben und starb 1962 kurz nach seiner Aussage vor dem Flensburger Staatsanwalt.[315] Peterburs, der offenbar reinen Tisch machen wollte, bekundete, dass Reinefarth gedroht habe, »Einheitsführer, die nicht die richtige Energie aufbrächten, würden wegen Feigheit vor das Kriegsgericht gebracht werden.«[316] Er habe weiter ausgeführt, dass »alles, was sich auf der Vormarschstraße zeige, als Aufstandsteilnehmer zu behandeln sei.«[317] Auf die Frage des Staatsanwaltes, was das bedeuten solle, antwortete Peterburs, dass ihm die Antwort schwerfalle,

> »weil ich nicht durch unrichtige Formulierung einen Menschen zu Unrecht belasten möchte, da ich weiß, daß mich meine Erinnerung hier durchaus täuschen kann. Ich hatte aber das Gefühl, daß es eben praktisch wohl so gemeint war, daß eben alle Aufständischen niedergemacht werden sollten. Wenn ich gefragt werde, ob ich damit Zivilisten einschließe, so kann ich dazu nur sagen, daß ja praktisch die Aufständischen aus lauter Zivilisten bestanden. Ich hatte das Gefühl, als ob man eben keinen schonen wollte.«[318]

Peterburs gab bei dieser Gelegenheit sogar zu, seinen Einheitsführern den von Reinefarth erteilten Kampfauftrag in der gleichen Form weitergegeben zu haben.[319] Aufschluss über den Inhalt der Besprechung gibt zudem eine Aussage des Bataillonsführers Max Reck: Nachdem seine Einheit im Kampfgebiet etwa 300 Zivilisten aus deren Häusern herausgeholt habe, sei er – angesichts der Parole, nach Überschreiten der westlich um Warschau herumführenden Ringbahn »kein Pardon« mehr zu geben – plötzlich unsicher geworden, was dies denn nun im Zweifelsfall konkret bedeute. Er habe deshalb einen Melder mit der Bitte um Klärung zum Stab Reinefarths geschickt, der mit der Bemerkung abgefertigt worden sei, »daß die Rückfrage ja wohl überflüssig (…) sei; der gegebene Befehl sei doch klipp und klar.«[320]

Was sich nach dieser Einsatzbesprechung in den Stadtteilen Wola und Ochota tatsächlich abspielte, ist vielfach beschrieben worden.[321] Hatten die eingesetzten deutschen Streitkräfte bereits in den Tagen davor zahlreiche Kriegsverbrechen begangen (neben zahlreichen Erschießungen von gefangenen Soldaten der Heimatarmee und Zivilpersonen waren in mehreren Fällen auch Zivilisten gezwungen worden, als lebende Schutzwälle vor den angreifenden deutschen Panzern herzumarschieren), so erreichte das Ausmaß der Verbrechen vor allem am 5. August, mit Abstrichen aber auch noch an den darauffolgenden Tagen eine neue Dimension. In Wola ermordeten Reinefarths Truppen unter buchstabengetreuer Anwendung von Himmlers Vernichtungsbefehl alles, was ihnen vors Visier kam: Kleinkinder, Frauen, Greise wurden genauso bei Massenexekutionen hingerichtet wie ganze Belegschaften von Krankenhäusern samt Patienten oder Priester, die sich zusammen mit Gläubigen in die Kirchen zurückgezogen hatten. Die Menschen wurden in der Regel mit Gewalt aus den Kellern getrieben, an improvisierte Hinrichtungsstätten gebracht und dort in größeren Gruppen abgeschlachtet. Im gleichen Zug wurden die eroberten Häuser in Schutt und Asche gelegt.[322] Im südlich von Wola gelegenen Ochota verlief das Morden weniger systematisch, war dafür aber von umso umfangreicheren Raubzügen und Vergewaltigungen der dort wütenden Soldateska Kaminskis begleitet.[323]

Das am späten Abend dieses Tages zwischen Reinefarth und Vormann geführte Telefongespräch, das in Form von Skizzen des Kriegstagebuchschreibers der 9. Armee erhalten geblieben ist, dokumentiert die Hölle von Wola und Ochota zwar nur unvollkommen, weist aber deutlich auf die innere Haltung Reinefarths hin. Nach Auffinden der entsprechenden Notizen in den Anlagebänden des Kriegstagebuchs Anfang der 1960er-Jahre wurde es deshalb zu einem juristischen Schlüsseldokument und darüber hinaus zu einer publizistischen Sensation:

»v. Vormann: Wie Lage? Reinefarth: Langsam … Was soll ich mit den Zivilisten machen? Ich habe weniger Munition als Gefangene. V.: Vorschlag, bekanntmachen: Alles aus Warschau abziehen (mit Propaganda). Warschau wird vernichtet. Bach[-Zelewski] hat doch Auftrag? R.: Ja. V.: Der Führer hat mir gesagt, er kann noch eine Million Menschen gebrauchen. R.: Eigene Verluste 6 Tote, 24 schwere, 12 leicht. V.: Feind? R.: Mit Erschossenen über 10 000.«[324]

Reinefarth unterschied also zwischen Feindverlusten im Gefecht und solchen als Folge von Erschießungen, täuschte sich aber hinsichtlich der Zahlen erheblich: Nach polnischen Schätzungen (in denen zwar die Erschießungen der folgenden Tage auch mitgerechnet sind, welche jedoch quantitativ bei weitem nicht mehr an diejenigen des 5. August herankamen) starben allein in Wola 30 000 bis 40 000 Zivilisten.[325] Bezeichnenderweise war die Operation rein militärisch kein Erfolg: Von den knapp fünf Kilometern bis zur Weichsel war man in Wola nur etwa 800 Meter vorangekommen, Kaminski in Ochota gar noch weniger. Von großer Bedeutung für den weiteren Verlauf der Kämpfe waren die Ereignisse aber insofern, als Zehntausende vor den deutschen Truppen in die von der Heimatarmee kontrollierten Teile der Innen- und Altstadt flüchteten. Darüber hinaus hatten die Verbrechen einen Solidarisierungseffekt zwischen der Armia Krajowa und der Zivilbevölkerung, mithin eine Versteifung des Widerstandes zur Folge.[326]

Gegen Abend des 5. August traf, wie gesehen, Erich von dem Bach-Zelewski in Warschau ein und übernahm den Oberbefehl über die deutschen Kräfte. Gleichzeitig wurden die Massenerschießungen eingeschränkt und damit der Himmler-Befehl ausgerechnet vom »Chef der Bandenkampfverbände« de facto außer Kraft gesetzt.[327] Bach-Zelewski beschränkte stattdessen die Erschießungen auf die Männer.[328] Diese wurden von nun an schwergewichtig von speziellen Einsatzkommandos vorgenommen, namentlich vom »Einsatzkommando Sicherheitspolizei Kampfgruppe Reinefarth« unter SS-Hauptsturmführer Alfred Spilker und dem vom Sturmbannführer Gerhard Bast kommandierten »Sonderkommando 7a« der Einsatzgruppe B. Gefangen genommene Frauen, Kinder und ältere Leute sollten dagegen fortan in ein Sammellager im westlich der Stadt gelegenen Ort Pruszków abgeschoben werden. Trotz dieses Versuchs, die Vergeltungsmaßnahmen mit den militärischen Zielen arbeitsteilig unter einen Hut zu bringen, kamen Übergriffe durch die Kampftruppen weiterhin vor.[329]

Das schonungslose Vorgehen der deutschen Truppen zwang die polnischen Kämpfer im weiteren Gefechtsverlauf immer mehr in die Defensive. Am 7. August gelang es der Kampfgruppe Reinefarth, die Verbindung von der Wolska-Straße zum tags vorher entsetzten Brühl'schen Palais zu sichern. Dadurch wurde das von den Aufständischen kontrollierte Gebiet in zwei Teile gespalten. Am 13. August begann

Reinefarth als SS-Gruppenführer während des Warschauer Aufstandes. In der Mitte steht SS-Obergruppenführer Erich von dem Bach-Zelewski, der am Abend des 5. August 1944 die Befehlsgewalt über sämtliche bei der Aufstandsbekämpfung eingesetzten Truppen übernommen hatte. Im Gegensatz zu Reinefarth setzte Bach-Zelewski – seit Oktober 1942 Himmlers Bevollmächtigter für die »Bandenbekämpfung« – den Befehl des Reichsführers SS, die gesamte nichtdeutsche Warschauer Einwohnerschaft unterschiedslos umzubringen, aufgrund operativer Überlegungen außer Kraft. Die Person rechts ist unbekannt, ebenso genauer Ort und Datum dieser aus den Akten der Staatsanwaltschaft Flensburg stammenden Aufnahme.

der Großangriff der mittlerweile auf 26 000 Soldaten angewachsenen »Korpsgruppe von dem Bach« auf die Altstadt, welche aber von den Verteidigern bis Anfang September gehalten werden konnte. Bei der Einnahme wurden alle dort zurückgelassenen verwundeten Polen erschossen.[330] So richtete sich nun der ganze Druck auf die von Flüchtlingen überfüllte Innenstadt, wo die Heimatarmee nur noch ein weniger als ein Quadratkilometer großes Gebiet kontrollierte. Die hoffnungslose militärische Lage und die katastrophale humanitäre Situation der Zivilbevölkerung führte zu ersten Waffenstillstandsverhandlungen, die am 8. September den Abzug von 6000 Zivilisten ermöglichten. Nach dem sowjetisch-polnischen Angriff auf Praga wurden die Gespräche von Seiten der Heimatarmee wenige Tage später jedoch faktisch abgebrochen.[331] Die Kooperation mit der Roten Armee brach in der zweiten Septemberhälfte die bisherige Dominanz der deutschen Luftwaffe und ermöglichte polnischen Hilfstruppen die Überquerung der Weichsel. Der Vorstoß geriet aber

Bei der Niederschlagung des Warschauer Aufstandes kamen insgesamt 150 000 bis 200 000 polnische Zivilpersonen ums Leben. Die Karte schlüsselt die Verluste nach Erschießungsorten und der jeweiligen ungefähren Zahl der Tötungen auf. Der vergrößerte Ausschnitt in der unteren linken Bildecke, augenscheinlich einem Schwerpunkt der Erschießungsvorgänge gewidmet, zeigt den Stadtteil Wola, wo die Kampfgruppe Reinefarth am 5. August 1944 zu ihrem Stoß in Richtung der Innenstadt ansetzte.

wegen der fehlenden Häuserkampferfahrung der beteiligten Soldaten zum Fiasko. Am 23. September kontrollierten die Deutschen das gesamte westliche Weichselufer, wobei es bei Einnahme des Stadtteils Czerniaków erneut zu Erschießungen gefangen genommener Angehöriger der Armia Krajowa kam.[332] Am 2. Oktober unterzeichnete der polnische Oberbefehlshaber Tadeusz »Bor« Komorowski die Kapitulation, nachdem ihm von Bach-Zelewski gewisse Zugeständnisse gemacht worden waren. Die Versprechungen konnten jedoch nicht verhindern, dass nach Abschluss der Kämpfe – entgegen den vereinbarten Bedingungen – über 100 000 Einwohner der Stadt zur Zwangsarbeit und in Konzentrationslager verschleppt wurden. In den folgenden Monaten wurde das nunmehr praktisch menschenleere Warschau systematisch zerstört.[333]

Reinefarths Agieren in Warschau muss im Zusammenhang mit der nationalsozialistischen Praxis der militärischen Widerstandsbekämpfung bewertet werden. Hier waren die Vorgaben von höchster Ebene klar. Bereits im Dezember 1942 hatte Hitler klargestellt, dass bei der Bekämpfung von Partisanen jedes Mittel recht sei, wenn es denn zum Erfolg führe. Dass diese grundsätzliche Anweisung von Bach-Zelewski selber, hier in seiner Funktion als Himmlers »Chef der Bandenkampfverbände«, unter Bezugnahme auf neue Kampfanweisungen aus dem OKW noch am 6. Mai 1944 dahin gehend relativiert worden war, dass übergelaufene oder gefangen genommene Partisanen als potenzielle Zwangsarbeiter nicht automatisch mit dem Tod bestraft werden sollten[334], spielte im Fall von Warschau zumindest für die ersten Tage eine untergeordnete Rolle, weil Himmler sich hier mit aller Energie eingeschaltet und an die verantwortlichen Akteure vor Ort unmissverständliche persönliche Befehle erteilt hatte. Das Massaker von Wola war daher nicht Ausdruck einer grundsätzlich neuen Herangehensweise an die Widerstandsbekämpfung, sondern entsprach einer langjährigen Praxis politischer Terrorkriegsführung, die nun freilich erstmals auf eine Großstadt angewandt wurde.[335] Die »kontrollierte Eskalation« (Jürgen Matthäus)[336], für die in erster Linie – aber nicht nur – die zu diesem Zweck herangeführten Polizeiformationen und Sondereinheiten verantwortlich zeichneten, wurde dabei von den vorgesetzten Stellen so lange toleriert, als diese der Sicherstellung der viel zitierten »militärischen Erfordernisse« nicht grundsätzlich im Weg stand. Beim AOK 9 war man nicht zuletzt aufgrund der höchst angespannten Kräfteverhältnisse durchaus froh, die Verantwortung für den »schmutzigen« Kleinkrieg weitestgehend delegieren zu können. Bezeichnenderweise regte sich von dieser Seite, ungeachtet einer gewissen Arroganz in der Beurteilung der militärischen Qualität[337], kaum Protest gegen die beispiellosen Verbrechen von Reinefarths Truppen in Warschau.[338]

Himmlers Autorität musste aber durchaus nicht bis Warschau reichen, wenn man denn gewillt war, seine Befehle großzügig auszulegen. Hier zeigen sich entscheidende Unterschiede im Verhalten Reinefarths zu demjenigen Bach-Zelewskis. Letzterer handelte eindeutig nicht im Sinn des Reichsführers, als er nach seiner Ankunft die unterschiedslosen Massenerschießungen einstellen ließ. Reinefarth tat nichts dergleichen, sondern gab Himmlers verbrecherische Anordnung befehlsgemäß weiter. Seine Tendenz, sich unabhängig vom Inhalt an einmal gegebene Befehle zu klammern, wurde in Aussagen seiner ehemaligen Untergebenen festgehalten und sprechen nicht für ihn.[339] Bei Bach-Zelewskis taktischer Entscheidung dürfte seine im Vergleich mit Reinefarth weitaus größere Erfahrung in der Partisanenbekämpfung ausschlaggebend gewesen sein, aber nicht nur: Er konnte sich ein solches Vorgehen angesichts seiner Stellung eher leisten als sein alter Bekannter, für den Warschau die erste Gelegenheit darstellte, sich bei Himmler als Kampfgruppenführer im Rahmen der Widerstandsbekämpfung auszuzeichnen. Reinefarths Tatendrang und Profilierungsneurose blieben von Bach-Zelewski nicht unkommentiert und gingen in dessen Aufzeichnungen einher mit stetigem Lamentieren über die schwierige militärische Lage, die fehlende Unterstützung sowie die eigene mentale Erschöpfung nach Jahren des rastlosen Einsatzes. Zunächst überwog jedoch eine zurückhaltende Form der Anerkennung, wie eine Eintragung vom 6. August zeigt: »Reinefarth führt eine Kampfgruppe, sehr ordentlich und mit besseren Nerven als ich. Er hat sich eben seit 1940 ausgeruht.«[340] Einige Wochen später wurde er, der zu diesem Zeitpunkt noch immer sehnlich auf die von Himmler Mitte August in Aussicht gestellte Verleihung des Ritterkreuzes wartete[341], jedoch bei Generalstabschef Guderian vorstellig und beschwerte sich dort über die direkte Berichterstattung Reinefarths, der sich angeblich »mit fremden Lorbeeren schmückte.«[342] Trotz solcher Misstöne bildeten die beiden aber eine insgesamt nicht schlecht harmonierende Zweckgemeinschaft, die trotz gegenteiliger späterer Beteuerungen durchaus auch Dirlewanger einschloss und sich etwa in gegenseitigen schriftlichen Gefälligkeitsbekundungen äußerte.[343] Wenige Tage vor Abschluss der Kampfhandlungen wurden die Bemühungen der drei so unterschiedlichen Männer von Himmler schließlich in der erhofften Form gewürdigt: Bach-Zelewski und Dirlewanger wurden für ihren Einsatz mit dem Ritterkreuz belohnt, während Reinefarth sogar das Eichenlaub zum Ritterkreuz in Empfang nehmen durfte.[344]

Wie ist Reinefarths Rolle während des Warschauer Aufstandes von einem militärischen Standpunkt aus zu bewerten? Zunächst muss festgehalten werden – und dies ist keinesfalls apologetisch zu verstehen –, dass seine Aufgabe objektiv gesehen eine herausfordernde war: Die hastige Vorbereitung, der Kampf gegen einen zwar technisch unterlegenen, aber mit dem Mut der Verzweiflung kämpfenden Gegner, der als solcher nicht immer einwandfrei von der Zivilbevölkerung zu unterscheiden war und zudem den im Häuserkampf eminent wichtigen Vorteil der Ortskundigkeit besaß, die taktische Führung eines zusammengewürfelten Verbandes, dessen Einheitsführer ihren Kommandanten zumeist nicht näher kannten oder sich wie im Fall von Dirlewanger oder Kaminski gar nicht als echte Untergebene verstanden, schließlich die fehlende fachliche Basis: All dies wog schwer. Im Kriegstagebuch der 9. Armee schlug sich ein fehlgeschlagener Großangriff auf die Altstadt in Formulierungen nieder, die darauf hinweisen, dass man in Vormanns Stab Reinefarths Fähigkeiten als Kampfgruppenführer äußerst skeptisch gegenüberstand:

19. August: »Nordgruppe Dirlewanger mit großem Aufwand wenig erreicht, unten [Generalmajor] Rohr mit wenig gut.« 20. August, 9.45: »Lage Warschau: Stellt sich immer mehr heraus, daß Führungsfehler zahlreich. Bach gut, Reinefarth fehlt takt. Schulung, desgl. vielen Unterführern. Tapfer, aber nicht die notwendige minutiöse Technik des Straßenkampfes beherrschend.« 18.25: »Warschau stockt. Führungsmängel. Truppe und Führung dafür nicht ausgebildet. Minutiöse Vorbereitung fehlt, wo sie vorhanden war, (Rohr), war gut. – Lage: Proletarischer Krieg.«[345]

Diese Stoßrichtung spiegelt sich auch in dem 1947 von Bach-Zelewski in Nürnberg verfassten Bericht über den Aufstand, der allerdings wie all seine Nachkriegsäußerungen mit einer gewissen Vorsicht zu genießen ist:

»So hoch man den Mann Reinefarth einzuschätzen hat, war er doch infolge seiner Karriere völlig ungeeignet zur Ausübung höherer militärischer Führungstätigkeit und ihm fehlte jegliche taktische Schulung. Er beherrschte seine Kampfgruppe als Ganzes nicht: er erwarb sich dank seiner persönlichen Bravour das Herz seiner Soldaten und überließ außerdem die Ausführung der Hauptführungsarbeit seinem Ia, Major Fischer. Im übrigen war er seinen Unterführern ein guter Kamerad, verstand es jedoch nicht, Distanz zu wahren, infolgedessen mußte er manchmal ihnen gegenüber sehr hart sein.«[346]

Unter dem Strich bleibt der Eindruck eines taktisch überforderten Militärführers, wobei die fehlende Generalstabsausbildung nicht alleine ausschlaggebend war: Damit befand er sich in Gesellschaft von zahlreichen Generalen der Waffen-SS mit ungleich größerem militärischen Leistungsausweis. Entscheidend dürfte bei ihm die nicht vorhandene praktische Erfahrung in der Führung von Großverbänden gewesen sein, die solche Mängel allenfalls hätte aufwiegen können. Aus dem gleichen Grund scheint ihm auch das spezifische Selbstverständnis eines abgebrühten Kampfkommandanten abgegangen zu sein, der flexibel operierte und sich nicht scheute, Anweisungen von höherer Stelle notfalls nach den gegebenen Umständen zurechtzubiegen. Reinefarth hatte von Himmler eine vielleicht einmalige Chance erhalten und war geneigt, diese zu nutzen und seinen Reichsführer unter keinen Umständen zu enttäuschen. Dies gelang ihm offensichtlich, was sich schon daran zeigt, dass er bis Kriegende weiterhin mit militärischen Aufgaben betraut wurde. Die endgültige Niederschlagung des Aufstandes war aber nicht etwa seinen taktischen Fähigkeiten geschuldet, sondern in erster Linie der veränderten operativen Gesamtkonstellation ab Mitte September: Als Folge des sowjetischen Vorstoßes auf Praga war die Wehrmacht ab diesem Zeitpunkt ganz direkt in die Kämpfe involviert und verstärkte die deutschen Truppen mit zwei kampferfahrenen Divisionen, nachdem Bach-Zelewski und der neue Oberkommandierende der 9. Armee, General der Panzertruppe Smilo von Lüttwitz, sich diesbezüglich abgesprochen hatten.[347]

Ganz ohne Zweifel ist aber die historische Bedeutung von Reinefarths Rolle in Warschau nicht vorrangig in der militärischen Operationsgeschichte zu verorten, sondern fußt auf den vor allem in den ersten Tagen der deutschen Gegenoffensive begangenen Kriegsverbrechen der ihm unterstellten Truppen.[348] Zwei Monate nach diesen auch für ihn folgenschweren Ereignissen verließ er die Stadt im trügerischen Bewusstsein des Sieges und kehrte vorerst auf seine Planstelle nach Posen zurück.[349]

Ruhm und Ehre im Angesicht des Zusammenbruchs

Reinefarths Warschauer Einsatz wurde von der NS-Presse im Warthegau aufmerksam verfolgt[350] und nach der Verleihung des Eichenlaubs in den höchsten Tönen gelobt.[351] Die mediale Inszenierung kulminierte in der Berichterstattung über die Anfang November 1944 abgehaltene große Parade der »Warschaukämpfer« in Posen, an der unter anderem Himmler, Guderian und Greiser teilnahmen. Bei dieser Gelegenheit erfolgte auch die feierliche Übergabe des Eichenlaubs an Reinefarth durch den Reichsführer SS. Die Veranstaltung vermengte Ehrung und Auszeichnung des eben Geleisteten (Greiser: ein »Sieg des Prinzips der Ordnung, des Anstandes und der Sauberkeit«) mit dem Ausblick auf kommende Bewährungsproben und diente mithin auch als Werbeveranstaltung für den neu aufgestellten Warthegauer Volkssturm.[352] Reinefarth war von Greiser noch während der Kämpfe in Warschau zum »Gehilfen« bei der Aufstellung dieses letzten Aufgebots bestimmt worden.[353] Mit dieser Personalie hatte Greiser den Mann ausgewählt, der dafür aufgrund seiner Posener Herkunft und seiner militärischen Reputation propagandistisch zweifelsohne am besten geeignet war. Am 5. November wurde im »Ostdeutschen Beobachter« unter dem Titel »Um die Freiheit des Warthegaues« ein programmatischer Artikel Reinefarths abgedruckt, in dem die Niederschlagung des Warschauer Aufstandes zum Fanal für den bevorstehenden Endkampf um Sein oder Nichtsein des deutschen Volkes stilisiert wurde. Die dabei zum Einsatz kommenden Kräfte erschienen in dieser Optik als verschworener Haufen von Volkstumskämpfern, bei dem die Unterschiede von Institution, Ausbildung und Rang keine Rolle mehr spielten:

»Zehn Wochen Kampf ohne Ablösung und Ruhe. Nur immer wieder Trümmer und Kampf, das kann nur der ganz ermessen, der dabei war. Dabei aber waren in erster Linie als Kern der Einheit die Männer unseres Warthegaues. Fanatisch und verbissen haben sie gemeinsam mit anderen Kameraden der Wehrmacht und unterstellten Ostverbänden gekämpft und haben damit das getan, was unser Gauleiter kürzlich einmal in dem Satz zusammenfaßte: In Warschau ist der Warthegau verteidigt worden. Ob Soldat, ob SS-Mann, ob Polizist, ob SD-Mann, ob Angehöriger der TN [Technische Nothilfe] oder des NSKK [Nationalsozialistisches Kraftfahrkorps], sie alle haben dafür gesorgt, daß Polens Metropole, von der uns Deutschen in den Jahrhunderten soviel Unheil gekommen ist, als Gefahrenherd endgültig beseitigt worden ist. Die Polen hatten ihr jüngstes und bestes Menschenmaterial an Offizieren und Männern in Warschau zusammengezogen und zu einem der hinterlistigsten und heimtückischsten Kämpfen [sic] geschult, die man sich denken kann. Wir haben auch diesen Feind bezwungen und ihm Verluste von etwa ¼ Mill. Menschen beigebracht. Damit haben die Männer des Warthelandes den besten Beweis dafür erbracht, daß sie nicht nur gewillt, sondern auch fähig sind, ihre Heimat und damit die Freiheit ihres Gaues gegen jeden Feind zu schützen. Es ist schon in Presseartikeln darauf hingewiesen worden, daß es bei unserer Kampfgruppe keine Rolle spielte, welche Tuchfarbe der einzelne trug. Polizeioffiziere führten Wehrmachteinheiten und Offiziere des Heeres Polizeiverbände. So wie dort die Grenzen zwischen den einzelnen Verbänden verwischt waren, so verlangt jetzt der Führer dasselbe für unser Reichsgebiet und damit für unseren Warthegau. Zur verstärkten Sicherung unserer deutschen Grenzen hat der Führer zur Bildung des Deutschen Volkssturmes aufgerufen. Auch hier haben die Männer unseres Gaues durch ihre begeisterten Meldungen gezeigt, daß sie alle vom Jüngsten bis zum Ältesten mit heißem Herzen ihren unbändigen Willen zur Erhaltung der Freiheit mit allen Mitteln, auch unter freiwilliger Aufgabe ihrer bürgerlichen Existenz, in die Tat umzusetzen bereit sind. Und die Frauen unseres Gaues werden, wenn die Forderung an Sie herantritt, den Männern in Opferfreudigkeit und Zähigkeit nicht nachstehen. Durchdrungen von der nationalsozialistischen Idee, geeint durch die im Reichsgau Wartheland schon sprichwörtliche Kameradschaft, als Grenzvolk gehärtet, im Kampf erprobt, stehen die Deutschen des Gaues bereit. Ein Gau, der solche Menschen hat, braucht den Verlust seiner Freiheit nicht zu befürchten. Die Männer des Warthegaues werden immer daran denken, daß unsere Kameraden in Warschau, obwohl oftmals eingeschlossen von Banditen, und wiederholt von einer Umfassung durch die Sowjets bedroht, immer nur den Satz kannten: Trotz Hitze, Feuer, Qualm und Übermüdung: Kampf bis zum Sieg! Wenn wir alle uns bemühen, es ihnen gleich zu tun, erfüllen wir am besten das Vermächtnis unserer Kameraden, die in Warschau für Deutschland gefallen sind.«[354]

Die Berufung der Galionsfigur Reinefarth als Organisator des Volkssturms im Warthegau scheint in erster Linie repräsentativen Zwecken gedient zu haben.[355] Richtig in Erscheinung trat Reinefarth in dieser Funktion jedenfalls nie. Wenige Wochen später hatte Himmler denn auch wieder eine andere Verwendung für ihn gefunden: Im November 1944 wurde Reinefarth von Himmler mit der Aufstellung des XVIII. SS-Armeekorps betraut und zum Generalleutnant der Waffen-SS ernannt.[356] Mit dieser Einheit, die nur dem Namen nach ein Korps der Waffen-SS war, besetzte er an der Westfront den Abschnitt zwischen Lörrach und dem Leopoldskanal.[357] In seinen Stab hatte er wiederum etliche Vertraute aus dem SS- und Polizeiapparat des Warthegaus aufgenommen, darunter RuS-Führer Herbert Hübner sowie den in Warschau als Ia seines Kampfgruppenstabes bewährten Schupo-Offizier Kurt Fischer.[358] Himmler selber wurde von Hitler am 2. Dezember zum Oberbefehlshaber Oberrhein berufen, mit der Aufgabe, aus den verschiedenen Einheiten von Ersatzheer, Volkssturm, Grenzschutz und Polizei eine funktionierende Abwehrstellung zu errichten. Als Folge dieser Beorderungen arbeiteten der Reichsführer SS und Reinefarth bis Januar 1945 eng zusammen und sahen sich in dieser Zeit fast täglich in Himmlers Hauptquartier auf dem Bahnhof Triberg im Schwarzwald.[359] Das Scheitern des Unternehmens »Nordwind«, der letzten deutschen Offensive im Westen, konnten die beiden jedoch nicht verhindern. So blieb ihre Tätigkeit letztendlich nur eine Fußnote im Rahmen einer zunehmend von Konzeptlosigkeit geprägten deutschen Kriegsführung an der Westfront.[360]

Wenig später wurde Himmler als Oberbefehlshaber Oberrhein abgelöst und von Hitler in gleicher Funktion zur Neuaufstellung der Heeresgruppe Weichsel beordert.[361] Zur gleichen Zeit kehrte Reinefarth ein letztes Mal nach Posen zurück, wo sich bereits deutliche Auflösungserscheinungen zeigten. Gauleiter und Reichsverteidigungskommissar Arthur Greiser hatte zwar am 12. Januar, als die sowjetische Großoffensive begonnen hatte, noch vollmundig bekräftigt, dass vom Warthegau kein Fußbreit preisgegeben würde. Konsequenterweise sah er in den nächsten Tagen in dem raschen Vorrücken der Roten Armee keinen Anlass, das Wartheland räumen zu lassen, und bezeichnete die Lage stattdessen noch am 15. Januar als »nicht dramatisch«.[362] Nachdem er sich in den folgenden Tagen ein umfassendes Bild von den Verhältnissen in seinem Gau gemacht hatte, gab er aber am 18. Januar bei einer Besprechung einen ernüchterten Lagebericht, in dem er einräumen musste, die Lage nicht mehr unter Kontrolle zu haben. So habe er zusammen mit seinen Leuten etwa versucht, die massenhaft und wild zurückflutenden Truppen zum Stehen zu bringen, was jedoch völlig misslungen sei. Er habe daher Reinefarth beauftragt, »zusammen mit der SS-Junkerschule Treskau und anderen zur Verfügung stehenden SS-Einheiten eine Sperrlinie zu bilden und jeden, der zurückgehe, zu erschießen.«[363] Dennoch zeigte Greiser weiterhin Entschlossenheit: Mit Reinefarth an seiner Seite gelang es ihm am selben Tag, Himmler zu überzeugen, ihm die militärische Führung im Wehrkreis zu übertragen.[364] Zu diesem Zweck wurde auf Befehl Himmlers das »Gen. Kdo. Greiser« unter dem Befehl Reinefarths gebildet, dem das Wehrkreiskommando personell, materiell und taktisch unterstellt sein sollte.[365] Nachdem der Wehrkreiskommandant, General der Artillerie Walter Petzel, dagegen beim Generalstab des Heeres protestiert hatte, wurde die Maßnahme allerdings bereits am nächsten Tag wieder rückgängig gemacht. Nach weiteren 24 Stunden hatte Petzel Greiser schließlich so weit bearbeitet, dass dieser nun endlich die Notwendigkeit einer sofortigen Räumung des Warthegaus einsah, da das Gebiet mit den vorhandenen Kräften nicht zu verteidigen war. Im Anschluss an diese bizarre Episode löste Greiser am Mittag des 20. Januar 1945 nach telefonischer Rücksprache mit Hitler mit dem Stichwort »Frundsberg« die Räumung des gesamten Reichsgaus Wartheland aus.[366] Dem Führerbefehl wurde von Reinefarth nun dergestalt Nachdruck verliehen, dass er nach unten weitergab, notfalls von der Waffe Gebrauch zu machen, sollte sich jemand weigern, Posen zu verlassen.[367] Bis Ende Januar widmete er sich auf Befehl Himmlers anschließend erneut der Aufgabe, mit Hilfe eines Auffangstabes versprengte und flüchtende Truppenteile einzusammeln und zurück an die sich nun sehr rasch westwärts schiebende Front zu schicken.[368]

Am 31. Januar überquerten Vorausabteilungen der 5. Stoßarmee nördlich von Küstrin die zugefrorene Oder und errichteten im Raum Kienitz einen Brückenkopf, ohne dabei auf Widerstand zu stoßen. Wiewohl es der Roten Armee vorerst nicht gelang, Küstrin aus der Bewegung zu erobern, wurde die Stadt durch die Errichtung von weiteren Brückenköpfen teilweise eingeschlossen und von der Reichsstraße 1 sowie der Eisenbahntrasse der »Ostbahn« abgeschnitten. Der zeitweilige Abzug der schlagkräftigen Garde-Panzerarmeen, der Widerstand der deutschen Luftwaffe und die Spaltung seiner 1. Weißrussischen Front durch die von Ost nach West fließende Warthe nötigten den sowjetischen Oberbefehlshaber Georgi Žukov jedoch zunächst zu einer defensiveren Gefechtsführung.[369] Die strategisch wichtige Festung Küstrin und die hinter der Stadt gelegenen Seelower Höhen bildeten nun das letzte ernsthafte Hindernis auf dem Weg zur 60 Kilometer entfernten Reichshauptstadt Berlin.

Unbeirrt in den Untergang: Die Verteidigung der Festung Küstrin

Am 1. Februar erhielt Reinefarth in Frankfurt/Oder ein Fernschreiben der 9. Armee, in dem er mit der Übernahme der Befehlsgewalt in Küstrin (Kostrzyn) beauftragt wurde.[370] Reinefarths Ernennung war von Himmler als Oberbefehlshaber der Heeresgruppe Weichsel gegen die Einwände des dazwischengeschalteten Oberkommandos der 9. Armee durchgesetzt worden. Die Bedenken des OKH konnten Reinefarths Berufung genauso wenig verhindern.[371] Küstrin war eine gute Woche zuvor zur Festung erklärt worden. Die traditionelle Garnisonsstadt hatte in den Planungen von Generalstabschef Guderian für den Fall, dass die deutsche Front an der Weichsel zusammenbrechen sollte, schon länger eine zentrale Rolle gespielt. Dennoch waren die entsprechenden Vorbereitungen seit Herbst 1944 nur sehr nachlässig betrieben worden.[372] Als sich die Rote Armee Ende Januar im Eilzugtempo der Oder näherte, musste daher zwangsläufig improvisiert werden. Überlegte Anweisungen von oberster Ebene konnten nicht mehr erwartet werden: Die nahende Niederlage und die durch die plötzliche geografische Kleinräumigkeit versinnbildlichte Verengung der Handlungsspielräume kreierten bei den Entscheidungsträgern im Führerhauptquartier eine eigentümliche Untergangsstimmung, die totale Niederlage erschien dort plötzlich nicht mehr als reines Katastrophenszenario, sondern als sozialdarwinistisch rational herleitbare und daher legitime »zweitbeste (…) Lösung«.[373] Demzufolge erhielt Reinefarth während der gesamten Zeit der Belagerung nie einen anderen Befehl, als die Festung unter allen Umständen buchstäblich bis zur letzten Patrone zu halten. Dafür standen ihm etwas mehr als 10 000 Soldaten zur Verfügung, die sich aus je etwa einem Drittel zurückgefluteten Polizeiangehörigen aus dem Warthegau, einem Drittel Wehrmacht verschiedenster Provenienz (darunter mehrere Kompanien Reserveoffiziersbewerber) und einem Drittel Waffen-SS zusammensetzten. Dazu kamen noch 900 Volkssturmangehörige, deren Kampfwert aber gering war.[374]

Als schwere Hypothek erwies sich von Anfang an der Mangel an fähigen Stabsoffizieren. Reinefarth ging mit dieser Problematik in bewährter Manier um, indem er diese Lücken mit Polizei- und Reserveoffizieren aufzufüllen versuchte, anstatt auf erfahrene Truppenoffiziere niedrigeren Ranges zurückzugreifen. Auf diese Weise wurde das wichtigste Abschnittskommando über die Neustadt mit dem 56-jährigen Warthegauer Gendarmerieoberst Franz Walter besetzt, der in Warschau ein gleichnamiges Polizei-Einsatzkommando befehligt hatte. Die Ernennung hatte erneut heftige Proteste aus dem Hauptquartier der 9. Armee zur Folge.[375] Reinefarths Personalpolitik wirkte selbst auf den ihm ansonsten sehr wohlgesinnten NSDAP-Kreisleiter und Bürgermeister Hermann Körner befremdend. Körner hielt in seinem Abschlussbericht denn auch mit diesbezüglicher Kritik nicht zurück:

»In Küstrin kamen die maßgeblichsten Offiziere aus der Polizei. Sie können m. E. nicht die strategischen Kenntnisse besitzen, die für die Truppenführung notwendig sind und die der größte Teil der Wehrmachts-Offiziere von der Pike an gelernt hat. Wenn sie aber doch mit zu den fähigsten Offizieren gehören, dann sollte man ihnen Wehrmachtsuniform anziehen. Es muß für die Wehrmacht, besonders für die Offiziere, doch irgendwie kränkend sein, wenn sie von Polizei-Offizieren geführt werden. (…) Oft sehr junge SS-Führer bekamen Kampfaufträge, die ebenfalls für andere Offiziere der Wehrmacht zurücksetzend wirken mußten. Ein ca. 23 Jahre alter SS-Untersturmführer hatte z.B. eine Kampfgruppe zu führen, in der ihm Oberleutnante und Hauptleute der Wehrmacht und der Flak usw. unterstanden. Diese Offiziere konnten oft nicht nur Väter von den SS-Untersturmführern sein, sondern sie machten teilweise auch den Eindruck, daß sie absolut über Fähigkeiten verfügten, mit denen sie das Können des eingesetzten SS-Führers überragten. Meistens waren solche junge SS-Führer Draufgängertypen, die nicht weich wurden und bestimmt sich in jeder Situation tapfer geschlagen haben. Man sollte sie dann aber lieber mit irgendwelchen Sonderunternehmen beauftragen, für die sie bestimmt die richtigen Männer sind. Aufträge, zu denen Wissen, Können und nicht zuletzt Erfahrung gehört, gehören aber in die Hände anderer Männer.«[376]

Trotz dieser insgesamt denkbar schlechten Voraussetzungen gelang es der Besatzung, die Stadt bis Ende März zu halten. Žukov war die Festung schon allein deshalb ein Dorn im Auge, als sie der Bildung eines durchgehenden Brückenkopfs im Weg stand: Küstrin war durch die sogenannte »Schlauchstellung«, einen wenige Kilometer dicken, nur mit Kettenfahrzeugen befahrbaren Streifen, nach wie vor mit der deutschen Hauptkampflinie verbunden, wodurch die sowjetische 8. Garde- von der 5. Stoßarmee getrennt blieb. Diese Verbindung ermöglichte zwischen dem 19. und 23. Februar die Evakuation des größten Teils der Zivilbevölkerung.[377] Erschwerend kam für die Angreifer hinzu, dass die Stadt durch ihre Lage am Zusammenfluss von Warthe und Oder in drei Teile getrennt war, die jeweils einzeln eingenommen werden mussten. Dementsprechend galt ihr Augenmerk zunächst der östlich der Warthe gelegenen Neustadt. Am 7. März begann der erste sowjetische Großangriff, der die dortigen deutschen Truppen sofort in schwerste Bedrängnis brachte. Während der überforderte Abschnittskommandant Walter die Übersicht über das Kampfgeschehen verlor, zögerte Reinefarth und entschied sich erst einen Tag später, die Neustadt aufzugeben. Strikter Widerspruch aus dem übergeordneten Stab des westlich von Küstrin liegenden XI. SS-Panzer-Korps brachte ihn aber dazu, seinen Entschluss noch einmal zu überdenken. Damit gingen entscheidende Stunden verloren. Am gleichen Abend wurde die Neustadt eingeschlossen, und Reinefarth sah nun keine andere Option mehr, als die Warthebrücken sprengen zu lassen und insgesamt 6000 Mann ihrem weiteren Schicksal zu überlassen. Mit einem Schlag hatte die Besatzung über die Hälfte der Verteidiger eingebüßt.[378] In einem Geheimbericht an die vorgesetzten militärischen Stellen versuchte man seitens des Stabs des XI. SS-Panzer-Korps, Reinefarth als Alleinverantwortlichen für das Desaster zu brandmarken, denn für dieses sei bereits durch die Berufung Walters die Grundlage gelegt worden.[379] Den übrig gebliebenen deutschen Kräften verblieben nun lediglich die zwischen den beiden Flüssen gelegene Altstadt sowie ein Abschnitt westlich der Oder zur Verteidigung. Am 22. März begann eine zweite sowjetische Großoffensive, die am selben Tag zur Einkesselung Küstrins führte.[380] In der Folge geriet die Festung zum Spielball der divergierenden Ansichten Hitlers samt des ihm größtenteils längst hörigen OKH auf der einen und der Heeresgruppe Weichsel und dem Oberkommando der 9. Armee auf der anderen Seite. Während Hitler auf einen groß angelegten Angriff von Frankfurt/Oder Richtung Norden drängte (Operation »Bumerang«), um die Festung zu entsetzen und die sowjetischen Brückenköpfe zu zerschlagen, favorisierte die Heeresgruppe Weichsel, bei der am 22. März Generaloberst Heinrici von Himmler das Kommando übernommen hatte, zwecks Schonung der letzten Reserven einen Ausbruch der Verteidiger oder allenfalls einen begrenzten Angriff. Die daraus resultierenden kleineren Vorstöße führten zu keinem Erfolg, woraufhin Guderian und Heinrici am 28. März in einem Ferngespräch übereinstimmend konstatierten, dass Küstrin verloren sei.[381]

Innerhalb der Festung griffen derweil Resignation und Erschöpfung um sich, gegen die die Befehlshaber zunehmend machtlos waren. Reinefarth hatte seit seiner Einsetzung versucht, die Kampfmoral durch ein Wechselspiel von Ermutigung, Belohnung und Abschreckung aufrechtzuerhalten. Ab dem 12. Februar erschien täglich das Nachrichtenblatt »Feste Küstrin«, dessen Pilotausgabe mit einem Aufruf Reinefarths versehen war, in dem er in wörtlicher Anlehnung an Hitlers letzte Rundfunkrede vom 30. Januar forderte, »daß ein jeder sich für seine Person bis zum Äußersten einsetzt und sich hart macht gegen unvermeidliche Verluste und Schäden.«[382] Zur Stärkung der Moral der auf die Evakuierung wartenden Zivilbevölkerung ließ er durch die Partei 16 000 Schachteln Bonbons verteilen, die er aus Heeresbeständen aufgetrieben hatte.[383] Doch das sprichwörtliche Zuckerbrot war nur die eine Seite. Von allem Anfang an griff er scharf durch, wenn er die Disziplin gefährdet sah. Nach einem Fall von Plünderung wurde der dafür Verantwortliche durch die Stadt geführt und anschließend öffentlich hingerichtet. Um die unmissverständliche Botschaft noch zu verdeutlichen, trug der Verurteilte, ein älterer Stabsfeldwebel, während der ganzen Prozedur ein Schild mit der sinngemäßen Auf-

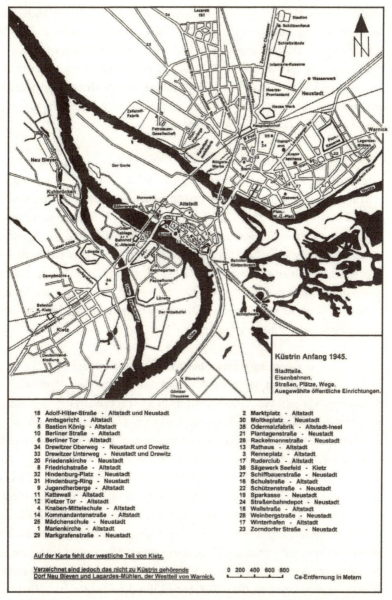

Küstrin Anfang 1945.
Stadtteile.
Eisenbahnen.
Straßen, Plätze, Wege.
Ausgewählte öffentliche Einrichtungen.

Nr.	Straße/Platz	Stadtteil
18	Adolf-Hitler-Straße	Altstadt und Neustadt
7	Amtsgericht	Altstadt
5	Bastion König	Altstadt
10	Berliner Straße	Altstadt
6	Berliner Tor	Altstadt
34	Drewitzer Oberweg	Neustadt und Drewitz
33	Drewitzer Unterweg	Neustadt und Drewitz
20	Friedenskirche	Neustadt
8	Friedrichstraße	Altstadt
32	Hindenburg-Platz	Neustadt
31	Hindenburg-Ring	Neustadt
9	Jugendherberge	Altstadt
11	Kattewall	Altstadt
12	Kietzer Tor	Altstadt
4	Knaben-Mittelschule	Altstadt
14	Kommandantenstraße	Altstadt
25	Mädchenschule	Neustadt
1	Marienkirche	Altstadt
29	Markgrafenstraße	Neustadt
2	Marktplatz	Altstadt
30	Moltkeplatz	Neustadt
35	Odermalzfabrik	Altstadt-Insel
21	Plantagenstraße	Neustadt
26	Rackelmannstraße	Neustadt
13	Rathaus	Altstadt
3	Renneplatz	Altstadt
17	Ruderclub	Altstadt
36	Sägewerk Seefeld	Kietz
27	Schiffbauerstraße	Neustadt
16	Schulstraße	Altstadt
22	Schützenstraße	Neustadt
19	Sparkasse	Neustadt
24	Straßenbahndepot	Neustadt
15	Wallstraße	Altstadt
28	Weinbergstraße	Neustadt
17	Winterhafen	Altstadt
23	Zorndorfer Straße	Neustadt

Auf der Karte fehlt der westliche Teil von Kietz.

Verzeichnet sind jedoch das nicht zu Küstrin gehörende Dorf Neu Bleyen und Lagardes-Mühlen, der Westteil von Warnick.

0 200 400 600 800 Ca-Entfernung in Metern

Die Belagerung der Festung Küstrin stellte die Rote Armee infolge der für eine Verteidigung günstigen Militärgeografie vor eine schwierige Aufgabe. Trotz mehrerer folgenschwerer taktischer Fehler Reinefarths gelang es der Besatzung, Teile der Stadt fast zwei Monate lang zu halten. Der Preis dafür war die weitgehende Zerstörung der Altstadt, weshalb Küstrin heute auch als »Pompeji an der Oder« bezeichnet wird. Auf der Insel zwischen Oder und Oder-Vorflutkanal ist die Artilleriekaserne zu erkennen, in welcher der Entscheid zum Ausbruch gefällt wurde.

schrift »Ich werde gehängt, weil ich geplündert habe!« um den Hals. Diese Form der Hinrichtung anstelle des sonst üblichen Erschießens wurde auf ausdrückliche Anweisung Reinefarths angewandt.[384] Alles in allem wurden während der Dauer der Belagerung mindestens 20 Todesurteile gesprochen, von denen mehrere auch zur Vollstreckung kamen.[385] Wie wenig derartige Maßnahmen in den dramatischen letzten Tagen der Belagerung jedoch noch fruchteten, gab Reinefarth in einem nach dem Ausbruch verfassten Bericht selber zu:

> »Allmählich begannen, offenbar beschleunigt durch das pausenlose Feuer der feindlichen schweren Waffen, gefährliche Auflösungserscheinungen bei der Truppe. Die Offiziere brachten von 50 zusammengesuchten Soldaten meist nur etwa 5 bis zu den Stellungen, während die anderen sich teils unter falscher Vorgabe von Verwundungen unterwegs drückten, teils durch das feindliche Feuer tatsächlich ausfielen. (…) Ich gab strikten Befehl, bei jeder Gehorsamsverweigerung rücksichtslos von der Waffe Gebrauch zu machen. Mehrere Soldaten wurden daraufhin von Offizieren erschossen, worauf die übrigen erklärten, es sei ihnen gleich, ob sie von deutschen Offizieren oder von Russen erschossen würden, sie gingen jedenfalls nicht weiter vor.«[386]

Die Stunden der Festung waren nun gezählt. Am 28. März stieß die Rote Armee in die Altstadt vor. Bei der hektischen und unkoordinierten Räumung wurde wiederum eine Vielzahl von Volkssturmsoldaten zurückgelassen.[387] Seit dem 26. März waren in der Umgebung Reinefarths Ausbruchsszenarien ernsthaft erörtert worden. Dass sich Reinefarth mit diesem Gedanken zunächst kaum anfreunden konnte, ist mit Blick auf seine weltanschauliche Härte nachvollziehbar. Zu seinem Zögern dürfte der konkrete Haltebefehl Hitlers aber mindestens so sehr beigetragen haben, zumal eine Befreiung der Stadt zumindest bis zum 28. März nicht gänzlich ausgeschlossen schien.[388] Nach der Aufgabe der Altstadt und dem Rückzug über die Oder kamen die maßgeblichen Offiziere am Abend des 29. März in einem Keller der bereits in Flammen stehenden Küstriner Artilleriekaserne zu einer letzten Besprechung zusammen. Noch am Nachmittag hatte Reinefarth einen Führerbefehl zum Weiterkämpfen quittiert. Nun aber wiesen ihn die anwesenden Offiziere übereinstimmend darauf hin, dass aufgrund der immensen Verluste an Mensch und Material sowie der totalen Erschöpfung der verbliebenen 1500 Männer an eine Fortführung der Verteidigung nicht mehr zu denken sei: Es habe schlichtweg keinen Sinn, die restliche Munition in kurzer Zeit zu verschießen und dann wehrlos in die Hände der Roten Armee zu fallen. Falls der Ausbruch gelänge, könnten die geretteten Männer immerhin noch für eine neue Abwehrfront verwendet werden. Reinefarth verwies auf den besagten Führerbefehl und ein Telegramm des Reichsführers SS, wonach er bis zum bitteren Ende auszuharren habe. Er selber könne daher seinen Posten nicht verlassen, stelle aber jedem Kommandeur frei, auf eigene Verantwortung zu handeln. Für den Fall eines Ausbruchs müsse jedoch ein gemeinsamer Zeitpunkt festgelegt werden.[389] Wenige Stunden später hatte er es sich aber offensichtlich anders überlegt. Er ließ Kreisleiter Körner durch den Verbindungsoffizier ausrichten, dass er sich »schweren Herzens« entschlossen habe, sich dem Ausbruchsversuch der Restbesatzung anzuschließen, denn »praktisch habe er ja seinen Auftrag erfüllt.«[390] Es musste ihm dabei allerdings bewusst sein, dass der Verzicht auf den persönlichen Opfergang für ihn ein erhebliches Risiko barg, die Folgen der Entscheidung also unter wesentlich unrühmlicheren Vorzeichen letztlich trotzdem in ein Todesurteil münden konnten. Aus diesem Grund versuchte er in seinem letzten Funkspruch, den Ausbruchsversuch als Angriffsoperation darzustellen: »Feind steht vor Artilleriekaserne. Insel nicht zu halten. Greife westlich Oder an, z. Zt. keine Verbindung.«[391] Diese Nachricht, die offenkundig nicht der Information, sondern ausschließlich der eigenen Verteidigung bei dem mit Sicherheit zu erwartenden Kriegsgerichtsverfahren dienen sollte, hatte für die Ausbrechenden fatale Folgen, denn die genaue Angriffsabsicht sowie der Zeitrahmen und Abschnitt des Unternehmens mussten so für das Generalkommando des XXXIX. Panzerkorps, das die deutsche Hauptkampflinie hinter Küstrin besetzte, völlig unklar bleiben.[392] Daraufhin wurde die Küstriner Besatzung in der folgenden Nacht des Ausbruchs nicht nur in Gefechte mit sowjetischen Truppenteilen verwickelt, sondern lief zum Schluss, als sie sich in Gruppen der eigenen Verteidigungslinie näherte, auch noch in deutsches Sperrfeuer. Knapp 1000 Soldaten und Offiziere erreichten nach dem kräfteraubenden Marsch durch das sumpfige Oderbruch schließlich völlig erschöpft die eigenen Linien bei Golzow.[393]

Der Ausbruch, den alle Beteiligten als schlecht koordiniertes und chaotisch ablaufendes Unterfangen in Erinnerung haben[394], blieb nicht ohne Nachspiel. Nach einigen Stunden Schlaf wurde Reinefarth auf Befehl von Befehlshaber Theodor Busse von einem Major aus dem Stab der 9. Armee festgenommen und zusammen mit den anderen überlebenden Offizieren der Besatzung in die Wehrmachtskaserne Fürstenwalde gebracht. Dort wurde er gesondert von seinen Mitstreitern untergebracht.[395] Während diese nach den Vernehmungen aufgefordert wurden, sich an der Front neu zu bewähren, wurde Reinefarth in das Wehrmachtsgefängnis Fort Zinna in Torgau verlegt und dort von Generalrichter Hoffmann vom Reichskriegsgericht vernommen.[396] Was in den folgenden Wochen geschah, erschließt sich nur aus Reinefarths eigenen Aussagen: Demzufolge wurde ihm am 20. April befohlen, sich ins bayrische Freising zu begeben, wohin das Reichskriegsgericht mittlerweile verlegt worden war. Gleichzeitig eröffnete man ihm, dass er auf Befehl des OKW vorläufig aus der Haft entlassen sei. Das unterdessen noch weiter nach Süden verlegte Reichskriegsgericht fand er schließlich in Brannenburg nahe der österreichischen Grenze vor, wo er die Nachricht erhielt, dass das Verfahren gegen ihn vorläufig eingestellt worden sei. Am 2. Mai erhielt er vom Präsidenten des Reichskriegsgerichts, General von Scheele, noch den Befehl, sich bei der lokalen Zweigstelle des Heeres-Personalamts zu melden. Dort hatte man indes keine Verwendung mehr für ihn. Danach zog er sich zusammen mit einer Gruppe um Arthur Greiser, den er angeblich »zufällig getroffen hatte«, nach Krimml ins Zillertal zurück. Dort wurde er am 15. Mai 1945 von amerikanischen Truppen festgenommen.[397]

Über die Hintergründe von Reinefarths Kriegsgerichtsverfahren liegt eine einigermaßen spektakuläre Nachkriegsaussage von Hermann Körner vor: Demzufolge habe er etwa zwei Wochen nach dem Ausbruch davon gehört, dass Reinefarth festgesetzt worden sei. Daraufhin habe er sich mit dem brandenburgischen Gauleiter Emil Stürtz in Verbindung gesetzt und ihn gebeten, mit ihm nach Berlin kommen zu dürfen, um dort die Situation in Küstrin an höchster Stelle vorzutragen. Nach einigem Zögern habe Stürtz eingewilligt. In der Reichskanzlei seien sie zunächst von Bormann schroff abgewiesen worden, gleich darauf aber im Gang zufällig Hitler begegnet. Dieser habe sich sodann nach Vorstellung durch Stürtz von Körner berichten lassen. Nachdem Körner auf Nachfrage Hitlers ausdrücklich versichert habe, dass in Küstrin für ein Weiterkämpfen tatsächlich keine Munition mehr vorhanden gewesen sei, habe Hitler die Freilassung Reinefarths angeordnet.[398] So abenteuerlich die Aussage auf den ersten Blick erscheint, ist es dennoch nicht ausgeschlossen, dass sie den Sachverhalt richtig wiedergibt. Körner hatte für Reinefarth bereits in seinem offiziellen Bericht an Bormann eine Lanze gebrochen und ihn von seinen Mitarbeitern hervorgehoben: Reinefarth sei in der Festung hoch geachtet und verehrt worden. Er, Körner, habe mit ihm »in bester Weise zusammengearbeitet«, was dadurch erleichtert worden sei, dass Reinefarth stets Wert auf eine enge Verbindung zur Partei gelegt habe. Sein Stab jedoch sei leider »von diesem Geist nicht beseelt« gewesen.[399] Den Entscheid zum Ausbruch billigte er ausdrücklich: Reinefarth habe damit »eine Entschließung gefaßt, die absolut zu rechtfertigen ist. Er hat das getan, was ein verantwortungsvoller und selbstbewußter Führer in einer solchen Situation tun mußte.«[400] Es liegt auf der Hand, dass ein etwaiges Vorsprechen bei Hitler auch für Körner selber die Gelegenheit der Erklärung und Entlastung geboten hätte. Schließlich muss der Kontext mitbedacht werden, in dem er all diese Angaben machte: Körner hatte kaum Gründe, Ende der 1950er-Jahre vor der Staatsanwaltschaft Flensburg in Bezug auf einen strafrechtlichen Nebenaspekt für Reinefarth eine Falschaussage zu machen und unnötige Schwierigkeiten zu riskieren. Nach dem Krieg war er in Reinbek bei Hamburg zu einer neuen Bürgermeisterstelle gelangt, hatte also trotz seiner einschlägigen Vergangenheit wieder die gleiche berufliche und gesellschaftliche Stellung wie zu NS-Zeiten erreicht. Andererseits konnte er sich wiederum relativ sicher sein, dass ihm Aussagen über Begegnungen in der Reichskanzlei in den letzten Kriegstagen schwerlich widerlegt werden konnten, waren doch die darin erwähnten Protagonisten nicht mehr am Leben. Nach alldem bleibt also eine gewisse Unsicherheit über den tatsächlichen Ablauf der Ereignisse, vor allem mangels glaubwürdiger alternativer Quellen.[401]

Reinefarth kam jedenfalls vorläufig mit dem Leben davon, nicht weniger, aber auch nicht mehr. Alles andere lag buchstäblich in Trümmern, darunter auch der eigene biografische Entwurf, den er spätestens 1942 unweigerlich mit dem Schicksal des NS-Staates verknüpft hatte.

II. INTEGRATION UND IRRITATION

1. Die Abwicklung der Vergangenheit

Westalliierte Protektion

Wie viele andere hohe NS-Funktionsträger war sich Heinz Reinefarth nach Kriegsende bewusst, dass die Zeit gekommen war, die eigene Lebensgeschichte neu zu erzählen. Biografische Elemente, die bis anhin karrierefördernd gewesen waren, konnten im Zuge der alliierten Entnazifizierung schwerwiegende Konsequenzen nach sich ziehen. Umgekehrt erwiesen sich Gegebenheiten, die Distanz zum nationalsozialistischen Regime suggerierten, nicht länger als nachteilig, sondern vereinfachten und verkürzten mit hoher Wahrscheinlichkeit den Weg in eine neue – gesellschaftlich und juristisch unbelastete – Existenz. Dass seitens der Alliierten die grundsätzliche Absicht bestand, die gleichermaßen große wie heterogene Gruppe der NS-Täter zu bestrafen, war den Betroffenen aus Proklamationen sowie Ereignissen wie der ab 1943 durchgeführten Anklage und Hinrichtung von deutschen Kriegsverbrechern in befreiten sowjetischen Gebietsteilen bekannt.[402]

Das früheste überlieferte Dokument zu Reinefarths amerikanischer Kriegsgefangenschaft ist ein kurzes Protokoll einer Befragung durch das Interrogation Center der 7. US-Armee, datiert auf den 13. September 1945. Die darin gemachten Aussagen zeichneten sich der Niederschrift zufolge vor allem durch einen minimalen Informationsgehalt aus. Darüber hinaus belegt der Bericht aber auch, dass dem Befragten klar war, welche Themen es fortan in welcher Form zu betonen galt und um welche nach Möglichkeit ein Bogen zu machen war. So fällt auf, dass die maßgebliche Beteiligung an der Niederschlagung des Warschauer Aufstandes, fraglos der geschichtsmächtigste Abschnitt von Reinefarths bisheriger Biografie, von ihm im Lebenslauf zuhanden der amerikanischen Militäradministration offensichtlich mit keinem einzigen Wort erwähnt wurde:

»Reinefarth (...) began to practice law in 1930 in Forst, moving later to Cottbus and continuing his practice there until 1942. Joining the NSDAP in 1932, he became legal advisor to the SA and a short time later he was switched to the SS in the same capacity. Source participated in the Polish, Belgium, French, and Russian campaigns. Upon his return from Russia, he obtained a position as Major General of Police, working for Gen Daluege, then Deputy Reichs Protector of Slovakia [sic!]. (…) In 1944, after the dissolution of his former job, he became Chief of the Police of Posen. Volunteering for frontline duty, he was sent to the East and in Feb 45 was made commander of the fortress at Kuestrin. After severe fighting he broke through the Russians and regained the German lines. For leaving his post at Kuestrin he was sentenced to death by Hitler, but the military court refused to enforce the sentence after Hitler's death.«[403]

Reinefarth entspinnt hier also bereits zu diesem frühen Zeitpunkt ein passivisch geprägtes Narrativ, dessen Grundzüge er fortan bis in die späten 1950er-Jahre weiter tradierte und welches ihm half, seine Vergangenheit mit erstaunlichem Erfolg öffentlich zu rechtfertigen und zurechtzubiegen. Obwohl er in den folgenden Jahren die Darstellung der einzelnen ereignisgeschichtlichen Bestandteile je nach Situation und Adressat unterschiedlich gewichtete, blieb sich das Erzählmuster doch immer gleich: Dieses drehte sich um die Geschichte eines verführten Idealisten, der von der Urgewalt des geschichtlichen Flusses erfasst und in der Folge unversehens und unbeabsichtigt in Amt und Würden geschwemmt worden war, sowie um den Weg eines aufrechten, pflichtbewussten Soldaten, der sich in einem unmenschlichen Krieg nichts hatte zuschulden kommen lassen und der am Ende, scheinbar bekehrt und zur Einsicht gelangt, dass eine an sich gute Idee pervertiert worden war, schließlich gar zum befehlswidrig handelnden Quasi-Widerstandskämpfer mutierte. Die Erzählung und die durch sie geweckten Assoziationen ergaben in der Summe ein kohärentes Gesamtbild, das gerade in der Gesellschaft der frühen Bundesrepublik Anklang fand. Um die ersten Nachkriegsjahre in den Händen der Amerikaner weitgehend ungeschoren zu überstehen, sollte diese Illustration allein allerdings nicht ausreichen, waren mithin wirkungsvollere Argumente notwendig.

Reinefarth verbrachte die folgenden drei Jahre an wechselnden Orten in amerikanischer Kriegsgefangenschaft und Internierung. Neben Aufenthalten in Kitzbühel, Salzburg, Augsburg, Kornwestheim, Dachau sowie in den beiden Generalslagern Neu-Ulm und Garmisch wurde er insgesamt dreimal in den Zeugenflügel des Nürnberger Justizgefängnisses verlegt.[404] In den ersten Monaten nach Kriegsende sah die Zukunft wenig verheißungsvoll aus. Die amerikanischen Besatzer machten von allem Anfang an klar, dass sie gewillt waren, die von den Nationalsozialisten begangenen Verbrechen gegen den Frieden und die Menschlichkeit zu sühnen und die dafür Verantwortlichen zur Rechenschaft zu ziehen. Ihren sichtbaren Ausdruck fand diese Intention zunächst in der Errichtung des Internationalen Militärtribunals, bei der die USA federführend waren, später bei den in Eigenregie durchgeführten Nürnberger Nachfolgeprozessen.[405] Bereits 1943 waren die Alliierten in der »Moskauer Erklärung« übereingekommen, dass deutsche Kriegsverbrecher grundsätzlich in diejenigen Länder ausgeliefert werden sollten, in denen sie ihre Taten begangen hatten, um dort nach dem jeweiligen Landesrecht abgeurteilt zu werden. Obwohl diese Absicht mit dem alliierten Kontrollratsgesetz Nr. 10 im Dezember 1945 in eine einheitliche Rechtsgrundlage umgemünzt wurde, führten die fehlenden Verfahrensregeln dazu, dass in der Folgezeit de facto jede Besatzungsmacht ihre eigene Auslieferungspolitik betrieb.[406] Einige Wochen nach diesem Entscheid wurde die Luft für Reinefarth sehr dünn: In Nürnberg wurde Erich von dem Bach-Zelewski am 26. Januar 1946 vom polnischen Staatsanwalt Jerzy Sawicki[407] verhört und belastete dabei Reinefarth – offensichtlich in der Absicht, seine eigene Haut zu retten – schwer. Nachdem Bach-Zelewski zunächst seine Ankunft in Warschau und eine kurz darauf von ihm beobachtete Erschießungsaktion der Kampfgruppe Reinefarth geschildert hatte, führte er nach der sarkastischen Nachfrage des abgebrühten Sawicki, er sei daraufhin sicherlich dagegen eingeschritten, weiter aus:

>»Jawohl, ich habe es verboten und den ganzen Kampf eingestellt. Ich begab mich persönlich zu Reinefarth und traf ihn in seinem Unterstand an (...). Ich informierte ihn über die ganze Lage, machte ihn auf die ganze – von mir beobachtete – ›Kopflosigkeit‹ sowie darauf aufmerksam, daß seine Abteilungen Erschießungen von Zivilpersonen vornahmen. Daraufhin verwies mich Reinefarth auf den ausdrücklichen Befehl Himmlers. Er sagte, daß er den ausdrücklichen Befehl erhalten habe, keine Gefangenen zu machen und jeden Bewohner Warschaus zu töten. Ich fragte ihn: ›Frauen und Kinder ebenfalls?‹ Er antwortete mir darauf: ›Ja, Frauen und Kinder ebenfalls.‹ Daraufhin hob ich sofort den Befehl Himmlers auf.«[408]

Bach-Zelewskis Aussage war für Reinefarths Situation insbesondere deshalb von erheblicher Brisanz, weil die amerikanischen Besatzungsbehörden gegenüber Polen bis 1947 generell eine äußerst entgegenkommende Auslieferungspolitik betrieben. In diesem Rahmen wurde die polnische Justiz sogar regelrecht ermutigt, die Überstellung von NS-Verbrechern aktiv einzufordern. So war etwa die Gründung der Polnischen Militärmission in Berlin-Grunewald im Februar 1946 eine direkte Folge amerikanisch-britischen Insistierens.[409] Die auf den ersten Blick erstaunlich zurückhaltenden polnischen Auslieferungsbemühungen der frühen Nachkriegszeit waren jedoch nicht in erster Linie mangelndem Willen, sondern der personellen, finanziellen und logistischen Überforderung des ausgebluteten polnischen Justizapparates geschuldet.[410] Allerdings war dieser Sachverhalt vor allem hinsichtlich der schieren

Masse der abzuarbeitenden Personendossiers relevant, nicht aber in Bezug auf einen derart prominenten Einzelfall wie Reinefarth. Entscheidender war hierbei vielmehr die Handhabung der jeweiligen Besatzungsmacht. Im August 1945 hatte Dwight D. Eisenhower in seiner Funktion als amerikanischer Militärgouverneur von seiner Regierung die Direktive erhalten, verdächtige deutsche Kriegsverbrecher gegen Vorlage eines überzeugenden Berichts über die begangenen Taten (Prima-facie-Beweise wurden von den Amerikanern erst ab 1947 verlangt) auszuliefern. Diese Leitlinien waren jedoch von Anfang an durch Klauseln eingeschränkt. So durften etwa keine mutmaßlichen Kriegsverbrecher ausgeliefert werden, bei denen die Sachlage außergewöhnliche politische oder anderweitige Überlegungen implizierte. Solche Fälle sollten von den involvierten politischen und militärischen Behörden zunächst eingehend erörtert werden.[411] Diese Regelung hinderte die Amerikaner jedoch nicht daran, in den folgenden Jahren eine ganze Reihe hochkarätiger Exponenten des NS-Besatzungsregimes an Polen auszuliefern: Arthur Greiser, Josef Bühler, die rechte Hand von Hans Frank im Generalgouvernement, Arthur Liebehenschel, Nachfolger von Rudolf Höß als Lagerkommandant von Auschwitz, oder Ludwig Fischer, der ehemalige Warschauer Distriktsgouverneur, gehörten zu den großen Namen, die bis 1948 nach Polen überstellt, dort vom Obersten Nationaltribunal abgeurteilt und anschließend hingerichtet wurden.[412] Dennoch darf der polnischen Urteilssprechung – im Gegensatz zu anderen Ostblockstaaten – bei NS-Verfahren grundsätzlich Ausgewogenheit und Fairness attestiert werden. Die Untersuchungen liefen nach weitgehend rechtsstaatlichen Prinzipien ab, und die Beweisaufnahme stand derjenigen von westeuropäischen Gerichten qualitativ in nichts nach.[413] Umso mehr stellt sich deshalb die Frage, weshalb Reinefarth, dessen Name eindeutig mit einem klar fassbaren, unbestreitbaren Massenverbrechen in Verbindung gebracht werden konnte, von den entscheidungsbefugten westalliierten Stellen beschützt wurde, obwohl die polnische Seite vehement auf eine Auslieferung drängte.[414]

Bereits im September 1945, also noch vor der Gründung der Militärmission, hatten sich die polnischen Behörden an die Amerikaner gewandt und sich dort nach dem Aufenthalt des ehemals hochrangigen Okkupationsrepräsentanten erkundigt. Von Mitte 1946 bis Mitte 1948 erfolgten mehrere offizielle Auslieferungsanträge, die allesamt negativ beantwortet wurden.[415] Dabei nützte es den Polen auch nichts, wenn sie den amerikanischen Verantwortlichen entgegenkamen. Darauf eingehend, dass die bisherigen Absagen dahin gehend begründet worden waren, Reinefarth und auch Bach-Zelewski würden von den Amerikanern für einen unbestimmten Zeitraum benötigt, gaben sie zu verstehen, dass es ihnen nicht nur um die Bestrafung an sich gehe, sondern auch um die generelle Aufarbeitung der Aufstandsereignisse. Aus dieser Überlegung heraus ergab sich die Anfrage, ob es wenigstens möglich sei, die beiden temporär überstellen zu lassen, damit sie in anderen Prozessen zum Warschauer Komplex wie dem gegen Paul Otto Geibel aussagen könnten.[416] In seinem Antwortschreiben vom 17. Juli 1948 entgegnete der amtierende amerikanische Militärgouverneur Lucius D. Clay reichlich lapidar und redundant: »I understand that your mission has already been notified that our agencies will need these individuals for a considerable period of time. It will not be possible to permit them to be extradited as long as they are required by our people.«[417] Worüber Clay die Polen jedoch nicht informierte, war die nicht ganz unwesentliche Gegebenheit, dass Reinefarth wenige Wochen zuvor von den Amerikanern freigelassen worden war: Am 24. Juni hatte er den Nürnberger Zeugenflügel verlassen, ohne ein weiteres Mal ins Internierungslager Dachau zurückkehren zu müssen. Stattdessen war er direkt nach Westerland auf Sylt weitergereist, wo seine Familie im ehemaligen Sommerhaus seiner Schwiegereltern festen Wohnsitz genommen hatte.[418] Eine neuerliche Internierung in der britischen Besatzungszone war nicht zu erwarten, da man dort in diesen Monaten dabei war, die entsprechenden Lager zu schließen. Die betroffenen NS-Funktionäre waren entweder bereits verurteilt oder blieben bis zum Abschluss ihres Spruchgerichtsverfahrens beurlaubt.[419] Was aber war in der Zwischenzeit hinter den westalliierten Kulissen geschehen? Wie nachfolgend zu zeigen sein wird, standen die polnischen Aussichten auf eine Auslieferung Reinefarths wahrscheinlich bereits ab Ende 1946, bestimmt aber ab dem Herbst 1947 nicht mehr besonders gut.

Im September 1946 war Reinefarth erstmals in den Nürnberger Zeugenflügel verlegt worden und hatte die Gelegenheit erhalten, sich der Subsequent Proceedings Division des Office of the US Chief of Counsel for War Crimes (OCCWC) zu erklären. Dort gab er an, erst am 5. oder 6. August 1944 von Himmler mit der Niederschlagung des Warschauer Aufstandes beauftragt worden zu sein. Er habe den Befehl nicht annehmen wollen, da er mit der Führung von militärischen Großverbänden gänzlich unerfahren gewesen sei, aber Himmler habe darauf bestanden. Einen Bevölkerungsvernichtungsbefehl habe er bei dieser Gelegenheit nicht erhalten, sondern erst in Warschau durch Bach-Zelewski von dessen Existenz gehört. Als er in der polnischen Hauptstadt angekommen sei, habe er die Brigade Dirlewanger bereits kämpfend vorgefunden. Diese Formation habe ihm zu keinem Zeitpunkt unterstanden, die Kaminski-Einheit lediglich versorgungsmäßig. Reinefarth bemühte sich bei dieser Stellungnahme außerdem, eine enge Zusammenarbeit mit dem Oberkommando der 9. Armee zu betonen, um den militärischen Aktionen einen legitimen Anstrich zu verleihen. Tatsächlich aber gehörte Warschau während des Aufstandes nicht zum Operationsgebiet der 9. Armee. Auf die entsprechende Nachfrage des amerikanischen Vernehmungsoffiziers antwortete er wider besseres Wissen lediglich: »Das kann ich nicht sagen, ich moechte nichts falsches sagen.«[420] Von Bach-Zelewskis Schuldzuweisung hatte er entweder nichts mitbekommen, oder – was wahrscheinlicher ist – sie wurde von ihm bewusst ignoriert, um dem Befrager keine Steilvorlage zu liefern, die ihn höchstens in Rechtfertigungsnot bringen konnte.[421] Die Frage, ob er gesehen habe, dass wehrlose Frauen und Kinder erschossen worden seien, verneinte er kurz und bündig, ohne dass von Seiten des Verhörenden daraufhin weiter insistiert wurde.[422] Typisch für den Charakter dieser von Offizier zu Offizier geführten Unterhaltung war dagegen, dass sie sich an einer streng militärischen Sichtweise orientierte, in der die an der Zivilbevölkerung verübten Gräueltaten nur eine Randnotiz darstellten.[423] Bezeichnenderweise kam den Ausschreitungen der Kaminski-Brigade in dieser eng gefassten Optik die weitaus größte Bedeutung zu. Die Übergriffe dieser Truppe hatten den unter operativen Gesichtspunkten wünschenswerten raschen Vormarsch behindert. In der Rückblende wurden sie deshalb als veritables Ärgernis herausgestellt und ausführlich und in allen Farben geschildert. Gleichzeitig manifestierten sich in der Beschreibung rassistische Vorurteile, die zwar nicht konkret ausgesprochen, aber zwischen den Zeilen doch deutlich zum Ausdruck kamen. Die Einheit erschien demnach als »Haufen« mit fast animalischen Zügen, von einem Führer kommandiert, den man statt beim Kämpfen »voellig betrunken und in Goldstuecken und Ringen (…) wuehlen[d]« vorgefunden habe. Auf diese Weise sei nichts weniger als »die gesamte deutsche Uniform« blamiert worden. Nicht die brutale, aber scheinbar sachliche und zweckgerichtete Kampfweise der Deutschen wurde von Reinefarth als Skandalon dargestellt, sondern das angeblich ausschließlich triebgesteuerte Marodieren einer russischen Hilfstruppe. Er sah sich dabei jedoch mit der hohen Wehrmachtsgeneralität auf einer Linie: »[Generalmajor] Rohr (…) kam schon nach kurzer Zeit voellig entsetzt und sagte mir, er muss den Kaminski-Haufen los werden. Mit dem kann er nicht arbeiten, er raubt und pluendert nur, aber kaempft nicht.«[424] Im Kontrast dazu beschrieb sich Reinefarth selber als überlegten Kampfgruppenführer, der eine menschliche Grundhaltung mit militärischer Zweckmäßigkeit zu verbinden wusste und energisch durchgriff, wenn dazu Anlass bestand. Aussagekräftige Episoden sollten diese Darstellung untermauern: So habe er während der Kämpfe Major Frolow, den Stellvertreter Kaminskis, mit einer größeren Gruppe polnischer Zivilisten angetroffen, die von den Soldaten soeben ausgeplündert worden seien. Frolow habe dazu nur geäußert, »die Leute gehörten ihm«. Er, Reinefarth, habe daraufhin nachgefragt,

»(…) was das zu bedeuten haette, die Leute koennen doch nicht ihm gehoeren, das seien doch ganz offenbar keine kaempfenden Polen, denn es seien ja Frauen und Kinder (…). Ich sagte ihm dann, die Leute haetten doch ihr letztes bisschen aus dem Chaos herausgerettet und er solle froh sein, wenn die wegkaemen, denn Zivilisten seien bei einem Strassenkampf immer hinderlich.«[425]

Seine Betrachtungen über den Warschauer Aufstand hielt Reinefarth in einem elfseitigen Bericht fest, den er als persönliche Erklärung dem zuständigen Untersuchungsrichter Fred Kaufmann übergab.[426] Bis zu seiner Entlassung in die britische Besatzungszone im Frühsommer 1948 erfolgte eine Reihe weiterer Vernehmungen, ohne dass er sich je als Zeuge oder gar in der Rolle des Angeklagten einem alliierten Kriegsverbrecherprozess zu stellen hatte.[427]

Das OCCWC um den späteren Nürnberger Chefankläger Telford Taylor sammelte durch eine Vielzahl von Befragungen dieser Art die Beweisgrundlagen für die Kriegsverbrecherprozesse, aber nicht nur: Die Behörde war darüber hinaus mit zahlreichen amerikanischen Regierungsstellen, Militär- und Geheimdienstinstitutionen vernetzt. Im Rahmen eines gegenseitigen Informationsaustauschs flossen die gesammelten Erkenntnisse nach intensiver Diskussion in die sicherheitspolitischen strategischen Planungen um die Zukunft der westdeutschen Besatzungszonen ein.[428] Im Zeichen des aufkommenden Kalten Krieges entstand so gleichsam als Nebenprodukt von Gefangenschaft und Internierung eine Plattform der Zusammenarbeit, die nicht nur von ehemaligen deutschen Militärs[429], sondern in etlichen Fällen auch von früheren RSHA-Funktionären[430] genutzt wurde, um die eigenen Zukunftsaussichten markant zu verbessern.

Vor diesem Hintergrund wird nachvollziehbar, dass sich Reinefarth trotz der anfänglich kulanten amerikanischen Auslieferungspolitik von Anfang an in einer besseren Ausgangslage befand als NS-Exponenten, die in Polen nicht als Truppenführer, sondern ausschließlich als Funktionsträger des Besatzungsapparates von sich reden gemacht hatten. Anders als ein Arthur Greiser oder Josef Bühler wurde Reinefarth trotz seiner multiplen Funktionen bis 1945 von den Amerikanern in erster Linie als Militär wahrgenommen, der – obschon mit einem etwas zwielichtigen Ruf behaftet – durchaus von gewissem Nutzen sein konnte. In dieser Atmosphäre kam er 1947 auf Wegen, die sich aus den vorhandenen Quellen nicht erschließen, mit dem Counter Intelligence Corps (CIC) der US Army in Kontakt.[431] Das CIC war während des Krieges als Spionage-Abwehrabteilung des US-Heeres gegründet worden und stellte in den ersten Nachkriegsjahren die bedeutendste US-Geheimdienstorganisation in den westlichen deutschen Besatzungszonen dar. Die Organisation wäre dort eigentlich primär dafür zuständig gewesen, im Rahmen des »Automatic Arrest« hochrangige NS-Kader aus dem Verkehr zu ziehen und zu internieren. Dennoch begannen einige Mitarbeiter schon bald darauf, frühere SD- und Gestapo-

Offiziere zu akquirieren, von denen sie sich weiterführende Informationen über das politische und militärische Innenleben der Sowjetunion und der kommunistischen Widerstandsbewegungen in Europa erhofften. In diesem Bestreben verloren einige Angehörige des CIC mitunter jegliches Augenmaß, so dass schließlich selbst Gestalten wie etwa der vormalige Lyoner Gestapo-Chef Klaus Barbie in Lohn und Brot genommen und vor der Auslieferung an den Ort ihrer Verbrechen bewahrt wurden.[432] In Bezug auf Reinefarth und auch Bach-Zelewski war es offensichtlich deren Erfahrung in der »Bandenbekämpfung«, die die amerikanischen Geheimdienste interessierte und deshalb dazu führte, dass von einer Auslieferung an Polen Abstand genommen wurde.[433] Es scheint indes, dass Reinefarth nicht imstande war, dem CIC ein Übermaß an substanziellen Informationen zu vermitteln, denn bereits im September 1947 meldete die Behörde der War Crimes Group der US Army: »Subject has been cleared through all interested branches of the office of the Deputy Director of Intelligence, Headquarters EUCOM [United States European Command]. This headquarters has no further interest nor objections to extradition.«[434] Telford Taylor ging noch einen Schritt weiter und plädierte vehement für eine Überantwortung Reinefarths an Polen.[435] In dieser kritischen Situation schaltete sich nun jedoch das amerikanische Außenministerium ein und schob der drohenden Auslieferung hinter den Eisernen Vorhang wegen sicherheitspolitischer Bedenken endgültig einen Riegel vor, wie sich aus einer später verfassten Aufzeichnung zweifelsfrei ergibt:

»Policy on the extradition of Heinz Reinefarth to the Polish Government was established by the Department of State in October, 1947. At that time it was agreed that subject was to be hold as material witness in war crime trials until July, 1948 as a temporary measure in order to preclude extradition, and that extradition to Poland or any other Soviet-dominated power be permanently precluded. The line of action was adopted by the United States Military Governor, and Polish requests for extradition made prior to July 1948 were answered by stating that subject was hold as a war crimes witness. Requests made after July, 1948 were answered by indicating that Reinefarth was working on a Historical Division project for United States forces. (…) The State Department has indicated that extradition of subject as well as that of former German Generals von Luettwitz, Guderian, Rode and Vormann, is opposed on the grounds that these individuals are of great potential military value, and might conceivably be utilised by the Soviets and their satellites in a (…) [unleserlich] detrimental to the security of the United States.«[436]

Diese dilatorische Strategie ließ sämtliche polnischen Auslieferungsbemühungen ins Leere laufen, irritierte aber auch die britischen Besatzungsbehörden, denen die

Causa Reinefarth nach dessen Freilassung und Wohnsitznahme auf Sylt ab 1948 oblag. Den Briten sollte zur Kenntnis gebracht werden, dass der Intelligence Division des United States European Command weiterhin viel am Schicksal des ehemaligen SS-Gruppenführers gelegen war: »It is requested that the appropriate British authorities be approached and informed of the continued interest of the Department of the Army in this man, and that they be requested to forstall any new Polish attempt to effect the extradition of Heinz Rheinefarth [sic].«[437]

Bei der Polnischen Hauptkommission erfuhr man erst im Januar 1949 von der Freilassung des Kriegsverbrechers. Ein kurz darauf an die britischen Besatzungsorgane gerichteter Auslieferungsantrag, der das Wirken Reinefarths in Warschau mit zahlreichen Dokumenten belegte, wurde von dort über ein Jahr später mit dem Verweis auf »Sicherheitsrücksichten« ablehnend beantwortet. Auf die Bitte zu erläutern, wie dieser reichlich schwammige Begriff zu verstehen sei, erhielt die Hauptkommission die Mitteilung, dass man von britischer Seite her in dieser Angelegenheit nichts weiter hinzuzufügen habe. Den Polen blieb nichts anderes übrig, als sich mit einer Protestnote an die britische Botschaft zu wenden, was aber an der Sachlage nichts mehr änderte.[438] Ganz offensichtlich mussten die Briten aber hier eine Suppe auslöffeln, die ihnen überhaupt nicht schmeckte: »Much of the detail in the Polish note (…) is correct (…) [there is] a considerable amount of evidence to support the accusation that [Reinefarth] is guilty of the mass murder of Polish civilians in Warsaw in 1944.«[439] Im amerikanischen Außenministerium hatte man für diese Bedenken jedoch kein Gehör und verwies auf die Komplikationen, die sich durch eine Auslieferung des nicht mehr benötigten Temporärmitarbeiters zu einem derart späten Zeitpunkt ergeben könnten:

»(…) he is believed to have acquired too great a familiarity with American military information to make it safe to allow him to go to any area subject to Soviet domination. It may also be observed that the extradition of this man to Poland would make any further consultation with him impossible and would have the additional consequence of disturbing similar work now being conducted with other German officers who would be made apprehensive about being deported in the same way.«[440]

Dass das CIC weiterhin auf die Dienste Reinefarths zählte, wurde hier nur vorgeschoben. Die Zeilen lassen aber durchblicken, dass man sich im State Department sehr wohl bewusst war, welch kolossale Hypothek ihm durch die leichtfertige Personalpolitik des CIC aufgeladen worden war. Einmal in dieser Sackgasse angelangt, konnte man das Problem 1951 jedoch nur noch aussitzen.

Zu diesem Zeitpunkt befand sich der Betroffene seit fast drei Jahren auf freiem Fuß. Seit seiner Entlassung aus Nürnberg hatte sich Reinefarth in der neuen Sylter Umgebung mit einigem Erfolg darangemacht, seine hohe Position innerhalb der Hierarchie des Dritten Reiches zu relativieren und das Ausmaß seiner Verwicklung in die nationalsozialistischen Kriegs- und Besatzungsverbrechen zu verschleiern. Die Frage einer möglichen Auslieferung war inzwischen, was die Dringlichkeit betraf, als nunmehr eher abstraktes Problem in den Hintergrund gerückt. Im Zentrum der Bemühungen hatte in der vergangenen Zeit die amtliche strafrechtliche Aufarbeitung seiner Vergangenheit gestanden, der er sich aufgrund seiner exponierten Stellung im NS-Staat nicht nur in Form der Entnazifizierung, sondern auch im Rahmen eines Spruchgerichtsverfahrens zu stellen hatte, ferner der Versuch, sich beruflich neu zu etablieren. Dieser Phase der eigentlichen »Rückkehr in die Bürgerlichkeit«[441] wollen wir uns nun zuwenden. Dabei muss zunächst in summarischer Form auf die gesellschaftlichen Folgen von Diktatur und Krieg aus spezifisch schleswig-holsteinischer Sicht eingegangen werden.

»Dem Mann muss unbedingt geholfen werden«: Neubeginn unter Flüchtlingen

In seiner neuen Heimat war Heinz Reinefarth mit seinem Schicksal als Flüchtling aus den ehemaligen Ostgebieten[442] alles andere als allein: Schleswig-Holstein war im Vergleich zu den anderen Bundesländern der Westzone eine eigentliche Flüchtlingshochburg. Aufgrund seiner Land- und Seeverbindungen sowie als Folge der militärischen Operationen im letzten Kriegshalbjahr war die bisher von den Auswirkungen des Krieges weitgehend verschonte ehemalige preußische Provinz der meistangesteuerte Zufluchtsort für die vertriebenen Deutschen aus dem Osten. Innerhalb der späteren Bundesrepublik hatte das Land den größten Anteil an Flüchtlingen im Vergleich zur Gesamtbevölkerung, den höchsten Bevölkerungszuwachs seit 1939 (von 1,6 Millionen auf 2,7 Millionen), den geringsten Pro-Kopf-Wohnraum sowie den höchsten Anteil an Erwerbslosen und Arbeitsunfähigen aufzuweisen. Dementsprechend schlecht war es in den ersten Nachkriegsjahren um die mittel- und längerfristigen wirtschaftlich-sozialen Aussichten der Region bestellt.[443]

Durch die Kapitulation und die Flüchtlingsproblematik wurde auch der ältere deutsch-dänische Grenzkonflikt wieder akut. Die vor allem im Landesteil Schleswig rasch erstarkende prodänische Bewegung wollte die Gunst der Stunde nutzen und plädierte deshalb wiederholt, laut und eindringlich für einen Beitritt Schleswigs zu Dänemark. Im Rahmen dieser Kampagne wurden die Flüchtlinge aus den Gebieten östlich von Oder und Neiße als Hindernis und Fremdkörper wahrgenommen, die angeblich den »nordischen Charakter« der Südschleswiger zerstörten.[444] Bei der Bewegung handelte es sich indes nicht um eine Sprachminderheit, sondern um eine nationale »Gesinnungsminderheit«, waren doch die meisten Anhänger hoch- oder niederdeutscher Muttersprache. Sie wurde aber auch von Teilen der friesischen Gemeinde mitgetragen und hatte im »Südschleswigschen Wählerverband« (SSW) ihr eigenes politisches Sprachrohr. Erst die zurückhaltende dänische Außenpolitik sowie die Anerkennung und Sicherstellung der dänischen Minderheitsrechte durch die »Kieler Erklärung« des Schleswig-Holsteinischen Landtags 1949 und durch die »Bonn-Kopenhagener-Erklärungen« 1955 führten schließlich dazu, dass die politische Strömung ihre Kraft allmählich verlor.[445]

Neben dem hohen Anteil an Flüchtlingen wurde das vergangenheitspolitische Klima in Schleswig-Holstein aber auch dadurch geprägt, dass das Land nach der Kapitulation zu einem bevorzugten Rückzugsgebiet für die ehemaligen NS-Funktionseliten geworden war. Innerhalb der schleswig-holsteinischen Landesgrenzen wurde nicht nur die letzte Reichsregierung verhaftet, sondern suchte auch ein Großteil von Himmlers Sicherheitsapparat Zuflucht, nachdem dieser in den letzten Wochen des Krieges noch in je einen Arbeitsstab Nord und Süd aufgeteilt worden war.[446] Während einige dieser ehemaligen Amtsträger nur wenige Tage oder Wochen umherirrten und sich anschließend gefangen nehmen ließen oder Suizid begingen, gelang es einer Vielzahl von Kriegs- und Besatzungsverbrechern, oftmals mit Hilfe der einheimischen Bevölkerung, teilweise mehrere Jahre unterzutauchen oder sich sogar ganz legal und unbehelligt vor Ort niederzulassen.[447]

Die durch die Gleichzeitigkeit dieser sozialen, nationalen und historischen Konfliktlinien geförderte »dreifache Unruhe«[448] stellte den zeitgeschichtlichen Hintergrund dar für ein gesellschaftliches Klima, in dem die Sehnsucht nach »Normalisierung« und »Schlussstrich«[449] besonders gedeihen musste und sich politisch direkter äußerte als anderswo. Der Landtagswahlkampf 1950 stand ganz im Zeichen der rechtspolitischen Vergangenheitsbewältigung und der Vertriebenenproblematik. Dabei gab der erstmals zugelassene »Block der Heimatvertriebenen und Entrechteten« (BHE) eine Schlagzahl vor, hinter der die anderen Parteien einschließlich der SPD nur unwesentlich hinterherhinken mochten. Wie sehr die politische Rechte nach vier Jahren SPD-Alleinregierung im Begriff stand, die vergangenheitspolitische Deutungshoheit zu übernehmen, zeigte sich nicht nur am Erdrutschsieg des BHE, sondern auch an der Zusammensetzung der neu gewählten konservativen Koalitionsregierung unter Walter Bartram (CDU). Diese bestand mit Ausnahme von CDU-Innenminister Paul Pagel aus lauter ehemaligen NSDAP-Mitgliedern. Wenngleich sich die Bestimmungen des 1951 durch den Kieler Landtag verabschiedeten »Gesetzes zur Beendigung der Entnazifizierung« durchaus im Rahmen der Bonner Vorgaben bewegten und gewiss ein gesellschaftliches Anliegen widerspiegelten, das damals für den gesamten bundesrepublikanischen Kontext typisch war, waren sie noch stärker als auf Bundesebene im Sinne der Belasteten abgefasst und noch eindeutiger als dort beschlossen worden.[450]

Mit dieser legislativen Willensäußerung beerdigte das Land Schleswig-Holstein endgültig ein Mammutprojekt, dessen ursprünglicher Zweck – die umfassende politische Säuberung des öffentlichen und wirtschaftlichen Lebens von allen nationalsozialistischen Elementen – durch das immer weitreichendere Entgegenkommen der britischen Besatzungsmacht schon in den Jahren zuvor zunehmend ausgehöhlt und schließlich gänzlich ad absurdum geführt worden war. Dabei waren die britischen Behörden schon von Anfang an pragmatischer vorgegangen als die Amerikaner und hatten die Entnazifizierung auf die Beamten und Angestellten beschränkt, also auf eine flächendeckende Erfassung der Bevölkerung verzichtet.[451] Ab Oktober 1947 konnten die Entnazifizierungsausschüsse in der britischen Zone in Eigenregie über die Einteilung in die Kategorien III bis V der Minderbelasteten, Mitläufer und Entlasteten entscheiden. Im Ergebnis wurden in der schleswig-holsteinischen Variante dieser eigentlichen »Mitläuferfabrik«[452] über 99 Prozent aller Geprüften in die beiden letzten Kategorien eingestuft. Aber auch diese Einteilung wurde mit dem Gesetz von 1951 hinfällig, da dieses alle Betroffenen der Belastungsstufen III bis V automatisch in die unterste Kategorie versetzte.[453] Von der Einteilung in die Kategorien I und II machten die britischen Besatzer, obwohl diese Maßnahme exklusiv in deren Kompetenz gelegen hätte, vermutlich überhaupt nicht Gebrauch.[454] Zum Vergleich: In Bayern wurde bis zum 31. Mai 1949 immerhin knapp ein Prozent aller Geprüften rechtskräftig als Hauptschuldige oder Belastete und zusätzlich gegen zehn Prozent als Minderbelastete eingestuft.[455]

Die fehlgeschlagene politische Säuberung und der Regierungswechsel von 1950 wirkten sich auch auf die Verwaltung aus, die in den darauffolgenden Jahren eine Entwicklung durchmachte, welche treffend als »Renazifizierung« umschrieben worden ist.[456] Aufgrund des vom Bundestag 1951 beschlossenen Artikels 131 des Grundgesetzes besaßen (mit wenigen Ausnahmen) alle ehemaligen Staatsbeamten ab der Entnazifizierungskategorie III grundsätzlich Anspruch auf Wiedereinstellung in den Staatsdienst oder ein entsprechendes Ruhestandsgehalt. Um mit den knappen Finanzen nicht untätige Wartestandsbeamte alimentieren zu müssen, wurden ältere Anwärter ihren jüngeren, unbelasteten Kollegen in der Regel vorgezogen.[457] In Schleswig-Holstein wurden auch Staatsdiener eingestellt, die in anderen Bundesländern aufgrund ihrer einschlägigen Vergangenheit abgelehnt worden waren. Die im Ausführungsgesetz zum 131er-Artikel vorgesehene Quote von 20 Prozent an Beamten, die bereits vor 1945 Dienst geleistet hatten, wurde so um mehr als das Doppelte übertroffen.[458] Für eine Vielzahl der nach der Kapitulation in Schleswig-Holstein gestrandeten, zum Teil hochrangigen NS-Funktionäre stellte die erneute Aufnahme in den Staatsdienst deshalb den Schlusspunkt eines reibungslosen Reintegrationsprozesses dar. Befördert wurde diese Entwicklung überdies von weitverzweigten Seilschaften, die bis auf die Ebene der Staatssekretäre reichten.[459] Auf diese Weise wurden im Schleswig-Holstein der frühen Nachkriegszeit insbesondere die Polizei und die Justiz zu einem wahren Refugium von zum Teil schwer belasteten NS-Tätern.[460] Damit war die Grundlage gelegt für die Reihe von personellen Skandalen, die den Ruf des Landes ab den späten 1950er-Jahren schwer beschädigten und hinsichtlich der medialen Dynamik des Falls Reinefarth gewissermaßen als Katalysatoren wirken sollten. In Bezug auf die Phase seines Spruchgerichtsverfahrens und der Entnazifizierung hatten diese gesellschaftlichen Triebkräfte für Heinz Reinefarth jedoch eine genau gegenteilige, positive Wirkung.

Die Bestrafungspolitik der britischen Besatzungsmacht unterschied sich von der üblichen westalliierten Praxis dahin gehend, dass sie auf eine separate Aburteilung der Angehörigen von in Nürnberg als »verbrecherisch« deklarierten Organisationen abzielte. Das damit verbundene Verfahren war der eigentlichen Entnazifizierung zeitlich vorgeschaltet. Auf diese Weise sollte die NS-Elite vorgängig auf der Basis des sogenannten »Kenntnistatbestands« abgeurteilt werden, ohne dass damit eine spätere Strafverfolgung für konkrete Vergehen verhindert wurde. Gleichzeitig versprach man sich durch dieses Vorgehen eine effiziente Abwicklung der schieren Masse von Untersuchungen, denn ansonsten wäre an die beabsichtigte Schließung der Internierungslager in naher Zukunft nicht zu denken gewesen. Die Konzeption hatte zudem den Vorteil, dass mit den beiden Verfahren des Spruchgerichts und der Entnazifizierung etwa im Gegensatz zur amerikanischen Zone die juristische Aufarbeitung von der politischen Säuberung getrennt war. Die Spruchgerichte sollten also leisten, womit die Entnazifizierungsausschüsse und die ordentliche Gerichtsbarkeit heillos überfordert gewesen wären: die »großen Fische« herauszufiltern und für lange Zeit unschädlich zu machen.[461] Während die Spruchgerichte auf der Rechtsgrundlage des alliierten Kontrollratsgesetzes Nr. 10, des Urteilsspruchs des Nürnberger Militärtribunals vom 1. Oktober 1946 sowie der Verordnung Nr. 69 der britischen Militärregierung betreffend Verfahren gegen Angehörige verbrecherischer Organisationen urteilten, orientierte sich die Verfahrensordnung am deutschen Recht. Die einzelnen Spruchkammern wurden von deutschen Juristen mit der Befähigung zum Richteramt geleitet, die im Gegensatz zu ihren Kollegen von den Amts- und Landgerichten nicht Mitglied der NSDAP gewesen sein durften. Dazu gesellten sich zwei Schöffen. Britische Stellen hatten keinen direkten Einfluss auf den Ausgang der Verfahren.[462]

Betrachtet man nun den Verlauf und Ausgang von Reinefarths Spruchgerichtsverfahren vor der Spruchkammer Hamburg-Bergedorf sowie des anschließenden Entnazifizierungsverfahrens, so ist den zugrunde liegenden Quellen wenig Substanzielles über die Vergangenheit als solche zu entnehmen. Die vorgetragenen Argumentationslinien und die hierfür verwendeten Sprachbilder erzählen dafür umso mehr über die Geschichtskonstruktionen und Deutungsmuster des Angeklagten und der Entlastungszeugen sowie über die entsprechende Rezeption durch das Gericht respektive den Entnazifizierungsausschuss. Da die Widerlegung des Schuldvorwurfs nicht beim Gericht, sondern beim Angeklagten lag, war es für Reinefarth wie für alle anderen Belasteten naheliegend, offensiv vorzugehen und die Vergangenheit nicht nur aus der eigenen Perspektive zu schildern, sondern sie von möglichst vielen glaubwürdigen Zeugen in ein positives Licht rücken zu lassen. Aus diesem Grund wurden die Gerichte und Ausschüsse landauf, landab mit einer wahren Flut von eidesstattlichen Erklärungen, sogenannten »Persilscheinen«, eingedeckt.[463]

Für Reinefarths Spruchgerichtsverfahren stellten sich unter anderem der ehemals mit seinem Fall befasste Reichskriegsgerichtsrat Hoffmann, der frühere Leiter der Umwandererzentralstelle Posen, Rolf-Heinz Höppner, und interessanterweise auch Erich von dem Bach-Zelewski zur Verfügung, mit anderen Worten: der personifizierte Querschnitt von sechs Jahren Terrorbesatzung und staatlich legitimierter Vernichtungskriegsführung. Hoffmanns Erklärung hatte die Funktion, Reinefarths angeblich quasi feststehendes Todesurteil und somit die moralische Integrität zu unterstreichen, die den ehemaligen Kommandanten dazu bewogen habe, trotz düsterer persönlicher Aussichten die Festung Küstrin entgegen einem ausdrücklichen Führerbefehl zu räumen. Hoffmann versah den früheren SS-Gruppenführer damit von einer scheinbar objektiv-erhabenen richterlichen Warte aus gleichsam mit dem Gütesiegel des pflichtbewussten Militärs und Antikarrieristen, der selbst dann noch verantwortungsvoll handelte, wenn er dazu Laufbahn und Leben aufs Spiel setzen musste.[464] Dreh- und Angelpunkt von Höppners Einlassungen stellte die Hervorhebung der scheinbaren Bedeutungslosigkeit von Reinefarths Position als Höherer SS- und Polizeiführer im Warthegau dar. In diesem Bestreben deutete Höppner das Amt von Himmlers regionalem Stellvertreter faktenwidrig zu dem eines rein repräsentativ fungierenden Zeremonienmeisters »bei Feiern, Aufmärschen, Führertagungen usw« um.[465] Bach-Zelewskis Stellungnahme war offenkundig Teil gegenseitiger Hilfestellung, bescheinigte doch Reinefarth seinem früheren Vorgesetzten zum genau gleichen Zeitpunkt (April 1948), in Warschau äußerst menschlich gehandelt zu haben. Nach Bekunden von Bach-Zelewski gründete seine Erklärung indes sogar auf einer Freundschaft mit dem Angeklagten. Diese habe sich, obwohl die beiden seit den frühen 1930er-Jahren miteinander bekannt waren, erst während der gemeinsamen Zeit im Nürnberger Zeugenflügel entwickelt.[466] Wenn man sich vor Augen hält, mit welcher Entschiedenheit Bach-Zelewski zwei Jahre vorher noch versucht hatte, die ganze Schuld auf seinen einstigen Untergebenen abzuschieben, wird diese Behauptung mit einem Fragezeichen zu versehen sein. Der Vorgang macht aber deutlich, wie sehr der Druck inzwischen nachgelassen hatte, so dass eine wechselseitige Unterstützung plötzlich wieder gewinnbringend erschien. Folglich pries Bach-Zelewski nun Reinefarths »unerschuetterliche Ruhe und Besonnenheit, seine strengen Rechtsgrundsaetze und seine menschliche Bereitschaft, dem Kampf dort seine Haerte zu nehmen, wo immer es ohne Gefaehrdung des ihm anvertrauten Lebens von tausenden deutschen Soldaten moeglich war (...)«. Dabei habe sich der Angesprochene auch nicht »durch das staendige Draengen und Antreiben hoechster militaerischer Stellen« beirren lassen.[467] Bach-Zelewski führte diese Haltung auf die Tatsache zurück, dass Reinefarth »kein Militarist, sondern eben nur ein tapferer Soldat« gewesen sei, der auch »im Soldatenrock das [blieb], was er wirklich war: Der bescheidene deutsche Zivilist, der seinen Rechtsanwaltsberuf ueber alles liebte.«[468] In der Summe ging es Bach-Zelewski darum, sich und Reinefarth als umsichtige Entscheidungsträger der Peripherie darzustellen, die – mehr Politiker als Militärs – in Warschau entgegen den verbrecherischen Befehlen von oben eine »Politik der Verstaendigung mit dem Feinde« gepflegt und zu diesem Zweck die eigenen »Vollmachten weit ueberschritten« hätten.[469] Die Schrecken der Kämpfe wurden vom vormaligen Chef der Bandenkampfverbände zwar nicht abgestritten, erschienen aber bloß andeutungsweise und als Produkt des Wirkens »unlautere[r] Elemente«, sprich Kaminski. Letzterer übernahm in der Darstellung die Funktion des gleichsamkriminellen Helfershelfers, der als solcher nicht über das Format verfügen konnte, sich den unverhältnismäßigen Anordnungen einer verantwortungslosen obersten Führung zu widersetzen, und deshalb folgerichtig abgeurteilt und hingerichtet werden musste.[470]

In seiner eigenen Vernehmung zielte Reinefarth darauf ab, den durch die Spruchkammer zu prüfenden Vorwurf des Organisationsverbrechens zu entschärfen. Entscheidend war in dieser Hinsicht, ob den jeweiligen Angeklagten nachgewiesen werden konnte, dass sie nach dem 1. September 1939 freiwillig Mitglied einer verbrecherischen Organisation geworden oder geblieben waren und gewusst hatten, welche Taten von diesen Institutionen begangen worden waren.[471] In Anlehnung an die Nürnberger Urteilssprechung standen hierbei die Komplexe KZ-Verbrechen, Judenverfolgung, Sklavenarbeiterprogramm und völkerrechtswidrige Behandlung von Kriegsgefangenen im Mittelpunkt.[472] Für die Betroffenen musste es also darum gehen, sich sozusagen als Ausnahmefälle darzustellen, welche nach dem Kriegsausbruch lediglich durch Zwang in der entsprechenden Organisation verblieben oder durch sogenannte »Angleichungsränge« von staatlichen Beamtenstellen in die SS überführt worden waren. Im Idealfall gelang es ihnen sogar, die Spruchkammer davon zu überzeugen, dass sie innerhalb ihrer NS-Behörde eine Widerstandsfunktion eingenommen hatten.[473] Durch den ständigen Austausch mit den Mitgefangenen während der Internierung waren die Angeklagten in der Regel gut informiert und vorbereitet, wussten also ziemlich genau, was wie zu sagen war und was man besser verschwieg.[474] Reinefarth profitierte bei seiner Untersuchung davon, dass die Ordnungspolizei, der er bis Kriegsende formell angehört hatte, im Gegensatz zu Gestapo und SD in Nürnberg nicht zu einer verbrecherischen Organisation erklärt worden war. Bei der Verteidigungsstrategie fokussierte er sich daher in erster Linie darauf, seinem hohen SS-Rang und den innegehaltenen Funktionen ab 1942 zum Trotz persönliche Distanz zu den nationalsozialistischen Menschlichkeitsverbrechen zu suggerieren. Das konnte dann so lauten:

»Während des Krieges bin ich bis 1942 nur Soldat gewesen, der vielfach im Einsatz war; dann war ich nur kurze Zeit in Berlin im Ministerium tätig, kam dann in Protektorat, wo das KZ-Lager-Wesen keine Rolle spielte und wurde anschliessend nach kurzer Tätigkeit in Berlin wieder nach Posen versetzt, wo wiederum das KZ-Lager-Wesen keine Rolle spielte. Anschliessend war ich wieder nur Soldat. Im Ministerium habe ich von KZ-Lägern [sic] nichts erfahren, da die Ordnungspolizei ja zweifellos damit nichts zu tun gehabt hat. Ich war dienstlich auch so ausgelastet in Berlin, dass ich keinerlei Anlass hatte, mich um andere Dinge als die, die in mein Ressort schlugen, zu kümmern. Ich bin mir darüber völlig im klaren, dass es unwahrscheinlich klingt, dass ich so wenig Kenntnisse auf diesem Gebiet gehabt habe. (…) Die judenfeindliche Einstellung der SS ist mir selbstverständlich bekannt. Dass aber die SS an Judenverfolgungen irgendwelcher Art teilgenommen hat, habe ich bis zur Kapitulation ebenfalls nicht erfahren.«[475]

Nebst taktischen (»etwa am 7. August 1944 traf ich Himmler in Posen«)[476] und dreisten Lügen wie der vorgeblichen Unkenntnis über die Verfolgung der Juden bemühte er sich zum Zweck der Selbstentlastung nach Kräften, die nationalsozialistischen Verbrechen in Polen durch Gegenüberstellung mit Übergriffen der anderen Seite zu relativieren. Ganz selbstverständlich den scheinbar nachsichtigen Charakter des eigenen mit der vorgeblichen Unrechtmäßigkeit des gegnerischen Agierens vergleichend, war es Reinefarth wichtig zu unterstreichen, es sei den Polen anlässlich der Warschauer Kapitulationsverhandlungen »eine Amnestie zugebilligt [worden] für alle Greueltaten und Übergriffe, die vor und während des Warschauer Aufstandes begangen worden waren.«[477] Betreffend die Germanisierungspolitik fiel ihm nur ein, dass er sich »auch heute noch nicht darüber im klaren [sei], ob die Entpolonisierung über den Rahmen der Maßnahmen hinausgegangen ist, die in umgekehrter Richtung die Polen ergriffen hatten, um zu entgermanisieren.«[478] Manchmal schlichen sich bei seinen Ausführungen jedoch unbeabsichtigt Wendungen ein, die sowohl der Form als auch dem Inhalt nach verräterisch waren. In Bezug auf seine Tätigkeit im Protektorat Böhmen und Mähren formulierte er etwa im typischen Nazi-Jargon: »Im übrigen war die Judenfrage im Protektorat zu der Zeit meiner Anwesenheit in Prag bereits nicht mehr im aktuellen Stadium.«[479] Geradezu abenteuerlich mutete die Darlegung zu seiner Position innerhalb der SS an. Aus der tatsächlich erfolgten Ablehnung eines Beförderungsvorschlags zum Sturmbannführer im Jahr 1940, da er zu diesem Zeitpunkt als Wehrmachtsangehöriger kein aktives Mitglied der SS gewesen war, konstruierte er den angeblichen Sachverhalt, wonach er dem Orden ab 1939 gar nicht mehr angehört habe:

»Ich habe also tatsächlich, wie es auch heute noch meine feste Überzeugung ist, vom 26.8.1939 ab nicht mehr der SS angehört, bis ich anlässlich meiner Ernennung zum Generalmajor der Polizei unter Übernahme in das Rechtsamt als Rechtsanwalt und Notar durch staatlichen Zwang, nämlich die Angleichung, Mitglied der SS wurde.«[480]

Die neue Mitgliedsnummer, die er sich 1942 aus Prestigegründen hatte ausstellen lassen, führte er in diesem Zusammenhang als zusätzlichen Beleg an, denn »bei ununterbrochener Mitgliedschaft in der SS hätte ich natürlich keine neue Nummer gebraucht.«[481] Selbstredend betonte er schließlich, an ihn herangetragene Terrorbefehle nicht ausgeführt zu haben. In dieser Beziehung setzte er die Anweisung, Küstrin unter allen Umständen zu halten, dem Mordbefehl für Warschau terminologisch gleich und betonte: »Ich will mit diesen (...) Beispielen erklären, dass ich mich nicht gescheut habe, Befehle, die ich für unmenschlich [der im Protokoll zunächst verwendete, eher technisch konnotierte Begriff »unmöglich« wurde von ihm beim Durchlesen handschriftlich korrigiert] und sinnlos gehalten habe, nicht auszuführen.«[482] Die Liste derartiger Verdrehungen im Zusammenhang mit seiner NS-Laufbahn ließe sich an dieser Stelle noch länger fortführen. Wie aber wurden diese Erklärungen nun von der Spruchkammer gewürdigt?

Wiewohl man dort nicht geneigt war, die behauptete Nichtmitgliedschaft in der SS nach 1939 zu glauben, hatte dies für den Angeklagten hinsichtlich der verschiedenen Komplexe von Kenntnisverbrechen keine negativen Folgen, da sich die Kammer nicht imstande sah, die Einlassungen zu widerlegen. Das entscheidende Vehikel für die Gesamtbeurteilung des Wahrheitsgehalts von Reinefarths Aussagen stellte die von mehreren Zeugen dokumentierte Räumung der Festung Küstrin und das damit verbundene angebliche Todesurteil dar. Zusammen mit dem Erscheinungsbild und dem Auftreten des Angeklagten schien dieser Vorgang alle belastenden Faktoren aufzuwiegen:

»Bei der Bewertung der Aussagen des Angeklagten hat das Gericht den persönlichen Eindruck, den es von dem Angeklagten gewonnen hat, entscheidend berücksichtigt. Der Angeklagte hat sich in der Verhandlung bemüht, alle Angaben sorgfältig und peinlich genau zu machen, auch dann, wenn es sich nur um belanglose Feststellungen gehandelt hat. (…) Der Gericht verkennt (…) nicht, dass der Angeklagte in der Vergangenheit oft genug persönlichen Mut bewiesen und sogar klare Befehle dann nicht befolgt hat, wenn er das vor seinem Gewissen nicht verantworten konnte. So hat er in Warschau den von Hitler gegebenen Befehlen mit zweifellos unmenschlichem Inhalt eindeutig zuwidergehandelt. Die Räumung von Küstrin hat er auf eigene Verantwortung gegenüber klaren aber von ihm als unsinnig erkannten Befehlen vollzogen und damit ein kriegsgerichtliches Verfahren mit der hohen Wahrscheinlichkeit eines Todesurteils auf sich genommen. Von einem solchen Manne kann erwartet werden, dass er auch die Zivilcourage besitzt, selbst dann die Wahrheit zu sagen, wenn ihm das (…) Nachteile bringen würde. Das Gericht hat aus diesen Erwägungen heraus dem Angeklagten Glauben geschenkt und auf Grund seiner Einlassung eine Kenntnis von einer Verwendung der SS zu Handlungen, die als Kriegsverbrechen oder Verbrechen gegen die Menschlichkeit zu bezeichnen sind, nicht festzustellen vermocht. Der Angeklagte war danach freizusprechen.«[483]

Für die strafrechtliche Beurteilung von Einzelereignissen wie etwa dem Warschauer Aufstand sah sich die Spruchkammer dagegen nicht zuständig, da die Niederschlagung ganz dem Zeitgeist entsprechend als Vorgang betrachtet wurde, der »zweifellos militärischen Charakter« getragen habe, also nicht in Zusammenhang mit Reinefarths SS-Karriere gesetzt wurde.[484]

So unverständlich das Urteil auf den ersten Blick anmutet, ungewöhnlich war es zumindest statistisch gesehen nicht: Etwa ein Drittel aller Angeklagten ging straffrei aus den Spruchgerichtsverfahren hervor. Darunter befanden sich auch solche Größen wie Karl Wolff, der nur wenige Wochen vor Reinefarth trotz erdrückender Beweislast vom gleichen Spruchgericht freigesprochen worden war.[485] Persönlichkeiten wie diesen beiden kam offensichtlich zugute, dass sie nach der Anschauung der Kammer in der Kriegsendphase eigenständig gehandelt und dadurch Leben gerettet hatten. Dazu gesellte sich die natürliche Fähigkeit, diese zugeschriebenen Rollen mit einer Äußerlichkeit zu kombinieren, welche sie glaubwürdig als »Gentleman-Nazis« auftreten ließ, die in kritischen Momenten dem Schein nach eine Tendenz zu unideologischem und verantwortungsvollem Handeln an den Tag gelegt hatten.[486]

Dergestalt entlastet, ließ sich deutlich selbstbewusster an das nun noch ausstehende Entnazifizierungsverfahren herangehen. Dieses war durch Reinefarths Meldung an die zuständige Behörde bereits unmittelbar nach seiner Freilassung eingeleitet worden, harrte aber noch der Entscheidung, weil der öffentliche Kläger beim Entnazifizierungs-Hauptausschuss Südtondern verschiedene Erkundigungen über den zu Prüfenden einholte und zudem der Entscheid des Spruchgerichts noch bevorstand.[487] Der politische Charakter der Entnazifizierung brachte es mit sich, dass noch mehr als beim juristischen Akt des Spruchgerichtsverfahrens weiche und somit letztlich unverbindliche Kriterien wie insbesondere die Charaktereigenschaften des Betroffenen im Mittelpunkt standen. Wiederum legte eine ganze Reihe von Honoratioren Zeugnis ab für den ehemaligen SS-General und zeichneten das Bild eines zwar überzeugten, aber toleranten und anständigen Nationalsozialisten, dessen gründlicher Charakter es jedoch nicht zugelassen habe, eine als richtig befundene Idee nur halbherzig zu verfolgen. Anders ausgedrückt: Die hohe Position im Dritten Reich sprach so gesehen also eher für als gegen den Kandidaten.[488] Mit dem Freispruch durch die Spruchkammer war Reinefarth vollkommen zum Opfer mutiert. In einem Brief empfahl deshalb Curt Michael, seines Zeichens Landgerichtsrat und vormaliger Vorsitzender einer Spruchkammer, dem Entnazifizierungs-Hauptausschuss, den mit der Überprüfung beauftragten nachgeordneten Ausschuss in Niebüll dazu zu bewegen, das Verfahren zu beschleunigen. Das Unterstützungsschreiben, in dem bei der Beschreibung des Lebenswegs unter anderem die Bezeichnungen »Rechtsanwalt« und »Ritterkreuz mit Eichenlaub« unterstrichen waren, bezog sich aus der Sicht von Michael offensichtlich auf einen Leidtragenden der Geschichte, der nunmehr »um seine Entnazifizierung kämpft«, und kulminierte in einem flammenden Appell an die Barmherzigkeit des Ausschusses: »Dem Mann muss unbedingt geholfen werden!«[489] Verfasst wurden diese Zeilen wohlgemerkt von einer Persönlichkeit, die Mitte der 1930er-Jahre bei der Staatsanwaltschaft Leipzig ein Dienststrafverfahren »wegen Beleidigung des Führers und seiner Trabanten« zu gewärtigen gehabt und mehrere Male kurz vor der Entlassung aus dem öffentlichen Dienst gestanden hatte.[490] Reinefarth seinerseits hieb in die gleiche Kerbe und strich in mehreren Eingaben, neben der geschönten NS-Laufbahn[491], die wirtschaftliche Not und das insgesamt ungerechte Schicksal heraus, das ihm und seiner Familie seit dem abrupten Ende seiner Kriegskarriere widerfahren sei. Die gegenwärtige Situation stellte er als kausale Folge seines angeblich uneigennützigen Handelns in der Festung Küstrin dar, wo er, obgleich dies Hitler »wie s[einer]. Z[ei]t. den Stalingrad-Kämpfern« kategorisch verboten habe, schließlich mit seiner Besatzung ausgebrochen sei.[492]

Dass sich Reinefarth in einem derartigen Verfahren nicht selber belastete, ist nachvollziehbar. Anders als bei einem normalen Strafverfahren lohnte sich in diesen massenweise und mithin zwangsläufig oberflächlich durchgeführten Überprüfungen persönliche Reue nicht, da diese als indirektes Schuldeingeständnis interpretiert werden konnte. Nichtsdestotrotz fällt in den diversen Schreiben der seltsame Gegensatz auf zwischen großspuriger Selbsteingenommenheit hinsichtlich des eigenen Agierens in der Vergangenheit und zur Schau gestellter Hilflosigkeit in Bezug auf die Gegenwart. Diese selbstgerecht-offensive, ganz und gar uneinsichtige Haltung war es denn auch, die ihn und mit ihm viele andere schwer belastete Täter eine Einstufung als Entlastete oder wenigstens als Mitläufer als vermeintlich einzig angemessene Sanktion einfordern ließen.[493] Das fehlende Schuldbewusstsein war allem Anschein nach auch bei Reinefarth nicht aufgetragen, sondern Ergebnis eines langjährigen inneren Selbstrechtfertigungsprozesses: Er hatte einen Weg gefunden, mit seinen Taten zu leben und sie in sein Selbstbild zu integrieren, weil sie sich im Kontext von Volkstumskampf und Krieg ereignet und außerdem stets durch Befehle legitimiert gewesen waren. Nach dieser Sichtweise wurden sie also abgekoppelt von den privat gepflegten moralischen Maßstäben bewertet. Entscheidend war für Reinefarth gerade auch in Zusammenhang mit dem Warschauer Aufstand die Chiffre des Partisanenkriegs: Das vor diesem Hintergrund realisierte Handeln fand somit innerhalb eines situativen und begrifflichen Territoriums statt, in dem sich das »A-Normale im Rahmen der Normalität« vollziehen konnte.[494] Im Umkehrschluss implizierte diese Abstraktionsfähigkeit, dass ihm, zumal als Jurist, sehr wohl bewusst war, wie gravierend seine Taten in einem rechtlichen Sinn gewesen waren, sofern sie unter dem Gesichtspunkt des zivilen Strafgesetzbuches und ohne Rücksicht auf den Befehlsnotstand beurteilt wurden.

Reinefarths Bemühungen resultierten zunächst bloß in einem Teilerfolg: Anfang September 1949 wurde er durch den Entnazifizierungs-Hauptausschuss des Bezirks Flensburg in schriftlicher Verhandlung in die Kategorie IV, sprich als Mitläufer eingestuft.[495] Der Ankläger hatte vergeblich darauf hingewiesen, dass der Betroffene je nach Auslegung der Sachlage nur in Kategorie III (Minderbelastete) oder dann konsequenterweise gleich in die Kategorie V der Entlasteten eingereiht werden müsse.[496] Eingedenk der Tatsache, dass nach dem Freispruch des Spruchgerichts eine Einstufung als Hauptschuldiger oder Belasteter faktisch nicht mehr möglich war, kam dieser Entscheid somit einem faulen Kompromiss gleich, der Reinefarth aber keineswegs zufriedenstellte. Mit Hinweis auf das Bergedorfer Urteil und die beigelegten eidesstattlichen Erklärungen, die seiner Meinung nach nicht ausreichend gewürdigt worden seien, legte er gegen den Beschluss Beschwerde ein und beantragte eine mündliche Verhandlung.[497] Den Einwand des Anklägers, wonach für ehemalige Angehörige der SS eine Einteilung in die Kategorie V nur bei besonderen Entlastungsmomenten in Betracht gezogen werden könne, zerstreute er mit Verweis auf seine selbst ernannten guten Taten während des Krieges, indem er selbstbewusst behauptete: »Ich glaube kaum, dass viele der bisher in Gruppe V eingestuften fr[üheren]. Mitglieder der SS derartig starke Entlastungsmomente haben nachweisen können.« Gleichzeitig sandte er eine Abschrift des Spruchgerichtsurteils ein, welche ihm inzwischen zugestellt worden war.[498] Kurz darauf erhielt er die erhoffte Antwort, wonach unter diesen neuen Umständen einer öffentlichen Verhandlung nichts mehr im Weg stehe.[499]

Die revidierte Beurteilung der Causa Reinefarth durch den Flensburger Entnazifizierungs-Hauptausschuss vom 9. Dezember 1949 bündelte noch einmal wie unter einem Brennglas verschiedene Elemente einer viktimisierenden Erinnerungskultur, die sich zum damaligen Zeitpunkt bereits fest etabliert hatte:

> »Der Betroffene legte im Termin die einfache Urteilsabschrift Bergedorf vor. Das Urteil lautet auf vollkommene Freisprechung des Betroffenen. Die Begründung ergibt klar, dass der Betroffene nicht nur in seinem militärischen, sondern auch in seiner ganzen politischen Gegeneinstellung zum Nationalsozialismus wiederholt Leben und Stellung aufs Spiel gesetzt hat. Unter ganz besonderer Schlusshervorhebung der Charaktereigenschaften des Betroffenen spricht das Spruchgericht Bergedorf ihn von jeglichen [hervorgehoben] Verbrechen frei. Die effektive Mitgliedschaft zur Partei bestand nur 1932/33 [gemeint ist 1932/39], wo dann der Betroffene in die Wehrmacht eintrat. Die Ränge in der SS sind angleichungsmässig gegeben worden. In sehr eingehender Behandlung aller Einzelheiten und in voller Würdigung der Stellungnahme des öffentlichen Klägers insbesondere aber in Berücksichtigung der Tatsache, dass der Betroffene wegen Gegeneinstellung als Mensch und als Soldat zum Nationalsozialismus noch zum Tode verurteilt und nur durch reinen Glücksfall der Vollstreckung entgangen ist, ist der Ausschuss zu obigem Entscheid gekommen. In Rücksicht auf die wirtschaftliche Lage des Betroffenen und seinen Gesundheitszustand ist auch nur ein Betrag von 10 DM als Verfahrensgebühren erkannt worden.«[500]

Dass hier die Vergangenheit inhaltlich fehlerhaft dargestellt wurde, ist für die nachträgliche Bewertung des Verfahrens nicht ausschlaggebend: Zu eingeschränkt in ihren Mitteln und zu überfordert waren die Entnazifizierungsausschüsse, um die Aussagen der zahllosen Anwärter eingehend auf ihren Wahrheitsgehalt zu überprüfen. Entscheidend ist dagegen die grundsätzliche Herangehensweise, bei der die Ergebnisse eines schematischen Beurteilungsrasters wohlwollend und willkürlich mit den wahrgenommenen positiven Charaktereigenschaften aufgewogen wurden und so ohne jede Not die mildeste aller möglichen Einstufungen zustande kam. Entscheide wie dieser widerspiegeln in aller Deutlichkeit, wie sehr die Entnazifizierung vier Jahre nach Kriegsende zu einer Farce verkommen war. Weil die von der Bevölkerung in keiner Weise mehr getragenen Verfahren noch flüchtiger als zuvor durchgeführt wurden, fanden sich nach routinemäßig überstandener Prozedur nun selbst Schwerbelastete mit dem gleichen amtlichen Mitläufer- oder Entlastungsstempel versehen wie die Millionen Deutschen, die diese Einstufung tatsächlich verdienten.[501] Für Reinefarth bedeute dieser sowie der vorherige Spruchgerichtsentscheid zweierlei: erstens die nun auch äußerlich sanktionierte Bestätigung seines von ihm selber als rechtmäßig taxierten, positiv konnotierten Handelns während der Zeit von Diktatur und Krieg, zweitens und äußerst bedeutsam, dass seine zukünftige berufliche oder öffentliche Tätigkeit nun durch keinerlei rechtliche Bestimmungen mehr eingeschränkt war.

Nur wenige Tage nach seinem ersten Entnazifizierungsbescheid hatte sich Reinefarth auf die frei gewordene Stelle eines Westerländer Stadtdirektors beworben. Mit Blick auf seine Tätigkeit im Protektorat hatte er im Motivationsschreiben unter anderem darauf hingewiesen, dass er »längere Zeit als Inspekteur von Gemeindeverwaltungen tätig« gewesen sei.[502] Die angestrebte Position entsprach derjenigen eines Chefs der Gemeindeverwaltung und existierte als Folge einer von den Briten 1946 neu eingeführten Gemeindeordnung. Demnach war das politische Amt des Bürgermeisters zu dem eines ehrenamtlichen Vorstehers des Gemeinderats zurückgestuft und von dem des Verwaltungschefs getrennt worden. Die Neuerungen wurden in Schleswig-Holstein allerdings kurz nach dieser Bewerbung teilweise wieder modifiziert: Die Zweiteilung blieb zwar bestehen, aber dem nun wiederum als Bürgermeister bezeichneten Chef der Stadtverwaltung stand in amtsfreien Landgemeinden wie Westerland fortan der Bürgervorsteher als formelles politisches Gemeindeoberhaupt gegenüber. Dies wird hier später noch von Bedeutung sein.[503] Die Bewerbung belegt, dass Reinefarths Selbstvertrauen während der Phase der Internierung und Entnazifizierung nicht gelitten hatte und dass er seine berufliche Zukunft weiterhin vorzugsweise in leitender Funktion im öffentlichen Dienst sah.

Nachdem er im Dezember 1949 eine Absage erhalten hatte[504], musste er jedoch umdenken. Die nächsten zwei Jahre setzte er deshalb alle Hebel in Bewegung, um erneut als Rechtsanwalt zugelassen zu werden. Die angespannten wirtschaftlichen

Verhältnisse machten ein geregeltes Einkommen dringend notwendig.[505] Bei seinen Bestrebungen stand ihm jedoch eine Justizbehörde im Weg, die durch den gebürtigen Juden und Remigranten Rudolf Katz geleitet wurde.[506] Nach Übermittlung eines entsprechenden Antrags Reinefarths durch den Flensburger Landgerichtspräsidenten wurde die Angelegenheit »angesichts der Besonderheit des Falles« ab Ende Januar 1950 zwischen Minister Katz, dem zuständigen Amtschef, dem Landgerichtspräsidenten in Flensburg und der schleswig-holsteinischen Rechtsanwaltskammer intensiv besprochen.[507] Katz, der trotz seiner Biografie gegenüber NS-Belasteten eine eher tolerante Linie verfolgte[508], nahm seine Aufgabe ernst und ließ sich auch durch das ungeduldige Drängen des Antragstellers nicht davon abhalten, sich unter anderem beim Bundesjustizministerium über Reinefarths Vergangenheit zu erkundigen.[509] Im Juli 1950 wurde dieser darüber informiert, dass sein Antrag vorläufig zurückgestellt worden sei. Begründet wurde der Entscheid dahin gehend, dass angesichts der Zahl von sechs zugelassenen Rechtsanwälten in Westerland »ein Bedürfnis für eine weitere Anwaltszulassung (…) gegenwärtig nicht bejaht werden [könne].«[510] Ob Katz Reinefarths Gesuch aus politischen Erwägungen bewusst verzögerte, ist zwar fraglich, aber nicht auszuschließen. Ganz offensichtlich sah er aber im vorliegenden Fall keinen Anlass zu überstürztem Handeln. Es mag bloß Zufall sein, ist aber dennoch bezeichnend, dass das chronologisch nächste überlieferte Dokument in dieser Angelegenheit (von Reinefarths obligatem Protestschreiben einmal abgesehen) aus der Zeit nach den Landtagswahlen stammt. Darin wurde die baldige Genehmigung des Antrags in Aussicht gestellt, allerdings nicht mehr auf Veranlassung von Katz.[511] Dieser hatte als Folge der Wahlniederlage der SPD vom September 1950 seinen Posten räumen müssen und war durch den Landesvorsitzenden der »Deutschen Partei« (DP), Otto Wittenburg, ersetzt worden. Der neue Justizminister bekleidete in Personalunion auch noch das Amt des Ministers für Ernährung, Landwirtschaft und Forsten. Wittenburg, dessen eigene Partei ein Sammelbecken ehemaliger Nationalsozialisten darstellte, verließ sich in seiner kurzen Amtszeit ganz auf die bereits in hohem Maße renazifizierte Ministerialbürokratie, die nun in Abwesenheit des an sich bereits äußerst nachsichtigen Katz erst recht schalten und walten konnte, wie es ihr beliebte.[512] Weitere Druckversuche Reinefarths etwa in der Form, dass er in einem Brief an das Ministerium darauf hinwies, er sei von einem befreundeten Landtagsabgeordneten in Kenntnis gesetzt worden, dass Wittenburg diesem gegenüber versprochen habe, ihn zuzulassen[513], waren daher gar nicht mehr notwendig. Mitte November 1950 war die Gutheißung des Antrags Tatsache.[514] Im darauffolgenden Sommer beantragte er darüber hinaus die Bewilligung zur Tätigkeit als Notar, erhielt jedoch einen ablehnenden Bescheid, weil sein Gesuch vor Ablauf der einjährigen Wartefrist für neu praktizierende Rechtsanwälte unzulässig war. Die für November 1951 in Aussicht gestellte Zulassung sollte er schließlich nicht mehr in Anspruch nehmen: Wenige Tage zuvor war der Exekutor von Himmlers Bevölkerungsvernichtungsbefehl für die Stadt Warschau von der Westerländer Stadtvertretung für sechs Jahre zum hauptamtlichen Bürgermeister gewählt worden.[515]

2. Öffentlicher Dienst

Im folgenden Kapitel wird der Frage nachgegangen, welche Umstände es möglich machten, dass Reinefarths frühe Nachkriegsbiografie im Unterschied zur Mehrzahl der NS-Täter nicht bloß die Geschichte einer Rückkehr in die Mitte der Gesellschaft darstellte, sondern darüber hinaus in eine beachtliche politische Karriere münden konnte, verbunden mit einer hohen moralischen Sprengkraft für die bundesdeutsche Öffentlichkeit:

»Wahrscheinlich wird sich Reinefarths Vergangenheit (…) genauso wenig eindeutig aufklären lassen wie die jener vielen schwarzen Gesellen, die der deutschen Strafjustiz in den letzten Jahren vorgestellt wurden. Doch es ist nicht das Problem, ob die Reinefarths fünf Jahre oder ein Jahr Freiheitsentzug erhalten oder gar mangels Beweise freigesprochen werden; es geht darum, ob Männer, die in einem Atemzug mit Verbrechen genannt werden können, selbst wenn diese nicht einwandfrei nachzuweisen sind, in öffentlichen Ämtern dieser Republik tragbar sind. Welches wirtschaftliche Unternehmen würde wohl einen Mann an seine Spitze stellen, von dem die Rede ist, er habe einem Kreis betrügerischer Bankrotteure nahegestanden? Gelten diese ungeschriebenen Gesetze der Gesellschaft nicht auch für das öffentliche Leben?«[516]

Dieser Gedankengang aus einem Leitartikel der frühen 1960er-Jahre bringt das grundsätzliche Problem auf den Punkt, dessen Keim im vorliegenden Fall von der Stadtvertretung von Westerland gelegt und durch die BHE-Wählerschaft der Landtagswahlen 1958 vollends zum Ausschlagen gebracht wurde: Ist in einem demokratischen System eine politische Karriere legitim und zu akzeptieren, wenn der Protagonist in jüngster Vergangenheit unzweifelhaft einem Unrechtsstaat in hoher Position gedient hat und zudem mit einem konkreten monströsen Verbrechen direkt in Verbindung gebracht wird, jedoch auf dem Papier juristisch unbelastet ist? Die Westerländer Bevölkerung hat diese Frage eindeutig mit Ja beantwortet, und zwar durchaus parteiübergreifend. Es ist aber auch danach zu fragen, welche politische Agenda ein Mann wie Reinefarth mitbrachte, wie er öffentlich seine Vergangenheit reflektierte und welche konkreten Hoffnungen sich in seiner Person bündelten. Interessanterweise werden wir zunächst feststellen, dass die politische Karriere von Heinz Reinefarth zwar hochpolitisch im eigentlichen Sinn des Wortes endete, ihren Anfang aber nüchternen, gänzlich unideologischen Bedürfnissen und Prinzipien verdankte.

Anfänge einer zweiten Karriere:
Pragmatismus und Sachlichkeit in Zeiten der Not

Reinefarths frühe politische Karriere ist untrennbar verbunden mit der auf Sylt besonders prekären Flüchtlingssituation. Es darf aber nicht außer Acht gelassen werden, dass auch die einheimische Bevölkerung durchaus ihren eigenen Anteil an den besonderen vergangenheitspolitischen Voraussetzungen vor Ort hatte: Schleswig-Holstein hatte bereits vor der Machtergreifung eine besondere Affinität zum Nationalsozialismus gezeigt, was der damaligen preußischen Provinz bei den Nationalsozialisten den Ruf eines Mustergaus eingebracht hatte.[517] In dieser Hinsicht bildeten die Nordfriesischen Inseln mitnichten eine Ausnahme, im Gegenteil: Ein in vordemokratischen Kategorien verhaftetes Freiheitsbewusstsein im Verbund mit einer durch die geografische Lage bedingten »Inselhaltung« bildeten hier die Grundlage für tief sitzende soziale und kulturelle Modernisierungsängste, die von den Nationalsozialisten mit ihrer volkstümelnden »Blut und Boden«-Rhetorik ideal bewirtschaftet werden konnten. Mit einem Wähleranteil von teilweise über 40 Prozent (Schleswig-Holstein: 27 Prozent; Reichsdurchschnitt: 18 Prozent) anlässlich der 1930 abgehaltenen Reichstagswahlen konnten die Nordfriesischen Inseln sogar innerhalb eines NS-Mustergaus fürwahr als braune Hochburg angesehen werden.[518]

Vollzog sich Reinefarths Wiederaufstieg zunächst in einem kommunalen Kontext, so erhielt er ab 1958 eine überregionale Note, als der vormalige SS-General auf der Liste des Gesamtdeutschen Blocks/Bund der Heimatvertriebenen und Entrechteten (GB/BHE) erfolgreich für den Kieler Landtag kandidierte. Die Partei hatte sich 1949 im Dunstkreis der Vertriebenenverbände in Schleswig-Holstein formiert und war Anfang 1950 als Block der Heimatvertriebenen gegründet worden. Wenig später errang sie bei den Landtagswahlen einen überragenden Erfolg, als sie aus dem Stand 23 Prozent der Stimmen erreichte und hinter der SPD zur zweitstärksten politischen Kraft avancierte. Als reine Interessenpartei, die von der britischen Besatzungsmacht nach anfänglicher Ablehnung erst einige Monate nach ihrer Gründung eher widerwillig lizenziert worden war, vertrat sie mit Vehemenz die sozialwirtschaftlichen Anliegen der Vertriebenen aus den ehemaligen Ostgebieten. Obwohl sie in der Folge auch auf Bundesebene und in zahlreichen anderen Ländern bemerkenswerte Ergebnisse erzielen konnte, waren es gerade ihre Erfolge, die ihr mit der Zeit zum Verhängnis wurden: Die langsame, aber stetige Verbesserung der Lebensverhältnisse und die sich vollziehende Integration der Flüchtlinge in die westdeutsche Gesellschaft entzogen der Partei zunehmend die eigene Wählergrundlage. Dieser Entwicklung war auch mit einer durch Namensänderungen forcierten Modifizierung des politischen Profils von einer sozialen Protestpartei hin zu einer ideologisch fundierten rechten Sammelbewegung (1952 Umbenennung in GB/BHE, 1961 Fusion auf Bundesebene mit der Deutschen Partei zur »Gesamtdeutschen Partei«) nicht beizukommen.[519]

Nach den Landtagswahlen 1950 stellten vorgezogene Kommunalwahlen eine Conditio sine qua non für die anstehenden Koalitionsverhandlungen mit der CDU dar. So sollte gewährleistet werden, was nach Ansicht des BHE zum damaligen Zeitpunkt nicht gegeben war: Eine echte Vertretung der Interessen der Flüchtlinge in den Gemeinden und Kreisen Schleswig-Holsteins.[520] Dass der BHE die politische Kraft der Stunde war, sollte sich im Verlauf der Jahre 1950 und 1951 auch in Westerland immer deutlicher bemerkbar machen.

In dieser Zeit stellten die Flüchtlingsfrage und die schwierige wirtschaftliche Lage der Stadt die lokal alles dominierenden öffentlichen Themen dar. Weil die größeren Städte Schleswig-Holsteins während des Krieges am meisten in Mitleidenschaft gezogen worden waren, mussten die Landkreise im Verhältnis zur einheimischen Bevölkerung mehr Flüchtlinge aufnehmen. Davon waren auch die Gemeinden Sylts betroffen, wo sich die Bevölkerungszahl 1947 im Vergleich zu 1930 insgesamt mehr als vervierfacht hatte und die Einheimischen nun gegenüber den Vertriebenen in der Minderheit waren. Die Flüchtlinge wurden in Dachkammern, Kellerräumen oder umgebauten Schuppen von Privatwohnungen untergebracht, aber auch in ehemaligen Kasernen und Barackenlagern. Viele von ihnen wohnten zunächst in Hotels, Pensionen und Kinderheimen.[521] Seit der Währungsreform war die Finanzlage Westerlands derart katastrophal, dass die Gehälter der städtischen Beamten und Angestellten nicht mehr bezahlt werden konnten und die Stadt ein Darlehen in Millionenhöhe aufnehmen musste.[522] Die missliche Lage äußerte sich in einer wahren Flut von Artikeln und Leserbriefen an das lokale Medium, die »Sylter Rundschau«, mit unterschiedlichem Tenor: Betonte die eine Seite »Die Heimatvertriebenen als Wirtschaftsfaktor und ihre Wohnungswünsche«[523] positiv konnotiert und als Chance für die Gemeinde, deuteten Veranstaltungen wie eine »Heimat-Kundgebung für die Rechte der einheimischen Bevölkerung«[524] auf eine deutliche Abwehrhaltung seitens der alteingesessenen Westerländer Einwohnerschaft hin, welche vordergründig mit wirtschaftlichen Bedenken begründet wurde, letztlich aber auch latenten Befürchtungen um den Verlust der eigenen Identität geschuldet war. Vorläufig ohne

Vertretung in der Stadtvertretung, sammelten sich die Flüchtlinge durch eine Vielzahl von Zusammenkünften, bei denen zunächst vor allem erinnert (»Tag der Heimat«)[525], später aber immer häufiger konkrete Maßnahmen beschlossen wurden, um der eigenen Stimme Gehör zu verschaffen: Im Oktober 1950 schlug die Westerländer Sektion des »Heimatbundes Deutscher Ostvertriebener« Heinz Reinefarth einstimmig als Flüchtlingsbeauftragten der Stadt Westerland vor.[526] Es ist dies das erste Mal, dass Reinefarth in der lokalen Presse Erwähnung findet, und es zeigt, welchen Stellenwert er sich innerhalb der großen Flüchtlingsgemeinde zu diesem Zeitpunkt bereits erarbeitet hatte.

Dies nachzuvollziehen fällt nicht allzu schwer: Man muss sich vergegenwärtigen, dass zu einer Zeit, als Diktatur, Krieg und Holocaust seltsam vermengt als unintendierte, passiv erlittene »deutsche Katastrophe« (Friedrich Meinecke)[527] wahrgenommen wurden, ein Mann mit dem Auftreten eines Heinz Reinefarth schwerlich als typischer Repräsentant des NS-Unrechtsstaates erschien. Mit diesem wurden nicht einmal die in alliierten Gefängnissen einsitzenden Kriegs- und Besatzungsverbrecher, die schon bald unter der euphemistischen Bezeichnung der »Kriegsverurteilten« fungierten, in Zusammenhang gebracht. Im Fokus standen diesbezüglich vielmehr »wirkliche Verbrecher«, assoziativ verstanden als »Asoziale und Vorbestrafte«, die sich im Gegensatz zur Mehrheit der »anständig« gebliebenen Deutschen der verbrecherischen Staatsführung willfährig zur Verfügung gestellt hätten.[528]

Die öffentliche Auseinandersetzung mit der NS-Zeit und den Verantwortungsträgern der Diktatur stand in den ersten Nachkriegsjahren, gerade in Schleswig-Holstein, im Schatten der allgegenwärtigen materiellen Not. Der Schuldfrage wurde, wenn überhaupt, eher mit metaphysischen Erklärungsansätzen – etwa dem des Nationalsozialismus als Folge der »Entchristlichung« – begegnet.[529] Demgegenüber hatte sich, nicht zuletzt stimuliert durch die inflationäre Anwendung des Mitläuferetiketts im Rahmen der Entnazifizierung[530], ein penetranter und äußerst wirkungsmächtiger Opferdiskurs etabliert.[531] Wer sich in diesem Kontext – trotz eigener Sorgen – an verantwortlicher Stelle zur Verfügung stellte, um der verbreiteten Not Abhilfe zu schaffen, schuf damit die besten Voraussetzungen, um sich in einem lokalen Umfeld zu etablieren. Unter diesen Umständen trat Reinefarth auf als eindrucksvolle Persönlichkeit mit der Ausstrahlung des Ritterkreuzträgers, ein langjähriger Westerländer Stammurlauber mit eigenem Wohnsitz, der sich trotz seiner großbürgerlichen Herkunft stets und überall bescheiden und freundlich gab und Flüchtlinge unentgeltlich juristisch beriet. Eine solche Persönlichkeit konnte sich sicher sein, dass ihr genaues Wirken im NS-System für kaum jemanden von wirklichem Interesse oder gar Anlass zu kritischen Fragen war, zumal letztere durch die Freisprüche des Spruchgerichts und der Entnazifizierungskammer ohnehin endgültig geklärt schienen.[532]

Im November 1950 wurde die Forderung des BHE nach vorgezogenen Kommunalneuwahlen durch Beschluss des Kieler Landtages umgesetzt. Widerspruch dagegen erfolgte vor allem seitens der SPD und des SSW, aber auch von den amtierenden Kommunalparlamenten selber, die sich noch aus Mitgliedern der etablierten Parteien zusammensetzten. Illustriert wurde dieser Konflikt, bei dem es letzten Endes um eine neue Austarierung des Kräfteverhältnisses zwischen Einheimischen und Vertriebenen ging, durch Episoden wie diejenige des Kreisgemeindetages Schleswig, welcher beschloss, auf seinen Tagungen fortan nur noch Plattdeutsch zu sprechen.[533]

Indes regten sich nun auch zunehmend versöhnliche Stimmen, die einer allgemeinen Verständigung zwischen den verschiedenen politischen Kräften das Wort redeten und dafür weitreichende Konsequenzen ins Auge fassten: Die Idee der sogenannten »Friedenswahlen«, bei der sich die Parteien ohne Einfluss der Stimmenden durch die Erstellung einer gemeinsamen »Friedensliste« vorgängig auf die Sitzverteilung einigten und damit den eigentlichen Wahlgang überflüssig machten, hatte in der damaligen Situation offensichtlich eine entwaffnende Überzeugungskraft. Was bei den übernächsten schleswig-holsteinischen Kommunalwahlen 1955 schließlich nahezu die Hälfte aller Gemeinden praktizieren sollte[534], wurde Ende 1950 in Westerland in abgewandelter Form bereits eifrig andiskutiert. Ende November lancierte die »Sylter Rundschau« die Debatte durch einen fiktiven Leserbriefschreiber mit dem sinnigen Namen »Friedlich«, der die altbekannte Metapher des gemeinsamen Bootes benutzte, um mit der als schädlich erachteten Parteienwirtschaft abzurechnen:

»Und nun wollen wir beide [an den Leser gerichtet] doch einmal darüber nachdenken, wie eine Wahl denn eigentlich heute aussieht. Du erinnerst Dich gewiß noch der Zeit, da man uns auf einem Zettel 37 Parteien präsentierte. Das war nicht gut. Dann kam eine Zeit, da es nur eine Partei gab. Das ging bös aus. Und dann kamen wieder eine ganze Reihe Parteien – und ihre Zahl wächst von Tag zu Tag. Aber wie wenige Menschen verschreiben sich ihnen; man kann es dem gebrannten Kind ja kaum verdenken, wenn es das Feuer scheut. (…) Als wir das letzte Mal unser Stadtparlament wählten, erreichten schließlich nur drei Parteien das Ziel. Inzwischen aber hat sich manches geändert. Die Not ist noch größer geworden in unserem engen Boot. Neue Bünde, Gemeinschaften, Verbände sind entstanden und glauben, jede auf ihre Weise, die Welt im kleinen wie im großen verbessern zu können. Und große Politik können wir in unserem kleinen Stadtparlament kaum gebrauchen. So könnte ich mir denken, daß vielleicht bei der nun kommenden Wahl (…) neun oder zehn Parteien um die Wähler (…) kämpfen würden. Ich sage absichtlich: Kämpfen würden! Ich glaube aber, daß wir in unserem Boot alles brauchen können, nur keinen Kampf! Das Gegenteil brauchen wir: Gemeinsame Arbeit in unserem Boot, damit wir nicht gemeinsam absaufen. Wir haben doch eigentlich gar keine Zeit, zu Wahlversammlungen zu gehen, über politische Systeme zu grübeln, sondern wir sollten nur um die Rettung unseres lecken Bootes und damit die Erhaltung unserer eigenen bescheidenen Existenz bemüht sein.«[535]

Gerade die einleitenden Bemerkungen, in denen das Einparteiensystem im Prinzip nur schlecht wegkommt, weil es schließlich »bös« ausging, deuten nicht auf eine nachhaltige Wirkung der britischen »Re-Education« hin. Dass es den Initianten bei der »Sylter Rundschau« aber weniger um das bewusste Bedienen von antidemokratischen Reflexen, sondern vor allem um die Flüchtlingsfrage ging, war klar, wenngleich man sich in diesem heiklen Punkt nicht so recht auf die Äste hinauslassen wollte. Stattdessen sprach man lieber von »Gruppierungen« und »Fronten«, bei deren Formierung nicht primär parteipolitische, sondern »vielmehr wirtschaftliche Fragen eine erhebliche Rolle« spielten. Die Denkschrift schloss mit der Frage: »Wen würdest Du in Deine Stadtvertretung wählen, wenn Du keine Parteien zu wählen brauchtest?«[536] Anschließend wurden die Leser aufgerufen, einen beiliegenden Zettel nach Gutdünken mit höchstens 20 Namen von Westerländer Persönlichkeiten zu füllen, woraufhin die individuellen Stellungnahmen unter notarieller Aufsicht durch »namhafte Bürger unserer Stadt« ausgewertet werden sollten.[537]

Einige Wochen später wurde das Ergebnis der Umfrage veröffentlicht: Nach Angaben der Zeitung hatten sich über 2700 Personen daran beteiligt und zum Ausdruck gebracht, dass sie, so der Kommentar, »über die Parteien hinweg« wählen wollten. Zudem seien Einheimische und Flüchtlinge in einem »durchaus gesunden Verhältnis zum Vorschlag gekommen«, was die These stütze, wonach »durch Entpolitisierung der Kommunen« ein Ausgleich der divergierenden Interessen möglich sei. Wie genau die Auflistung die personellen Präferenzen der Westerländer Bevölkerung wiedergibt, kann aufgrund der intransparenten Auszählung und der fraglichen Repräsentativität nicht mehr rekonstruiert werden. Ein grobes Bild vermittelt sie aber sehr wohl. Auffallend ist für uns zunächst, dass auf der Liste außer Reinefarth kein anderer Exponent des BHE auftaucht, ein Indiz dafür, dass er parteiübergreifend als konsensfähig und nicht als aggressiver Interessenvertreter der Vertriebenen wahrgenommen wurde.[538] An der Spitze hatten sich vier Persönlichkeiten mit Zuspruchsraten von um die 50 Prozent von allen anderen Genannten deutlich abgesetzt: Zuoberst rangierte der streitbare Arthur Nickelsen vom SSW, Mitglied des Magistrats, gebürtiger Westerländer, Friese und unbestrittener Wortführer all derjenigen, die sich an der »weit überhöhte[n] Belegung Südschleswigs mit Flüchtlingen«

stießen und demzufolge deren rasche Umsiedlung forderten. Nickelsens Agitation machte ihn zur öffentlichen Zielscheibe der Vertriebenen: »Wir sind keine Parias, das sieht nur äußerlich so aus!«[539] Mit nur geringem Abstand folgte der Sozialdemokrat Andreas Nielsen, gleichsam der demokratische Übervater der Stadt. Geboren 1883 im nahe gelegenen Morsum, hatte er sich bereits bei der Neutralisierung des Kapp-Putschs politisch engagiert und war nach der Kapitulation von den Briten als ehrenamtlicher Bürgermeister eingesetzt und auch in die ersten beiden ernannten Landtage von Schleswig-Holstein delegiert worden. In Westerland amtierte er mittlerweile als Bürgervorsteher, während das Amt des Bürgermeisters nach der Verwaltungsreform von 1950 auf den bisherigen Stadtdirektor Fritz Lobsien übergegangen war.[540] Eine mindestens so schillernde Laufbahn hatte der Drittplatzierte hinter sich: Der deutschkonservative Monarchist Otto Schmidt-Hannover, Jahrgang 1888, der sich in Anlehnung an seinen alten Wahlkreis einen entsprechenden Namenszusatz zugelegt hatte, war nacheinander aktiver und hochdekorierter preußischer Infanterieoffizier gewesen, sodann Referent von Alfred Hugenberg und als solcher 1925 maßgeblich beteiligt an der Kandidatur Hindenburgs und 1933 schließlich der letzte Fraktionsvorsitzende der DNVP im Reichstag. Nach der Machtergreifung hatte er sich nach Sylt in die innere Emigration zurückgezogen.[541] In seiner Replik auf den Aufruf der »Sylter Rundschau« nutzte er die Steilvorlage zu einem Rundumschlag gegen »die gesteigerte Einmischung der Parteien in die primitivsten persönlichen Lebensfragen« und zitierte stattdessen die konstitutionelle Parole aus Trollopes »Phineas Finn«, um unmissverständlich klarzustellen, wofür er einstand: »Men, not measures!« Schmidt-Hannover schloss seine Überlegungen, indem er auf die Werbewirksamkeit für das Bad und die mögliche Vorbildfunktion für andere Kommunen verwies, sollten in Westerland tatsächlich Friedenswahlen stattfinden: »Man würde dann sehr bald draußen von dem ›Westerländer Verfahren‹ sprechen. Man würde sagen: ›Diese stillen, schwerblütigen Insulaner sind vernünftige Politiker; sie entpolitisieren sich! Machen wir es wie die Westerländer!‹«[542] Vervollständigt wurde die Spitzengruppe durch einen einheimischen Hotelier und Vorsitzenden des Haus- und Grundeigentümerverbandes, der als solcher das Gewicht der lokalen Fremdenverkehrswirtschaft personifizierte.[543]

Bei den sich nun anbahnenden tagespolitischen Erschütterungen sollten zumindest die drei Erstgenannten eine zentrale und überaus öffentlichkeitswirksame Rolle spielen. Für Zündstoff sorgte dabei nicht nur die anstehende Kommunalwahl mit der erstmaligen Beteiligung des BHE, sondern auch die Person des amtierenden Bürgermeisters Lobsien: Dieser sah sich wegen seines fehlenden Erfolgsausweises und seiner als insgesamt schwach taxierten Amtsführung immer heftigerer öffentlicher Kritik ausgesetzt.[544] In der letzten Sitzung der abtretenden Stadtvertretung im Frühling 1951 verweigerte ihm diese einstimmig die Überführung der einjährigen Anstellung auf Probe in eine ordentliche sechsjährige Amtszeit. Aufgrund der Stimmen der SPD kam jedoch die erforderliche Zweidrittelmehrheit für eine sofortige Abberufung nicht zustande. Das Motiv der SPD war klar: Die bevorstehenden Kommunalwahlen würden der politischen Rechten in der neuen Stadtvertretung aller Voraussicht nach eine Mehrheit bringen, welche die Nachfolge des parteilosen Fachbeamten Lobsien sodann in ihrem Sinn regeln würde. Im Verlauf der turbulenten Sitzung, die bis zum Morgengrauen andauerte, legte Nielsen, dem das taktische Manöver seiner Genossen zuwider war, die Sitzungsleitung nieder und verließ unter Protest den Saal. Das Geschäft wurde in der Folge zwangsläufig eine Angelegenheit für die kommunale Aufsichtsbehörde.[545]

Parallel zur schwelenden Bürgermeister-Debatte sorgten der BHE mittels Hinhaltetaktik und die SPD mit einer klaren Absage dafür, dass die vor allem von Seiten der CDU favorisierten Friedenswahlen nicht zustande kamen.[546] Als Reaktion und in Anlehnung an das Vorbild auf Landesebene schlossen sich CDU und Schmidt-Hannovers »Deutsche Konservative Partei« (DKP) zum »Westerländer Ordnungsblock« (WOB) zusammen, um unter dem Gesichtspunkt der viel zitierten »Ent-Politisierung der Stadtvertretung« eine »Zusammenfassung aller ordnungsliebenden, den Rechts- und Eigentums-Gedanken bejahenden Kräfte von Alt- und Neubürgern« zu gewährleisten.[547] Der BHE fuhr während des Kommunalwahlkampfs eine zweigleisige Strategie, wobei die führenden Köpfe arbeitsteilig eingesetzt wurden: Gab der Ortsverbandsvorsitzende den Scharfmacher, der die Flüchtlingspartei in der aktuellen Ausgabe der »Sylter Rundschau« als Alternative für alle jene anpries, die von den alten Parteien nichts mehr wissen wollten, profilierte sich Reinefarth mit Blick auf die Zeit nach den Wahlen am selben Tag als Brückenbauer zum Ordnungsblock. Als BHE-Vertreter zur dortigen Wahlversammlung eingeladen, betonte er »kurz und eindeutig« den Willen seiner Partei zur Zusammenarbeit gerade mit dem WOB.[548]

Das Wahlergebnis brachte für diese Pläne die erhoffte Grundlage: Ende April 1951 ging der BHE als Sieger aus den Westerländer Gemeindewahlen hervor und saß in der folgenden Legislatur mit sechs Vertretern in der 19-köpfigen Stadtvertretung. Der Ordnungsblock kam auf fünf Mandate, besaß also zusammen mit dem BHE die absolute Mehrheit. Eigentliche Verliererin war die SPD, die über die Hälfte ihrer Sitze verlor und nun wie der SSW vier Abgeordnete auf sich vereinte.[549] Reinefarth selber zog auf dem ersten Listenplatz seiner Partei komfortabel in die Stadtvertretung ein.[550] Alles in allem widerspiegelte die Wahl einen landesweiten Trend, in dessen Zug die Vorherrschaft der SPD nun auch auf kommunaler Ebene zu Ende ging und der BHE auf der ganzen Linie obsiegte, und zwar insbesondere in jenen Kreisen, wo der Anteil der Flüchtlinge besonders hoch war.[551] Vor dem Hintergrund eines in der Luft liegenden politischen Umbruchs ist die in Westerland ernsthaft geführte Debatte für oder wider eine Friedenswahl deshalb bemerkenswert. Die allseits spürbare Politikverdrossenheit nötigte selbst den BHE, der bei dieser Wahl nur gewinnen konnte, zur Konzession, die Möglichkeit einer Friedenswahl zumindest nicht von vornherein auszuschließen. Keineswegs wollte man als reine Flüchtlingspartei wahrgenommen werden, die die zahlenmäßige Überlegenheit dazu ausnutzte, die einheimischen Westerländer politisch zu minorisieren und mithin die Gegensätze zwischen Alt- und Neubürgern zusätzlich zu verschärfen. Dieses Konfliktpotenzials war sich auch die BHE-Landtagsfraktion bewusst. Während der Beratungen über das Gesetz zur Vorverschiebung der Kommunalwahlen hatte Fraktionssprecher Alfred Gille verkündet, man strebe in den Kommunal- und Gemeindeparlamenten keine Mehrheiten an und denke auch nicht daran, Heimatvertriebene zu Bürgermeistern zu machen. Letzteres wolle man sogar bewusst verhindern.[552] Für den Westerländer Kontext waren solche Befürchtungen nicht ganz so erheblich: Hier hieß die personifizierte Beruhigungspille Heinz Reinefarth.

»Gute und Reine-Fahrt in alle Zukunft«: Bürgermeister von Westerland

Gleich zu Beginn der Legislatur sandte der Westerländer BHE ein Signal aus, das den Willen der Partei zur Mäßigung für jedermann ersichtlich machen sollte: Obwohl ihr als stärkste Fraktion das Recht auf die Nachfolge von Andreas Nielsen im Amt des Bürgervorstehers zustand, verzichtete sie zugunsten des Ordnungsblocks und begnügte sich mit der reibungslosen Wahl Reinefarths in den Magistrat. Zum Bürgervorsteher gewählt wurde stattdessen Otto Schmidt-Hannover.[553] In seiner Antrittsrede brachte der mit der unvermeidlichen maritimen Metapher nochmals auf den Punkt, was aus seiner Sicht Gebot der Stunde sein musste:

»Wir wollen alle miteinander, nie gegeneinander arbeiten. (...) Unsere Arbeit ist nüchtern-sachliche Hausväterarbeit. Politik gehört nicht aufs Rathaus. Je mehr die Grenzen der Fraktionen sich vermischen, desto besser. (...) Wir sitzen alle im gleichen Boot! Es treibt in höchster Seenot. In solcher Lage nützt kein Parteiprogramm, und es ist töricht, bewährte Kräfte als Mitruderer auszuschalten, weil sie nicht in der Rudergruppe V eingestuft sind oder keiner Ruderergewerkschaft angehören. Hier hilft nur eins: Sich gemeinsam in die Riemen zu legen!«[554]

Dem mochten sich nicht alle anschließen: Die Rolle des Störenfrieds nahm zunächst Arthur Nickelsen ein, der gegen den Ausgang der Gemeindewahl erfolglos Einspruch erhob. Seiner Meinung nach waren die Flüchtlingslager im Vorfeld entgegen den gültigen Richtlinien ungenügend auf die verschiedenen Wahlkreise verteilt worden.[555] Für noch mehr Aufsehen sorgte indes der prononcierte Oppositionskurs der SPD, welcher den Pragmatiker Nielsen dazu brachte, nach Jahrzehnten aus seiner Partei auszutreten. Mehr noch: Nielsen, das Gesicht des demokratischen Neuaufbaus nach 1945, ließ sich vom BHE dazu überreden, seine politische Karriere nochmals zu verlängern, und wurde sodann auf Vorschlag der Vertriebenenpartei anstelle eines zuvor von der Stadtvertretung abgelehnten SPD-Bewerbers in den Magistrat gewählt. Bei der gleichen Gelegenheit wählte die Gemeindelegislative aus der Reihe der vier Magistratsmitglieder Reinefarth zum stellvertretenden Bürgermeister.[556]

Im Verlauf des Sommers 1951 bat der angeschlagene Bürgermeister Lobsien um seine Entlassung.[557] Der Bürgermeisterposten blieb daraufhin mehrere Monate unbesetzt; eine Situation, welche von den Stadtoberen mit Blick auf die erheblichen wirtschaftlichen Probleme des Bades Westerland zusehends als unhaltbar empfunden wurde. Nach vorgängiger Rücksprache des Bürgervorstehers und des Magistrats mit Vertretern des Landesinnenministeriums befasste sich die Stadtvertretung Ende August mit der Frage der Ausschreibung der Stelle. Einmal mehr drückte Nielsen der Diskussion seinen Stempel auf: Er regte mit Erfolg an, die Ausschreibung aus Gründen der Transparenz zwar unverzüglich vorzunehmen, gleichzeitig aber mehrere Persönlichkeiten zur Bewerbung zu veranlassen. Nielsen vergaß nicht, darauf hinzuweisen, dass mit der Person des stellvertretenden Bürgermeisters bereits ein valabler Kandidat vorhanden wäre.[558] In den folgenden Wochen gingen insgesamt 13 Bewerbungen ein, darunter diejenigen Reinefarths und Nickelsens. Letzterer war jedoch in der Vorauswahl durch die Stadtvertretung chancenlos. In die engere Auswahl kamen Reinefarth und zwei auswärtige Bewerber, die eingeladen wurden, sich den Stadtvertretern vorzustellen. Während die beiden auswärtigen Kandidaten durch ihre früheren Betätigungen als Bürgermeister respektive Stadtdirektor auf einen langjährigen Erfahrungsschatz in leitender Funktion einer Kommunalverwaltung verweisen konnten, setzte der unter formalen Gesichtspunkten schlechter qualifizierte Reinefarth ganz auf seine Doppelrolle als Flüchtling und Quasi-Einheimischer, der Westerland seit 1927 »aus der Perspektive des Kurgastes kennen und lieben gelernt« habe. Ausreichende Erwähnung fand in der Schilderung der Lokalpresse seine kommissarische Ausübung der Bürgermeisterpflichten in den vergangenen Monaten, wohingegen der Kriegszeit nur noch beschönigender Episodencharakter zukam: »1939 zum Heer einberufen, erfolgte 1942 Entlassung und Indienststellung in der Verwaltung des Reichsinnenministeriums. Von August 1944 bis Kriegsende erneut Soldat, kam er nach Entlassung aus der Kriegsgefangenschaft schließlich zu seiner Familie nach Westerland, wo ihm [sic] sein kleines Friesenhaus (...) erwartete.«[559]

Die sich abzeichnende Wahl Reinefarths zum Bürgermeister von Westerland löste im letzten Moment noch einmal Widerstand aus. Kritisiert wurde dabei das überhastete Vorgehen der Stadtvertretung, aber auch die saloppe Art und Weise, mit der die Realpolitiker von rechts bis Mitte-links mit Reinefarths NS-Karriere umgingen. Als Speerspitze betätigte sich einmal mehr – und wie sich zeigen sollte, zum letzten Mal – Arthur Nickelsen. Einige Tage vor der Wahl des neuen Bürgermeisters wandte sich die SSW-Fraktion an Bürgervorsteher Schmidt-Hannover mit der Bitte, die Punkte »Wiederholung der Ausschreibung für die Bürgermeisterwahl« und »Beratung über die Einschaltung der Bürgerschaft zur Bürgermeisterwahl« in die Tagesordnung aufzunehmen. Die Bedeutung des Amts gerade in schwierigen Zeiten und dessen Besetzung auf sechs Jahre machten es aus Sicht des SSW unbedingt notwendig, »nicht aus einer gewissen Beengung oder gar aus Zeitnot-Panik« zu handeln. Obwohl die Gemeindeordnung die Wahl durch die Stadtvertretung vorsehe, könne der Einbezug der Bürger durch ausführliche Gespräche zwischen Parteien und Wählern sichergestellt werden. Der Vorstoß wurde von Schmidt-Hannover neutralisiert, indem er die vorgeschlagenen Punkte lediglich als »Anträge« auf die Tagesordnung setzen ließ. Die vier SSW-Stadtvertreter kommunizierten daraufhin öffentlich, die Bürgermeisterwahl zu boykottieren.[560] Noch weitaus brisanter war indes die Wirkung eines gleichzeitig erscheinenden Artikels im »Flensborg Avis«, dem Hausblatt des SSW und führenden Presseorgan der dänischen Minderheit, der mit der markigen Überschrift »Westerland erhält früheren SS-General als Bürgermeister« betitelt war. Die »Sylter Rundschau« zog daraus sofort die naheliegenden Schlüsse und kommentierte: »Es wird in weiten Kreisen der Bürgerschaft irgendwie als peinlich empfunden, daß der Querschuss gegen Reinefarth gerade von dem Mitbewerber um den Bürgermeisterposten, Stadtrat Nickelsen, seiner Fraktion und der ihm nahestehenden Presse gestartet wurde.«[561] Die Zeitung wagte auch zu prognostizieren, »daß dieser Schritt des SSW. [sic] wahrscheinlich das Gegenteil des in der Wahlfrage von ihm Erstrebten erreichen wird.« Viel mehr ergebe sich dadurch nun die Gelegenheit, »daß die Persönlichkeit Reinefarths und seine in jeder Beziehung unangreifbare Vergangenheit einer großen Öffentlichkeit dargelegt« werden könne, denn der Betroffene habe im Sinn, vor dem Wahlakt zu den Vorwürfen Stellung zu nehmen.[562]

Wie sehr der »Flensborg Avis« mit dem Artikel gegen die öffentlichen Sagbarkeitsregeln[563] im Umgang mit der jüngsten deutschen Vergangenheit verstoßen hatte, zeigte sich nicht nur an der offiziösen Reaktion des Sylter Leitmediums, sondern auch in Form von Leserbriefen, in denen man unter Bezugnahme auf die Ereignisse in der Festung Küstrin beispielsweise zu folgendem Schluss kam:

»Mir würde Herr Reinefarth als Bürgermeister gefallen. Er hat sich dafür eingesetzt, daß Andreas Nielsen der Leitung der Stadt erhalten blieb. Das zeigt Klugheit – und Takt an, eine recht ungewöhnliche Eigenschaft im öffentlichen Leben. Küstrin beweist, daß er auch persönlichen Mut besitzt. Küstrin – Westerland – Herr Reinefarth, ich meine, daß Sie Westerland gut betreuen und uns auch aus schwierigen Situationen heraushauen würden. Es ist vielleicht garnicht [sic] verkehrt, wenn das ›Kreuzigt-ihn‹ zuerst gerufen wurde. Es spornt mehr an als ein ›Hosianna‹.«[564]

Die heftige Reaktion auf die Obstruktionspolitik des SSW verfehlte ihre Wirkung nicht. Am 5. November 1951, dem Tag der Bürgermeisterwahl, machte Nickelsen per Leserbrief einen Rückzieher und versuchte, mit einer wortreichen Gegendarstellung die Wogen zu glätten und die Haltung des SSW zu relativieren. Ihm und dem SSW sei es bei ihrem Vorstoß um die Sache der Demokratie gegangen. Er selber habe sich nur deshalb um die Stelle beworben, weil der SSW bei den Wahlen nicht nur »zur Dekoration« erscheinen wollte. Nickelsen stritt zudem ab, mit dem Artikel im »Flensborg Avis« etwas zu tun zu haben, und gab an, mit Reinefarth, den er persönlich »sehr hoch schätze«, in Stadtvertretung und Magistrat bestens zusammenzuarbeiten. Im Übrigen werde seine Partei nun doch zur Wahl des neuen Bürgermeisters erscheinen.[565]

Der Wahlakt ging aufgrund des enormen Zuschauerinteresses nicht im Rathaus, sondern im großen Kursaal der Stadt Westerland über die Bühne. Hier nutzte Reinefarth die Gelegenheit, um wie angekündigt die in den letzten Tagen laut gewordenen Vorwürfe umfassend zu entkräften. Er wolle verhindern, dass es später einmal heiße, »es wären irgend welche Fragen an mich gerichtet worden, die vielleicht peinlich für mich wären und um deren Beantwortung ich mich gedrückt hätte.«[566] Der weitaus größte Rechtfertigungsdruck ergab sich durch den Umstand seines hohen SS-Ranges. Hier griff er auf die bewährte Ausrede des Angleichungsdienstgrades für Polizeigenerale zurück und erklärte zu dieser Thematik abschließend: »Hauptamtlich bin ich niemals Mitglied der SS. [sic] gewesen.«[567] Bezeichnenderweise waren alle anderen Aspekte seiner NS-Biografie offensichtlich nicht erklärungsbedürftig, mit einer Ausnahme: In Bezug auf seinen Kirchenaustritt gab er ohne mit der Wimper zu zucken an, dass er seinerzeit wegen »schwerer Differenzen« mit dem Pfarrer seiner Heimatgemeinde aus der Kirche ausgetreten sei. Die Auseinandersetzung hätte jedoch mit seiner »Stellung im Ministerium (…) nicht das Geringste zu tun« gehabt. Selbstredend sei er aber getauft, habe kirchlich geheiratet und bei seinem Austritt »ausdrücklich Wert darauf gelegt«, dass seine Frau und die Kinder in der evangelischen Kirche geblieben seien.[568] Schließlich brach auch noch Bürgervorsteher Schmidt-Hannover eine Lanze für den designierten Stadtvater und fügte den Ausführungen Reinefarths hinzu, dass dieser in seiner »bekannten Bescheidenheit« seine heldenhafte Rolle während des Ausbruchs aus Küstrin gänzlich verschwiegen habe.[569]

Unter diesen Umständen geriet die Wahl selber zur Kür: Zwar hielt der SSW seinen Antrag auf Neuausschreibung der Bürgermeisterstelle der Form halber aufrecht, sah ihn aber erwartungsgemäß abgelehnt. Daraufhin wurde Reinefarth von Andreas Nielsen höchstpersönlich zur Wahl vorgeschlagen und mit elf gegen fünf Stimmen bei drei Enthaltungen gewählt, ohne dass einer der beiden anderen Bewerber für den Wahlgang berücksichtigt wurde. Gegen Reinefarth gestimmt hatten die SPD-Fraktion sowie zwei der vier SSW-Vertreter. Die Enthaltungen entfielen auf die beiden anderen SSW-Abgeordneten, darunter Nickelsen, sowie auf Reinefarth selber. Im Rahmen demokratischer Gepflogenheiten wurde Reinefarth daraufhin von Vertretern aller Parteien zu seiner Wahl beglückwünscht, und Andreas Nielsen gab bei dieser Gelegenheit seiner Hoffnung Ausdruck, dass nunmehr »alle Spannungen endgültig behoben sein mögen.«[570] Dieser Erwartungshaltung wollte sich auch die lokale Presse nicht verschließen, wo man hochzufrieden konstatierte:

»Westerland hat nach vielen Monaten wieder seinen Bürgermeister. (…) Der neue Bürgermeister konnte sich der herzlichen Glückwünsche, die ihm anläßlich seiner Wahl dargebracht wurden, kaum erwehren. Es waren nicht nur seine Parteifreunde, die ihm die Hand schüttelten, sondern in überwiegender Zahl Bürgerinnen und Bürger aus allen Kreisen der Bevölkerung, die wohl alle das Gefühl hatten, daß nunmehr der richtige Mann am richtigen Platz steht. Und wo Worte nicht ausreichten, ließ man Blumen oder stumme Lippen sprechen. Der ›Wahlkampf‹ gehört der Vergangenheit an. Möge sich das Wort unseres Bürgervorstehers bewahrheiten: ›Gute und Reine-Fahrt für alle Zukunft!‹«[571]

Möglich gemacht hatte die Wahl jedoch insbesondere ein Vorgang, der im Zuge solcher Huldigungen lediglich als Misston abgehandelt wurde: Der Verzicht des BHE auf das ihm zustehende Amt des Bürgervorstehers war von allem Anfang an die Bedingung geknüpft gewesen, dass der Westerländer Ordnungsblock im Gegenzug die Wahl Reinefarths zum Bürgermeister unterstützen würde. Dieser eigentliche »Kuhhandel«, wie das Abkommen nach der Wahl von Seiten der SPD und des SSW durchaus treffend bezeichnet wurde, liegt als Erklärung auf der Hand und war nicht bloß böses Gerede, wie vom anderen Lager suggeriert.[572]

Reinefarths Wahl war aber durchaus nicht nur parteitaktischen Geplänkeln geschuldet. Sie war auch eine Folge seiner Außenwirkung als stellvertretender Bürgermeister, wo er von Entwicklungen profitierte, die ihn als tatkräftigen Gegenentwurf zu seinem blassen, glücklosen und wenig vernetzten Vorgänger erscheinen ließen. Lobsien war im Winter zuvor, als die Kohleversorgung für die Insel zusammenzubrechen drohte, nach Kiel gereist, um mit der Landesregierung um Soforthilfe zu verhandeln, jedoch mit leeren Händen zurückgekehrt.[573] Im Februar 1951 entlud sich die allgegenwärtige Not in Westerland in einer öffentlichen Protestkundgebung, an der sich gegen 4000 Erwerbslose, Sozialrentner und Fürsorgeempfänger beteiligten.[574] Vor diesem Hintergrund konnten symbolische Aktionen, die nach dem Empfinden der Westerländer Bevölkerung zumindest den Glauben an bessere Zeiten zurückkehren ließen, die Stimmungslage merklich verbessern. Hierbei kam den öffentlichkeitswirksamen Besuchen führender schleswig-holsteinischer Politiker eine enorme Bedeutung zu: Sie vermittelten den Eindruck, dass man die Sylter mit ihren übergroßen Problemen im entfernten Kiel nicht gänzlich vergessen hatte. Aber auch in dieser Hinsicht waren die Westerländer im zurückliegenden Winter schwer enttäuscht worden, als von mehreren angekündigten Landtagsabgeordneten letztendlich lediglich ein einziger erschienen war, um sich ein Bild über die Probleme der Stadt zu machen. »Ein erneuter Versuch« lautete die resignierte Überschrift der »Sylter Rundschau« zu diesem Ereignis.[575] Nach den Kommunalwahlen begann sich aber der Wind spürbar zu drehen: Im Sommer weilte plötzlich Ministerpräsident Lübke in Begleitung von Sozialminister Asbach in Westerland. Die beiden führten während mehrerer Tage mit Vertretern von Stadt und Kurverwaltung ausführliche Gespräche, wobei umfassende Hilfsmaßnahmen in Aussicht gestellt wurden. Bei dieser Gelegenheit ließ sich Asbach auch von der lokalen BHE-Spitze über die Lage orientieren. Der Sozialminister, persönlicher Bekannter und künftiger landespolitischer Ziehvater Reinefarths, machte der Stadt nur eine Woche später gleich nochmals seine Aufwartung, diesmal sekundiert von Wirtschafts- und Verkehrsminister Andersen.[576] Solche Vorgänge hatten Signalwirkung, obwohl sich die Westerländer Bevölkerung bewusst sein mochte, dass die ersehnte Hilfe angesichts der in ganz Schleswig-Holstein herrschenden Not kaum in allernächster Zukunft erwartet werden durfte.

Das Primat des Handelns in schwieriger Lage führte aber nicht nur zu einer zeitig durchgeführten Bürgermeisterwahl, sondern auch zur Verdrängung derjenigen Kreise, die die Vertriebenen weiterhin bestenfalls als Flüchtlinge auf Zeit und nicht als gleichwertige Bürger akzeptieren wollten. Prominentestes Opfer dieser Burgfriedenspolitik wurde Arthur Nickelsen, der in den darauffolgenden Jahren mit voller Absicht politisch und beruflich ins Abseits gedrängt wurde und seine konfrontative Politik teuer bezahlte.[577] Nickelsen war indes nicht die einzige Symbolfigur, deren öffentliches Gewicht rasant abnahm. Hatte die Opposition der SPD gegen Reinefarth eher tagespolitischen, gleichsam routinemäßigen Charakter gehabt, ging die Antipathie gegen den Bürgervorsteher viel tiefer. Kurz nach Reinefarths Amtsübernahme wurde Schmidt-Hannover, nach wie vor bekennender Anhänger einer konstitutionellen Monarchie, durch verschiedene Anträge der SPD richtiggehend aus dem Amt gemobbt. Direkt auf dessen persönliche Integrität zielende Anfragen wie etwa diejenige betreffend »Erledigung von Privatkorrespondenz des Bürgervorstehers in der Stadtverwaltung« brachten Schmidt-Hannover im November 1951 dazu, seinen Posten entmutigt zur Verfügung zu stellen. In seiner Abschiedsbotschaft bezeugte er noch einmal seine ablehnende Haltung gegen die »überbürokratisierten Bestimmungen und Gepflogenheiten des heutigen kommunalen Parlamentarismus«, die nach seiner Lesart derart niveaulose Anwürfe erst möglich machten.[578] Dass er damit das Motiv der SPD für seine Absetzung gewissermaßen bestätigte, dürfte ihm entgangen sein. Dennoch war die politische Entsorgung Schmidt-Hannovers selbstredend eine schmutzige Angelegenheit, sprach aber nicht unbedingt gegen die Weitsichtigkeit der Westerländer Sozialdemokraten. Für die Partei war der Bürgervorsteher wegen seines Gedankenguts schlicht nicht tragbar. Bemerkenswert ist dagegen schon eher, dass der Mann von vorgestern für die linke Opposition offensichtlich das größere Problem darstellte als der NS-Exponent Reinefarth.

Reinefarth als Kommunal- und Landespolitiker

1953 veröffentlichte das Parteiblatt des BHE einen Artikel von Heinz Reinefarth über die »Grundsätze der Kommunalpolitik«. In seinen Ausführungen ging er insbesondere auf das Spannungsfeld zwischen überparteilichen Bürgerinteressen und Parteigebundenheit ein, in dem sich jeder Kommunalpolitiker bewegt:

»Es sollte (…) zur Selbstverständlichkeit werden, daß alle Kommunalpolitiker ständige Verbindung auch mit ihren Parteiorganen pflegen und unter Beachtung etwaiger Schweigepflicht alle Fragen der Kommunalpolitik mit ihnen durchsprechen. Daß ein Kommunalpolitiker das Programm seiner Partei beherrscht, sollte selbstverständliche Voraussetzung für seine Tätigkeit sein. Es prüfe sich jeder einmal kritisch, ob er wirklich diese Forderung erfüllt. Ein wesentlicher Teil der Kommunalpolitik besteht daher in der Anwendung der Parteigrundsätze auf das praktische kommunale Leben. (…) Mit Vorstehendem soll aber keineswegs gesagt werden, daß Kommunalpolitik gleich Parteienpolitik zu setzen wäre. Die stetige Beachtung der Parteiengrundsätze als Richtschnur für die Entscheidungen hat mit einer Parteipolitik nichts zu tun. Der Kommunalpolitiker hat in erster Linie das Wohl seiner Gemeinde oder seines Kreises im Auge zu haben. Lediglich die Art und Weise, auf die er diesem Wohle dienen kann, schreiben ihm die Parteigrundsätze vor. Der Kommunalpolitiker hüte sich davor, Versprechungen, die er etwa im Wahlkampf gegeben hat, zu vergessen. Seine Wähler werden ihn daran erinnern. Der Kommunalpolitiker achte darauf, auch nur den Anschein zu vermeiden, als ob er die ihm gegebenen Befugnisse und das in ihn gesetzte Vertrauen auch nur einmal missbrauche. Seine Rechte sind ihm nur zu dem einen Zweck verliehen, damit er mit ihrer Hilfe seine Pflichten erfüllen kann. Die Bürger, die er vertritt, sollten ihn nicht nur während der Wahlzeit zu sehen und hören bekommen. Auch heute noch soll er ständig für sie und ihre Sorgen zu sprechen sein. Er weiß auch nicht immer alles besser; unter vielen Ratschlägen ist oft ein für ihn brauchbarer. Seine Mittlerstellung zwischen Bürgerschaft und Kommunalverwaltung muß ständig aufrecht erhalten bleiben.«[579]

Reinefarth hat die politische Agenda des BHE als Bürgermeister und später als Landtagspolitiker tatsächlich unterschiedlich interpretiert, ohne dabei jedoch die unbedingte Anhängerschaft zu seiner Partei jemals in Frage zu stellen. Diese unterschiedliche Herangehensweise soll nachfolgend skizziert werden. Das hauptsächliche Augenmerk liegt dabei einerseits auf den Rückwirkungen des Niedergangs des BHE für Reinefarths tägliche politische Arbeit auf kommunaler und auf Landesebene, andererseits auf den geschichtspolitischen Deutungsmustern über die Vergangenheit, die auf ihn projiziert und von ihm selber kultiviert wurden, bevor seine Person zum öffentlichen Skandalon geriet.

Bis zu seiner Wahl in den Schleswig-Holsteinischen Landtag im Herbst 1958 trat Reinefarth ausschließlich kommunalpolitisch in Erscheinung. In dieser Zeit wurde er seiner Stadt ein allseits geschätzter und breit abgestützter Bürgermeister. Seine Umtriebigkeit trug ihm eine ganze Reihe ehrenamtlicher Posten ein, gekrönt durch die Wahl zum stellvertretenden Landrat des Kreises Südtondern.[580] Reinefarths schon bald unangefochtenes Westerländer Regnum beruhte zunächst zweifelsohne auf dem Rückhalt unter den Vertriebenen und dem Goodwill von Andreas Nielsen, später aber immer mehr auf dem Zusammenspiel mit den Meinungsmachern aller Parteien, darunter etwa dem langjährigen Bürgervorsteher und späteren SPD-Bundestagsabgeordneten Richard Tamblé[581], mit dem er zusammen Gründungsmitglied der Westerländer Sektion des »Lions Club« war.[582] Im selben Jahr wählte die Stadtvertretung den flamboyanten Hans Petersen (»Hansi Pe«), Lehrer, Journalist und seit 1951 Werbeleiter in der Kurverwaltung, zum neuen Kurdirektor. Petersen, wie Tamblé SPD-Mitglied, stand Reinefarth bis zu dessen erzwungenem Abgang treu zur Seite und ergriff wiederholt öffentlich Partei für seinen Bürgermeister.[583] Kritik an Reinefarths Amtsführung gab es unter diesen Umständen praktisch nicht. Dafür verantwortlich war aber nicht nur die weitgehende Einmütigkeit unter den Stadtoberen, sondern auch Reinefarths gutes Gespür für tagespolitische Mehrheiten und für die Stimmungslage unter der Bevölkerung, das ihn nur selten im Stich ließ.[584] Von entscheidender Bedeutung war zudem das exzellente Verhältnis zur lokalen Presse, namentlich der dominierenden »Sylter Rundschau«, wo mit dem gebürtigen Ostpreußen Karl Wendt ein Mitvertriebener für die kommunalpolitische Berichterstattung verantwortlich zeichnete.[585] Bezeichnenderweise hatte Hans Petersen einige Jahre vor seiner Berufung zum Kurdirektor mit Erfolg angeregt, dass er und seine Kollegen von der schreibenden Zunft künftig durch den Bürgermeister wöchentlich aus erster Hand über die Beschlüsse des Magistrats informiert werden sollten.[586]

Am wichtigsten für die öffentliche Wahrnehmung seiner Amtsführung war jedoch zunächst die allgemeine Aufbruchstimmung, die bereits vor seiner Amtsübernahme eingesetzt hatte und danach weiter anhielt. So konnten sich Reinefarth und die Westerländer Bevölkerung gleich zu Beginn seiner Amtszeit über zahlreiche weitere Besuche von schleswig-holsteinischen Politikern freuen. Die Visiten, darunter durch den künftigen Ministerpräsidenten Kai-Uwe von Hassel[587], verliehen der Zuversicht auf bessere Zeiten noch einmal nachhaltig Schub: Sei früher »auf Sylt oft darüber Klage geführt worden«, dass derartige »Besuche von höchsten Stellen« jeweils nur im Vorfeld von Wahlen erfolgten, so scheine hierbei nunmehr »eine erfreuliche Aenderung Wirklichkeit [zu] werden«, so die »Sylter Rundschau«.[588] Das neu gewonnene Selbstvertrauen zeigte sich auch in der kurz darauf durch den Magistrat veranlassten Einladung von Bundespräsident Heuss und Bundeskanzler Adenauer, die Westerland im Rahmen der Feierlichkeiten anlässlich der Rückgabe von Helgoland durch die Briten beehren sollten.[589] Aber auch auf der Ebene der kommunalen Tagespolitik tat sich aus Bürgersicht Erfreuliches: Ende Januar 1952 lud der Magistrat Vertreter von Gewerkschaften, Fremdenverkehrsgewerbe, Hausbesitzern und Arbeitsamt zu einem »Aussprachabend« ein. Zweck dieses für Westerland bisher unbekannten Forums war es, »weite Kreise zur positiven Mitarbeit heranzuziehen.« Reinefarth machte dabei in seiner Eröffnungsrede deutlich, dass derartige Anlässe in Zukunft regelmäßig durchgeführt werden sollten, um gemeinsam alle Probleme zu diskutieren, die für die Stadt und das Bad tagesaktuell von Bedeutung waren.[590]

Die verbesserte Stimmungslage unter der Westerländer Einwohnerschaft konnte aber durch atmosphärische Maßnahmen allein längerfristig nicht aufrechterhalten werden. Notwendig war darüber hinaus eine spürbare und nachhaltige Verbesserung der ökonomischen Verhältnisse der Stadt. Im gleichen Jahr gab der örtliche Fremdenverkehrsverein deshalb eine Denkschrift über die wirtschaftliche Lage und die Entwicklungsmöglichkeiten für Westerland und die Insel Sylt heraus. Darin kamen die Verfasser zur eindeutigen Schlussfolgerung, wonach die Insel – anders als

Während Reinefarths Amtszeit als Bürgermeister begann der Aufstieg des Bades Westerland zur Urlaubsdestination von internationaler Ausstrahlung. Damit einher gingen die Anfänge einer umfangreichen Baubetätigung sowie der notwendig gewordene Ausbau der Verkehrsinfrastruktur. Das Bild zeigt den Bürgermeister (Zweiter von rechts) bei der Einweihung der neuen Pkw-Entladerampe im Frühjahr 1959, flankiert vom lokalen Polizeichef Johannes Rietdorf (Erster von rechts) und Kurdirektor Hans Petersen (Mitte).

vor den beiden Kriegen – ohne den Tourismus nicht mehr überleben könne. Gleichzeitig schränkten sie jedoch ein: »Infolge einer unorganischen Entwicklung der Bevölkerung« während und nach dem Krieg sei der Fremdenverkehr »weder umfangmäßig noch hinsichtlich seiner Rentabilität in der Lage, die Existenz dieser stark vermehrten Bevölkerung zu sichern.« Im Ergebnis empfahl die Studie eine Art Vorwärtsstrategie, indem mittels eines finanziellen Kraftaktes der Auf- und Ausbau der Bäderwirtschaft als »vordringliche Aufgabe« erreicht werden müsse. Dafür sei man allerdings auf externe finanzielle Hilfe angewiesen.[591]

Dieses Ansinnen wurde während Reinefarths Amtszeit als Bürgermeister mit aller Kraft in die Tat umgesetzt. Die gewählte Stoßrichtung unterschied sich somit deutlich von den Plänen, die Andreas Nielsen nach Kriegsende für die Zukunft des Fremdenverkehrs in Westerland gehegt hatte: Verfolgt wurde in den 1950er-Jahren nicht Nielsens Idee von einem »Volksbad« für alle Schichten der Bevölkerung, sondern die konzeptionelle Ausrichtung als Reisedestination für zahlungskräftige

Reinefarths 50. Geburtstag am 26. Dezember 1953 bildete den Anlass für eine schlichte Feier in weihnachtlicher Stimmung. Der Jubilar (Bildmitte) posiert im Kreise der Beamten und Angestellten der Gemeinde Westerland für ein Gruppenbild.

Kunden.[592] Dafür wurden durch Beschluss der Stadtvertretung umfangreiche Investitionen in die Infrastruktur getätigt, die in der Regel mit größeren Krediten finanziert werden mussten.[593] 1959 wurde der Bau des Meerwasserwellenbades in Angriff genommen, wodurch sich Westerland als Tourismusdestination entscheidend in Richtung Wetter- und Saisonunabhängigkeit bewegte.[594] Der Erfolg dieser Anstrengungen blieb nicht aus: Zwischen 1950 und 1960 verfünffachte sich die Zahl der Privatfahrzeuge, die den Hindenburgdamm zu Urlaubszwecken jährlich überquerten.[595] Mit dem steigenden Zustrom veränderte sich auch das Gesicht der Stadt: Zu Beginn der 1960er-Jahre erteilte die Stadtvertretung die Genehmigung zum Bau der beiden ersten Hochhäuser auf Sylt. 1961, im letzten Jahr von Reinefarths aktiver Tätigkeit als Bürgermeister, hatte Stadtbaumeister Karl Buchloh deshalb allen Grund, gleichzeitig befriedigt Bilanz zu ziehen und optimistisch in die Zukunft zu blicken: »Das Ende der Baukonjunktur ist noch nicht abzusehen.«[596] Reinefarth behielt aber durchaus auch die Interessen der ortsansässigen Bevölkerung im Auge und engagierte sich beispielsweise stark in der Entwicklung des Schul- und Gesundheitswesens.[597]

Des Bürgermeisters unermüdlicher Einsatz für die Belange des Bades Westerland hatte zur Folge, dass die ihm lokal entgegengebrachte Wertschätzung alle vergangenheitspolitischen Stürme überstehen sollte, die er später zu gewärtigen hatte. Dabei half die von ihm selber kultivierte Bescheidenheit, die jeden Anflug von Kritik an seiner Vergangenheit gewissermaßen übertünchte, wie die Würdigung seines Lebenslaufs anlässlich seines Ende 1953 anstehenden 50. Geburtstags durch die »Sylter Rundschau« beispielhaft zeigt:

> »Mehr als dem Geburtstagskind – und uns Westerländern – lieb war, hat sich die Presse schon mit seiner Person beschäftigt, und so sehen wir denn in unserem ›magischen‹ Auge, wie unser Stadtoberhäuptling, die Zahl der hier ›verschwendeten‹ Zeilen taxierend, unmutig das jugendliche Haupt schüttelt. Also machen wir es kurz: (...)«[598]

Nach der Schilderung seines Lebenswegs bis Ende der 1930er-Jahre ging die Lobrede auf die herausfordernden Kriegs- und Nachkriegsjahre über:

> »Heran rückte der Krieg, der Heinz Reinefarth als Soldat und hohen Beamten des Innenministeriums Gelegenheit gab, sich auszuzeichnen. Weder sein Ritterkreuz und das Eichenlaub noch sein umsichtiges Verhalten in der letzten Kriegsphase schützte ihn vor langer als Entehrung gedachter Kriegsgefangenschaft, die erst (...) 1948 ihr Ende fand. Jetzt wurde das Häuschen in der Stadumstraße (...) zum Segen. Es milderte die Jahre, die der befähigte Mann als ›stempelnder‹ Arbeitsloser (...) verlebte, bis er nach vielem Widerstreben wieder seine Anwaltspraxis eröffnen konnte. So lange hatte er mit reichem Wissen manchem Leidensgenossen gerne ohne jeden Nutzen geholfen.«[599]

Am Schluss wurde unterstrichen, dass sich die Glückwünsche nicht nur an einen kompetenten Bürgermeister richteten, sondern in einem umfassenderen Sinn an einen überparteilichen Stadtvater und äußerst schätzenswerten Mitmenschen:

> »So mag es genügen, wenn heute der stets hilfsbereite Mensch und Vorgesetzte und der immer um das Wohl der Stadt bemühte Mitbürger angesprochen wird, dem keine Partei Anerkennung und Mitarbeit versagt.«[600]

Als Reinefarths Rolle in Warschau 1958 erstmals überregional thematisiert wurde und die staatsanwaltschaftlichen Ermittlungen zu seiner temporären Beurlaubung führten, ging man nach dessen Rückkehr an den Schreibtisch sofort zur Tagesordnung über: »Bürgermeister Reinefarth erscheint und wird von Herrn Bürgervorsteher Dr. Tamblé nach Wiederantritt seines Dienstes herzlich begrüßt«, so der knappe

Kommentar zu diesem Ereignis in den amtlichen Unterlagen der Stadtvertretung.[601] In dieser Atmosphäre des sachlich-freundschaftlichen Miteinanders hatte die Agonie des GB/BHE für Reinefarths Wirken als Bürgermeister nicht die geringsten Auswirkungen, im Gegenteil: 1957 wurde er von der Stadtvertretung einstimmig für zwölf weitere Jahre in seinem Amt bestätigt.[602]

War Reinefarths Stellung als Bürgermeister von Westerland in den 1950er-Jahren also völlig unbestritten, stand seine vierjährige politische Tätigkeit auf Landesebene demgegenüber stets im Schatten der vergangenheitspolitischen Debatten um seine Person. Seine Möglichkeiten wurden zusätzlich limitiert durch den dramatischen Niedergang seiner Partei: Anders als bei seiner Wahl zum Bürgermeister vollzog sich der Einzug in den Schleswig-Holsteinischen Landtag 1958 nicht aus einer Position der Stärke, sondern unter dem Vorzeichen des unaufhaltsamen Verfalls. Der GB/BHE verlor bei diesen Wahlen die Hälfte seiner Sitze und verblieb bei lediglich fünf Mandaten im 69 Abgeordnete zählenden Kieler Landtag. Die Partei befand sich bereits seit längerem in einer Art Dauerkrise. Diese war letztendlich ein Ausdruck der internen Flügelkämpfe, die zwischen radikalen und gemäßigten Elementen ausgetragen wurden und 1955 einen ersten Höhepunkt erreicht hatten: Die Fundamentalopposition der Mehrheit der Bundestagsfraktion gegen das Saarstatut hatte damals zum Übertritt einer größeren Gruppe um die beiden Bundesminister Waldemar Kraft und Theodor Oberländer zur CDU geführt.[603] Die fortschreitende Erosion der Wählerbasis wurde spätestens bei den darauffolgenden Bundestagswahlen offensichtlich, als der GB/BHE die Fünf-Prozent-Hürde verfehlte und nach nur einer Legislatur wieder aus dem Bundestag flog. Die zunehmende Dominanz der Landsmannschaften über die Vertriebenenorganisationen im parteiinternen Diskurs, resultierend aus der Tatsache, dass nahezu sämtliche sozialen Forderungen mittlerweile erfüllt waren, führte zum Überhandnehmen einer schwärmerisch-ewiggestrigen Ausrichtung, die auch und insbesondere in Schleswig-Holstein unübersehbar war.[604]

Hier war es der bereits erwähnte Sozialminister und GB/BHE-Landesvorsitzende Hans-Adolf Asbach, der in dieser Hinsicht den Ton angab, etwa wenn er aus der nunmehrigen Nichtbeteiligung des GB/BHE im Bundestag die Folgerung ableitete, das geltende Wahlrecht sei »unfair und undemokratisch« und das neu gewählte Parlament in dieser Zusammensetzung nicht legitimiert, »über ostdeutsche Probleme Entscheidungen zu treffen.«[605] Asbach hatte in seinem Leben ausreichend Gelegenheit gehabt, seine eigenen Vorstellungen von Ostpolitik zu verwirklichen, hatte er doch während des Krieges mehrere Jahre als Kreishauptmann im Generalgouvernement verbracht und sich dabei so sehr in die Vernichtungspolitik gegen die jüdische Bevölkerung verstrickt, dass gegen ihn in den 1960er-Jahren staatsanwaltschaftliche Ermittlungen wegen Mordes und Beihilfe zum Mord aufgenommen wurden.[606] Für die späten 1950er-Jahre war dieser Sachverhalt zwar noch nicht entscheidend, aber Asbachs politischer Stern begann nun aufgrund von Äußerungen wie der oben wiedergegebenen rasch zu sinken. Derartige Verlautbarungen eines amtierenden Landesministers sorgten nicht nur für Unmut und Verärgerung bei seinem Dienstherrn, Ministerpräsident Kai-Uwe von Hassel, sondern isolierten ihn im gleichen Zug von der GB/BHE-Landtagsfraktion, in welcher die Sympathisanten der sogenannten »Kraft-Oberländer-Gruppe« zahlenmäßig überwogen. Im Oktober 1957 erzwang die Fraktion im Verbund mit von Hassel den Rücktritt ihres eigenen Ministers. Sie setzte sich damit jedoch in Gegensatz zum Landesvorstand der Partei und zum größten Teil der verbliebenen Parteibasis, die nach wie vor uneingeschränkt hinter ihrer Galionsfigur stand.[607]

Die Zeit bis zu den ein Jahr später stattfindenden Landtagswahlen war daraufhin in einem solchen Maß von innerparteilichen Streitigkeiten, chaotischen Verwicklungen, Aus- und Übertritten geprägt, dass die errungenen fünf Mandate in gewisser Hinsicht sogar einem Erfolg gleichkamen.[608] Die Aufstellung der neuen Landesliste, nach den Worten von Hassels eine Ansammlung »alte[r] SS-Leute und Obernazis«[609], wurde maßgeblich durch den immer verbitterter agierenden Asbach geprägt, der kompromisslos vorging und keine Rücksicht auf Namen und Verdienste nahm.[610] Etliche Bisherige, darunter die beiden Mitglieder der Landesregierung und der Fraktionsvorsitzende, lehnten eine Kandidatur von sich aus ab. Ein von fünf der 22 Kreisverbände gestellter Antrag auf Absetzung Asbachs als Landesvorsitzender wurde vom geschäftsführenden Vorstand rundweg abgewiesen, weil dies vor der Wahl nicht opportun sei.[611] Die GB/BHE-Fraktion, die schließlich in den neuen Landtag einzog, war deshalb im Vergleich zur vorherigen Legislatur personell kaum noch wiederzuerkennen: Einziger Verbliebener war Hans-Adolf Asbach selber. Einschlägige Erfahrung besaß zudem der neue Fraktionsvorsitzende und führende Vertriebenenpolitiker Alfred Gille. Er hatte dem Landtag bis 1954 angehört, das Mandat danach aber niedergelegt, weil er 1953 in den Bundestag gewählt worden war.[612] Als früherer Gebietskommissar in der Ukraine hatte er sich gleich wie Asbach in führender Stellung in der Zivilverwaltung der besetzten Ostgebiete engagiert.[613] Wenn man bedenkt, dass Reinefarth in der vergangenen Dekade einen betont überparteilichen Bürgermeister gegeben hatte, mutet es auf den ersten Blick sonderbar an, dass derselbe Mann nun plötzlich unter der kleinen Schar der Getreuen von Hans-Adolf Asbach zu finden war, die bereit waren, dem kaltgestellten Exminister auf seinem Weg in den politischen Untergang zu folgen. Von diesem gegen alle parteiinternen Widerstände durchgedrückt, wurde Reinefarth Ende September 1958 auf der Landesliste in den Schleswig-Holsteinischen Landtag gewählt.[614]

Hans-Adolf Asbach, Jurist, ehemaliger Kreishauptmann im Generalgouvernement, nach dem Zweiten Weltkrieg schleswig-holsteinischer Landessozialminister und führender Kopf des GB/BHE, förderte die politische Karriere von Heinz Reinefarth und stand hinter dessen erfolgreicher Landtagskandidatur vom Herbst 1958. Die beiden Persönlichkeiten verband politische Gesinnung und Parteizugehörigkeit, aber auch die amtliche juristische Beschäftigung mit ihrer Involvierung in die nationalsozialistischen Menschlichkeitsverbrechen in den besetzten Ostgebieten.

Es ist unklar, welche Gründe für Reinefarth ausschlaggebend waren, sich nach Jahren in der Kommunalpolitik zusätzlich den Untiefen der Parteipolitik auf Landesebene auszusetzen, zumal inmitten einer seit Monaten schwelenden Kontroverse um seine Rolle während des Warschauer Aufstandes. Dass es für den GB/BHE als reine Interessenpartei in den nächsten Jahren nichts mehr zu gewinnen gab, musste ihm bewusst sein. Es bieten sich daher mehrere Erklärungen an, die jede für sich oder aber in der Summe zutreffen können: Vom Ansatz her simpel ist die Vermutung, dass bei dem Entscheid ein gewisses Maß an Eitelkeit bei gleichzeitiger Unterschätzung der öffentlichen Reaktion mitgespielt hat. Die Gelegenheit, die eigene politische Karriere mit einem Landtagsmandat zu veredeln, wäre demnach zu verlockend gewesen, um sie leichthin auszulassen. Womöglich war, zweitens, auch die vage Hoffnung auf eine erfolgreiche Transformation des GB/BHE zu einer Partei der nationalen Sammlung von Bedeutung, wobei die Bindung einer rechten Stammwählerschaft das geistige Erbe der Heimatvertriebenen, zu denen Reinefarth zumindest der Geburt nach ja selber zählte, längerfristig hätte sichern können. Der dritte und wohl wichtigste Grund dürfte indes direkt in der Person Asbachs zu suchen sein. Indem sich der erfahrene Kommunalpolitiker als Landtagskandidat zur Verfügung stellte, konnte er Asbach gegenüber in einer schwierigen Situation jahrelang erfahrene Förderung vergelten. Die gegenseitige Verbundenheit der beiden

Männer dürfte auch durch die auffallenden Parallelen in den beiden Lebensläufen gefördert worden sein: Altersmäßig nur ein knappes Jahr auseinander, waren sie beide als junge Juristen im Jahr vor der Machtergreifung der NSDAP beigetreten, hatten im Krieg hohe Positionen in der Besatzungsverwaltung erreicht, waren 1945 als Soldaten in Gefangenschaft geraten und hatten sich schließlich als Flüchtlinge aus der sowjetischen Besatzungszone in Schleswig-Holstein niedergelassen.[615] Das Motiv der persönlichen Gefolgschaft und Loyalität scheint mit Blick auf die Sozialisation und bisherige Karriere Reinefarths nicht nur als lebensweltlich fundierter Erklärungsansatz naheliegend, sondern in einem spezifischeren Sinn auch deshalb, weil Asbachs Unterstützung über das rein Politische hinausging und sich auch in Form von privaten Gefälligkeiten äußerte: So unterstützte er etwa tatkräftig Reinefarths Bemühungen um Einklagung einer Pension nach Artikel 131 des Grundgesetzes für ehemalige NS-Beamte und scheute sich nicht, zu diesem Zweck direkt beim für beamtenrechtliche Fragen zuständigen Kabinettskollegen, Innenminister Helmut Lemke (CDU), zu intervenieren.[616]

Möglicherweise wurde der Gedanke der Verpflichtung bei Reinefarth zusätzlich verstärkt, weil er durch seine eigene Vergangenheit unfreiwillig zum Sturz seines Mentors mit beigetragen hatte: Zwar ist der genaue Hergang der Entlassung Asbachs als Sozialminister durch Kai-Uwe von Hassel und die diesbezügliche Rolle der GB/BHE-Fraktion nicht restlos geklärt. Gesichert ist jedoch, dass nicht nur Asbachs selbstherrliches Agieren diesen Vorgang herbeigewirkt hat[617], sondern mindestens ebenso sehr die systematisch betriebene Karriereförderung von ehemaligen NSDAP- und SS-Angehörigen. Die hemmungslos braune Personalpolitik dieses eigentlichen »Impresario der schleswig-holsteinischen Entnazifizierungsabwicklung«[618] hatte zur Folge, dass das gesamte Sozialministerium auf Jahre von Persönlichkeiten dominiert wurde, die dem Dritten Reich in verantwortlicher Position gedient hatten. Davon betroffen war auch die Sozialgerichtsbarkeit, die sich mit dem sensiblen Thema der Wiedergutmachung ehemaliger Verfolgter zu beschäftigen hatte.[619] Im Vergleich dazu war die Protegierung Reinefarths sicherlich weniger folgenschwer. Sie beschleunigte jedoch den Entfremdungsprozess der alten GB/BHE-Fraktion von ihrem Landesvorsitzenden Asbach, dem nun offen eine »Vorliebe für rechte Radikalitäten« vorgeworfen wurde. Die Person Reinefarths, der mittlerweile auch im GB/BHE-Landesvorstand Einsitz genommen hatte, wurde denn auch insbesondere genannt, als der Bruch unmittelbar vor Asbachs Demission im Rahmen einer spektakulären Fraktionssitzung definitiv vollzogen wurde.[620] Eine Rolle spielte dabei offenbar auch das Gerücht, wonach Asbach beabsichtige, Reinefarth einen hohen Posten in Lemkes Innenministerium zuzuschanzen.[621] Bereits 1955 hatte er versucht, seinen Mitstreiter hinter den Kulissen für die Stelle des Bürgermeisters von

Flensburg ins Gespräch zu bringen.[622] Die politische Förderung Reinefarths durch den Sozialminister war auch dadurch nicht zu verhindern gewesen, dass sich von Hassel in dieser Hinsicht informell offenbar wiederholt kritisch geäußert hatte.[623]

Weitaus unspektakulärer als die Begleiterscheinungen waren Inhalt und Öffentlichkeitswirksamkeit von Reinefarths eigentlicher parlamentarischer Tätigkeit. In seiner einzigen Legislatur kam er insgesamt auf lediglich ein gutes Dutzend Wortmeldungen, die sich zumeist um kommunalpolitische Fragen drehten.[624] Es sind deshalb weniger seine Voten im Kieler Landtag als vielmehr seine Wahlkampfauftritte, die tiefere Einblicke in sein politisches Selbstverständnis vermitteln. Hier bewies er, dass er – getreu seiner Forderung aus der Denkschrift von 1953 – das Programm seiner Partei trotz seines thematischen Fokus auf die Kommunalpolitik keineswegs vergessen hatte. Geändert hatte sich dagegen die öffentliche Selbstreflexion seiner Vergangenheit, die weit weniger trotzig daherkam als noch zu Beginn der 1950er-Jahre und nun dazu instrumentalisiert wurde, um den GB/BHE gleichsam als Gralshüter der Demokratie darzustellen. Den Aufhänger für diese Betrachtungen, die er bei einer Wahlkampfveranstaltung des GB/BHE darlegte, bildete das neue schleswig-holsteinische Kommunalwahlgesetz von 1959, das im Hinblick auf den bevorstehenden Wahlgang die Einführung einer Fünf-Prozent-Sperrklausel vorsah: Das Gesetz sei, so Reinefarth, offensichtlich allein deshalb eingeführt worden, »weil die Politik der Mächtigen dem Zweiparteiensystem zustrebt.«[625] Aufgrund der gegenwärtigen Schwäche der SPD drohe damit aber auf lange Sicht die Einparteienherrschaft der CDU. Die aber lehne er, Reinefarth, als »gebranntes Kind« mit aller Schärfe ab. Er sei sich gewiss, »sich in dieser Beziehung in gemeinsamer Front mit alle [sic] bekehrten Idealisten zu befinden, für die am 8. Mai 1945 eine Welt zusammenbrach.« Die kleinen Parteien stellten deshalb »ein Ventil [dar], das man sich nicht zerstören lassen wolle.«[626] Schließlich ging er auf das Erbe und die fortwährende Bedeutung seines GB/BHE ein: Dieser sei nie lediglich Flüchtlings- oder Interessenpartei gewesen, sondern vor allem die erste Partei, die »ohne Absicht oder Erlaubnis der Besatzungsmächte in den Dienst für Deutschland« getreten sei. Man dürfte sich nun aber nicht auf den Erfolgen des Wirtschaftswunders ausruhen, sondern müsse sich stets auf »Vaterland« und »Deutschtum« besinnen; Grundsätze, die jeden beträfen, »der deutsch denkt und fühlt«. Der GB/BHE sehe es deshalb als seine Pflicht an, »in diesem Sinne auch unter den Einheimischen zu wirken.« Ihr komme demzufolge die Rolle eines »Mahners« zu, der aber leider momentan »in Bonn nicht zur Gehör komme.«[627]

Mit dieser Grundsatzkritik lag Reinefarth offensichtlich ganz auf der politischen Linie des späten Asbach, der den Nichteinzug des GB/BHE bei den vorangehenden Bundestagswahlen bekanntlich als undemokratischen Vorgang wahrgenommen hatte. Im Gegensatz zum Choleriker Asbach drückte er sich freilich etwas vorsichtiger aus: Blindwütige Rundumschläge wollte er sich mit Rücksicht auf seine Parallelrolle als Bürgermeister nicht leisten, schon gar nicht, nachdem eine erste große Debatte über seine NS-Vergangenheit erst kürzlich abgeflaut war. Laute Töne hätten auch nicht unbedingt seinem Wesen entsprochen. Seine Argumentation weist ihn aber immer noch deutlich genug als Anhänger einer deutschnationalen Splitterpartei aus, die gerade dabei war, sich mit Kampfrhetorik gegen den vermeintlichen Einheitsbrei der etablierten Parteien mehr und mehr an den Rand des demokratischen Spektrums zu verschieben. Konsequenterweise blieb Reinefarth seiner Partei auch nach der 1961 vollzogenen Fusion mit der Deutschen Partei treu.[628]

Unter dem Strich fällt eine Würdigung seines politischen Wirkens daher zwiespältig aus: So unbestritten seine fachlichen Leistungen als Bürgermeister von Westerland auch sein mögen, wurden sie doch im Kontext einer als betont unpolitisch verstandenen Amtsführung vollbracht. Damit folgte er einerseits der verfassungsrechtlich vorgesehenen Konzeption des Bürgermeisteramts als beamteter Verwaltungsleiter, bediente durch ein demonstrativ überparteiliches Auftreten aber auch die explizite Erwartungshaltung eines Großteils der Westerländer Bevölkerung. Den Beweis, sich nebst der bloßen Aneignung eines demokratischen Habitus auch in einem ganzheitlichen Sinn glaubwürdig mit der neuen westdeutschen politischen Kultur identifiziert zu haben, ist Reinefarth dagegen schuldig geblieben.

3. »Der Fall des SS-Generals Reinefarth«

Geburtsstunde eines Skandals

Als die Stadtvertreter von Westerland Heinz Reinefarth im Sommer 1957 einstimmig in seinem Amt bestätigten, konnte sich wohl kaum jemand auf Sylt vorstellen, welches Politikum im wahrsten Sinn des Wortes die Person ihres Bürgermeisters in sehr naher Zukunft darstellen würde. Die Grundlage dafür war indes bereits gelegt: Im Frühjahr hatte Sylt Besuch erhalten von zwei Kameraleuten der Filmgesellschaft »Süddeutsche Kulturfilm München-Augsburg«. Die beiden jungen Männer gaben an, einen Dokumentarfilm über die Urlaubsinsel Sylt drehen zu wollen, und hielten sich zu diesem Zweck mehrere Tage auf der Insel auf. Am Ende ließen sie sich beim Westerländer Bürgermeister anmelden, dessen Auftritt den Film gleichsam abrunden sollte. In völliger Arglosigkeit ließ sich Reinefarth daraufhin in seinem Dienstzimmer und vor dem Rathaus ablichten und befolgte eifrig sämtliche Regieanweisungen der beiden Filmemacher.[629]

In Tat und Wahrheit handelte es sich bei den beiden angeblichen Kulturfilmern jedoch um Strohmänner des ostdeutschen Dokumentarfilmer-Ehepaars Thorndike, die sich im Sold der Deutschen Film AG (besser bekannt unter dem Kürzel »DEFA«) daranmachten, die NS-Vergangenheit von prominenten Exponenten der Bundesrepublik zu untersuchen. Mit der Methode der personalisierten Skandalisierung sollte letztendlich die Elitenkontinuität an den Pranger gestellt und mithin der angeblich unverändert faschistische Charakter der bundesrepublikanischen Gesellschaftsordnung herausgestrichen werden: »Wir wollen zeigen, was die Leute, die immer um Hitler herumstanden und niemals namentlich erwähnt wurden, heute tun«, so die Verlautbarung von Andrew Thorndike.[630] Das knapp 20-minütige Werk mit dem Titel »Urlaub auf Sylt« kontrastierte die aktuellen Aufnahmen des ahnungslosen Bürgermeisters Reinefarth mit Archivsequenzen des Warschauer Aufstandes sowie eingeblendeten Standbildern von Dokumenten, die die Verantwortlichkeit des SS-Gruppenführers für die Gräueltaten von Warschau belegen sollten. Die Grundaussage des Films wurde in einer der letzten Einstellungen eingefügt, als Reinefarth von der Treppe des Rathauses aus mit gravitätischer Armbewegung auf das Westerländer Stadtbild zeigte: Die Pose wurde aus dem Off zu einer Feldherrngeste umgedeutet und mit den Worten kommentiert: »Die alten Nazis sitzen wieder auf den Kommandostellen.«[631]

Koordiniert und unterstützt wurden die Arbeiten an dem Film vom Publizisten Karl Raddatz vom ostdeutschen »Ausschuss für Deutsche Einheit«.[632] Die Institution war 1954 auf Beschluss des DDR-Ministerrats gegründet worden und unterstützte die politisch-publizistische Deutschlandpolitik der SED.[633] Raddatz wirkte dort seit Beginn als Leiter der Abteilung Remilitarisierung/Refaschisierung. Ab 1953 hielt er sich wiederholt im Archiv der Polnischen Hauptkommission in Warschau auf, wo er auf das Material über Reinefarth gestoßen war.[634] Der Reinefarth-Film war somit Teil einer groß angelegten, staatlich aufgezogenen Propagandamaschinerie, die – vor allem als Antwort auf die Wiederbewaffnung der Bundesrepublik – seit Mitte der 1950er-Jahre sukzessive intensiviert worden war. Unter Federführung von Albert Norden, der neben dem Ausschuss für Deutsche Einheit auch der Agitationskommission des SED-Zentralkomitees vorsaß, arbeitete neben den hauptbeteiligten Institutionen eine Vielzahl von Persönlichkeiten aus Justiz, früheren Widerstandskreisen, Archivdienst und der Staatssicherheit arbeitsteilig an der sogenannten »Westagitation« mit.[635] Die gezielten Attacken gegen Persönlichkeiten und Institutionen Westdeutschlands waren in einem allgemeinen Sinn Ausdruck von Legitimationskämpfen im Zeichen des Kalten Krieges, stellten aber auch den konkreten Versuch der Ostberliner Staatsführung dar, die DDR in den Jahren vor dem Mauerbau innenpolitisch zu stabilisieren.[636]

Im Herbst 1957 wurde »Urlaub auf Sylt« in den DDR-Kinos gezeigt, die Anklage Reinefarths zudem durch entsprechende Presseartikel unterstrichen (»Mörder als Kurchef«).[637] Kurz vor Weihnachten erreichte der Fall Reinefarth schließlich erstmals eine überregionale westdeutsche Öffentlichkeit, als der »Spiegel« ausführlich über Entstehungsgeschichte und Inhalt des Films berichtete. Ohne übermäßige Sympathie für Reinefarth an den Tag zu legen, überwog insgesamt doch ein kritischer Unterton gegenüber dem Ehepaar Thorndike, das, so die aufmerksame Beobachtung des »Spiegel«, bereits früher derartige Filme »zusammengeklebt« hätte und dies auch in Zukunft beabsichtigte zu tun. Inhaltlich lag der Kommentar dagegen durchaus richtig, denn das Werk konnte tatsächlich »nur eine sehr pauschale Beziehung« zwischen den dokumentierten Morden und Reinefarth herstellen.[638] Der Vorwurf der bewussten Fälschung blieb jedoch aus, was in Bezug auf die Rezeption von Ost-Dokumentarfilmen zum Zweiten Weltkrieg, gerade wenn in diesen die Rolle der Partisanen positive Erwähnung fand, nicht der Regel entsprach.[639] Dennoch wurde die Affäre in der Bundesrepublik in der Summe zunächst eher als ein großes Missverständnis denn als echter vergangenheitspolitischer Skandal wahrgenommen.

Dies änderte sich jedoch wenige Wochen später, als die im Raum stehenden Vorwürfe durch einen Zeugen erhärtet wurden, dessen Glaubwürdigkeit und moralische Integrität im damaligen gesellschaftlichen Kontext außer Frage stand: Professor Hans Thieme war ein Freiburger Rechtshistoriker und Bruder des Historikers und NS-Oppositionellen Karl Thieme. Während des Warschauer Aufstandes war er Reinefarth persönlich begegnet.[640] Thieme schilderte nun diese Begegnung in einem Leserbrief an den »Spiegel«, wobei er im Wesentlichen auf Reinefarths zynische Äußerungen über das Problem der Munitionsknappheit verwies. Diese Darstellung war, einige Jahre bevor Thiemes Eindruck durch die wiedergefundenen Anlagebände des Kriegstagebuchs der 9. Armee bestätigt wurde, neu und schockierend. Sein Erzählstil zeugt einerseits von echter Empathie, widerspiegelt aber auch in typischer Weise die unterbewussten Exkulpationstendenzen eines ehemaligen Wehrmachtsoffiziers, der sich hier durch demonstrative Abgrenzung zur SS gewissermaßen zum Anwalt seiner ehemaligen Kameraden macht:

»Mit Empörung habe ich Ihrem Artikel ›Urlaub auf Sylt‹ entnommen, daß der ehemalige SS-Gruppenführer und derzeitige Bürgermeister Reinefarth die Schuld an jeglichem Verbrechen bei der Bekämpfung des Warschauer Aufstandes leugnet. Ich war Adjutant des Kommandeurs einer Artillerie-Abteilung (...), der sich damals bei Herrn Reinefarth zu melden hatte. Dieser stand auf der einen Seite einer breiten Warschauer Ausfallstraße, während auf der anderen Seite polnische Bevölkerung in einer endlosen Kolonne aus der Stadt getrieben wurde. Es war ein Bild des Jammers, bei dem uns die Tränen kamen. Herr Reinefarth aber äußerte zu meinem Kommandeur: ›Sehen Sie, das ist unser größtes Problem: So viel Munition haben wir gar nicht, um die alle umzulegen!‹ Man muß dazu wissen, daß in den ersten Tagen des Aufstandes auf Hitlers Befehl alles erschossen wurde, Männer, Frauen, Kinder. In Haufen haben wir sie liegen sehen, zum Beispiel solche, die sich in den Keller einer Kirche geflüchtet hatten und dann auf dem Friedhof zwischen den Grabdenkmälern ermordet wurden. Anderen hat man befohlen – unsere Leute beobachteten es – vor der Erschießung noch eine Holzlatte von einem Zaun zu reissen und in der Hand zu halten: Die Leichen sollten besser brennen (…).«[641]

Thiemes Beschuldigung wurde von Reinefarth mit einer Verleumdungsklage beantwortet, der sich der Westerländer Magistrat auf Anweisung der eilends einberufenen Stadtvertretung anschloss: Der gute Ruf des Bürgermeisters und damit des Bades

Hans Thieme, Rechtshistoriker, Professor und späterer Rektor der Albert-Ludwigs-Universität Freiburg, hier aufgenommen im Dezember 1959, machte Reinefarth im Gefolge der ostdeutschen Propagandaattacken durch einen anklagenden Leserbrief an den »Spiegel« zu einem landesweiten Medienthema. Die für Reinefarth typische Antwort des juristischen Kleinkrieges hatte zum Ziel, die Frage der Glaubhaftigkeit von Aussage und Gegenaussage öffentlich zuzuspitzen und im Sinne des Zurückschlagenden zu entscheiden.

Westerland stand auf dem Spiel, ein Schweigen hätte als stillschweigendes Schuldeingeständnis gewertet werden können.[642] Den gleichen Schritt hatte man bereits zwei Jahre vorher vollzogen und damit Erfolg gehabt: Eine Gewerkschaftszeitung hatte damals Reinefarth fälschlicherweise mit der Niederschlagung des Warschauer Ghettoaufstandes in Verbindung gebracht und zum Boykott der Insel Sylt aufgerufen, sich anschließend aber in aller Form entschuldigen müssen.[643]

Diesmal konnte das Thema jedoch nicht mehr unter dem Deckel gehalten werden, weshalb sich die öffentlichen Lager nun zu formieren begannen. Sukkurs bekam Reinefarth bei dieser Gelegenheit natürlich von ganz rechts, wobei sich der »Spiegel« nicht zu schade war, auch solchen Stimmen eine Plattform zu geben: So durfte sich etwa der rechtsextreme Publizist und ehemalige stellvertretende NSDAP-Pressechef Helmut Sündermann per Leserbrief zu Wort melden und behaupten, dass Reinefarth gar nicht schuldig sein könne, weil er in diesem Fall automatisch auf der Nürnberger Anklagebank oder vor einem polnischen Gericht geendet hätte.[644] Derartige Bekundungen konnten jedoch nicht verhindern, dass die Debatte im März 1958 im Schleswig-Holsteinischen Landtag Einzug hielt, wo der sozialdemokratische Oppositionsführer Wilhelm Käber die Landesregierung um Aufklärung darüber bat, was sie in dieser delikaten Angelegenheit zu unternehmen gedenke. Seine eigenen Vorstellungen äußerte er recht deutlich: »Ist es nicht geboten, den Bürgermeister einer schleswig-holsteinischen Stadt, dem grausamer Mord vorgeworfen wird, durch die Aufsichtsbehörde zu beurlauben?«[645] Der von Amts wegen betroffene Innenminister Lemke ließ dagegen verlauten, dass er vorläufig nichts unternehmen wolle und beabsichtige, erst den Ausgang der Beleidigungsklage abzuwarten.[646] Die Landesregierung sei an einer Klärung interessiert, aber solange kein neues Material vorliege, sei sie inhaltlich an den Ausgang des Spruchgerichtsverfahrens gebunden, wo »eingehende Untersuchungen« die Unschuld des Betroffenen ergeben hätten.[647] Seitens der schleswig-holsteinischen SPD war man jedoch nicht gewillt, sich mit solch vagen Erklärungen abspeisen zu lassen, und ging in der parteieigenen Wochenzeitung zum Frontalangriff auf Reinefarth über. Ein polemischer, in einem pseudolyrischen Stil verfasster Beitrag[648] karikierte seine Nachkriegskarriere und stellte einen Vorgeschmack dessen dar, was für den ehemaligen SS-General in den kommenden Monaten und Jahren zum schmerzlichen Alltag werden sollte: Die regionale und überregionale Presse war, anders als die Sylter Medien, offensichtlich nicht an Reinefarths Verdiensten als Bürgermeister interessiert, sondern primär an den plötzlich als drängend wahrgenommenen Fragen um dessen Vergangenheit.

Wenn sich manche deutsche Medien in den folgenden Jahren immer weniger scheuten, die Dinge beim Namen zu nennen, so galt dies für die ausländische Presse erst recht. Öffentliche Resonanz hatte der Fall Reinefarth vor allem in Polen und in der DDR, im Frühjahr 1958 aber auch in Großbritannien: Anfang Mai wurde bekannt, dass das Ehepaar Thorndike »Urlaub auf Sylt« britischen Pressevertretern vorgeführt hatte. Als Türöffner hatte sich der kommunistische britische Dokumentarfilmer Stanley Forman betätigt.[649] Geplant war, den Film in Kürze im unabhängigen TV-Sender »Independent Television« (ITV) auszustrahlen. Dabei sollte Reinefarth die Gelegenheit erhalten, in einem direkt im Anschluss gesendeten Interview zu den im Film erhobenen Vorwürfen Stellung zu beziehen. Der Betroffene war geneigt, die Gelegenheit wahrzunehmen und die Vorwürfe auf diese Weise ein für alle Mal aus dem Weg zu räumen. So reiste Reinefarth auf Kosten des ITV und in Begleitung seines dolmetschenden Kurdirektors Petersen nach London, wo er in einem zweitägigen Gesprächsmarathon seine Sicht der Dinge darstellte und dabei gebetsmühlenartig auf den vollständigen Freispruch des Bergedorfer Spruchgerichts verwies.[650]

Mittlerweile wurde das Geschehen auch vom Bonner Auswärtigen Amt mit Argusaugen beobachtet, wo nun Befürchtungen um einen außenpolitischen Skandal aufkamen. In dieser kritischen Situation wurde schnell und entschlossen gehandelt: In Absprache mit der deutschen Botschaft schaltete sich Sir Ivone Kirkpatrick ein, der frühere Hohe Kommissar in der britischen Besatzungszone, nunmehr tätig als Staatssekretär im Foreign Office. Der hohe Staatsdiener war mit der Person Reinefarths auch persönlich vertraut: 1952 hatten sich die beiden auf einer Party des britischen Kommandanten des NATO-Flugplatzes Sylt kennengelernt und in der Folge ein längeres Gespräch geführt. Dabei war Reinefarth zur Einschätzung gelangt, dass der Hohe Kommissar über seinen Lebenslauf »sehr genau unterrichtet« war, was angesichts der polnischen Auslieferungsanträge allerdings nicht weiter erstaunt.[651] Kirkpatrick erreichte, dass die bereits terminierte Ausstrahlung wegen »technischer Schwierigkeiten« ausgesetzt wurde. Bei der Londoner Filiale des Auswärtigen Amtes atmete man erleichtert auf, und Botschafter Herwarth von Bittenfeld leitete die gute Nachricht umgehend nach Bonn weiter.[652] Eine direkte Mitbeteiligung des britischen Außenministeriums bei der Absetzung der Sendung wurde im Übrigen sogar von der konservativen englischen Presse vermutet, von Außenminister Selwyn Lloyd jedoch abgestritten. Daran änderte auch eine entsprechende Anfrage des Labour-Abgeordneten Stephen Swingler im Unterhaus nichts. Swingler erhielt von Lloyd lediglich die wenig verbindliche Auskunft, man werde die nahezu einmütigen Pressebehauptungen zu diesem Thema der Form halber überprüfen.[653] Beim TV-Sender ITV bemühte man sich derweil zu erklären, dass die Absetzung des Films mitsamt des Reinefarth-Interviews nicht auf amtlichen Druck hin erfolgt sei. Man habe von einer Ausstrahlung abgesehen, weil die Dokumentation im Ausland gedreht worden sei und keine Möglichkeit bestehe, deren Wahrheitsgehalt zu überprüfen. Die deutsche Botschaft habe lediglich die Freisprüche Reinefarths bestätigt. Gleichzeitig wurde eine spätere Veröffentlichung des vorbereiteten Materials im Rahmen einer größeren Sendung unter der Überschrift »Was machen die Ex-Nazis jetzt?« in Aussicht gestellt.[654] Obwohl das Auswärtige Amt sogar bereit war, die Produzenten bei der Beschaffung von Unterlagen zu unterstützen, um so der ostdeutschen Agitation den Wind aus den Segeln zu nehmen und zu demonstrieren, »wie weitgehend die nationalsozialistische Weltanschauung aus dem Denken der deutschen Öffentlichkeit ausgemerzt ist«, kam das Vorhaben nie über die Planungsphase hinaus.[655] Ausführlichen Niederschlag fanden die umfangreichen Vorarbeiten zur Sendung daher lediglich in einem längeren Artikel in der britischen Wochenzeitung »Illustrated«. Unter dem vielsagenden Titel »The Mistery Mayor of Nudist Island« wurden Teile des zweitägigen Interviews mit dem Protagonisten sowie Einzelbildaufnahmen aus dem Thorndike'schen Film veröffentlicht.[656]

Offensichtlich bestrebt, das Eisen zu schmieden, solange es noch heiß war, erneuerte nun aber der Ausschuss für Deutsche Einheit unmittelbar nach der Absetzung des Films die Vorwürfe gegen Reinefarth. Zu diesem Zweck wurden Fotokopien vorgelegt, die unter anderem die Warschauer Unterstellung Dirlewangers unter Reinefarth nahelegten.[657] In den darauffolgenden Wochen war der Westerländer Bürgermeister wiederholt Gegenstand von scharfen Artikeln der DDR-Presse, in denen der Angegriffene stellvertretend für den gesamten »Bonner Staat« und dessen Vergangenheitspolitik ins Visier genommen wurde: »Reinefarth ist kein Einzelfall, sondern ein Symptom. Aber dieser Fall beweist eindringlicher als viele andere Fälle, wie weit die verhängnisvolle Entwicklung in der Bundesrepublik gediehen ist.«[658] Im Juli 1958 holte Andrew Thorndike schließlich zum entscheidenden Schlag aus: Das von Raddatz in Warschau gesammelte und vom Ausschuss für Deutsche Einheit kurz zuvor öffentlichkeitswirksam präsentierte Belastungsmaterial wurde in Form von Fotokopien an den schleswig-holsteinischen Innenminister Lemke, die Fraktionen des Kieler Landtags, mehrere bundesdeutsche Staatsanwaltschaften und an diverse Tageszeitungen verschickt. Basierend auf deutschen Originaldokumenten sowie auf den Warschauer Zeugenaussagen Bach-Zelewskis und Bekundungen von polnischen Zivilisten dokumentierten die Unterlagen neben den Unterstellungsverhältnissen auch die begangenen Grausamkeiten an sich, ferner deren ausdrückliche Billigung durch Reinefarths Unterschrift.[659] Nachdem das Innenministerium durch einen Sprecher ausrichten ließ, dass die Unterlagen bisher unbekannt gewesen seien, berichtete die regionale und überregionale Presse Ende Juli flächendeckend über die neue Wendung in dieser vergangenheitspolitischen Affäre: Der Fall Reinefarth war endgültig »im Rollen«.[660]

Justizielles Erwachen

Thorndikes Insistieren brachte das Fass zum Überlaufen und machte den Weg frei für juristische Ermittlungen gegen Reinefarth. Diese fielen in den Zuständigkeitsbereich der Staatsanwaltschaft Flensburg, wo man eine Ermittlungstätigkeit in den letzten Monaten zwar in Erwägung gezogen, jedoch bisher stets verworfen hatte. Mitte April hatte der dortige Leitende Oberstaatsanwalt Erich Biermann Justizminister Bernhard Leverenz (FDP) durch den Generalstaatsanwalt Voss wissen lassen, dass seiner Ansicht nach weder der »Spiegel«-Artikel noch die daraufhin erfolgte Leserzuschrift Thiemes Anlass zu aktiven Ermittlungen darstellten. Zwar könnten Strafverfolgungsbehörden durchaus auch durch seriöse Presseveröffentlichungen Kenntnis vom Verdacht einer strafbaren Handlung erlangen. Ein Eingreifen sei aber im vorliegenden Fall nicht opportun, da die vorliegenden Darstellungen nicht »mit bestimmten und nachprüfbaren Tatsachen« belegt seien, so die schwammige Auslegung Biermanns. Darauf aufbauend argumentierte er weiter:

> »Unter diesen Umständen mußte von einem Einschreiten gegen Dr. [sic!] Reinefarth umso eher Abstand genommen werden, als bekannt ist, daß die im Zusammenhang mit dem ›Warschauer Aufstand‹ gegen ihn erhobenen Vorwürfe bereits ohne Ergebnis in einem Spruchkammerverfahren geprüft worden sind, weiter das Innenministerium, dem nach einer Pressenotiz die Vorgänge bekannt sind, bisher bei mir eine Überprüfung nicht angeregt hat und schließlich Dr. Reinefarth gegen Prof. Thieme bei dem Oberstaatsanwalt in Freiburg i. Br. einen Strafantrag gestellt hat, wobei (...) davon ausgegangen werden muß, daß Dr. Thieme, um den Wahrheitsbeweis für angebliche Verfehlungen des Dr. Reinefarth zu führen, sicherlich gegen diesen eine Strafanzeige erstattet hätte, um eine Aussetzung (...) zu erreichen. Daraus daß Dr. Thieme diesen Schritt bisher nicht gegangen ist, muß der Schluß gezogen werden, daß er den ernsthaften Vorwurf einer strafbaren Handlung gegen R. nicht erheben kann.«[661]

Diese Überlegungen kommunizierte Biermann wenig später in einer Erklärung zuhanden der Presse, wo er schlussfolgerte: »Bei dieser Sachlage besteht kein Anlaß, gegen Bürgermeister Reinefarth lediglich auf Grund sowjetzonaler Propaganda und einer allgemein gehaltenen Äußerung, die der Beschuldigte angeblich vor 14 Jahren getan haben soll, von Amts wegen vorzugehen.«[662]

Biermann sollte die juristische Vergangenheitsbewältigung in den kommenden Jahren allerdings wesentlich mehr beschäftigen, als ihm lieb sein konnte. Biermann, NSDAP-Mitglied ab 1937, während des Krieges hochdekorierter Oberstleutnant der Reserve und ab 1943 dem Oberlandesgericht Kiel als Oberstaatsanwalt zugeordnet (wofür er sich bei NS-Justizminister Thierack persönlich bedankte), spielte Ende 1959 eine Schlüsselrolle bei der von zahlreichen Pannen geprägten Fahndung nach dem enttarnten ehemaligen Euthanasiearzt Werner Heyde alias Fritz Sawade. Obwohl Biermann nicht nachgewiesen werden konnte, dass er Heydes vorübergehende Flucht durch zögerliches Agieren bewusst ermöglicht hatte, erteilte ihm der erboste Leverenz für seine schlampige Arbeit einen Verweis. Der Betroffene beantragte daraufhin von sich aus ein Dienststrafverfahren, welches nach gut einem Jahr in einen Freispruch mündete.[663] Für den vorliegenden Fall sind diese Vorgänge deshalb von großer Bedeutung, weil sie zeitlich genau in die Zeit zwischen dem ersten Verfahren gegen Reinefarth und der Wiederaufnahme der juristischen Ermittlungen ab Herbst 1961 liegen: Der gewarnte Biermann stand ab 1961 unter bedeutend größerem Druck als noch 1958, wobei auch die Häufung der sich in der Zwischenzeit ereignenden vergangenheitspolitischen Skandale in Schleswig-Holstein eine gewichtige Rolle spielen sollte. Stand Biermanns Verstrickung in die Heyde-Sawade-Affäre also erst noch bevor, war sein Dienstvorgesetzter, Generalstaatsanwalt Adolf Voss, sogar einer der verantwortlichen Urheber des Skandals gewesen: Voss, wie Biermann NSDAP-Mitglied und während des Krieges Oberstaatsanwalt beim Oberlandesgericht Kiel, hatte sich vor 1945 den Ruf erworben, dem NS-Staat »vital, energisch, rücksichtslos durchgreifend« zu Diensten zu stehen. Dennoch fungierte er nur wenige Jahre nach Kriegsende bereits wieder als Leiter der Staatsanwaltschaft Flensburg, wo er 1952 einen untergebenen Mitarbeiter förmlich dazu drängte, den ihm persönlich bekannten Heyde/Sawade als medizinischen Gutachter beizuziehen. Als diese Fakten nach der Verhaftung Heydes ruchbar wurden, geriet Voss ins mediale Kreuzfeuer und wurde Ende 1960 auf eigenes Ersuchen eiligst in den vorzeitigen Ruhestand verabschiedet.[664] Es lässt sich deshalb nachvollziehen, dass von solchen Entscheidungsträgern zum damaligen Zeitpunkt kaum etwas anderes als ein äußerst zurückhaltendes juristisches Vorgehen gegen den angesehenen Bürgermeister Reinefarth erwartet werden konnte. Biermann und seine Mitarbeiter beschränkten sich in dieser Phase denn auch vorwiegend darauf, vereinzelt eintreffende Zuschriften mit weiterführenden Hinweisen zu sammeln und die Abklärungen der Freiburger Staatsanwaltschaft in Sachen Beleidigungsklage gegen Thieme zu beobachten.[665] Die Strategie des Abwartens wurde selbst dann beibehalten, als die Staatsanwaltschaft Freiburg Anfang Juni verlauten ließ, dass sie einer Strafverfolgung Thiemes von Amts wegen ablehnend gegenüberstehe. Es bestehe daran kein öffentliches Interesse, weshalb man Reinefarth lediglich auf die Möglichkeit einer Privatklage verweisen könne.[666] Der Angesprochene reichte gegen diesen Entscheid sofort Beschwerde ein, wobei er wiederum vom Magistrat der Stadt Westerland unterstützt wurde. Bedauern wurde auch seitens des Kieler Innenministeriums laut:

Ein dringendes öffentliches Interesse sei zu bejahen und man werde dies der Staatsanwaltschaft Freiburg auch mitteilen, ließ sich ein »maßgeblicher Vertreter« der Behörde in der Presse zitieren.[667]

In diese Stimmung der Ungewissheit platzte die Nachricht von Thorndikes neuerlichem Vorstoß. Die daraufhin losbrechende Presselawine ließ bei Reinefarth den Entschluss reifen, dass, wenn überhaupt, nur eine temporäre Suspendierung der Dienstgeschäfte eine restlose Aufklärung der Vorwürfe ermöglichen konnte. In einem Schreiben an Innenminister Lemke, das er auch der Presse zukommen ließ, bat er am 31. Juli 1958 aus »Verantwortung gegenüber (…) der Stadt und des Bades Westerland« um Beurlaubung von seinem Bürgermeisteramt.[668] Die Reaktionen waren geteilt: Der BHE sprach in einer von vielen Medien rezipierten Mitteilung reflexartig von einem »Kesseltreiben gegen Bürgermeister Reinefarth« und von einer »unaufhörliche[n] Beschmutzung deutscher Vergangenheit auf Grund von (…) anonymen Verdächtigungen« und bekräftigte: »Reinefarth soll wissen, dass wir hinter ihm stehen, auch wenn noch soviel ›Material‹ in sowjetzonalen, kommunistischen Zentralen fabriziert wird.«[669] Dagegen gab die SPD-nahe Volkszeitung die »Verwunderung« wieder, die in Kieler politischen Kreisen herrsche, nachdem die meisten Dokumente von Reinefarth spontan als Fälschungen bezeichnet worden waren: Im Landtag glaube man nämlich, »daß Reinefarth die Fotokopien noch überhaupt nicht gesehen hat.« Wiedergegeben wurde bei der Gelegenheit auch die Forderung eines nicht näher genannten Landespolitikers: »Jetzt wird es aber höchste Zeit, dass die Staatsanwaltschaft sich in Warschau um die Einsicht in die Originaldokumente bemüht.«[670]

Bis dahin war es freilich noch ein langer Weg. Fürs Erste stand Reinefarths Beurlaubung zur Debatte. Bereits hier ergaben sich Komplikationen, da Lemke aufgrund des Landesbeamtengesetzes gezwungen war, Reinefarths Gesuch an dessen Dienstherrn, die Westerländer Stadtverwaltung, weiterzuleiten. Gegen ein allzu einfaches Abwälzen des Problems meldete nun aber SPD-Fraktionsführer Käber ernsthafte Bedenken an: Damit überlasse man der Stadtverwaltung, »die ja zu (…) Reinefarth in einem gewissen Treuverhältnis stehe«, eine heikle Entscheidung, die besser »von höherer Stelle getroffen werden sollte.«[671] Käber erwähnte auch den zur gleichen Zeit heftig diskutierten Skandal um die ehemalige KZ-Ärztin Herta Oberheuser, der die schleswig-holsteinischen Behörden im Gefolge langjähriger Proteste kurz darauf die Approbation entziehen sollten: Die beiden Affären, so Käber, würden »zumindest im Ausland gegen Deutschland ausgeschlachtet (…)«. Nach alldem empfahl er dem Innenminister, dieser möge den Westerländern – wenn ihm denn durch die geltenden Richtlinien die Hände gebunden seien – wenigstens die Beurlaubung Reinefarths dringend nahelegen.[672] Lemke setzte diesen Ratschlag in die Tat um und erinnerte die Stadtverwaltung insbesondere daran, dass auch übergeordnete politische Erwägungen eine Beurlaubung durchaus rechtfertigten. Auf der lokalen Ebene gab es nämlich massive Vorbehalte gegen ein solches Vorgehen, die vor allem auf der Annahme gründeten, dass eine Suspendierung des eigenen Bürgermeisters nur im Fall von dienststrafrechtlichen Vergehen zulässig sei. In diese Nähe wollte man den verdienten Bürgermeister nicht rücken. Demgegenüber erfolgte aus Kiel nun aber die deutliche Mahnung, »sehr sorgfältig und unter Abwägung auch der politischen Auswirkungen zu prüfen (...), ob nicht die von dem Herrn Bürgermeister Reinefarth eingegebenen Gründe eine Beurlaubung nahelegen« würden.[673] Von dem Geist der Obstruktion, auf welchen sich das Schreiben bezog, waren zunächst sogar Käbers Westerländer Parteikameraden beseelt gewesen. Die Genossen begannen jetzt aber einzuschwenken, da Käber offensichtlich auch deren Führungsfigur Richard Tamblé intensiv bearbeitete. Dennoch musste ihm Letzterer mitteilen, dass eine Fügung weiterhin nicht abzusehen sei, denn es ergebe sich in der Stadtvertretung infolge des anhaltenden Widerstandes seitens der CDU-Abgeordneten nach wie vor keine Mehrheit für eine Beurlaubung.[674] Nach Ansicht der christdemokratischen Fraktion im Stadtparlament war es unerheblich, dass die Beurlaubung von Reinefarth selber gewünscht worden war und der Landesgeschäftsführer Pusch sie ferner an der Haltung des Landesparteivorsitzenden, Ministerpräsident von Hassel, hatte teilhaben lassen, der es ebenfalls für sinnvoll hielt, einem etwaigen Antrag des Bürgermeisters zu entsprechen.[675] Der entscheidende Wink kam schließlich aus einer anderen Ecke: Aus dem Justizministerium war am 4. August zu vernehmen, die Einleitung des Ermittlungsverfahrens sei nunmehr beschlossene Sache, die Öffentlichkeit werde bereits in zwei Tagen darüber informiert. Wollte man den Eindruck verhindern, das Stadtoberhaupt verzichte rein zwangsweise auf die Amtsausübung und nicht unter einem zumindest formellen Anschein der Freiwilligkeit aus politischer Verantwortung heraus, war jetzt Eile geboten. Unter Federführung Puschs und des Landtagsabgeordneten Claussen, Inhaber des Direktmandates im betroffenen Wahlkreis Südtondern, kam die CDU zur Räson. Nach knapp einwöchiger Hängepartie rang sich die Stadtvertretung Westerland noch am gleichen Tag dazu durch, den Magistrat offiziell zur Annahme des Urlaubsgesuches anzuweisen.[676]

Inzwischen war Biermann also zur Erkenntnis gelangt, dass die Aufnahme eines ordentlichen Ermittlungsverfahrens nicht mehr zu umgehen war. Am 2. August setzte er Leverenz davon in Kenntnis, dass er die entsprechenden Schritte veranlassen werde, sollte er keine anderslautenden Anweisungen erhalten. Unter Bezugnahme auf die dafür ausschlaggebenden Dokumente von Thorndike fügte er hinzu:

»Ich meine, nicht besonders darauf hinweisen zu müssen, daß ich die Echtheit der Dokumente zur Zeit nicht prüfen kann. Ich habe erfahren, daß Reinefarth bereits eine Reihe von Dokumenten als gefälscht bezeichnet hat. Dieser Einwand wird im Hinblick auf die Quelle der Unterlagen und bei Berücksichtigung der offenbaren Tatsache, daß von interessierter Seite in Polen und in der SBZ dieser Angelegenheit ein erheblicher propagandistischer Wert beigemessen wird, nicht ohne weiteres beiseite geschoben werden können.«[677]

Zu diesen forensischen Bedenken gesellten sich Probleme praktischer Art: So bereitete Generalstaatsanwalt Voss die theoretische Möglichkeit, einen amtierenden Bürgermeister und designierten Landtagskandidaten in Untersuchungshaft nehmen zu müssen, offensichtlich Kopfzerbrechen. Hintergrund dieser Überlegungen dürfte die spektakuläre Fluchtaktion des ehemaligen KZ-Arztes Hans Eisele gewesen sein, die die westdeutschen Justizbehörden wenige Wochen zuvor gegenüber dem Ausland bis auf die Knochen blamiert hatte.[678] Unmittelbar vor Aufnahme der Ermittlungen bat Voss deshalb Biermann zu prüfen, ob eine mögliche Fluchtgefahr durch freiwillige Abgabe des Reisepasses ausgeräumt werden könne[679]; eine Bitte, der Reinefarth später bereitwillig und medienwirksam nachkam.[680]

Spätestens seit der Übersendung der Dokumente Thorndikes war der Fall Reinefarth zu einem medialen Selbstläufer geworden. Dabei war die »Sylter Rundschau« das einzige unabhängige Medium, welches offen apologetisch berichtete und sich zudem auf Einlassungen und Vermutungen von Reinefarth selber abstützte, was dann wie folgt lauten konnte: »Neue Verleumdungen gegen Bürgermeister Reinefarth – Vermutlich ein Verbindungsmann der polnischen Militärmission in Potsdam übersandte bereits als Fälschung erkannte Dokumente«.[681] In der Summe überwogen jedoch Formulierungen, die in kritisch-neugierigem (»Skandal um Westerlands Bürgermeister?«)[682] oder anklagendem Ton gehalten waren (»Sie haben sich den Weg zwischen Toten gebahnt«)[683], die frühere Funktion des Beschuldigten für sich sprechen ließen (»Der Fall des SS-Generals Reinefarth«)[684] oder dessen Verbindung zu Persönlichkeiten skandalisierten, deren Namen dämonisch-morbide Assoziationen weckten (»Westerlands Bürgermeister sandte Himmler Beute-Tee«[685] – »Mord-Ritterkreuz [für Dirlewanger] von Reinefarth genehmigt«[686]). Die Art und Weise, mit der der Fall Reinefarth (außerhalb Sylts) medial bewirtschaftet wurde, kam indes nicht überall gut an. Differenziert denkende Akteure wie Hans Thieme erkannten, dass die Effekthascherei letztlich von der wahren Problematik ablenkte: Gesellschaftliche Verdrängungsmechanismen hatten Reinefarth die problemlose Reintegration und einen raschen Wiederaufstieg ermöglicht. Dieselbe Gesellschaft war nun aber mehrheitlich nur zu gerne bereit, den gleichen Mann auf dem Altar der kollektiven Selbstreinigung zu opfern – und dies auf der Basis von Fakten, die längst bekannt waren, wenn man sie denn wissen wollte. In einem Brief an Innenminister Helmut Lemke schrieb Thieme:

»Es macht mir Sorge, dass die Sache Reinefarth auf ein falsches Gleis geschoben wird. Wenn immerfort durch halb oder gar nicht unterrichtete Presseleute, denen in erster Linie an Sensationen gelegen ist, Fehler verbreitet werden, die zu widerlegen der Gegenseite leicht fallen wird und billige Erfolge einträgt, kann leicht der Zweck des Ganzen verfehlt werden. Die schlagartige Wirkung der Fotokopien muss denjenigen verwundern, der alle diese Dinge und noch schlimmere längst aus dem einschlägigen, zum Teil in hoher Auflage in der ganzen Bundesrepublik verbreiteten Schrifttum kennt. Es liegt ähnlich, wie im Fall Eisele, wo doch wahrhaftig in Kogons SS-Staat schon übergenug zu lesen stand. Dass nun Herr Reinefarth noch die Echtheit der Fotokopien bestreitet, nimmt mich am meisten wunder (...).«[687]

Thieme war klar, dass der Fall Reinefarth ohne den Thorndike-Film gar nie einer geworden wäre, wie er in einem Schreiben an den Kieler Sozialdemokraten und ehemaligen Sopade-Grenzsekretär Richard Hansen bekannte. In Bezug auf das weitere juristische Vorgehen wünschte er sich jedoch ein eigenverantwortliches Handeln der zuständigen Behörden:

»Man wird ehrlich einräumen müssen, dass dieser Film den Anstoss zur Bereinigung des Falles Reinefarth gegeben hat, aber zugleich betonen dürfen, dass alles weitere von uns aus eigenen Mitteln, Motiven und Zielsetzungen erfolgte. Nicht Pankow oder Warschau zuliebe gehört der Fall Reinefarth bereinigt, sondern um der Glaubwürdigkeit unserer eigenen Demokratie willen. Wir brauchen uns deshalb auch nicht vorwerfen zu lassen, es würde einem Deutschen mit kommunistischer oder ausländischer Unterstützung der Prozess gemacht. So wertvoll die Ihnen und mir zugegangenen Fotokopien sind – es lässt sich alles Wesentliche auch schon mit Hilfe deutscher Zeugen und Unterlagen beweisen, z.B. aus dem grossen Werk über den Nürnberger Prozeß. Ich hatte deshalb meinerseits auch bewusst darauf verzichtet, von der mir angebotenen Hilfe polnischer Kollegen Gebrauch zu machen, so sehr ich gerade Polen gegenüber als dringlich empfinde, dass wir ehrlich und vollständig von den Schandtaten der nationalsozialistischen Zeit abrücken.«[688]

Was die Beurteilung des Aufstandes als militärisches Ereignis betraf, war jedoch auch ein bürgerlicher Intellektueller wie Thieme in den damaligen Deutungsmustern verhaftet: Nicht die bloße Beteiligung Reinefarths an der Niederschlagung und auch nicht die Kampfführung generell sei zu verurteilen, denn:

»In der damaligen Situation – tausende braver deutscher Soldaten waren in dem Hexenkessel der aufständischen Stadt eingeschlossen und wurden z.T. grausam niedergemacht – konnte gar nicht anders gehandelt werden, wenn man überhaupt den Krieg fortsetzen wollte. Der Einzelne hatte hierbei, ob hoch oder niedrig gestellt, keine Wahl. Auch haben die Polen eingestandenermassen den Kampf, zumal am Anfang, so geführt, dass Zivilisten und Kombattanten nicht zu unterscheiden waren. Man wird dies alles, worauf sich Herr Reinefarth bestimmt berufen wird, also von vornherein in Rechnung stellen müssen, damit man nicht nachher gezwungen ist, eine eigene Verkennung der Situation einzuräumen. Vielmehr wird man, wie ich dies von Anfang an zu tun bemüht war, nur die offenkundigen Ausschreitungen gegen Wehrlose und Unbeteiligte beanstanden dürfen (…). Es dünkt mich ja etwas merkwürdig, dass ich mit dieser und anderen Auffassungen, mit denen ich die Staatsanwaltschaft oder dem Gericht gerne von Anfang an ihre Aufgabe erleichtert hätte, noch immer nicht gehört worden bin (…).«[689]

Der Hochschullehrer brauchte sich jedoch nicht mehr lange zu gedulden, bis seine Aussage tatsächlich benötigt wurde. Wenige Tage nachdem er die skeptischen Zeilen verfasst hatte, gab ein Sprecher des Kieler Justizministeriums bekannt, dass nach der mittlerweile erfolgten Beurlaubung Reinefarths einem Ermittlungsverfahren nichts mehr im Wege stehe. Auf Wunsch des Westerländer Magistrats werde das Verfahren »ganz beschleunigt« durchgeführt, da der Bürgermeister für längstens drei Monate von seinem Amt beurlaubt worden sei.[690] Den Ausgang des Verfahrens implizit vorwegnehmend, schrieb Biermann seinem Chef am 15. August 1958, dass seiner Meinung nach keine Veranlassung bestehe, Reinefarths Bewegungsfreiheit einzuschränken: Für ihn sei »nicht einmal der Verdacht einer bestimmten strafbaren Handlung, geschweige denn ein hinreichender [unterstrichen] oder sogar ein dringender [unterstrichen] Verdacht« gegeben.[691]

Ein beschleunigtes Ermittlungsverfahren gegen einen Landtagskandidaten
Die eigentliche Ermittlungsarbeit wurde nicht von Erich Biermann selber geleitet, sondern in leitender Funktion vom knapp 60-jährigen Ersten Staatsanwalt Walter Al., assistiert vom jungen, aufstrebenden Staatsanwalt Gerhard Te.[692] Die bei-

den nahmen zunächst eine genaue Untersuchung des von Thorndike eingesandten Beweismaterials vor. Geleitet von dem damals üblichen Fälschungsverdacht gegenüber Dokumenten aus dem Osten stießen sie dabei auf zahlreiche Hinweise, die diese These zu bestätigen schienen.[693] In Bezug auf die zentrale Frage des Eintreffens von Reinefarth in Warschau wurde der sich aus einer AOK-Orientierung ergebende 4. August 1944 dem Inhalt der Spruchgerichtsakten gegenübergestellt, wo Reinefarth den 7. August angegeben hatte. Allerdings hatte der Beschuldigte in seinem nun ebenfalls als Kopie vorliegenden Bericht aus dem »Ostdeutschen Beobachter« vom Oktober 1944 selber bekundet, dass die Kampfgruppe bereits ab dem 3. August gebildet worden sei, weshalb die Ermittler zu diesem Aspekt vorläufig festhielten: »Es wird daher einer genauen Erörterung des Zeitpunktes bedürfen.«[694]

Bei seiner ausführlichen Vernehmung durch Al. und Te. musste Reinefarth in der Tat einräumen, dass sich die bei dem Spruchgerichtsverfahren gemachte Angabe nicht mehr halten ließ: »In der Zwischenzeit habe ich mich davon überzeugen müssen, dass diese Angaben, die ich damals nur aus dem Gedächtnis ohne irgendwelche Unterlagen gemacht hatte, wahrscheinlich nicht richtig sind.«[695] Dagegen wiederholte er mehrmals »mit aller Entschiedenheit«, dass ihm die Brigade Dirlewanger niemals unterstellt gewesen sei.[696] Inhaltlich deckten sich seine Ausführungen ansonsten weitgehend mit dem, was er bereits zwölf Jahre zuvor in Nürnberg zu Protokoll gegeben hatte. Von Himmlers Vernichtungsbefehl war jedoch diesmal überhaupt nicht die Rede, wohl aber von Hitlers Direktive, »Warschau dem Erdboden gleichzumachen«. Diese Anweisung sei von Bach-Zelewski und ihm aus militärischen Gründen nicht befolgt worden: »Sinnlose Grausamkeiten hätten den Widerstandswillen des Gegners nur verstärkt und dem von uns angestrebten Ziele einer schnellen Beendigung der Kämpfe direkt entgegengestanden«, zumal ihm eine Kampfführung außerhalb des Kriegsrechts nach seiner »gesamten Herkunft und Erziehung völlig zuwider gewesen wäre.«[697] Die begangenen Grausamkeiten wurden nicht gänzlich negiert, erschienen jedoch als bloße Begleiterscheinung der Kampfweise von Dirlewanger und Kaminski und keineswegs als integraler Bestandteil der deutschen Kriegsführung. Aus diesem Grund schien es ihm argumentativ ausreichend, sich bei seinen Ausführungen vehement von diesen beiden Einheiten zu distanzieren. Im Ergebnis machte er deshalb geltend:

»Ich habe die Kämpfe in Warschau, die für mich eine ausschliesslich militärische Aktion darstellten, nach besten Kräften nach den Regeln des überkommenen Kriegsrechtes geführt. Meine Offiziere u[nd] die mir unterstellten Einheiten habe ich wiederholt angewiesen, diese Regeln zu beachten und unter keinen Umständen Vergeltung für etwa vom Gegner begangene Greueltaten zu üben. Ich bin der

Meinung – und war es auch bisher –, dass diese meine Haltung mir durchaus die Anerkennung meiner polnischen Gegner, insbesondere auch des Generals Graf Bor-Komorowski, eingetragen hat. Ich bin mir keiner Schuld bewusst.«[698]

Dieser Sichtweise schloss sich auch der als Kronzeuge vernommene Erich von dem Bach-Zelewski an, der bei dieser Gelegenheit seine früheren unter Eid gemachten Anschuldigungen abermals ausdrücklich und selbst auf Vorhalt widerrief: Er halte es für »völlig ausgeschlossen«, Reinefarth vor dem polnischen Staatsanwalt in der überlieferten Art und Weise belastet zu haben.[699] Damit nicht genug, verlegte er den Ort der von ihm zugegebenermaßen beobachteten Gräueltaten bewusst und wahrheitswidrig auf den Stadtteil Ochota. Dieser aber habe sich zweifelsfrei nicht im Einsatzgebiet der Kampfgruppe Reinefarth befunden.[700] Auch alle anderen vernommenen Einheitsführer, insgesamt fünf Personen, wollten mit Ausnahme von Übergriffen der Kaminski-Brigade keine völkerrechtswidrigen Praktiken festgestellt haben. Weitere deutsche Zeugen mit militärischem oder polizeilichem Hintergrund kamen mit Ausnahme Thiemes sowie eines bei der Brigade Dirlewanger eingesetzten Kriegsberichterstatters nicht zu Wort. Die beiden Letztgenannten waren zugleich die einzigen Mitglieder dieser Zeugengruppe, die mündlich vernommen wurden, ohne in Warschau eine kommandierende Funktion innegehabt zu haben.[701]

Wesentlich ergiebiger verlief dagegen die Vernehmung von Hans Thieme. Detailliert schilderte dieser die entsetzlichen Zustände in Warschau, wobei er sich auf seine im März 1946 aus dem Gedächtnis verfassten Tagebuchnotizen stützte. Den Vorwurf gegen Reinefarth hielt er explizit aufrecht, denn die logische Verknüpfung der Worte »Munition« und »umlegen« schließe einen Hörfehler aus. Der Jurist lehnte auch die von den beiden Staatsanwälten vorgeschlagene Möglichkeit ab, wonach sich der Beschuldigte mit dieser Äußerung gegenüber einem ihm damals völlig unbekannten Offizier präventiv habe rechtfertigen wollen dafür, dass der Vernichtungsbefehl nicht mehr ausgeführt wurde.[702] Thiemes Verhalten schien den Ermittlern aber so außergewöhnlich, dass sie die Umstände der Vernehmung in einem aufschlussreichen Vermerk festhielten, einem eigentlichen Schlüsseldokument über die unterschiedliche Erwartungshaltung, mit der an die Ermittlungen herangegangen wurde: Demnach sei der wohlvorbereitete Zeuge zusammen mit einem Assistenten, einem jungen Assessor, zu der Vernehmung erschienen, zwei Aktentaschen mit dem bisher eigenhändig gesammelten Material zum Fall Reinefarth mit sich führend. Thieme sei sodann darüber belehrt worden, dass die Anwesenheit eines juristischen Assistenten während der Vernehmung unmöglich sei und der Wunsch, das Protokoll selber zu diktieren, zumindest problematisch. Anschließend habe sich der Begleiter verabschiedet. Die daraufhin beginnende Vernehmung habe sich jedoch schwierig gestaltet, »da der Zeuge sich offenbar weniger in der Rolle eines Zeugen als eines Mannes fühlte, der sein vorangegangenes Tun rechtfertigen müsse.«[703] Thieme habe deshalb zunächst ausführlich die Beweggründe geschildert, die ihn dazu gebracht hätten, den Leserbrief an den »Spiegel« zu verfassen. Die Ausführungen des Zeugen hätten eindeutig aufgezeigt, dass er keinen Zweifel an der Verantwortlichkeit des Beschuldigten hegte. Im Verlaufe der Vernehmung sei dem Aussagenden dann bedeutet worden, dass er eigentlich keinen Grund habe, aus seinen Beobachtungen einen Schluss auf die Schuld Reinefarths zu ziehen.»Diese Vorhalte schienen zunächst wenig Erfolg zu haben, da der Zeuge für einen ordentlichen Professor der Rechtswissenschaften jedenfalls in diesem Falle einen erstaunlichen Mangel an Objektivität zeigte. Schließlich kam er doch zur Einsicht, räumte ein, daß seine Schlussfolgerungen möglicherweise einer kritischen Nachprüfung nicht standhalten könnten und bemerkte, daß es für ihn erstaunlich sei, mit welcher Objektivität die vernehmenden Beamten die Untersuchung führten.« Er, Thieme, sei ja durch den Strafantrag [Reinefarths] selber Beschuldigter und könne nur hoffen, dass man ihm gegenüber mit der gleichen Objektivität verfahren würde.[704] Beim Diktat der Vernehmungsniederschrift habe er sich trotz dieser Bedenken jedoch wenig nachsichtig gezeigt: »Schon bei den einleitenden Sätzen zeigte es sich, daß man mit dem Zeugen um die Formulierung jeden Satzes werde kämpfen müssen. Seinem nochmals geäußerten Verlangen, das Vernehmungsprotokoll selber zu diktieren, wurde daher entsprochen.« Sie, Al. und Te., hätten aber nun ihrerseits immer wieder eingreifen müssen mit dem Hinweis, dass man diese oder jene Formulierung unmöglich so wählen könne.[705] Ferner sei versucht worden, Thieme zu überzeugen, dass er mit seinem Leserbrief »zumindest sehr leichtfertig« verfahren sei. Es sei ihm auch mitgeteilt worden, dass entgegen seiner Ansicht seitens der Staatsanwaltschaft gewisse Bedenken bestünden bezüglich der Echtheit der Thorndike'schen Dokumente. Am Schluss der Vernehmung habe der Zeuge dann sinngemäß geäußert, »er sei von den Eröffnungen der vernehmenden Beamten doch sehr beeindruckt, müsse nunmehr ernsthaft prüfen, ob er dem Beschuldigten nicht doch Unrecht getan habe und werde erwägen, ob er sich nicht in gleicher Form, in der er den Beschuldigten angegriffen, bei diesem zu entschuldigen habe.« Er lege deshalb »größten Wert« auf eine nochmalige Rücksprache mit den Beamten der Staatsanwaltschaft.[706]

Es ist offenkundig, dass der einzige Belastungszeuge von Rang und Namen während der Vernehmung unter größtem inneren und äußeren Druck stand und darob zu wanken begann. Nichtsdestotrotz versuchte er auch danach, Einfluss auf den Fortlauf der Ermittlungen zu nehmen. Wenige Tage nach der Vernehmung wandte er sich brieflich an die Ermittler und wies darauf hin, dass Professor Sawicki, der Mann also, der Erich von dem Bach-Zelewski 1946 vernommen hatte, in nächster

Zeit auf Einladung der juristischen Fakultät der Universität Saarbrücken in Deutschland weilen werde. Thieme schlug vor, den ausgewiesenen Spezialisten Sawicki bei dieser Gelegenheit zum Warschauer Komplex zu befragen. Mit Blick darauf, dass es »vorliegendenfalls so sehr auf das Persönlichkeitsbild [des Beschuldigten] ankommt«, benannte er zudem den amtierenden Bezirksbürgermeister von Berlin-Charlottenburg als Zeugen. Der SPD-Mann Kurt Wegner, bis 1933 Chefredakteur der »Märkischen Volksstimme«, Cottbuser Stadtrat und zeitweise Reichstagsabgeordneter, sollte gegenüber der Staatsanwaltschaft Reinefarths vorteilhaftes Auftreten und Erscheinungsbild relativieren.[707] Das Ergebnis musste den initiativen Zeugen allerdings enttäuschen: Wegner wurde zwar die Gelegenheit gegeben, sich brieflich zu äußern[708], aber zu einer Befragung Sawickis kam es nie. Dem Rechtshistoriker gegenüber kommunizierte man seitens der Staatsanwaltschaft lediglich, dass zunächst geprüft werden müsse, »ob es der Vernehmung des Prof. Sawicky [sic] bedarf und ob eine solche Vernehmung angesichts der noch völlig ungeklärten Verhältnisse zwischen der Bundesrepublik Deutschland und Polen überhaupt möglich ist.«[709] Im gleichen Zug wurde Thieme, der sich in der Zwischenzeit in der »Frankfurter Allgemeinen Zeitung« (FAZ) mit einem neuerlichen Leserbrief zum Fall Reinefarth zu Wort gemeldet hatte[710], dringend nahegelegt, von derartigen Aktionen künftig abzusehen, wolle er das Gewicht seiner Aussage nicht durch den Verdacht der Parteilichkeit mindern.[711]

Überaus bedeutsam für die weitere juristische Aufarbeitung des Warschauer Aufstandes sollte jedoch ein anderer Hinweis werden, den der Freiburger Professor bereits anlässlich seiner Vernehmung gemacht hatte. Anfang September wandte sich Te. an den renommierten Ostforscher Hanns von Krannhals von der Ostdeutschen Akademie Lüneburg. Neben Thieme war er auch von Reinefarth selber auf Krannhals' Pionieraufsatz zum Warschauer Aufstand[712] aufmerksam gemacht worden.[713] In dem Aufsatz, längst nicht so faktengesättigt und bahnbrechend wie die einige Jahre später erscheinende Monografie desselben Autors[714], fand Te. zwar »nichts, was unmittelbar für die Beurteilung des Verhaltens des Herrn Reinefarth erheblich sein könnte.« Dennoch bat er Krannhals um Rückmeldung, sollte dieser bei seinen Recherchen auf Unterlagen gestoßen sein, die einen anderen Schluss zuließen.[715] Krannhals, dessen Aufsatz hauptsächlich auf einem ihm temporär vorliegenden Teil des Kriegstagebuchs der 9. Armee beruhte, sah sich jedoch außerstande, entsprechende Indizien zu liefern: Da Reinefarth in der besagten Quelle nur spärlich erwähnt werde und sich auch die genauen Unterstellungsverhältnisse der Einheiten Dirlewanger und Kaminski daraus nicht ergäben, komme er zum Ergebnis, »keinerlei Beweismaterial für ein völkerrechtswidriges Verhalten oder einen entsprechenden Befehl des Bürgermeisters Reinefarth in der Hand« zu halten.[716] Diese Aussage hielt er auch bei seiner Vernehmung aufrecht, obwohl er mit den von ihm ausgewerteten Passagen aus dem Kriegstagebuch nachweisen konnte, dass Reinefarth am 4. August 1944 in Warschau eingetroffen war und die Gesamtführung der deutschen Kräfte übernommen hatte. Eine zweifelsfreie Zusammenfassung aller eingesetzten Truppen unter einen einzigen Oberbefehl habe sich aber erst ab dem darauffolgenden Tag mit dem Eintreffen von dem Bach-Zelewskis ergeben.[717] Krannhals nahm auch Stellung zu der in der polnischen Literatur vertretenen Auffassung von der Dimension des Massakers von Wola:

»Die Behauptung von polnischer Seite, am 5. 8. 1944 seien allein im Stadtteil Wola 38 000 Polen niedergemacht worden, halte ich für sinnlos. Ich bezweifle, ob die Polen überhaupt in der Lage gewesen sind, zutreffende Angaben über die Verluste in Warschau zu machen. Soweit mir bekannt ist, beruhen die meisten derartigen Angaben auf Schätzungen, die sich aus einem Vergleich mit der Bevölkerungszahl bei Beginn des Aufstandes und der an seinem Ende ergeben. (…) Im übrigen weise ich darauf hin, daß es mir unter den gegebenen Umständen schon technisch unmöglich erscheint, an einem einzigen Tage 38 000 Personen niederzumachen. Außerdem hätte dieses Geschehen unmöglich anderen Dienststellen verborgen bleiben können und hätte irgendeinen Niederschlag in den von mir ausgewerteten Quellen finden müssen. Schließlich scheint es mir nach meiner Kenntnis der Warschauer Verhältnisse sehr zweifelhaft, ob im Stadtteil Wola überhaupt 38 000 Menschen zu diesem Zeitpunkt gewohnt haben.«[718]

Die ihm vorgehaltenen Einzelbildaufnahmen aus »Urlaub auf Sylt« identifizierte er als Fälschungen: Es handle sich dabei um Aufnahmen aus dem Warschauer Ghetto-Aufstand von 1943, »denn die darauf abgebildeten Personen sind unverkennbar Juden.« Krannhals, der vor dem Krieg in Danzig gelebt hatte, begründete diese Behauptung mit den praktischen Erfahrungen, die er bis 1939 Gelegenheit hatte zu machen: So habe er »sowohl in Warschau als auch in Kowno die jüdische Bevölkerung sehr genau kennengelernt« und sei daher in der Lage, »einen Juden nicht nur an seinen Gesichtszügen, sondern auch aus seiner gesamten Haltung, Bekleidung und sonstigen Umständen zu erkennen.«[719]

Auf Krannhals' widersprüchliche Biografie und seine Bedeutung für die deutsche wissenschaftliche Perspektive auf den Warschauer Aufstand wird noch zurückzukommen sein.[720] Die antisemitisch gefärbten Aussagen von einem der damals führenden deutschen Experten für die neueste polnische Geschichte ließen jedoch nicht erahnen, dass sich derselbe Mann nur wenige Jahre später auf wohlfundierter Basis gleichsam zum wissenschaftlichen Großinquisitor Reinefarths aufschwingen sollte. Ebenso wenig wie bei Krannhals legten die Aussagen des anderen beigezogenen Sachverständigen eine direkte strafrechtliche Schuld Reinefarths nahe. Hans Roos von der Universität Tübingen, zusammen mit Martin Broszat einer der Gründerväter der westdeutschen Forschung über die nationalsozialistische Besatzungspolitik in Polen, betonte, dass sich auch in der einschlägigen polnischen Fachliteratur der Vorwurf der Massentötung in erster Linie gegen einige der Reinefarth unterstellten Verbände, namentlich die Brigade Dirlewanger, richte, nur selten aber gegen deren Befehlshaber selber. Für den Historiker bleibe deshalb »das Problem der Verantwortung Reinefarths eine Frage des subjektiven Ermessens.«[721] Bezug nehmend auf die Befehlserteilung vertrat er die These (im Original von den Staatsanwälten unterstrichen), wonach »Reinefarth somit um die von seinen Truppen begangenen Morde zwar wußte und sie duldete, aber infolge des direkten Befehls Himmlers an Dirlewanger keine Möglichkeit besaß, sie zu verhindern.«[722]

Der für ihn vorteilhafte Verlauf der Ermittlungen machte Reinefarth gegen Ende des Verfahrens immer selbstbewusster. Seine Selbstzeugnisse lassen aber darauf schließen, dass der Optimismus bei ihm gar nicht erst geweckt werden musste, sondern sich im Lauf der Wochen bloß noch verstärkte. So stellte das eingeleitete Ermittlungsverfahren für ihn keinen Grund dar, neben der beamteten Bürgermeisterstelle auch seinen Platz im Kreistag von Südtondern temporär ruhen zu lassen. Hierbei fand er die volle Unterstützung sowohl des Landrats als auch des Kreispräsidenten, wobei Letzterer im Plenum seinem Wunsch Ausdruck verlieh, dass das Verfahren möglichst bald mit dem zu »erwartenden positiven Ausgang« enden möge.[723] Die vorsichtige Frage des SSW-Fraktionsführers, ob der Beschuldigte aus dem gleichen Interesse, das er gegenüber der Stadt Westerland geltend gemacht habe, nicht auch auf sein Kreistagsmandat vorläufig verzichten sollte, ging in einem Sturm emotionaler Erregtheit unter: Auf Reinefarths Entgegnung, »daß wir weit gekommen seien, wenn wir uns vor allen aus sowjetzonaler Quelle kommenden schmutzigen und gefälschten Anwürfen verkriechen würden«, erhielt er laut »Sylter Rundschau« spontan derart starken Beifall, »wie wir ihn im Kreistag kaum erlebt haben.«[724] Noch weiter ging er bei einer Wahlkampfveranstaltung des GB/BHE, als der Abschluss des Verfahrens bereits kurz bevorstand. Reinefarth, dessen Kandidatur für den Schleswig-Holsteinischen Landtag durch den Sprecher des Justizministeriums öffentlich sanktioniert worden war[725], nutzte das Forum für eine Abrechnung mit Thieme, dem er unterstellte, aus reinem Geltungsdrang gehandelt zu haben: »Dieser Herr Professor scheint das seltsame Bedürfnis zu haben, an Zeitungen zu schreiben.« Die zehnstündige Vernehmung Thiemes, so wollte Reinefarth vernommen haben, sei dagegen im Ergebnis »eine Null gewesen«.[726] Der sinngemäßen Überlieferung des anwesenden Chefreporters der »Frankfurter Rundschau«, Volkmar Hoffmann, zufolge habe Reinefarth sodann argumentiert, dass die konkreten Vorwürfe juristisch ohnehin unerheblich seien: »Und wenn ich damals gesagt habe, wir könnten die Leute mangels Munition nicht umlegen, was ist das schon strafrechtlich!« Dies umso mehr, als die Verbrechen, auf die sich diese Äußerung angeblich bezogen habe, so gar nicht stattgefunden hätten: »Gewiß, es war unanständig von mir, aber die Leute sind ja nicht umgelegt worden! Darauf kommt es an! Daß ich widerrechtlich getötet hätte, kann auch dieser Herr aus Freiburg nicht beweisen.«[727]

Genau das wurde dem Angesprochenen zunehmend klar. In einem Schreiben an die Staatsanwaltschaft erklärte er deshalb, dass er ursprünglich gar nicht an einem Strafverfahren interessiert gewesen sei, sondern lediglich an dem durch öffentlichen Druck erzwungenen Rückzug Reinefarths aus der Politik.[728] Wenig später schob er, wiederum gegenüber den Flensburger Behörden, die Begründung nach, dass er bei seinem Vorgehen neben der Stärkung der Demokratie auch gesamtdeutsche Interessen im Auge gehabt habe: Er halte »ein deutliches Abstandnehmen von den in Polen verübten Greueln gerade im Interesse der Rückgewinnung unserer ostdeutschen Provinzen für (…) dringend notwendig (…)«.[729] Schließlich kam es auf seinen ausdrücklichen Wunsch hin zu einer zweiten Vernehmung. Dort hielt er fest, dass er sich von seiner insbesondere in dem Leserbrief an den »Spiegel« bezeugten Darstellung distanziere, sofern diese geeignet sei, einen strafrechtlichen Vorwurf zu begründen. Zudem kündigte er an, diese Verlautbarung auch öffentlich zu machen.[730]

Damit stand der Ausgang des Verfahrens endgültig fest. Am 1. Oktober 1958 setzte Al. Reinefarth davon in Kenntnis, dass die Ermittlungen eingestellt worden seien.[731] In dem 69 Seiten starken Aktenvermerk kreiste die Argumentation in erster Linie um die Ereignisse des 5. August 1944, dem Tag also, an dem auch dem Bericht zufolge unbestritten Massentötungen vorgekommen waren. Weil solche Gewalttaten für die Zeit danach nur noch sporadisch zu verzeichnen seien, müsste dem Beschuldigten, so die Ermittler, mit Sicherheit nachgewiesen werden können, dass er diese späteren Übergriffe explizit veranlasst oder gebilligt hat. Dies sei jedoch nicht der Fall.[732] Für die Beurteilung der Massenerschießungen am 5. August fokussierte sich die Staatsanwaltschaft auf die Frage der Unterstellung der Einheit Dirlewanger, da in der polnischen Literatur im Zusammenhang mit den Verbrechen diese Einheit genannt werde. Hier könne dem Beschuldigten dessen Behauptung nicht widerlegt werden, vielmehr bestehe »sogar ein hoher Grad von Wahrscheinlichkeit für ihre Richtigkeit:«[73] Die Annahme stützte sich primär auf die Aussage Reinefarths, wonach er am 5. August mit einem Panzerspähwagen zu dem eingeschlossenen Stadtkommandanten Stahel vorgestoßen sei, um dort die Lage zu besprechen. Er habe also gar keine Möglichkeit gehabt, den Kampfeinsatz der ihm unterstellten Truppen persönlich zu befehlen. Diese Lüge (der erste Durchbruch zu Stahel gelang erst einen Tag später, die definitive Sicherung der Bresche am darauffolgenden Tag) wurde von den Staatsanwälten als »glaubwürdig« eingestuft, weil Bach-Zelewski sie bestätigte.[734] Zur weiteren Untermauerung dieser Darstellung unterstrichen drei von Reinefarth selber benannte Zeugen, dass die kriminelle Natur Dirlewangers sowie dessen persönliche Protektion durch Himmler einer Subordination unter den Kampfgruppenkommandanten im Weg gestanden habe.[735] Nicht zur Rede kam dagegen, dass Dirlewanger an besagtem 5. August noch gar nicht in Warschau gewesen war, und auch nicht, dass von diesen Zeugen genauso wenig wie von Bach-Zelewski Objektivität erwartet werden durfte: Die Bekundungen stammten nämlich von dem erwähnten Kriegsberichterstatter bei der Sonderbrigade Dirlewanger, ferner von den beiden Polizeioffizieren Kurt Becher[736] und Günther Bock, die beide in Warschau Reinefarth unterstellt gewesen waren.

Becher war bereits 1928 als 18-jähriger in die SA eingetreten und ein Jahr später zur SS gewechselt. Im gleichen Jahr erfolgte der Eintritt in die NDSAP. Während des Krieges als Polizeikommandant an wechselnden Orten der Ostfront eingesetzt, war er 1942 unter anderem an der Liquidierung des Ghettos Luzk in der Nordwestukraine beteiligt gewesen.[737] Welche innere Einstellung er zu diesen Ereignissen zum Aussagezeitpunkt haben mochte, legen die Ergebnisse eines Ermittlungsverfahrens nahe, das von der Staatsanwaltschaft Hannover drei Jahre später gegen ihn geführt wurde: Daraus ergab sich, wenngleich letztlich ohne Beweis, die mutmaßliche Beteiligung Bechers am Aufbau der neonazistischen Organisation »Freikorps Groß-Deutschland«. Im Wissen darob beurteilten die Flensburger Ermittler den Wert seiner Aussagen bei den späteren Ermittlungen gegen Reinefarth deutlich skeptischer, denn Becher habe in Hannover bekundet:

»Möglicherweise bin ich mit Mitgliedern einer solchen Organisation, falls sie tatsächlich existierte, bekannt, ohne es zu wissen. Ich bin zwar ein alter Nationalsozialist und heute auch im ideologischen Sinne in verschiedenen Dingen überzeugter Anhänger der nationalsozialistischen Weltanschauung. Ich gebe das hier offen zu und erkläre aber gleichzeitig, daß mich diese meine ideologische Überzeugung nicht davon abgehalten hätte, die Polizei zu informieren, falls ich von solch einer Untergrundorganisation auch nur etwas gewusst hätte.«[738]

Becher konnte sich mit seiner Aussage für eine Gefälligkeit revanchieren: Reinefarth hatte für den notorischen Nationalsozialisten ein Jahr zuvor anlässlich eines erfolglosen Antrags auf Beamtenversorgung eine eidesstattliche Versicherung abgegeben. Darin hatte er Becher bescheinigt, sich in Warschau durch »besondere Umsicht und Tapferkeit« ausgezeichnet zu haben.[739]

Günther Bock war auf solcherlei Unterstützung nicht angewiesen: Der frühere 1. Ordonnanzoffizier im Stab der Kampfgruppe Reinefarth war mittlerweile zum Kommandeur der Landespolizei, mithin zum ranghöchsten Polizisten von Schleswig-Holstein aufgestiegen. In dieser Position hatte er allen Grund, seinen ehemaligen Vorgesetzten zu schonen, da er andernfalls automatisch sich selber belastet hätte. Bock gab an, er sei sich absolut sicher, dass die Einheit Dirlewanger der Kampfgruppe Reinefarth nicht unterstellt gewesen sei. Nach Kenntnis der Persönlichkeit Reinefarths halte er es zudem für völlig ausgeschlossen, dass dieser an Kriegsverbrechen teilgenommen, diese befohlen oder gebilligt habe. Er habe Reinefarth als »ganz korrekten Menschen« kennengelernt, der sich selbst in der Warschauer Atmosphäre nie habe gehen lassen und stets gleichmäßig höflich und ruhig geblieben sei, auch habe er ihn kein einziges Mal betrunken angetroffen. Reinefarth habe die Angehörigen seines Stabes wiederholt gebeten, die Zivilbevölkerung anständig zu behandeln. Die Übergriffe in den ersten Tagen des Aufstandes seien wahrscheinlich darauf zurückzuführen, »daß bei Ausbruch des Aufstandes zahlreiche Deutsche in Warschau regelrecht ermordet worden sind und die zunächst eingesetzten Truppen daher glaubten, Vergeltung üben zu müssen.«[740] Während der Zeit, in der er in Warschau gewesen sei, habe er von keinem Kriegsverbrechen auf deutscher Seite gehört, von dem Verhalten der Brigade Dirlewanger einmal abgesehen. Bock wollte auch festgehalten haben, dass er selber ein alter Polizist aus der Zeit vor der Machtübernahme sei. Das Gleiche habe innerhalb des Kampfgruppenstabes für den Ia Major Fischer gegolten, ferner für etliche weitere Offiziere der einzelnen Einheiten: »Wir hätten es mit aller Entschiedenheit abgelehnt, Befehle auszuführen, die wir mit unserem Gewissen nicht hätten vereinbaren können.«[741] Indes sollten auch die Aussagen von Bock einige Jahre später in einem etwas anderen Licht erscheinen: Unter Vorhalt eines von mehreren Stabsmitgliedern abgezeichneten Erschießungsberichts musste er 1963 etwa einräumen:

»Mit mir sind Lageberichte des Einsatzkommandos der Sicherheitspolizei besprochen worden, die an den Stab Reinefarth gelangten und dort von verschiedenen Stabsangehörigen, darunter auch von mir – wie ich den mir vorgelegten Berichtsfotokopien entnehmen muß – abgezeichnet worden sind. Ein Berichtsfragment ist mir schon bei meiner früheren Aussage vom 2.9.1958 vorgelegt worden. Ich habe damals mit gutem Gewissen bestritten, daß es sich um mein Handzeichen handelt, das u. a. auf dem seinerzeit vorgelegten Berichtsfragment erscheint. Ich konnte und kann mich auch heute nicht an die Berichte positiv erinnern. Nachdem mir nun die Berichte vollständig vorgelegt werden, habe ich allerdings keinen Zweifel mehr daran, daß es sich doch um mein Handzeichen handelt, das dort mehrfach erscheint. (...) Ich bin nicht in der Lage, zu sagen, welche Bewandtnis es mit den dort gemeldeten Erschießungen hat.«[742]

Unter maßgeblicher Verwendung der irreführenden Erstaussagen von Bach-Zelewski, Becher und Bock kamen Al. und Te. 1958 indes zum Schluss: »Daß der Beschuldigte jemals die Möglichkeit hatte, über die Erteilung eines bestimmten Kampfauftrages hinaus Einfluß auf die Art der Ausführung dieses Auftrags durch die Einheit Dirlewanger zu nehmen, erscheint nach dem Ergebnis der Ermittlungen ausgeschlossen.«[743] In ähnlicher Manier wurde der dieser Interpretation eigentlich widersprechende Vorschlag Reinefarths zur Verleihung des Ritterkreuzes an Dirlewanger abgewickelt: Während Reinefarth angab, es sei zumindest möglich, dass er den Vorschlag ohne vorheriges Durchlesen des angeblich fremdverfassten Textes abgezeichnet habe, verstieg sich Bach-Zelewski zur Behauptung, die Unterschrift sei möglicherweise von einem Offizier aus dem Stab mittels Faksimilestempel angebracht worden, ganz sicher aber sei die Verleihung der Auszeichnung lediglich einem persönlichen Wunsch Himmlers geschuldet gewesen.[744]

Auffallend ist, dass die Verantwortlichkeit Reinefarths als Folge einer direkten Unterstellung der für die Mordaktionen verantwortlichen Einheiten bei der Beweisführung ausschließlich auf die Brigade Dirlewanger bezogen wurde. Hier folgte man offensichtlich den Aussagen von Hans Roos, der sich wiederum auf die polnische Fachliteratur stützte. Dagegen spielten die Reinefarth ebenfalls unterstellten und an den Verbrechen ebenso beteiligten Polizeieinheiten sowie die Kaminski-Brigade in dieser Hinsicht keine Rolle.[745] Diskutabel blieb somit einzig die Frage nach der inneren Haltung Reinefarths zu den Ereignissen am 5. August selber. Hierbei kam natürlich der Aussage Thiemes eine Schlüsselrolle zu, denn dessen Anschuldigung legte sogar nach streng strafrechtlichen Maßstäben mindestens eine Billigung der Vorgänge seitens des Beschuldigten nahe. Doch auch diese Bedenken wurden in der Einstellungsverfügung zerstreut:

»Abgesehen davon, daß man erfahrungsgemäß Aussprüche eines Soldaten an der Front nicht auf die Goldwaage legen darf, bestehen gewisse Bedenken gegen die Zuverlässigkeit des Berichtes des Zeugen Prof. Dr. Thieme. Wie der Zeuge selbst bekundet, befand er sich angesichts des Elends, daß [sic] er beobachtete, in einer solchen Erregung, daß ihm die Tränen in den Augen standen. Über den Verlauf des Gesprächs, in dem der Ausspruch gefallen sein soll, vermag er nichts auszusagen. Vergegenwärtigt man sich, daß die aus dem Stadtgebiet von Warschau herausströmenden Flüchtlinge in der Tat ein schweres Problem für die deutsche Führung darstellten, so wird man nicht ausschließen können, daß der von Prof.

Dr. Thieme mitgeteilte Ausspruch anders lautete oder jedenfalls in einem anderen Zusammenhang gefallen oder anders gemeint war, als der Zeuge glaubt ihn auffassen zu müssen.«[746]

Für eine solche Auslegung sprach in den Augen der Ermittler schließlich auch das Persönlichkeitsbild des Beschuldigten. Dabei stützten sie sich ganz auf die entlastenden Aussagen der vernommenen Einheitsführer und Generäle, die den Beschuldigten wechselweise als »Ausnahme unter den SS-Führern« oder »Kavalier alter Schule« (im Abschlussbericht unterstrichen) beschrieben. Bach-Zelewski ging dabei sogar so weit, diese Kontrastierung auf sich selber zu beziehen, habe er persönlich in der Kampfzeit doch häufig Anlass gehabt, sich über die Rechtsliebe des angeblich in den alten Formen verhafteten Bürgersohns Reinefarth zu ärgern.[747] Nach alldem schlossen Al. und Te.: »Ein begründeter Verdacht dafür, daß der Beschuldigte in irgendeiner Form für die als wahr unterstellten Massentötungen in Wola am 5.8.1944 verantwortlich gemacht werden kann, ist mithin nicht vorhanden.«[748] Neben dem Warschauer Aufstand wurden gleichzeitig zwei kleinere Ermittlungsverfahren im Zusammenhang mit Reinefarths Rolle als Höherer SS- und Polizeiführer Warthe sowie als Festungskommandant Küstrin ergebnislos eingestellt. Ebenso durch die Initiative Thorndikes veranlasst, waren diese beiden Untersuchungen allerdings noch weitaus oberflächlicher geführt worden als diejenige zum Warschauer Komplex.[749]

Der zügige Abschluss des Verfahrens war für beide Seiten vorteilhaft: Während Reinefarth, der wenige Tage zuvor in den Schleswig-Holsteinischen Landtag eingezogen war, das neue Amt unbelastet antreten konnte, sah sich die Staatsanwaltschaft von dem etwaigen Vorwurf befreit, sie habe durch eine absichtliche Verschleppung ermöglicht, dass sich der Angeschuldigte in die Immunität retten konnte. Als die Ermittlungen drei Jahre später wieder aufgenommen werden mussten, rechtfertigte Erich Biermann das damalige Vorgehen seiner Behörde gegenüber Generalstaatsanwalt Eduard Nehm genau in diesem Sinn: Reinefarth sei bereits bei der Einleitung des Verfahrens als Kandidat aufgestellt gewesen, und nur weil er die Annahme seiner Wahl einige Tage aufschob, habe das Verfahren überhaupt abgeschlossen werden können. Der mit ziemlicher Sicherheit zu erwartende Eintritt der Immunität habe allerdings Veranlassung gegeben, die Ermittlungen durch die beiden Sachbearbeiter in Tag- und Zeitweise auch Nachtarbeit beschleunigt vorzunehmen.[750]

In letzter Sekunde wäre der planmäßige Abschluss der Ermittlungen allerdings fast noch verhindert worden: Wenige Stunden nachdem dieser verfügt worden war, ging bei der Staatsanwaltschaft ein Schreiben eines ehemaligen Kampfgruppenangehörigen ein, der als bisher einziger Zeuge bekundete, Reinefarth habe Er-

Abschrift aus den Akten 2 Js 632/58 zu den Akten 2 Js 634/58

Der Oberstaatsanwalt   Flensburg, den 1. Oktober 1958
 - 2 Js 632-634/58 -

An den Bürgermeister
Herrn Heinz R e i n e f a r t h

in W e s t e r l a n d/Sylt
   Stadumstraße 43

Betrifft: Ermittlungsverfahren gegen Sie
          wegen des Verdachts strafbarer Handlungen
          in Warschau, im Warthegau und in Küstrin in den
          Jahren 1944 und 1945.
Bezug: Ihre verantwortliche Vernehmung vom 22./25.8.1958.

Sehr geehrter Herr Bürgermeister Reinefarth!

    Hiermit teile ich Ihnen mit, daß ich die gegen Sie
anhängigen Ermittlungsverfahren mit Verfügung vom heutigen
Tage eingestellt habe, da nach dem Ergebnis der Ermittlungen
ein begründeter Verdacht gegen Sie nicht vorliegt.

                                    J.V.
                           gez. AL

»Sehr geehrter Herr Bürgermeister Reinefarth!«: Mit gebührender Achtung setzt Staatsanwalt Walter Al. den nunmehr Entlasteten Anfang Oktober 1958 davon in Kenntnis, dass die Ermittlungen gegen ihn ergebnislos eingestellt wurden. Der Vorgang ermöglichte es Reinefarth, seine unmittelbar zuvor erfolgte Wahl in den Kieler Landtag ohne gleichzeitige Beanspruchung parlamentarischer Immunität anzunehmen.

schießungen persönlich angeordnet. Noch am gleichen Tag eilte Te. nach Bremerhaven, wo der dort wohnhafte Zeuge seine Vorwürfe zu Protokoll gab. Dabei war von Exekutionen die Rede, die zeitlich auf Ende August oder Anfang September verortet wurden. Obwohl die Redlichkeit des Aussagenden gegeben schien, wurden die gemachten Angaben mit Hilfe des in der Einstellungsverfügung verwendeten Argumentationsschemas falsifiziert: Die Massenerschießungen hätten am Abend des 5. August 1944 erwiesenermaßen »schlagartig« aufgehört. Unstrittig, weil von anderer Seite bestätigt, war jedoch, dass an dem beobachteten Tatort auch nach dem 5. August Verbrennungen von getöteten Aufständischen stattgefunden hatten. Darauf aufbauend wurden die gemachten Angaben wie folgt relativiert: »Man wird daher die Aussage des Zeugen Ot(...) – ohne ihr Gewalt antun zu müssen – dergestalt auf ihren wirklichen Gehalt zurückführen können, daß der Zeuge Erschießungen bis einschliesslich 5. 8. 1944 und Verbrennungen möglicherweise auch noch nach diesem Zeitpunkt auf dem Friedhof beobachtet hat.« Es bestehe deshalb kein Anlass, die Ermittlungen noch einmal aufzunehmen.[751] Damit war die Sache juristisch vom Tisch.

Die politische Debatte aber hatte gerade erst begonnen: Unabhängig von formalrechtlicher Schuld oder Unschuld hatte sich inzwischen die für die Nachkriegsgeschichte einzigartige Situation ergeben, dass ein ehemaliger SS-General als Volksvertreter in einen bundesrepublikanischen Landtag eingezogen war.

Primat der Demokratie oder Primat des Rechtsstaates?

Das Ergebnis der Ermittlungen wurde in der westdeutschen Medienöffentlichkeit überwiegend skeptisch zur Kenntnis genommen: »Reinefarth findet milden Staatsanwalt« titelte etwa die »Süddeutsche Zeitung«.[752] Im Zentrum der Kritik standen der Verzicht auf das Befragen von polnischen Zeugen sowie der fehlende Versuch, die von Thorndike erhaltenen Dokumente mit den Originalen aus Warschau zu vergleichen. »Seltsam eilfertig« seien die Flensburger Staatsanwälte mithin bei ihren Ermittlungen vorgegangen.[753] Beanstandet wurde auch der Ansatz, die Übergriffe nach dem 5. August 1944 von vornherein nur als Einzelereignisse zu definieren und sie dergestalt aus den Ermittlungen auszuklammern: »Wer aber ist für diese rechtswidrigen Tötungen ›sporadischen Charakters‹ verantwortlich?«[754] In der SPD-nahen Presse wurde ganz offen der bisher überwiegend verklärte Blick auf den Zweiten Weltkrieg herausgestrichen und zur Debatte gestellt: Die von den Ermittlungen verifizierten Menschlichkeitsverbrechen machten es notwendig, »um ins Gedächtnis zu rufen, daß der letzte Krieg – vor allem seine Jahre im Osten – alles andere als ein ritterliches Spiel, mit leider vorkommenden Unfairnessen, war. Vieles ist bei diesem düsteren Kapitel ›Warschauer Aufstände‹ noch im Zwielicht des Halbdunkels. Zu viele haben das Licht der Wahrheit zu scheuen. Zu viele. Auf allen Seiten. Aber wir haben vor allem von uns zu reden.«[755] Besonderer Anstoß wurde nicht allein an der Einstellung der Ermittlungen genommen, sondern primär daran, dass Reinefarth nicht geneigt war, die politischen Konsequenzen aus der Affäre zu ziehen: »Der Fall Reinefarth (...) ist ein Schandfleck auf der deutschen Politik«[756], konstatierte eine Boulevardzeitung mit etwas oberflächlichem Pathos. Verschärfend hinzu kamen in der öffentlichen Wahrnehmung die geschmacklosen Äußerungen, die der Angesprochene bei der erwähnten GB/BHE-Veranstaltung gemacht hatte und als Folge der Berichterstattung der »Frankfurter Rundschau« nun in aller Munde waren. All dies wog so schwer, dass sich in diesem Fall selbst die konservative »FAZ« der Stoßrichtung ihres linksliberalen Konkurrenzblatts anschloss, wobei sie in der Beurteilung von Reinefarths Persönlichkeitsbild zu einem etwas anderen Ergebnis kam als die Staatsanwaltschaft Flensburg:

»Selbst wenn sich die persönliche Verantwortung Reinefarth [sic] im strafrechtlichen Sinne heute nicht mehr ermitteln ließe, bleibt es skandalös, daß ein Mann, der auch nur entfernt in solche Vorgänge verwickelt war, in unserem Lande ein öffentliches Amt bekleidet und sogar einen Sitz in einer Volksvertretung erlangt. Daß er es überhaupt wollte, zeigt, ebenso wie sein [im gleichen Leitartikel weiter oben] zitierter Ausspruch, eine Gefühlsverfassung, die nicht unter Skrupeln leidet. Er ist eine moralische Belastung für eine Partei, von der sich von Mal zu Mal mehr Wähler abkehren.«[757]

Stellungnahmen dieser Art wurden jedoch von den maßgeblichen Personen um Reinefarth nicht widerspruchslos hingenommen. Weit davon entfernt, vor der massiven Kritik zurückzuweichen, protestierte Fraktionschef Gille in einem Leserbrief an die »FAZ« gegen diesen auf die persönliche Integrität seines Parteikollegen zielenden Angriff und fügte zahlreiche Beispiele an, die den Soldaten und Menschen Reinefarth in ein anderes Licht rücken sollten. Gleichzeitig versuchte er mit Blick auf die ostdeutschen Angriffe noch politisches Kapital aus der Situation zu schlagen, indem er abschließend versprach, der GB/BHE werde »wie bisher auch in Zukunft immer seine Stimme erheben, wenn deutsche Menschen einer Kollektivschuld unterworfen und ihnen daraus die Rechte des Staatsbürgers abgesprochen werden.«[758]

Dasselbe versuchte unter diesen neuen Umständen natürlich auch die von Gille angesprochene Gegenseite. Die rechtzeitige Einstellung der juristischen Ermittlungen vor den Landtagswahlen stellte für die verantwortlichen Redakteure der ostdeutschen Presse geradezu eine Steilvorlage dar: »Der Massenmörder Reinefarth soll noch vor seinem offiziellen Einzug als ›Volksvertreter‹ in den schleswig-holsteinischen Landtag reingewaschen werden.«[759] Mit diesem Schluss zielte das SED-Organ »Neues Deutschland« tatsächlich nicht allzu weit an der Wahrheit vorbei. Meist aber traten die Fakten ganz in den Dienst plumper Propaganda: So wurde der »Henker« Reinefarth an anderer Stelle in SS-Uniform karikiert, Arm in Arm mit Adenauer und »Blutrichter« Ernst Kanter. Die Bildunterschrift lautete: »Sie sehen hier ein Bild gar zärtlicher Verwandter«.[760] Das Epizentrum der Agitation lag in Reinefarths Heimatstadt Cottbus, wo die »Lausitzer Rundschau« den medialen Protest noch bis Ende Oktober 1958 weiterzog. Die Berichterstattung suggerierte den angeblichen Willen breiter Arbeiterkreise, »durch gute Arbeit im Betrieb und im gesellschaftlichen Leben den Faschisten in Bonn gehörig den Wind aus den Segeln nehmen [zu] wollen.« Eine demonstrative Steigerung der Produktion würde bewirken, dass »unsere sozialistische Republik noch stärker wird und das System Reinefarth erstickt.«[761] In einem großen Enthüllungsporträt wurde der Sohn der Stadt in primitiv-beleidigendem Tonfall als Hochstapler und Sittenstrolch dargestellt.[762] Der Bezirksvorstand der gleichgeschalteten CDU wurde vorgeschickt, um bei von Hassel gegen das Landtagsmandat Reinefarths zu protestieren und ihn auf das unterschiedliche Demokratieverständnis in West und Ost hinzuweisen: »Einmütig stellten aber auch die Bezirksvorstandsmitglieder heraus, dass solche Herren (…) keinerlei Chancen in unserer Republik hätten, überhaupt auf die Kandidatenliste der Nationalen Front gesetzt zu werden.«[763] Parallel zu der medialen Offensive versuchte der bekannte DDR-Jurist Friedrich Karl Kaul[764], im Auftrag von zwei polnischen Staatsangehörigen öffentlichkeitswirksam eine Wiederaufnahme des Verfahrens zu erwirken, scheiterte damit jedoch erwartungsgemäß.[765]

In den darauffolgenden Jahren sollte allerdings das Interesse der DDR am Fall Reinefarth spürbar nachlassen. Er fand zwar in mehreren Auflagen des sogenannten »Braunbuchs« Erwähnung (in der dritten von 1968 sogar im Vorwort)[766], war dort aber insgesamt doch nur einer unter vielen. Die bereits 1958 vorhandenen Informationen wurden dabei nicht in vollem Umfang und zudem fehlerhaft verarbeitet; ein Hinweis darauf, dass seine Akte durch verschiedene Hände ging und innerhalb der verflochtenen Strukturen der DDR-Propagandabürokratie nicht immer alle Rädchen ineinandergriffen. Die routinemäßige Abarbeitung seiner Biografie führte in den »Braunbüchern« zu einigen Ungenauigkeiten und teilweise krassen Fehlern: Nach der Herausgabe der zweiten Auflage sah sich Czeslaw Pilichowski, der Direktor der Polnischen Hauptkommission für die Erforschung nationalsozialistischer Kriegsverbrechen, gezwungen, bei der DDR-Botschaft zu intervenieren und darauf hinzuweisen, dass Reinefarth nicht bei der Niederschlagung des Warschauer Ghetto-Aufstands von 1943 beteiligt gewesen sei.[767] Der Fehler wurde in der dritten Auf-

Sie sehen hier ein Bild gar zärtlicher Verwandter:
Den Kanzler Konrad, den Henker Reinefarth und Blutrichter Kanter!

Eine DDR-Karikatur präsentiert Reinefarth, Konrad Adenauer und Bundesrichter Ernst Kanter – Letzterer ehemaliger Chefrichter im besetzten Dänemark und eine der bevorzugten Zielscheiben im Rahmen der ostdeutschen »Blutrichter«-Kampagne – im Oktober 1958 als Aushängeschilder einer unverändert »faschistischen« bundesrepublikanischen Elite.

lage prompt korrigiert, Reinefarth selber aber im Gegensatz zur vorherigen Ausgabe fälschlicherweise mit dem Doktortitel versehen.[768] Ganz offensichtlich beschränkten sich die Entscheidungsträger des DDR-Propagandaapparates um Albert Norden hier darauf, den frühen Sensationseffekt zu bewirtschaften, den die in der BRD bisher weitgehend unbekannten Vorwürfe gegen Reinefarth Ende der 1950er-Jahre auslösen konnten. So gesehen kann der vorliegende Fall in Bezug auf die DDR-Propaganda gleichsam als eine Art Probelauf für die viel systematischer aufgezogenen Personenkampagnen der frühen 1960er-Jahre gesehen werden. Als sich die Flensburger Staatsanwaltschaft ab 1961 hingegen daranmachte, die Anschuldigungen weitaus umfassender und ernsthafter zu prüfen, war das Agitationspotenzial deutlich geringer als noch wenige Jahre zuvor, zumal der Wissensvorsprung der Polnischen Hauptkommission auf dem Gebiet des Warschauer Aufstandes für die DDR-Funktionäre ohnehin kaum aufzuholen war.[769]

Welche Reaktionen aber rief die Einstellung der Ermittlungen in der politischen Öffentlichkeit von Schleswig-Holstein hervor? Hier brodelte die geschichtspolitische Auseinandersetzung zunächst unter der Oberfläche. Die neue Legislatur begann, und Reinefarth nahm seine parlamentarische Tätigkeit auf, ohne dass offiziöse Protestbekundungen hörbar waren. Reinefarth war demokratisch einwandfrei in den Landtag eingezogen, ein juristisches Verfahren war – so zumindest die äußere Wahrnehmung – ohne jedes Ergebnis eingestellt worden. Rechtsstaatlich gab es an Reinefarths Landtagsmandat nichts auszusetzen. An dem normativen Konfliktpotenzial des gebotenen Sachverhalts bestanden jedoch für eine Persönlichkeit keine Zweifel, die von Amts wegen dazu berufen war, entsprechende Bedenken anzumahnen: Ernst Hessenauer, CDU-Mitglied, Oberregierungsrat und Landesbeauftragter für staatsbürgerliche Bildung, platzte nach einigen Wochen der Kragen: Nachdem er an einer Veranstaltung des Landesjugendrings Schleswig-Holstein nach seiner Haltung zu der vermehrten Übernahme öffentlicher Posten durch ehemals hochrangige Nationalsozialisten gefragt worden war, hielt er zunächst grundsätzlich fest, dass »bei uns jeder das Recht auf politischen Irrtum« habe. Eine andere Frage sei jedoch, »ob einer, der sich im Dritten Reich in exponierter Stellung befand, heute etwa im Parlament unsere junge Demokratie repräsentieren soll.« Er, Hessenauer, »betrachte das als eine Belastung, besonders der Jugend gegenüber.«[770] Einmal in Fahrt gekommen, beließ er es aber nicht dabei, diesen Positionsbezug, der öffentlich von kaum jemandem ernstlich bestritten werden mochte, im luftleeren Raum stehen zu lassen. Hessenauer gab seiner Sorge einen Namen und verwies unumwunden auf die Person Reinefarths: Für ihn stelle dessen politische Tätigkeit eine »Todsünde für die Demokratie« dar, durch welche zudem »das deutsche Ansehen im Ausland aufs schwerste geschädigt« würde.[771]

Die Wirkung dieses Ausspruchs ließ nicht lange auf sich warten. Wenige Tage später sprang Alfred Gille seinem angeschossenen Gesinnungskollegen zur Seite und protestierte im Namen der GB/BHE-Fraktion bei Ministerpräsident von Hassel energisch gegen die »üble parteipolitische Hetze« des Landesbeamten Hessenauer. Besonders pikiert zeigte sich Gille darüber, dass Kultusminister Osterloh Hessenauers Äußerungen im Grundsatz gebilligt habe. Für ihn sei die Einstellung Osterlohs »unerträglich« und führe »zu einer unheilvollen Vergiftung des politischen Klimas unseres Landes (…)«.[772] Noch deutlicher wurde er bei einem Besuch mehrerer Schulklassen im Kieler Parlamentsgebäude: Die Schülerinnen und Schüler bekamen auf ihrer Staatskunde-Exkursion von Gille zu hören, dass Reinefarth ein politisch harmloser, verehrungswürdiger Soldat des Zweiten Weltkrieges gewesen sei und dergestalt noch heute ein Vorbild für die deutsche Jugend darstelle.[773] Zu diesem Ausspruch kam es, nachdem ein Schüler gefragt hatte, warum die ehemaligen Großadmirale Raeder und Dönitz vom Bundesverteidigungsministerium als militärische Vorbilder abgelehnt würden. Während Reinefarth heute als parlamentarischer Vertreter des demokratischen Staates anerkannt sei, seien die beiden Admirale »doch nach deutschem Recht ebensowenig straffällig geworden wie der SS-General Reinefarth (…)«.[774] Während der bei der Diskussion anwesende CDU-Vertreter gewunden erklärte, Reinefarths Aufstellung zur Landtagswahl sei »formal korrekt gewesen«, sorgte Gilles Replik beim SPD-Landesvorsitzenden Damm für einen Wutausbruch, verbunden mit der erregten Forderung nach dem sofortigen Abbruch der Gesprächsrunde. Die Stimmung war derart explosiv, dass sich der Pressesprecher des Landtags gegenüber einer Zeitung mit den Worten zitieren ließ: »Ich hatte den Eindruck, als ob die Abgeordneten im nächsten Augenblick Handgranaten schleudern würden.«[775]

Auf einer Pressekonferenz präzisierte der CDU-Fraktionsvorstand tags darauf seine Sichtweise zu dem Vorfall: Der Fraktionsvorsitzende Walter Mentzel, seines Zeichens NSDAP-Mitglied ab 1930 und von 1933 bis 1945 Bürgermeister von Kiel[776], führte dabei aus, »es sei ausschließlich Sache des BHE, zu verantworten, dass Reinefarth über die Landesliste in den Landtag gekommen sei. Reinefarth sei im vollen Besitz der bürgerlichen Ehrenrechte, und ihm könne strafrechtlich nichts vorgeworfen werden.«[777] Sein Stellvertreter Gerlich gab zu bedenken, »es sei bedauerlich, dass diejenigen, die heute am Mandat Reinefarth Ärgernis nehmen, damals geschwiegen hätten, als Reinefarth zum Bürgermeister von Westerland und im Vorjahr einstimmig wiedergewählt worden sei. Es sei auch nicht möglich, dass ein Mann, der unter dem N[ational]S[ozialismus] eine hohe Stelle eingenommen habe, bis zu seinem Lebensende disqualifiziert sei.«[778] SPD-Fraktionschef Käber bezeichnete Gilles Verlautbarung dagegen als »politische Geschmacklosigkeit«, insbesondere weil sie vor jungen Leuten erfolgt sei. Für ihn stelle sich ferner die Frage, nach welchen Kriterien der Landesbeauftragte künftig seine Aufsicht über die staatsbürgerliche Bildung wahrnehmen solle. Würde sich herausstellen, dass dieser bei seiner Arbeit nicht unabhängig agiere, sondern weisungsgebunden sei, müsse die SPD ihre Mitarbeit im dafür zuständigen Kuratorium überdenken.[779] Käber spielte dabei auf den Teil von Osterlohs Stellungnahme an, den Gille in seinem Pamphlet unterschlagen hatte: Der Kultusminister hatte nämlich Hessenauer trotz seiner prinzipiellen Übereinstimmung nahegelegt, sich in Zukunft mit derartigen Bekundungen zurückzuhalten. Käber ließ auch durchblicken, dass er mit einer ganzen Reihe maßgeblicher CDU-Persönlichkeiten Kontakt aufgenommen habe, um sicherzustellen, dass sich solche

Vorgänge nicht mehr ereigneten. Im Raum stand dabei auch die Möglichkeit, im Landtag kritisch zu erörtern, »ob die Schulen und die Erwachsenenbildung bereits in der Lage sind, eine zweckentsprechende staatsbürgerliche Bildungsarbeit zu betreiben.«[780] Die richtigen Lehren aus dem Fall Hessenauer-Gille-Reinefarth zu ziehen hieße aus Sicht der SPD deshalb konkret, fortan durch verbindliche Vorgaben sicherzustellen, dass die junge Generation im Geschichtsunterricht nicht nur bis an die Bismarck-Ära herangeführt werde. Der Abgeordnete Reinefarth sei durchaus zu »verdauen«, wenn die Jugend umfassend und objektiv über die Geschichte der letzten 50 Jahre aufgeklärt werde, »aber nicht von Dr. Gille!«.[781]

Durch diesen Vorstoß aufgeschreckt, fertigte ein Mitarbeiter von Hassels für seinen Chef eine Notiz an, in der die Notwendigkeit einer sofortigen öffentlichen Stellungnahme des CDU-Landesvorstandes unterstrichen wurde. Das Ansinnen Käbers, zusammen mit CDU-Exponenten in Sachen Staatsbildung »eine gemeinsame Linie« zu erarbeiten, könne nur dahin gehend interpretiert werden, dass dem Oppositionsführer daran gelegen sei, bei diesem sowie weiteren vergangenheitspolitisch sensiblen tagesaktuellen Geschäften »eine Festlegung der CDU auf bestimmte der SPD genehme Normen zu erreichen.« Käber gehe es letzten Endes um »eine gemeinsame Bewusstseinsbildung über Fragen der inneren Entwicklung der Bundesrepublik (...)«.[782] Die geplante Erklärung müsse sich von solchen Tendenzen distanzieren, gleichzeitig aber klar zum Ausdruck bringen, dass eine etwaige taktische Rücksichtnahme auf den Noch-Koalitionspartner GB/BHE hierbei keine Rolle spiele, denn die SPD-Presse sei gegenwärtig dabei, dieses politische Dilemma von Hassels publizistisch auszuschlachten.[783] Die vorgeschlagene Erklärung wurde noch am gleichen Tag herausgegeben. Darin stellte sich von Hassel hinter seinen Minister Osterloh, indem er bedeutete, dass er »die von (...) Hessenauer gewählte Formulierung nicht decken könne« und ferner »Wert darauf lege, dass der Schlußstrich unter die Entnazifizierung im Lande Schleswig-Holstein, der vom Gesetzgeber gezogen worden ist, auch durch die Beamten des Landes respektiert wird.«[784]

Mit dieser deutlichen und auch im Tonfall scharfen Zurechtweisung Hessenauers setzte sich von Hassel nun allerdings zwischen alle Stühle. Der Ministerpräsident, in puncto NS-Vergangenheit völlig unbelastet, sah sich in der überregionalen Presse plötzlich dem Vorwurf ausgesetzt, er sei vor reaktionären Kräften eingeknickt und habe Hessenauer einen »Maulkorb« erteilt.[785] Aber auch in Schleswig-Holstein und sogar innerhalb seiner eigenen Partei regte sich massive Kritik an dem Vorgehen des Landesvaters. Eine Vielzahl von Protestschreiben traf in den folgenden Tagen und Wochen in der Landeskanzlei ein, wobei etliche Absender ihre geistige Nähe zu CDU-Kreisen betonten, um ihrer Kritik mehr Gewicht zu verleihen:

»Sehr geehrter Herr Ministerpräsident! Zu meinem Bedauern entnehme ich den Zeitungen, dass Sie die Kritik Dr. Hessenauers an dem ehemaligen Generalleutnant und Polizeichef Dr. [sic!] Reinefarth nicht billigen. Ich muss als CDU-Mitglied demgegenüber betonen, dass ich durchaus der Meinung Dr. Hessenauers bin, dass diejenigen, die in einer derartigen Position waren, moralisch verpflichtet sind, sich zurückzuhalten. Ich möchte bei der Gelegenheit erwähnen, dass die verschiedenen Urteile, die Mördern wie Heydrich [der Autor meint hier dessen Witwe] und Zeitgenossen wie [Generalfeldmarschall a. D.] Schörner Renten zubilligen, einen geradezu vernichtenden Eindruck machen. Mit dieser Art Rechtsstaatlichkeit liefern wir der Ostzone das Propagandamaterial fuderweise frei Haus.«[786]

Ein Gründungsmitglied der CDU Schleswig-Holstein und Funktionär der Landsmannschaft Ostpreußen protestierte sowohl bei von Hassel als auch bei Alfred Gille, dem Bundesvorsitzenden dieser Vertriebenenorganisation. Letzterer bekam zu hören, er habe sich mit seinem uneingeschränkten Beistand für Reinefarth »gegen die Interessen der Landsmannschaft« entschieden. Dort rumore es nun, und man sei nicht bereit, den Kampf von zehn Jahren für die Frage für oder gegen einen ehemaligen SS-General aufs Spiel zu setzen.[787] Wie Gille mit dieser Kritik aus den eigenen Reihen umging, ist nicht überliefert. Von Hassel dagegen schob in seinen Standardantwortschreiben die Schuld auf die angeblich irreführenden Berichte in der Tagespresse ab. Die wenigen positiven Zuschriften wurden hingegen erfreut zur Kenntnis genommen: Der Ministerpräsident zeigte sich dann jeweils angetan, »dass Sie zu denen gehören, die diese Dinge objektiv beurteilen.«[788]

Es war dies nicht das einzige Mal, dass Kai-Uwe von Hassel während seiner Zeit als Ministerpräsident im Zusammenhang mit dem Thema der Vergangenheitsbewältigung wenig Fingerspitzengefühl an den Tag legte.[789] Ob dem so war, gerade weil er unbelastet war und bei ihm deshalb kein persönlicher Wandlungsprozess hatte stattfinden müssen[790], oder ob er schlicht die weit verbreitete Neigung seiner Mitbürger teilte, »sich mit den näheren Umständen der jüngsten deutschen Geschichte nicht vertieft auseinanderzusetzen«[791], wie ihm sein Biograf attestiert: In diesem Fall sind seine parteitaktischen Motive klar ersichtlich. Obwohl fraglos ohne jede persönliche Neigung zu der späten GB/BHE-Führungsriege um Asbach, Gille und Reinefarth, war ihm daran gelegen, das Restwählerpotenzial der untergehenden Vertriebenenpartei für die CDU zu sichern. Erst wenige Wochen zuvor hatte er parteiintern durchgesetzt, dass der bisherige Koalitionspartner aus der Regierung gekippt wurde, auch um dadurch den fortschreitenden Zerfall des GB/BHE zu beschleunigen.[792] Die dünne Mehrheit der CDU/FDP-Koalition ließ es ihm für

> *Nach Durchsicht, bitte Herrn Hessenauer weiterleiten!*
> *Anonym*
>
> 4. Dez. 1958
>
> Werter Herr M.P. von Hassel!
> Es wäre wohl viel Zweckmäßiger, wenn dieser sogenannte Landesbeauftragte für die staatsbürgerliche Bildung, Dr. Hessenauer nur erst mal selbst Bildung lernen sollte. In Mitteldeutschland gibt es eine gewisse Cligue die 150%ig bolschewistisch ist, und Herr Hessenauer ist wohl 150%iger Demokrat. Das Ausland zeigte auch keine Bildung, als es schon ab 1918 deutsche Gebiete raubte, u.s.w., also weshalb sollte denn der humane deutsche Michel jetzt noch so tuhn, als ob wir Räuber wären. Her-

Die von Ministerpräsident Kai-Uwe von Hassel vollzogene Maßregelung des Staatsbildungsbeauftragten Ernst Hessenauer für dessen Grundsatzkritik an Reinefarths Landtagsmandat löste harsche Proteste aus, aber nicht nur: Das abgebildete Schreiben an den Landesvater betont die patriotischen Tugenden Reinefarths und diffamiert Amt und Person Hessenauers.

den Moment aber angeraten erscheinen, »ein korrektes Verhältnis mit dem BHE« aufrechtzuerhalten.[793] Diese Doppelstrategie der Unterminierung bei gleichzeitiger Umwerbung der Anhängerschaft des GB/BHE ging hier allerdings gründlich schief. Die breite Solidarisierungswelle[794] mit Hessenauer ließ von Hassel auch innerhalb der CDU über die Presse lamentieren[795], führte aber in der Summe dazu, dass er dem Druck nachgab und mittels einer im Norddeutschen Rundfunk verlesenen Stellungnahme versuchte zu retten, was kaum noch zu retten war. Darin stellte er klar, dass er die Haltung Hessenauers, wonach sich frühere NS-Exponenten nicht politisch betätigen sollten, vollumfänglich teile. Für ihn sei jedoch die von Hessenauer vor-

> Hessenauer sollte mal eine nützli=
> che Arbeit anfangen, denn durch
> seine Faseleien bringt dieser nur
> Uneinigkeit ins deutsche Volk, und
> dies ist gefährlich. Herr Reinefarth
> ist bestimmt Vaterlandsliebend und
> alle Menschen die ihr Vaterland
> lieben, haben auch immer ein
> gutes Herz. In diesem Sinne
> muß jeder ehrliche Deutsche diesen
> Herrn Hessenauer, als einen böswil=
> ligen Hetzer und Katastrophenpoliti=
> ker betrachten, und daher entschieden
> ablehnen.
>
> Die Wahrheit!

genommene Personifizierung unangebracht, denn das rechtmäßige Zustandekommen von Reinefarths Abgeordnetenstatus stehe außer Frage.[796] Man tue deshalb gut daran, die Protagonisten nicht in eine unangemessene Opferrolle zu drängen: »Reinefarth ist kein Märtyrer des Dritten Reiches, aber Hessenauer auch kein Märtyrer unserer Demokratie.«[797] Damit hatte von Hassel – beabsichtigt oder nicht – exakt die Begrifflichkeit und Argumentation verwendet, mit der die konservative »WELT« einige Tage zuvor zu dem Fall Stellung bezogen und abschließend festgehalten hatte: »Schwamm drüber, über den ›Fall‹, über Herrn Dr. Hessenauer und Herrn Reinefarth.«[798] Zu dem hier vorliegenden rechtspolitischen Kernproblem, nämlich der

Frage, wie ein Rechtsstaat adäquat mit der eigenen Unrechtsvergangenheit umgehen soll, ohne dabei den Grundsatz der Gleichheit vor dem Gesetz in Frage stellen zu müssen, nahm von Hassel dagegen nur oberflächlich Stellung: »Demokratische Gesinnung und die Anerkennung demokratisch zustande gekommener Gesetze bedingen einander. Dürfen wir das eine um des andern willen einfach ignorieren? Das ließe keine gesittete Gesellschaftsordnung, das ließe auch kein Rechtsstaat zu.«[799] Mit dieser streng juristischen Auslegung geriet der Ministerpräsident allerdings wiederum in die öffentliche Kritik. »Hier irrt Hassel«, rief etwa der bekannte Publizist Ernst Friedlaender in einem Leitartikel des »Hamburger Abendblattes« aus, denn:

»Es gibt nämlich einmal die Welt der gültigen Rechtssatzung, des gesetzlich Zulässigen und Unzulässigen. Es gibt zum anderen die Welt der geistigen und moralischen Werte. Vieles ist gesetzlich zulässig und trotzdem geistig und moralisch vom Übel, aus dem einfachen Grunde, daß das Gesetz gar nicht alles regeln will und kann. Zu einem demokratischen Staat gehören gewiß auch Gesetze und ihre Paragraphen. Aber das Ganze der Demokratie, ihr Sinn, Geist und Stil, läßt sich aus keiner Rechtsvorschrift und auch nicht aus der Summe aller Rechtsvorschriften ablesen. Die wesentliche Frage ›Was ziemt sich?‹ geht sehr viel weiter als die Frage ›Was ist gesetzlich erlaubt?‹. (...) Die Prominenz der Nazizeit mag sich, soweit sie strafrechtlich nicht zu fassen ist, betätigen, wo sie will. In die Schlüsselstellungen des demokratischen Staates gehört sie nicht hinein. Das ist es, was Hassel beharrlich nicht sehen will: Es mag alles nach dem Gesetz in Ordnung sein, und dennoch verfügt ein Mann wie Reinefarth, vom Geiste der Demokratie her gesehen, nicht über das moralische Recht auf sein Mandat. (...) Und das muß gerade der Mann aussprechen dürfen, dem die staatsbürgerliche Erziehung der Jugend anvertraut ist. (...) Hassel wäre gut beraten, wenn er Hessenauer freie Hand ließe, auch auf die Gefahr hin, daß der BHE ihm grollen könnte. Die Gunst des BHE ist in dieser Sache ganz und gar unwichtig.«[800]

In einem anderen Leitartikel wurde die »bedrückende Frage« angesprochen, »ob nicht das innere Wesen der Rechtsstaatlichkeit durch eine rein formale Auslegung in das Gegenteil verfälscht wird.« Auch die Weimarer Republik sei seinerzeit »nicht zuletzt daran gescheitert, daß sie allzusehr auf die Wahrung der formalen Rechtmäßigkeiten bedacht war.« Die demokratisch fühlende junge Generation sehe nun betroffen zu, »wie die ältere Generation, widerwillig zwar, doch hilflos, ein bei aller Legalität undemokratisches Exempel statuiert.«[801]

Nur wenige Tage nach von Hassels Stellungnahme raffte sich auch der Kieler Landtag auf, sich offiziell mit der Angelegenheit zu beschäftigen. Den äußeren Anlass bildete die unmittelbar bevorstehende erste Wortmeldung Reinefarths als Abgeordneter. Kurz vor seinem Votum zur Novelle des schleswig-holsteinischen Besoldungsgesetzes wurde die Debatte auf Antrag der SPD-Fraktion unterbrochen, offiziell begründet mit fraktionsinternen Beratungen zur Sachvorlage. Einige SPD-Abgeordnete ließen jedoch durchsickern, dass sie den Saal verlassen würden, sollte Reinefarth das Wort ergreifen. Anschließend arbeiteten die Fraktionen hinter verschlossenen Türen an förmlichen Erklärungen zum Fall Reinefarth, die am nächsten Tag verlesen wurden. Gleichzeitig wandte sich der Betroffene mit einer Stellungnahme an die Medien, worin er mit den hinlänglich bekannten Argumenten alle Vorwürfe zu entkräften versuchte und dabei etwa wiederum behauptete, er habe der SS hauptamtlich gar nie angehört. Damit war für die Ratsmehrheit der Sache Genüge getan, der Landtag kehrte zur Tagesordnung zurück.[802]

Die monatelange Kontroverse um seine Person hinterließ bei Reinefarth offensichtlich deutliche Spuren. Bezahlen musste dafür Hans Thieme, der in den Wochen und Monaten nach der Einstellung der Ermittlungen eine schwierige Zeit durchmachte. Nebst der persönlichen Enttäuschung über den Ausgang des Verfahrens waren in Freiburg noch immer die Beschwerde Reinefarths und des Westerländer Magistrats wegen der Ablehnung eines Offizialverfahrens sowie die Privatklage gegen Thieme anhängig. Obwohl dieser seine bei der zweiten Vernehmung gemachte Ankündigung wahrmachte und die juristisch relevanten Schuldvorwürfe öffentlich widerrief (entsprechende Darstellungen erschienen unter anderem im »Spiegel« und in der »FAZ«), dachte Reinefarth vorläufig nicht daran, Thieme ohne weiteres entkommen zu lassen. So ließ er den bis vor kurzem gegen ihn ermittelnden Gerhard Te. in vertrautem Ton wissen, er, Reinefarth, habe gegenüber einem Korrespondenten der Deutschen Presse-Agentur angegeben, er werde »den Strafantrag nicht ausdrücklich zurücknehmen, aber den Prozeß gegen Prof. Dr. Thieme nicht ohne besondere neue Veranlassung weiter verfolgen.«[803] Die daraus entstehende Konfusion im Blick, unter der Thiemes öffentliche Reputation automatisch in Mitleidenschaft gezogen werden würde, schob er einigermaßen vergnügt nach: »Der (...) dpa-Vertreter meinte, daß diese Formulierung auch für Nicht-Juristen klar genug sein dürfte. Trotzdem bin ich nach meinen bisherigen Erfahrungen gespannt, was die Presse nun hieraus wieder macht.«[804] Tatsächlich erschienen in der Folge Zeitungsberichte, in denen von der Aufrechterhaltung des privaten Strafantrags zu lesen war und zudem nichts von einem etwaigen Zurückziehen der Beschwerde, so dass der Rechtsprofessor nach wie vor als Beklagter und potenziell Beschuldigter erschien.[805] Der verunsicherte Thieme meldete sich daraufhin beim Vorgesetzten von Te., Walter Al., und zitierte Reinefarths Hausblatt, die »Sylter Rundschau«, worin gleichsam offiziös dargestellt wurde, wie das Vorgehen des Westerländer Bürgermeisters und des Magistrats gemeint war: Demnach ruhe die Klage nun bis zu deren Verjährung im Januar 1963: »Vom Verhalten des Juraprofessors hängt es also ab, ob der Strafantrag gegen ihn doch noch wirksam wird.«[806] Thieme bat Al. deshalb, abschließend »eine wirklich faire, demokratischen Gepflogenheiten entsprechende Bekanntgabe des vollzogenen Vermittlungsvorschlags« zu veranlassen, womöglich über die Landespressekonferenz. Dabei könnte auch Reinefarths öffentliche Behauptung, seine, Thiemes, Vernehmung habe nichts ergeben, korrigiert werden, denn »ich glaube Ihnen (…) zur Sachaufklärung immerhin einen nicht unwesentlichen Beitrag geleistet zu haben.«[807] Die Bemühungen blieben erfolglos: Die gewünschte Pressekonferenz wurde von Al. abgelehnt[808], und Reinefarth und der Magistrat Westerland nahmen kurz darauf zwar die Beschwerde wegen der Ablehnung der Verfolgung Thiemes von Amts wegen, nicht aber den Strafantrag zurück.[809]

Der private Rachefeldzug gegen den Initiator der öffentlichen Reinefarth-Debatte in der Bundesrepublik war nicht nur auf dem Rechtsweg ausgetragener Ausdruck der Bemühungen um die Widererlangung des angekratzten guten Rufs. Der Vorgang widerspiegelt – gleich wie die fehlende Bereitschaft zum politischen Rückzug – auch die uneinsichtige innere Haltung eines unfreiwilligen vergangenheitspolitischen Akteurs, der sich völlig zu Unrecht gebrandmarkt fühlt. Warum sollte gerade er die Zeche bezahlen für die DDR-Angriffe, nur weil er im Unterschied zu anderen attackierten Persönlichkeiten auf Länder- und Bundesebene nicht über eine mehrheitsfähige Lobby verfügte? Mit Bezug auf einen Artikel von Marion Gräfin Dönhoff in der »ZEIT«, wonach Einzelfälle wie derjenige um Reinefarth die Bundesrepublik daran hinderten, die »legendären Gespinste« von Militarismus und Renazifizierung nach außen hin zu entkräften[810], schrieb Asbach an Reinefarth, Dönhoff habe offensichtlich nicht zur Kenntnis genommen,

»daß Sie in allen gerichtlichen und halbgerichtlichen Verfahren restlos entlastet worden sind. Der Ehren- und Persönlichkeitsschutz ist ja in dieser Demokratie so gut wie Null. Umso erstaunlicher sind die Bemühungen derselben Redaktion, die Verleumdungen und die politische Hetze gegen General Speidel im Thondikschen [sic] Film ›Unternehmen Teutonenschwert‹ als reines Propagandaunternehmen sowjetzonaler Zweckbestimmung auszuweisen. Wo hat sich in der Lizenzpresse auch nur eine [unterstrichen] Feder gerührt, um dieselben Methoden und Urheber in dem gegen Sie gedrehten Film desselben Herrn Thorndike zu kennzeichnen? (…) Aber in Ihrem Falle ging es um den General der Polizei und Waffen-SS, der im GB/BHE politisch tätig ist und im Falle Speidel um einen General, der zumindest der CDU/CSU nahesteht.«[811]

Der Landesvorsitzende schloss seine Betrachtungen, denen die Zustimmung des Adressaten sicher war, mit einem Seitenhieb auf den »alten Kämpfer« Walter Mentzel, der anlässlich der Stellungnahmen der Parteien zum Fall Reinefarth im Kieler Landtag namens der CDU-Fraktion proklamiert hatte, »daß die CDU einen früheren SS-General niemals als Kandidaten für eine Landtagswahl zugelassen hätte.«[812] Für Asbach war damit »in dieser unchristlichen Hetze gegen Sie als Mensch und Politiker die Spitze des politischen Pharisäertums erreicht (…). Armes Deutschland!«[813]

Der Empörung zum Trotz: Als Asbach diese Zeilen im Februar 1959 schrieb, war die öffentliche Debatte über den Fall Reinefarth bereits deutlich abgeebbt. Die beiden folgenden Jahre bedeuteten für den umstrittenen Politiker eine Art Schonfrist, bevor seine Vergangenheit aufgrund neuer Erkenntnisse über seine Rolle während des Warschauer Aufstandes erneut aufs Tapet kam. Dass seine bemerkenswerte Nachkriegskarriere dadurch ihr endgültiges Ende finden sollte, war nicht zuletzt eine Folge der veränderten vergangenheitspolitischen Umstände, unter denen sein Fall ab 1961 zum zweiten Mal aufgerollt wurde.

III. AUFARBEITUNG

1. Neue Wahrnehmungen

Vergangenheitspolitischer Aufbruch

Um 1958/59 kam es, angestoßen durch den Ulmer Einsatzgruppen-Prozess, zu einer »kriminalpolitischen Wende« um die juristische Aufarbeitung der nationalsozialistischen Gewaltverbrechen. Ihren augenfälligsten Ausdruck fand diese Entwicklung in der auf Beschluss der Landesjustizminister hin erfolgten Gründung der »Zentralen Stelle der Landesjustizverwaltungen zur Aufklärung nationalsozialistischer Verbrechen«. Das Ereignis markierte, wenige Wochen nach der Einstellung des ersten Ermittlungsverfahrens gegen Reinefarth, zumindest der Intention nach den Beginn einer systematisch betriebenen Ermittlungsarbeit hinsichtlich der bisher weitgehend ungesühnten Verbrechenskomplexe im Zusammenhang mit der nationalsozialistischen Besatzungs- und Vernichtungspolitik.[814] Der defensive Charakter des Vorgangs zeigte sich indes in der Beschränkung des Aufgabenbereichs auf Massenvernichtungs- und Konzentrationslager-Verbrechen im okkupierten Osteuropa, ferner in der Bereitstellung nur geringer personeller Ressourcen. Die Zentrale Stelle stellte nach den Vorstellungen ihrer Begründer ein Provisorium dar und dokumentierte zunächst nicht mehr als den Willen zu einer »öffentlichkeitswirksame[n] Aufräumaktion vor dem unvermeidlichen Schlußstrich (...)«.[815] Sie diente gleichzeitig der Imagepflege einer durch die »Blutrichter«-Kampagnen der DDR schwer angeschossenen westdeutschen Justiz: Demonstrativer Aktivismus auf dem Gebiet der justiziellen Vergangenheitsbewältigung schien geeignet, die penetranten Angriffe aus dem Osten zu relativieren, sollte gleichzeitig aber auch eine hellhörig gewordene Öffentlichkeit in den westeuropäischen Partnerstaaten, namentlich in Großbritannien, beruhigen.[816]

Es ist mittlerweile überzeugend nachgewiesen worden, dass die viel zitierte öffentliche »Schockwirkung« des Einsatzgruppen-Prozesses lange Zeit überschätzt wurde und eine entsprechende Sichtweise zu einem guten Teil der interessegeleiteten Darstellung von damals maßgeblich mitbeteiligten juristischen Akteuren entsprang.[817] Tatsächlich nämlich zeigt die Wahrnehmungs- und Wirkungsgeschichte dieses ersten großen Holocaust-Prozesses, so das Fazit von Claudia Fröhlich, dass die Aufarbeitung der NS-Verbrechen auch Ende der 1950er-Jahre noch »das Anliegen weniger engagierter Akteure war und gegen eine die Vergangenheit abwehrende politische und publizistische Mehrheit durchgesetzt werden musste.«[818] Trotz dieser notwendigen Relativierungen werden die ausgehenden 1950er-Jahre in der wissenschaftlichen Spezialliteratur nahezu einhellig als zeitlicher Ausgangspunkt eines schrittweisen Übergangs von einer sozialpsychologisch durch eine »gewisse Stille«[819] grundierten, insgesamt abwehrenden und selbstexkulpatorisch motivierten Ära der »Vergangenheitspolitik«[820] hin zu einer längeren Phase der »Kritik der Vergangenheitsbewältigung«[821] betrachtet.

Den äußeren Rahmen dazu bildeten gesellschaftliche Modernisierungs- und Liberalisierungsprozesse, deren beginnender Durchbruch häufig auf das symbolträchtige »Wendejahr 1957«[822] angesetzt wird. Der absolute Wahlsieg der Union bei den dritten Bundestagswahlen markierte demnach den Scheitelpunkt der Adenauer-Kanzlerschaft, mittelbar aber auch das Ende der »kurzen« 1950er- und den einsetzenden Übergang zu den »langen« 1960er-Jahren.[823] Die erreichte außen-, innen- und sozialpolitische Stabilität führte in den Jahren danach dazu, dass die in der ersten Phase nach Diktatur und Zusammenbruch als mentales Stützkorsett fungierende Rückbesinnung auf die gesellschaftlichen Werte der späten Kaiserzeit überflüssig wurde. Die für die 1950er-Jahre charakteristische Dichotomie von wirtschaftlicher und technischer Modernisierung auf der einen und der Orientierung an traditionellen Werten auf der anderen Seite (von Erich Kästner mit dem Bonmot des »motorisierten Biedermeier« umschrieben) begann sich somit zugunsten eines Zustandes aufzulösen, der »eine Homogenisierung von Normen und Lebensweisen ermöglichte.«[824] Durch die sich wandelnde Sozialstruktur der westdeutschen Gesellschaft als Folge des wirtschaftlichen Aufschwungs wurde zudem, der These von Eckart Conze zufolge, eine semantische Neubesetzung des Begriffs der »Bürgerlichkeit« befördert. Auf den unter dem Zeichen einer weit verbreiteten Politikverdrossenheit in der frühen Nachkriegszeit vielfach vollzogenen Rückzug in die an Sicherheit und Wohlstand orientierte »Gut-Bürgerlichkeit« des Berufs- und Privatlebens folgte in den späten 1950er-Jahren, nicht zuletzt forciert durch die zunehmende Präsenz und Skandalisierung der NS-Vergangenheit in der Öffentlichkeit, eine verstärkte Verinnerlichung einer proaktiv interpretierten »Staatsbürgerlichkeit«.[825] Damit einher ging eine langsame Hinwendung zu einem mehr und mehr eigenständigen, positiv konnotierten und sinnstiftenden, spezifisch westdeutschen Geschichtsbild.[826]

Parallel zu diesen Entwicklungen erfolgte, auch hier in kleinen Schritten, eine Transformation der politischen Kultur. Vermehrt äußerten Publizisten, Schriftsteller, Politiker, aber auch progressive Juristen deutliche Kritik an der autoritären Prägung der Adenauer-Demokratie. Die 1961 gegründete »Humanistische Union«, die erste Bürgerrechtsorganisation der Bundesrepublik, stellte sich etwa die Aufgabe, »die Diskussion bestimmter Strukturprobleme unseres gesellschaftlichen Lebens in Gang zu bringen und die Positionen derer, die die Bundesrepublik nicht für einen christlichen Obrigkeitsstaat, sondern für eine säkularisierte Demokratie halten, zu stärken (...)«.[827] Die Essenz dieser Debatte bildete die Forderung nach einem ganzheitlich-kulturellen Demokratieverständnis, das über die bloße Etablierung von politischen Spielregeln hinausging und eine umfassende gesellschaftliche Liberalisierung, Offenheit und Partizipation beinhaltete.[828] Von fundamentaler Bedeutung war für diesen Prozess die allmähliche Entstehung einer kritischen Medienöffentlichkeit, für die das Nachrücken der »45er«-Generation in die Chefsessel der westdeutschen Redaktionen äußerst bedeutsam war: Jung genug, um aus dem Zusammenbruch von 1945 die richtigen Lehren ziehen zu können, etablierten diese Publizisten einen zeitkritischen Journalismus, bei dem häufig der Skandal als Stilmittel eingesetzt wurde.[829]

In der medialen Öffentlichkeit wurden nun zunehmend Stimmen vernehmbar, die einer – nach heutiger Begrifflichkeit – aktiven Erinnerungskultur das Wort redeten. Diese »Aufbrüche im Feld der Erinnerungen« (Habbo Knoch) wären ohne die angesprochene sozialökonomische Stabilität nicht möglich gewesen: Die großzügigen versorgungsrechtlichen Beschlüsse der frühen 1950er-Jahre, die auch dem größten Teil der NS-Funktionseliten den Weg in eine gesicherte Existenz ebneten, hatten im Verbund mit der andauernden wirtschaftlichen Prosperität dem sozialpolitisch fundierten Erinnerungskampf der frühen Nachkriegszeit viel von seiner Schärfe genommen.[830] Die steigende Präsenz der nationalsozialistischen Verbrechen in Presse, Literatur und Film bildete die Grundlage für eine langsame »Erosion des Integrationskonsenses der frühen Nachkriegszeit«[831], aber auch für eine Modifizierung und Differenzierung des in der Öffentlichkeit bisher weitgehend elliptisch tradierten NS-Bildes.[832] In Ermangelung des im deutschen Sprachgebrauch noch nicht existierenden Begriffs des »Holocaust« war das Schuldbewusstsein bis anhin, wenn überhaupt, allenfalls mit dem schwammigen Begriff der »Kriegsverbrechen« genährt worden; eine begriffliche Unschärfe, die auf die Rechtspraxis des Alliierten Kriegsverbrechertribunals zurückging.[833] Gerade die Gründung der Zentralen Stelle rief nun aber in Politik und Medienöffentlichkeit erstmals seit den Nürnberger Prozessen ins Bewusstsein zurück, dass es sich bei der nationalsozialistischen Volkstums- und Vernichtungspolitik in den besetzten Ostgebieten um ein singuläres Großverbrechen handelte und nicht etwa nur um Kollateralerscheinungen eines »totalen« Krieges.[834] Diese sich verändernde Wahrnehmung wurde um 1960 durch eine Massierung von erinnerungskulturellen Meilensteinen weiter befördert: Vorkommnisse wie die antisemitische Schmierwelle zum Jahreswechsel 1959/60[835], der durch Ost-Propaganda erzwungene Rücktritt von Vertriebenenminister Oberländer[836] und ganz besonders der Eichmann-Prozess[837], um nur einige wenige zu nennen, rüttelten die westdeutsche Öffentlichkeit und Politik auf und hatten zuweilen konkrete rechtspolitische Konsequenzen.[838] In Abkehr von der formelhaften Rhetorik im politischen Diskurs der 1950er-Jahre wurden die nationalsozialistischen Verbrechen nun zu einem echten inhaltlichen Gegenstand und laut der Interpretation von Ulrich Herbert »sogar zu einem der wichtigsten innenpolitischen Themen in der Bundesrepublik« überhaupt.[839]

Was den sachlichen Erkenntnisgewinn betraf, übernahm in dieser Übergangsphase der Vergangenheitsbewältigung – obwohl nach eigenem Verständnis sicherlich eher unfreiwillig – die Justiz die Rolle des »gesellschaftlichen Psychoanalytikers«. Weit mehr als die hinterherhinkende Geschichtswissenschaft hielt sie der bundesrepublikanischen Gesellschaft durch den enormen Umfang des gesammelten Ermittlungsmaterials einen Spiegel vor, dessen Abbild in der Öffentlichkeit immer gegenwärtiger wurde.[840] An der Menge der Verurteilungen konnte man diesen Sachverhalt jedoch nicht ablesen: Die Anzahl der Schuldsprüche pro Jahr verharrte bundesweit weiterhin im tieferen zweistelligen Bereich und somit auf einem Niveau, welches sich bereits gegen Mitte der 1950er-Jahre eingependelt hatte.[841] Dem standen jedoch Hunderte von aufgenommenen Ermittlungsverfahren gegenüber, die immer häufiger – wie im Fall Reinefarth – medial begleitet und rezipiert wurden, während sich die Berichterstattung bis anhin fast ausschließlich auf die Hauptverhandlungen fokussiert hatte.[842] Auch wenn solche Berichte meist auf großes Interesse stießen, wäre es aber verfehlt, daraus auf einen sich innerhalb weniger Jahre vollziehenden grundlegenden Einstellungswandel innerhalb der deutschen Bevölkerung zu schließen. Zwar wurden in einem größeren publizistischen Rahmen die einseitigen Abwehr- und Opferdiskurse mehr und mehr in Frage gestellt, aber im kleinen Kreis waren die geläufigen gesellschaftlichen Deutungsmuster für die nationalsozialistische Vergangenheit deutlich zählebiger. Noch im Herbst 1964, während des ersten Auschwitz-Prozesses und der aufkommenden Debatte über die anstehende Verjährung der bisher ungesühnten NS-Morde, votierten bei einer repräsentativen Umfrage gut zwei Drittel aller Befragten für einen baldigen Abschluss der damit zusammenhängenden Verfahrenskomplexe.[843]

Für den ersten Abschnitt der Phase der »Kritik der Vergangenheitsbewältigung« bleibt in Bezug auf die gesellschaftliche Breitenwirkung unter dem Strich eine zwiespältige Bilanz: Die Jahre der »Orientierungskrise« von 1958 bis 1964 bildeten zweifellos den Hintergrund für den »Aufbruch in eine veränderte Öffentlichkeitspraxis«[844], legten mithin die Basis für tiefgreifendere spätere erinnerungskulturelle

Umwälzungen. Für den Moment aber hatte die Auseinandersetzung mit der NS-Vergangenheit für weite Kreise der deutschen Gesellschaft einen eher oberflächlichen Charakter. Die Reflexion wurde nicht durch eigene Intention, sondern durch skandalträchtige Einzelereignisse von außen stimuliert und zögerlich in Gang gesetzt. »Diese punktuellen Ereignisse«, bilanziert deshalb Christina Ullrich, »stießen auf unterschiedliches Interesse bei der breiten Gesellschaft und wurden unterschiedlich bewertet; Interesse, Informationsbedürfnis, Abscheu und Abwehr existierten nebeneinander. Eine Gesellschaft thematisierte sich plötzlich selbst.«[845]

Kann der zunehmenden medialen Präsenz der NS-Thematik also schwerlich eine kurzfristige durchschlagende Wirkung auf gesamtgesellschaftliche Dispositionen zugeschrieben werden, so traf dies für die politischen Entscheidungsträger – wie mit Bezug zu dem vorliegenden Fall gleich gezeigt wird – nicht zu.

In Schleswig-Holstein erschütterte um 1960 eine ganze Reihe von vergangenheitspolitischen Skandalfällen die politische Öffentlichkeit, die die Regierung von Hassel stark unter Druck setzten. Binnen weniger Jahre machten – neben Reinefarth und weiteren – die Fälle Lautz[846], Schlegelberger[847], Fellenz[848], Oberheuser[849], Catel[850] und natürlich Heyde/Sawade[851] überregional und zum Teil internationale Schlagzeilen und trugen dem Land einen Ruf als »braunes Naturschutzgebiet«[852] ein. Die Landesregierung selber hatte bisher wenig dazu beigetragen, dieser Zuschreibung tatkräftig entgegenzuwirken, im Gegenteil: Auf Betreiben des CDU-Abgeordneten von Heydebreck, kurz zuvor im Ulmer Einsatzgruppen-Prozess noch als Verteidiger tätig, hatte sich Bernhard Leverenz auf der entscheidenden Sitzung der Landesjustizminister im Oktober 1958 als Einziger gegen die Schaffung der Zentralen Stelle Ludwigsburg gestellt. Auch danach zeigte sich die Landesregierung bei der Umsetzung der Koordinationsbemühungen nicht gerade kooperativ.[853] Die Summe der Ereignisse führte gegen Ende des Jahres 1960 dazu, dass das Leitmedium der Kritik an den Verhältnissen im nördlichsten Bundesland, die »Frankfurter Rundschau«, immer häufiger von Blättern wie der »FAZ« oder dem »Rheinischen Merkur« sekundiert wurde: In diesen Zeitungen, denen per se wenig Oppositionelles anhaftete, war nun von »Schlupfwinkel für die braune Pest«, »brauner Patronage in Schleswig-Holstein« oder auch von »sich häufenden Unbegreiflichkeiten schleswig-holsteinischer Justiz« die Rede.[854] Die fortwährenden Angriffe der Presse sorgten auch für eine zunehmende Dünnhäutigkeit bei von Hassel: Nach unbelegten Behauptungen über seine angebliche Komplizenschaft im Fall Heyde/Sawade wurde am bereits angesprochenen Volkmar Hoffmann von der »Frankfurter Rundschau« ein Exempel statuiert: Gegen den Chefreporter wurde ein Strafantrag erwirkt wegen verleumderischer Beleidigung, welcher schließlich zu einer Bewährungsstrafe von sechs Monaten Gefängnis führte.[855]

In dieser kritischen Situation sah der Ministerpräsident in einem öffentlichen Befreiungsschlag die einzige Möglichkeit, den angegriffenen Ruf seines Landes, der automatisch auch seine eigene Reputation in Frage stellen musste, wiederherzustellen. In einer berühmt gewordenen Regierungserklärung vom 16. Januar 1961 vor dem Kieler Landtag und der versammelten in- und ausländischen Presse nahm er während zwei Stunden ausführlich Stellung zu den zahlreichen Vorwürfen und dokumentierte für jeden einzelnen Fall detailliert die Bemühungen der Landesregierung und der zuständigen Behörden, eine jeweils rechtlich und moralisch angemessene Lösung zu finden. Bezüglich Reinefarth wiederholte er das Ergebnis der Staatsanwaltschaft Flensburg, die 1958 keinen begründeten Verdacht gegen den Polizeigeneral a. D. hatte finden wollen, verpasste aber nicht hinzuzufügen, dass »andererseits aber auch meine Auffassung hinreichend bekannt sein dürfte, wie ich über die maßgebliche Mitwirkung früherer hoher SS-Führer in der deutschen Politik denke.«[856] Von Hassel bemühte sich, die Unabhängigkeit der jeweiligen Ermittlungsbehörden und die Zurückhaltung der Landesregierung bei anhängigen Verfahren zu unterstreichen. Diese Argumentationsführung wurde zwar von vielen Kommentatoren als zu formaljuristisch und zu wenig politisch fundiert kritisiert, eine stärkere normative Differenzierung vermisst. Letztlich gelang es ihm aber, zumindest den Willen zu einer »Kieler Selbstreinigung« (»Rheinischer Merkur«) zu vermitteln und die vor allem jenseits der schleswig-holsteinischen Landesgrenzen in ätzendem Ton vorgetragene Fundamentalkritik zu entschärfen.[857] Gleichzeitig markierte er, selbst ein bekennender Schlussstrich-Anhänger, eine vergangenheitspolitische Toleranzgrenze, hinter die es künftig selbst in Schleswig-Holstein kein Zurück mehr geben würde. Ungeachtet der Tatsache, dass sich der Landtag als Spiegelbild der schleswig-holsteinischen politischen Öffentlichkeit gegenüber allen erinnerungskulturellen Debatten der 1960er- und 1970er-Jahre mit wenigen Ausnahmen parteiübergreifend schlichtweg verweigerte und damit einen bemerkenswerten Provinzialismus an den Tag legte[858], hing Reinefarths politische Zukunft ab Anfang 1961 an einem dünneren Faden als jemals zuvor.

Neue Fakten

Unterdessen hatte die Akte Reinefarth die Justizbehörden hinter den Kulissen weiter beschäftigt. Eine Schlüsselrolle spielte dabei erneut Hans Thieme, der die Flensburger Staatsanwaltschaft bis in den Sommer 1960, also fast zwei Jahre nach dem eigentlichen Ermittlungsverfahren, unentwegt bearbeitete. Der akademisch vernetzte Rechtsprofessor wurde bei seinen Bemühungen von intellektuellen Exponenten ermutigt, die zu den Aushängeschildern der vergangenheitspolitischen Debatte um

1960 gehörten, wie etwa dem Kulturphilosophen Theodor Litt. Litt hatte bereits 1956 in seinem Werk »Wiedererweckung des geschichtlichen Bewusstseins« vor der Gefahr des Ahistorismus gewarnt und für die volle geschichtliche Verantwortung des Individuums plädiert.[859] Um seine Position zu untermauern, scheute sich Thieme auch nicht, die Flensburger Justiz an den ihm zugetragenen Gedankengängen Litts teilhaben zu lassen: »Lassen Sie sich in Ihrer Wachsamkeit und Aktionsbereitschaft nicht müde machen! Wir haben diese Selbstkontrolle bitter nötig. Gerade weil sie so beschwerlich ist.«[860]

Thieme machte von Anfang an deutlich, dass er den Flensburger Ermessensentscheid nicht teilte. Einige Tage nach der Einstellung der Ermittlungen sandte er eine Kopie des Artikels in der »Frankfurter Rundschau« über Reinefarths Wahlkampfauftritt nach Flensburg, darauf hinweisend, dass sich die für die Auslegung der Zeugenaussagen so eminent wichtige charakteristische Beurteilung des Beschuldigten offensichtlich nicht annähernd mit dessen Verhalten außerhalb des Verhörsaals vereinbaren lasse.[861] Unterstützung erhielt er bei seinen Bemühungen wiederholt auch aus Polen, erstmals bereits wenige Wochen nach Abschluss der Ermittlungen. Eine Privatperson schickte Thieme Material zur Verteidigung gegen den gegen ihn anhängigen Strafantrag zu, darunter ein Bericht des Einsatzkommandos Sicherheitspolizei Kampfgruppe Reinefarth an den Kampfgruppenstab mit Erschießungs- und Verbrennungszahlen. Thieme leitete das mögliche Beweismittel umgehend an die Staatsanwaltschaft weiter, wo man bekanntlich bereits über ein ähnliches Dokument von Thorndike verfügte.[862] An der Gesamtbeurteilung seitens der Behörde änderte sich durch das neue Schriftstück jedoch wenig, da es die Unterstellung unter die Kampfgruppe nicht zweifelsfrei beweise und zudem wohl von verschiedenen Stabsangehörigen, nicht aber von Reinefarth selber signiert worden war, wie Biermann den Generalstaatsanwalt wissen ließ: »Angesichts der Zweifelhaftigkeit seiner Herkunft und des selbst für den Fall seiner Echtheit nur geringen Beweiswertes bietet der Bericht für sich allein keinen Anlaß, einen Antrag auf Aufhebung der Immunität zu stellen. Sollten die Ermittlungen jemals aus anderen Gesichtspunkten wiederaufgenommen werden, werden die hier gewonnenen Gesichtspunkte zu verwerten sein.«[863] Warum in einer etwaigen Fälschung ausgerechnet die Unterschrift des zu diffamierenden Akteurs fehlen sollte, erörterte Biermann dagegen nicht. Im Januar 1959 erinnerte Thieme an die soeben über die Bühne gegangene Verhaftung von Erich von dem Bach-Zelewski wegen dessen Befehl zur Ermordung des SS-Führers Anton von Hohberg im Zuge der Röhm-Morde von 1934.[864] Für Bach-Zelewskis Ausgangslage spielte es nun auch eine wichtige Rolle, in welchem Licht seine Rolle in Warschau erschien, und dementsprechend versuchte er mehrfach, einen Bezug zu diesen Ereignissen herzustellen.[865] Die zuständige Staatsanwaltschaft Nürnberg-

Fürth nahm nun Rücksprache mit den Kollegen in Flensburg, wo der Beschuldigte erst wenige Monate zuvor ausgesagt hatte. Die für beide Verfahren immens bedeutungsvolle Glaubwürdigkeit der Aussagen Bach-Zelewskis sah man dort aber – trotz einiger Irrtümer – nach wie vor als gegeben an, wie Gerhard Te. beruhigend nach Nürnberg übermittelte:

»Bezüglich des Inhalts der Aussagen darf ich darauf hinweisen, daß nach dem Ergebnis der Ermittlungen der Zeuge in manchen Punkten offenbar geirrt hat; das gilt insbesondere soweit es sich um Einsatzorte und Einsatzzeiten der verschiedenen Einheiten, in erster Linie der Einheit Dirlewanger, handelt. Im großen Ganzen dürfte die Erinnerung des Zeugen jedoch zutreffend sein. Ich habe bei seiner Vernehmung auch den Eindruck gewonnen, dass er sich durchaus bemühte, nach bestem Wissen und Gewissen auszusagen.«[866]

Inzwischen hatte auch der Fall Reinefarth selber eine neue Wendung genommen. In Gießen war ein ehemaliger Angehöriger des in Hessen aufgestellten Polizei-Wachbataillons 9 von sich aus aktiv geworden und hatte sich bei Ernst Hessenauer gemeldet, um ihm seine Unterstützung in der gerade laufenden Kontroverse wegen seiner Äußerungen zu Reinefarths Landtagsmandat anzubieten. Aloys Th., Polizeiobermeister im Ruhestand, hatte sich auch bereits mit ehemaligen Kameraden verständigt, die bereit waren, Verbrechen im Befehlsbereich Reinefarths wie etwa die Erschießung von polnischen Priestern zu beeiden.[867] Ferner hatte er sogar mit einem Gießener Staatsanwalt Rücksprache genommen, der ihm empfohlen hatte, Hessenauer zu bitten, seinen Bericht »zwecks Wiederaufnahme des Ermittlungsverfahrens gegen Reinefarth« an die zuständige Stelle weiterzuleiten. Er bat ausdrücklich darum, sich und seine Kameraden vom Landeskriminalamt Wiesbaden vernehmen zu lassen, sei dies doch »so am praktischsten«.[868] Diese Informationen gelangten in der Folge via Hessenauer zu Justizminister Leverenz und von dort nach Flensburg.[869] Ende Januar 1959 kam es beim Generalstaatsanwalt zu einer Besprechung, an der neben Voss unter anderem auch sein Stellvertreter und künftiger Nachfolger Eduard Nehm sowie Biermann und Te. von der Staatsanwaltschaft Flensburg teilnahmen. Voss bekundete dabei, dass die Mitteilung von Th. bei ihm ein gewisses »Unbehagen« ausgelöst habe. Seiner Meinung nach seien Th. und die weiter von ihm angegebenen Zeugen anzuhören, und zwar unabhängig davon, ob Reinefarth derzeit Immunität genieße: »Wäre man«, so Voss, »in einem normalen Ermittlungsverfahren zu dem Ergebnis gekommen, daß diese Zeugen zweckmäßigerweise zu hören seien, so müsse man das auch hier tun und zu diesem Zwecke Antrag auf Aufhebung der Immunität stellen.«[870] Biermann und Te. widersprachen mit dem Einwand, es müsse hier besonders sorgfältig überprüft werden, ob sich damit ein neuer strafrechtlich relevanter Vorwurf gegen Reinefarth ergebe, keineswegs dürfe die Büchse der Pandora ohne Not wieder geöffnet werden. Sollten die Befragungen nämlich nichts zutage fördern, würde »ohne zwingenden Grund eine Lawine ins Rollen« gebracht werden, »denn nach der Aufhebung der Immunität könne man sich schlechterdings nicht auf die Vernehmung des Zeugen Th(…) und der (…) weiteren von ihm benannten Zeugen beschränken.« Die Mutmaßung von Th., wonach Reinefarth aufgrund der Nähe seines Gefechtsstandes von den Vorgängen gewusst haben müsse, reiche als Verdachtsmoment jedenfalls nicht aus.[871] Daraufhin schaltete sich Nehm ein mit der Bemerkung, dass man das Ergebnis der Vernehmung nicht mit Sicherheit voraussagen könne, aber doch mindestens weiterführende Informationen über die Befehlsgliederung zu erwarten seien. Biermann und Te. ließen aber auch diesen Einwand nicht gelten, da »es unmöglich sei, die Verantwortlichkeit etwaiger Unterführer für Vorkommnisse während des Kampfgeschehens heute noch nachzuprüfen.«[872] Der Generalstaatsanwalt ließ nun aber durchblicken, dass er es nicht hinnehmen würde, wenn das Schreiben von Th. »einfach zu den Akten« gelegt würde. Biermann erklärte sich nun immerhin bereit, Th. anzuschreiben und nach weiteren Tatsachen und Beweismitteln zu fragen. Würden diese geliefert, könne man »weitere Entschließungen erwägen.«[873]

Die vorliegenden Quellen lassen indes den Schluss zu, dass Biermann dieser Ankündigung nicht nachgekommen ist. Anfang Mai war der Stand der Ermittlungen deshalb Gegenstand einer Unterredung im Justizministerium. Im Ergebnis wies der Justizminister, die weitreichenderen Absichten des Generalstaatsanwalts und von dessen Stellvertreter offensichtlich übergehend, Biermann lediglich an, Reinefarth sei Gelegenheit zu geben, sich zu den Beschuldigungen von Th. zu äußern. »Nach Eingang der Äusserung Reinefarths bitte ich unter Beifügung des Entwurfs eines Bescheides an Th(…) um erneuten Bericht darüber, ob Antrag auf Aufhebung der Immunität für erforderlich gehalten wird.«[874] Keine Woche später ließ Biermann diese ministerielle Aufforderung durch seine Leute umsetzen. Nach telefonischer Rücksprache durch Al. erklärte sich Reinefarth bereit, zu diesen und zusätzlich zu in einem »FAZ«-Artikel vom zurückliegenden Dezember erhobenen Anschuldigungen Stellung zu nehmen, woraufhin er laut Vermerk gebeten wurde, »seine Erklärungen zu diktieren.«[875] Nachdem er dies getan und dabei – natürlich – jegliche Kenntnis von den im Raum stehenden Geschehnissen abgestritten hatte[876], informierte Biermann nach weiteren zwei Monaten Th. darüber, dass er, obwohl er die Richtigkeit seiner Aussagen nicht anzweifle, dennoch keine Veranlassung sehe, die Ermittlungen erneut aufzunehmen, da die Verantwortlichkeit Reinefarths für die geschilderten Vorgänge auch so nicht erwiesen sei.[877]

Die gleiche Obstruktionshaltung bekam weiterhin auch Hans Thieme zu spüren, der trotz häufig ausbleibender Antworten nach wie vor regelmäßig neue Hinweise und Überlegungen nach Flensburg übermittelte. Der Rechtshistoriker fühlte sich dabei an ein entsprechendes Versprechen gebunden, das er anlässlich seiner zweiten Vernehmung abgegeben hatte.[878] Was Biermann von Thiemes Mitarbeit hielt, teilte er dem Generalstaatsanwalt wie folgt mit:

»Ich werde Prof. Thieme anheimgeben, mir auch in Zukunft seiner Auffassung nach erhebliches Material zuzuleiten, wenngleich jedoch darauf hinweisen, dass ich mich als Vertreter einer öffentlichen Behörde ausserstande sähe, mit ihm – wie Prof. Thieme es offenbar erwartet – über Einzelheiten seiner Schreiben zu korrespondieren oder meine Auffassung über Veröffentlichungen in Presse und Schrifttum darzulegen.«[879]

Walter Al. übernahm die Aufgabe, Thieme diese Gedanken seines Chefs mitzuteilen. Der sich in der Folge entspinnende Briefwechsel ist deshalb so interessant, weil er Einblicke in die Mentalität der beiden Männer gibt und darüber hinaus in das Erscheinungsbild Reinefarths, wie sie aus Vernehmungsprotokollen nicht ersichtlich sind. Im Juli 1959 schrieb Al. also an Thieme, dass dieser sich aus Flensburger Sicht bereits seit dem Ende der Ermittlungen nicht mehr an das Versprechen gebunden zu fühlen brauche, alle erhaltenen Unterlagen sogleich an die Staatsanwaltschaft weiterzuleiten. Selbstverständlich würde aber das gesamte eingesandte Material weiterhin gewissenhaft überprüft. Was seit dem Ende der Ermittlungen von ihm und anderen an Dokumenten nach Flensburg geschickt worden sei, sei jedoch entweder bereits bekannt oder aber allenfalls geeignet, den Verdacht zu erhärten, dass es in Warschau zu »Ausschreitungen« gekommen sei. Dagegen habe er lediglich die Frage zu beantworten, »ob Bürgermeister Reinefarth persönlich für irgendwelche Übergriffe verantwortlich gemacht werden kann.« Es sei nach seiner Meinung indes zu konstatieren, »daß das dokumentarische Material zum Fall Reinefarth offenbar erschöpft ist (…)«.[880] Er selber habe zusammen mit Te. die ungewöhnliche Aufgabe übernommen, zwischen ihm, Thieme, und Reinefarth als Vermittler zu wirken, um »der Sache und dem Rechtsfrieden zu dienen«, und würde es deshalb bedauern, wenn »Ihre persönliche Kontroverse mit Bürgermeister Reinefarth für Sie nicht befriedigend abgeschlossen worden ist (…)«.[881]

Thieme nahm sich Zeit, seine Enttäuschung in Worte zu fassen, und begann einige Wochen später, eine Antwort zu formulieren. Darin führte er zunächst aus, dass er durchaus einsehe, dass ein Staatsanwalt bezüglich Stellungnahmen gegenüber Dritten Zurückhaltung üben müsse, dennoch:

»Ich hatte gehofft, daß das günstige Persönlichkeitsbild, welches Sie sich in der dreitägigen Vernehmung des Herrn Bürgermeister Reinefarth, die meiner eigenen voranging, gebildet hatten – ›Wissen Sie, aus was für einer Familie er stammt?‹, sagten Sie mir damals, ›Sein Vater war Landgerichtsrat! Täglich bringt ihm die Bevölkerung von Westerland ihre Sympathie zum Ausdruck! Er ist im Auftreten so bescheiden; er fährt z.B. mit dem Fahrrad!‹ – daß sich dieses durch seine – auch mir von der flüchtigen Begegnung in Warschau 1944 noch erinnerlichen – gewinnend liebenswürdigen Manieren sicher nicht unbeeinflußte Persönlichkeitsbild infolge der zum Teil erst nach Einstellung des Ermittlungsverfahrens bekannt gewordenen oder erhärteten Tatsachen wo nicht verflüchtigt, so doch erheblich abgeschwächt haben werde, und daß Sie sich mir gegenüber, der ich in der Öffentlichkeit dastehe als jemand, der einen untadeligen und hoch verdienten Mann zu Unrecht angegriffen hat, verpflichtet fühlen würden, dies einzugestehen.«[882]

Den guten Willen von Al. durchaus würdigend, schloss er seinen Brief nach weiteren Wochen des Überlegens:

»Nach wie vor glaube ich aber, daß Sie Ihr ethisch so achtenswertes Bestreben, ›wenn möglich dem Beschuldigten zu helfen‹ (wie Sie es ungefähr formulierten), vorliegendenfalls dem Falschen haben zugute kommen lassen, und daß dies politisch unheilvoll war. Mir persönlich hat es die Lust, mich für die Reinheit unserer Demokratie einzusetzen, jedenfalls gründlich genommen.«[883]

Trotzdem schrieb Thieme Al. weiterhin periodisch an, letztmals im Juni 1960, als er von einer zufälligen Begegnung mit dem bei den Ermittlungen ebenfalls als Zeugen vernommenen Historiker Hans Roos berichtete. Dieser sei überrascht gewesen, später aus der Presse zu erfahren, er habe Reinefarth mit seiner Aussage entlastet. Vielmehr sei es zumindest wissenschaftlich seine Überzeugung, dass Dirlewanger Reinefarth unterstellt gewesen sei. Roos habe zudem starke Zweifel an dem von der Staatsanwaltschaft gutgeheißenen Alibi für den 5. August 1944 angemeldet: Reinefarth könne dazumal unmöglich beim Stadtkommandanten Stahel im Warschauer Stadtzentrum gewesen sein, denn an diesem Tag sei der Weg dahin nachweislich noch durch drei Barrikaden versperrt gewesen.[884] Al. antwortete darauf inhaltlich abwiegelnd und fügte ansonsten ziemlich direkt an, er würde es begrüßen, wenn man »mit diesem Schreiben unseren zwar zeitraubenden, aber offensichtlich doch zu nichts führenden Schriftwechsel« beenden könnte.[885] Damit bricht die Korrespondenz ab.

Wie müssen diese Anmerkungen von Walter Al. eingeschätzt werden? Sein Lebenslauf weist ihn auf den ersten Blick als einen typischen Vertreter der viel kritisierten, stark »renazifizierten« schleswig-holsteinischen Justiz der 1950er-Jahre[886] aus. Geboren 1902 als Sohn eines Kaufmanns, war er in Flensburg bereits 1930 in den staatsanwaltschaftlichen Dienst eingetreten, wo ihm 1932 »juristische Kenntnisse und Fähigkeiten, die den Durchschnitt erheblich überragen« bescheinigt wurden.[887] Im Sommer 1933 trat er der SA bei, 1937 der NSDAP. Von 1941 an fungierte er bis zum Kriegsende als Oberstabsrichter.[888] Seiner Personalakte sind aber bereits für die NS-Zeit einige interessante Zwischentöne zu entnehmen. So wird in der ersten für die Zeit nach der Machtergreifung greifbaren Beurteilung in einer für den Nazi-Sprachgebrauch reichlich zurückhaltenden Art und Weise formuliert, »seine Einstellung zu dem neuen Staate« sei »durchaus positiv.«[889] Zu der Zeit war seine so vielversprechende Karriere allerdings ernsthaft in Gefahr, wie der Kieler Oberstaatsanwalt kurz nach Kriegsende an die britische Militärregierung rapportierte: »Im Jahre 1933 hatte er bei den Nazis Schwierigkeiten, da der Verdacht geäußert worden war, er sei jüdischer Abstammung. Er musste damals nachweisen, daß dies nicht zutraf.« Al. sei jedenfalls als »politisch zuverlässig für die Zukunft« einzustufen.[890] Er wurde in der Folge in die Staatsanwaltschaft Kiel übernommen, wechselte aber Mitte der 1950er-Jahre zunächst zum Oberlandesgericht nach Schleswig und kurz darauf zur Staatsanwaltschaft Flensburg, weil es zu Konflikten mit einem Vorgesetzten gekommen war. Al. habe sich sehr schwer getan damit, dass ihm Dienstjüngere und Heimatvertriebene bei Beförderungen vorgezogen worden seien, schrieb der Generalstaatsanwalt 1956 in einem Bericht.[891]

Nichtsdestotrotz wird in den einschlägigen Personalbeurteilungen durchgängig und in auffälliger Weise seine große Sozialkompetenz hervorgehoben, vor allem wegen seiner Uneigennützigkeit, enormen Hilfsbereitschaft, Nachsicht und Geduld, von der insbesondere jüngere und leistungsschwächere Sachbearbeiter profitierten.[892] Die unermüdliche Einsatzbereitschaft bescherte dem Staatsanwalt aber nicht nur die Achtung der Mitarbeiter, sondern zunehmend auch gesundheitliche Probleme. Kurz nach Beendigung des Briefverkehrs mit Hans Thieme war er gezwungen, eine Kur anzutreten, nachdem bei ihm »Erschöpfungszustände« festgestellt worden waren. Die Diagnose wiederholte sich vier Jahre später, und diesmal wurden die Folgen »chronischer körperlicher und nervlicher Überlastung« zusätzlich durch eine neu bemerkte Diabetes-Erkrankung verschlimmert.[893]

Walter Al., der Mann, der die Ermittlungen gegen Heinz Reinefarth 1958 und erneut von 1961 bis 1965 leitete, war – so viel dürfte klar geworden sein – ein Jurist, der während seiner gesamten beruflichen Laufbahn hohe Anforderungen an sich selber stellte. Sein Verhältnis zum NS-Staat war ambivalent: Nicht mehr, aber auch nicht weniger Nationalsozialist als viele andere seiner Generation, hatte er sich seinerzeit als hochbegabter junger Staatsdiener mit einer verheißungsvollen beruflichen Zukunft vor Augen entschieden, sich mit den neuen Verhältnissen so gut als möglich zu arrangieren. Seine ausgesprochene Gründlichkeit sollte Reinefarth nach Wiederaufnahme der gegen ihn gerichteten Untersuchungen eher zum Nachteil gereichen. Einen gegenteiligen Effekt hatte aber fraglos die menschlich zwar lobenswerte, für einen NS-Ermittler indes eher problematische Tendenz, in seinem Gegenüber stets das Gute sehen zu wollen. Diese Neigung wurde möglicherweise durch ein gewisses Gefühl der generationellen Verbundenheit mit dem nur ein Jahr jüngeren Reinefarth noch verstärkt. Alles in allem lag Thieme mit seiner Einschätzung daher durchaus richtig. So erübrigt sich letztendlich auch die Frage, ob sich Al. in den Jahren nach 1945 innerlich vollständig vom Nationalsozialismus distanziert hatte oder nicht: In dem Verhältnis von Al. zu dem prominenten Beschuldigten widerspiegelte sich nicht etwa ewiggestrige Kameraderie als mittelbare Folge einer von rechts unterwanderten schleswig-holsteinischen Justiz, sondern primär soziokulturell fundierte persönliche Wertschätzung gegenüber einem gesellschaftlichen und beruflichen Standesgenossen.

Die eigentliche Vorgeschichte der Wiederaufnahme der Ermittlungen gegen Reinefarth beginnt im Sommer 1960 mit einer Meldung der Zentralen Stelle Ludwigsburg an die mit der Causa von dem Bach-Zelewski beschäftigte Staatsanwaltschaft beim Landgericht Nürnberg-Fürth. Während sich das Verfahren wegen Bach-Zelewskis Mordauftrag aus dem Jahr 1934 dem Ende entgegenneigte, wurde man in Nürnberg über ein Gespräch eines Mitarbeiters der Zentralen Stelle mit einem Vertreter der Polnischen Hauptkommission unterrichtet, in dem dieser Bach-Zelewski unter anderem des Mordes an Zivilisten während des Warschauer Aufstandes bezichtigte. Daraufhin wurde gegen ihn und zusätzlich gegen weitere damalige Befehlshaber ein gesondertes Voruntersuchungsverfahren aufgenommen, wovon Reinefarth aufgrund der Zuständigkeit der Staatsanwaltschaft Flensburg ausgeklammert blieb. Im Zuge dieser Ermittlungen stellte sich zunächst heraus, dass Generalmajor Günther Rohr, einer der 1958 im Reinefarth-Verfahren vernommenen und nunmehr beschuldigten Militärführer, über einen Schnellhefter mit gesammelten Dokumenten aus dem Warschauer Aufstand verfügte, den er jetzt dem zuständigen Nürnberger Untersuchungsrichter zur Verfügung stellte. Darin fanden sich unter anderem zwei Befehlsschreiben Reinefarths, aus denen einwandfrei abgeleitet werden konnte, dass ihm Dirlewanger zumindest zeitweise unterstellt gewesen war, und zwar durchaus auch im »herkömmlich militärischen Sinne«, sprich: in taktischer Hinsicht.[894]

Noch weitaus folgenschwerer war jedoch die Forschungstätigkeit des bereits eingeführten Historikers Hanns von Krannhals, der auch bei diesem Verfahren als Sachverständiger auftrat. Krannhals war dabei auf die seit dem Frühjahr 1961 verfügbaren Anlagebände zum Kriegstagebuch der 9. Armee gestoßen, die in Form von Filmrollen durch die amerikanische Dokumentenzentrale in Alexandria an das Bundesarchiv Koblenz übermittelt worden waren. Der Inhalt dieser Filmrollen war derart brisant, dass Krannhals den verantwortlichen Beamten in Nürnberg Anfang Juni 1961 telefonisch über seinen Fund unterrichtete und konstatierte, der bisherige Forschungsstand über die Verantwortlichkeit für die Warschauer Verbrechen sei nicht mehr haltbar.[895]

Wer war dieser Mann, der die Wiederaufnahme des Verfahrens so entscheidend beförderte und der Flensburger Ermittlungsarbeit lange Zeit seinen Stempel aufdrücken sollte? Dass er zum damaligen Zeitpunkt an der staatlich geförderten Ostdeutschen Akademie Lüneburg tätig und einer der maßgeblichen bundesdeutschen Polenexperten seiner Zeit war, wurde erwähnt. Vor allem über seine erste Lebenshälfte sind die Informationen aber nur spärlich vorhanden, wobei er selber, womöglich absichtsvoll, nicht allzu viel zur vollständigen Aufklärung beigetragen hat. Abhilfe schaffen jedoch einige personenbezogene Unterlagen aus den Flensburger Ermittlungsakten, vor allem aber ein aufschlussreiches Kapitel aus einer Freiburger Magisterarbeit über die Rezeption des Warschauer Aufstandes, fußend unter anderem auf der erstmaligen ausgiebigeren Auswertung des Nachlasses des Historikers. In der Darstellung ist denn auch nicht unzutreffend von dem »Rätsel Krannhals« die Rede.[896]

Diesen Quellen zufolge wurde Hans Detlef Krannhals[897] 1911 in Riga geboren und wuchs in Danzig auf. Bereits 1931 trat er in die NSDAP ein und nahm zunächst ein Studium der Malerei auf, wechselte aber später zu Geschichte, Geografie und Germanistik. Nachdem er 1937 mit einer Arbeit über den Weichselhandel in der frühen Neuzeit promoviert hatte, wurde er Mitarbeiter am Danziger Ostland-Institut, welches seinen politischen Auftrag in der wissenschaftlichen Revision des Versailler Vertrags sah und sich vorwiegend mit Grenz- und Volkstumsfragen sowie dem »Auslanddeutschtum« beschäftigte. Krannhals ließ in diversen Publikationen seinen antisemitischen Neigungen freien Lauf und legte sich nach 1939 auch einen dezidiert antipolnischen Ton zu. Nach der kriegsbedingten Auflösung des Ostland-Instituts wurde Krannhals gleichenorts Pressereferent des Gauleiters und Reichsstatthalters Albert Forster, zudem Chefredakteur der Zeitschrift »Der Deutsche im Osten« und ab 1941 ehrenamtlicher Landesleiter der Reichsschrifttumskammer Danzig-Westpreußen. Im selben Jahr wurde er zum Heeresdienst herangezogen.[898] Krannhals diente bei einem Flakregiment, wo er bis Kriegsende den Rang eines Leutnants der Reserve erreichte. In einer Beurteilung des Regimentskommandeurs wurde ihm attestiert, »mit dem nationalsozialistischen Gedankengut voll vertraut« zu sein und dieses »aus Erfahrung als Hauptschriftleiter lebendig und nachdrücklich« vermitteln zu können. Folgerichtig hatte er bei seiner Abteilung auch die Funktion des »Nationalsozialistischen Führungsoffiziers« inne.[899]

Nach 1945 arbeitete er nach eigenen Angaben als wissenschaftlicher Mitarbeiter für die britische Besatzungsverwaltung und betätigte sich zusätzlich als freier Schriftsteller, Illustrator und Übersetzer. 1954 kam er zu seiner Stelle in Lüneburg und avancierte ab den späten 1950er-Jahren im Rahmen von zahlreichen Ermittlungs- und Gerichtsverfahren zu einem der gefragtesten Sachverständigen für nationalsozialistische Kriegs- und Menschlichkeitsverbrechen in Polen. Dabei kam ihm insbesondere seine Kenntnis der polnischen Sprache zugute. Krannhals unterließ nun zumindest explizite antisemitische Äußerungen, streifte aber seine antipolnische Haltung keineswegs ab, sondern betonte und verurteilte etwa die polnischen Vertreibungsmaßnahmen ab 1945, ohne diese in Zusammenhang mit dem deutschen Überfall und der nationalsozialistischen Besatzungspolitik zu stellen. Dagegen kaschierte er wohlweislich seine zivile Betätigung während der Kriegszeit und gab stattdessen unverbindlich an, damals Leiter einer Forschungsstelle für Bevölkerungskunde in Danzig gewesen zu sein.[900]

Seine Tätigkeit als Sachverständiger hatte auch den Anreiz, dass er das dabei gefundene Material für seine eigene Forschungstätigkeit nutzen konnte. Seine 1962 erschienene Monografie über den Warschauer Aufstand ragt unter all seinen Publikationen deutlich hervor: Nicht nur wurde das Ereignis in der Bundesrepublik erstmals in Form einer wissenschaftlichen Gesamtdarstellung behandelt, sondern auch eindeutig die deutsche Schuld an den Massenverbrechen anerkannt. Ebenso kamen die politischen Hintergründe des Aufstandes und das Leid der Zivilbevölkerung ausführlich zur Sprache. Dementsprechend breit war das öffentliche Echo nach der Veröffentlichung. Allerdings, und dies ist trotz der großen Faktentreue und des ansehnlichen Umfangs des zusammengetragenen Materials die größte Schwäche des Buches, verfiel Krannhals darin seiner charakteristischen Tendenz (mit der er sich jedoch von der damaligen zeitgeschichtlichen Forschung nicht abhob), aus dem ihm zur Verfügung stehenden Archivmaterial in geradezu grotesker Weise eine fast völlige Unschuld der verantwortlichen Wehrmachtsstäbe und deren Einheiten ableiten zu wollen, wobei er sich durch das im Dokumenten-Anhang angefügte Quellenmaterial mitunter selber widerlegte. Stattdessen fokussierte er sich bei der Schuldzuweisung eindeutig auf Reinefarth: Dieser sei es gewesen, der dafür gesorgt habe, dass der Himmler'sche Vernichtungsbefehl ausgeführt wurde.[901] War das Werk zum Zeitpunkt seiner erneuten Kontaktaufnahme mit der Flensburger Justizbehörde 1961 aber erst noch im Entstehen begriffen, so stand – was sehr wichtig erscheint – mit dem Reinefarth-Verfahren spätestens nach der Publikation im Jahr darauf auch Krannhals' wissenschaftliches Renommee auf dem Spiel: »Ich bin derjenige, der Reinefarth entlarvt hat«, schrieb er trotzig an eine deutsche Wochenzeitung, nachdem diese fälschlicherweise behauptet hatte, er habe beim ersten Ermittlungsverfahren Material gegen den Beschuldigten zurückgehalten.[902]

Der Fund, auf den Krannhals nun aber in Koblenz gestoßen war, hatte es in sich. Umfasste der Textband des Kriegestagebuchs der 9. Armee, auf den man 1958 zurückgegriffen hatte, bloß etwas mehr als 300 Seiten, so beinhalteten die Anlagebände zusammen mit dem Textband nicht weniger als 7000 Seiten. In einem der Anlagebände fanden sich auch die Notizen des Kriegstagebuchschreibers über das berüchtigte Telefongespräch zwischen Reinefarth und Armeechef Vormann aus der Nacht vom 5. auf den 6. August 1944, in dem sich Ersterer darüber beklagt hatte, nicht genügend Munition zu haben, um alle Gefangenen liquidieren zu können.[903]

Nun begannen sich die Ereignisse zu überstürzen. Im Hintergrund hatte bereits die Nachricht von der Dokumentensammlung des Generalmajors Rohr und dem daraus resultierenden Beweis der Unterstellung Dirlewangers unter Reinefarth für Bewegung gesorgt. Vom Nürnberger Untersuchungsrichter war die Neuigkeit zum Leiter der Zentralen Stelle, Erwin Schüle, gelangt und von dort zum neuen schleswig-holsteinischen Generalstaatsanwalt. Eduard Nehm, bis 1972 letzter Träger dieses Amtes, der noch der NSDAP angehört hatte[904], bat den Flensburger Behördenleiter Biermann mit Schreiben vom 8. Juni 1961 »um beschleunigte Prüfung«, ob der Inhalt der in Nürnberg gesammelten Unterlagen Anlass gebe, beim Landtag den Antrag auf Aufhebung der Immunität Reinefarths zu stellen. Interessanterweise informierte Nehm Biermann bereits zu diesem frühen Zeitpunkt vorsorglich darüber, dass für den Fall etwaiger neuer Ermittlungen nach Auskunft von Schüle die Möglichkeit bestehe, an einen Krakauer Professor heranzutreten, der gleichsam routinemäßig polnische Zeugen an westdeutsche Justizstellen vermittle; ein Tipp, dem Biermanns Mitarbeiter jedoch nie folgen sollten.[905] Noch bevor man in Flensburg auf Nehms Vorstoß reagieren konnte, erreichte die Behörde bereits am nächsten Tag eine weitere Zusendung, diesmal aber direkt aus Nürnberg. Darin erhielt die Staatsanwaltschaft Kenntnis von Krannhals' sensationeller Entdeckung in den Anlagebänden des Kriegstagebuchs.[906] Noch einmal ließen sich die Flensburger Ermittler gut zwei Wochen Zeit, bevor konkrete Schritte unternommen wurden. Am 26. Juni nahm Al. mit Krannhals telefonisch Kontakt auf und beauftragte ihn mit der Abfassung eines neuen Gutachtens.[907] Im Anschluss reiste er nach Nürnberg, wo er drei Tage lang die dortigen Unterlagen studierte und darüber einen 21 Seiten umfassenden Vermerk anfertigte. Mit Blick auf die Befehle Reinefarths an Dirlewanger aus dem Fundus von Rohr kam Al. jedoch zunächst zu dem Schluss: »Diese Belastung allein reicht nicht aus, die Ermittlungen gegen Reinefarth wiederaufzunehmen (…).«[908]

Dies änderte sich, als Krannhals einige Tage später sein Gutachten vorlegte. Verschiedene Sachverhalte lagen nun klar und eindeutig auf dem Tisch, und daran kam auch Al. nicht mehr vorbei. So anerkannte er jetzt beispielsweise, worauf ihn Thieme ein Jahr zuvor vergeblich aufmerksam gemacht hatte: Wenn, wie Al. in einer Zeittafel festhielt, Reinefarth am 5. August statt bei seiner Truppe geblieben zu sein, im »Husarenritt« zum Stadtkommandanten Stahel vorgestoßen wäre, so hätte für diesen bestimmt keine Veranlassung bestanden, an diesem Nachmittag einen von Krannhals belegten Funkspruch abzugeben, um nachzufragen, wo der SS-Gruppenführer mit seinen Leuten aktuell stehe.[909] Da nun schwarz auf weiß nachzulesen war, was Reinefarth Vormann am selben Abend telefonisch übermittelte, bestanden ebenfalls keine Bedenken mehr, dass Thieme bei seiner Begegnung mit dem Kampfgruppenkommandeur Ähnliches gehört haben könnte.[910] Und schließlich ging Al. nun auch davon aus, dass die Kaminski-Brigade bis zum 16. August und die Einheit Dirlewanger sogar während des gesamten Warschauer Aufstandes dem Beschuldigten unterstanden hatte.[911]

Am 10. Juli 1961 hielt Al. in Anwesenheit von Biermann bei Nehm vier Stunden lang Vortrag. Gemeinsam entschied man, aufgrund des Gutachtens Antrag auf Aufhebung der Immunität zu stellen, sobald alle relevanten Akten, die Krannhals dafür ausgewertet hatte, als Ablichtungen vorlägen.[912] Der Historiker machte jedoch gegenüber Al. geltend, er sei erst kürzlich auf eine in den USA lagernde und bisher unbekannte weitere Akteneinheit (»Faszikel Nr. 343« aus dem Bestand Persönlicher Stab Reichsführer SS mit dem Titel »Niederschlagung des Warschauer Aufstandes 1944«) gestoßen, die möglicherweise Himmlers Vernichtungsbefehl enthalte. Da er nun seinen Standpunkt gegenüber 1958 derart fundamental habe revidieren müssen, wolle er diesmal ganz sicher sein. Der Experte gab deshalb anheim, mit dem Antrag noch zuzuwarten.[913] Bei einer neuerlichen Besprechung mit Nehm machten Al. und Biermann diese Einwände geltend. Nehm war mit dem Vorschlag einverstanden, wonach Al. zunächst über die bisherigen Nachforschungen von Krannhals einen ausführlichen Vermerk anfertigen würde, der dann dem Justizminister vorgelegt werden sollte: »Der Justizminister möge dann – ohne oder nach Vortrag bei ihm – entscheiden, ob mit dem Antrag auf Aufhebung der Immunität gewartet werden solle oder nicht.«[914] In einem Begleitschreiben an den angesprochenen Bernhard Leverenz fasste Biermann dieses Ansinnen noch einmal zusammen: Aufgrund der neuesten Entwicklungen seien die Gründe für die 1958 erfolgte Einstellung unzweifelhaft nicht mehr haltbar. Da die historische Forschung aber gerade jetzt in »vollem Fluß« sei, empfehle er vorerst abzuwarten, zumal es angesichts der bereits verstrichenen Zeit auf zwei Monate mehr oder weniger nicht ankomme. Biermann, der seine Lektion aus der missglückten Festnahme von Heyde/Sawade offenbar gelernt hatte, gab ferner zu bedenken, bei Auffinden des etwaigen Belegs, wonach Reinefarth den Vernichtungsbefehl persönlich von Himmler übernommen habe, »wäre doch wohl ernstlich zu erwägen, ob der Antrag auf Aufhebung der Immunität nicht auch die Genehmigung zur Herbeiführung der Verhaftung des Beschuldigten zum Ziele haben müsste.«[915] Für ein vorläufiges Aufschieben spreche schließlich auch die Öffentlichkeitswirksamkeit des Falls, was es umso wichtiger mache, dass man alle Fakten in der Hand habe:

»Er [Krannhals] fürchtet wohl nicht zu Unrecht, daß ein Antrag (...) der Öffentlichkeit nicht verborgen bleiben kann und wird. Er fürchtet dann weiterhin, daß der ›Fall Reinefarth‹ geschürt durch Polen und die sowjetisch besetzte Zone Deutschlands, in Presse und Öffentlichkeit erneut in einer Weise erörtert wird, durch die nicht nur Reinefarth, die Staatsanwaltschaft Flensburg und die gesamte Justiz in Schleswig-Holstein über Gebühr angegriffen, sondern auch er in seiner Forschungstätigkeit empfindlich gestört werden wird.«[916]

Dem Justizminister war jedoch nicht nach Ausharren zumute. Leverenz, der keine persönlichen Verbindungen zum Nationalsozialismus aufzuweisen hatte und im Ruf stand, entgegen dem zunehmenden Rechtsdrall seiner FDP ein echter Liberaler zu sein[917], wusste nur zu gut, dass die Landesregierung spätestens seit von Hassels Regierungserklärung von vergangenem Januar unter erhöhtem Erfolgsdruck stand. Der Minister, so darf vermutet werden, zog deshalb die zu erwartenden Konsequenzen in Erwägung, sollte die von der Staatsanwaltschaft Flensburg vorgeschlagene Strategie des Abwartens ungewollt durchsickern. Dass sich die überregionale Öffentlichkeit in diesem Fall mit dem Verweis auf die fachliche Sorgfaltspflicht als Erklärung für ein mehrmonatiges Zuwarten seitens der Behörden zufriedengegeben hätte, kann getrost ausgeschlossen werden. Viel eher wäre erneut ein Sturm der Kritik über die politische Führung Schleswig-Holsteins gefegt, die dann als Institution, welche ihren Worten keine Taten folgen lässt, vollends diskreditiert gewesen wäre. Nach Vortrag von Nehm legte Leverenz nahe, durch die Flensburger Justizbehörde »umgehend« einen Antrag auf Aufhebung von Reinefarths Immunität an den Landtagspräsidenten richten zu lassen[918], was Biermann mit Schreiben vom 1. August 1961 erledigte.[919] Wenige Tage später zeigte sich, dass der Inhalt des von Krannhals aus den USA angeforderten Faszikels keine Belege für die Weitergabe des Vernichtungsbefehls an Reinefarth enthielt, womit sich ein gewichtiger Teil der Bedenken von Krannhals und der Staatsanwaltschaft gegen ein zu forsches Tempo als unbegründet erwies. Andererseits befand sich unter den Dokumenten auch eine Ablichtung von Reinefarths anbiederndem Schreiben an Himmler, als er diesem aus Warschau »Beute-Tee« geschickt hatte. In Flensburg war man bereits seit der Thorndike'schen Sendung im Besitz einer Kopie dieses Schriftstücks, dessen Authentizität von dem dadurch kompromittierten Beschuldigten aber stets bestritten worden war. Nun musste Biermann seinem Generalstaatsanwalt melden, dass sich ein weiteres Dokument ostdeutscher Provenienz als echt erwiesen hatte. Vom schlimmstmöglichen Szenario einer Verhaftung blieb Reinefarth hingegen verschont, ganz abgesehen von dem gleichsam unwiderlegbaren Beweiswert, den ein solcher Inhalt dargestellt hätte.[920]

Einer Neuauflage der Ermittlungen stand jedoch nach einigen Wochen definitiv nichts mehr im Weg. Nach ausführlicher Prüfung durch den Verfassungsausschuss des Landtages, der sich nach eigenem Dafürhalten »die Aufgabe nicht leicht gemacht« hatte, entschied das Plenum am 27. September 1961 auf Antrag des Ausschusses einstimmig, die parlamentarische Immunität seines umstrittensten Mitglieds aufzuheben.[921]

Ende einer öffentlichen Laufbahn

Die Geschehnisse des Sommers und Herbsts 1961 sorgten dafür, dass die öffentliche Debatte um Heinz Reinefarth nach 1958 ein zweites Mal jäh aufflammte. Ende September berichteten die großen überregionalen Tageszeitungen und vor allem der »Spiegel« ausführlich über die neuesten Entwicklungen im Fall Reinefarth.[922] Im Raum stand primär die Frage, warum die Anlagebände des Kriegstagebuchs nicht schon 1958 konsultiert worden seien. In einem Leserbrief an die »WELT« nahm Krannhals die Staatsanwaltschaft jedoch ausdrücklich in Schutz. Besagte Unterlagen seien damals nicht vorhanden gewesen. Als er vor wenigen Monaten darauf gestoßen sei, habe er die Behörde unverzüglich informiert, und diese habe auch sofort gehandelt.[923] Schon vorher war der Historiker von einem »Spiegel«-Reporter persönlich kontaktiert worden, hatte es dabei aber vorerst unterlassen, seine anstehende Zusammenarbeit mit der Flensburger Justiz publik zu machen, da die Aufhebung der Immunität zu diesem Zeitpunkt noch nicht feststand.[924] In der Öffentlichkeit erwähnte Krannhals allerdings ebenso wenig, was Al. in Bezug auf die Zugänglichkeit zu den Anlagebänden pflichtbewusst vermerkt hatte: Die Unterlagen hätten unabhängig vom Bundesarchiv seit jeher »von jedermann käuflich erworben« werden können, wäre man denn darauf gekommen, bei der US-Dokumentenzentrale in Alexandria nachzufragen.[925] Dennoch wurden auch später ähnliche Anschuldigungen seitens der Presse sowohl von Krannhals als auch der Staatsanwaltschaft stets dementiert.[926]

Die neuerlichen Enthüllungen über Reinefarth fielen in die Monate des Mauerbaus und des Eichmann-Prozesses, in eine Zeit also, in der die Erblast der Vergangenheit für die Bundesrepublik außenpolitisch besonders schwer wog. Diesen Umstand bedauerte der Chefredakteur der »Frankfurter Neuen Presse«, Marcel Schulte, in eindringlichen Worten, verbunden mit einer heftigen Attacke gegen von Hassel sowie dessen Gefolgschaft in Politik und Verwaltung:

»Es wird das Schicksal unserer Generation sein, Reinefarths von allen Fronten in unserer Mitte zu erleiden. Dieser Reinefarth jedoch ist mit Hilfe des BHE (Dr. Gille: ›Ein völlig integrer, in seiner nationalen Gesinnung und Haltung vorbildlicher Deutscher‹) in das schleswig-holsteinische Parlament berufen worden und hat sich jahrelang des Wohlwollens deutscher Behörden erfreut, einer Protektion, die sogar an Perversion grenzte, als ein junger opponierender Beamter [Hessenauer] vom Regierungschef, mit dem er die parteipolitische Gesinnung sogar teilte, für sein mannhaftes Wort öffentlich gescholten wurde. Jetzt, im Jahre Eichmanns und der großen Mordprozesse in Deutschland, greift die Gerechtigkeit auch nach Reinefarth und lenkt die Blicke der Welt, die Berlin verteidigen, die Wiedervereinigung durchsetzen und uns vor dem Kommunismus vielleicht sogar mit dem Blutzoll ihrer Söhne bewahren soll, nach Schleswig-Holstein, wo ein Ministerpräsident, um der Koalition und der Ruhe willen, einem notwendigen Reinigungsprozeß zumindest den Weg nicht erleichtert hat. Daß Moskau zur Zeit mit so großem Erfolg in der westlichen Welt Skepsis gegen den sogenannten deutschen Revisionismus wecken konnte, die wir Deutsche außenpolitisch ausgerechnet jetzt zu spüren bekommen, ist nicht einmal so sehr die Folge einer unterlassenen Selbstreinigung als vielmehr der Toleranz verantwortlicher Politiker gegenüber Gestalten der tausendjährigen Vergangenheit. Mit welcher moralischen Autorität tritt eine Administration den Verbrechen der Volkspolizei entgegen, die in den eigenen Reihen Männer, aus dem gleichen Holz geschnitzt, duldet? Der Fall Reinefarth, von dem Herr von Hassel sich nicht zur rechten Zeit distanzierte, bricht als Geschwür in einem Augenblick auf, da die Diffamierungskampagne aus dem Osten immer willigere Ohren in der Welt findet.«[927]

Im NDR war der Fall Reinefarth Gegenstand einer abendlichen Fernsehdiskussion, an der je ein Landtagsabgeordneter von CDU, SPD und der aus dem GB/BHE hervorgegangenen Gesamtdeutschen Partei teilnahm. Die wenig ergiebige Gesprächsrunde litt jedoch, so der Zeitungskommentar am nächsten Tag, »beträchtlich unter der ungeschickten, bewußt abschwächenden Leitung« des Moderators, der weitere Telefonanrufe von Zusehern unterbunden habe, nachdem ein Zuschauer Parallelen zum Fall Globke gezogen hatte.[928]

Weniger um rechtspolitische Grundsatzdebatten als vielmehr um gewinnbringendes Infotainment ging es dagegen der »Frankfurter Illustrierten«, die nun ebenfalls auf den Zug aufsprang. In dem Populärmedium, aus dem nach der Fusion mit einer anderen Zeitschrift später die »BUNTE« hervorgehen sollte, erschien Ende 1961 ein pseudodokumentarischer »Tatsachenbericht« über den Warschauer Aufstand. Die reißerisch aufgemachte Fortsetzungsgeschichte (»Abenteuerliche Schicksale« – »Blutige Tragödien« – »Verschlagene Geheimagenten« – »Skrupellose Politiker«)[929] erinnerte in ihrer Form an die zur gleichen Zeit überaus populären Landserromane.[930] In der multiperspektivisch konzipierten Darstellung nahmen auf deutscher Seite die Militärführer Hauptrollen ein: Reinefarth, mit dem »ledergegerbten, schmalen Gesicht« und dem »preußisch kurzgeschnittenen Schädel, aus dem die Ohren wie zwei Horchgeräte abstehen«, wurde dabei als verwegener, wenngleich nicht ganz astreiner Draufgängertyp gezeichnet: »Fahren Sie wie der Teufel. Wir müssen durchkommen!«[931] Noch immer stand aber in erster Linie Dirlewanger für die Verbrechen des Warschauer Aufstandes, und nach wie vor wurde dieser Sachverhalt einem breiten Leserkreis implizit als direkte und quasi unausweichliche Folge des kriminellen Habitus des Sondereinheits-Befehlshabers vorgeführt. Dirlewanger hob sich in dieser Beziehung deutlich von Reinefarth ab, wobei die opulente Schilderung offensichtlich auch darauf abzielte, voyeuristische Instinkte zu befriedigen:

»Mit barbarischer Strenge hält der Duzfreund Himmlers seine Truppe zusammen. Die hagere Gestalt mit dem Raubvogelgesicht regiert mit Galgen und Peitsche. Oft genug sind die Mannschaften im Morgengrauen angetreten, und die eigenen Kameraden haben die Todeskandidaten erhängen müssen. Dirlewanger übt selbst die Gerichtsbarkeit aus, und wer nur über den Bock gespannt und ausgepeitscht worden ist, der hat sich noch glücklich preisen können. Dieser ehemalige Jurist, der SS-Richter und Wehrmachtsoffiziere mit Erschießen bedroht, pflegt in seinem Hauptquartier Orgien zu feiern, und seine kriecherisch ergebenen Unterführer suchen sich seine Gunst zu erhalten, indem sie ihm hübsche, junge Mädchen heranschleppen (…). In Warschau lockt nun neue Beute!«[932]

Die Reaktionen aus der breiten Bevölkerung auf die Neuauflage des Falls Reinefarth waren keineswegs einhellig gegen den Protagonisten gerichtet, wie einige Beispiele zeigen: So weckte gerade die Serie in der »Frankfurter Illustrierten« bei einem Leserbriefschreiber altbekannte Reflexe: »Dieser Mann, der damals als Soldat nur seine Pflicht tat, wird heute aus Gründen eines unbeschreiblichen Hasses und der Vergeltung in unserer Demokratie verfolgt und soll vor Gericht gestellt werden.«[933] Aber auch in Qualitätsmedien wie dem »Spiegel« waren die Reaktionen gemischt. Zeigte sich ein Leser erfreut, »daß der Spiegel im Fall des SS-Generals Reinefarth der offensichtlich kurzatmigen und schwerfälligen Justiz tatkräftig unter die Arme greift«, und sah sich dadurch einmal mehr bestätigt, »wie staatspolitisch wertvoll Ihr Magazin ist«[934], stieß dieselbe Berichterstattung andernorts auf Ablehnung:

> »Sie werden immer unglaubwürdiger. Das kommt davon, wenn man einem ›Forscher‹ wie dem v. Krannhals auf den Leim geht. Sie schreiben u. a. selbst ›… Die polnischen Widerständler machten wahllos Deutsche nieder …‹ Wer im Krieg als Zivilist eine Waffe in die Hand nimmt, um hinterrücks reguläre Soldaten abzumurksen, weiß, daß er gegebenenfalls an die Wand gestellt wird. Das ist internationales Kriegsrecht. Die deutschen Einsatzkommandeure hatten Befehl, den Aufstand niederzuschlagen und die Ordnung wieder herzustellen und konnten sich beim Warschauer Durcheinander der damaligen Tage nicht um jede eventuelle Übertretung kümmern. (…) Es ist ungerechtfertigt, wenn Sie in diesem Falle die Flensburger Staatsanwaltschaft angreifen, die nicht auf ›Show‹ arbeitet wie der Spiegel.«[935]

Der dabei angesprochene »Spiegel«-Artikel »Nacht über Wola«[936] bewegte auch Krannhals dazu, zum wiederholten Mal der angeschossenen Flensburger Justiz beizuspringen. An die Adresse des jungen Dieter Wild, des späteren stellvertretenden Chefredakteurs, gerichtet, beanstandete er, der Artikel suggeriere in Bezug auf die Aufklärung der Warschauer Ereignisse fälschlicherweise eine Konkurrenzsituation zwischen ihm und der Staatsanwaltschaft, das Gegenteil sei jedoch der Fall.[937]

Sosehr die Wogen in der Öffentlichkeit hochgingen, wurde das Ende von Reinefarths politischer Karriere doch weitgehend unabhängig davon und gleichsam im kleinen Kreis vorbereitet. Unmittelbar nach Aufhebung seiner parlamentarischen Immunität im September 1961 hatte er es zunächst abgelehnt, eine erneute Beurlaubung von seinem Bürgermeisterposten zu beantragen, bis er offiziell mit den Beschuldigungen bekannt gemacht würde. Bei diesem Vorhaben wurde er von seiner vorgesetzten Dienstbehörde unterstützt. Landrat von Rosenberg ließ sich namens der Kreisverwaltung Südtondern mit der bemerkenswerten Äußerung zitieren, man sehe keinen Anlass, initiativ zu werden, »da sich die Vorwürfe nicht gegen seine Amtsführung als Leiter der Westerländer Kurverwaltung richten, sondern sich auf Vorfälle stützen, die bereits 17 Jahre zurückliegen.«[938] Wenig später kam Reinefarth dann aber nicht mehr umhin, sich auf eigenen Antrag vom Magistrat Westerland für vorerst drei Monate von seinem Amt beurlauben zu lassen.[939] Auch wenn die Beurlaubung später verlängert werden musste, ging er offensichtlich davon aus, dass seine Laufbahn im öffentlichen Dienst und als Volksvertreter noch nicht vorbei war. Im Januar 1962 ließ er sich von seiner Partei für die bevorstehenden Landtagswahlen erneut als Kandidat aufstellen[940], zog die Bewerbung aber im Frühsommer auf dem GDP-Landesparteitag zurück, ungeachtet des parteiintern mittlerweile erreichten Status des Spitzenkandidaten.[941]

Zu diesem Zeitpunkt waren auch die Abklärungen über die Zukunft des Westerländer Bürgermeisteramts in Gang gekommen, allerdings nicht von der Gemeinde aus, sondern seitens der übergeordneten Dienststelle. Der zuständige Ministerialrat aus der Abteilung kommunale Aufsicht im Innenministerium, Kujath, hatte Oberstaatsanwalt Biermann gebeten, ihn über den Stand der Ermittlungsarbeit zu unterrichten. Auf dieser Grundlage wolle er sodann entscheiden, »ob dem Magistrat der Stadt Westerland die Wiederaufnahme der Dienstgeschäfte durch Bürgermeister Reinefarth oder dessen Abwahl als Bürgermeister zu empfehlen sei.«[942] Daraufhin kam es im August 1962 in Flensburg zu einer informellen Unterredung, an der unter anderem Kujath, Landrat von Rosenberg und der soeben zum Oberstaatsanwalt beförderte Walter Al. teilnahmen. Die Diskussion ergab, dass ein Ende der Ermittlungen nicht abzusehen sei und Kujath dem Magistrat Westerland folglich die Abwahl Reinefarths empfehlen werde. Dem Ministerialrat erschien es »untragbar (...), daß einerseits Reinefarth während des Laufes des Ermittlungsverfahrens, seine Dienstgeschäfte als Bürgermeister wieder aufnimmt, daß andererseits die Stadt Westerland weiterhin nur von dem stellvertretenden Bürgermeister (...) geleitet wird.«[943] Kujath würde dem Betroffenen zudem den Ratschlag übermitteln, »dem Magistrat gegenüber zu erklären, daß auch er seine Abwahl als erforderlichen Schritt betrachtet.« Der letzte Punkt wurde offensichtlich bereits in den nächsten Stunden in die Tat umgesetzt, denn am nächsten Tag erschien Reinefarth bei der Staatsanwaltschaft, wo er sich von Al. die Richtigkeit der ihm eben kommunizierten Informationen bestätigen ließ. Dabei gab er wie erhofft zu erkennen, »daß er seine Abwahl als richtig und daher nicht als unfreundlichen Akt ihm gegenüber« ansehe.[944] Noch am gleichen Abend trat der Magistrat Westerland zu einer vertraulichen Sitzung zusammen, deren Inhalt bei der nächsten Zusammenkunft der Stadtvertretung einige Wochen später ohne anschließende Diskussion verlesen wurde. Beschlossen wurde dabei nichts, stattdessen sollten zunächst Vertreter des Magistrats sowie der Bürgervorsteher noch einmal ein ausführliches Gespräch mit dem beurlaubten Bürgermeister führen.[945]

Was bei dieser Besprechung genau erörtert wurde, ist nicht überliefert, aber aus den Fakten kann geschlossen werden, dass der Entscheid fiel, mit der Abwahl vorerst noch zuzuwarten. Hierin orientierte man sich zeitlich wahrscheinlich am Abschluss der Vorermittlungen und der etwaigen Eröffnung einer gerichtlichen Voruntersuchung.[946] In ihrer nächsten Sitzung erging sich die Stadtvertretung in umständlichen Beratungen über eine monatliche Aufwandsentschädigung für den ehrenamtlichen Ersten Stadtrat Günter König (CDU) für die Zeit der ständigen Vertretung Reinefarths. Dabei übte die verjüngte SPD-Fraktion mit den ihr gebotenen Mitteln einen gewissen Druck aus, indem sie zuerst dafür sorgte, dass der entsprechende Tagesordnungspunkt entgegen der Absicht des Magistrats in öffentlicher Sitzung behandelt wurde, und später die Aufwandsentschädigung und damit die im Raum stehende Wartestrategie mehrheitlich ablehnte.[947] Die Ratsmehrheit beschloss jedoch anders und dehnte zudem nach einigen Monaten mit Billigung des Innenministers die Wirkung des Entscheids rückwirkend bis auf den Beginn von Reinefarths Beurlaubung aus.[948]

In die Angelegenheit kam erst wieder Bewegung, als kurz vor Eröffnung der gerichtlichen Voruntersuchung der Nachfolger von Rosenbergs im Amt des Landrats, Petersen, Reinefarths Stellvertreter König mitteilte, dass man sich im Innenministerium mittlerweile mit dem Gedanken beschäftige, für die Stadt Westerland einen Kommissar zur Wahrnehmung der Bürgermeistergeschäfte einzusetzen. Nun entschied der Magistrat, das Geschäft zur weiteren Beschlussfassung an die Fraktionen der Stadtvertretung weiterzugeben.[949] Einige Wochen später wurde bekannt, dass die CDU-Fraktion die Abwahl des langjährigen Bürgermeisters auf die Tagesordnung für die Stadtvertretersitzung vom 6. Juni 1963 hatte setzen lassen.[950] Am Vorabend des Zusammentretens erinnerte Landrat Petersen die Abgeordneten bei einem »Informationsgespräch« noch einmal an ihre Verantwortung und empfahl, die Abberufung aus kommunalpolitisch-sachlichen Gründen vorzunehmen.[951]

Wie schwer sich die Stadtoberen bei ihrer Entscheidung taten, zeigt ein öffentlichkeitswirksamer Leserbrief aus der Feder des Kurdirektors Petersen (nicht zu verwechseln mit dem amtierenden Landrat), der am Tag der Abwahl noch einmal eine Lanze für seinen langjährigen Weggefährten brach. Petersen kritisierte explizit den Zeitpunkt der Abwahl während der laufenden Ermittlungen. Damit mache sich die Stadtvertretung selber zum Richter, Politik und Justiz würden vermischt, der Angeschuldigte vorverurteilt. Wissend, »daß dieser Leserbrief einige Wellen schlagen wird«, erlaubte sich Petersen darauf hinzuweisen, dass sich der politische Aspekt sowieso von selber erledige, sollte sich Reinefarth im Dritten Reich im strafrechtlichen Sinn schuldig gemacht haben, er selber glaube jedoch nach wie vor nicht daran.[952] In der gleichen Ausgabe kommentierte der Berichterstatter der »Sylter Rundschau« mit süffisantem Unterton die Anwesenheit des eigens für das bevorstehende Ereignis angereisten ZDF, das nun angesichts der parteiübergreifenden Verständigung auf eine nüchterne Abwicklung der Abwahl wohl ohne die erhoffte »Sensation« werde abreisen müssen.[953]

Tatsächlich ging der Akt dann in versöhnlichem Geist über die Bühne, aber trotzdem war der Zeitpunkt nun da, um ein paar klare Worte auszusprechen. Der CDU-

Fraktionssprecher Zielinski begründete den Antrag seiner Partei in erster Linie mit den negativen Schlagzeilen der in- und ausländischen Presse, aus denen das Bad Westerland in den letzten Jahren nicht mehr herausgekommen sei. Zudem fehle ein hauptamtlicher Bürgermeister an allen Ecken und Enden. Man habe während des letzten Jahres eine endgültige Entscheidung »immer wieder zurückgestellt«, in der Hoffnung, die Angelegenheit werde sich bald für alle Seiten befriedigend klären. Letztendlich böte aber nicht einmal ein positiver Abschluss des anhängigen Verfahrens – »was wir hoffen und glauben« – Gewähr, dass das Problem für alle Zeiten vom Tisch sei; denn es könne nicht ausgeschlossen werden, dass plötzlich unvermutet neue Anschuldigungen auftauchten, die dann eine erneute Beurlaubung notwendig machten. Nichtsdestotrotz sei das Amt des Bürgermeisters in den vergangenen Jahren von einem fachlich hochqualifizierten Mann ausgefüllt worden, dessen Verdienste unbestritten seien und auch in Zukunft bestimmt gewürdigt würden. Der Vorgang falle daher gewiss niemandem leicht, aber »die höheren Interessen und der Bestand unseres Staates« erforderten den Schritt, denn es müsse festgehalten werden: Unabhängig von Reinefarths Meriten als Stadtoberhaupt »bleibt aber seine politische Mitwirkung und Verantwortung an den für das deutsche Volk verhängnisvollen Handlungen des Nationalsozialismus als schwere persönliche Belastung bestehen.«[954] Mit dieser Bemerkung, vom Protokollführer als einzige der gesamten Erklärung unterstrichen, wurde aus dem Mund eines CDU-Fraktionsvorsitzenden Bemerkenswertes ausgesprochen. Zwar werden die Verbrechen der nationalsozialistischen Gewaltherrschaft darin in der Tendenz noch immer abstrahiert und entpersonalisiert, aber die Mitverantwortung des Betroffenen nunmehr klar und deutlich von seinen Nachkriegsverdiensten und seiner redlichen Erscheinung abgekoppelt. Zielinski nahm bei diesen Überlegungen auch Bezug auf Stellungnahmen Käbers und von Hassels aus dem Jahr 1958 und betonte, man sei es vor allem der Jugend gegenüber schuldig zu zeigen, »daß es uns mit unserer heutigen Demokratie wirklich ernst ist.«[955] Dem konnte die SPD nicht mehr viel hinzufügen. Ihr Sprecher, Stojan, wies lediglich darauf hin, man erwarte nunmehr von der CDU, dass diese über die zuständigen Gremien mit der gleichen Konsequenz gegenüber in der Öffentlichkeit stark umstrittenen Persönlichkeiten ihrer eigenen Partei vorgehe, und nannte dafür die Beispiele Globke und Oberländer.[956]

Die Abberufung Reinefarths wurde vier Wochen später durch Wiederholung der Abstimmung satzungsgemäß bestätigt[957], die Versorgungsfrage durch weiterlaufende volle Bezüge bis zum Erreichen der gesetzlichen Altersgrenze im Sinne des abberufenen Bürgermeisters geregelt.[958] Eine der bemerkenswertesten Nachkriegskarrieren Westdeutschlands war in dem Moment zu Ende. Der Kampf um die eigene Vergangenheit hatte aber eben erst richtig begonnen. Ausgefochten wurde dieser allerdings nicht mehr so sehr im gleißenden Scheinwerferlicht der Öffentlichkeit wie noch 1958 und im Herbst 1961, sondern in der vergleichsweisen Anonymität der Verhörzimmer und Amtsstuben der schleswig-holsteinischen Justizbehörden.

2. Die juristische Aufarbeitung des Warschauer Aufstandes im Spannungsfeld von rechtspolitischen Erwägungen und historischer Faktizität

Im März 1965 erschien in der »ZEIT« ein Artikel mit der Überschrift »Geschichtsakten als Kriminal-Kartei«. Ein knappe Woche vor der entscheidenden und – wie sich zeigen sollte – geschichtsträchtigen Verjährungsdebatte im Deutschen Bundestag beschrieb Hanns von Krannhals darin die überwältigenden Herausforderungen für die bundesdeutsche Justiz bei der Aufarbeitung der nationalsozialistischen Massenverbrechen. Krannhals wies auf die Verstreutheit der einschlägigen Archivalien hin und damit auf die teilweise immer noch fehlende Zugriffsmöglichkeit für Historiker und Juristen. Dadurch entstehe ein enormer Zeitdruck bei der Aufarbeitung von NS-Verbrechen. Mit gleichzeitigem Blick auf die drohende Verjährung und auf die zwar seit dem Ende der 1950er-Jahre zumindest aus westlichen Archiven allmählich zurückkehrenden Aktenbestände, für deren professionelle Auswertung jedoch ein großer zeitlicher Aufwand in Betracht zu ziehen sei, konstatierte Krannhals ernüchtert:

»Wieviel Zeit aber stand der deutschen Forschung und übrigens auch den Gerichtsbehörden zur Verfügung? Nicht etwa 20 Jahre, sondern fünf, höchstens sechs Jahre. Es besteht kein direkter Zusammenhang zwischen der 20-jährigen Verjährungsfrist unserer Gesetze für Mordverbrechen und dem verfügbaren Zeitaufwand für die Forschung. Die Verfasser unseres vielfach auf die Zeit um 1890 zurückgehenden Strafgesetzbuches haben bei der Bemessung dieses Termins wohl niemals die Möglichkeit einer dokumentarischen Aufklärung im Auge gehabt. (…) Die Erfahrung zeigt (…), daß die große Masse des Quellenmaterials noch nicht genau durchgearbeitet ist. Die systematische Forschung begann zu spät. Es hat nicht am guten Willen, nicht einmal an Geld gefehlt, sondern an Fachkräften und vor allem an Zeit. Die zeitgeschichtliche Forschung sieht das Verjährungsproblem nicht von der juristischen Seite, auch nicht unter dem Kennwort ›Bewältigung der Vergangenheit‹, sondern sie fragt: Wurde das Material ›bewältigt‹? Die Frage muß verneint werden. Die Forschung steckt noch mitten in dieser Arbeit (…).«[959]

Welche Vorstellungen hatte Krannhals hinsichtlich dieser gewaltigen Aufgabe von der Arbeitsteilung zwischen Richter und Historiker? Für ihn sollte der Historiker schlicht »aufzeigen, wie es war«, wie er an anderer Stelle schrieb, dies indes mit der »unerbittlichen Verpflichtung zur reinen Wahrheit«. Das »Prädikat von Schuld oder Unschuld« sei dagegen ausschließlich Sache des Richters. Dadurch aber, dass die großen NS-Prozesse nun erst so lange Zeit nach dem Tatgeschehen stattfänden, »rückten Prozeßvorgang und Geschichtsschreibung sehr eng zusammen«, würden Forschungsarbeit und Beweisaufnahme »ein mitunter identischer Vorgang.« Aus diesem Grund, so der viel beschäftigte Gutachter, dürfe sich die Zeitgeschichte nicht scheuen, »ohne im geringsten etwa ›Magd der Staatsanwaltschaft‹ zu sein, (…) das Buch der Geschichte auch neben einer Anklagebank aufzuschlagen.«[960] Angesichts der Einzigartigkeit der aufzuarbeitenden Tatgegenstände wies er auch auf die zentrale Bedeutung von deren fachmännischen Einordnung in den jeweiligen zeitgeschichtlichen Zusammenhang hin, ohne die Richter, Staatsanwälte und Verteidiger schlechterdings nicht mehr auskämen. Mit der Erfahrung aus etlichen Jahren gutachterlicher Tätigkeit waren Krannhals aber auch die damit einhergehenden Probleme nur zu bewusst. So unterschieden sich die beiden Berufsgruppen etwa gemeinhin in der Bewertung von einschlägigen schriftlichen Beweisstücken, hätten die Juristen demnach vielfach die dem Historiker widerstrebende Tendenz, »das Dokument durch Zeugenaussagen wegzuinterpretieren (…)«.[961] Unabhängig von solch »klärende[n] Meinungsverschiedenheiten« betonte Krannhals jedoch den hohen gesellschaftlichen Wert der dabei geleisteten Arbeit:

»Wer immer wieder die ebenso leidenschaftliche wie kühle Wißbegier der deutschen Generation zwischen 20 und 30 Jahren auf den Zuhörerbänken vor den zeitgeschichtlichen Kathedern und Gerichtstischen miterlebt, spürt in dieser Suche nach dem ›Wie es wirklich war‹ mehr als bloße Neugier. Hier wird nicht nach Schuldigen, sondern nach Maßstäben und Richtlinien eigener menschlicher und politischer Entscheidung gesucht; und wie sie aussehen werden, wissen wir nicht. Aber Justiz und Zeitgeschichte sind gegenwärtig in Deutschland dabei, Gradmarken in diese Maßstäbe zu kerben. Es wäre gut, wenn sie das immer gemeinsam tun.«[962]

Trotz aller Differenziertheit vermitteln diese Bekundungen insgesamt den Eindruck eines im Grunde partnerschaftlichen Auftrages, den die Justizbeamten und die Zeithistoriker infolge der verspätet einsetzenden ernsthaften rechtlichen Vergangenheitsbewältigung gemeinsam erfüllen: die Suche nach Wahrheit und die adäquate Bewertung von aufgearbeitetem Unrecht.

Diese Anschauung relativierend, sind in Bezug auf Ausgangslage, Ziel und Methode jedoch gewichtige Unterschiede zwischen den beiden Disziplinen festzuhalten. Hat sich der Historiker einst aus freien Stücken für den von ihm bearbeiteten Gegenstand entschieden und widmet sich ihm anhand von selber gewählten Gesichtspunkten und Fragestellungen, kommt der Jurist mit der gleichen Thematik von Amts wegen und allein aufgrund strafrechtlicher Veranlassung in Berührung. Dabei hat er sich im engen Rahmen der geltenden Gesetze und der Prozessordnung zu bewegen. Ist der Fall betreffend die juristisch bedeutsamen Fragen geklärt oder hat sich durch Verjährung erledigt, ist die Untersuchung einzustellen, unabhängig davon, wie viele Fragen ansonsten unbeantwortet geblieben sind. Dergestalt können Aspekte, die für den Geschichtswissenschaftler interessant und relevant sind, für den Richter oder Staatsanwalt völlig unerheblich sein und umgekehrt. Die Unabdingbarkeit, die Schuldfrage zu personalisieren, führt in einem strafrechtlichen Zusammenhang notwendigerweise zu einer »Zurichtung des Materials im juristischen Diskurs«: Anklagepunkte müssen sich vor Gericht auf konkrete, klar abgrenzbare Taten beziehen, die Argumentation hat in der unmittelbaren Auseinandersetzung mit Verteidigung und Zeugenschaft zu bestehen. Der Prozessausgang hat für den Beschuldigten Strafe oder Freispruch zur Folge. Demgegenüber kann der Historiker aus der Perspektive des überlegenen Erzählers dozieren, er schildert Entwicklungen und Strukturen, er abstrahiert, kontextualisiert und vergleicht, trägt aber letztlich niemandem gegenüber Verantwortung als dem eigenen wissenschaftlichen Anspruch.[963]

Bei der rechtlichen Aufarbeitung von Kriegs- oder Menschlichkeitsverbrechen beginnen sich diese Unterschiede in der praktischen Zusammenarbeit allerdings teilweise aufzuweichen: Wird der juristische Sachbearbeiter vom Historiker in den für Laien oftmals nur schwer überschaubaren Ereignis- und organisationsgeschichtlichen Kontext eingeführt und bei den maßgeblich auf der Interpretation von schriftlichen Dokumenten basierenden Ermittlungen unterstützt, muss Letzterer den Blickwinkel notgedrungen verengen und sich bei seinen Recherchen – zumal im unmittelbaren Vorfeld eines Prozesses – auf die strafrechtlichen Kernvorwürfe beschränken. Die nach seinem Urteil angemessene Sanktionierung der Tat kann der Gutachter so höchstens indirekt beeinflussen. In einem Aufsatz spitzt Michael Stolleis diesen Sachverhalt – fußend auf der Annahme, wonach ein sogenanntes historisches Faktum genau genommen nicht mehr darstelle als ein »als sicher geltendes sprachliches Konstrukt« – auf die pointierte Formel zu, wonach der Historiker letzten Endes ein Intellektueller sei, der seine Meinung äußere, im Vergleich zum Richter aber ohne Konsequenzen: »Der eine empfindet dies als Freiheit, der andere hätte gerne Macht zu entscheiden und leidet darunter, daß er nichts tun kann, als

Geschichten zu erzählen.«[964] Dass sich Krannhals unfreiwillig mehr und mehr in diese Rolle gedrängt sah, wird die Analyse der Reinefarth-Untersuchung in aller Deutlichkeit zeigen. Der Ostforscher betätigte sich zwar im Umfeld von zahlreichen NS-Verfahren als Experte, aber die anhand der Person Reinefarths betriebene juristische Aufarbeitung des Warschauer Aufstandes besaß für ihn zweifelsohne eine übergeordnete Bedeutung. Das Ereignis stellte eines seiner wissenschaftlichen Hauptobjekte dar, und mit seinem Buch hatte er sich gleichermaßen verewigt wie exponiert, gerade betreffend die Rolle Reinefarths. Der relativen Ohnmacht des historischen Sachverständigen gegenüber den Eigenheiten des juristischen Diskurses kam im vorliegenden Fall deshalb eine besondere Brisanz zu. Der Verlauf der Flensburger Ermittlungen war folglich ganz erheblich geprägt durch das wechselhafte Verhältnis von Krannhals zu den Hauptakteuren der ermittelnden Justizbehörde.

Die nachfolgend zu leistende »Rekonstruktion der Rekonstruktion« der Ereignisse und Verantwortlichkeiten während des Warschauer Aufstandes bietet einen exemplarischen Einblick in die divergierende Intention und Herangehensweise juristischer und historischer Aufarbeitung der Vergangenheit.[965] Besonders prägnantes Anschauungsmaterial für eine Analyse der – wie von Krannhals richtig erkannt – in Bezug auf die NS-Nachgeschichte ab den späten 1950er-Jahren charakteristischen Verwicklung der beiden Arbeitsgebiete liefert dabei die Pionierrolle des Lüneburger Historikers als westdeutscher Forscher in polnischen Archiven. Das vorliegende Fallbeispiel zeichnet sich aber auch durch eine im Vergleich zu anderen nationalsozialistischen Massenverbrechen mehr ereignisgeschichtliche denn strukturelle Signatur, mithin durch eine bessere Abgrenzbarkeit des Tatbestandes aus. Schließlich hebt es sich durch die langjährige prominente Position des Beschuldigten in der politischen Öffentlichkeit von anderen Verfahren ab.

Unter der Prämisse der Sachaufklärung: Das zweite Ermittlungsverfahren

Unmittelbar nach der Aufhebung von Reinefarths Immunität durch den Kieler Landtag begann Al. in enger Zusammenarbeit mit Krannhals mit intensiven Nachforschungen, für die – anders als 1958 – von Anfang an flexible zeitliche Ressourcen zur Verfügung standen. Al. absolvierte in Begleitung einer Schreibkraft bis Ende des Jahres vier längere Reisen durch ganz Deutschland, wobei er bei der ersten fast fünf Wochen am Stück unterwegs war. Auf diese Weise kam es in einem vorerst eher zufälligen, schneeballähnlichen Vorgehen zu 50 Zeugenbefragungen, bei denen – auch das war neu – nicht mehr vorwiegend Einheitsführer zu Wort kamen, sondern auch frühere Unteroffiziere und Mannschaftsdienstgrade. Unterwegs nahm Al. auch Fühlung auf mit der Zentralen Stelle Ludwigsburg sowie den Sachbearbeitern der in Nürnberg und Hamburg schwebenden Parallelverfahren gegen Bach-Zelewski bzw. den früheren Kommandeur der Sicherheitspolizei in Warschau, Ludwig Hahn. Dort wurden jeweils Absprachen getroffen über die gegenseitige Abgrenzung der Ermittlungstätigkeit.[966]

Bereits nach wenigen Wochen kamen Generalstaatsanwalt Nehm, Behördenleiter Biermann und Al. zur Einschätzung, dass die angelaufene Untersuchung »nicht in Wochen sondern höchstens in Monaten – wenn nicht sogar innerhalb eines noch längeren Zeitraumes – zum Abschluß gebracht« werden könne.[967] Ein schwerwiegendes Problem stellte insbesondere und in aus heutiger Sicht kaum noch vorstellbarem Ausmaß die Logistik dar: Zum damaligen Zeitpunkt stand allen Dezernaten der Staatsanwaltschaft Flensburg zusammen lediglich ein Dienstwagen zur Verfügung, so dass Al. seine Reisen alternativ mit geliehenen Wagen des Innenministeriums oder mit der Eisenbahn durchzuführen hatte. Zur Vernehmung der Zeugen stellten die jeweiligen Polizeidienststellen Räume und Hilfskräfte zur Verfügung, konnten jedoch zumeist keine für das notwendige Durchschlagverfahren tauglichen Schreibmaschinen anbieten. Eine solche musste deshalb zusätzlich zu dem bereits beachtlich angewachsenen Stapel an Unterlagen mitgeführt werden.[968] Nehm legte Biermann daher in der Folge nahe, baldmöglichst beim Justizminister zu beantragen, dass den Sachbearbeitern der Sondersache Reinefarth »zu jeder Zeit« ein Dienstwagen mit einem Fahrer von der Fahrbereitschaft der Landesregierung zur Verfügung gestellt werde. Der Generalstaatsanwalt, notierte Biermann, sei der Auffassung, dass die Landesregierung und nicht die Staatsanwaltschaft selber einen Dienstwagen zur Verfügung zu stellen habe, »weil es sich um ein Verfahren handelt, dass [sic] sogar über die Grenzen des Landes hinaus von Bedeutung ist.«[969] Leverenz gegenüber unterstrich Biermann tags darauf die Berechtigung der Forderung nach umfassender Unterstützung mit dem Verweis auf eine Bemerkung des Leiters der Zentralen Stelle. Erwin Schüle habe Al. bei dessen Besuch in Ludwigsburg mitgeteilt, es gebe seiner Meinung nach bestimmt »größere, umfangreichere und schwierigere Ermittlungsverfahren in der Bundesrepublik als das Verfahren gegen Reinefarth; es gebe aber wohl kaum ein Verfahren, das die Öffentlichkeit in so starkem Maße interessiere«, da der Beschuldigte ehemaliger SS-Gruppenführer und aktueller Landtagsabgeordneter sei.[970]

Aus Ludwigsburg nahm Al. aber nicht nur diese gleichsam mahnende Ermunterung Schüles mit, sondern auch gut 70 Filmrollen mit Hunderten polnischen Zeugenaussagen, welche die Massenerschießungen in Wola und der Warschauer Innenstadt vom 5. und 6. August 1944 belegten.[971] Das Konvolut war Teil des Materials, das ab 1960 von der Polnischen Hauptkommission zur Zentralen Stelle gelangt war, nachdem die Bundesregierung dazu übergegangen war, die sich zwischen den beiden Institutionen etablierenden informellen Kontakte – trotz des auf deutscher Seite offiziell bestehenden Verbots juristischer Zusammenarbeit mit Behörden des Ostblocks – stillschweigend zu tolerieren.[972] Als Ergebnis einer zweitägigen Besprechung mit Krannhals versah Al. den Historiker daraufhin mit dem amtlichen Auftrag der Ablichtung, Übersetzung und Auswertung des Materials, dem bei dieser Gelegenheit die fortan verwendete Bezeichnung »Warschau-Akte« gegeben wurde. Über deren Inhalt und die daraus resultierenden Erkenntnisse in Bezug auf die Rolle des Beschuldigten entspann sich in den folgenden Monaten ein intensiver Briefwechsel, der zusammen mit den persönlichen Begegnungen zwischen den beiden Männern ein vertrautes, fast freundschaftliches Verhältnis entstehen ließ.[973] Durch die Auswertung der Warschau-Akte sah Krannhals seine Annahme der Verantwortlichkeit der unter direktem Befehl Reinefarths stehenden Einheiten für die Massenmorde erhärtet, wie eines der vielen Schreiben beispielhaft zeigt:

»Aus den von mir inzwischen übersandten 50 Zeugenaussagen des Komplexes Wola ergibt sich mit einiger Sicherheit, daß neben dem SD-Kommando Spilkers am 5.8.44 Gendarmerie und eine SS-Einheit, die über ›Ukrainer‹ verfügte, nebeneinander die Massenerschießungen systematisch, befehlsgebunden und überlegt in einem Gebiet durchführten, in dem überhaupt keine Kampfhandlungen stattgefunden haben. In 5 oder 6 Fällen wird die Aufhebung des Erschießungsbefehls durch Bach-Zelewski in ähnlichen Einzelheiten beschrieben wie Bach-Zelewski sie mir selbst erzählt hat, so daß auch an den anderen Darstellungen der polnischen Zeugenaussagen nur in bestimmten Fällen, die wir im einzelnen miteinander absprechen könnten, zu zweifeln wäre.«[974]

Neben dem schriftlichen Austausch trafen sich Krannhals, Al. und dessen Assistent Be.[975] in regelmäßigem Turnus zu detaillierten mündlichen Erörterungen über den jeweiligen Stand der Materialbeschaffung und -auswertung und über die daraus zu ziehenden vorläufigen Schlussfolgerungen. Wie auch in den Briefen drehte sich die Diskussion in diesem Zeitabschnitt schwergewichtig um die Frage, welche Einheiten wann, wo und unter welchem Befehl in Warschau eingesetzt waren, um daraus in Verbindung mit den polnischen Zeugenaussagen Rückschlüsse über deren Beteiligung an den Mordaktionen zu gewinnen. In der Hauptsache war man demnach bestrebt, sich ein möglichst umfassendes Bild über die Geschehnisse zu machen.[976] Im gleichen Zug ergab sich für Krannhals die willkommene Gelegenheit, sein Buchmanuskript und hier in erster Linie das Kapitel über »Rechtswidriges Verhalten kämpfender Einheiten« einer kritischen Prüfung zu unterziehen, wobei die Hinweise von Al. und Be. eine große Hilfe darstellten.[977]

Nach knapp einem halben Jahr der Untersuchungstätigkeit zogen die Flensburger Ermittler im Februar 1962 zusammen mit Justizminister Leverenz Bilanz und hielten Ausblick. Bei der siebenstündigen Besprechung bestand Einigkeit darüber, dass ein erfolgreicher Abschluss der Ermittlungen, wenn überhaupt, »nur auf dem bisher beschrittenen Weg der Sachaufklärung erzielt werden kann. Auf Vorschlag von Gen[eral]St[aats]A[nwalt] Dr. Nehm erklärte sich der Minister ausdrücklich damit einverstanden, daß die Ermittlungen in der bisher gehandhabten Weise fortgesetzt werden.«[978] Der gleiche Vorgang wiederholte sich im darauffolgenden Juli, wo Al. darauf hinwies, es könne noch überhaupt nicht abgesehen werden, wann die Ermittlungen einmal beendet seien.[979] Durch die fortlaufende systematische Auswertung des Kriegstagebuchs der 9. Armee einschließlich der Anlagebände hatten in der Zwischenzeit immer neue Zeugen eruiert werden können. Die Zahl der Vernehmungen war mittlerweile auf ungefähr 200 gestiegen.[980]

Obwohl die Untersuchungen, zumal in dieser frühen Phase, offenbar nach bestem Wissen und Gewissen und überaus zeitintensiv geführt wurden, fällt die Staatsanwaltschaft Flensburg gegenüber anderen Verfahren in puncto Zielgerichtetheit und Innovation eher ab. Aufschluss darüber gibt die anstehende Polenreise von Krannhals, über die er Al. Anfang Mai 1962 erstmalig informierte. Demnach verhandelte der Gutachter auf Bitten der Staatsanwaltschaft Hamburg, wo er bei dem Verfahren gegen Ludwig Hahn wegen mehrerer Besatzungsverbrechen gegen die polnische und jüdische Bevölkerung Warschaus ebenfalls mitwirkte, mit der Militärmission in Berlin und der Hauptkommission über einen Besuch in der polnischen Hauptstadt. Krannhals ließ Al. wissen, er würde es sehr begrüßen, »wenn Sie sich ein paar Gedanken darüber machen wollten, was Sie mir als Suchbeauftragung aus dem Ermittlungsverfahren Reinefarth nach Warschau mitgeben.« In dem Schreiben wird trotz des ansonsten guten persönlichen Übereinkommens mit dem Adressaten eine leise Irritation bei dem Historiker überdeutlich, wenn weiter zu lesen ist: »Sie wissen, daß ich mir über die wesentlichsten Suchnotwendigkeiten dabei selbst im klaren bin. Ich hätte nur einmal gerne Ihre sozusagen amtliche Stellungnahme zu einem geplanten und von anderer Seite finanzierten Besuch in Warschau.«[981]

Nach Überwindung von bürokratischen Komplikationen konnte Krannhals seine Forschungsreise schließlich im Herbst 1962 antreten. Von Flensburger Seite her war ihm, so seine Wortwahl, »lediglich« die Sicherstellung der Berichte des Einsatzkommandos Sicherheitspolizei Kampfgruppe Reinefarth aufgetragen worden. Diese Berichte, eine Sammlung von insgesamt 53 Blatt, konnten von Krannhals im Archiv des polnischen Generalstabs ausfindig gemacht werden und wurden von ihm als »einwandfreie Originale« identifiziert. Damit hatte sich zum wiederholten Mal erwiesen, dass Thorndike bei der Zusammenstellung seiner Auswahlsendung nicht auf Fälschungen zurückgegriffen hatte, wie dies noch 1958 vermutet worden war und worauf sich Reinefarth und beispielsweise auch Günther Bock bei der Konfrontation ihrer darauf erscheinenden Paraphen berufen hatten.[982] Krannhals nahm sich die Freiheit, auch ohne offizielle Beauftragung weitere ihm wichtig erscheinende Unterlagen für das Flensburger Verfahren kopieren zu lassen. In einer persönlichen Unterredung mit dem Leiter der Polnischen Hauptkommission, Gumkowski, wurde ihm ferner zugesichert, von polnischer Seite her bestünden keine Bedenken gegen die Entsendung von in Polen lebenden Zeugen zur Einvernahme nach der Bundesrepublik Deutschland.[983]

Aufgrund der sich verdichtenden Verdachtsmomente wurde kurz vor Weihnachten 1962 im Beisein des Generalstaatsanwalts über die Möglichkeit der Eröffnung der gerichtlichen Voruntersuchung diskutiert. Die beiden Sachbearbeiter waren sich über das weitere Vorgehen allerdings nicht einig. Assessor Be. befürwortete die gerichtliche Voruntersuchung, da ein schwerwiegender, kaum ausräumbarer Verdacht bestehe. Dieser mache es erforderlich, die Entscheidung eines unabhängigen Gerichtes herbeizuführen. Zudem sei es zweckmäßig, die letzten noch notwendigen und möglichen Ermittlungen von einer mit richterlichen Befugnissen ausgestatteten Person durchführen zu lassen. Mit diesen Überlegungen fand er die Zustimmung sämtlicher Anwesenden, mit Ausnahme von Al. Der Chefermittler war der Ansicht, es sei schon jetzt abzusehen, dass das greifbare Beweismaterial kaum zu einer späteren Durchführung eines Hauptverfahrens ausreichen werde. Die voraussichtlich noch etwa fünf bis sechs Monate dauernden Ermittlungen sollten deshalb praktischerweise von den eingearbeiteten Beamten der Staatsanwaltschaft zu Ende geführt werden. Ein Richter müsse sich zuerst mehrere Monate in die Materie vertiefen, und selbst dann sei nicht gewährleistet, »daß er schon in der Lage sei, die noch erforderlichen Vernehmungen mit dem gleichen Erfolg durchzuführen, wie die Sachbearbeiter der St[aats]A[nwaltschaft]; das gelte namentlich für die Vernehmung des Beschuldigten.«[984] Sodann entwickelte sich eine lebhafte Debatte um die diskutable Frage, ob Reinefarth vor Stellung des Antrages mit Bezug auf den Grundsatz der Gewährung »rechtlichen Gehörs« zu dem inzwischen gesammelten Material anzuhören sei. Diesem Standpunkt schloss sich Al. an, während die übrigen Gesprächsteilnehmer dagegen votierten, weil, so der Tenor, infolge der Einvernahme von 1958 die gesetzlichen Vorgaben erfüllt seien und dadurch womöglich der Ermittlungserfolg unnötigerweise gefährdet würde. Nehm hielt es demnach für geboten und ausreichend, den Beschuldigten bei Stellung des Antrags vorgängig durch eine schriftliche Mitteilung in Kenntnis zu setzen. Der Generalstaatsanwalt entschied, dem Justizminister vorzuschlagen, einen Antrag der Staatsanwaltschaft Flensburg auf Eröffnung der gerichtlichen Voruntersuchung zu billigen, und beauftragte die Behörde mit der Vorlage eines entsprechenden Entwurfs.[985]

Als es Anfang April 1963 schließlich zu der entscheidenden Besprechung bei Leverenz kam, kreiste die Diskussion um die gleichen Punkte wie gut drei Monate zuvor. Vorbehalte gegen das geplante Vorgehen wurden dabei auch von zwei anwesenden Ministerialbeamten laut: Der involvierte Oberregierungsrat war der Meinung, es fehle an hinreichendem Tatverdacht, auch »werde der Untersuchungsrichter mit der Sache unangenehm belastet«, wobei er von Al. unterstützt wurde. Ministerialdirigent Dohle sprach sich zwar grundsätzlich für eine Voruntersuchung aus, äußerte aber »verfassungsrechtliche Bedenken gegen eine Nichtanhörung des Beschuldigten.« Schließlich erklärte er jedoch, »er neige dazu, diese Bedenken zu überwinden.«[986] Leverenz selber mochte sich noch nicht festlegen, stellte aber einen baldigen Entscheid in Aussicht.[987] Die Zustimmung des Justizministers kam rasch: Bereits zehn Tage nach der Erörterung der Sachlage im Ministerium konnte Biermann die vorbereitete Antragsschrift beim Landgericht Flensburg einreichen. Die bisherigen Ermittlungen hatten nach offiziellem Wortlaut insgesamt »einen begründeten Verdacht dafür ergeben, daß der Angeschuldigte sich im Sinne der Antragsschrift schuldig gemacht« habe.[988] Somit ging das Verfahren eineinhalb Jahre nach Wiederaufnahme in eine neue Phase über – diejenige der gerichtlichen Voruntersuchung. Bevor letztere 1975 aus der deutschen Strafverfahrensordnung gestrichen wurde, stellte ein erfolgreicher Abschluss des staatsanwaltschaftlichen Ermittlungsverfahrens also erst den zweitletzten Schritt dar auf dem Weg zu einer gerichtlichen Hauptverhandlung. Die unnötige Voruntersuchung hatte für eine wirksame Verfolgung von NS-Straftatbeständen tendenziell eine hemmende Wirkung.[989] Der Fall Reinefarth bildete diesbezüglich keine Ausnahme.

Der Bruch mit dem Sachverständigen Krannhals

Verantwortlicher Leiter der gerichtlichen Voruntersuchung gegen Heinz Reinefarth war der Landgerichtsrat Ernst-M. He. Mit Geburtsjahrgang 1919 entstammte er einer jüngeren Generation als Al. und Biermann. Nachdem er von 1938 bis zum Kriegsende ununterbrochen bei der Wehrmacht gedient hatte, zuletzt im Range eines Leutnants der Reserve, hatte er nach anschließendem Rechtsstudium eine solide, aber nicht allzu steile Laufbahn im höheren Dienst absolviert.[990]

Nach Einarbeitung in die umfangreichen Ermittlungsunterlagen war He. im August 1963 so weit, Reinefarth ein erstes Mal zu vernehmen. Dabei zeigten sich die direkten Auswirkungen der Entscheidung, den Beschuldigten nicht vorgängig mit den gesammelten Beweismitteln zu konfrontieren. Wissend zwar um die publizierten historischen Neuerkenntnisse von Krannhals, aber uninformiert darüber, mit welchen zusätzlichen Unterlagen die Flensburger Justizbehörde die Evidenz der Weitergabe eines Bevölkerungsvernichtungsbefehls oder zumindest der inneren Zustimmung zu den Massenmorden belegen konnte, argumentierte Reinefarth inkohärent und teilweise unvorsichtig. Die Telefonkladde aus den Kriegstagebuch-Anlagebänden bezeichnete er zunächst als gefälscht, versuchte sich dann aber abzusichern: Falls er die Bemerkung über die Flüchtlinge und die Munition trotzdem gemacht habe, so sei sie bestimmt lediglich als neutraler numerischer Vergleich gemeint gewesen. Andererseits betonte er wiederum, eine derartige Meldung hätte schon deshalb keinen Sinn ergeben, weil der Erschießungsbefehl dazumal von Bach-Zelewski bereits aufgehoben worden sei. Abgesehen davon bezweifle er aber nach wie vor, dass damals Exekutionen in der genannten Größenordnung tatsächlich vorgekommen seien. Dennoch hielt er es mittlerweile für gut möglich, dass die von Hans Thieme bekundete Unterhaltung in dem überlieferten Wortlaut stattgefunden habe, nur habe der Zeuge offensichtlich die Bedeutung der dabei gemachten Aussagen falsch wahrgenommen. Wenn, dann seien diese keineswegs so gemeint gewesen,

> »daß ich sie erschossen haben würde, wenn ich genug Munition gehabt hätte. Ich halte es für möglich, daß jemand beim Anblick des Flüchtlingszuges unter Anspielung auf den angeblichen, inzwischen ja von Bach aufgehobenen Vernichtungsbefehl dem Sinne nach geäußert haben kann, daß man diese Menschen alle habe erschießen wollen und daß ich dann beiläufig gesagt haben kann, daß dazu nicht genügend Munition vorhanden gewesen wäre. Ich halte es andererseits auch für möglich, daß ich angesichts des Flüchtlingszuges davon gesprochen habe, daß diese Flüchtlinge für uns ein schweres Problem seien.«[991]

Auf diese Weise hatte die gerichtliche Voruntersuchung eigentlich einen vielversprechenden Anfang genommen, zumal Krannhals der Behörde weiterhin emsig zuarbeitete und seine Nachforschungen zum Warschauer Aufstand trotz der abgeschlossenen Publikation unermüdlich vorantrieb. Bereits kurz nach Beantragung der Voruntersuchung hatte er Al. über eine weitere geplante Polenreise informiert.[992] Im Herbst 1963 verbrachte der Ostforscher dann mehr als einen Monat in Warschau, wo er sich wiederum schwergewichtig nach Unterlagen für die Ermittlungen gegen Ludwig Hahn umsah. Dieser Umstand wurde den polnischen Behörden jedoch verschwiegen. Krannhals war also vorgeblich nicht als Beauftragter einer deutschen Strafverfolgungsbehörde unterwegs, sondern privatim als Historiker. Der lange Zeit sehr ergiebige und vor Ort zunächst durchaus wohlwollend unterstützte Forschungsaufenthalt fand ein abruptes Ende, als die Polen seine Hintergründe durchschauten. Unmittelbar vor der Abreise wurde Krannhals – für ihn aus heiterem Himmel – auf dem Warschauer Flughafen festgehalten und gezwungen, praktisch sämtliche Unterlagen, die er bis anhin gesammelt hatte, wieder abzugeben. Dieses Ereignis bewegte die Staatsanwaltschaft Hamburg in der Folge dazu, in Sachen Hahn im Verbund mit der Zentralen Stelle auf offiziellem Weg an die Hauptkommission und das polnische Innenministerium heranzutreten. Krannhals selber aber war in Polen fortan Persona non grata, wie späteren deutschen Delegationen deutlich zu spüren gegeben wurde.[993]

Der nächste, in Bezug auf das Reinefarth-Verfahren jedoch weitaus folgenschwerere Rückschlag ereilte den beflissenen Forscher nur eine Woche später, als He. die Rahmenbedingungen für die weitere Zusammenarbeit im Vergleich zur umfassenden Aufarbeitungsstrategie der Staatsanwaltschaft deutlich restriktiver absteckte. Den unmittelbaren Anlass dazu bildete eine durch Krannhals angefertigte Übersetzung der Aussagen von Bach-Zelewski vor dem polnischen Staatsanwalt 1946. Diese glaubte He. in Teilen des bereits von der Staatsanwaltschaft gesammelten Untersuchungsmaterials wiederzuerkennen und leitete daraus recht unverblümt einen Betrugsvorwurf ab, indem er in den Raum stellte, Krannhals habe der Behörde die gleiche Arbeit sozusagen zweimal verkauft. Er belehrte den Historiker darüber, dass er grundsätzlich nur für im Voraus schriftlich formulierte Aufträge eine entsprechende finanzielle Entschädigung zu erwarten habe. Dessen ungeachtet sei er, He., jedoch prinzipiell weiterhin an einer Zusammenarbeit interessiert.[994] In einer verärgerten Replik verwahrte sich Krannhals gegen diese Anschuldigung und strich seine langjährige gedeihliche Kooperation mit etlichen bundesdeutschen Justizbehörden heraus, eingeschlossen derjenigen mit der Flensburger Staatsanwaltschaft um Walter Al. Mit Verweis auf alternative Verwertungsmöglichkeiten seiner Kenntnisse über den Warschauer Aufstand schloss er mit der direkten Frage, ob seine weitere Arbeit nicht nur denkbar, sondern explizit erwünscht sei, da ansonsten seine »Stellung gegenüber den ständig an mich gerichteten Anfragen des Fernsehens, des Rundfunks, der Presse u. a. eine andere würde.«[995] Gleichzeitig wandte er sich hilfesuchend an Al.:

> »Ich wende mich heute an Sie halb privat mit der Bitte um Vermittlung in einer Angelegenheit, bei der Sie wohl als die naturgemäß ausgleichende Kraft wirken können: (…) Ich muß gestehen und darf Ihnen gegenüber das zum Ausdruck bringen, daß ich die Haltung von Herrn He(…) einfach nicht kapiere. Vor allem ist die unter Punkt 3) gemachte Feststellung bzw. Vermutung doch implicite der Vorwurf eines Betruges, und ich weiß nicht, womit ich das verdient habe. Die Vermutungen von Herrn He(…) ergeben sich, soweit ich das übersehe, aus seiner

unzureichenden Kenntnis der etwas komplizierten Quellenlage in Sachen Bach-Zelewski-Aussagen. Ich wäre Ihnen dankbar, wenn Sie auf Herrn He(...) einwirken könnten, daß er in seinem nächsten Brief den Punkt 3) seines Schreibens vom 26.11 zurücknimmt. Das erspart beiden Teilen unendlich viele Schreibereien, denn ich lass ›diese Vermutung‹ natürlich nicht auf mir sitzen. Wenn Herr Landgerichtsrat He(...) mich mit diesem Schreiben als Sachverständigen in der Ermittlungssache Reinefarth zu torpedieren gedenkt, was Sie ja auch in Erfahrung bringen können, bin ich für eine entsprechende telefonische Mitteilung sehr dankbar. Aber ich hoffe, daß es Ihrem oft erprobten Vermittlergeschick gelingen wird, die Sache geradezubiegen, und bin Ihnen für ein baldiges Inangriffnehmen der Angelegenheit sehr sehr [sic!] dankbar.«[996]

Einige Wochen später konnte ihm Al. mitteilen, er habe sich um die Vermittlung gekümmert, die Sache sei mehrfach besprochen worden.[997]

Dieser Friedensschluss kam jedoch einem Strohfeuer gleich, denn Krannhals, für den der Fall Reinefarth eine persönliche Mission geworden war, enervierte sich nun offensichtlich immer mehr an Tempo und Substanz der Ermittlungsarbeit von He. Im Frühjahr 1964, ein volles Jahr nach Beantragung der gerichtlichen Voruntersuchung, suchte er in einer einigermaßen spektakulären Aktion von sich aus und ohne vorherige Unterrichtung der Flensburger Behörde unvermittelt den Generalstaatsanwalt auf. Dort beklagte er sich über die Untersuchungstätigkeit von He. Krannhals monierte insbesondere, dass nach wie vor keine ausländischen Zeugen mündlich einvernommen worden seien, und wies auf weitere verfügbare und möglicherweise einträgliche Unterlagen hin, die er jedoch in Ermangelung eines amtlichen Auftrags bisher nicht habe anschaffen können.[998] Der Angesprochene leitete diese Bekundungen an Biermann weiter und bat seinen Untergebenen, sie dem Untersuchungsrichter zukommen zu lassen. Nehm setzte zudem leichten Druck auf, indem er riet, den unzufriedenen Sachverständigen mündlich darüber zu vernehmen, welche weiteren Beweismittel nach dessen Auffassung noch zur Verfügung stünden und was mit ihnen belegt werden könne. Von dem Ergebnis einer solchen Befragung oder Vernehmung würde es dann abhängen, ob die Staatsanwaltschaft Anlass hätte, bei He. weitere Anträge zu stellen, »falls dieser nicht schon von sich aus tätig werden sollte.«[999] Nehm war durch ein Rundschreiben der Zentralen Stelle im Bilde, dass der vertiefte Informationsstand der westdeutschen Strafjustiz über die Bestände deutscher Akten in polnischen Archiven zu einem gewichtigen Teil der Reise von Krannhals vom letzten Herbst geschuldet war, denn dieser hatte darüber in Ludwigsburg einen detaillierten Bericht abgeliefert. Auch hiervon wurde Biermann vom Generalstaatsanwalt nun in Kenntnis gesetzt.[1000]

Der Polenexperte und Stargutachter Hanns von Krannhals entwickelte sich im Zuge der juristischen Aufarbeitung des Warschauer Aufstandes entgegen seiner neutralen Sachverständigenfunktion und seiner früheren inneren Haltung mehr und mehr zum geschichtspolitischen Hauptgegner des Angeschuldigten Reinefarth und geriet darob in heftige Auseinandersetzungen mit der Flensburger Staatsanwaltschaft. Undatierte Aufnahme, ca. 1964.

Das Insistieren von oben zeigte Wirkung: Im Juni 1964 wurde Krannhals tatsächlich die Gelegenheit gegeben, sich im Rahmen einer mündlichen Einvernahme, bei welcher auch der Angeschuldigte zugegen war, ausführlich zu äußern. Der Experte verwies auf eine ganze Reihe von Dokumenten und Zeugen, die seiner Meinung nach konsultiert werden müssten, darunter der ehemalige Oberbefehlshaber der polnischen Heimatarmee, Bór-Komorowski, der Historiker, Publizist und spätere Politiker Wladyslaw Bartoszewski und der polnische Richter Kazimierz Leszczyński, Mitglied der Polnischen Hauptkommission und wahrscheinlich der beste Kenner der dort vorhandenen Unterlagen über Reinefarth.[1001] Krannhals korrigierte bei dieser Gelegenheit auch einige Fehler aus den früheren Gutachten und seinem Buch und räumte ein, die Nachforschungen hätten inzwischen ergeben, dass nicht etwa nur Einheiten der Kampfgruppe Reinefarth, sondern auch solche der Wehrmacht an den Massenerschießungen beteiligt gewesen waren.[1002] Seine Befangenheit gegenüber den dortigen Führungsstellen war aber nach wie vor vorhanden, was in Bezug auf die vorliegende Fragestellung von erheblicher Bedeutung war: Der Historiker war aus diesem Blickwinkel nicht imstande, schlüssig zu erklären, weshalb Vormann auf die einschlägige telefonische Meldung Reinefarths nicht reagiert hatte.[1003] War aus Sicht von Krannhals also nicht sagbar, dass ein Wehrmachtsgeneral

Erschießungsmeldungen von diesem Ausmaß ohne besondere Regung hinnahm, so diente er damit unfreiwillig der Entlastung des Beschuldigten, erschien es dadurch doch umso wahrscheinlicher, dass die schriftliche Überlieferung aus den Anlagebänden des Kriegstagebuchs missverständlich war.

Der eigentliche Höhepunkt der Vernehmung nahte, als Krannhals zu seinem Urteil über die Befehlsübernahme und -weitergabe durch Reinefarth befragt wurde. Vor dessen Augen hielt er fest, dass es für ihn aus wissenschaftlicher Sicht betreffend den Himmler'schen Vernichtungsbefehl keine zwei Meinungen geben könne. Obgleich die Befehlserteilung an Reinefarth nirgends in schriftlicher Form überliefert sei, müsse dieser Sachverhalt als evident angesehen werden, wenn man bedenke, dass Dirlewanger, Geibel und Hahn den gleichen Befehl erwiesenermaßen erhalten hätten. Krannhals unterstrich bei seinen Ausführungen mehrmals, »dass dem Historiker derartige Analogieschlüsse erlaubt« seien.[1004] Was die Befehlsausgabe an die Einheitsführer betraf, kam nun der Bewertung einer Aussage eines einzelnen Zeugen aufgrund von dessen mittlerweile erreichter Position und dem damit verbundenen Ansehen eine immense Bedeutung zu. An der Warschauer Einsatzbesprechung hatte nämlich auch der seit 1959 amtierende Präsident des Bundesverwaltungsgerichts, Fritz Werner, teilgenommen. Werner war erst während der gerichtlichen Voruntersuchung vernommen worden, weshalb Krannhals über dessen Aussagen lediglich in Form von Aktenvermerken informiert worden war, die ihm Al. übermittelt hatte. Nun aber erhielt der Gutachter das gesamte Protokoll im Wortlaut vorgelegt und stellte sogleich fest, dass der wohlwollende Al. bei der Abfassung des entsprechenden Vermerks den folgenden Teil der Aussage Werners weggelassen hatte: »Ich halte es für möglich, dass bei dieser Einsatzbesprechung auch irgendwie von Erschießungen oder Exekutionen die Rede gewesen ist. Davon weiß ich heute allerdings nichts mehr.«[1005] Krannhals stellte sich jetzt auf den Standpunkt, es sei ihm unmöglich, eine fundierte wissenschaftliche Aussage zu tätigen, wenn er nicht die notwendige Zeit habe, sich mit den vollständigen Niederschriften der untersuchungsrichterlichen Vernehmungen auseinanderzusetzen. Außerdem sei ihm in den ihm vorgelegten Vermerken eine Vielzahl weiterer Formulierungen aufgefallen, mit denen er nicht einverstanden sei.[1006] Mit diesem Angriff auf seinen bisherigen Vertrauten Al. sorgte er für eine merkliche Verschlechterung der Stimmung in einer ohnehin delikaten Situation, wäre doch die laufende Vernehmung ohne seine Beschwerde bei Nehm zumindest in der Form gar nicht erst zustande gekommen. Zwar hielt sich Al. in der Folge zurück, »um einen friedlichen Verlauf der Vernehmung des Sachverständigen auf alle Fälle zu erzielen«, konnte aber nicht verhindern, dass sich Reinefarth lautstark in die Vernehmung einmischte und mit erregten Worten für die Darstellung des Staatsanwalts eintrat.[1007]

Für He. aber war mit diesem Auftritt von Krannhals das Fass übergelaufen. Der Untersuchungsrichter entschied sich, künftig auf die Dienste des Gutachters ganz zu verzichten, »da er es mit seinem richterlichen Gewissen nicht vereinbaren könne, einen so unobjektiven und befangenen Sachverständigen, wie es Dr. von Krannhals sei, als Sachverständigen in Anspruch zu nehmen.«[1008] In Flensburg hielt man es jedoch für angeraten, diese einschneidende Maßnahme gegenüber der vorgesetzten Dienststelle gut zu begründen. So kam Biermann bei Nehm natürlich auf Krannhals' eigenmächtiges Vorgehen zu sprechen, legte die Betonung aber vorsichtshalber nicht auf dessen erfolgreiches Insistieren bei dem Adressaten, sondern ausgerechnet auf den Leserbrief von Krannhals an die »WELT« im Anschluss an die Wiederaufnahme der Ermittlungen. Ungeachtet der Tatsache, dass der Historiker dort das Vorgehen der Staatsanwaltschaft im Jahr 1958 ausdrücklich verteidigt und danach mit Al. zwei Jahre in bestem Einvernehmen zusammengearbeitet hatte, wurde ihm nun unterstellt, er habe mit der im Brief ebenfalls enthaltenen Bemerkung, wonach er im Zuge des ersten Ermittlungsverfahrens »von zwei durchreisenden Staatsanwälten kurz befragt worden« sei, einer breiten Öffentlichkeit eine schlampige Untersuchungsarbeit der Flensburger Justizbehörde suggeriert, mithin sei das Vertrauensverhältnis zu ihm schon seit 1961 erheblich erschüttert.[1009] Mit Billigung von Biermann sollte jedoch Al. die Verbindung zu Krannhals aus taktischen Gründen weiterhin aufrechterhalten: »Dadurch soll die Gefahr vermieden werden, daß Herrn Dr. von Krannhals in Zukunft etwa bedeutsame Dokumente auffindet, sie in das Verfahren gegen Reinefarth aber nicht einführt, und zwar mit der späteren Begründung, Untersuchungsrichter und Staatsanwaltschaft hätten seine Mithilfe ja zurückgewiesen.«[1010]

Angesichts dieser Ereignisse wurde Al. nunmehr von Resignation überwältigt. Der jahrelange innere Zwiespalt zwischen professionellem Selbstverständnis und damit verbundener rastloser Arbeit einerseits und der immer wieder spürbaren persönlichen Achtung vor dem Menschen Reinefarth andererseits dürfte mit dazu beigetragen haben, dass für ihn die Sinnfrage an einem solchen Punkt der Stagnation dringend wurde. Dazu machte sich in diesem Moment der körperliche und seelische Verschleiß deutlich bemerkbar. Kurz nach der Einvernahme von Krannhals informierte er Biermann über seine Diabetes-Erkrankung und bat, den ihm noch vom letzten Jahr zustehenden und zusätzlich den diesjährigen Urlaub beziehen zu dürfen, um sich während zweier Monate von den Strapazen zu erholen.[1011] Als ihm dies nicht gestattet wurde, zog er die Konsequenzen und ließ sich für drei Monate krankschreiben.[1012] Bevor er sich verabschiedete, reichte er aber noch eine Denkschrift an den Generalstaatsanwalt ein, in welcher er Aufwand und Ertrag der bisherigen Ermittlungsarbeit gegenüberstellte und mit einem eindeutigen Appell verband: »Dieser Bericht will an Hand einiger Fakten zeigen, daß es an der Zeit sein dürfte, seitens der Staatsanwaltschaft auf einen baldigen Abschluß des Verfahrens hinzuwirken.«[1013] Demnach hatten sich seit 1958 39 Aktenbände, 59 Büroordner, 110 Sonderordner und 2000 Karteikarten aufgetürmt, waren 1135 Zeugen vernommen und 82 Stäbe, Verbände und Einheiten durchforscht, schließlich 42 Vermerke im Umfang von insgesamt etwa 900 Seiten angefertigt worden, ohne dass daraus eine tragfähige Basis für ein Hauptverfahren entstanden oder auch nur abzusehen sei: »Diese Fakten«, so der müde Al., »dürften zeigen, daß seitens der Staatsanwaltschaft und des Untersuchungsrichters getan worden ist, was getan werden konnte. Von einer Fortsetzung dieses Tuns dürfte ein wesentlich anderes Ermittlungsergebnis, als es jetzt vorliegt, nicht zu erwarten sein.«[1014] Der Staatsanwalt kehrte zwar im Spätherbst 1964 planmäß an seinen Arbeitsplatz zurück, ließ sich jedoch bereits im darauffolgenden Frühjahr gesundheitshalber in den vorzeitigen Ruhestand versetzen.[1015]

Damit lagen die Ermittlungen ab Mitte 1964 faktisch ganz in den Händen von He. und seiner untergebenen Sachbearbeiter. Die erneute Vernehmung von Hanns von Krannhals muss im Nachhinein als Schlüsselereignis betrachtet werden: Sie hatte zur Folge, dass das bereits vorhandene Misstrauen zwischen ihm und He. zu unüberwindbaren persönlichen Differenzen auswuchs, die durch das kaum noch präsente Bindeglied Al. nicht mehr länger ausgeglichen werden konnten. Dem unerfahrenen Untersuchungsrichter wurde indes bald klar, dass die bei der Vernehmung gegebenen Hinweise in Bezug auf noch nicht ausgewertete Quellenbestände ausländischer Provenienz durchaus vielversprechend waren. Der Sommer 1964 markiert zwar deshalb das Ende von Krannhals' direktem Einfluss auf den Gang der Untersuchungsarbeit, gleichzeitig aber auch einen Paradigmenwechsel, der durchaus im Sinne des Gutachters gewesen sein dürfte: Erst jetzt begann die Flensburger Justizbehörde nämlich, der rechtlichen Aufarbeitung des Warschauer Aufstandes mittels direkter Kontaktaufnahme zu ausländischen Institutionen zumindest ansatzweise eine internationale Perspektive zu verleihen.

Neuausrichtung der Untersuchungsarbeit

Mit diesem Kurswechsel befand man sich in Flensburg rechtspolitisch gewissermaßen auf der Höhe der Zeit, wirkten doch hier in kleinem Rahmen ähnliche Mechanismen wie auf Bundesebene. Angesichts der näher rückenden Verjährung von NS-Mordverbrechen per 8. Mai 1965 wurden Ende des vorhergehenden Jahres seitens des Bundesjustizministeriums sämtliche bisherigen Restriktionen gegenüber dem Rechtshilfeverkehr mit den Staaten des Ostblocks fallen gelassen. Dabei handelte es sich allerdings lediglich um eine von mehreren flankierenden Maßnahmen, mit denen der zu erwartende Protest aus dem Ausland gegen die von Bundesjustizminister Bucher (FDP) befürwortete Verjährung abgeschwächt werden sollte. Dem gleichen Ziel diente ein sich insbesondere an den Osten richtender öffentlichkeitswirksamer Aufruf, sämtliches in Zusammenhang mit Verfahren wegen nationalsozialistischer Gewaltverbrechen (NSG) potenziell beweiskräftiges Material zur Verfügung zu stellen.[1016] Zudem wurde die Zuständigkeit der Zentralen Stelle nun auch auf Inlandsverbrechen ausgedehnt und die Behörde personell aufgestockt.[1017] Der Beschluss des Bundestags zur Verlängerung der Verjährungsfrist bis Ende 1969 durchkreuzte im März 1965 diese Schlussspurt-Strategie der Bundesregierung, entsprach aber auch ganz und gar nicht dem Ansinnen des Leiters der Zentralen Stelle, Schüle, der fest davon ausgegangen war, seine Behörde spätestens nach erfolgtem Eintritt der Verjährung abwickeln und in ein reines Dokumentationszentrum umwandeln zu können.[1018] Der Parlamentsentscheid, ein symbolischer Meilenstein der beginnenden Agonie der christlich-liberalen Koalition, war eine Folge der Initiative der SPD und Teilen der CDU/CSU, widerspiegelte letzten Endes aber auch eine intensive rechtspolitische Debatte, die in den Medien eine weitaus stärkere Resonanz gefunden hatte als etwa die Verjährungsfrage um Totschlagsverbrechen fünf Jahre zuvor.[1019]

Vor diesem Hintergrund anhaltenden öffentlichen Drucks konnte es sich He. wohl leisten, einen profilierten, aber unbequemen und streitbaren Sachverständigen abzuservieren, nicht aber den etwaigen späteren Vorwurf, nicht zumindest alles unternommen zu haben, um für das laufende Verfahren alle relevanten Dokumente sichten zu können. Dagegen war er gegenüber der Empfehlung von Krannhals nach der Vernehmung weiterer Zeugen von Anfang an skeptisch, da sich beispielsweise die Kosten für eine Einvernahme Bór-Komorowskis kaum lohnen würden: Wie die meisten anderen der benannten Zeugen sei der ehemalige General wohl höchstens in der Lage, weitere Aussagen über die Massentötungen an sich abzugeben, jedoch nicht zielführende Hinweise darüber, ob diese von Reinefarth direkt zu verantworten seien. In dieser Ansicht wurde er von den Kollegen aus Hamburg bestärkt.[1020] Um die Informationen betreffend die noch nicht ausgewerteten Dokumente besser beurteilen zu können, wandte sich He. zunächst an die Zentrale Stelle, das Militärgeschichtliche Forschungsamt und an die Sachbearbeiter der Staatsanwaltschaft Hamburg. Den Weg, den der Untersuchungsrichter nun einschlagen wollte, bedeutete für ihn auch mehr als ein Jahr nach Beginn seiner Nachforschungen offensichtlich völliges Neuland. Bei der Zentralen Stelle erkundigte er sich etwa ausführlich und mit sehr grundsätzlichen Fragen nach den polnischen Archiven: Mit welchen dieser Institute steht die Zentrale Stelle in Verbindung, und welche Erfahrungen wurden dabei gemacht? Beantworten diese Institute auch Anfragen deutscher Gerichte und Staatsanwaltschaften? Übersenden sie auf Bitte Ablichtungen von Akten? Welches Material befindet sich in den einzelnen Instituten? Kann man mit ihnen unmittelbar in Verbindung treten, und welchen Weg muss man gegebenenfalls einschlagen? Muss man sich in der betreffenden Fremdsprache an diese Institute wenden, oder beantworten sie auch Anfragen in deutscher Sprache?[1021] »Ihr abendfüllender Katalog von Fragen hat mich etwas verstört«, gab sich der dortige Sachbearbeiter keine Mühe, seine Irritation über den Kenntnisstand von He. zu verbergen, um dann darauf hinzuweisen, dass doch über Beschaffenheit und Bestände dieser Archive niemand besser Bescheid wisse als Krannhals. In Ludwigsburg unterhalte man keine Kontakte zu diesen Institutionen, jedoch habe sich die Polnische Hauptkommission in jüngster Zeit wiederholt zu Auskünften und zur Vermittlung bereit erklärt. Ob eine Staatsanwaltschaft oder ein Landgericht tatsächlich von diesem Angebot Gebrauch mache, sei hingegen eine politische Frage, die dort nach eigenem Abwägen entschieden werden müsse.[1022] Mit einem Anflug von Ratlosigkeit wandte sich He. daraufhin mit Bitte um Stellungnahme insbesondere zu dem politischen Aspekt an Al. Unsicher über das weitere Vorgehen, sehe er sich jedenfalls »wegen der gegen die Objektivität des Herrn Dr. von Krannhals bestehenden Bedenken außerstande, ihn erneut einzuschalten, um mit den Archiven in Polen in Verbindung zu treten.« Al. hielt sich indes nicht lange damit auf und reichte das Schreiben umgehend an den Generalstaatsanwalt weiter.[1023] Nehm seinerseits stimmte der Kontaktierung der Polen zu, zog aber noch Justizminister Leverenz zu Rate, der ebenfalls keine Einwände hatte.[1024]

Dass die Untersuchungsarbeit ab jetzt nach einem neuen Ansatz durchgeführt wurde, verdeutlichte He. auch Krannhals gegenüber, mit dem er infolge des eben angetretenen Krankenurlaubs von Al. wieder gezwungen war zu korrespondieren. Anders als während des staatsanwaltschaftlichen Ermittlungsverfahrens stünden »Tatsachen, die zwar möglicherweise für einen umfassenden historischen Überblick über die Geschehnisse während des Warschauer Aufstandes von Interesse sein mögen, die jedoch keinen Rückschluß auf Verantwortlichkeit oder Nichtverantwortlichkeit des Angeschuldigten erlauben« nun außerhalb jeglichen Interesses. Den historischen Gesamtzusammenhang bewusst ausblendend, hielt He. dem Sachverständigen gegenüber fest, er habe bei seiner Urteilsfindung ausschließlich zu berücksichtigen, ob sich ohne jeden Zweifel nachweisen lasse, dass Heinz Reinefarth den Befehl gegeben habe, unterschiedslos alle Einwohner Warschaus zu ermorden, oder ob er von Tötungen abseits des Kampfgeschehens Kenntnis hatte und diese duldete. Ein solcher Beweis könne nach dem bisherigen Stand der Untersuchung »nicht als geführt angesehen werden.«[1025] Die Anforderungen, die er als Richter an den Beweis der Verantwortlichkeit zu stellen habe, entsprächen nicht denjenigen, mit denen sich ein Historiker begnügen könne. Nach alldem werde er ihm, Krannhals, »schon aus Kostenersparnisgründen« keine weiteren Aufträge erteilen, von denen er nicht zumindest annehmen könne, dass diese zur Auffindung solcher Beweise führen könnten.[1026] In den Wochen zuvor hatte He. bereits versucht, beim Berlin Document Center und bei der Zentralnachweisstelle des Bundesarchivs an Informationen über Krannhals' eigenes Vorleben bis 1945 zu gelangen.[1027] Was dieser auch ohne Kenntnis über die Nachforschungen um seine Vergangenheit von der richterlichen Vorgehensweise hielt, meldete er in reichlich desillusioniertem Ton zurück: Nirgendwo sonst als in Flensburg sei es ihm bei NS-Verfahren vorgekommen, »daß der Untersuchungsrichter auf die Mitarbeit des Zeithistorikers in dieser Form verzichtet. Ich bedauere das aus sachlichen Gründen, technisch spart es mir Zeit.«[1028]

Nichtsdestotrotz trieb He. das Verfahren nun entschlossen voran. Nachdem er von oben grünes Licht erhalten hatte, richtete er Ende August 1964 über die Polnische Militärmission Auskunftsersuchen an die Polnische Hauptkommission, das Innenministerium, das Archiv für Neue Akten, das Staatsarchiv der Stadt Warschau und das Jüdische Historische Institut. In den Begleitschreiben setzte er auseinander, es läge ihm durch Krannhals bereits eine ansehnliche Zahl an Beweismitteln vor, jedoch: »Bevor ich die Voruntersuchung abschliesse, liegt mir (...) daran, mir die Gewissheit zu verschaffen, dass alle Beweismöglichkeiten (...) ausgeschöpft sind.«[1029] Weitere Auskunftsersuchen richteten sich an zahlreiche andere ausländische Einrichtungen wie das Institut Yad Vashem, das Institute of Jewish Affairs des World Jewish Congress, das Institute for Jewish Research (YIVO) in New York oder die Wiener Library in London.[1030] Auch diesen Gedenk-Institutionen gegenüber vergaß He. nicht zu erwähnen, dass für ihn »Material, das den Angeschuldigten zu entlasten geeignet ist, selbstverständlich von derselben Bedeutung ist wie ihn belastende Unterlagen.«[1031]

Während eine Antwort aus Polen vorerst auf sich warten ließ, ergab der Rücklauf der anderen Anfragen keine nennenswerten Ergebnisse, mit einer Ausnahme: Von dem Direktor des Institute of Jewish Affairs, Oscar Karbach, erfuhr He., dass im YIVO ein Brief »des bekannten Historikers Hanns von Krannhals« eingegangen sei, in dem dieser ersucht habe, durch Zeitungsaufrufe in der polnischen Presse der Vereinigten Staaten und Kanadas Zeugen für das Verfahren gegen Reinefarth zu suchen.[1032] Nach Rücksprache mit der Staatsanwaltschaft stellte sich heraus, dass Krannhals auch von dieser Seite keinen entsprechenden Auftrag erhalten hatte, die Bitte des Historikers folglich »rein privaten Charakter« trug. Sodann übermittelte He. nach New York, dass er zwar gegen eine solche Aktion prinzipiell nichts einzuwenden habe. Keineswegs aber wäre er damit einverstanden, wenn dabei der Eindruck erweckt würde, dass der Zeugenaufruf namens der Flensburger Justizbehörde vonstattegehe. Man habe dort nämlich erhebliche Zweifel an dieser Art der Suche nach Beweismitteln und die Methode daher bisher nie angewandt.[1033] Wenig später erschien in der deutsch-jüdischen Exilzeitung »Der Aufbau« ein ähnlicher Aufruf, diesmal angeblich im Namen der Zentralen Stelle. An Ludwigsburg gerichtet war für He. nunmehr klar, dass auch diese Initiative auf Krannhals zurückging, denn nur er kenne die Tagesmeldung der Korpsgruppe von dem Bach vom 2. September 1944, auf die in dem Aufruf Bezug genommen werde. Er, He., könne sich jedenfalls nicht vorstellen, dass Letzterer tatsächlich von der Zentralen Stelle veranlasst worden sei, denn er erwecke durch die ausdrückliche Suche nach Belastungszeugen den Anschein der Parteilichkeit und beschädige damit das Ansehen der deutschen Justiz.[1034] In Ludwigsburg wusste man wie erwartet nichts von der Sache.[1035]

Was steckte hinter den seltsamen Vorfällen? Ganz offensichtlich hatte Krannhals inzwischen den Versuch unternommen, das Heft selber in die Hand zu nehmen. Mit Blick auf seine wissenschaftliche Vita mag dabei die für ihn persönlich herausgehobene Bedeutung der juristischen Aufarbeitung des Warschauer Aufstandes einen wichtigen Motivationsgrund dargestellt haben, allem Anschein nach aber auch die schiere Frustration über die Entwicklung, die das Verfahren unter Federführung von He. nahm. Allerdings musste ihm bewusst sein, dass er mit einem solchen Vorgehen auch seinen ansonsten nach wie vor vorzüglichen Ruf als Gutachter aufs Spiel setzte. Es scheint, als hätte er sich bereits damit abgefunden, dass eine Anklageerhebung gegen Reinefarth gleichsam durch den Haupteingang, sprich über die nach den strengen Kriterien der Flensburger Strafjustiz offenbar nicht zu beweisende Verantwortlichkeit für das Großverbrechen von Wola, nicht mehr zu erreichen war. Unter diesem Gesichtspunkt liegt der Schluss nahe, dass er sich nun auf seiner Ansicht nach einfacher zu belegende Nebenaspekte der Aufstandsniederschlagung fixierte, von denen er sich erhoffte, dass sie in Flensburg zu einem Umdenken führen könnten. Al. gegenüber hatte Krannhals einige Wochen zuvor versucht, die Aufmerksamkeit auf Maßnahmen Reinefarths zu lenken, die sich speziell gegen die jüdische Einwohnerschaft Warschaus gerichtet hatten.[1036] He. hatte es jedoch abgelehnt, auf diesen neuen Ansatz einzugehen: Entsprechende Vorwürfe seien gegen den Angeschuldigten bisher nicht erhoben worden, weshalb er nicht zu erkennen vermöge, welches die Bedeutung von polnischen und jüdischen Zeugenaussagen über das Schicksal der Warschauer Juden für die zentralen Fragestellungen seines Verfahrens sei.[1037] Mit besagter Tagesmeldung der Korpsgruppe von dem Bach glaubte Krannhals nun belegen zu können, dass auf Reinefarths persönliche Veranlassung von Leuten seiner Kampfgruppe 120 Juden dem SD zur Liquidierung übergeben worden seien; eine Ansicht, die He. nicht teilte.[1038] Der Aufruf diente also dem Zweck, diese Schuldzuweisung mit Zeugenaussagen von Überlebenden zu untermauern und bei der Ermittlungsarbeit einen Paradigmenwechsel herbeizuführen: Krannhals bemühte sich schlicht, die Untersuchung gegen Reinefarth von einem »großen« Kriegsverbrechensverfahren hin zur strafrechtlichen Bearbeitung eines vergleichsweise überschaubaren, weil konkreten Holocaustverbrechens zu lenken. Die Strategie entbehrte für den äußerst erfahrenen Sachverständigen nicht einer gewissen Folgerichtigkeit: War bei den deutschen Strafverfolgungsbehörden der 1960er-Jahre wohl die Vernichtung der europäischen Juden als unverkennbar nationalsozialistisches Verbrechen gemeinhin anerkannt, hatten es Übergriffe, die in Zusammenhang mit militärischen Aktionen gebracht werden konnten, diesbezüglich deutlich schwerer. Dieses Phänomen, letztlich ein Spiegel gesamtgesellschaftlich dominanter Deutungsmuster, drückte sich am Ende auch in der Quote der rechtskräftigen Schuldsprüche aus.[1039]

Statt die Erfolgsaussichten der Anklage und Verurteilung Reinefarths zu erhöhen, trug sich Krannhals durch diese Aktivitäten eine geharnischte Reaktion des Untersuchungsrichters ein. Diese offenbarte vor allen Dingen dessen juristisches Selbstverständnis in aller Deutlichkeit, aber auch verletzte Eitelkeit und Besserwisserei: Nachdem Krannhals in seinem letzten Brief auf unlängst edierte Aktenbestände des polnischen Innenministeriums und des Archivs des polnischen Generalstabes aufmerksam gemacht hatte, konterte He. diesen Hinweis mit der prahlerischen, aber reichlich übertriebenen Behauptung, er habe sich »bereits lange vor Erhalt Ihres Schreibens auf diplomatischem Wege an polnische Stellen (…) gewandt« und werde aussagekräftiges Material, sofern überhaupt noch solches vorhanden sei, nunmehr auf diese Weise erhalten. Er habe sich auch zu diesem Vorgehen genötigt gesehen, weil davon auszugehen sei, dass ihm, Krannhals, eine weitere Forschungstätigkeit in Polen nach seiner Ausweisung letzten Herbst nicht mehr möglich sei.[1040] Auf diese persönliche Spitze folgte sodann die Aufklärung über die seiner Ansicht nach zulässige Funktionsverteilung zwischen Richter und Gutachter im Rahmen eines strafrechtlichen Verfahrens mit zeitgeschichtlichem Hintergrund: Für He. kam dem Historiker dabei nicht die Rolle eines selbständigen, in einem wissenschaftlichen Sinn urteilsberechtigten Impulsgebers und Partners für die Justiz zu, sondern lediglich diejenige eines Handlangers mit der Aufgabe, Dokumente aufzuspüren und diese bestenfalls beratend auszuwerten. Nach der eigenwilligen Interpretation von He. und in Verkennung der tatsächlichen Chronologie der Ereignisse basierte ein Großteil von Krannhals' wissenschaftlichen Meriten auf der Unterstützung der Flensburger Behörde, durch deren Auftrag und Entlöhnung dem Sachverständigen die Forschungstätigkeit zum Warschauer Aufstand erst ermöglicht worden sei. Im Gegenzug erwartete er von dem Historiker folglich, dass dieser den Vorrang der Justiz hinsichtlich der Beweisführung uneingeschränkt akzeptierte.[1041] Dadurch aber, bekam Krannhals nun zu lesen, »daß Sie in Ihrem Buche eine Beweiswürdigung vorweggenommen hatten, bevor die Ermittlungen eine solche abschließend erlaubten«, habe er sich »in einer mit einer weiteren Sachverständigentätigkeit unverträglichen Weise festgelegt (...)«. Dieser Klarstellung schloss sich abrundend eine scharfe Warnung an, derartige Alleingänge unter Vorhaltung eines angeblichen Auftrags seiner Behörde künftig zu unterlassen.[1042]

Das selbstbewusste Auftreten von He. konnte nicht darüber hinwegtäuschen, dass die Ermittlungsarbeit ab Herbst 1964 inhaltlich kaum noch vom Fleck kam. Sachliche Aufklärung konnte auch von der nun anstehenden erneuten Einvernahme des Beschuldigten nicht erwartet werden. Im Laufe der dreimonatigen Mammutvernehmung bestritt Reinefarth erneut den in der Fachliteratur kolportierten Umfang der Massentötungen, und selbstredend ergab sich dabei hinsichtlich der Frage der Befehlserteilung und Unterstellungsverhältnisse ebenfalls nichts Neues.[1043] Aus aktuellem Anlass kamen im Rahmen der Befragungen aber auch neu aufgetauchte Vorwürfe in Zusammenhang mit seinem Wirken während des militärischen Zusammenbruchs der letzten Kriegsmonate zur Sprache: Mit Bezug auf die Aussage eines ehemaligen Mitinsassen in einer DDR-Haftanstalt hatte ein Zeuge gemeldet, dass Reinefarth der Erschießung eines Großteils der Gefangenen des Zuchthauses Sonnenburg (Słońsk)/Neumark Ende Januar 1945 beschuldigt werde. Zur Aufhellung der Sachlage musste ein gesondertes Ermittlungsverfahren eingeleitet werden, welches dadurch verkompliziert wurde, dass es sich bei dem angeblichen Belastungszeugen um einen früheren Mitarbeiter des Bundesverfassungsschutzes handelte, der nach wie vor in der DDR inhaftiert war.[1044] Es stellte sich allerdings heraus, dass die von Reinefarth vehement bestrittenen Anschuldigungen[1045] tatsächlich nicht zutreffen konnten.[1046] Durch derartige Vorkommnisse wurde die Ermittlungsarbeit unter Beanspruchung unveränderter personeller Ressourcen mehrmals auf Nebengleise abgedrängt und verzögert. Dies galt auch und in besonderem Maß für den Komplex um die Wiedererrichtung des Vernichtungslagers Kulmhof und die Räumung des Ghettos Litzmannstadt, auf den bei Gelegenheit noch zurückzukommen sein wird.

Der schleppende Verlauf der Untersuchung hatte es dem Beschuldigten inzwischen erlaubt, sich mit den Eigentümlichkeiten des Verfahrens vertraut zu machen und seine Verteidigungsstrategie dementsprechend zu modifizieren. So fußte diese nicht mehr nur auf dem bloßen Abstreiten der im Raum stehenden Anschuldigungen, sondern auch auf der gezielten Infragestellung der Glaubwürdigkeit des Sachverständigen Krannhals. Durch eine private Quelle war ihm zugetragen worden, dass der Historiker offenbar unter einem massiven Alkoholproblem litt. Bereits 1958 habe sich dieser einer Entziehungskur unterziehen müssen, und die Trunksucht sei auch an der Ost-Akademie in Lüneburg allgemein bekannt. Bei dem Informanten

Reinefarths handelte es sich um niemand Geringeren als den Generalrichter a. D. Manfred Roeder, der während des Krieges als Ankläger für die Todesurteile gegen die Mitglieder der Widerstandsorganisation »Rote Kapelle« sowie gegen Dietrich Bonhoeffer, Wilhelm Canaris und Hans von Dohnanyi mitverantwortlich gezeichnet hatte. Gleich wie Reinefarth hatte er sich nach der Kapitulation vom Nürnberger Zeugenflügel aus, wo die beiden sich wahrscheinlich kennenlernten, dem CIC als Kontaktmann zur Verfügung gestellt. Unter dem Decknamen »Othello« fungierte er als eine der Hauptquellen für eine von den Amerikanern vermutete Zusammenarbeit von Überlebenden der Roten Kapelle mit der sowjetischen Besatzungsmacht. Nach seiner Freilassung suchte er zunächst die Nähe zur rechtsradikalen »Sozialistischen Reichspartei«, wurde später aber CDU-Mitglied und stellvertretender Bürgermeister von Glashütten im Taunus. Auch er, eine weitere Parallele zu Reinefarth, sah sich in den 1960er-Jahren mit einer juristischen Untersuchung seiner NS-Vergangenheit konfrontiert.[1047] Nun ließ er sich also einspannen in eine gezielte Diskreditierungskampagne gegen die Person Krannhals. Neben der persönlichen Integrität stand in diesem Kontext auch die Unvoreingenommenheit des Historikers zur Debatte, im Wissen darum, dass mit diesem Punkt bei He. offene Türen eingerannt wurden. Am Ende seiner eigenen Vernehmung wollte Reinefarth folgerichtig festgehalten haben, er könne sich mit einem Hinzuziehen von Krannhals im weiteren Verlauf der Untersuchung keinesfalls einverstanden erklären, sei es als Sachverständiger, als sachverständiger Mitarbeiter oder auch lediglich als Übersetzer: »Er ist meiner Ansicht nach nicht nur nicht objektiv, sondern in ausgesprochen böswilliger Weise gegen mich eingestellt«, was der Beschuldigte »wegen seiner mangelnden Objektivität und seines erkennbaren Bemühens, mich der Wahrheit zuwider zu belasten« zu erkennen glaubte. Aus diesen Gründen hielt er auch die Verwendung sämtlicher bisheriger Aussagen und Gutachten sowie der Monografie über den Warschauer Aufstand im Rahmen der Beweisführung für nicht zulässig.[1048] Um den Druck noch zu verstärken, griff er auf dieselbe Strategie zurück, die seinerzeit bereits Hans Thieme zermürbt hatte. So war ab dem Frühjahr 1965 bei der Flensburger Staatsanwaltschaft eine Klage gegen Krannhals anhängig wegen falscher Anschuldigung, basierend sowohl auf den innerhalb des Verfahrens als auch privat veröffentlichten Darstellungen des Polenexperten.[1049]

Mit dem gleichen Selbstverständnis vollkommener rechtlicher Unschuld nahm sich Reinefarth nun auch zunehmend heraus, He. Ratschläge in seinem Sinn zu erteilen: In Kenntnis gesetzt von der Aussage des Zeugen Pö., eines ehemaligen Angehörigen der in Warschau eingesetzten Fallschirm-Panzer-Division »Hermann Göring«, wonach ein SD-Kommando eine größere Anzahl polnischer Zivilisten in eine Kirche getrieben und diese anschließend niedergebrannt habe, bat er den Untersuchungsrichter um eine Wiederholung dieser sowie einer anderen Vernehmung, in der Ähnliches bekundet worden war: »Die Angaben dieser beiden Zeugen stehen m. E. in so erheblichem Widerspruch zu dem bisherigen Beweisergebnis und sind z. T. auch in sich derart unwahrscheinlich, daß eine nochmalige Befragung der Zeugen erforderlich scheint.«[1050] Pö., der seine Erstaussage auf der Polizeidirektion Kaiserslautern getätigt hatte, nützte es nichts, auf die Widrigkeiten der langen Reise nach Flensburg hinzuweisen.[1051] Er wurde von He. gleichwohl zu einer neuerlichen Vernehmung aufgeboten. Dort korrigierte er, nunmehr in Anwesenheit des Beschuldigten, seine Aussage insofern, als er zwar unter Androhung körperlicher Gewalt gezwungen worden sei, dem besagten SD-Kommando Maschinenpistolen auszuhändigen. Die Mordaktion selber habe er aber nicht gesehen, wie er überhaupt während seiner gesamten Zeit in Warschau keine Gräueltaten beobachtet habe.[1052] Zuweilen holte He. sogar von sich aus Rat ein bei dem Beschuldigten: Nachdem die Kontakte nach New York zu einer Befragung einer in den USA lebenden Tatzeugin im deutschen Generalkonsulat geführt hatten, schrieb er Reinefarth: »Leider sind die Fragen, die ich (…) beigefügt hatte, nur sehr unvollständig beantwortet worden. Dennoch halte ich eine nochmalige Vernehmung der Frau Gr(…) nicht für erforderlich. Ich bitte Sie um Ihre Stellungnahme zu dieser Frage und Rückgabe des Protokolls.«[1053] Der Angesprochene hatte nichts einzuwenden: »Von einer nochmaligen Vernehmung der Zeugin verspreche ich mir nichts, zumal sie ausdrücklich erklärt hat, dass ihr die in Warschau kämpfenden Einheiten nicht bekannt seien und ihr mein Name kein Begriff sei.«[1054] Andererseits wusste Reinefarth sehr wohl, welche Beweismittel kaum anzutasten waren, mithin ein demütiges Vorgehen erfolgversprechender schien. So stritt er zwar grundsätzlich ab, Kenntnis von Exekutionen außerhalb des Kampfgeschehens erhalten zu haben, machte hierbei jedoch zwei Ausnahmen: Die eine betraf die fast schon kanonische Überlieferung von Bach-Zelewskis Auftauchen und Eingreifen am späten Nachmittag des 5. August 1944, die andere die Zeugenaussage von Bundesverwaltungsgerichtspräsident Fritz Werner, der bekundet hatte, am gleichen Tag eine Meldung über derartige Erschießungsvorgänge erstattet zu haben.[1055]

Die Beispiele machen deutlich, dass eine Anklageerhebung zu diesem Zeitpunkt bereits äußerst unwahrscheinlich geworden war, dies, obwohl für He. außer Frage stand, dass in Warschau im Bereich der Kampfgruppe Reinefarth Massenerschießungen stattgefunden hatten.[1056] Wenn überhaupt, hätte aber wohl nur die polnische Übersendung von Dokumenten mit unwiderlegbarer Beweiskraft, beispielsweise ein schriftlicher Beleg des Bevölkerungsvernichtungsbefehls an Reinefarth, dem Verfahren noch eine andere Richtung geben können. Dafür präsentierten sich die Anzeichen allerdings alles andere als hoffnungsvoll: Es herrschte Funkstille. Als der

Ludwigsburger Behördenleiter Schüle kurz vor Weihnachten 1964 nach Warschau reiste, um dort den bevorstehenden ersten offiziellen Besuch einer Delegation der Zentralen Stelle vorzubesprechen[1057], kamen deshalb auf Bitte von He. auch die pendenten Flensburger Auskunftsersuchen zur Sprache. Der Direktor der Hauptkommission, Gumkowski, zeigte sich dabei durchaus entgegenkommend: Das Gesuch liege vor und werde gegenwärtig bearbeitet.[1058] Das Pech der Ermittler war es aber, dass sich in Polen ausgerechnet zu jener Zeit ein interner Richtungsstreit über den künftigen Umgang mit der westdeutschen Strafjustiz zuspitzte, bei dem der neue Innenminister Moczar, in Personalunion Chef der Staatssicherheit und Vorsitzender der Dachorganisation der polnischen Widerstandskämpfer, mit seinem prononciert antideutschen und agitatorischen Kurs zunehmend die Oberhand gewann. Durch diese Stoßrichtung, die auf eine propagandistische Ausnutzung des bundesdeutschen Verjährungsdilemmas abzielte, wurden auch die erst gerade angelaufenen amtlichen Beziehungen mit der Zentralen Stelle beeinträchtigt.[1059] Als deren Besuch im darauffolgenden Februar über die Bühne ging, bekannte Jerzy Sawicki, der ehemalige Generalstaatsanwalt und Befrager von dem Bach-Zelewskis offen, dass in Polen eigentlich gar kein Interesse an einer nachhaltigen juristischen Aufarbeitung der nationalsozialistischen Gewaltverbrechen bestehe, denn so sei gewährleistet, dass man mit den hiesigen Aktenbergen auch in Zukunft über ein effektives agitatorisches Druckmittel gegenüber der Bundesrepublik verfüge.[1060]

Für eine gewisse Zurückhaltung auf polnischer Seite dürfte im Fall des Flensburger Verfahrens auch das äußerst problematische Verhältnis der kommunistischen Staatsführung zum historischen Ereignis des Warschauer Aufstandes an sich gesorgt haben. Obwohl sich die starre Perspektive staatlich verordneter stalinistischer Erinnerungskultur nach 1956 aufweichte, galt die Erhebung nach wie vor als verantwortungsloses und gegen die sowjetischen »Befreier« gerichtetes Werk nationalpolnischer Hasardeure.[1061] Über die möglichen Folgen dieser Gegebenheiten wurde He. auch von Karbach ins Bild gesetzt. Der gut vernetzte jüdische Interessenvertreter schrieb ihm:

»Bezueglich Polens moechte ich zu Ihrer Informierung hinzufuegen, dass ich den Eindruck habe, dass sich dort die Haltung in letzter Zeit zu versteifen beginnt, wahrscheinlich aus aussenpolitischen Gruenden. (…) Wie ich frueher bereits einmal erwähnt habe, kommen ausserdem in der von Ihnen gefuehrten Voruntersuchung gewichtige Gruende historischer und politischer Natur hinzu, die wahrscheinlich und nicht ganz ohne Grund den Polen nicht erwuenscht scheinen laesst, dass diese Vorfälle in einem deutschen Gerichtssaal oeffentlich diskutiert werden.«[1062]

Der Untersuchungsrichter enervierte sich zudem über den mangelnden Informationsfluss aus Ludwigsburg: Wiederholt hatte die personell unterbesetzte Dienststelle seine Anfragen nach dem Stand der Auskunftsersuchen erst mit Verspätung oder gar nicht beantwortet.[1063] Im Frühjahr 1965 trug sich He. deshalb ernsthaft mit dem Gedanken, die laufenden Untersuchungen abzuschließen. Mitbeteiligten Institutionen legte er aus diesem Grund nahe, sich mit ihren jeweiligen Abklärungen zu beeilen.[1064]

Ein veritables Problem stellte bei diesen Überlegungen allerdings Krannhals dar, der in Lüneburg seit Jahren auf den Filmrollen der Warschau-Akte saß und im Sold der Hamburger Staatsanwaltschaft nach wie vor mit deren Auswertung beschäftigt war. Seinem jungen staatsanwaltschaftlichen Sachbearbeiter Sch.[1065] gegenüber musste He. jedoch eingestehen, dass er keinen rechten Überblick hatte, um wie viele Filmrollen es dabei genau ging, ferner welche von dem gesamten Bestand für welches Verfahren bereits ausgewertet waren und welche nicht.[1066] Insgeheim ging er davon aus, dass Krannhals' andauernde Beschäftigung mit den Filmrollen für die Hamburger Behörde nur vorgeschoben war: Der Historiker halte das Material demnach zurück, um den Abschluss des Verfahrens gegen Reinefarth absichtlich zu verschleppen.[1067] Als He. dann nichtsdestotrotz den laut staatsanwaltschaftlichem Vermerk für seine Untersuchung relevanten Bestand zurückforderte, wurde er in seinem Eifer prompt vom zuständigen Sachbearbeiter des Hahn-Verfahrens gebremst: Die besagten Dokumente bezögen sich teilweise einzig auf die dortige Untersuchung, weshalb man bitte, sie vorerst bei Krannhals zu belassen.[1068] Wenige Wochen später war das Vertrauen in diesen jedoch auch in Hamburg grundlegend erschüttert. Im Nachgang informierte der Staatsanwalt Be. die Flensburger Kollegen, dass man den Gutachter auch zu seiner eigenen Person befragt habe. Obwohl sich der Inhalt des Gesprächs aus den vorliegenden Unterlagen nicht erschließt, scheint naheliegend, dass die offenen Fragen um dessen Vergangenheit dabei eine wichtige Rolle spielten. Das Ergebnis der Unterredung war jedenfalls derart bedeutsam, dass der Justizsenator der Hansestadt es als seine Pflicht ansah, in Bälde sämtliche bundesdeutschen Landesjustizverwaltungen darüber zu unterrichten. Zudem wurde es nun als erforderlich angesehen, zeitnah die Gesamtheit der von Krannhals bearbeiteten Archivbestände zurückzuverlangen.[1069] He. sprach nun in Bezug auf seine Ablehnung jeglicher weiterer Zusammenarbeit mit dem Gutachter nicht mehr nur von fehlender Objektivität, sondern auch explizit von »Gründen, die in seiner Person und seiner politischen Vergangenheit, insbesondere seiner Tätigkeit in der NSDAP vor und nach 1933, liegen (…)«.[1070] Dass der von ihm schon früher geäußerte Obstruktionsverdacht nicht zwingend jedweder Grundlage entbehrte, zeigte sich schließlich daran, dass Krannhals, als die Rücksendung der Unterlagen im Herbst 1965 anstand, sich erst nach Aufschub und Mahnung dazu bequemte, diese zumindest verbindlich anzukündigen.[1071] Im Sommer 1966, kurz vor Abschluss des Verfahrens, hatte er dieses Versprechen allerdings noch immer nicht vollständig eingelöst.[1072] Das nahende Ende der Ermittlungen gegen Heinz Reinefarth ging somit einher mit ersten deutlichen Kratzern im Renommee des einstigen Starsachverständigen, dessen Name anlässlich der Veröffentlichung seines Buches über den Warschauer Aufstand kurzzeitig auch einer größeren Allgemeinheit bekannt geworden war. Hanns von Krannhals, der ehemalige NS-Publizist und Propagandafunktionär, der sich nach dem Krieg als adliger Gelehrter und Polenexperte gleichsam neu erfunden hatte, starb bereits 1970 im Alter von 58 Jahren.[1073]

»Manches musste offenbleiben«: Reinefarth wird außer Verfolgung gesetzt

Als im Mai 1965 bekannt wurde, dass demnächst erneut eine Arbeitsgruppe von Vertretern der Zentralen Stelle nach Polen reisen würde, keimte in Flensburg wieder Hoffnung auf, endlich Konkretes über den Verbleib der Auskunftsersuchen zu erfahren. Bei einer Besprechung mit dem mitreisenden Lübecker Staatsanwalt Bö. wurde vereinbart, dass dieser in Eigeninitiative versuchen würde zu klären, ob in Warschau noch Material vorhanden war, welches für das Reinefarth-Verfahren wesentlich sein könnte. Sollte dies der Fall sein, würde sich Bö. bemühen, die Unterlagen gleich vor Ort kopieren zu lassen, und die Duplikate anschließend mitbringen.[1074] Bö. fand in Warschau zwar keine Dokumente, welche Reinefarth aus der engen strafrechtlichen Optik explizit belasteten oder entlasteten, stieß aber unter anderem immerhin auf den Gesamtbestand aller Verhörprotokolle zum Warschauer Komplex. Anders als erhofft musste er das Material jedoch den polnischen Behörden zur Reproduktion überlassen und darauf vertrauen, dass es in nützlicher Frist übersandt werden würde, wobei er von einigen Monaten ausging. Bei der Gelegenheit brachte er auch mehrfach die nach wie vor anhängigen Rechtshilfeersuchen zur Sprache. Von Czeslaw Pilichowski, dem Nachfolger Gumkowskis als Leiter der Hauptkommission, wurde er daraufhin ein weiteres Mal auf einen späteren Zeitpunkt vertröstet.[1075] In der Folge kam die Untersuchung faktisch erneut zum Stillstand, denn wiederum verging ein halbes Jahr ohne substanzielle Neuigkeiten aus Ludwigsburg, geschweige denn aus Polen.[1076]

Endlich, zu Jahresbeginn 1966, erfuhr He. von Bö. unter der Hand, dass in diesen Tagen bei der Zentralen Stelle ein größerer Teil der anlässlich der Juni-Reise verfilmten Dokumente eingetroffen sei. Der Untersuchungsrichter bat die Behörde, ihm die für ihn interessanten Bestände ohne vorherige Auswertung und Katalogisierung sofort weiterzuleiten. Da möglicherweise Teile des Inhalts in Flensburg schon vorhanden seien, könnten so Kosten und Mühen gespart werden. Sollten dagegen die entsprechenden Unterlagen noch nicht vorliegen, solle man sich bei den zuständigen polnischen Stellen wenigstens für eine beschleunigte Übersendung des restlichen Materials einsetzen. Gleichzeitig machte er deutlich, dass er mit einer Beantwortung seiner Rechtshilfeersuchen nicht mehr rechnete und auch nicht mehr länger zu warten gewillt war. Er stellte deshalb anheim, in dieser Hinsicht von Ludwigsburg aus mit den Polen Klartext zu sprechen:

»Zu Ihrer Unterrichtung für etwaige Gespräche mit Vertretern polnischer Stellen teile ich Ihnen mit, daß ich die Absicht habe, die Voruntersuchung nach Auswertung der angekündigten Filme, sofern sich aus ihnen keine neuen Gesichtspunkte ergeben, zu schließen, und zwar ohne Rücksicht darauf, ob bis dahin eine Antwort oder wenigstens eine Zwischenmitteilung der Stellen vorliegt, an die ich meine Rechtshilfeersuchen gerichtet habe. Ich halte es nicht für angängig, eine Voruntersuchung, in der keine Ermittlungen mehr geführt werden, nur deswegen nicht abzuschließen, weil Rechtshilfeersuchen ins Ausland von dort einfach unbeantwortet gelassen werden.«[1077]

Nachdem He. einen Monat vergeblich auf eine Antwort gewartet hatte, fragte er Anfang Februar bei der Zentralen Stelle telefonisch nach und erhielt zur Auskunft, das von Bö. zu Reinefarth gefundene Material sei tatsächlich eingetroffen, es würde in den nächsten Tagen versandt.[1078] Ende März 1966 waren die Unterlagen jedoch noch immer nicht eingetroffen, weshalb He. nun in Kiel anfragte, ob man denn nicht seitens des Justizministeriums bei der Zentralen Stelle vorstellig werden könne. Nachdem der zuständige Beamte sich zu diesem Ansinnen skeptisch geäußert hatte, erklärte sich schließlich der Generalstaatsanwalt bereit, selber mit Schüle in Verbindung zu treten.[1079] Kurz darauf trafen tatsächlich vier Filme mit insgesamt 1600 Blatt aus Ludwigsburg ein. Bei der Durchsicht stellte der Untersuchungsrichter jedoch konsterniert fest, dass das Material mehr oder weniger mit demjenigen der Warschau-Akte identisch war und die Delegation der Zentralen Stelle folglich zumindest in Bezug auf den Warschauer Aufstand mit bereits bekannten Unterlagen hinters Licht geführt worden war.[1080]

Anfang Juni wurde Krannhals der Form halber und mit Bitte um baldige Rückmeldung angefragt, ob er inzwischen noch an Beweismittel gelangt sei, die geeignet seien, die Schuldfrage »unmittelbar in positivem oder negativem Sinn« zu beantworten, was der Historiker nach gut vierwöchiger Bedenkfrist kurz und knapp verneinte.[1081] He., der die Verzögerung des Verfahrens dem Angeschuldigten gegenüber offensichtlich immer mehr als Peinlichkeit empfand, hatte diesen vor allem im zurückliegenden Jahr stets über die neuesten Entwicklungen auf dem Laufenden gehalten.¹⁰⁸² Nun konnte er ihn bei einer abschließenden mündlichen Unterredung davon in Kenntnis setzen, dass das Ende der gerichtlichen Voruntersuchung bevorstand. Bei dieser Zusammenkunft beklagte sich Reinefarth ausgiebig über die Umstände, die das Verfahren um über ein Jahr in die Länge gezogen hatten, und hielt ausdrücklich fest, dass die Beweisaufnahme seiner Ansicht nach nicht nur keinen begründeten Verdacht ergeben habe, sondern vielmehr den Nachweis seiner Unschuld.¹⁰⁸³ Die Abwicklung der Voruntersuchung zog sich dann allerdings noch einmal mehrere Monate hin, so dass es schließlich der 22. November 1966 war, an dem die Staatsanwaltschaft Flensburg an die Große Strafkammer beim Landgericht Flensburg den Antrag stellte, Heinz Reinefarth außer Verfolgung zu setzen. Von wesentlicher persönlicher Bedeutung für den Betroffenen war es jedoch, dass dieser Entscheid dann doch nicht infolge erwiesener Unschuld, sondern lediglich aus Mangel an Beweisen zustande kam, wie die mehr als 360 Seiten starke Antragsschrift resümierte: »Nach allem ist daher trotz mancherlei Umstände, die auf eine mögliche Tatbeteiligung des Angeschuldigten hinweisen, der zu einer Anklageerhebung erforderliche hinreichende Tatverdacht nicht begründet.«¹⁰⁸⁴

Die wichtigsten Beweggründe, die zu dem Antrag geführt hatten, wurden durch eine Stellungnahme von Justizminister Leverenz der Presse zugänglich gemacht. So erfuhr nun auch die Öffentlichkeit, dass ein konkreter Schuldnachweis nicht zu führen sei. Die komplizierten Befehlsverhältnisse hätten trotz der langen Ermittlungen keine letzte Klarheit und damit auch keine sichere Beweislast erbracht, »wann, wo und auf welchen Befehl« die Massenerschießungen vorgenommen worden seien, im Gegenteil: »Manches musste offenbleiben«. Suggeriert wurde bei der Medienkonferenz somit eine angesichts der Aufgabenstellung quasi naturgemäße Überforderung der Justizbehörde.¹⁰⁸⁵ Leverenz nutzte die sich bietende Gelegenheit auch gleich, um einen umfassenden Überblick über die laufenden NS-Ermittlungen in Schleswig-Holstein zu geben. Demnach seien gegenwärtig 17 Staatsanwälte vollamtlich mit knapp 40 verschiedenen NSG-Verfahren beschäftigt. Dank dieser Bemühungen, so die gewagte Prognose des Justizministers, könne mit einem Abschluss aller Fälle bis Ende 1969, also bis zum Ende der aufgeschobenen Verjährungsfrist, gerechnet werden.¹⁰⁸⁶ Die bisherige Bilanz mache diesbezüglich Mut, sei doch bis anhin das »Notwendige und Menschenmögliche« geleistet worden.¹⁰⁸⁷ »Wir müssen damit fertig werden«, unterstrich er schließlich den Willen der Landesführung, diese Last auch und gerade in Schleswig-Holstein endgültig abzuschütteln.¹⁰⁸⁸ Dank der juristischen Aufarbeitung auf breiter Front habe sich der schlechte Ruf des Landes in den vergangenen zehn Jahren gewandelt. Nunmehr aber müsse »diese Sache zu einem Ende kommen«, denn in einem Rechtsstaat gelte das Prinzip der Verjährung nicht von ungefähr.¹⁰⁸⁹ Die mediale Reaktion legte an den Tag, dass der Fall Reinefarth inzwischen in puncto Skandalpotenzial – wenigstens in der Bundesrepublik – seine Halbwertszeit deutlich überschritten hatte. Dementsprechend wurde über das absehbare Ende des Verfahrens durchaus breit berichtet, der Vorgang an sich aber nicht mehr leidenschaftlich kommentiert und kritisiert. Akzente setzte die Neuigkeit vor allem in der regionalen und lokalen Presse, wo Reinefarth die ihm dargebotene Plattform (»Reinefarth stellt richtig«) zu einem Anwurf gegen Krannhals, dessen NSDAP-Vergangenheit, angebliche Alkoholkrankheit und wissenschaftliche Fehlleistung nutzen durfte.[1090]

Am 24. Mai 1967 beschloss die 1. Große Strafkammer des Landgerichts Flensburg, dem Antrag der Staatsanwaltschaft zu folgen und den Angeschuldigten Reinefarth »aus dem tatsächlichen Grunde des mangelnden Beweises« außer Verfolgung zu setzen. Die Kosten für das gesamte Verfahren wurden der Staatskasse auferlegt.[1091] Im Juli wurde der Abschluss der Untersuchung rechtskräftig und mittels einer Presseerklärung kommuniziert.[1092] Für Aufsehen sorgte in der Folge weniger der Entscheid selber, welcher in dieser Form niemanden mehr überraschte, sondern die Frage, wie hoch der Betrag wohl sein würde, den Reinefarth für seine Auslagen zur Verteidigung erwarten konnte. Die Sensibilität der Angelegenheit durchaus erfassend, beeilte man sich seitens des Justizministeriums, den in den Medien kolportierten Betrag von 100 000 Mark zu dementieren. Reinefarth würden lediglich die »notwendigen Auslagen« erstattet, und sobald die Summe feststehe, werde wiederum informiert.[1093] Tatsächlich musste sich der Freigesprochene am Ende mit knapp 3500 Mark begnügen.[1094] Einen internen Rüffel holte sich in dieser Angelegenheit allerdings der Nachfolger Biermanns als Leitender Flensburger Oberstaatsanwalt, Frohberg, ab, der es versäumt hatte, seinen Generalstaatsanwalt diesbezüglich auf dem Laufenden zu halten und vor Ablauf der Einsprachefrist vorsorglich Beschwerde gegen den Kostenentscheid einzureichen.[1095] Nehm hatte sich in erster Linie gefragt, ob eine Entschädigung für die Verteidigungskosten angesichts der Tatsache, dass die Urteilsbegründung wohl kaum mit einem Freispruch gleichgesetzt werden könne, überhaupt gerechtfertigt sei. Der Generalstaatsanwalt ließ sich aber schnell beruhigen: Wenngleich die in dem Verfahren erhobenen Verdachtsgründe nicht völlig ausgeräumt seien, meldete Frohberg nun umgehend zurück, seien sie dennoch so weit entfallen, »daß die erfolgte Außerverfolgungssetzung einer solchen wegen erwiesener Unschuld nahe kommt.«[1096]

Polnisch-deutsche Wechselwirkungen

Der Antrag der Staatsanwaltschaft Flensburg, Reinefarth außer Verfolgung zu setzen, wurde in Polen mit Empörung aufgenommen. In zahlreichen Warschauer Betrieben und Behörden wurden Versammlungen anberaumt, auf denen Zeugen des Massakers von Wola forderten, das Verfahren wieder aufzunehmen. In einer Erklärung bezeichnete die von Innenminister Moczar geleitete »Union der Kämpfer für Freiheit und Demokratie« Reinefarth als einen der grausamsten Kriegsverbrecher und »Henker der Warschauer Bevölkerung«, der mit der ganzen Strenge des Gesetzes bestraft werden müsse.[1097] Zur Untermauerung dieses Befunds wurde in- und ausländischen Pressevertretern dokumentarisches Material über die Rolle Reinefarths während des Aufstandes ausgehändigt. Der Beschluss zur Einstellung, ließ Hauptkommissionsleiter Pilichowski bei der Gelegenheit verlauten, fuße mitnichten darauf, dass es an Beweisen und Dokumenten fehle, »sondern liege vielmehr in der politischen Linie der Flensburger Staatsanwaltschaft, die einen Prozess gegen Reinefarth verhindern wolle.«[1098] Die Vorwürfe wurden vom attackierten Behördenchef sogleich energisch zurückgewiesen: Die zuständigen Ermittler hätten nicht das geringste Interesse, Reinefarth einer etwaigen Bestrafung zu entziehen. Sie hätten in den sechs Jahren der Ermittlungen alles getan, um in den Besitz des notwendigen Beweismaterials zu gelangen. Was der Staatsanwaltschaft an Beweismitteln zur Verfügung gestellt worden sei, reiche jedoch für eine Anklageerhebung nicht aus.[1099]

In der Moczar nahestehenden Warschauer Wochenzeitung »Prawo i życie« (Recht und Leben) legte Pilichowski, der stärker als sein Vorgänger Gumkowski die agitatorische Linie Moczars vertrat[1100], wenig später unbeeindruckt nach. Für ihn war das Vorgehen der Staatsanwaltschaft Flensburg repräsentativ für den Stil der Verfolgung der sogenannten Hitler-Verbrechen in der Bundesrepublik Deutschland:

»Die westdeutschen Staatsanwaltschaften verstehen ihre Rolle auf eine sonderbare Weise – sie erwarten Hinweise auf Verbrechen und Verbrecher, erwarten Beweismaterial, geben sich jedoch keine Mühe einer komplexen Behandlung der ganzen verbrecherischen Tätigkeit, unternehmen keine Anstrengungen, um an das Beweismaterial heranzukommen, ›verifizieren‹ die Beweise in Anlehnung an Erläuterungen der Verdächtigen, interpretieren einen Schatten eines Schattens von Unklarheiten zu Gunsten des Beschuldigten, und dann führen sie heuchlerisch aus, wie sehr sie von den Grundsätzen der Rechtsstaatlichkeit eingeengt sind, die sie zwingt, eine Verfolgung aufzugeben (...).«

In dreister Weise, so der Autor, machten etliche Behörden der Bundesrepublik ihre Ergebnisse bei der strafrechtlichen Verfolgung von NS-Tätern von der Aktivität der sozialistischen Länder abhängig und setzten sie mit der Forderung nach Zustellung von Beweismaterial moralisch unter Druck. Schließlich lenkte Pilichowski den Fokus auf Reinefarths frühere Tätigkeit als Höherer SS- und Polizeiführer Wartheland: Hier habe die Flensburger Justiz bisher noch überhaupt nichts unternommen, und sie werde bestimmt »einen Vorwand finden, wie sie dies schon getan hat, indem sie sich hinter einem Wandschirm von 1000 Zeugen und einem 360 Seiten Maschinenschrift zählenden Elaborat verbarg.«[1101] Inhaltlich in die gleiche Richtung zielte ein elfseitiges Protestschreiben Pilichowskis zuhanden der dortigen Staatsanwaltschaft, worin er in Form einer detaillierten, aber nicht fehlerfreien chronologischen Auflistung die mangelnden westdeutschen Verfolgungsanstrengungen den wiederholten Auslieferungsbemühungen Polens gegenüberstellte.[1102] Nachdem der Flensburger Beschluss im Juli 1967 amtlich geworden war, meldete er sich erneut zu Wort und beanstandete insbesondere, dass aus Flensburg niemals ein Antrag erfolgt sei, in Warschau vor Ort Nachforschungen anstellen zu dürfen.[1103] Gleichzeitig versuchte man bei der Hauptkommission nicht ohne Erfolg, den Druck mit neuen Hinweisen an die Zentrale Stelle hoch zu halten.[1104]

Der Zeitpunkt der Bekanntgabe der Außerverfolgungssetzung kurz vor dem Jahrestag des Aufstandes brachte es mit sich, dass es im Rahmen der Gedenkveranstaltungen erneut zu einem organisierten Protestreigen kam, welcher am 5. August, genau 23 Jahre nach dem Massaker von Wola, in einer symbolischen Verurteilung Reinefarths als Kriegsverbrecher gipfelte.[1105] Der propagandistische Charakter der Veranstaltungsreihe wurde von Untertönen begleitet, die die maßgeblich von Moczar beförderte antizionistische Kampagne im Gefolge der März-Unruhen von 1968 inhaltlich vorwegnahmen. Die verschiedenen Inszenierungen, berichtete der deutsche Gesandte Böx nach Bonn,

> »waren erneut Anlass, in der bekannten Gleichsetzung von nationalsozialistischer Vergangenheit und bundesdeutscher Gegenwart, Resolutionen gegen die ›Revisionisten, Revanchisten und Militaristen‹ in der Bundesrepublik anzunehmen. Das angebliche Bestehen von Heimatorganisationen von Pommern und Schlesiern in Israel nach westdeutschem Muster wird als Teilbeweis aufgeführt, wie dort durch antipolnische Propaganda dem Revanchewillen der Bundesrepublik nachgeholfen wird.«[1106]

Wiewohl Böx den Eindruck hatte, dass man sich in Polen niemals mit der Entscheidung zur Außerverfolgungssetzung des früheren Militärführers abfinden werde[1107], täuschte die öffentlichkeitswirksame Serie von Anlässen darüber hinweg, dass bei der Hauptkommission in Bezug auf Reinefarth ein Strategiewechsel stattgefunden hatte. Weitestgehend der Illusion beraubt, dieser würde für seine Rolle in Warschau jemals vor einem bundesdeutschen Gericht zur Rechenschaft gezogen, wurden nunmehr die propagandistischen Anstrengungen hinsichtlich der Verbrechen in Reinefarths Verantwortungsbereich als HSSPF Warthe intensiviert. Die Übersendung belastender Materialien an die Zentrale Stelle hatte zusammen mit dem Protestschreiben Pilichowskis an die Staatsanwaltschaft Flensburg zur Folge, dass man sich dort genötigt sah, die bereits zweimal eingestellten Ermittlungen zu diesem Komplex wieder aufzunehmen.[1108]

An dieser Stelle ist eine kurze Rückblende erforderlich: 1958 hatte bekanntlich auch zu Reinefarths ehemaliger Funktion als hoher Besatzungsfunktionär in Polen ein Alibi-Verfahren stattgefunden. Danach lagen die entsprechenden Vorwürfe zunächst mehrere Jahre brach, wurden jedoch ab 1964 – nach Anregung durch den Landesverband Schleswig-Holstein des »Verbandes Demokratischer Widerstandskämpfer und Verfolgter«[1109] – parallel zu den Warschauer Ermittlungen erneut abgeklärt. Anfang November 1964 wandte sich He. deshalb mit der Frage an die Staatsanwaltschaft, ob Reinefarth eventuell auch für die Aussiedlung von 7000 Juden aus dem Ghetto Litzmannstadt sowie für deren Ermordung in Chelmno mitverantwortlich sein könnte. Auch wenn Sondierungen beim Zentralrat der Juden und der Zentralen Stelle in dieser Hinsicht keine konkreten Ergebnisse gezeitigt hätten, könne eine Überprüfung nicht schaden, »um späteren Angriffen in der Öffentlichkeit von vornherein begegnen zu können (...)«.[1110] In den darauffolgenden Monaten wühlte sich Staatsanwalt Sch. nacheinander durch die Akten des Bonner Verfahrens gegen Reinefarths Vorvorgänger Koppe und die Prozessunterlagen des Landgerichts Hannover gegen den ehemaligen Litzmannstädter Bürgermeister und Gestapo-Leiter Otto Bradfisch sowie dessen Judenreferenten Günter Fuchs, ohne dabei zu sicheren Rückschlüssen betreffend die Bedeutung des HSSPF Warthe für den Judenmord zu gelangen. Zur weiteren Aufklärung wurde sodann die Befragung von 80 Zeugen veranlasst, von denen spezifische Aussagen für die Situation während des Jahres 1944, Reinefarths Dienstzeit, erwartet werden konnten.[1111] Derweil diese Befragungen nicht gewinnbringend waren[1112], konnte auch eine fachliche Stellungnahme von Wolfgang Scheffler (auf den der unabkömmliche Hans Buchheim verwiesen hatte)[1113] dem Amt nicht genügend Konturen verleihen, um in den Augen von Sch. eine Weiterführung der Ermittlungen zu rechtfertigen. Im April 1966, auf der Zielgerade der gerichtlichen Voruntersuchung zum Warschauer Aufstand, wurde somit auch das zweite Ermittlungsverfahren zum Komplex Warthe mangels Tatverdacht ergebnislos eingestellt.[1114]

Das dritte Verfahren, welches nun ein Jahr nach diesem Vorgang im Frühjahr 1967 – also noch bevor die Außerverfolgungssetzung wegen Warschau rechtliche Gültigkeit besaß – notwendig geworden war, stand jedoch von Beginn an unter keinem guten Stern. Die Zentrale Stelle setzte zwar die Polnische Hauptkommission umgehend über die Eröffnung der neuerlichen juristischen Untersuchung ins Bild, machte aber gleichzeitig deutlich, dass man in Flensburg dringend auf weitere Hilfestellung angewiesen sei.[1115] Es zeigte sich indes, dass die Entscheidungsträger der polnischen Hauptkommission offenbar gewillt waren, das Doppelspiel des öffentlichkeitswirksamen Anklagens und anschließenden Hinhaltens fortzusetzen: Nachdem das Rechtshilfeersuchen der Zentralen Stelle ein Jahr lang unbeantwortet geblieben war, wurde das Verfahren im April 1968 auf Widerruf ein drittes Mal eingestellt. Die Staatsanwaltschaft Flensburg kam, inhaltlich nicht über die Ergebnisse des zweiten Ermittlungsverfahrens hinausgehend, zur Folgerung, dass die auch in der polnischen Presse ausgiebig behandelten Vorwürfe anscheinend nicht auf einschlägigem Beweismaterial gründeten, sondern lediglich auf der pauschalen Annahme, dass Reinefarth 1944 in der Funktion eines HSSPF der ranghöchste Polizeiexponent im Reichsgau Wartheland gewesen sei und schon allein deshalb die Verantwortung für alle in diesem Gebiet begangenen völkerrechtswidrigen Taten zu tragen habe.[1116] Die für die zur Debatte stehenden Verbrechenskomplexe – nach der temporären Wiedererrichtung des Vernichtungslagers Chelmno ging es nunmehr um die endgültige Deportation sämtlicher verbliebenen Juden des Ghettos Litzmannstadt nach Auschwitz sowie um Gefangenenliquidierungen in mehreren Gefängnissen anlässlich der Räumung des Warthegaus – entscheidende Frage, nämlich ob die entsprechenden Befehle über Reinefarth gelaufen oder im Fall der Endphaseverbrechen sogar von ihm selber ausgelöst worden waren, sah die Behörde weder durch das vorherige noch durch das neueste Ermittlungsergebnis zum Nachteil des Beschuldigten als schlüssig geklärt an.[1117]

Der zuständige Ludwigsburger Sachbearbeiter leitete den Entscheid sogleich nach Polen weiter, nicht ohne die Hauptkommission »wieder einmal darauf aufmerksam zu machen, welche Folge die Nichterledigung der hiesigen Rechtshilfeersuchen hat.«[1118] Wie nicht anders zu erwarten, reagierte Pilichowski mit demonstrativer Verständnislosigkeit ob dieser jüngsten Entwicklung: Bei der Behauptung, wonach von polnischer Seite her keine Beweise vorgelegt worden seien, handle es sich um ein Missverständnis. Vielmehr sei eine vollständige Materialsammlung von Polen an die Zentrale Stelle und von dort nach Flensburg gelangt. Er habe deshalb mindestens erwartet, dass sich die dortige Staatsanwaltschaft als Reaktion mit konkreten Vorschlägen an die Hauptkommission wenden und eventuell sogar einen Vertreter zum Meinungsaustausch nach Warschau entsenden würde.[1119] Seitens der Flensburger Behörde war man nun geneigt, gegen diese Darstellung offiziell zu protestieren, und legte deshalb gegenüber der Zentralen Stelle ein entsprechendes Schreiben an die Hauptkommission nahe. Der neue Ludwigsburger Dienststellenleiter Rückerl mochte diesem Wunsch jedoch nicht folgen und begründete dies damit, er »halte auch nach den in anderen Verfahren gemachten Erfahrungen eine weitere Diskussion mit den polnischen Stellen für zwecklos.« Dagegen hatte er zunächst vor, den Fall Ende 1968 bei einem Treffen sämtlicher Landesjustizverwaltungen in Freiburg als abschreckendes Beispiel über die Tücken polnischer Rechtshilfe zu präsentieren. Rückerl beließ es dann aber bei einer Erörterung mit dem Vertreter des Kieler Justizministeriums, der ihm dahin gehend zustimmte, das unergiebige Hin und Her mit der Polnischen Hauptkommission sei nun zu beenden.[1120] Zu dem Zeitpunkt, als dieser Wortwechsel stattfand, waren die Beziehungen zwischen Warschau und Flensburg jedoch durch eine unvorhergesehene Wendung bereits wieder auf eine neue Grundlage gestellt worden. Im März 1968 hatte sich eine Delegation der Staatsanwaltschaft Hamburg nach Warschau begeben, um dort für das nach wie vor anhängige Verfahren gegen Ludwig Hahn Zeugenbefragungen vorzunehmen. Dabei wurden die Sachbearbeiter wiederholt auf das eingestellte Reinefarth-Verfahren zum Warschauer Aufstand angesprochen. Gelegentlich einer Rundfahrt durch die Stadt wurde den Ermittlern auch die Stelle gezeigt, an der sich einst Reinefarths Gefechtsstand befunden hatte. Mit Verweis darauf, dass damals verschiedene Massenerschießungsstätten nur gerade 100 Meter vom Gefechtsstand entfernt gewesen seien, brachten die Polen deutlich zum Ausdruck, es sei schlechterdings unmöglich, dass Reinefarth diese Exekutionen nicht bemerkt habe. Einmal mehr wurde zudem beanstandet, dass es weder die Staatsanwaltschaft noch das Landgericht in Flensburg für nötig befunden habe, in Warschau eine Ortsbesichtigung durchzuführen.[1121] Die bemerkenswerte und hinsichtlich der Flensburger Arbeitsweise bezeichnende Episode zog weitere Kreise, nachdem darüber hinaus von polnischer Seite kommuniziert worden war, dass dort betreffend Reinefarth noch immer Beweismaterial lagere, welches in der Bundesrepublik bis anhin unbekannt sei. Dem schleswig-holsteinischen Generalstaatsanwalt schien es an diesem Punkt geboten, sich persönlich einzuschalten und mit Pilichowski direkt Kontakt aufzunehmen. Nehm zeigte sich an dem neuen Material interessiert, erinnerte aber daran, dass ein Rechtshilfeersuchen von He. aus dem Jahr 1964 nie beantwortet worden war. Jedoch dürfe er mitteilen, dass beim Auftauchen von schlagkräftigen Beweisdokumenten jederzeit wieder öffentliche Klage gegen Reinefarth erhoben werden könne. Schließlich bejahte Nehm auch einen von Pilichowski gemachten Vorschlag, das Ermittlungsergebnis mit einem Abgesandten der Hauptkommission ausführlich zu erörtern.[1122] Kurz vor Weihnachten 1968 bestätigte Pilichowski einen für das nächste Jahr geplanten Besuch von Vertretern seiner Behörde. Zweck der Reise werde sein, das in Flensburg vorhandene Material zu sichten und mit dem polnischen Gesamtbestand zu vergleichen. Auf diese Weise werde sich rasch klären, welche bisher unbekannten Unterlagen aus Polen am besten geeignet seien, um eine erneute Strafverfolgung Reinefarths herbeizuführen.[1123] Der daraufhin von Nehm geäußerte Wunsch, die Reisenden möchten am besten gleich alles Material von Bedeutung mitbringen, damit dieses von der Staatsanwaltschaft umgehend auf seinen Beweiswert hin analysiert werden könne, erfüllte sich jedoch nicht.[1124] Die polnischen Juristen hatten nicht im Sinn, das Heft des Handelns so leicht aus der Hand zu geben: Sie kamen zwar bald, aber praktisch ohne Dokumente.

Am Nachmittag des 20. März 1969 wurde Sch. von der Staatsanwaltschaft Frankfurt/Main informiert, dass der Besuch von Delegierten der Hauptkommission in Flensburg unmittelbar bevorstünde. Nach Einsichtnahme in die hiesigen Verfahrensakten gegen den früheren Chef der Umwandererzentralstelle Posen, Hermann Krumey, würden sie binnen weniger Tage Richtung Norden weiterreisen.[1125] Die Nachricht bewirkte, dass sich dort bereits am nächsten Morgen die maßgeblichen Justizbeamten bei Nehm einfanden, um einen geeigneten Umgang mit dem nahenden Besuch abzusprechen. Es wurde vereinbart, den polnischen Kollegen großzügige Einsicht in die Akten zu gewähren. Eine Fertigung von Fotokopien komme jedoch nicht in Betracht. Die gestellten Fragen sollten hingegen erschöpfend beantwortet werden, um so die wesentlichen Gesichtspunkte darzulegen, die zu der Außerverfolgungssetzung Reinefarths geführt hatten. Zu diesem Zweck empfahl es sich allerdings, den Besuchern einige Unterlagen vorzuenthalten. Bei der Vorbereitung der Akten entnahm Sch. den Leitzordnern infolgedessen gezielt die Teilergebnisse zu den einzelnen in Warschau eingesetzten Einheiten, da diese »vielfach nicht der Beweiswürdigung im Antrag auf Außerverfolgungsetzung [sic] entsprechen.« Legten diese Einzelvermerke jeder für sich oftmals eine außerordentlich starke Belastung der jeweiligen Truppenteile nahe, hatte die Summe dieser Indizien gemäß der Beweisführung der Flensburger Ermittler am Ende dennoch nicht zu einer Anklageerhebung gegen Reinefarth ausgereicht.[1126] Der sich darob bietenden Angriffsfläche gewahr, hielt Sch. folgerichtig fest, die Vermerke seien gerade in Bezug auf das angekündigte Publikum »nicht zur Einsichtnahme geeignet.«[1127]

Am 24. März trafen am späteren Abend der Richter Kazimierz Leszczyński und Oberstaatsanwalt Waclaw Szulc in Flensburg ein, wo sie am nächsten Morgen von den Beamten der Staatsanwaltschaft zu einer ersten Besprechung empfangen wurden. Bei diesem laut Vermerk »offen und sachlich« geführten Gespräch machten Leszczyński und Szulc keinen Hehl daraus, dass die unterschiedlichen Auffassungen hinsichtlich der Verantwortlichkeit Reinefarths für die Massenerschießungen nicht nur eine Frage der Beweiswürdigung, sondern auch Folge verschiedener Rechtsauffassungen seien. Reinefarths Schuld ergebe sich für sie bereits aus der Tatsache, dass die Verbrechen von unter seinem Befehl stehenden Einheiten verübt worden seien. Dass das deutsche Strafgesetzbuch strengere Anforderungen an den Nachweis der einzelnen Tatbestandsmerkmale stelle, sei ihnen jedoch klar.[1128] Anschließend vertieften sich die beiden mehrere Tage lang in die Akten, mussten aber bald einsehen, dass die vorhandene Zeit nicht ausreichen würde, den gesamten Bestand auch nur flüchtig durchzuarbeiten. Sie beschränkten sich deshalb auf Einzelaspekte und bearbeiteten sodann die dazu vorgelegten Materialien.[1129]

Im Gegensatz dazu legten die Polen lediglich vier neue Dokumente vor. Dabei handelte es sich um je zwei Berichte des Einsatzkommandos Sicherheitspolizei Kampfgruppe Reinefarth und eines entsprechenden Kommandos bei der Kampfgruppe Reck. Aus diesen Unterlagen ergaben sich für die Staatsanwaltschaft jedoch keine neuen Anhaltspunkte für die Schuldfrage Reinefarths.[1130] Bei der Abschlussbesprechung verdeutlichten die beiden Besucher indes implizit, dass es nach ihrer Sicht der Dinge dieser zusätzlichen Dokumente gar nicht bedurfte: Aus den gesicherten Befehlen an Rode, Hahn und Geibel, den ersten Aussagen Bach-Zelewskis sowie dem Buch von Krannhals[1131] ergebe sich bereits der Beweis, dass tatsächlich ein Bevölkerungsvernichtungsbefehl ergangen sei, zumal einzelne Soldaten und Offiziere, wie für Leszczyński und Szulc aus den zahlreichen Befragungen deutscher Zeugen nun ersichtlich war, einen solchen Befehl auch zugegeben hätten. Nach polnischer Sichtweise reichten die vorliegenden Beweismittel jedenfalls für eine Anklageerhebung aus. In Polen geschehe dies, wenn der Richter erhebliche Zweifel habe an der Unschuld des Angeschuldigten. Zudem sei ein polnischer Staatsanwalt verpflichtet, die belastenden Dokumente hervorzuheben, während die Entlastung Sache der Verteidigung sei. Dennoch versicherten die beiden, sie hätten mit Blick auf die hier geltenden gesetzlichen Vorgaben Verständnis für den getroffenen Entscheid und würden dies ihren Vorgesetzten in Warschau gegenüber auch zum Ausdruck bringen. Sie könnten jedoch nicht garantieren, dass in der polnischen Presse nicht auch in Zukunft Angriffe gegen die Flensburger Behörde geführt würden. Was die Beschaffung von neuem Beweismaterial aus Polen betreffe, äußerten sich Leszczyński und Szulc eher skeptisch. Man werde jedoch das vorhandene Material noch einmal durchgehen und etwaige neue Dokumente umgehend nach Flensburg übersenden.[1132]

Bei der Staatsanwaltschaft Flensburg und den übergeordneten Stellen wurde der polnische Besuch als voller Erfolg verbucht. Frohberg teilte der Presse mit, die Gespräche seien »in einer ausgezeichneten und herzlichen Atmosphäre« verlaufen.[1133] In der Tat hatten alle Beteiligten trotz sachlicher Differenzen eine gute Zeit miteinander verbracht. Mehrfach war es auch neben den dienstlichen Erörterungen zu informellen fachlichen Gesprächen gekommen, die nicht zuletzt dadurch befördert wurden, dass die polnischen Beamten nach dem Eindruck ihrer Gastgeber während des gesamten Aufenthalts »jegliche politisch-propagandistische Polemik« vermieden. Gelegenheit zum zwanglosen Austausch hatten auch ein vom Generalstaatsanwalt spendiertes Nachtessen sowie mehrere touristische Besichtigungsfahrten in die nähere Umgebung gebracht.[1134] Für ein ungutes Gefühl sorgte der Besuch demnach einzig bei Reinefarth selber, der sich nach einigen Tagen besorgt nach dem Zweck des Besuchs erkundigte und anfragte, ob neues Material gegen ihn vorliege.[1135]

Es vergingen einige Monate, bis auch die Staatsanwaltschaft Flensburg von ähnlichen Empfindungen ergriffen wurde. Anfang August 1969 erschien in der Tageszeitung »Trybuna Ludu« (Volkstribüne), gleichzeitig das offizielle Sprachrohr der herrschenden »Polnischen Vereinigten Arbeiterpartei«, ein vernichtender Artikel über das abgeschlossene Verfahren gegen Heinz Reinefarth. Dies alleine überraschte weniger als die Tatsache, dass das Pamphlet ausgerechnet aus der Feder von einem der beiden vormaligen Besucher stammte. Oberstaatsanwalt Szulc hinderte der freundschaftliche Umgang mit der Flensburger Justizbehörde keineswegs daran, aufgrund der neu gewonnenen Erkenntnisse nunmehr detailliert mit der dortigen Ermittlungsarbeit abzurechnen. Was als Informationsreise im Rahmen internationaler Rechtshilfe getarnt gewesen war, hatte also von polnischer Seite her letztlich zu einem guten Teil dem Zweck gedient, sich propagandistisch aufzumunitionieren. So konnte Szulc nun aus dem Vollen schöpfen und setzte dem Leser auseinander, dass auch in Flensburg kein Zweifel bestehe an der Tatsächlichkeit der Warschauer Massenverbrechen. Jedoch gebe es die Täter nach Meinung der bundesdeutschen Justizorgane nicht. Die Analyse des Materials, auf welchem die Entscheidung betreffend Reinefarth beruhe, habe ergeben, dass dieses einen ausreichenden Grund zur Anklageerhebung darstelle. Bezug nehmend auf zahlreiche deutsche Zeugenvernehmungen bilanzierte Szulc:

> »Wenn man sämtliche Aussagen, in denen davon die Rede ist, dass die Ermordung der Warschauer Bevölkerung auf Befehl erfolgt sei, mit der Tatsache konfrontiert, daß eine allgemeine Massenerschiessung auch wirklich stattgefunden hat, so ergibt sich eine einzig logische Schlussfolgerung, daß die Leute von Reinefarths Einheiten bei der Durchführung der Exekutionen gemäß den ihnen erteilten Befehlen gehandelt haben. Das Gericht in Flensburg kam jedoch zu einem anderen Ergebnis. Es glaubte einer anderen Zeugengruppe, die von einem Befehl über die Ermordung der Warschauer Bevölkerung nie etwas gehört haben will.«[1136]

Ein Beispiel dafür, argumentierte der Jurist weiter, sei Bach-Zelewski, der sowohl 1945/46 vor amerikanischen Offizieren als auch 1946 vor Jerzy Sawicki und 1947 vor einem polnischen Gericht in der Verhandlung gegen den früheren Warschauer

Distriktgouverneur Ludwig Fischer stets ausgesagt habe, dass 1944 ein Befehl zur Ermordung der Zivilbevölkerung und für die komplette Zerstörung der Stadt vorhanden gewesen sei. Das Gleiche sei seinem Tagebuch zu entnehmen. Seit 1958 aber versuche Bach-Zelewski systematisch, seine ursprünglich Reinefarth belastenden Aussagen zu widerrufen. Der Erklärung, er habe seine frühen Nachkriegsaussagen im Glauben getätigt, der Betroffene sei nicht mehr am Leben, könne kein Glauben geschenkt werden. Bach-Zelewski habe 1946 zusammen mit Reinefarth im Nürnberger Zeugenflügel eingesessen, habe damals also gewusst, dass sein ehemaliger Untergebener nicht tot war. Die Staatsanwaltschaft aber habe seine Ausflüchte für bare Münze genommen. Sie habe nicht ergründet, weshalb Bach-Zelewski dazu gekommen sei, seine ursprünglichen Aussagen zu widerrufen: Er habe nämlich nicht für Reinefarth gelogen, sondern um sich selbst zu entlasten, da er als dessen Vorgesetzter seit dem Abend des 5. August 1944 selbst eine Mitverantwortung für alle in Warschau nach diesem Termin begangenen Übergriffe hätte übernehmen müssen. In Polen sehe man die Verbrechen, die 1944 insbesondere in den ersten Tagen der Aufstandsbekämpfung durch deutsche Truppen verübt worden seien, jedenfalls mit anderen Augen als die bundesdeutsche Justiz.[1137]

Nach dieser Aktion tendierte die Bereitschaft für eine weitere Kooperation mit der Polnischen Hauptkommission von Seiten der düpierten Staatsanwaltschaft Flensburg verständlicherweise gegen null. Obwohl die bei dem Besuch vorgelegten vier Dokumente schließlich doch bescheidene Nachermittlungen zur Rolle der Kommandos der Sicherheitspolizei bei den Kampfgruppen Reinefarth und Reck zur Folge hatten[1138], verzichtete Nehm auf Vorschlag Frohbergs und in Absprache mit dem Justizminister darauf, die Polen über den Fortlauf dieser Nachforschungen zu unterrichten.[1139] Auch für die Zeit danach liefern die vorhandenen Quellen keine Hinweise, wonach in Sachen Reinefarth die Kommunikation zwischen Warschau und Flensburg aufrechterhalten wurde. So hatten diese direkten Kontakte letztlich keine wesentliche Bedeutung für das Ergebnis der Untersuchung gegen Heinz Reinefarth.

Dafür, dass sich dieser niemals vor einem Gericht für seine Rolle während des Warschauer Aufstandes verantworten musste, waren verschiedene Faktoren der alltäglichen Ermittlungsarbeit entscheidend, die nachfolgend in exemplarischer Form einer genaueren Betrachtung unterzogen werden. Die Beleuchtung der geläufigen Erzählmuster der Zeugen auf der einen und der Argumentationstechniken der juristischen Sachbearbeiter auf der anderen Seite bietet darüber hinaus die Möglichkeit, das Verfahren gleichsam als geschichtspolitische Bühne darzustellen, auf der die Vergangenheit mit unterschiedlicher innerer Einstellung und Motivation reflektiert und konstruiert wird.

3. Aufarbeitung ohne Anklage:
Schwierigkeiten und Tendenzen einer ermittelnden Behörde

Rahmenbedingungen von NSG-Ermittlungen im Kontext der 1960er-Jahre

Die Bearbeitung von nationalsozialistischen Gewaltverbrechen stellte (und stellt) gemeinhin besondere Anforderungen an eine Strafverfolgungsbehörde: Wer sich als Staatsanwalt oder Richter mit der rechtlichen Aufarbeitung von solchen Verbrechen zu beschäftigen hatte, war in der Regel mit einer sehr anspruchsvollen und belastenden Aufgabe konfrontiert. Unabhängig davon, dass die öffentliche Präsenz der NS-Vergangenheit seit Ende der 1950er-Jahre deutlich gestiegen war, war die Tätigkeit der Justizbeamten wenig populär. Immer wieder erhielt die Staatsanwaltschaft Flensburg beispielsweise Zusendungen, in denen mit sarkastischem Unterton Sinn und Zweck der kostspieligen Untersuchung angezweifelt oder die Ermittlungsbemühungen gar offen angefeindet wurden. Die Skepsis war grundlegend und verbreitet: Häufig mussten sich die in NSG-Verfahren involvierten Sachbearbeiter in Gesprächen im Bekanntenkreis für ihre berufliche Aktivität erklären und rechtfertigen, wie dies ein ehemaliger Hamburger Staatsanwalt festgehalten hat.[1140]

Neben der prekären gesellschaftlichen Akzeptanz ihrer Arbeit sahen sich die NSG-Ermittler mit rechtlichen Rahmenbedingungen konfrontiert, die einer Verfolgung klare Grenzen setzten. Mit dem Ende der Besatzungszeit hatten die deutschen Gerichte Anfang 1950 zwar ihre uneingeschränkte Souveränität zurückerhalten. Dies bedeutete jedoch, dass NSG-Verbrechen von da an wiederum unter dem Gesichtspunkt des deutschen Strafgesetzbuchs abgeurteilt werden mussten. Bestraft werden konnten somit nicht mehr länger »Verbrechen gegen die Menschlichkeit«, sondern Mord, Totschlag und Körperverletzung nach den zur Tatzeit geltenden Gesetzen. Nachdem das alliierte Kontrollrats-Recht noch die Verantwortlichkeit des Individuums für die verübten Verbrechen in den Mittelpunkt gestellt hatte, folgte auf die Zäsur von 1950 in der Praxis der Rechtsprechung eine Entwicklung, im Zuge derer die einstigen Täter immer mehr als reine Befehlsempfänger gesehen wurden, deren Schuld sich im Rahmen des juristischen Diskurses um den sogenannten »putativen Befehlsnotstand« nur noch sehr schwer beweisen ließ.[1141] Der Überleitungsvertrag mit den drei westlichen Besatzungsmächten verhinderte zudem von vornherein eine Verfolgung von Verbrechen, wenn die dafür verantwortlichen Täter von alliierten Gerichten bereits einmal verurteilt oder freigesprochen worden waren.[1142] Der Tatbestand des Völkermords war zwar 1954 in das Strafgesetzbuch aufgenommen worden, konnte aber wegen des Rückwirkungsverbots nicht auf die Zeit bis 1945 angewendet werden. Eine an den historischen Gesamtzusammenhang angelehnte Konzeption von einem Großverbrechen als »natürlicher Handlungseinheit«

wurde vom hessischen Generalstaatsanwalt Fritz Bauer für die Anklage beim ersten Auschwitz-Prozess angeregt, vom dortigen Schwurgericht jedoch abgelehnt. Aus diesem Grund war es erforderlich, den Verdächtigen innerhalb großer Verbrechenskomplexe örtlich und zeitlich genau festgestellte Straftaten zuzuordnen und diese in einer ununterbrochenen Kausalkette zu belegen. Fehlte ein Glied, waren die Angeklagten aus Mangel an Beweisen freizusprechen.[1143]

Nach der Verjährung von Totschlag im Jahr 1960 blieb für die Angeschuldigten allein die Möglichkeit einer Verurteilung wegen Mordes übrig. Dafür waren jedoch hohe Hürden zu nehmen: Eine Straftat mit Todesfolge musste nicht nur lückenlos nachgewiesen, sondern auch mit bestimmten Kennzeichen in Verbindung gebracht werden. Im Kontext der NS-Strafverfolgung waren zur Bewertung der Tat in erster Linie die Merkmale »Mordlust«, »niedrige Beweggründe«, »Heimtücke« und »Grausamkeit« ausschlaggebend.[1144] Ungeachtet der vielseitigen Handhabe, die diese Kriterien geboten hätten, tendierten die bundesdeutschen Justizbehörden bereits seit den 1950er-Jahren dazu, Beschuldigte selbst dann bloß wegen »Beihilfe« zum Mord zu verurteilen, wenn der Nachweis vorlag, dass Mordbefehle entschlossen ausgeführt worden waren oder zum Tatzeitpunkt Ermessensspielraum vorhanden gewesen war. Ermöglicht wurde dies durch eine juristische Konstruktion, nach welcher der Kreis der Haupttäter schematisch auf Hitler, Göring, Himmler und Heydrich eingeengt und so letztlich gesamtgesellschaftliche Exkulpationsneigungen in rechtliche Form gegossen wurden. Nur wer nachweislich ohne Befehl getötet oder letzteren im Exzess ausgeweitet hatte, lief in der Regel Gefahr, vor Gericht einen eigenen Täterwillen attestiert zu erhalten und demzufolge wegen Mordes verurteilt zu werden.[1145] Diese Praxis wurde ab 1962 durch das berühmte Urteil des Bundesgerichtshofs im Fall Staschynskij gestützt: Der KGB-Agent wurde nach der Tötung zweier Exilpolitiker auf westdeutschem Boden letztinstanzlich lediglich wegen Beihilfe zum Mord verurteilt. Der BGH argumentierte, dass die Aktion von der Moskauer Zentrale gesteuert gewesen sei, der Angeschuldigte also weder einen eigenen Willen zur Tat noch ein eigenes Interesse an deren Erfolg gehabt habe. In seiner Urteilsbegründung unterstrich das Gericht mit ausdrücklichem Bezug auf die nationalsozialistischen Massenverbrechen, dass ein Täter, der eine verbrecherische Anordnung innerlich widerstrebend ausführt, strafrechtlich nicht mit einem willigen Befehlsempfänger gleichgesetzt werden könne. Von dieser Betrachtungsweise sei auch der Fall eingeschlossen, in dem der Gewaltverbrecher sein Handeln in erster Linie durch die damalige politische Indoktrination zu rechtfertigen versuche.[1146] Gleichwohl verwiesen nur wenige Verdächtige auf eine systematische weltanschauliche Schulung, um sich vor Gericht zu entlasten, und wenn, dann meist als letzte Möglichkeit: Zu groß war die Gefahr, sich dadurch in die Nähe »niedriger Beweggründe«, etwa Rassenhass, als Tatmotiv zu begeben und dem Ankläger gleichsam eine argumentative Steilvorlage zu liefern.[1147] Mit Blick auf die sogenannten »Schreibtischverbrechen« hat Kerstin Freudiger interessanterweise darlegen können, dass bei der Beurteilung der Tat auch die berufliche Qualifikation der Beschuldigten eine Rolle spielte, die Richter und Staatsanwälte also zweierlei Maß anwendeten: Bei Akademikern, namentlich Juristen, wurde demnach deutlich seltener ein Zusammenhang zwischen ihren Handlungen und einer etwaigen nationalsozialistischen Gesinnung gezogen als bei Nichtakademikern.[1148] Damit bestätigte sich eine bereits früher postulierte These, wonach die Kriterien zur Abgrenzung von Täterschaft und Beihilfe regelmäßig zu »Vehikeln außerrechtlicher Einflüsse« wurden, das Strafmaß bei NS-Urteilen mithin ganz wesentlich von der persönlichen Entscheidung des Richters über die innere Einstellung des Beschuldigten zum Tatzeitpunkt abhängig war. Mit anderen Worten: Die Urteilsfindung musste keineswegs neutral sein, sondern war häufig durch subjektive Denkmuster determiniert, die aus dem politisch-sozialen Umfeld der Justizbeamten herrührten.[1149]

Obwohl die Würdigung der Tatmotivation und des Tatumfelds also im Ermessensspielraum der jeweils betroffenen Justizbehörde lag, bildeten sich in Bezug auf die verschiedenen Arten von NSG-Verbrechen bundesweit übergreifende Merkmale heraus: So wurde bis in die 1950er-Jahre gemeinhin nur die Ermordung der europäischen Juden als spezifisch nationalsozialistisches Verbrechen angesehen, was für die angeschuldigten Täter in der Regel die Zuschreibung der besagten niedrigen Beweggründe zur Folge hatte und folglich strafverschärfend wirkte. Demgegenüber setzte sich dieselbe Anschauung in Zusammenhang mit den Verbrechen an den sowjetischen Kriegsgefangenen erst ab Mitte der 1950er-Jahre durch, betreffend Euthanasie sogar erst in den 1960er-Jahren.[1150] Gänzlich ausgeklammert blieben in dieser Optik jedoch die Kriegsverbrechen im engeren Sinn. Dies galt auch für Übergriffe auf die Zivilbevölkerung. Insofern stellte die juristische Aufarbeitung des Warschauer Aufstandes keine Besonderheit dar: Klammert man nämlich die Dimension des zugrunde liegenden Verbrechens und dessen maßgebliche Prägung als Strafaktion Himmlers aus und lässt auch die politische Bedeutsamkeit des Reinefarth-Verfahrens beiseite, steht es in den 1960er-Jahren in einer Reihe von über 1000 gleichartigen Untersuchungen, die – zumeist mangels Beweisen – ebenfalls zu keinem Schuldspruch führten.[1151] Es muss nach alldem betont werden, dass für die unbestrittenen Versäumnisse der NS-Strafverfolgung nicht allein die Grenzen des Strafgesetzbuches verantwortlich gemacht werden können. Vielmehr fehlte es allzu oft am Willen der traditionell geschulten und zudem häufig mit einschlägiger Nazi-Vergangenheit belasteten Staatsanwälte und Richter, die gesetzlichen Möglichkeiten konsequent anzuwenden.[1152]

Der Charakter des Untersuchungsgegenstandes von NSG-Verfahren konnte dazu führen, dass der Umfang der Ermittlungsarbeit riesige Ausmaße annahm. Da sich die Ermittlungen in vielen Fällen auf ganze Einheiten, Dienststellen oder Tatorte im Ausland bezogen, ergaben sich üblicherweise große Komplexverfahren. Die Zuständigkeit richtete sich dabei meist nach dem Wohnsitz des Hauptbeschuldigten, wurde in manchen Fällen aber auch vom Bundesgerichtshof festgelegt.[1153] Dieses Zuordnungsprinzip brachte für derartige Verfahren automatisch eine gewisse Gefahr der Verzettelung mit sich.

Mit diesem Problem machte auch der Flensburger Justizapparat Bekanntschaft: Im März 1965 informierte Erich Biermann den Generalstaatsanwalt, dass seine Behörde Maßnahmen in Erwägung ziehe, um die drohende Verjährung in Bezug auf Kommandeure und Angehörige von Einheiten, die über, neben oder unter Reinefarth gekämpft hätten, zu unterbrechen. Wenngleich durch die Ermittlungen mit wenigen Ausnahmen bisher keine konkreten Anschuldigungen gegen andere Beteiligte an der Niederschlagung des Warschauer Aufstandes zustande gekommen seien, so Biermann, sei doch ein gewisser Verdacht bereits aufgrund des Zeitpunkts ihres Einsatzortes gegeben. Man beabsichtige deshalb in Flensburg, vorsorglich gesonderte Ermittlungsverfahren einzuleiten und die Verjährung gegen sämtliche ermittelten noch lebenden Verdächtigen durch richterliche Vernehmung je eines Einheitsangehörigen zu unterbrechen. Es bestehe zwar die Möglichkeit, die Verjährung durch Antrag auf Erweiterung der gegen Reinefarth laufenden Voruntersuchung auf einfachere Art und Weise zu unterbrechen. Damit verbliebe die Zuständigkeit auch bei dem eingearbeiteten Flensburger Untersuchungsrichter He. Durch ein solches Vorgehen würde die gerichtliche Untersuchung jedoch an Klarheit verlieren. Ferner lägen auch nicht gegen alle in Betracht kommenden Beschuldigten derart konkrete Verdachtsmomente vor, dass bereits eine Voruntersuchung, also eine Versetzung in den Angeklagtenstand, gerechtfertigt sei. Schließlich müssten in diesem Fall auch automatisch die Vorgesetzten aller Betroffenen im öffentlichen Dienst informiert werden, was bei einem bloßen Ermittlungsverfahren nicht notwendig sei. Aus diesen Gründen werde nach aktuellem Stand von der zweitgenannten Lösung abgesehen.[1154] Das Problem relativierte sich kurz darauf, als der Bundestag beschloss, die Verjährungsfrist für Mord bis Ende 1969 zu verlängern. Dennoch sah man sich bei der Flensburger Behörde gezwungen, zumindest gegen den früheren Kommandanten des Einsatzkommandos Sicherheitspolizei, SS-Hauptsturmführer Alfred Spilker, ein eigenes, den erhaltenen Akten zufolge allerdings mit wenig Nachdruck geführtes Ermittlungsverfahren einzuleiten.[1155]

Nicht zuletzt wegen des beschränkten Zugriffs auf die in den Ostblockstaaten lagernden Quellenbestände stellte das Ermitteln und Befragen von deutschen Zeugen einen Hauptpfeiler der Beweissuche dar. Allerdings gestalteten sich dabei mitunter bereits die ersten Schritte äußerst kompliziert. Viele Zeugen waren mittlerweile im öffentlichen Dienst tätig, typischerweise bei der Polizei, in manchen Fällen bei der Bundeswehr oder, wie etwa im vorliegenden Verfahren, auch beim österreichischen Bundesheer. Für solche Befragungen war stets eine entsprechende Genehmigung der Dienstvorgesetzten einzuholen. Als die Flensburger Ermittler den Brigadegeneral Albert Schindler, 1944 im Stab der Heeresgruppe Mitte, befragen wollten, musste dafür der Bundesverteidigungsminister seine Zustimmung geben. Dieses Amt bekleidete mittlerweile ausgerechnet Kai-Uwe von Hassel, der seine Reserviertheit nicht verbergen mochte: Der ehemalige Ministerpräsident sah zwar die Anforderung der Geheimhaltung in Zusammenhang mit längere Zeit zurückliegenden militärischen Ereignissen grundsätzlich als nicht mehr gegeben an, machte aber gleichzeitig klar, dass dies für ihn »auch heute noch nicht schlechthin für alle Ereignisse des letzten Krieges« zutreffe, seine Kulanz also nicht als Selbstverständlichkeit zu betrachten sei.[1156] Stand dann die Befragung erst einmal an, stießen die Sachbearbeiter häufig auf eine schier undurchdringliche Mauer des Schweigens: Es wurde abgestritten, verharmlost, gegebenenfalls auf den Befehlsnotstand verwiesen, und nur selten sahen sich die Beamten in der Lage, derartige Aussagen zu widerlegen.[1157] Da sich unter den Vernommenen naturgemäß viele ehemalige Angehörige des NS-Sicherheitsapparates befanden, von denen nicht wenige nach 1945 wieder den Weg zur Polizei gefunden hatten, wurde das Aussageverhalten durch Kameraderie und eine ungebrochene Hinwendung an den traditionellen Korpsgeist massiv beeinflusst: Kaum jemand wollte künftig als Nestbeschmutzer und »Kameradenschwein« gelten.[1158] Hinsichtlich der zahlreichen Ermittlungsverfahren, in die Angehörige von Polizeibataillonen (in dem Verfahren gegen Reinefarth die größte Zeugengruppe) involviert waren, ist mittlerweile nachgewiesen, dass hinter den Kulissen Zeugenbeeinflussungen an der Tagesordnung waren. Eine gewichtige Rolle spielte dabei die sogenannte »Kameradenhilfe«: Ein kleiner Kreis ehemaliger Polizeioffiziere versah zur Aussage vorgeladene ehemalige Kameraden mit einem umfangreichen Katalog von Ratschlägen, um die Bemühungen der Befrager ins Leere laufen zu lassen. Dabei wurde auch Druck ausgeübt auf Zeugen, die bereit waren, Klartext zu reden.[1159] Obwohl der »Erfolg« der Kameradenhilfe nicht messbar ist, konnte belegt werden, dass durch sie insgesamt mehr als 20 Ermittlungs- und Gerichtsverfahren beeinflusst wurden. Aufgrund des informell-konspirativen Charakters der Aktivitäten muss jedoch von einer hohen Dunkelziffer ausgegangen werden.[1160]

Machten sich die Zeugen mit solchen Verhaltensweisen strafbar, wies das geltende Recht den Beschuldigten besondere Privilegien zu. Ihnen war es gestattet, die Aussage zu verweigern, ohne dafür eine Begründung anzugeben. Mehr noch durften sie sogar lügen, ohne negative Konsequenzen fürchten zu müssen.[1161] Dass Reinefarth für seine Verteidigung ebenfalls die Hilfe von unterstützenden Netzwerken in Anspruch nahm, sich also nicht nur auf die Fertigkeiten seines Rechtsbeistandes verließ, belegt ein 61 Seiten starkes Manuskript mit dem Titel »Befehls-Sammlung und rechtliche Würdigung«, das er während der gerichtlichen Voruntersuchung einreichte. In dem »Bekannten«, von dem Reinefarth die Zusammenstellung von Befehlen von Heer, Sicherheitspolizei und SD erhalten haben wollte, vermutete die Staatsanwaltschaft sogleich den in der NS-Szene bestens bekannten Rechtsanwalt Rudolf Aschenauer, der bereits Otto Ohlendorf, Walther Funk und zuletzt Karl Wolff vor dem Landgericht München verteidigt hatte.[1162]

Keinen besonderen Status besaßen nach der deutschen Strafrechtsordnung dagegen die Opfer: Sie galten als normale Zeugen. Aufgrund der Tatsache, dass sich eine Mehrzahl der NSG-Verfahren um Schauplätze in den damaligen Ostblockstaaten drehte, war ihre Beiziehung mit beachtlichem administrativem Aufwand verbunden. Dennoch spielten sie vor deutschen Gerichten eine wichtige Rolle: Im Frankfurter Auschwitz-Prozess etwa stammte fast die Hälfte der über 200 überlebenden Opferzeugen aus den Ländern des sowjetischen Einflussgebiets.[1163] Es gehört daher zu den eigentümlichen Spezifika des Reinefarth-Verfahrens, dass die beteiligten Justizbeamten fast gänzlich auf die Einvernahme dieser Art von Zeugen verzichteten, und wenn, dann im Einzelfall auf solche zurückgriffen, die mittlerweile ins westliche Ausland emigriert waren.

Es steht außer Frage, dass die juristische Untersuchung gegen Heinz Reinefarth ein enorm herausforderndes Großunternehmen mit vielseitigen Einschränkungen und Druck von allen Seiten war. Sinnbildlich dafür steht der beflissene Staatsanwalt Walter Al., der ob der Anstrengungen ausbrannte und während des Verfahrens vorzeitig aus dem Dienst ausschied. Trotz der gegebenen gesellschaftlichen, rechtspolitischen und verfahrensrechtlichen Rahmenbedingungen muss die Entscheidungsfindung der Flensburger Justizbehörde in Sachen Reinefarth jedoch kritisch hinterfragt werden. Jurisprudenz war und ist keine exakte Wissenschaft. Die entscheidungsbefugten Akteure haben vielmehr die Möglichkeit, den vorhandenen argumentativen Spielraum durch ihre eigenen Interpretationen und Wertungen auszufüllen und dadurch den Ausgang des Verfahrens entscheidend zu beeinflussen. Diesem Sachverhalt, der, mit den Worten eines bis vor kurzem aktiven Ludwigsburger Ermittlers, »trotz allen gesetzgeberischen Bemühens um möglichst präzise und exakte Formulierung von Vorschriften« letzten Endes »jeder Rechtsanwendung strukturell eigen ist«[1164], gilt im Folgenden besondere Aufmerksamkeit.

Perzeptionen eines Massenverbrechens:
Zeugenaussagen von Opfern, Beobachtern und Tätern

Unter den vielen Fragen, die die ermittelnden Flensburger Beamten in Bezug auf die Geschehnisse während des Warschauer Aufstandes zu klären hatten, stand diejenige nach der Tatsächlichkeit der Massenverbrechen schon bald außerhalb jeglicher Diskussion. Bereits im Antrag auf Eröffnung der gerichtlichen Voruntersuchung gegen Heinz Reinefarth beschrieben sie 1963 die Gräuel auf nicht weniger als 36 Seiten.[1165] Im Außerverfolgungssetzungsantrag von 1966 war die entsprechende Darstellung auf 62 Seiten angewachsen.[1166] Was den Umfang der Massenerschießungen betraf, waren sich die Ermittler jedoch bis zum Schluss unsicher: Nach Gegenüberstellung der verschiedenen Angaben zu den Opferzahlen aus der polnischen Literatur und bei Krannhals fanden sie für die Bewertung des aktuellen Forschungsstandes eher unverbindliche Worte:

»Die gegensätzlichen Behauptungen lassen in Ermangelung beweiskräftiger Unterlagen die Schwierigkeiten erkennen, die bestehen, um hinsichtlich des Umfanges der behaupteten völkerrechtswidrigen Erschießungen auch nur annähernd sichere Feststellungen zu treffen. Selbst wenn davon ausgegangen wird, daß die Angaben von polnischer Seite übersetzt sind, so läßt sich auf Grund der von polnischen und deutschen Zeugen geschilderten Erschießungsfälle doch zwanglos feststellen, daß am 5.8.1944 und wahrscheinlich auch noch während der folgenden Tage im Westen und in der Innenstadt Warschaus (Warschau-Wola) außerhalb des eigentlichen Kampfgeschehens zumindest mehrere Tausend polnische Zivilpersonen völkerrechtswidrig erschossen worden sind.«[1167]

Als Basis des Erkenntnisgewinns über die Erschießungsvorgänge dienten die schriftlich vorliegenden Zeugenaussagen aus der Warschau-Akte. Keine Rolle spielte dagegen die früheste Sammlung polnischer Zeugenaussagen zum Warschauer Aufstand, die sogenannten »Serwanski-Protokolle«. Dabei handelte es sich um Schilderungen, die von dem polnischen Juristen Edward Serwanski während und kurz nach dem Aufstand erfasst worden waren, also vor dem Einmarsch der Roten Armee. Der private Charakter der Aufzeichnungen war jedoch nach Meinung der Staatsanwaltschaft Flensburg für eine gewinnbringende Verwendung während des Verfahrens hinderlich. Sie seien daher allenfalls zu Vorhalten bei Zeugenaussagen im Rahmen einer etwaigen Hauptverhandlung geeignet. Dies stelle aber auch deshalb nicht unbedingt ein Problem dar, weil der Wahrheitsgehalt der Warschau-Akte als Hauptpfeiler der Beweisaufnahme laut Urteil von Krannhals trotz des kommunistischen Einflusses nicht durch propagandistische Übertreibungen entstellt sei.[1168] Auf der anderen Seite stand für die Staatsanwaltschaft nach ihrer Auswertung fest, dass sich daraus keinerlei Hinweise ergaben, die hinsichtlich der Erschießungen entweder ein persönliches Eingreifen oder aber eine ausdrückliche Anordnung seitens des Angeschuldigten nahelegten. Aus diesem Grund boten die gesammelten Aussagen der polnischen Zeugen von Anfang an lediglich Anlass zu prüfen, ob die darin geschilderten Ereignisse »Auswirkungen des allgemeinen Verhaltens des Beschuldigten als Kampfgruppenführer« seien.[1169] Unabhängig davon boten sie aber die Gewissheit, dass zumindest für den 5. August 1944 ein allgemeiner Bevölkerungsvernichtungsbefehl existiert haben musste, denn »eine solche Vernichtungsmaßnahme«, so die naheliegende Folgerung, komme »nicht von selbst in Gang.«[1170] Da aber für einen derartigen Befehl weder eine militärische Notwendigkeit bestanden habe noch sonstige »einleuchtende[n]« Motive nachvollziehbar seien, konstatierte die Staatsanwaltschaft nüchtern, könne er strafrechtlich nur durch »niedrige Beweggründe« veranlasst worden sein: Die Erschießungen seien demnach eindeutig als Morde zu taxieren.[1171]

Mit Hilfe der polnischen Zeugenaussagen waren die Ermittler frühzeitig in der Lage, eine ganze Reihe von Erschießungsaktionen minutiös zu rekonstruieren, wie ein Beispiel unter vielen verdeutlicht:

»Spätestens von den Mittagsstunden des 5. 8. 1944 ab werden auf dem Gelände der ›Ursus-Fabrik‹ (...) Massenerschießungen an polnischer Zivilbevölkerung beiderlei Geschlechts und jeder Altersstufe vorgenommen, die bis zum Abend des Tages andauern. Das Fabrikgrundstück befindet sich Wolska-Str. 55 zwischen den Kreuzungen Plocka-Straße/Skierniewicka-Straße (...). Ein Fabrikhof grenzt, von einer Mauer eingefriedigt und mit einem Tor versehen, an die südliche Seite der Wolska-Straße. Von diesem führt ein schmaler Durchgang zwischen den Fabrikgebäuden auf einen zweiten Hof. Auf beiden Höfen wird die polnische Bevölkerung, die aus den Häusern der umliegenden Straßen von Deutschen und ›Ukrainern‹ zusammengetrieben wird, erschossen. Die Zeuginnen (...) Lu(...) und (...) Sta(...) bekunden, daß gegen 12.00 bis 13.00 Uhr ›Gendarmen‹ (...), ›SS-Männer‹ (...) und ›Ukrainer‹ erschienen seien und zum Verlassen des Hauses aufgefordert hätten; über die Dzialdowska-Straße habe man die Hausbewohner auf die Wolska-Straße vor das Tor der Ursus-Fabrik geführt; hier hätten sie mit ungefähr 500 Personen etwa 1 Stunde vor dem Fabriktor warten müssen, wobei vom Hof Schüsse, Schreien und Stöhnen zu hören gewesen seien, in Einzelgruppen seien die Wartenden auf den Hof geführt worden, wo sich bereits Haufen von Leichen befunden hätten. Die Zeugin Lu(...) berichtet, daß ›Ukrainer‹ und ›Gendarmen‹ von hinten auf die jeweils in Vierergruppen aufgestellten Polen geschossen hätten; geleitet habe die Exekution ein ›deutscher Gendarmerieoffizier‹; während ihre 3 Kinder getötet worden seien, sei sie, die sich im letzten Schwangerschaftsmonat befunden habe, mit einem nichttödlichen Schuß durch das linke Genick und den Unterkiefer davongekommen. (...) Von der Zeugin Lu(...) befindet sich eine mit vorstehender Bekundung im wesentlichen übereinstimmende frühere Aussage vom 2.9.1944 bei den ›Serwanski-Protokollen‹ (...).«[1172]

Die einzelnen Erschießungsvorgänge wurden in machen Fällen auch von den befragten deutschen Zeugen bestätigt. Zu den Exekutionen bei der Ursus-Fabrik äußerte sich ein ehemaliger Angehöriger der 1. Polizei-Reiter-Ersatzabteilung Posen etwa dahin gehend, er sei an einem der folgenden Tage bei dem Schauplatz vorbeigekommen und habe dort Hunderte Leichen liegen gesehen.[1173] Wenn, dann waren die Schilderungen aber meistens derart unverbindlich gehalten, dass sich daraus schwerlich Rückschlüsse über die verantwortlichen Einheiten ableiten ließen. Die Zeugen hatten alles Interesse daran, sich selber als unwissende, mit diesen Ereignissen quasi nur zufällig in Berührung gekommene Randfiguren darzustellen. In einem anderen Fall sprach der betreffende Zeuge, damals bei der Dirlewanger-Einheit, beispielsweise davon, er habe Schüsse und Schreie gehört und sei dadurch auf eine Erschießung aufmerksam geworden, sodann habe er »durch ein Mauerloch« und »im Vorbeieilen« gesehen, wie 20 bis 30 Personen in Zivilkleidern erschossen worden seien.[1174] Mit dem Gedanken, Warschauer Zeitzeugen von 1944 in größerer Zahl auch mündlich zu vernehmen, scheint sich dagegen weder die Staatsanwaltschaft noch Untersuchungsrichter He. jemals ernsthaft beschäftigt zu haben. He. versprach sich davon, wie gesehen, keinen Nutzen bei der Beantwortung der für ihn ausschließlich relevanten Fragen der Befehlserteilung sowie nach Reinefarths etwaigem Handlungsspielraum, die Übergriffe in Eigenregie zu stoppen. Bei der Staatsanwaltschaft wurde die Befragung der polnischen Zeugen offenbar erst für ein mögliches Hauptverfahren in Erwägung gezogen.[1175]

An dieser grundsätzlichen Haltung vermochte auch die wiederholte Initiative von Opfervertretern nichts zu ändern. Ein besonders aussagekräftiger Einzelfall soll diese Feststellung verdeutlichen: Über mehrere Jahre hinweg versuchte Robert Kempner das Verfahren mit immer neuen Hinweisen über die Ermordung von polnischen Priestern und Nonnen während des Warschauer Aufstandes zu stimulieren. Bei Kempner handelte es sich wahrlich nicht um ein Leichtgewicht unter den Kämpfern für die Rechte der Leidtragenden des nationalsozialistischen Terrors, und anders als etliche Opferverbände stand er auch fern jeglichen Verdachts, kommunistisch instrumentalisiert zu sein. Der gebürtige Freiburger Rechtsanwalt und Publizist hatte nach der Rückkehr aus der Emigration in Diensten der Amerikaner als stellvertretender Hauptankläger beim Nürnberger Hauptkriegsverbrecher-Prozess und beim Wilhelmstraßen-Prozess fungiert. Seit 1951 wirkte er als Rechtsanwalt in Frankfurt/Main und profilierte sich in zahlreichen NS-Prozessen als Nebenkläger.[1176] In etlichen Schreiben erkundigte sich Kempner, der sich allem Anschein nach auch mit Krannhals über das Verfahren gegen Reinefarth austauschte[1177], nach dem Stand der Ermittlungen hinsichtlich der ermordeten Geistlichen und drängte die Beamten, die Untersuchung durch öffentliche Aufrufe zu befördern.[1178] Ohne dass inhaltlich auf diesen Wunsch eingegangen worden wäre, erhielt er jedoch stereotyp ausweichende Antworten, aus denen er schließen musste, dass man in Flensburg nicht geneigt war, sich belehren zu lassen. Entweder waren seine Hinweise demnach bereits Bestandteil der Ermittlungen und daher redundant[1179] oder aber bezogen sich auf Vorkommnisse, die sich vor dem 5. August 1944 ereignet oder außerhalb des Befehlsbereichs der Kampfgruppe Reinefarth stattgefunden hatten und demzufolge nicht Gegenstand der Untersuchung seien.[1180] Im besten Fall wurde er gebeten, genauere Angaben zu seinen Hinweisen zu liefern.[1181] Enerviert ob der bürokratisch-unsensiblen Herangehensweise der Flensburger Justizbehörde, welche sich in den einschlägigen Antwortschreiben auch in einer entsprechenden Wortwahl ausdrückte, beklagte er sich in einem bezeichnenden Brief, der vom staatsanwaltschaftlichen Sachbearbeiter Sch. ihm gegenüber gewählte Ausdruck »etwa völkerrechtswidrige Tötungen« komme doch wohl einem Euphemismus gleich. Es entspreche dagegen den Grundsätzen des Strafverfolgungszwangs, beim Vorliegen des Verdachts von Massenmorden mit aller Konsequenz vorzugehen und auch juristische Schritte gegen alle anderen Mittäter einzuleiten. Zu diesem Zweck seien ferner die notwendigen Maßnahmen zur Unterbrechung der Verjährung einzuleiten.[1182]

Waren die Flensburger Ermittler also weder durch außergerichtliche Akteure wie Kempner noch durch kritische Medienberichte oder bis 1964 durch Krannhals zu umfangreichen mündlichen Vernehmungen von polnischen Tatzeugen zu bewegen, legten sie in Bezug auf die Erfassung von deutschen Zeugenaussagen einen immensen Fleiß an den Tag. Systematisch wurden über sämtliche in Warschau eingesetzten Einheiten Informationen zusammengetragen, entsprechende Vermerke angefertigt und mehrere Hundert Zeugenvernehmungen durchgeführt. Allerdings war der betriebene Aufwand in der Regel wenig einträglich: Die meisten befragten Warschau-Veteranen gaben an, sich nicht an einen Vernichtungsbefehl zu erinnern und nur dem Vernehmen nach etwas von den Ausschreitungen mitbekommen zu haben, wobei sie diese häufig indirekt zu rechtfertigen versuchten. Eine solche Befragung gab in der Regel in voller Länge nicht mehr als zwei bis drei Schreibmaschinenseiten her und wurde in der typischen Protokollsprache wie folgt wiedergegeben:

»Vor Beginn des Einsatzes in Warschau ist an die Angehörigen der Gend[armerie].Kompanie kein Befehl, hinsichtlich der Behandlung der Bevölkerung in Warschau, ergangen. Ebenfalls ist mir kein Befehl bekannt, daß die Warschauer Bevölkerung ohne Rücksicht auf Alter und Geschlecht und darauf, ob es sich um Aufstandsteilnehmer oder Nichtkämpfer handelt, zu töten sei. Auch ist mir nichts von einem Himmler- oder Hitler-Befehl der vorgenannten Art bekannt. Gleich zu Anfang wurde mir in Warschau vom Hörensagen bekannt, daß die deutschen Kampfverbände bei Ausbruch des Aufstandes in Warschau auf all das schossen, was vor die Flinte kam. Ob hierzu ein Befehl ergangen war, weiß ich nicht. Das Verhalten der Deutschen bei Ausbruch des Aufstandes dürfte darauf zurückzuführen gewesen sein, daß sie aus allen Richtungen von den Aufständischen, darunter auch Frauen in deutscher Uniform, beschossen wurden.«[1183]

Während viele der überlebenden Opfer trotz der unerhörten Stresssituation, in der sie sich damals befanden, häufig eine klare Erinnerung an den Ablauf der Ereignisse an den Tag legten, war dies bei den mutmaßlichen Tätern gerade nicht der Fall. Ein extremes Beispiel dafür lieferte die Aussage von Otto We., während des Aufstandes Angehöriger der schwer tatverdächtigen 1. Polizei-Reiter-Ersatzabteilung Posen: We. gab an, sich praktisch an nichts erinnern zu können. Als Grund schob er seine sowjetische Kriegsgefangenschaft vor, wo er derart stark gehungert habe, dass ihm von den Ärzten schon damals Hirnschäden vorausgesagt worden seien.[1184] In eine andere Richtung zielten die Erklärungsversuche seines ehemaligen Kompaniekommandanten: Günther Bock, der nunmehrige Kommandeur der Landespolizei Schleswig-Holstein, hatte für den Einsatz in Warschau zwar das Kommando über seine Schwadron an den Oberleutnant Georg Hu. abgegeben, war aber nach seinem Eintreffen in den Kampfgruppenstab aufgerückt. Bock begründete seine weitgehende Amnesie damit, dass er keine Gelegenheit gehabt habe, sich während der Aufstandsbekämpfung mit Vertrauenspersonen auszutauschen und das soeben Erlebte im Diskurs zu vergegenwärtigen. Die Beschaffenheit des Stabes habe es ihm nicht erlaubt, sich

»über die hier erörterten Erschießungen, die ich als Mensch sicherlich wahrgenommen habe, mit einem anderen auszusprechen. Ein besonderes Vertrauensverhältnis hatte ich dort zu niemandem. Das lag daran, daß dieser Stab zu einem besonderen Zweck kurzfristig zusammengestellt worden war, so daß keiner den anderen recht kannte und niemand wußte, war er von ihm zu halten hatte. Wenn ich heute an die sicherlich damals von mir wahrgenommenen Erschießungsziffern wirklich keine Erinnerung mehr habe, so mag das vielleicht auch daran liegen, daß ich im Stabe niemand gehabt habe, mit dem ich mich über diese Erschießungszahlen und den Grund für die vorgenommenen Erschießungen habe unterhalten können.«[1185]

Einige Zeugen versuchten, einer Vernehmung von vornherein aus dem Weg zu gehen. Der zum Untersuchungszeitpunkt bei der Kriminalpolizei Köln beschäftigte He. etwa beschränkte sich bei der durch seine Kollegen durchgeführten Befragung auf die Abgabe einer Erklärung, in der er angab, er sei an der Aufstandsniederschlagung »nicht direkt beteiligt« gewesen. Er bitte deshalb, von einer weiteren Befragung abzusehen, da er sich »infolge der verflossenen Zeit« nicht mehr an Einzelheiten erinnern könne. Damit kam er aber nicht durch, denn Staatsanwalt Al. intervenierte nun beim Landeskriminalamt Nordrhein-Westfalen, um den widerspenstigen Beamten zu einer Aussage zu zwingen.[1186] He. aber blieb auch jetzt störrisch und ließ lediglich verlauten, er sei, wenn überhaupt, nur einem Richter gegenüber bereit, Rede und Antwort zu stehen.[1187] Schließlich musste er durch den Flensburger Untersuchungsrichter vernommen werden, leugnete jedoch standhaft irgendwelche Kenntnisse von deutschen Kriegsverbrechen. Stattdessen verniedlichte er die Übergriffe und schob sie pauschal der Waffen-SS zu: Ihm sei damals bloß zu Ohren gekommen, dass einige dieser Soldaten polnische Frauen ausgezogen und anschließend nackt durch die Straßen getrieben hätten.[1188]

Interessant wurde es hingegen, wenn sich Zeugen gegenseitig widersprachen. In einigen Fällen bekundeten ehemalige Mannschaften, ihre Vorgesetzten hätten ihnen befohlen, die Warschauer Bevölkerung unterschiedslos umzubringen. Der Zeuge Ba. etwa, wie Otto We. in Warschau bei der 1. Polizei-Reiter-Ersatzabteilung Posen eingesetzt, zeigte sich äußerst redselig und füllte mit seiner Aussage nicht weniger als 16 Protokollseiten. Er machte umfangreiche Angaben über die personelle Besetzung seiner Einheit und zeigte sich erstaunt, dass zwei enge Freunde von damals, die beide vor ihm vernommen worden waren, ihn nicht als mögliche Auskunftsquelle genannt hatten. Mit Bezug auf die Befehlsausgabe bekundete Ba., er erinnere sich genau an den ausgegebenen Befehl, Warschau sei dem Erdboden gleichzumachen und es sollten keine Gefangenen gemacht werden, »wer weich wird fällt mit (...)«.[1189] An die letzte Formulierung erinnere er sich wortwörtlich. Allerdings habe er daran zunächst nichts Ungewöhnliches gefunden, denn er und seine Kameraden seien von den Partisanenkämpfen an ein derartiges Vorgehen gewohnt und daher zum Tatzeitpunkt »in gewissem Sinne (...) schon abgestumpft« gewesen.[1190] Der Kampfbefehl sei von Schwadronchef Hu., dem Stellvertreter Bocks, weitergegeben worden. Am zweiten oder dritten Tag des Einsatzes sei von Mann zu Mann verbreitet worden, dass fortan keine Zivilisten mehr erschossen werden dürften. Ba. schilderte schließlich auch konkret eine Erschießungsaktion, an der Angehörige seiner Einheit beteiligt gewesen seien, und benannte einen federführend daran beteiligten Zugwachtmeister. Selbstredend nahm er aber sich selber und – abgesehen von Einzelfällen – auch seine Einheit grundsätzlich von Schuldvorwürfen aus:

> »Wir haben die Säuberung im westlichen Teil der Litzmannstädter Straße [Ulica Wolska] nicht in der Form betrieben, daß wir grundsätzlich alle Zivilisten nach draußen trieben, wie es nach Erklärungen des Vernehmenden in den polnischen Aussagen heißt. Andererseits ist es durchaus möglich, daß von Angehörigen anderer Einheiten, die ich nicht unmittelbar beobachtet habe, die Säuberung in der angegebenen Weise gehandhabt wurde. Ich selbst habe mich in keiner Weise an Zivilistenerschießungen beteiligt.«[1191]

Die Angaben von Ba. wurden durch Otto Ri. vollumfänglich bestätigt und spezifiziert: Ri. sagte aus, der Befehl sei dahin gehend erläutert worden, »dass auf alles, was lebend angetroffen werde, in Warschau geschossen werden sollte, und zwar gleichgültig, ob Aufständische oder Nichtkämpfer und ob Männer, Frauen, Kinder oder Greise.« Der Befehl habe insbesondere auch diejenigen Zivilisten eingeschlossen, die außerhalb des Kampfgeschehens angetroffen wurden oder die versuchten, aus der Stadt zu fliehen.[1192] Nach einem Ereignis, bei dem eine Frau, die sich mit ihrem kleinen Kind am Fenster gezeigt hatte, von einem Angehörigen der Schwadron erschossen worden sei, habe er Hu. gesagt, er könne »derartiges nicht mitmachen«. Der habe sich in dieser Situation verständnisvoll gezeigt und ihn auf joviale Art und Weise (»Ist gut Otto, bleibe bei mir als Melder«) mit einer anderen Aufgabe betraut.[1193] Der angesprochene Schwadronführer, nun als Oberinspektor in Diensten der Münchner Polizei stehend, stritt die im Raum stehenden Vorwürfe rundweg ab und erging sich stattdessen in einer ausführlichen Erörterung über die Schwierigkeiten der Partisanenbekämpfung vor der Zeit des Aufstandes, wo er als Einheitskommandant durch einen immerwährenden Verteidigungskampf gegen einen angeblich stets in Überzahl agierenden Feind geprägt worden sei.[1194]

In einem vergleichbaren Fall hatte die Aussage eines Reservepolizisten eine Gegenüberstellung mit seinem früheren Vorgesetzten zur Folge. Der 72-jährige ehemalige Unterführer Ernst Ke. war 1944 eingezogen und der 1. Kompanie der Gendarmerieschule Weichselstädt (Aleksandrów Kujawski bei Toruń) zugeteilt worden. Die Lektüre des »Spiegel«-Artikels »Nacht über Wola«[1195] hatte ihn dazu gebracht, sich persönlich bei Krannhals zu melden und von seinen Erlebnissen in Warschau zu berichten. Demnach habe sein Zugführer nach Ankunft einen »Führerbefehl über Warschau« (im Original von den Ermittlern unterstrichen) vorgelesen, hernach sei das Morden losgegangen. Mit seiner spürbaren Betroffenheit ragte Ke. selbst innerhalb der kleinen Gruppe der Redewilligen noch einmal heraus: »Es ist furchtbar gewesen und läßt sich gar nicht beschreiben. (...) Mehr kann ich Ihnen darüber nicht schreiben, doch ich bin gerne zu jeder Auskunft bereit. (...) Wenn ich heute darüber spreche, was da passiert ist, glaubt mir kein Mensch.«[1196] Die innerliche Zerrissenheit von Ke. offenbarte sich dann aber bei seiner Vernehmung, wo er inhaltlich zurückkrebste und ausführte, er habe den Brief nicht geschrieben, um zusätzliches Belastungsmaterial gegen Reinefarth beizusteuern, sondern weil der »Spiegel«-Artikel suggeriere, er und seine Kompanie seien nach Warschau geholt worden, um dort einen unbarmherzigen Vernichtungskrieg zu praktizieren: »Ich verwahre mich jedoch dagegen, zu einer Einheit gehört zu haben, die auf das Umbringen von Menschen abgerichtet war. Das war der Anlaß meines Schreibens. Dies wollte ich auch durch eine nähere Aussage klarstellen.«[1197] Auf den Hinweis des Vernehmenden, dass sich der Brief nicht unbedingt als Protest gegen die Beschuldigung seiner Einheit lese, sondern vielmehr der explizite Hinweis auf einen Führerbefehl augenfällig sei und man daraus sogar den Schluss ziehen müsse, die Kompanie habe aufgrund dieses Befehls damit begonnen, Menschen umzubringen, erwiderte Ke. notgedrungen, er habe sich in dem Schreiben schlecht ausgedrückt.[1198] Die persönliche Konfrontation mit dem von ihm belasteten Zugführer nach fast 20 Jahren sorgte jedoch für einen neuerlichen Stimmungsumschwung: Während der Beschuldigte So., ein knapp 60-jähriger Polizeiobermeister, alle Anschuldigungen kategorisch abstritt und vorgab, sich nicht einmal an den Belastungszeugen zu erinnern, gewann Letzterer seine Festigkeit wieder zurück. Er präzisierte nun seine Vorwürfe sogar noch und sagte beispielsweise aus, So. habe seinerzeit auf Nachfrage explizit befohlen, dass neben polnischen Frauen, Kindern und Greisen auch deutsch sprechende Zivilisten zu erschießen seien, denn wer noch in Warschau lebe, sei als Verräter anzusehen. Das fortwährende Leugnen von So. ließ ihn nicht mehr schwanken: »Ich bleibe bei meiner Darstellung, auch wenn der Zeuge So(...) sie bestreitet. Ein Irrtum, insbesondere in der Richtung, daß ein anderer Vorgesetzter uns diesen Befehl bekanntgegeben hat, ist ausgeschlossen.«[1199]

Das Schwergewicht der Beweisaufnahme auf der Vernehmung deutscher Zeugen brachte es mit sich, dass im Lauf der Untersuchung eine größere Zahl ehemaliger und gegenwärtiger Funktionseliten von Wehrmacht, NS-Polizeiapparat und Bundeswehr zur Aussage vorgeladen wurden. Dadurch bot sich diesen Persönlichkeiten die Gelegenheit, vor einer staatlichen Behörde ihre jeweils eigene Geschichte des Warschauer Aufstandes zu den Akten zu bringen und dabei kräftig an eigennützigen Legenden zu spinnen.

Im Zusammenhang mit der Klärung über den Befehl für die Aufstandsniederschlagung hatte Krannhals Al. darauf aufmerksam gemacht, dass man sich bei Hitlers Lagebesprechungen intensiv mit dem Warschauer Aufstand beschäftigt habe, wie aus der Dokumentation von Helmut Heiber hervorgehe.[1200] In der Folge kam es zu zahlreichen Befragungen von Mitgliedern der damaligen Tischgesellschaft Hitlers, darunter den Bundeswehrgeneralen Werner Kreipe, Herbert Büchs, Wilhelm Meyer-Detring und Bernd Freytag von Loringhoven. Formell einvernommen wurden auch hohe und höchste Exponenten der Wehrmacht wie Karl Dönitz, Wolfgang Thomale, Walter Warlimont und Walther Wenck. Ergiebig waren Gespräche dieser Art nicht. Wohl aber floss dadurch indirekt der verengte Blickwinkel früherer und aktiver Militärs in die Beweisaufnahme mit ein, wonach etwa die mit umfassenden Zerstörungsmaßnahmen einhergehende Räumung Warschaus eine »reine militärische Notwendigkeit« (Walther Wenck) gewesen sei, die mit dem Aufstand selber nichts zu tun gehabt habe.[1201] Für einen Oberst der Bundeswehr, 1944 Kommandant einer Sturmgeschütz-Abteilung, stand fest, dass in Warschau »ausschliesslich militärisch [im Protokoll unterstrichen] gegen einen militärisch [unterstrichen] geleiteten, aus dem Hinterhalt kommenden Aufstand gekämpft wurde.«[1202] Unter diesem Gesichtspunkt war der Offizier nur zu gerne zu weiterer Hilfestellung bereit: »Schon aus diesem Grunde und um das Bild unserer Waffengattung von jedem Zweifel zu bewahren, sind sowohl die Gemeinschaft der Sturmartillerie e. V. wie auch ich selbst an den von Ihnen eingeleiteten Untersuchungen interessiert und bereit, jede nur mögliche Hilfe zu geben.«[1203]

Weniger auf den Aufstand an sich als auf die generelle Sicherheitslage im Generalgouvernement fokussierte sich bei seinen Ausführungen Wilhelm Koppe, der dortige Höhere SS- und Polizeiführer, der bis 1943 in gleicher Funktion im Reichsgau Wartheland gedient hatte. Koppe, gegen den 1964 in Bonn ein Verfahren wegen Mordes an 145 000 Menschen aufgenommen worden war, wurde von He. Ende desselben Jahres schriftlich befragt. In seinem Antwortschreiben zeigte er sich zunächst erfreut über die freundliche und rücksichtsvolle Annäherung seitens des Untersuchungsrichters und entschuldigte sich für seine etwas verspätete Antwort, angeblich eine Folge gesundheitlicher Probleme. Im Stil eines Memoirenschreibers hob er sodann zu einer Apologie seines Handelns während des letzten Jahres der Besatzung Polens an. Dabei schrieb er sich in erster Linie das Verdienst zu, einen Führerbefehl für die präventive Verhaftung von 5000 Warschauer Geiseln hintertrieben zu haben, da eine solche Aktion seiner Meinung nach den polnischen Widerstandswillen erst recht entfacht haben würde. Zu verhindern gewesen sei der Aufstand indes unter keinen Umständen, denn, dozierte Koppe, die Sicherheitslage im Generalgouvernement sei bereits seit dem Frühjahr 1944 derart katastrophal gewesen, dass angeblich Tausende Deutsche durch Partisanenaktionen ums Leben gekommen und Wehrmacht als auch Polizei nicht mehr Herr der Lage gewesen seien. Aus Sorge darüber, von Himmler für seine Insubordination zur Verantwortung gezogen zu werden, sei er zwischen dem 8. und 19. August mehrmals nach Warschau geflogen, um sich dort von Bach-Zelewski und Reinefarth über die Kampflage informieren zu lassen. Zu guter Letzt suggerierte er mit einer weiteren Episode vorgeblich vertrauensvolle persönliche Beziehungen zu nationalpolnischen Kreisen: So seien noch in den letzten Tagen vor der deutschen Flucht drei polnische Stabsoffiziere bei ihm in Krakau vorstellig geworden und hätten angeboten, sich ihm im Kampf gegen die Rote Armee mit mehr als 100 000 bestausgerüsteten polnischen Partisanen zu unterstellen. Da ihm nicht mehr genügend deutsches Personal zur Verfügung gestanden habe, um das Riesenheer adäquat zu durchsetzen, habe er dieses vielversprechende Angebot aber schweren Herzens ablehnen müssen.[1204]

Weitaus verstörender als die plumpe Aufschneiderei Koppes gestaltete sich dagegen die erneute Vernehmung von Erich von dem Bach-Zelewski, die im Sommer 1964 über die Bühne ging. Sie wurde vom Untersuchungsrichter wie auch von der Staatsanwaltschaft für erforderlich gehalten, weil er seit Kriegsende nicht weniger als 22 Aussagen oder Erklärungen über den Warschauer Aufstand abgeliefert und dabei zum Teil stark voneinander abweichende oder sich gar gegenseitig widersprechende Darstellungen wiedergegeben habe.[1205] Bach-Zelewskis persönliche Situation hatte sich seit der erstmaligen Einvernahme durch die Staatsanwaltschaft Flensburg 1958 drastisch verschlechtert. 1962 war er durch das Landgericht Nürnberg-Fürth für den Auftrag zur Ermordung des SS-Führers Anton von Hohberg zu einer viereinhalbjährigen Freiheitsstrafe, ein Jahr später wegen der Verantwortung für die Ermordung mehrerer Kommunisten in den Jahren 1933 und 1934 sogar zu lebenslanger Haft verurteilt worden.[1206]

Am 5. August 1964, auf den Tag 20 Jahre nach dem Massaker von Wola, bot Untersuchungsrichter He. den ehemaligen Chef-Bandenbekämpfer Himmlers zur Befragung auf. Eine Woche später wurde Bach-Zelewski per Einzeltransport aus der Strafanstalt Straubing in das Landgerichtsgefängnis Flensburg überführt.[1207] Daraufhin wurde er von He. an drei Tagen jeweils zehn bis elf Stunden vernommen. Bach-Zelewski machte auf den Untersuchungsrichter den Eindruck eines seelisch gebrochenen und verwirrten Mannes, der verzweifelt darum bemüht war, die Geschehnisse seit 1945 sinnstiftend in seine Biografie einzufügen:

»Seine Art, sich zu äussern, und seine in vielen Punkten verworrenen Gedankengänge liessen die Vermutung einer psychopathischen Wesensveränderung aufkommen. Er weist zudem erhebliche – offenbar altersbedingte – Ausfallserscheinungen auf. (...) Es war bis auf wenige Ausnahmen nicht möglich, von ihm auf eine Frage oder einen Vorhalt sofort eine bestimmte und eindeutige Antwort zu bekommen. (...) Bei fast allen Antworten verlor er sich zunächst in weitschweifige Schilderungen von Erlebnissen in der Kriegs- und Nachkriegszeit, deren Zusammenhang mit dem Gegenstand der Vernehmung oft nicht zu erkennen war. Eine besonders grosse Rolle spielte dabei sein Auftreten als Zeuge in den verschiedensten Prozessen der Nachkriegszeit. Bei diesen Schilderungen wirkte er übermässig mitteilsam, wenn nicht sogar geschwätzig. Diese Mitteilsamkeit war in erster Linie dann zu beobachten, wenn er Gelegenheit gefunden zu haben glaubte, seine und seiner Familie Vergangenheit, seine Erlebnisse und seine politischen Anschauungen zu schildern und seine wirklichen oder vermeintlichen Verdienste hervorzuheben. Seine Schilderungen waren umso farbiger, je weniger sie mit der Sache Reinefarth zu tun hatten. (...) Sie wurden jedoch umso unklarer und unsicherer, je mehr sie den Gegenstand dieses Verfahrens betrafen. Seinen Erklärungen war zum anderen zu entnehmen, dass er davon überzeugt war, dass er schon in jungen Jahren ein überragender und weitschauender Politiker gewesen sei, und dass er sich auch heute noch eines politischen Weitblicks rühmt. Andererseits erklärte er jedoch, dass er auch heute noch überzeugter Nationalsozialist sei; er sei stolz darauf, wegen seiner nationalsozialistischen Vergangenheit im Zuchthaus zu sitzen.«[1208]

He. kam zum Schluss, dass Bach-Zelewski schon längere Zeit an Wahnvorstellungen litt. Gestützt sah er diesen Befund durch Erklärungen Bach-Zelewskis und Eintragungen in dessen Tagebuch über Halluzinationen und Gedächtnislücken im Anschluss an eine schwere Darmerkrankung und mehrere Operationen im Jahr 1942. Der Untersuchungsrichter konfrontierte den Zeugen deshalb mit der Frage, ob seine wechselhaften Erinnerungen möglicherweise auf seine Gedächtnislücken zurückzuführen seien, die jeweiligen Aussagen also durch die Fragen und Vorhalte der Vernehmenden in verschiedene Richtungen gelenkt worden seien. An dieser Stelle brach nun Bach-Zelewski unvermittelt in Tränen aus: Mit dieser Frage sei »seine empfindlichste Stelle« berührt worden, sei doch sein Halbbruder während des Krieges als Schizophreniekranker in einer Anstalt verstorben. Die untersuchungsrichterlichen Ausführungen über die bei ihm auftretenden Symptome müsse er daher dahin gehend interpretieren, dass die Vermutung im Raum stehe, auch er sei geisteskrank.[1209] In Bezug auf die eigentliche Fragestellung gab er dagegen offen zu, dass er nach seiner Erstaussage vor dem polnischen Staatsanwalt Sawicki von 1946 dazu übergegangen sei, die Reinefarth belastenden, angeblich unwahren Angaben mehr und mehr abzuschwächen. Es sei im Nürnberger Zeugenflügel ungeschriebenes Gesetz gewesen, den Verdacht auf diejenigen Personen abzulenken, von denen man wusste oder wie im Fall von Reinefarth annehmen musste, dass sie tot waren. 1958 sei er dann anlässlich des ersten Flensburger Ermittlungsverfahrens gegen Reinefarth bei seinen Entlastungsbemühungen so weit gegangen, dass er den Ort der von ihm am 5. August 1944 beobachteten Erschießungen wahrheitswidrig nach Ochota verlegt habe, wo Kaminski gekämpft hatte.[1210] Um diesen Sachverhalt zu unterstreichen, verfasste er in seinen freien Stunden in der Flensburger Zelle eine 16 Seiten umfassende Stellungnahme zu seiner Vernehmung durch Sawicki, in der er versuchte, seine dortigen Aussagen mit Hilfe ausschweifender Herleitungen Punkt für Punkt zu falsifizieren. Obwohl die Vernehmung zweifelsohne stattgefunden habe, sei das Protokoll größtenteils gefälscht. Bei diesen Ausführungen spielte wiederum die Geschichte seiner Familie eine wichtige Rolle, ferner unterstrich er die volle persönliche Verantwortung für die Hinrichtung Kaminskis: Diese habe geheim gehalten werden müssen, da ansonsten damit zu rechnen gewesen sei, dass Himmler seine schützende Hand über den Sondereinheitsführer gehalten hätte.[1211] Schließlich betonte er seine von ihm selber als solche wahrgenommene Märtyrerrolle: »Niemals lehne ich die Verantwortung für Untergebene ab. Deswegen sitze ich ja auch heute im Zuchthaus. Und bin stolz darauf! Denn Zuchthaus ist schlimmer als der Tod, das sollten sich auch die Pazifisten sagen.«[1212] Kein Wunder, kam He. daraufhin zu dem bemerkenswerten Befund, es erscheine ihm »sehr zweifelhaft«, ob sämtliche bisherigen Aussagen Bach-Zelewskis für das laufende Verfahren überhaupt in irgendeiner Form berücksichtigt werden sollten.[1213] Nach alldem war man bei der Staatsanwaltschaft Flensburg sogar der Auffassung, dass kein deutsches Gericht in Zukunft noch Wert darauf legen könne, was Bach-Zelewski – notabene der gleiche Mann, auf dessen Aussagen sich die Behörde bei der Einstellungsverfügung 1958 noch maßgeblich gestützt hatte – zu verschiedenen nationalsozialistischen Verbrechenskomplexen bisher gesagt habe oder noch sagen werde.[1214]

Unfreiwillige Selbstdemontagen dieser Art blieben natürlich denjenigen Hauptakteuren des Warschauer Aufstandes erspart, die zum Zeitpunkt der Untersuchung nicht vorgeladen werden konnten. Förderte der mehrtägige Auftritt von Bach-Zelewski also ein insgesamt recht jämmerliches Bild zutage, das ganz und gar nicht mit einem öffentlichen Ruf korrespondierte, welcher sich in jenen Jahren gerade von dem eines Kronzeugen nationalsozialistischer Verbrechen hin zum berüchtigten Spezialbeauftragten Himmlers, mithin in Richtung historischer Authentizität weiterentwickelte, so bewirkten die Schilderungen über den toten Oskar Dirlewanger in der Optik der Flensburger Justizbeamten das genaue Gegenteil: Die Wahrnehmung wurde in diesem Fall nicht etwa diversifiziert und vervollständigt, sondern in grotesker Manier verklärt. Nachdem die einzelnen Bekundungen von ehemaligen

Angehörigen seiner Einheit fein säuberlich aufgelistet und nach verschiedenen Aspekten sortiert worden waren, erschien der brutale Vernichtungskrieger nämlich plötzlich als »vitaler, für seine Person anspruchsloser Landsknecht von unerhörter Tapferkeit, der im Kampf von seinen Leuten das Äusserste verlangte, das er selbst zu geben aber auch stets bereit war«, als »treu-sorgender Vorgesetzter« und »feiner Kerl (…), der keinen Offiziersdünkel hatte« und »der die Todesstrafe nicht leichtfertig, sondern nur nach innerem Kampf aussprach.«[1215] Einschränkend wurde lediglich hervorgehoben, dass Dirlewanger oft und viel getrunken habe und in diesen Situationen unberechenbar sein konnte. Dennoch bilanzierten die Ermittler: »Die harte Kritik Fe(…)s [eines einzelnen ausscherenden Zeugen], der übrigens an keinem Vorgesetzten ein gutes Haar lässt, Dirlewanger sei ein Sadist gewesen, der sich bei den Soldaten anzubiedern versucht habe, ist offensichtlich ebenso wenig richtig, wie das Charakterbild, das in letzter Zeit in nicht ernst zu nehmenden Zeitschriften gezeichnet worden ist.«[1216]

Wenn es um Einschätzungen von allgemeinen Geschehensbeschreibungen oder nicht direkt nachprüfbaren respektive hinsichtlich der Schuldfrage peripheren Sachverhalten ging, hatte das gezielte Einbringen von Desinformation, Halbwahrheiten und Übertreibungen seitens der deutschen Zeugen also bisweilen einen nicht unerheblichen Einfluss auf die entsprechenden Teilergebnisse der Untersuchung. Die Beurteilung von Dirlewangers Persönlichkeitsbild durch die Staatsanwaltschaft Flensburg zeigt auf frappierende Art, wie wirkungsmächtig ein gerüttelt Maß an einheitlichen Zeugenaussagen sein konnte. In der Summe trugen diese Bekundungen dazu bei, dass die Rekonstruktion des Ereignisrahmens, innerhalb dessen Reinefarths Aktionen strafrechtlich einzuordnen waren, in der Tendenz der notwendigen objektiven Qualität ermangelte. Für das finale Verdikt entscheidend waren nun die Bewertungen, die die Justizbeamten nach Abwägung aller Fakten in Bezug auf konkrete Rolle und Handlungsspielräume Reinefarths in Warschau vornahmen. Hierbei orientierten sie sich an Kernkriterien, die sie zuvor als maßgeblich für die Urteilsfindung herausgeschält hatten. Von der Güte dieser juristischen Analyse handeln die nachfolgenden beiden Unterkapitel.

Die Frage der Verantwortlichkeit: Befehle und Unterstellungsverhältnisse

Die Befehlsfrage und die Interpretation der Unterstellungsverhältnisse stellten bei der Untersuchung gegen Heinz Reinefarth die Dreh- und Angelpunkte der Beweisführung dar. Für eine strafrechtliche Überführung waren nach der Argumentation der Ermittler zwei Bedingungen zu erfüllen: Zum einen musste erwiesen sein, dass bei dem zweifelsfrei erwiesenen Tatbestand der Massentötungen nachweislich Reinefarth unterstellte Truppen beteiligt gewesen waren[1217], zum anderen, dass »die Massentötungen gerade auf Grund seines Befehls oder eines von ihm weitergegebenen Befehls einer höheren Stelle« ausgeführt worden waren.[1218] Mehr als Strohhalm diente dagegen die Möglichkeit, Reinefarth dergestalt zu belangen, er habe von völkerrechtswidrigen Tötungen Kenntnis erhalten, sei aber dagegen nicht eingeschritten. Dieser Aspekt spielte bei der Außerverfolgungssetzung denn auch nur eine untergeordnete Rolle.[1219]

Der Rahmen der Urteilsfindung wurde zu Beginn der gerichtlichen Voruntersuchung durch eine strikte Eingrenzung des Schuldvorwurfs abgesteckt. Zuallererst wurden etwaige eigenhändige Tötungen sowie Tötungsbefehle in Einzelfällen, insbesondere für die Zeit nach dem 5. August 1944, aus dem Verfahren ausgeschieden, weil die bisherigen Ermittlungen dafür keine Hinweise geliefert hatten.[1220] Demnach hatte die Untersuchung von Anfang an im Wesentlichen die Geschehnisse bis zum Eintreffen von dem Bach-Zelewskis zum Inhalt. Ereignisse für die Zeit danach sollten nur insoweit berücksichtigt werden, als sie eine Folge der Befehlserteilung vom Morgen des 5. August darstellten. Ebenfalls keine Berücksichtigung fanden Übergriffe in den Tagen davor.[1221] Weiter kapitulierten die Ermittler auch von vornherein vor der Aufgabe, eventuelle völkerrechtswidrige Tötungen zu verfolgen, die sich nicht gegen die Zivilbevölkerung gerichtet, sondern im eigentlichen Kampfgeschehen ereignet hatten. Begründet wurde dies mit den Eigentümlichkeiten des Warschauer Kampfes. Die kriegsrechtlich in vielfacher Hinsicht fragwürdige Kampfführung durch die Aufständischen, die oftmals nicht als Kombattanten zu erkennen gewesen seien, habe die Aufgabe der deutschen Kräfte dramatisch erschwert. Zudem hätten sich in den ersten Tagen des Aufstandes auch die Polen vielfach nicht an das Völkerrecht gehalten. Daher sei »die Frage der diesem Gegner gegenüber völkerrechtlich zulässigen Maßnahmen (…) schon objektiv nicht einfach zu entscheiden« gewesen und es habe sich bereits aus der »Natur dieses Aufstandskampfes« ergeben, dass die Zivilbevölkerung in besonderem Maß unter den Auswirkungen der Kämpfe zu leiden haben würde.[1222] Dieser Befund wurde im Abschlussbericht zur Außerverfolgungssetzung noch einmal unterstrichen: Es sei schlechterdings unmöglich, Tathergang und Täter von spontan verübten Einzeltaten nach so langer Zeit noch zu eruieren, obwohl die entsprechenden Vorgänge ohne Frage strafbar seien.[1223]

Von der restriktiven Handhabe der Beweisführung war auch die Kaminski-Brigade eingeschlossen, der in dieser Hinsicht keine zentrale Bedeutung beigemessen wurde: Erstens sprächen die Indizien dafür, dass die Einheit nicht an systematischen Tötungen beteiligt gewesen sei, zweitens und insbesondere aber komme es auf deren Übergriffe in Ochota angesichts der für Wola bereits nachgewiesenen Massenverbrechen nicht mehr entscheidend an. Sollte sie erwiesenermaßen einem Bevölkerungsvernichtungsbefehl Reinefarths gefolgt sein, sei dieser Sachverhalt durch den gewählten Fokus der Schuldfrage ohnehin abgedeckt.[1224] Die Kaminski-Brigade spielte im weiteren Verlauf der Untersuchung folglich nur eine Nebenrolle. Obwohl das Kriegstagebuch für die ersten zwei Wochen eine Unterstellung unter Reinefarths Kommando nahelegte, tendierten die Justizbeamten abschließend zu der Vermutung, die Einheit habe am 5. August der 9. Armee direkt unterstanden. Von dort seien ihr der Einsatzort und der Angriffsbefehl übermittelt worden. Zudem gebe es keinerlei Hinweise darauf, dass Einheitsangehörige an der von Reinefarth geleiteten Einsatzbesprechung teilgenommen hätten. Ferner könne dem Angeschuldigten nicht widerlegt werden, dass die zahlreichen Funksprüche, die gerade für den 5. August überliefert waren, nicht mehr belegten als lediglich eine taktische Zusammenarbeit.[1225] Ebenso wenig lasse sich nachweisen, dass Reinefarth von den auch danach noch von der Einheit begangenen Kriegsverbrechen wusste, geschweige denn die Möglichkeit gehabt hätte, dagegen einzuschreiten. Dagegen sprächen der undisziplinierte Charakter der Truppe sowie die Tatsache, dass sie auf Geheiß Himmlers in Warschau eingesetzt und über den Befehlsweg der 9. Armee quasi aufgedrängt worden sei. Begründet wurde diese nebulöse Annahme aber einzig mit drei Nürnberger Aussagen von Erich von dem Bach-Zelewski, wobei hier die ernsten Bedenken über dessen Glaubwürdigkeit offenbar keine Rolle mehr spielten. Mit diesem Kunstgriff war Reinefarth hinsichtlich der massiven Übergriffe von Kaminskis Leuten schon einmal aus dem Schneider:

»Nachdem also der in schwierigster Krisenlage befindlichen und kräfteschwachen 9. Armee über das OKH und die Heeresgruppe Mitte der Verband ›RONA‹ (Kaminski) zugeführt worden war, ohne daß diese beiden Kommandostellen der erteilten Plünderungsbefugnis widersprochen hatten, dürfte sich notgedrungen auch diese dazu entschlossen haben, ihm das Plündern in Warschau zu gestatten. Selbst wenn davon ausgegangen wird, daß dem Angeschuldigten entsprechend den Aufzeichnungen im Kriegstagebuch der 9. Armee die Einheit Kaminski ›unterstellt‹ war, läßt sich daraus nicht ohne weiteres folgern, daß diese [sic] auch für ihre Übergriffe verantwortlich ist. Denn eine ›Räuberbande‹ mit freier Hand zum Plündern läßt sich in ihrem Verhalten gegenüber der Zivilbevölkerung kaum noch lenken.«[1226]

Schließlich wurden auch Geschehnisse aus dem Verfahren ausgeschieden, die sich außerhalb des Befehlsbereichs des Beschuldigten ereignet hatten und teilweise Gegenstand der Hamburger Ermittlungen gegen Ludwig Hahn waren.[1227] Die künstliche Aufteilung des Warschauer Massenverbrechens in eine Vielzahl scheinbar voneinander unabhängiger Teilaspekte machte es also möglich, einen Großteil der Ereignisse der Aufstandsbekämpfung für die Argumentation von Beginn an auszuklammern.

Der nächste Schritt der Beweisführung bestand nun darin, mit Blick auf den übrig gebliebenen Kernvorwurf systematisch zu überprüfen, welche Einheiten Reinefarths Befehlsgewalt unterstanden hatten und ob sich eine jeweilige Beteiligung an den Übergriffen belegen ließ. Nach knapp zweijähriger Ermittlungsarbeit stand für die Staatsanwaltschaft Flensburg bereits 1963 vor der Aufnahme der gerichtlichen Voruntersuchung fürs Erste fest, »daß die Massentötungen, deren Beginn zeitlich und räumlich mit dem Einsatz der Kampfgruppe Reinefarth zusammentraf, auch von Angehörigen dieser Kampfgruppe ausgeführt worden sind.« Auch fehle »jeder Hinweis darauf, daß fremde, dem Angeschuldigten nicht unterstellte Einheiten für die Täterschaft am 5.8.1944 und später in Frage kommen.« Damit lasse sich auch ohne weiteres die von Krannhals »nach den Grundsätzen der Geschichtswissenschaft gewonnene Überzeugung« von der Schuld der Kampfgruppe Reinefarth verifizieren.[1228] Für eine strafrechtliche Schuldzuweisung sei dieser Beweis freilich noch zu unscharf, denn der Schuldvorwurf müsse in Bezug auf jede tatverdächtige Einheit einzeln geprüft werden.[1229] Obwohl beispielsweise das vorläufige Ermittlungsergebnis zu dem Reinefarth eindeutig unterstellten Polizeibataillon Peterburs vor Indizien der Tatbeteiligung nur so strotzte[1230], brachten drei weitere Jahre der Untersuchungen lediglich hervor, dass sich der entsprechende Nachweis nur betreffend eine Kompanie, nämlich der 1. Polizei-Reiter-Ersatzabteilung Posen, mit absoluter Sicherheit erbringen ließ.[1231] Dieser Sachverhalt war natürlich dem Aussageverhalten der deutschen Zeugen geschuldet, nicht weniger aber dem starren rechtspositivistischen Ansatz der Ermittler, die eigennützigen Bekundungen wider besseres Wissen für bare Münze zu nehmen.

Angesichts der schon 1963 festgestellten Offenkundigkeit der Verantwortlichkeit der Kampfgruppe Reinefarth war dieses Ergebnis somit äußerst mager. Dennoch wäre damit – gerade für eine Behörde mit einer ausgesprochenen Neigung zum schematischen Formalismus – im Prinzip die eine Voraussetzung für eine Anklage Reinefarths erfüllt gewesen. Die eigentliche Königsfrage des Verfahrens war nun aber diejenige nach dem Vorhandensein eines Befehls, der, von Reinefarth stammend oder durch ihn weitergegeben, die ihm unterstellten Truppen zu der Vernichtung der Warschauer Zivilbevölkerung angehalten hätte. Für die Staatsanwaltschaft lag zum selben Zeitpunkt auf der Hand, dass das Ausmaß der Erschießungen nicht auf spontane Exzesstaten von untergeordneten Einheitsführern schließen lasse, sondern auf einen Befehl von höherer Stelle.[1232] Wie bereits gezeigt worden ist, hatten etliche herausgehobene Funktionsträger einen solchen Befehl von Himmler nachweislich erhalten.¹²³³ Demzufolge neigten die Justizbeamten frühzeitig dazu, Krannhals' Analogieschluss zu folgen: »Nach allem erscheint die Annahme gerechtfertigt, daß es Himmler war, der dem Angeschuldigten bei der Erteilung des Auftrages zur Teilnahme an der Niederschlagung des Warschauer Aufstandes die Weisung mitgab, alle Polen unterschiedslos niederzumachen.«¹²³⁴ Mit Blick auf die juristische Beihilfe-Konstruktion wurde aber weiter festgehalten: »Für die rechtliche Beurteilung ist es im übrigen nur wesentlich, daß der Angeschuldigte jedenfalls nicht selbst als Urheber des Befehls angesehen werden darf.«¹²³⁵

Im Fall von Ludwig Hahn wurde dieser Himmler-Befehl ein Jahr später im Rahmen der gerichtlichen Voruntersuchung explizit bestätigt. Bei einer früheren Aussage vom Sommer 1961, getätigt vor der Hamburger Staatsanwaltschaft und wiederholt zwei Tage später im Nürnberger Verfahren gegen Bach-Zelewski, hatte sich Hahn in Bezug auf den Befehlsinhalt noch nicht aufs Glatteis begeben, und dies aus gutem Grund: Seine Entlassung aus einjähriger Untersuchungshaft stand damals unmittelbar bevor, aber die Ermittlungen gegen ihn liefen weiter. Daraufhin traf er sich im Herbst 1961 zu einer eingehenden Besprechung mit Reinefarth, für den in jenen Wochen bereits das zweite Ermittlungsverfahren vor der Tür stand.¹²³⁶ Dass die beiden Verbindungsbrüder der Jenenser Schwaben dabei ihre weiteren Aussagen zu dem Warschauer Komplex absprachen, ist offensichtlich. Drei Jahre später bestanden nun jedoch seitens der Staatsanwaltschaft Flensburg hinsichtlich des Inhalts des Himmler-Befehls keine Zweifel mehr: Dank der erneuten Vernehmung Hahns stand demnach »einwandfrei« fest, dass zumindest an den damaligen Kommandeur der Sicherheitspolizei ein Bevölkerungsvernichtungsbefehl übermittelt worden war.¹²³⁷ Als Schuldbeweis reichte jedoch eine bloße These nicht aus, unabhängig von ihrer hohen Plausibilität. Ein weiteres Fragezeichen stellte für die Justizbeamten zudem das Verhalten von dem Bach-Zelewskis dar, der nach seinem Eintreffen die Erschießungen eingeschränkt hatte. War die Erteilung eines allgemeinen Bevölkerungsvernichtungsbefehls durch Himmler an Reinefarth vor der gerichtlichen Voruntersuchung noch als wahrscheinlichste Option angesehen worden, überwogen am Schluss deshalb die Zweifel: »Offenbar hat Himmler Befehle unterschiedlichen Inhalts verteilt. Die an Geibel, Dr. Hahn und Dirlewanger ergangenen Befehle können jedenfalls nicht als Indiz dafür gewertet werden, daß auch der Angeschuldigte einen Vernichtungsbefehl erhalten hat.«¹²³⁸

Für die weitere Beweisführung war deshalb einzig der Inhalt der Einsatzbesprechung mit den Einheitsführern vom frühen Morgen des 5. August 1944 maßgeblich. Nicht weniger als drei der damaligen Teilnehmer gaben diesbezüglich zu Protokoll, sie hätten die Befehlsausgabe so interpretiert, dass Reinefarth ihnen befohlen habe, die polnische Zivilbevölkerung zu ermorden. Genau wie bei der Aussage des Majors

f) Erschießungen, die sich aus "Sipo-Berichte"
ergeben   Bl. 21o

g) Die Tötung von Juden   Bl. 215

VI. Begrenzung des Schuldvorwurfs   Bl. 218

VII. Die Prüfung der Frage, ob der Angeschuldigte
einen Befehl zur Ausführung der Massenerschießungen am 5.8.1944 erteilt oder weitergegeben
hat   Bl. 221

1. Die Befehlserteilung am 5.8.1944

A. Der Sachverhalt   Bl. 222

B. Die Beweiswürdigung

a) Die Einlassung des Angeschuldigten   Bl. 225

b) Die Einsatzbesprechung am Morgen
des 5.8.1944   Bl. 229

c) Umstände, die Rückschlüsse auf die
innere Einstellung des Angeschuldigten
bei Bekämpfung des Warschauer Aufstandes zulassen

aa) Ferngespräch zwischen General von
Vormann und dem Angeschuldigten
("mit Erschossenen über 1oooo")   Bl. 249

bb) Aussage des Zeugen Prof. Dr.Thieme
über Erklärungen des Angeschuldigten am 7.8.1944   Bl. 256

cc) Handschriftliche Notizen des
Kriegstagebuchführers des AOK 9
vom 12.8.1944   Bl. 259

dd) Aussagen des Zeugen Erich von dem
Bach-Zelewski   Bl. 261

ee) Aussagen der Offiziere des AOK 9   Bl. 277

ff) Zeitpunkt der Errichtung des
Flüchtlingslagers in Pruszkow   Bl. 278

d) Welche Schlüsse lassen sich aus den
Befehlen ziehen, die die Führer der dem
Angeschuldigten unterstehenden Einheiten ihren Untergebenen erteilt haben,

aa) Einheiten, die am 5.8.1944 eingesetzt worden sind   Bl. 281

bb) Einheiten, die in den auf den 5.8.1944
folgenden Tagen eingesetzt worden
sind   Bl. 3o1

Ein exemplarischer Ausschnitt aus dem Inhaltsverzeichnis des Aktenvermerks zum Antrag der Staatsanwaltschaft Flensburg auf Außerverfolgungssetzung Reinefarths an die Große Strafkammer beim Landgericht Flensburg vom 22. November 1966. Der Aufbau bietet Einblick in die durch die geltende Strafprozessordnung gestützte Vorgehensweise der Ermittlungsbehörde. Diese ging, bezogen auf einen nach willkürlichen Kriterien definierten Kerntatbestand, von einer lückenlosen Beweiskette als Bedingung für eine etwaige Anklage aus. Eine Schuldzuweisung für die maßgebliche Mitverantwortlichkeit Reinefarths in Zusammenhang mit dem Warschauer Gesamtverbrechenskomplex wurde dadurch von vornherein massiv erschwert.

Neben Schriftdokumenten und Zeugenaussagen stellten Abbildungen ein zusätzliches Hilfsmittel bei der Ermittlungsarbeit dar, weshalb viele der in den Akten erhaltenen Fotografien handschriftlich bearbeitet sind. Auf dieser offenkundig inszenierten Aufnahme haben die Justizbeamten Reinefarth, dessen Adjutanten Helmut Stühmer, Erich von dem Bach-Zelewski sowie den Kommandanten des Sicherungsregiments 608, Oberst Willi Schmidt, identifiziert. Genauer Ort und Datum des Bildes mit der rückseitigen Beschriftung »Auf der Weichselbrücke« sind unbekannt.

der Schutzpolizei Peterburs, auf deren Umstände bereits eingegangen wurde, bot die Vernehmung auch für den Bataillonskommandanten Max Reck die Gelegenheit, nach langen Jahren des Schweigens sein Gewissen zu erleichtern und die mit den damaligen Ereignissen verbundene seelische Last abzuladen, wie er dem vernehmenden Beamten gegenüber offen bekannte.[1239] Wenn man berücksichtigt, wie außerordentlich gering das objektive Interesse dieser Akteure sein musste, hier ohne Not eine eigene Komplizenschaft bei einer richtiggehenden Mordverschwörung in den Raum zu stellen, hätte eigentlich Anlass dazu bestanden, diesen Aussagen eine hohe Glaubwürdigkeit und mithin einen besonderen Beweiswert beizumessen. Da sich aber weder Peterburs noch Reck an den genauen Wortlaut des Befehls erinnern konnten, seine Bedeutung also lediglich aus den eigenen Erlebnissen ableiteten, war bereits im Antrag auf Eröffnung der gerichtlichen Voruntersuchung der angeblich interpretationsbedürftige Charakter der Reinefarth'schen Befehlsausgabe überbetont worden, welche wiederum eine subjektive Auslegung erforderlich gemacht habe:

»Der Befehlsinhalt wurde – wie er auch im einzelnen formuliert sein mochte – jedenfalls in einer solchen Form dargeboten, daß die Folgen für die Zivilbevölkerung nicht sogleich in den Vordergrund traten. Man darf ferner annehmen, daß jeweils die Persönlichkeit des Zuhörers bei der Befehlsausgabe das Ergebnis der individuellen Auslegung beeinflußte. So ist es in der Tat vorstellbar, daß etwa ein Offizier, dem die Tötung wehrloser gefangener Zivilpersonen gedanklich fernlag, in dem ›Führerbefehl‹ [zu diesem früheren Zeitpunkt der Untersuchung stand die Rolle Hitlers bei der Auftragserteilung gegenüber derjenigen Himmlers noch im Vordergrund] nichts weiter als nicht ernstzunehmende Kraftausdrücke sah. Solche Belanglosigkeiten bleiben aber im Gedächtnis nicht haften. Auch Reck wurde sich erst zu einem späteren Zeitpunkt der Tragweite des ›Führerbefehls‹ bewußt. Vom zeugenpsychologischen Standpunkt aus liegen nun aber bei Reck besonders günstige Voraussetzungen vor, die den Schluß erlauben, seine Darstellung sei richtig: Noch am Vormittag nach der Befehlsausgabe zwangen die Umstände ihn, sich mit dem Bedeutungsgehalt des einige Stunden zuvor gehörten ›Führerbefehls‹ auseinanderzusetzen. Infolge dieser nunmehr erforderlichen eingehenden Beschäftigung mit dem ›Führerbefehl‹ konnte sich dieser dem Gedächtnis des Zeugen fest einprägen. Reck legte den Befehl jetzt dahin aus, daß die Tötung der Zivilpersonen im konkreten Fall gefordert wurde (…).«[1240]

Wesentlich ungnädiger wurde mit der Aussage von Peterburs verfahren, der bekanntlich bekundet hatte, Reinefarth habe im Wissen darum, dass die Aufständischen nur schwer von der Zivilbevölkerung zu unterscheiden gewesen seien, ein schonungsloses Vorgehen gegen alle Personen gefordert, die auf der Vormarschstraße auftauchten. In einem Kommentar zu Peterburs' Vernehmung, der in keinem der Abschlussberichte auftaucht, heißt es:

»Bemerkenswert an dieser vorsichtigen und gewundenen Aussage eines in seinem Erinnerungsvermögen doch wohl überforderten alten Herren ist, daß sie sich im Grunde nur mit dem Kampf gegen die Aufständischen befasst und kein Wort über die Weitergabe eines Himmler- oder Hitlerbefehls durch Reinefarth darüber enthält, was mit der Zivilbevölkerung außerhalb des Kampfgebietes geschehen solle.«[1241]

Der entscheidende Sargnagel für eine Anklage aufgrund des Inhalts der Einsatzbesprechung war jedoch einem Zufall geschuldet: Die dortige Anwesenheit des nunmehr amtierenden Präsidenten des Bundesverwaltungsgerichts war für die Beweiswürdigung von entscheidender Bedeutung. Dies musste auch Krannhals bewusst gewesen sein, denn die Aussage dieses Zeugen hatte bei der letzten ausführlichen Befragung des Historikers bekanntlich Anlass zu einem größeren Eklat mit irreversiblen Folgen für die Zusammenarbeit mit der Flensburger Behörde geboten. In bemerkenswertem Gegensatz zu der Beurteilung der Aussage von Peterburs hegte man dort mit explizitem Verweis auf das berufliche Palmarès von Fritz Werner nicht die geringsten Bedenken an der Zuverlässigkeit dieses Zeugen: »An seiner Fähigkeit, das auf einer Einsatzbesprechung Gesagte richtig aufzufassen, im Gedächtnis zu behalten und nach 19 Jahren in einer zuverlässigen Form wiederzugeben, dürfte zu zweifeln kein Anlaß sein.«[1242] Werner betonte ausdrücklich, Reinefarth habe bei der Befehlsausgabe von einem allgemeinen Zerstörungsbefehl Hitlers gesprochen, von einem Himmlerbefehl sei hingegen mit Sicherheit nicht die Rede gewesen. Man habe bei der Zusammenkunft davon ausgehen müssen, dass die gesamte Zivilbevölkerung Warschaus in irgendeiner Form an dem Aufstand beteiligt sei. Mit Bestimmtheit wisse er aber (diese Bekundung wurde von den Ermittlern in der Vernehmungsniederschrift unterstrichen), dass der kämpfenden Truppe nicht zugemutet oder gar befohlen worden sei, Zivilisten zu erschießen, die sich ergeben hätten. Im Übrigen sei die Befehlsgebung recht oberflächlich und unprofessionell gewesen, er habe jedoch nicht den Eindruck gehabt, dass Reinefarth daran gelegen gewesen sei, bewusst Spielraum offen zu lassen. Vielmehr habe er befohlen, gegen die Aufständischen »schonungslos« vorzugehen, woraufhin er, Werner, seine Unterführer »wohl auch« in diese Richtung instruiert habe. Dieses Vorgehen noch einmal rechtfertigend, verwies er abschließend erneut eindringlich auf die seinerzeitige Annahme, man habe ganz Warschau zum Feind gehabt: »Damals wußten wir es ja noch nicht anders!«[1243] Über die Umstände des Verhörs existieren neben dem Protokoll keine weiteren Aufzeichnungen. Es darf aber angenommen werden, dass die eigenartige Situation, bei der ein Bundesrichter einem Landgerichtsrat über die Entstehung eines Massenkriegsverbrechens Rede und Antwort zu stehen hatte, beileibe nicht nur von Seiten des einvernommenen Zeugen als eher unbehaglich empfunden wurde. Jedenfalls wurde die Stellungnahme Werners ohne jeden Vorbehalt als Beweismittel von überragendem Gewicht geführt und zusammen mit den anderen entlastenden Aussagen über die Einsatzbesprechung als Beleg dafür verwendet, dass dort entgegen dem Dafürhalten von Peterburs, Reck und eines Feldwebels kein konkreter Vernichtungsbefehl übermittelt worden sei. Stattdessen standen diesbezüglich lediglich Umschreibungen und Schlagworte wie »kräftige

Formulierungen«, »kein Pardon«, »mit äußerster Schärfe« oder eben »schonungslos« im Raum.[1244]

In der Konsequenz sah es die Ermittlungsbehörde als erwiesen an, dass Reinefarth am frühen Morgen des 5. August 1944 keinen Befehl zur Tötung der gesamten Warschauer Einwohnerschaft weitergeleitet hatte. Dagegen lasse der angenommene Befehlsinhalt, mit allen verfügbaren Mitteln durchzugreifen, »objektiv betrachtet« noch keine völkerrechtswidrige Absicht erkennen, sondern sei aufgrund der damaligen Umstände durchaus als »naheliegend« zu betrachten.[1245] Durch den unklaren Charakter von Reinefarths Befehlsübermittlung ließ sich scheinbar auch erklären, warum auf der unteren Ebene verbreitet von einem allgemeinen Erschießungsbefehl die Rede gewesen war und dessen Weitergabe an die Truppe bei einer Einheit sogar nach dem strengen Maßstab der Flensburger Justizbehörde einwandfrei nachgewiesen werden konnte:

»Nach den Ermittlungen kann kein Nachweis dafür geführt werden, daß ein allgemeiner Erschießungsbefehl innerhalb der einzelnen Einheiten erteilt worden ist. Selbst hinsichtlich des besonders tatverdächtigen Polizeibataillons Peterburs kann nur festgestellt werden, daß ein solcher Befehl allein bei Teilen der 1./Polizeireiter-Ersatzabteilung Posen ergangen ist, nicht dagegen bei allen Kompanien. Den Angaben einzelner Angehöriger anderer Einheiten ist zwar zu entnehmen, es sei sinngemäss befohlen worden, alle Personen im Aufstandsgebiet zu erschießen (…). Diese Aussagen lassen aber keine Schlüsse auf die Erteilung eines allgemeinen Erschießungsbefehls zu. Denn die Einsatzbefehle sind den Angehörigen der verschiedenen Einheiten nicht bei einer gemeinsamen Befehlsausgabe für alle erteilt, sondern von den Kompaniechefs zunächst an ihre Zug- und Gruppenführer und darauf von diesen an ihre Untergebenen weitergeleitet worden. Es ist bereits dargelegt, daß es nicht überraschen kann, wenn die vom Angeschuldigten auf der Einsatzbesprechung erteilten Befehle, die ihrerseits schon nicht eindeutig waren, bei der mündlichen Weitergabe am Ende in unterschiedlicher Form und mit verschiedenem Inhalt aufgetaucht sind. Darin kann [hervorgehoben] auch die Ursache für die von zahlreichen Zeugen bekundeten vielfältigen Gerüchte über einen allgemeinen Erschießungsbefehl liegen.«[1246]

Das Herausstellen der Unklarheit von Reinefarths Anweisungen hatte jedoch wiederum zur Folge, dass sich daraus keine juristisch adäquaten Rückschlüsse über die innere Haltung des Beschuldigten bei dem Vorgang ableiten ließen. Es galt nun also noch die Möglichkeit zu überprüfen, ob der Beschuldigte die Ermordung der Warschauer Zivilbevölkerung zwar gewollt, aber missverständlich kommuniziert hatte. Zu diesem Zweck wurden die einschlägigen Beweismittel wie etwa das in den Anlagebänden des Kriegstagebuchs der 9. Armee überlieferte Telefongespräch mit Oberbefehlshaber Vormann, die Äußerungen gegenüber Thieme oder die Nachkriegsaussagen Bach-Zelewskis noch einmal ausführlich durchgekaut. Sie wurden jedoch samt und sonders als zu wenig eindeutige Indizien beurteilt, wobei die jeweilige Würdigung in der Regel durch eine krude Mischung aus umständlicher Herleitung über oftmals mehrere Ecken einerseits und den als unwiderlegbar akzeptierten Apologien der befragten Zeugen andererseits zustande kam. Als Paradebeispiel dafür steht das an Eindeutigkeit eigentlich kaum zu überbietende Telefongespräch Reinefarths mit Vormann. Zur Klärung des Sachverhalts waren zwar auf bekannt gründliche Weise die Aussagen von mehreren damaligen Angehörigen des Armeestabes eingeholt worden. Dem betriebenen Aufwand stand dann aber ein Ergebnis gegenüber, das genauso vorhersehbar wie banal war: Die Generalstabsoffiziere, darunter der amtierende Oberbefehlshaber des österreichischen Bundesheeres, Erwin Fussenegger, gaben unisono zu Protokoll, die von einem Kriegstagebuchschreiber in aller Eile notierten Inhalte von mitgehörten Telefongesprächen gäben zunächst einmal den Wortlaut und dessen Bedeutung keineswegs eindeutig wieder. Zudem und noch weitaus gewichtiger wäre aber Vormann bei einer Meldung über mehrere Tausend erschossene Zivilisten eingeschritten und hätte sich mit Sicherheit bei einer höheren Stelle über ein derart ungeheuerliches Ereignis beschwert. Nach Argumentation der Ermittler sprach gegen eine voreilige Auslegung der Worte »Habe weniger Munition als Gefangene« unter anderem aber auch, dass ein etwaiger Vernichtungsbefehl zu diesem Zeitpunkt durch Bach-Zelewski bereits aufgehoben worden sei. So war es nur noch ein kleiner Schritt zu dem scheinbar entlastenden Zirkelschluss:

> »Es erscheint (…) kaum denkbar, daß der Angeschuldigte etwa beabsichtigte, dem Befehl seines Vorgesetzten v. d. Bach-Zelewski zuwiderzuhandeln und diese Absicht dem Oberbefehlshaber der 9. Armee mitzuteilen, einem Manne, dem die Offiziere seines Stabes bescheinigen, daß er auf ein solches Vorhaben scharf ablehnend reagiert haben würde.«[1247]

Auf diese Art löste sich der Vorwurf einer direkten Verantwortlichkeit Reinefarths für das Massaker von Wola im Nebel juristischer Spitzfindigkeiten Schritt für Schritt auf: Die Beteiligung von Reinefarth erwiesenermaßen unterstellten Einheiten als der eine Hauptpfeiler des Schuldverdachts war nach der dargestellten Argumentationsweise nur in Bruchstücken belegt, die willentliche Übermittlung eines Bevölkerungsvernichtungsbefehls überhaupt nicht. Auch mit dieser Betrachtungsweise konnte indes die indirekte Belastung des Beschuldigten nicht in Abrede gestellt werden, die sich aus den Möglichkeiten der Einflussnahme auf ihm nicht zweifelsfrei unterstellte Verbände und Kommandos während und nach dem 5. August 1944 ergab. Dieser Aspekt war insbesondere dann bedeutsam, wenn es sich dabei um Einheiten handelte, die zu den schwerstbelasteten überhaupt gehörten.

Beispiele der Beweisführung: Die Sondereinheit Dirlewanger und das Einsatzkommando Sicherheitspolizei Kampfgruppe Reinefarth

Die SS-Sondereinheit Dirlewanger steht bis heute wie kaum eine andere Formation für die Schrecken der deutschen Aufstandsbekämpfung. Obwohl der rein nominelle Anteil an den Erschießungen diesem Ruf vermutlich nicht ganz gerecht wird[1248], war die Beteiligung an den Mordaktionen im Vergleich zu anderen Einheiten immer noch überaus hoch und von einer ebenfalls außergewöhnlichen Brutalität begleitet. Ohne jeden Zweifel war der Verband deshalb einer der Hauptakteure des Massenverbrechens von Warschau.[1249]

Die Staatsanwaltschaft Flensburg stellte die Gewaltexzesse der Dirlewanger-Einheit zwar nicht in Abrede, tendierte aber dennoch frühzeitig dazu, sie aufgrund ihrer Rolle als Trägerin der Hauptlast des Vorstoßes längs der Wolska-Straße in Richtung Stadtzentrum von dem Verdacht der maßgeblichen Beteiligung an den systematischen Erschießungsaktionen zu entlasten. Eine zentrale Rolle spielten bei der Argumentation die exorbitanten Verluste der von Beginn an eingesetzten Kampfgruppe Meyer, von der nach erfolgter Befreiung der eingeschlossenen deutschen Besatzung am Abend des 7. August 1944 von ursprünglich 356 gerade noch 40 Mann einsatzfähig waren, wie die Staatsanwaltschaft ausführte:

»Daß diese Einheit hart und rücksichtslos kämpfte, kann angenommen werden. Daß diese im Bandenkampf geübte Einheit den Gegner im Kampfe [letzte zwei Worte im Original hervorgehoben] auch dann noch niedermachte, wenn das militärisch nicht notwendig war, dürfte vielfach vorgekommen sein (…). Indessen konnte bisher noch nicht geklärt werden, ob Teile der Einheit Zeit und Gelegenheit fanden, sich mit planmässigen Massenerschiessungen außerhalb [hervorgehoben] des Kampfgeschehens zu befassen.«[1250]

Zudem hätten die bisherigen staatsanwaltschaftlichen Befragungen von ehemaligen Angehörigen lediglich in zwei Fällen Hinweise auf eine Tatbeteiligung bei Massentötungen ergeben, während die polnischen Zeugenaussagen keinen bestimmten Verdacht gerade gegen Angehörige dieser Einheit offenbarten. Dennoch richte sich natürlich nicht zuletzt aufgrund ihres einschlägigen Rufs ein besonders schwerwiegender Verdacht gegen die Sonderformation Dirlewanger.[1251]

Der gewählte Ansatz der Beweisführung zeitigte aber spätestens dann seine unvermeidlichen Folgen, als über diese eher generellen Einschätzungen hinaus der konkrete Nachweis zu erbringen war, dass die Taten von untergeordneten Formationen Dirlewangers auf Befehle des Angeschuldigten zurückzuführen waren. Zwar hatten einige wenige Einheitsangehörige ausgepackt und legte die Truppeneinteilung für den 5. August 1944 auch eine direkte Unterstellung der Kampfgruppe Meyer unter die Kampfgruppe Reinefarth nahe. Die Ermittler machten es sich auch nicht mehr so einfach wie 1958, als die Möglichkeit der Einwirkung durch Reinefarth mit Verweis auf den Charakter und die Sonderstellung Dirlewangers ohne große Umstände negiert worden war. So wurde etwa im Antrag auf Eröffnung der gerichtlichen Voruntersuchung völlig zu Recht betont, dass Dirlewanger selber erst am 8. August eingetroffen war, sich somit »in seiner Person begründete Unterordnungsschwierigkeiten (…) vorher noch nicht auswirken« konnten.[1252] Auf der anderen Seite ging die Flensburger Behörde am Ende auch für die ersten Tage der Aufstandsbekämpfung lediglich von einer taktischen Unterstellung des Verbandes Dirlewanger unter Reinefarth aus: Die Truppe sei nicht von ihm selber nach Warschau geführt, sondern ihm dort kurzfristig zur Verfügung gestellt worden. Ein Einsatzbefehl Reinefarths an die Einheit lasse sich aufgrund der Zeugenaussagen nicht nachweisen, sondern könne auch durch die 9. Armee selber erfolgt sein. In diesem Fall müsse der Beschuldigte aber spätestens am Morgen des 5. August über dessen Inhalt unterrichtet gewesen sein, habe er doch seine Anweisungen an die Bataillone Reck und Peterburs unter Einbezug des Kampfauftrags an die Einheit Dirlewanger abgestimmt. Unter dem Strich sei daher allenfalls erwiesen, dass der Verband in der Folgezeit Teil der Kampfgruppe Reinefarth gewesen und vom dortigen Stab »zumindest enge Verbindung« zu Dirlewanger gehalten worden sei. Für eine Unterstellung von Beginn an gebe es jedoch keine Anhaltspunkte.[1253]

Durch diese gleichermaßen schablonenhafte wie willkürliche Beweisführung ließen sich die zahllosen Übergriffe der Sonderformation Dirlewanger also in verkürzter Form wie folgt abstrahieren: Am 5. August war die Einheit vermutlich der 9. Armee unterstellt[1254], eine Befehlsgrundlage für die Vernichtung der Zivilbevölkerung existierte nach Bach-Zelewskis Eintreffen am gleichen Abend nicht mehr, bei den Übergriffen bis zum Abend des 7. August handelte es sich demzufolge wahrscheinlich um spontane Exzesstaten untergeordneter Chargen[1255], also eher um Begleiterscheinungen denn um einen methodischen Bestandteil der Kampfführung, und am 8. August traf schließlich Dirlewanger selber ein, womit eine direkte Einflussmöglichkeit durch dessen Sonderstellung bei Himmler angeblich kaum mehr vorhanden war.[1256] Bezeichnenderweise spielten im Antrag auf Außerverfolgungssetzung weiche Belastungsindizien, die das Verhältnis der beiden SS-Führer in ein anderes Licht gerückt hätten, keine entscheidende Rolle. So wurde etwa die Tatsache, dass es Reinefarth gewesen war, der Dirlewanger für die Verleihung des Ritterkreuzes vorgeschlagen hatte (nebenbei ein Umstand, der 1958 noch hohe Wellen geworfen hatte und der Untersuchungsbehörde zumindest diskussionswürdig erschienen war)[1257], im entsprechenden Aktenvermerk mit keinem Wort erwähnt.

Was die Erschießungen nach dem 5. August betraf, legten Staatsanwaltschaft und Untersuchungsrichter im Verlauf des Verfahrens das Schwergewicht auf die Untersuchung der Rolle der Sicherheitspolizei und deren Verhältnis zu dem Angeschuldigten Reinefarth.[1258] In der Tat hatte nach Bach-Zelewskis Eingreifen bekanntlich ein spezielles Einsatzkommando Sicherheitspolizei Kampfgruppe Reinefarth im Verbund mit dem Sonderkommando 7a der Einsatzgruppe B für einen Großteil der an den polnischen Männern weiterhin durchgeführten Erschießungen verantwortlich gezeichnet.[1259] Diese Fakten waren der Staatsanwaltschaft zu Beginn der Ermittlungen jedoch gänzlich unbekannt gewesen. War eine von DDR-Regisseur Thorndike eingegangene Kopie eines Berichts des Einsatzkommandos Sicherheitspolizei an den Stab der Kampfgruppe Reinefarth zunächst noch als glatte Fälschung abgetan worden[1260], nahm die Behörde Ende 1961 von Krannhals schließlich die Information entgegen, dass besagtes Kommando tatsächlich existiert haben dürfte. Aus verständlichen Gründen hatte bis dahin keiner der zuweilen selber belasteten Zeugen die Einheit je erwähnt.[1261] Im Lauf der folgenden Ermittlungen hatten sich die Beamten durch das übliche Geflecht der Lügen und Legenden zu kämpfen, die Befehlshaber Spilker in das bestmöglichste Licht rückten und in der Summe zumeist darauf abzielten, die Einheit habe in Warschau lediglich nachrichtendienstliche Aufgaben verrichtet.[1262] Wilhelm Koppe verstieg sich gar zur Aussage, er habe als HSSPF im Generalgouvernement bestenfalls zehn Mitarbeiter von Sicherheitspolizei und SD persönlich gekannt, Spilker sei nicht darunter gewesen. Für ihn liege jedoch auf der Hand, dass dessen Kommando in Tat und Wahrheit Spitzeldienste für das RSHA und den BdS im Generalgouvernement, Bierkamp, geleistet habe, da man dort von den SS-Generälen Bach-Zelewski und Reinefarth offensichtlich nicht hinreichend über die Vorkommnisse in Warschau orientiert worden sei.[1263]

Trotz solcher Bekundungen kam die Ermittlungsbehörde zu dem unzweifelhaften Ergebnis, dass die Erschießungsberichte, die dank Krannhals' Polenreisen mittlerweile komplett vorlagen, echt waren.[1264] Für die Beweisführung wurde die mörderische Tätigkeit des Kommandos nun in typischer Manier mit dem Skalpell aufgeteilt, und zwar chronologisch in die Zeit vor und nach der Ankunft Spilkers am 13. August

1944. Schon bald ging man davon aus, dass die aus verschiedenen Dienststellen zusammengewürfelte Einheit vor dem Eintreffen Spilkers unmittelbar dem Stab der Kampfgruppe Reinefarth unterstellt gewesen sein musste. Gut möglich erschien ferner, dass das Personal von Reinefarth als HSSPF Warthe – analog zu den Verbänden der Ordnungspolizei – selber für den Warschauer Einsatz aufgeboten worden war.[1265] Die Ermittler sahen sich jedoch außerstande zu beweisen, dass Erschießungen durch das Einsatzkommando gerade aufgrund eines Befehls von Reinefarth erfolgt waren, und zwar sowohl am 5. August[1266] als auch in den Tagen danach. Zwar sei es auch nach der Aufhebung des Bevölkerungsvernichtungsbefehls durch Bach-Zelewski noch zu Massenerschießungen, in erster Linie von männlichen Personen, gekommen. Den polnischen Zeugenaussagen könne jedoch nicht eindeutig entnommen werden, dass diese Morde zumeist auf das Konto der Sicherheitspolizei gegangen seien.[1267] Zudem wurde anhand eines einzelnen Ereignisses die Allgemeingültigkeit des Erschießungsbefehls für *alle* polnischen Männer in Frage gestellt: Am 6. August sei von polnischen Zeugen beobachtet worden, wie eine Erschießungsaktion von »SS-Leuten« durch die Intervention eines deutschen Unteroffiziers gestoppt worden sei, wobei dieser den Tätern ein Schriftstück vorgelegt habe. Es sei daher festzustellen, dass »offenbar nach dem 5. 8. 1944 eine allgemeine [unterstrichen] Erschießung aller [unterstrichen] polnischer Männer nicht stattgefunden hat.«[1268] Die Justizbeamten folgten also gerade nicht dem Leitspruch, nach dem die Ausnahme die Regel bestätigt, sondern sahen eine im Raum stehende These durch das Vorhandensein auch nur eines Gegenbeispiels bereits als hinlänglich falsifiziert an. In ähnlicher Weise wurden auch die anderen, selber definierten Kategorien von Erschießungen für die Zeit nach dem 5. August abgearbeitet, so etwa die Teilkomplexe »Erschießung gefangener Aufständischer«, »Tötung arbeits- und transportunfähiger Menschen«, »Tötung polnischer Verwundeter« oder auch »Tötung von Juden«.[1269]

Weniger abstrakt präsentierte sich dagegen der von Reinefarths Adjutanten Stühmer bezeugte Vorfall über die Gefangennahme von 26 bewaffneten polnischen Zivilisten, die nach dem Willen seines Chefs unverzüglich dem SD hätten übergeben werden sollen.[1270] Reinefarth wollte sich nicht an den Vorfall erinnern, bestritt ihn aber auch nicht: Wenn er den Befehl gegeben habe, erklärte er gewunden, dann nicht, damit die Polen exekutiert würden, sondern um sie überprüfen zu lassen, denn andernfalls hätten sie im Gefangenenlager Pruszków leicht zur Gefahr werden können. Der Kommentar dazu spricht Bände: Die Einlassung sei wenig überzeugend, dem Angeschuldigten indes nicht zu widerlegen. Insbesondere sei aber »nach den Ermittlungen nicht nachzuweisen, daß die Übergabe von Aufständischen an die Sicherheitspolizei praktisch einer Übergabe zur Erschießung gleichkam.«[1271]

Mit der Ankunft Spilkers am 13. August ergab sich für die Beweisführung eine neue Situation, stellte sich doch nun die Frage, ob das Einsatzkommando für seine Aktivitäten in erster Linie dem Kampfgruppenkommandanten Reinefarth Rechenschaft schuldig war oder aber der übergeordneten, räumlich jedoch entfernten Stammbehörde des BdS Krakau. Die Frage war schon allein deshalb drängend, weil ausgerechnet mit Spilkers Auftreten die regelmäßigen Erschießungsberichte einsetzten, von dem Zeitpunkt an also mindestens eine Kenntnis der Vorgänge von Seiten Reinefarths nicht mehr zu bestreiten war. Die Staatsanwaltschaft Flensburg tat sich mit der Unterstellungsfrage jedoch außerordentlich schwer, da die Angaben aus den verschiedenen Berichten dazu angeblich keine klaren Folgerungen zuließen. So könne der Absender »E. K. der Sipo bei Einsatzgruppe Reinefarth« sowohl ein Unterstellungsverhältnis als auch bloß einen Einsatzbereich ausdrücken.[1272] Nun war aber dem Verteiler des Berichts vom 1. September 1944 zu entnehmen, dass sich der entsprechende Bericht primär an die Kampfgruppe Reinefarth richtete, ferner dem BdS Krakau und dem nachgeordneten KdS Warschau zur Kenntnis übermittelt wurde. Sah Krannhals dadurch den Beweis erbracht, dass das Einsatzkommando auch nach dem 13. August Reinefarth und seinem Stab direkt unterstellt gewesen war, war diese Interpretation für die Staatsanwaltschaft jedoch nicht zwingend.[1273] Vielmehr spräche eine Reihe von Umständen gegen eine solche Deutung. Angeführt wurden zunächst die anderslautenden Zeugenaussagen des Abwehroffiziers im Stab der Kampfgruppe Reinefarth sowie eines Referatsleiters im RSHA, der sich seinerzeit hauptamtlich mit der Erfassung und Bekämpfung der polnischen Widerstandsbewegung beschäftigt hatte, zweier Zeugen also, von denen unvoreingenommene Aussagen kaum erwartet werden konnten.[1274] Herangezogen wurden auch zwei Einsatzberichte Spilkers aus dem Warschauer Stadtteil Praga, der sich während des Aufstandes außerhalb des Befehlsbereichs von Reinefarth befunden hatte.[1275] Schließlich lag ein Lagebericht des BdS Krakau an die Wehrkreisbefehlshaber im Generalgouvernement vor, in denen zwischen Meldungen von der »Sipo« und der Kampfgruppe Reinefarth unterschieden wurde, wobei letztere ausschließlich von der militärischen Lage handelten. Im gleichen Lagebericht wurde die nicht näher umschriebene »Sipo« zudem von dem regulären KdS Warschau abgegrenzt. Die Staatsanwaltschaft verfügte aber auch über einen Bericht der »Sipo Warschau« vom gleichen Tag, in dem davon die Rede war, dass »im Einvernehmen« mit der Kampfgruppe Reinefarth nunmehr auch Lautsprecher eingesetzt würden. Aus den beiden Berichten ergab sich aus Sicht der spitzfindigen Beamten ein klarer Hinweis auf die Unabhängigkeit Spilkers im Raum Warschau: Wolle man nämlich zugunsten des Beschuldigten einmal annehmen, dass die »Sipo Warschau« und die im anderen Bericht vom KdS Warschau unterschiedene »Sipo« ein und dieselbe Stelle seien, so müsse es sich dabei nach Lage der Dinge um das Kommando Spilkers handeln. Die Formulierung »im

Einvernehmen« spreche dann klar gegen eine weisungsgebundene Unterstellung der Einheit unter Reinefarth.[1276]

Abgesehen davon, dass der naheliegende Schluss, nämlich dass wahrscheinlich sowohl Reinefarth als auch der BdS Bierkamp befugt waren, Spilker Anordnungen zu erteilen, juristisch nicht zu belegen war, hätte aus der auch von der Staatsanwaltschaft als solche bezeichneten »Zusammenarbeit«[1277] mit Spilker zumindest der Beweis geführt werden können, dass Reinefarth von den Erschießungen Kenntnis hatte und diese pflichtwidrig duldete. Die Ermittler waren sich dessen durchaus bewusst und nahmen auch dazu Stellung, wobei sie zunächst voraussetzten, es lasse sich aufgrund der vorliegenden Beweismittel insgesamt nicht nachweisen, dass Spilker Reinefarth unterstellt gewesen sei. Den Berichten könne aber auch praktisch nichts über die Gründe für die Exekutionen entnommen werden. Daher sei

»zumindest nicht auszuschließen, daß es sich um Erschießungen von Aufständischen gehandelt hat, die in deutschen Uniformen angetroffen worden sind oder in anderer Weise gegen die Regeln des Kriegsrechts verstoßen haben. (…) Jedenfalls ist nach Sachlage nicht möglich festzustellen, daß die Tötungen offensichtlich rechtswidrig [letzte beide Worte unterstrichen] gewesen sind. Die Frage, ob der Angeschuldigte bei Kenntnis von offensichtlich [unterstrichen] rechtswidrigen Erschießungen im Raume seiner Kampfgruppe möglicherweise zum Einschreiten verpflichtet gewesen wäre, obwohl ihm die Sicherheitspolizei nicht unterstellt war, kann deshalb dahingestellt bleiben.«[1278]

Man muss sich vor Augen halten, dass diese Zeilen im Jahr 1966 geschrieben wurden, zu einem Zeitpunkt, als dank der wissenschaftlichen Forschung durchaus bekannt war, dass rechtskonforme Erschießungen der Sicherheitspolizei ausgesprochenen Seltenheitswert gehabt haben dürften. Es ist daher nicht nur formaljuristische Hilflosigkeit, die die Argumentation der Flensburger Justizbehörde auf Schritt und Tritt begleitet und aus solchen Formulierungen exemplarisch herauszulesen ist. Wer eine nach dem Kriterium der reinen Wahrscheinlichkeit offensichtliche Wahrheit ungezählte Male in immer die gleiche Richtung abstrahiert und sich zu diesem Zweck systematisch hinter ebendieser Hilflosigkeit verschanzt, muss sich den Vorwurf der Borniertheit oder zumindest der Feigheit gefallen lassen. Die Indizien im Fall Reinefarth waren und sind dermaßen erdrückend, die Anknüpfungspunkte derart vielfältig, dass es kaum vorstellbar scheint, es ließe sich daraus nicht zumindest die Anklage für die Eröffnung eines Hauptverfahrens auf die Beine stellen. Symptomatisch für diesen offensichtlichen Unwillen ist die Art und Weise, wie das Untersuchungsergebnis am Ende zusammenfassend begründet wurde: Demnach hätte trotz der

Vielzahl an belastenden Faktoren und trotz der umfangreichen und eingehenden Ermittlungen »keine sichere, einen jeden Zweifel ausschließende Beweisgrundlage dafür geschaffen werden können, daß der tatsächliche Ablauf des Geschehens so, wie vermutet, gewesen ist oder gewesen sein muß [unterstrichen].«[1279] Dem bleibt nichts hinzuzufügen.

4. Epilog: Selbstwahrnehmungen und wandelnde öffentliche Beurteilung eines prominenten Nationalsozialisten und Kriegsverbrechers

Als der Antrag der Staatsanwaltschaft Flensburg auf Außerverfolgungssetzung von Heinz Reinefarth vorlag, wurde dem Beschuldigten ein letztes Mal die Gelegenheit gegeben, sich zu dem laufenden Verfahren zu äußern. In seiner Stellungnahme zuhanden der Strafkammer beim Landgericht Flensburg beantragte Reinefarth, das Gremium möge ihn infolge erwiesener Unschuld, hilfsweise wegen mangelnden Verdachts außer Verfolgung setzen und die notwendigen Auslagen der Staatskasse überwälzen. Andernfalls jedoch, und diese Bitte beinhaltete auch die Option, für die sich die Strafkammer am Ende entscheiden sollte, nämlich die Außerverfolgungssetzung bloß wegen mangelnden Beweises, bevorzuge er im Wissen, diesbezüglich nicht über ein Antragsrecht zu verfügen, gegen sich selber die Eröffnung der Hauptverhandlung. Auf diesem Weg würde es ihm ermöglicht, öffentlich jeglichen noch bestehenden Verdacht auszuräumen.[1280] Dass ihm die Strafkammer diesen Gefallen nicht tat, ist für die Bestandsaufnahme unerheblich, zeigt sich doch die Position Reinefarths auch so überdeutlich: Es sind dies die Zeilen eines Uneinsichtigen, der aufgrund seiner lebensgeschichtlichen Prägung gar nicht anders kann, als die gegenwärtigen Vorgänge um das Ende der juristischen Untersuchung des Warschauer Aufstands als eminent wichtigen Meilenstein eines ganz und gar persönlichen Kampfes um die Deutungshoheit über sein historisches Vermächtnis anzusehen. Ein weiterer Sachverhalt stützt diesen Befund: Reinefarth hielt wiederholt und nachdrücklich fest, sich nicht auf den Befehlsnotstand zu berufen.[1281] Sein Ehrenschild sollte nach Abschluss sämtlicher Verfahren komplett reingewaschen sein. Dafür war er bereit, auf ein potenziell bedeutendes Entlastungsmotiv zu verzichten und offensichtlich sogar auf einen aus seiner Sicht unbefriedigenden Freispruch. Alle sollten wissen, dass er kein Krimineller war, dass er nicht auf der gleichen Ebene stand wie die zahlreichen NS-Verbrecher, die sich nun als hilf- und willenlose Werkzeuge darstellten oder gesundheitliche Gründe vorgaben, um dem drohenden Strafvollzug durch den Hinterausgang zu entkommen.

Allerdings focht er diesen Kampf zunehmend auf verlorenem Posten, waren namhafte Stimmen zu seiner Verteidigung anders als noch in den 1950er-Jahren kaum noch vernehmbar. Den GB/BHE gab es nicht mehr, und auf Sylt mochte er zwar persönlich in weiten Kreisen weiterhin respektiert und hochgeschätzt sein, was aber die dortigen Meinungsführer nicht daran gehindert hatte, ihn wegen seiner umstrittenen Vergangenheit und mit Rücksicht auf die Belange des Bades Westerland schweren Herzens politisch kaltzustellen. Im medialen Kontext waren die Meinungen in der Causa Reinefarth sowieso schon länger gemacht. Vor allem im Umfeld des zwanzigsten Jahrestages des Aufstandes erfuhren seine Person und die Flensburger Ermittlungen noch einmal ausgiebige Beachtung, wobei die kritischen Töne deutlich überwogen. Im Juni 1964 durfte er im Rahmen eines Fernsehberichts des deutschen Fernsehens zwar unhinterfragt behaupten, er habe damals von den Massenerschießungen nichts mitbekommen, aber die pflegliche Behandlung durch die Redakteure rief in der Presse sogleich Kritik hervor.[1282] Mit dem erneut gesteigerten Interesse sahen sich auch die Flensburger Justizbeamten konfrontiert, als der Sender Freies Berlin wenig später für eine eigene Dokumentation zum gleichen Thema vorsprach. Nach Rücksprache mit der Behörde hatte sich Reinefarth bereits zu einem Interview bereit erklärt. Al. setzte Generalstaatsanwalt Nehm auseinander, er sei – vorausgesetzt der amtlichen Genehmigung – geneigt, sich den Journalisten ebenfalls zur Verfügung zu stellen. Obwohl er natürlich Wert darauf lege, als ermittelnder Beamter während einer laufenden Untersuchung nicht selber vor die Kamera zu treten, gebe es seiner Meinung nach »doch auf grundsätzliche Fragen grundsätzliche Antworten«, mit denen sich möglicherweise auf die Fernsehleute einwirken lasse.[1283] Umso enttäuschter musste Al. jedoch zur Kenntnis nehmen, dass der befragende Reporter, der Andeutungen zufolge offenbar zuvor auch schon Krannhals seine Aufwartung gemacht hatte, in seinen Ansichten überaus gefestigt zu sein schien: Man habe ihm angemerkt, »daß ihn Zweifel an der Schuld Reinefarths nicht plagten«, und es sei auch keinerlei Wertschätzung für die Details der Rechtsarbeit spürbar gewesen. So habe der Journalist etwa sein Unverständnis darüber zum Ausdruck gebracht, dass es trotz des Buchs von Krannhals noch nicht zu einer Anklage gekommen sei.[1284]

Der Aufstandsausbruch wurde auch in den Printmedien gewürdigt. Die »ZEIT« dokumentierte in einem Beitrag die Vorgänge des 5. August 1944 in Form von Originalzitaten und nannte die Ereignisse einleitend beim Namen: Die den Schein von Normalität suggerierenden Schlagworte von der militärischen Notwendigkeit oder vom unerbittlichen Kampf gegen einen aus dem Hinterhalt agierenden Feind standen hier nicht mehr im Vordergrund. Die Rede war nun vielmehr von einem reinen »Massaker«, welches Oradour und Lidice weit in den Schatten stellte. Symbolträchtigen und im kommunikativen Gedächtnis als typische SS- und Waffen-SS-Verbrechen firmierenden Ereignissen wurde in dem Artikel also eine Mordaktion von weit größerem Ausmaß, an der zudem auch Polizei und Wehrmacht arbeitsteilig mitgewirkt hatten, gegenübergestellt und explizit als solche bezeichnet.[1285] Die Tendenz der Berichte wurde in Flensburg skeptisch registriert, mehr noch, als orchestrierter Druckversuch wahrgenommen: Nachdem das Frankfurter Boulevardmedium »Abendpost« ein Porträt einer polnischen Zeugin veröffentlicht hatte, die eine Erschießungsaktion wie durch ein Wunder überlebt hatte (»Ich überlebte meinen Tod« – »Aber ihr Mörder ist frei«)[1286], nahm Behördenleiter Biermann seine Leute gegen oben vorsorglich in Schutz: Biermann schien dieser Artikel zu beweisen, »daß zur Zeit Kräfte am Werk sind, im Falle ›Warschauer Aufstand 1944‹ die Öffentlichkeit in einer bestimmten Richtung zu beeinflussen, durch die die im vorliegenden Verfahren zu klärende Frage, ob Reinefarth an den in Warschau begangenen Gräueltaten Schuld trägt, in einem für Reinefarth ungünstigen Sinne vorweggenommen werden soll.«[1287]

In den Jahren 1964 und 1965 ist in der Tat eine vorübergehende leichte Steigerung der medialen Präsenz des Reinefarth-Verfahrens zu konstatieren, wobei hier nicht nur der Jahrestag des Warschauer Aufstandes eine Rolle gespielt haben dürfte: Gegen Mitte der 1960er-Jahre hatte sich in den Medien im Zeichen von Auschwitz-Prozess und Verjährungsdebatte ein eigentlicher und in dieser Form neuartiger »Aufarbeitungs-Mainstream« etabliert. Dieser widerspiegelte zum einen das fortgeschrittene Stadium der vergangenheitspolitischen Transformationsphase seit 1958, in deren Verlauf der Grad der Auseinandersetzung mittlerweile einen vorläufigen Höhepunkt erreicht hatte, sorgte aber andererseits bei der breiten Bevölkerung mit der Zeit für gewisse Sättigungserscheinungen, wurde man doch dort dieses als organisierte Selbstkasteiung wahrgenommenen Phänomens zunehmend überdrüssig.[1288]

Unter diesen ambivalenten Umständen brach mit der Außerverfolgungssetzung der letzte Lebensabschnitt von Heinz Reinefarth an. Angesichts der zu erwartenden Straffreiheit stand für ihn trotz des fortgeschrittenen Alters die Wiederaufnahme seiner beruflichen Tätigkeit als Jurist im Vordergrund. Bereits seit Januar 1966 arbeitete er in der Praxis seines langjährigen Rechtsbeistandes als juristische Hilfskraft.[1289] Nur einen Tag nachdem der Außerverfolgungssetzungsantrag an die Strafkammer erfolgt war, bewarb er sich deshalb, mittlerweile knapp 63-jährig, um die erneute Zulassung zur Rechtsanwaltschaft und zum Notariat.[1290] Damit setzte er eine neuerliche juristische Kaskade in Gang, die sich wiederum um die Bewertung seiner NS-Vergangenheit drehte, nun jedoch in einem etwas anderen Kontext: In den folgenden Jahren sollte es, abgesehen von einigen marginalen Nachermittlungen, nicht mehr um strafrechtliche Belange gehen, sondern um die Frage, ob Reinefarths einstige Position während des Nationalsozialismus mit einer Wiederaufnahme seiner Tätigkeit im Rechtsdienst überhaupt vereinbar war.

Obwohl Reinefarth formell noch gar nicht außer Verfolgung gesetzt war, begann die Schleswig-Holsteinische Rechtsanwaltskammer in laufender Absprache mit dem Präsidenten des Oberlandesgerichts und dem Landesjustizminister mit einer eingehenden Prüfung des Gesuchs. Im September 1967, ein knappes Jahr nach dessen Eingang und zwei Monate nachdem die Außerverfolgungssetzung rechtskräftig geworden war, informierte der Kammervorstand den Oberlandesgerichtspräsidenten, dass der entsprechende Beschluss der Strafkammer zur Entscheidungsfindung nicht ausreiche, notwendig seien darüber hinaus bestimmte Aktenteile aus dem Strafverfahren selber. Zudem war die Bearbeitung der offensichtlich heiklen Angelegenheit an einen eigens gebildeten Ausschuss delegiert worden.[1291] Das war nun zu viel des Guten für den Antragsteller, der wie 1950 nicht bereit war, länger als nötig zu warten, und nun wiederum ein Komplott witterte. Gegenüber dem neuen Justizminister Gerhard Gaul (CDU) beschwerte er sich ausgiebig über die angebliche Hinhaltetaktik der Rechtsanwaltskammer und bezeichnete deren Vorgehen als »verletzend«. Er sei mittlerweile außer Verfolgung gesetzt worden und von allen Vorwürfen entlastet. Hätte auch nur der kleinste Rest eines Verdachts bestanden, hätte die Staatsanwaltschaft angesichts der politischen Bedeutung seines Falls bestimmt ein Hauptverfahren angestrengt.[1292] Schon in den Monaten zuvor hatte Reinefarth seine angebliche Opferrolle bemüht, um das Verfahren zu beschleunigen: Mit Unterbrechungen habe er sich nun während insgesamt 21 Jahren seiner Verantwortung als Militärführer während des Warschauer Aufstandes zu stellen gehabt, rechnete er großzügig vor, allein das eben abgeschlossene Verfahren habe sechs Jahre gedauert. Der Entscheid der Strafkammer beweise nun aber, dass er die damit verbundene seelische Last jahrelang ohne Schuld auf sich nehmen musste. Er habe eigentlich gehofft, dass nun wenigstens seine Anträge ohne Verzögerungen, wenn nicht sogar beschleunigt erledigt würden.[1293] Wenige Wochen später kam die Rechtsanwaltskammer schließlich doch noch zu dem Ergebnis, dass gegen eine Zulassung Reinefarths keine Bedenken bestünden. Der Präsident des Oberlandesgerichts schloss sich dieser Beurteilung an, obwohl ihm die Verfahrenakten nicht vorgelegen hatten, sondern lediglich eine Ausfertigung des Außerverfolgungssetzungsbeschlusses der Flensburger Strafkammer. Demnach lieferten die ihm vorliegenden Unterlagen keine Anhaltspunkte dafür, dass der Antragsteller sich in der Vergangenheit in einer Form verhalten habe, die mit der Würde eines Rechtsanwalts unvereinbar sei.[1294]

Im Januar 1968 ging durch die Presse, dass Gaul Reinefarth offiziell als Rechtsanwalt zugelassen hatte.[1295] Der Vorgang sorgte in Polen verständlicherweise für helle Empörung und hatte ein offizielles Protestschreiben der nationalen Rechtsanwaltskammer an den Justizminister zur Folge.[1296] Kein vernehmbarer Widerspruch regte sich dagegen in deutschen Juristenkreisen: Überliefert ist in den Akten lediglich ein entsprechendes Schreiben eines bekannten jüdischen Rechtsanwalts aus Düsseldorf, der sich ob der Wirkungsmacht seines Widerspruchs jedoch keinen Illusionen hingab: Nicht nur sei es aufgrund seiner Erfahrung nahezu ausgeschlossen, dass ein derartiger Entscheid aufgrund öffentlicher Reaktionen widerrufen werde, auch dürfte sich die Anzahl der sich im gleichen Sinn äußernden deutschen Kollegen wohl an einer Hand abzählen lassen, kommentierte der renommierte Jurist das Geschehen sarkastisch.[1297]

Nach wie vor war jedoch der Zulassungsantrag zum Notariat anhängig. Dieser wurde zwar sowohl von der Notarkammer als auch von den Präsidenten des Flensburger Landgerichts und des Oberlandesgerichts befürwortet. Von ministerieller Seite her war dieser Elan jedoch mit Verweis auf die unbedingte Notwendigkeit einer zumindest einjährigen Wartefrist nach erfolgter Zulassung zur Rechtsanwaltschaft vorläufig gebremst worden. Gaul hatte mit dem Kammervorstand über Reinefarths Eignung zum Notar diskutiert, das Gremium war jedoch trotz der Vergangenheit des Antragstellers bei seinem Befund geblieben und geneigt, Reinefarth sämtliche denkbaren Ausnahmeregelungen zuzubilligen.[1298] Der sich anbahnende Informationsbesuch der beiden Vertreter der polnischen Hauptkommission bei der Flensburger Justizbehörde bewirkte dann allerdings, dass die Angelegenheit länger als ein Jahr auf Eis gelegt wurde. Am 4. Dezember 1969 informierte schließlich der Flensburger Staatsanwalt Sch. Gauls Nachfolger Henning Schwarz (CDU) darüber, dass die von den Polen angestoßenen Nachermittlungen ohne Ergebnis geblieben seien.[1299]

Dessen ungeachtet versandte Schwarz eine Woche später dicke Post nach Westerland: Der mit Geburtsjahrgang 1928 vergleichsweise jugendliche Minister besaß im Gegensatz zu seinem Vorgänger, einem ehemaligen Marinerichter und NSDAP-Mitglied[1300], die politische Weitsicht, Reinefarth auf Dauer vom Notariat auszuschließen. Schwarz argumentierte, ein Notar übe Funktionen aus, die aus dem Aufgabenbereich des Staates abgeleitet seien, das Amt unterscheide sich also wesentlich vom freien Beruf des Rechtsanwalts. Demzufolge würden an einen Notariatsbewerber höhere Anforderungen gestellt. Er, Reinefarth, erfülle diese Anforderungen wegen seiner NS-Vergangenheit nicht, auch wenn ihm strafrechtlich nichts vorgeworfen werden könne. Die ausgeübte Rolle innerhalb von Himmlers Herrschaftsapparat allein genüge demnach bereits, um ihn für die Übernahme eines öffentlichen Amtes zu disqualifizieren. Nicht die Rolle als Kampfgruppenkommandant und möglicher Kriegsverbrecher stand Reinefarth also hier in erster Linie im Weg, sondern sein Amt als Höherer SS- und Polizeiführer im Warthegau, auf dessen

Bedeutung und Inhalt Schwarz mit Bezug auf die wissenschaftlichen Erkenntnisse von Buchheim ausgiebig einging.[1301]

Natürlich legte Reinefarth Beschwerde ein gegen diesen unerwarteten Bescheid. Er stellte sich dabei auf den Standpunkt, dass mit seiner Zulassung von 1950 und auch mit der anschließenden Übernahme politischer Ämter Tatsächlichkeiten geschaffen worden seien, die nicht einfach ohne weiteres rückgängig gemacht werden könnten. Zudem würde in seinem Fall offensichtlich mit ungleichen Ellen gemessen, seien doch etliche andere ehemalige Nationalsozialisten in höchste öffentliche Positionen aufgestiegen. Den negativen Aspekten seiner Laufbahn würden die positiven nicht adäquat gegenübergestellt, die Auslegung sei einseitig, der Antragsgegner habe mithin die Grenzen des Ermessens überschritten. Als vergleichendes Beispiel fügte er einen hohen schleswig-holsteinischen Beamten an, der während des Krieges wegen Diebstahls rechtskräftig verurteilt worden sei, also eine kriminelle Haltung an den Tag gelegt habe, und nun trotzdem immer weiter befördert werde. Er hingegen sei etwa in Bezug auf seine viel diskutierte Rolle in Warschau sogar vom Präsidenten des Bundesverwaltungsgerichts persönlich entlastet worden. Die ihm während des Nationalsozialismus »zugewiesene« (diesen Begriff unterstrich er) Stellung habe er nicht missbraucht, um Unrecht zu üben. Bei sorgfältiger Betrachtung bleibe als einzig berechtigter Vorwurf also übrig, damals eine von ihm selber längst als falsch erachtete politische Haltung verfolgt zu haben.[1302]

In deutlichem Kontrast insbesondere zum Entnazifizierungsverfahren oder zu den Ermittlungen von 1958 machten derlei Ausführungen, die auf die Aufhebung seiner ganzen formellen Belastung durch die Kollektivschuldthese sowie seine außerordentlichen charakterlichen Vorzüge abzielten, auf den zuständigen Justizbeamten nun jedoch keinen Eindruck mehr: Auf dem Beschwerdebrief finden sich reihenweise handschriftliche Anmerkungen wie »unerheblich« oder »würde im Ergebnis aber nichts ändern (...)«.[1303] Als rechtlicher Vertreter des Justizministers berief sich nun Generalstaatsanwalt Nehm auf einen ähnlich gelagerten Präzedenzfall aus dem Bundesland Rheinland-Pfalz. Dort hatte das Oberverwaltungsgericht im März 1969 in einem Urteil ausdrücklich festgehalten, dass eine »schicksalhafte Verstrickung« in das NS-Unrechtssystem ausreiche, um einem Beamten »angesichts der zu befürchtenden in- und ausländischen Reaktion« eine Beschäftigung zu verwehren. Da der betreffende Entscheid zudem auf die Frage der Weiterverwendung eines Staatsdieners abziele, gelte er erst recht, wenn es darum gehe zu entscheiden, ob ein Bewerber überhaupt erst für ein öffentliches Amt zugelassen werden soll. Dass Reinefarth im Übrigen nach 1945 eine Vielzahl derartiger Ämter bekleiden konnte, merkte Nehm schließlich etwas hilflos an, möge wohl in erster Linie darauf zurückzuführen sein, dass tiefer gehende Erkenntnisse über Struktur und Funktion des

SS-Apparates erst nach Errichtung der Zentralen Stelle Ludwigsburg zutage gefördert worden seien. Die dadurch in die Wege geleiteten Ermittlungen und Prozesse sowie die dazu erstellten historischen Gutachten hätten erst das ganze Ausmaß der nationalsozialistischen Verbrechen sichtbar werden lassen. Nach alldem habe Reinefarth jedenfalls keinen Anspruch mehr auf ein Amt, welches mit der Ausübung staatlicher Gewalt verbunden sei.[1304]

Über diese Ansichten in Kenntnis gesetzt, hatte der Betroffene zwei Dinge zu erwidern: Zunächst einmal laufe die Rücksichtnahme auf ausländische Reaktionen darauf hinaus, dass für seine Ernennung zum Notar die formelle Zustimmung kommunistischer Staaten notwendig sei, wofür er jedoch keine gesetzliche Grundlage erkennen könne. Nach dieser einführenden Polemik kam Reinefarth zur eigentlichen Sache und stellte frühzeitig in Aussicht, einen etwaigen ablehnenden Gerichtsentscheid beim Bundesgerichtshof anzufechten. Der habe unlängst anders entschieden als das Pfälzer Oberverwaltungsgericht und einem ehemaligen Gestapostellenleiter und Verbindungsführer einer Einsatzgruppe das Notariat zuerkannt, weil dem Bewerber kein persönlich schuldhaftes Verhalten »von Erheblichkeit« nachgewiesen werden konnte.[1305]

Nach gut einem Jahr folgte der schleswig-holsteinische Notarverwaltungssenat im Juni 1971 jedoch der Sichtweise von Justizminister und Generalstaatsanwalt und wies die Beschwerde ab. Der Senat bezog sich zwar ebenfalls auf das von Reinefarth angeführte Bundesgerichtsurteil, wonach in der Tat die reine Zugehörigkeit etwa zur SS oder das Erreichen eines bestimmten Dienstranges in der Regel alleine nicht ausreiche, um einem Bewerber auch heute noch den Zugang zum Notariat zu verweigern. Zusätzlich müsse eine persönliche Schuld vorliegen. Für diesen Befund sei allerdings nicht zwingend eine strafrechtliche Überführung notwendig, vielmehr genüge der Schuldvorwurf, während der NS-Zeit in einem allgemeinen Sinn maßgeblich gegen die Grundsätze von Menschlichkeit und Rechtsstaatlichkeit verstoßen zu haben. Zwar habe sich durch die Flensburger Ermittlungen für konkrete Einzelfälle kein solch schuldhaftes Verhalten nahelegen lassen. Bezeichnenderweise war für die Rekursinstanz betreffend den Warschauer Aufstand noch immer der Gedankengang quasi selbsterklärend, wonach es sich dort primär um einen militärischen Einsatz gehandelt habe, denn es hätten daran auch Soldaten der Wehrmacht teilgenommen. Im vorliegenden Fall ergebe sich die Schuldhaftigkeit während des Nationalsozialismus jedoch inhaltlich aus der Tatsache von Reinefarths besonders hervorgehobener Stellung als Höherer SS- und Polizeiführer, methodisch durch die »Art eines Beweises des ersten Anscheins«, eine Ausnahmeregelung, welche durch das Bundesgerichtsurteil ausdrücklich sanktioniert werde. Die für die Befähigung zum Notariat so bedeutsame Persönlichkeitsfrage entscheide sich mithin nicht nur auf der Basis eines eng gefassten Verständnisses über die Charakterzüge des Anwärters, sondern beinhalte ebenso die äußeren Eigenschaften, sprich das Verhalten im öffentlichen Leben.[1306] Hier gäben die Fakten ein eindeutiges Votum ab: Hätte sich Reinefarth beispielsweise als Höherer SS- und Polizeiführer im Warthegau nicht bewährt oder wäre gar durch oppositionelles Verhalten aufgefallen, wäre er von Himmler bestimmt nicht befördert und sodann mit der Niederschlagung des Warschauer Aufstandes beauftragt worden. Seine Persönlichkeit sei deshalb »noch jetzt unlösbar verbunden und verstrickt in das, was während seiner Tätigkeit in seinem Dienstbereich in Polen geschehen ist.«[1307] Wiewohl die Behörde es durchaus nicht unterließ, positive Zeugnisse über Reinefarths Wirken im Dritten Reich ebenfalls zu würdigen, um damit dem Vorwurf der Unausgewogenheit zu begegnen, betonte der Schlussabschnitt der Darlegung auf unmissverständliche Weise den Willen zur Distanzierung von früheren Formen der deutschen Vergangenheitsbewältigung und unterstrich ebenso konkret die außenpolitische Relevanz des Entscheids:

»Der Begründung [des Entnazifizierungs-Hauptausschusses Flensburg], der Antragsteller habe nicht nur in seiner militärischen, sondern auch in seiner ganzen politischen Gegeneinstellung zum Nationalsozialismus wiederholt Leben und Stellung aufs Spiel gesetzt, vermag der Senat (...) nicht zu folgen. Für eine solche Gegnerschaft gegen den Nationalsozialismus ist nichts ersichtlich; sondern der Antragsteller hat sich durch Übernahme seiner hohen Stellung als HSSPF tatkräftig für das nationalsozialistische Regime und dessen Ziele, insbesondere auch für die damalige Ostpolitik eingesetzt. Den gewiß vorhandenen positiven Seiten seines Charakters stehen die äußeren Eigenschaften des Antragstellers gegenüber, wie sie sich in seinem festgestellten äußeren Verhalten offenbaren. Mögen auch die Vorgänge im Warthegau nunmehr geraume Zeit zurückliegen, so gehören sie doch bei weitem nicht der Vergessenheit an. Gerade in heutiger Zeit ist die Bundesregierung bemüht, über das Unrecht hinweg, das der nationalsozialistische Staat den Polen zugefügt hat, die gegenseitigen Beziehungen wieder auf eine erträgliche Ebene zurückzuführen. Der Antragsteller war in sehr herausgehobener Stellung in die damalige SS- und Polizeihierarchie auf polnischem Gebiet außerordentlich verstrickt. Er muß persönlich dafür einstehen mit der Folge, daß er noch heute in seinem Alter, obwohl er inzwischen wieder zur Rechtsanwaltschaft zugelassen worden ist, für das öffentliche Amt eines Notars als ungeeignet zu behandeln ist.«[1308]

Reinefarth nahm das Verdikt nicht hin und machte seine Ankündigung wahr. Nach erneuter Beschwerde musste sich nun der Bundesgerichtshof mit der Angelegenheit beschäftigen. Neue Argumente von Belang hatte er allerdings nicht mehr geliefert.[1309] Am 13. Dezember 1971 wurde das Urteil der schleswig-holsteinischen Landesjustizbehörde durch den Senat für Notarsachen des Bundesgerichtshofs bestätigt.[1310]

Der Karlsruher Entscheid stellte den letzten konfrontativen Kontakt Reinefarths mit der deutschen Justiz dar. Die jahrelange Auseinandersetzung um die vollständige berufliche Reintegration endete mit einer Niederlage, die nicht nur kostspielig war[1311], sondern ihm auch endgültig und schmerzhaft vor Augen führte, dass die Zeit gegen ihn und seinesgleichen lief. Dabei nahm sich sein Schicksal vergleichsweise milde aus: Er hatte den Kampf um die Vergangenheit verloren, in der deutschen Medienöffentlichkeit bereits in den 1960er-Jahren, nun auch im Widerstreit mit einer öffentlichen Behörde. Etliche seiner ehemaligen Mitstreiter aber befanden sich im Strafvollzug, kurz davor oder hatten längere Haftstrafen hinter sich: Erich von dem Bach-Zelewski etwa saß seit fast zehn Jahren in der Anstalt München-Stadelheim ein, er hatte zum Zeitpunkt der letztinstanzlichen Niederlage Reinefarths weniger als ein Jahr zu leben.[1312] Ludwig Hahn erwartete in Hamburg nach über zehnjähriger juristischer Untersuchung das Hauptverfahren. Er wurde im Juni 1973 wegen Beihilfe zum Mord an polnischen Häftlingen in mindestens 100 Fällen zu zwölf Jahren Freiheitsstrafe verurteilt. 1975 kam für die Judendeportationen aus dem Warschauer Ghetto lebenslänglich dazu.[1313] Otto Bradfisch, der als Kommandeur der Sicherheitspolizei von Litzmannstadt Reinefarth formell unterstellt gewesen war, hatte das Gefängnis 1969 vorzeitig verlassen können.[1314]

Selbiges blieb Heinz Reinefarth zeit seines Lebens erspart, die öffentliche Rehabilitation seines Namens, die er mit aller Kraft angestrebt hatte, allerdings ebenso. Die Bitterkeit, die er an seinem Lebensabend darob empfunden haben mag, als angemessene Strafe zu bezeichnen käme angesichts seiner maßgeblichen Verantwortlichkeit für die Ermordung Tausender Menschen einem zynischen Gerechtigkeitsempfinden gleich. Nichtsdestotrotz hatte die schleswig-holsteinische Justizadministration unter Henning Schwarz im allerletzten Moment Schadensbegrenzung betrieben: Die publizistische Reaktion auf eine Zulassung Reinefarths zum Notariat wäre zweifelsohne verheerend gewesen. Der Betroffene betätigte sich daraufhin noch einige Jahre als Rechtsanwalt, scheint dabei aber auch aufgrund diffuser Sorgen um Vergeltung an seiner Person nicht zu innerer Ruhe gelangt zu sein.[1315] Obwohl er sich nunmehr weit abseits des Scheinwerferlichts bewegte, tat man sich mit ihm im Justizministerium nach wie vor schwer und bemühte sich, potenziellen Fettnäpfchen auszuweichen. Eine Episode mag den Befund erhellen: Im November 1973 machte der Präsident des Landgerichts Flensburg den Justizminister auf den bevorstehenden 70. Geburtstag Reinefarths aufmerksam und fragte an, ob angesichts von des-

> **Heinz Reinefarth †9.5.79**
>
> Westerland. Der frühere Westerländer Bürgermeister Heinz Friedrich Reinefarth ist seinem langen Herzleiden erlegen. Im Dezember wäre er 76 Jahre alt geworden. Reinefarth, vor dem Krieg Rechtsanwalt in Cottbus, machte während des Krieges eine steile militärische Karriere. Bereits beim Westfeldzug wurde er als junger Infanterieleutnant mit dem Ritterkreuz ausgezeichnet. Später, als Erfrierungen seinen Feldeinsatz unmöglich machten, wurde er als Ministerialdirigent in das damalige Reichsinnenministerium nach Berlin berufen, Generalleutnant und mit dem Eichenlaub ausgezeichnet.
>
> Nach dem Kriege zog es Reinefarth und seine Familie für immer in das schon in den dreißiger Jahren erworbene kleine Friesenhaus im Osten Westerlands. Bei den Kommunalwahlen im Jahre 1951 bewarb sich der Verstorbene als Vertreter das BHE zum erstenmal um einen Sitz im Westerländer Stadtparlament, wurde auf Anhieb erster Stadtrat und kurze Zeit darauf, nach dem Ausscheiden von Bürgermeister Lobsien, Verwaltungschef der Stadt. Über die Liste seiner damaligen Partei gelang Reinefarth kurz darauf sogar der Sprung in den Schleswig-Holsteinischen Landtag.
>
> Wahrscheinlich löste sein exponiertes Landtagsmandat erneut eine weltweite Diskussion über seine Haltung bei der Niederschlagung des Warschauer Aufstandes im Jahre 1944 aus. Es kam zu einem langwierigen Prozeß, in dem Reinefarth von allen gegen ihn erhobenen Beschuldigungen freigesprochen wurde. Die Westerländer Stadtvertretung aber sah diesen Rechtsstreit offenbar mehr politisch und wählte den Bürgermeister Reinefarth einstimmig ab.
>
> Nach seiner Abwahl zog sich der Verstorbene ganz aus der Kommunalpolitik zurück und ließ sich in Westerland als Rechtsanwalt und Notar nieder. Bei Freunden und früheren politischen Gegnern genoß Heinz Reinefarth wegen seiner Bescheidenheit und steten Hilfsbereitschaft immer ein gutes Ansehen.

Der Tod Reinefarths bot der lokalen Sylter Presse 1979 Anlass zu einer kurzen Rückblende auf Leben und Wirken des früheren Bürgermeisters. Der »Rechtsstreit« um die »Haltung« Reinefarths während des Warschauer Aufstandes bleibt beim hier gezeigten Beispiel zwar nicht unerwähnt, insgesamt dominiert jedoch ein verklärend-viktimisierender Grundton. Der Urheber der handschriftlichen Bearbeitung des Artikels ist unbekannt.

sen Vergangenheit und der zahlreichen Verfahren der übliche Dankausspruch für praktizierende Rechtsanwälte überhaupt angemessen sei. Von ministerieller Seite her wurde dies bejaht, das Standardschreiben in der Folge jedoch auf die Gratulation sowie die besten Wünsche für das weitere Wohlergehen beschränkt. Die sonst übliche Wendung »Zugleich spreche ich Ihnen meinen Dank und meine Anerkennung für die Verdienste aus, die Sie sich auf Ihrem langen Berufs- und Lebensweg um die Rechtspflege erworben haben« wurde dagegen ersatzlos gestrichen.[1316]

Als Heinz Reinefarth am 7. Mai 1979 nach längerem Herzleiden in Westerland starb, fand sein Name lediglich auf Sylt noch einmal eine gewisse Beachtung.[1317] Um den »Henker von Warschau« war es die letzten Jahre merklich still geworden.

DER FALL REINEFARTH:
DIMENSIONEN UND AKTEURE EINES
GESELLSCHAFTLICHEN LEHRSTÜCKS

Die Bedeutung des Lebenslaufs von Heinz Reinefarth für die deutsche Geschichte des 20. Jahrhunderts beruht auf einer Hinterlassenschaft, die von ihm selber zu seinen Lebzeiten nicht angestrebt wurde. Nach einer beachtlichen NS-Karriere wurde er in seiner zweiten Lebenshälfte zu einem prominenten, aber unfreiwilligen Darstellungsobjekt im Rahmen eines kollektiven Lernprozesses, der letztlich eine Loslösung von der Vergangenheit und gleichzeitig eine – vorerst noch vorsichtige – Hinwendung zu einer demokratischen Gesellschaftsform implizierte. Für eine zusammenfassende Darstellung des Falls Reinefarth eignet sich deshalb als ästhetische Klammer die Vorstellung eines gesellschaftlichen Lehrstücks. Anders als in Brechts epischem Theater gibt es hier jedoch kein Drehbuch und keinen Regisseur: Die Botschaft, die die Zuschauer mitnehmen, ist Gegenstand der Auseinandersetzung der hauptbeteiligten Akteure, der Verlauf der Geschichte zum Zeitpunkt des Geschehens offen. Reinefarth kommt dabei die wichtigste Rolle zu: Er fungiert einerseits als Lehrobjekt, kann Lauf und Deutung des Geschehens aber auch selber beeinflussen. Das Stück handelt vom rechten Umgang mit der Erblast der nationalsozialistischen Vergangenheit und geht in dieser Zeit in ähnlicher Form, aber mit anderem Aufhänger und anderer Besetzung vielfach über die Bühne. Die Besonderheit des Fallbeispiels Reinefarth ergibt sich nicht allein aus seiner Öffentlichkeitswirksamkeit: Es ist auch und insbesondere die Vielschichtigkeit seiner Innenansicht, die eine Beschäftigung mit ihm reizvoll macht.

Der Protagonist
Es ist unbestritten, dass personellen Skandalfällen bei der Auseinandersetzung über Diktatur und Krieg in der Bundesrepublik Deutschland eine große Bedeutung zukam. Entscheidend war dabei für die öffentliche Wahrnehmung, dass die betreffenden Persönlichkeiten trotz ihrer Verstrickung in den NS-Unrechtsstaat hernach eine gewisse Zeit unbehelligt in Westdeutschland gelebt hatten und nun auf mehr oder weniger spektakuläre Weise »enttarnt« wurden. Diese Umstände warfen Fragen auf, nicht nur über die Karrieren der Betroffenen bis 1945, sondern vor allem auch dar-

über, warum sie bis anhin nicht belangt worden waren oder gar eine neuerliche Laufbahn einschlagen konnten. Der Fall Reinefarth bildet hierzu ein Anschauungsexemplar, das symbolisch in mehrfacher Hinsicht aufgeladen war: Einzigartig für die Bonner Nachkriegsrepublik, verband sich in seiner Person eine ehemals hohe Position in der SS – als Institution das Synonym schlechthin für die Unmenschlichkeit des NS-Systems – mit der Wahl zum Volksvertreter in einem Landesparlament. Dazu kam die direkte und maßgebliche Mitverantwortlichkeit für ein ereignisgeschichtlich klar fassbares, unbestreitbares Massenverbrechen von hoher erinnerungskultureller Bedeutsamkeit: Die Niederschlagung des Warschauer Aufstandes stellte für das Nachbarland Polen nicht zuletzt aufgrund der weitgehenden innenpolitischen Unterdrückung eines angemessenen Gedenkens ein nationales Trauma dar. Die Kontroverse um den Westerländer Bürgermeister und Landespolitiker ist deshalb nicht bloß in Bezug auf die schleswig-holsteinische und deutsche Vergangenheitsbewältigung relevant, sondern besitzt auch eine beträchtliche transnationale Tragweite.

Der Zweite Weltkrieg hat zwar das Leben von Heinz Reinefarth entscheidend verändert, nicht aber die Kohärenz seines Selbst- und Geschichtsbildes. Dieses war wie für viele andere Angehörige der Kriegsjugendgeneration durch die Geschehnisse nach 1918 richtungsweisend geprägt worden: Antikommunismus, nationale Größe, Antisemitismus und Volkstumskampf bildeten demnach den politischen Referenzrahmen seines Denkens und Handelns, ein Konstrukt, das durch die Kriegserlebnisse verfestigt und vor dem Hintergrund des Kalten Krieges nicht einmal gegen außen vollumfänglich aufgegeben werden musste. Selbstkritik in Bezug auf seine herausgehobenen Funktionen während des militärischen Endkampfs und im nationalsozialistischen Besatzungsapparat blieb ihm demzufolge zeit seines Lebens fremd, etwas Verbrecherisches konnte er an seinen früheren Tätigkeiten beim besten Willen nicht erkennen. Darüber hinaus enthielten sowohl seine Biografie als auch seine Persönlichkeit eine Vielzahl vorgeblich entlastender Merkmale, die diese Gewissheit zu bekräftigen und ihn von der Masse der »gewöhnlichen« NS-Täter zu separieren schienen. Dies betraf zuallererst sein äußeres Auftreten: Reinefarth besaß den Habitus des großbürgerlichen Ehrenmannes, er war gebildet, hatte angenehme Umgangsformen und die Fähigkeit, Vertrauen zu erwecken. An diesem vorteilhaften Gesamteindruck vermochte für ihn selber wie auch für den größten Teil seines Umfelds nichts zu ändern, dass er politisch ein Kind seiner Zeit gewesen war. Viele Angehörige seiner Generation hatten sich dem Nationalsozialismus einst zugewandt und sich später scheinbar mühelos wieder davon distanziert. Aber auch seine Karriere an sich konnte durchaus den Eindruck des Atypischen vermitteln oder, wenn man so will, dass er eben kein »richtiger« Nazi gewesen sei: So hatte er sich zwar bereits in jungen Jahren aktiv in der völkischen Bewegung engagiert und verfügte mit seinem 1932 erfolgten Beitritt zur NSDAP auch über den Status des »alten Kämpfers«. Doch trotz vielfältiger und umtriebiger Aktivitäten für die Partei hatte er seinen zivilen Beruf als Rechtsanwalt nicht aufgegeben, entsprach somit also kaum dem, was man sich gemeinhin unter einem zielstrebigen Karrieristen vorstellt. Sein Übertritt in die nationalsozialistische Polizei erfolgte erst 1942 und zudem in die noch lange nach 1945 vergleichsweise gut beleumdete Ordnungspolizei. Der Dienst in hohen staatlichen Funktionen in Zeiten des Krieges bedurfte nun aber erst recht keiner besonderen Rechtfertigung mehr: Ein bewaffneter Konflikt schafft Sachzwänge, verlangt rasche Maßnahmen und das Ausführen von Befehlen. Somit entsprangen die damit verbundenen Aufgaben stets einer nicht weiter hinterfragten unmittelbaren Notwendigkeit, was den Betroffenen aber nicht hinderte, sein Vorgehen rückblickend als überlegt, weitsichtig und zudem so milde wie eben möglich zu charakterisieren.

Weist Reinefarths SS-Laufbahn von der objektiven Warte aus tatsächlich eine Reihe ungewöhnlicher Strukturmerkmale auf, so eröffnet sich damit eine Einsicht in die Begrenztheit von Erklärungsansätzen der Täterforschung, welche generationelle Prägung und ideologische Beweggründe betonen oder Typisierungen von Karrieren zur Hilfe heranziehen. Das konkrete Handeln im Einzelfall aber war im vorliegenden Personenbeispiel angeleitet durch soziale und situative Motive, die bewirkten, dass Reinefarth seinen Spielraum häufig bewusst enger interpretierte, als sich dieser in Wirklichkeit präsentierte. Damit ist nicht gesagt, dass die eindeutig folgenschwerste Entschließung innerhalb seines Wirkens bis 1945, die Weitergabe von Himmlers Vernichtungsbefehl, nicht einhergegangen wäre mit der grundsätzlichen Übereinstimmung des überzeugten Nationalsozialisten Reinefarth, an der Warschauer Bevölkerung ein Exempel zu statuieren. Maßgeblicher aber war für sein Agieren, dass der Befehl vom Reichsführer SS gekommen war und diese Order in Kombination mit der herrschenden militärischen Lage jegliches weitere Abwägen überflüssig erscheinen ließ: Entscheidung und Verantwortung waren ihm gleichsam durch höhere Gewalt abgenommen, was zu tun war, gebot einzig ein von ihm dienstlich und gefolgschaftlich aufgefasstes Pflichtempfinden. Mit Hilfe des Kriegsnarrativs ließ sich der Massenmord von Wola somit bruchlos in das gefestigte Selbstbild integrieren. Niemand konnte bestreiten, dass an der Ostfront noch ganz andere Vorgänge unter dem Etikett des Partisanenkriegs abstrahiert worden waren als der erbittert geführte Warschauer Häuserkampf, bei dem der militärische Gegner zuweilen schwer von der Zivilbevölkerung unterschieden werden konnte. Die von Reinefarth selber konstruierte Legende einer eigenverantwortlichen Räumung der Festung Küstrin mit der unweigerlichen Konsequenz des Todesurteils wegen

Befehlsverweigerung stellte schließlich die Grundlage dar für eine überaus resistente Opfererzählung, welche durch den Verlust der Heimat und großer Teile seines Hab und Guts zusätzliche Nahrung erhielt. Die Zusammenarbeit mit dem amerikanischen CIC dürfte ihn während der darauf folgenden Gefangenschaft und Internierung weiter bestärkt haben, an der Ostfront auf der richtigen Seite gekämpft zu haben, schien die Kooperation den neuen Partnern doch wichtig genug zu sein, ihn vor einer Auslieferung nach Polen zu bewahren. Der Krieg bedeutete für Reinefarth aber noch wesentlich mehr. Er wurde zum Geburtshelfer einer bemerkenswerten Neukarriere und stattete ihn mit dem symbolischen Kapital aus, auf dem er seine Nachkriegslaufbahn aufbaute: Der Anwalt und ehrenamtliche Nazifunktionär, der am 1. September 1939 als Schütze der Reserve eingezogen worden war, kehrte nunmehr als Generalleutnant der Polizei, Ritterkreuzträger, selbstloser Retter der Küstriner Zivilbevölkerung und verkappter NS-Oppositioneller zurück. Mit dieser Aura besaß er die charismatischen Mittel, eine lokale Umgebung für die Dauer von fast einem Jahrzehnt politisch zu prägen.

Öffentliche Räume

Im Rahmen des Spruchgerichts- und Entnazifizierungsverfahrens entfaltete diese Konstruktion zum ersten Mal ihre volle Wirkungskraft: Sie verhalf Reinefarth ausschlaggebend zu seinen Freisprüchen, da die an sich unbestreitbare Verwicklung in mehrere NS-Verbrechenskomplexe von der Reinefarth-Legende zusammen mit dem gewinnenden Auftreten ihres Verkörperers förmlich aufgesogen wurde. Die rechtliche und politische Reinwaschung des Angeklagten Reinefarth sorgte mittels der dadurch generierten Kraft des Faktischen dafür, dass sich die Legende um ihn zusätzlich verfestigte: Der eigene Entwurf der Vergangenheit war nun amtlich geprüft und sanktioniert, konnte also so falsch nicht sein.

Reinefarths politischer Aufstieg an einem Standort, der gleichzeitig Flüchtlingszentrum und frühere nationalsozialistische Hochburg war, zeigt, dass dieses Bild von der lokalen Bevölkerung, gewissermaßen einem Teilpublikum dieses Lehrstücks, damals gerne angenommen wurde. Auch sie hatte sich mit der Vergangenheit auseinanderzusetzen und suchte unterbewusst nach Wegen der Relativierung und Selbstexkulpation. Der Figur Reinefarth konnte in dieser Hinsicht nur eine gewinnbringende Wirkung zukommen, denn sie stellte scheinbar den besten Beweis dafür dar, dass selbst Nationalsozialisten in einst exponierten Stellungen die vielzitierte Anständigkeit für sich beanspruchen konnten. Entscheidendere Bedeutung als dieser gleichsam sozialpsychologischen Funktion kam jedoch der geradezu für Reinefarth geschaffenen Vermittlerrolle zu, die er in Westerland einnahm: Er bündelte die Hoffnungen der zahlenmäßig überlegenen Flüchtlinge, ohne dabei für die alteingesessenen Friesen den Stallgeruch ebendieser Bevölkerungsgruppe zu verströmen. Seine nüchtern-pragmatische, noble und dennoch bescheiden-verständnisvolle Ausstrahlung war in perfekter Weise dazu geeignet, die gesellschaftlichen Aufgeregtheiten jener Tage zu nivellieren und gleichzeitig die massiven sozialwirtschaftlichen Notstände Sylts als bewältigbare Probleme erscheinen zu lassen. Für die Westerländer war er daher der richtige Mann zur richtigen Zeit am richtigen Ort. Auf der anderen Seite waren die Tage derjenigen kommunalen Alphatiere gezählt, die offen für das nicht mehr mehrheitsfähige monarchische Prinzip eintraten oder eine längerfristige Integration der Vertriebenen kategorisch ausschlossen, kurz: derjenigen, die in einem politverdrossenen Klima weiterhin Politik im ureigensten Sinn des Wortes machen wollten. Reinefarth dagegen symbolisierte nicht Auseinandersetzung und Agitation, sondern Integration und Identifikation. Dass seine Wahl zum Bürgermeister nicht durch die Bevölkerung vorgenommen, sondern hinter verschlossenen Türen eingefädelt wurde, war für seine längerfristige Akzeptanz nicht entscheidend, wohl aber seine Tüchtigkeit und Fachkompetenz. Auf Sylt wurde dadurch in den folgenden Jahren ein Reinefarth-Bild konserviert und veredelt, das mit dessen tatsächlicher Vergangenheit nicht in Einklang stand, aber auch nicht musste: Die Fragen, die das Zerrbild brüchig machen konnten, waren spätestens nach erfolgtem Amtsantritt nicht mehr Teil des öffentlichen Diskurses.

Bezeichnenderweise wurde diese Projektion schließlich von außen, aus dem DDR-Propagandaapparat, gewaltsam aufgebrochen. Die ostdeutsche Attacke wurde durch die Anklage von Hans Thieme entscheidend verstärkt und mit normativer Glaubwürdigkeit versehen. Dem Freiburger Rechtshistoriker kam die Rolle des kritischen Intellektuellen zu, der maßgeblich dafür verantwortlich zeichnete, dass Reinefarth als Thema dauerhaft in eine andere, größere Öffentlichkeit getragen wurde. Diese Öffentlichkeit konnte der Betroffene nicht mehr in Eigenkontrolle mit Deutung füllen, im Gegenteil: Dadurch, dass sich Reinefarth im Tross des irrlichternden Hans-Adolf Asbach nur wenige Monate später auch noch in den Schleswig-Holsteinischen Landtag wählen ließ, wurde sein Fall endgültig in die Arena der geschichtspolitischen Auseinandersetzung getragen. Gleichzeitig offenbarte er durch sein uneingeschränktes Bekenntnis zum späten GB/BHE seine wahre Verortung am äußersten rechten Flügel des politischen Spektrums. Reinefarth war nunmehr Volksvertreter, nicht mehr bloß Oberhaupt einer Kommunalverwaltung, und geriet darob zum Lehrgegenstand über die Frage der Toleranz gegenüber ehemals führenden Nationalsozialisten in öffentlichen Ämtern. Diese Vorgänge markierten gleichzeitig den Anfang vom Ende seiner Geschichtsmächtigkeit in einem von ihm selber beabsichtigten Sinn: Zwar blieb Reinefarth als Bürgermeister bis auf weiteres handlungsfähig. Sein Agieren als lokaler und regionaler Akteur wurde jedoch von da an von seiner Funktion als öffentlicher Diskursgegenstand überlagert, der ihm zur Verfügung stehende Spielraum später massiv eingeschränkt und zuletzt gänzlich eliminiert. In diesem Zusammenhang stellte der Warschauer Aufstand einen Aspekt dar, der den Fall zuspitzte, aber vorläufig nicht entschied: Die deutsche Kriegsführung galt grundsätzlich noch nicht als Teil eines nationalsozialistischen Gesamtverbrechenskomplexes, schon gar nicht, wenn sie wie hier in Verbindung mit der Partisanenbekämpfung zu bringen war. War die Anklage des Warschauer Einsatzes daher in erster Linie ein Medienthema, das vornehmlich in Intellektuellenkreisen und bei der SPD auf fruchtbaren Boden fiel, so war der Tenor sehr viel einheitlicher, wenn es mit Blick auf Reinefarths Landtagsmandat um die Beurteilung des früheren SS-Rangs ging: Außerhalb des GB/BHE und der extremen Rechten stellte dieser Sachverhalt für alle wahrnehmbaren öffentlichen Gruppierungen eine ernsthafte Infragestellung der Glaubwürdigkeit des demokratischen Systems dar.

Wie grundlegend umstritten dieses Demokratieverständnis allerdings nach wie vor war, zeigte sich im Nachgang an die Stellungnahme des Staatsbildungsbeauftragten Hessenauer, der im Unterschied zu Ministerpräsident von Hassel der Auffassung war, dass die Rechtsgleichheit da aufhören müsse, wo durch diese das übergeordnete demokratische Grundprinzip pervertiert werde. Der Konflikt zwischen von Hassel und Hessenauer widerspiegelt somit das Ringen zwischen einer begrenzten, etatistischen Interpretation des demokratischen Gedankens und einer umfassenderen, auf die politische Kultur als Ganzes abzielenden Auslegung. Der Pyrrhussieg von Hassels, der die Durchsetzung seiner Sichtweise mit heftigen öffentlichen Protesten bezahlte, belegt, dass das Symbol Reinefarth gleichsam als Negativfolie Ausdruck und Hebel eines gesamtgesellschaftlichen Lern- und Transformationsprozesses geworden war. Anders als im lokalen Sylter Umfeld der frühen 1950er-Jahre wurde das Feld der Politik in dieser Hinsicht nicht mehr als ein notwendiges Übel wahrgenommen, sondern bildete die zentrale, weithin akzeptierte institutionelle Plattform für einen Vergangenheitsdiskurs, den es zwar – entgegen zählebiger Mythen – immer gegeben hatte, der sich nun aber verstärkt von einem kleinräumig-privaten in den öffentlichen Bereich zu verlagern begann.

Auf einem ganz anderen Blatt stand zu diesem Zeitpunkt dagegen die Abwägung, ob nicht nur Reinefarths Daseinsberechtigung als politischer Amtsträger ernsthaft in Frage zu stellen war, sondern auch seine strafrechtliche Unbescholtenheit. Hatten die politischen Repräsentanten alles Interesse daran, die öffentliche Meinung zu berücksichtigen, sofern sie dem eigenen Parteiprogramm nicht diametral widersprach, agierten die Justizbeamten demgegenüber deutlich unabhängiger. Der mediale Druck hatte zwar überhaupt erst zur Aufnahme staatsanwaltschaftlicher Ermittlungen geführt, konnte den Ausgang derselben jedoch nicht beeinflussen. Reinefarths gleichzeitige Landtagskandidatur sorgte indes für einen gewissen Zeitdruck und eine undankbare Ausgangslage: Ob die Ermittlungen rechtzeitig vor Eintreten der parlamentarischen Immunität beendet wurden oder nicht, konnte der Flensburger Justizbehörde in beiden Fällen nachteilig ausgelegt werden. An dem eindeutig negativen Gesamturteil, das betreffend Qualität und Objektivität dieses ersten Ermittlungsverfahrens zu fällen ist, ändert dieser Umstand jedoch nichts. Wie bereits beim Verdikt der Spruchkammer und des Entnazifizierungsausschusses wurde auch hier eine Scheinwirklichkeit konstruiert, die es Reinefarth ermöglichte, sich weiterhin im öffentlichen Raum zu bewegen.

Was sich jedoch geändert hatte, waren das Gewicht und die Haltbarkeit einer solchen rechtlichen Absolution. Durch die DDR-Kampagnen war die westdeutsche Justiz mittlerweile selber auf die Anklagebank versetzt worden und hatte die Aura der Unbestechlichkeit – auch in der Bundesrepublik selber – schon teilweise eingebüßt. Die Gnadenfrist für Reinefarth lief schließlich 1961 ab, nachdem als Folge einer überproportionalen Häufung von Skandalfällen Schleswig-Holstein als regionaler Erinnerungsraum zu einem von außen kritisierten Objekt der Vergangenheitsbewältigung geworden war: Die wuchtige überregionale Medienschelte hatte in der Zwischenzeit dazu geführt, dass die im politisch-administrativen System des Bundeslandes Ende der 1950er-Jahre noch überwiegenden vergangenheitspolitischen Abwehrkräfte sukzessive unterminiert worden waren. Als sich plötzlich zeigte, dass die Geschichtswissenschaft imstande war, im Fall Reinefarth die Nebel der Verklärung endgültig aufzulösen, musste der Betroffene als politischer Akteur daher zwangsläufig fallen gelassen werden.

Recht, Wahrheit und Moral

Bis zu Beginn der 1960er-Jahre stellte die Persönlichkeit Reinefarths primär eine Projektionsfläche gesellschaftlicher Normalisierungsbestrebungen und geschichtspolitischer Stellungskriege dar. Damit einher ging, bei Befürwortern wie Gegnern, ein auffälliges Desinteresse an den genauen Begebenheiten seiner Karriere während des Nationalsozialismus: Wurde er von den Agitatoren des schleswig-holsteinischen GB/BHE um Asbach und Gille durch alle Böden gestützt, genügte für seine Kritiker der bloße Verweis auf die Herausgehobenheit seiner NS-Funktionen, um ihn als politischen Sündenfall für die junge bundesrepublikanische Demokratie zu brandmarken. Durch den von Hanns von Krannhals verkörperten wissenschaftlichen Erkenntnisfortschritt über den Warschauer Aufstand veränderte sich diese Konstellation entscheidend, mit durchaus ambivalenten Folgen: Die Beweislage für

Reinefarths Schuld an den Warschauer Massenverbrechen erschien nach dem Auffinden der Kriegstagebuch-Anlagebände der 9. Armee derart erdrückend, dass er als öffentlicher Amtsträger nicht mehr tragbar war. Der erzwungene Rückzug bedeutete andererseits, dass sein Fall den medialen Zenit unweigerlich überschritten hatte. Nie wieder gingen die Wogen derart hoch wie 1961 oder drei Jahre zuvor. Die Empörungswelle hatte ihren Zweck also gewissermaßen erfüllt, Reinefarth war gefallen, ein peinliches Problem oberflächlich behoben.

Die Auseinandersetzung um ihn erhielt nun indes eine völlig neue Note: Der Vorhang senkte sich, und in schützender Entfernung von der tagesaktuellen Polemik stand nun unter der Verantwortung der Staatsanwaltschaft Flensburg erstmals die bisher – von allen Beteiligten – vernachlässigte ernsthafte Suche nach dem Wahrheitsgehalt der Anschuldigungen auf dem Tapet. Gleichzeitig verengte sich der Blickwinkel: Im juristischen Fokus stand nicht das Skandalpotenzial von Reinefarths Vergangenheit als solcher, sondern einzelne konkrete Aspekte seiner NS-Laufbahn, mit eindeutigem Schwergewicht auf dem Warschauer Aufstand. Obwohl dieser neue Akt der Aufarbeitung weitgehend hinter den Kulissen über die Bühne ging, agierten die verantwortlichen Personen nicht im luftleeren Raum. Nach wie vor brachten sich Stimmen aus dem öffentlichen Leben in den Aufarbeitungsprozess ein. Mit ihrem moralischen Impetus trafen Einzelpersonen wie Thieme oder kollektive Organisationen, etwa Opferverbände, jedoch auf eine formalisierte Parallelwelt. In dieser stellten getreu der rechtspositivistischen Trennungsthese Recht und Moral zwei voneinander unabhängige Wertsysteme und der Faktor Wahrheit bloß eine Funktion strafrechtlicher Relevanz dar.

Während des Verlaufs der Untersuchung gegen Reinefarth besaß die Kategorie der historischen Sachaufklärung im Verhältnis zu derjenigen des reinen Rechts zunächst ein ansehnliches Gewicht. Bei der bis 1963 andauernden Phase der staatsanwaltschaftlichen Vorermittlungen stand die eigentliche Wahrheitssuche auf breiter Basis im Vordergrund, ohne dass der Recherchehorizont durch eine Antizipierung der juristischen Verwertbarkeit der gesammelten Fakten allzu sehr eingeschränkt wurde. Die Staatsanwaltschaft widmete sich somit einem Aufgabenfeld, das in Zusammenhang mit NSG-Verbrechen üblicherweise der Zentralen Stelle Ludwigsburg vorbehalten war[1318], dort im vorliegenden Fall aber nicht übernommen werden konnte, weil die Behörde für Kriegsverbrechen im engeren Sinn keine Zuständigkeit besaß. Bei dieser Herangehensweise fand Krannhals als beigezogener Sachverständiger einen idealen Rahmen vor, um mit dem Warschauer Aufstand das Forschungsgebiet voranzutreiben, mit dem er sich über die Gerichtssäle hinaus einen Namen gemacht hatte. So konnte er, der nie einen akademischen Lehrstuhl innehielt, für seine Forschungstätigkeit üppige staatliche Ressourcen in Anspruch nehmen, welche sich nicht allein auf finanzielle Entschädigungen beschränkten. Sie beinhalteten auch die weitgehende Verfügungsgewalt einer juristischen Behörde über personelle und schriftliche Quellen, die zur Wahrheitsfindung als potenziell förderlich angesehen wurden. Der verantwortliche Staatsanwalt Walter Al. war dem Historiker Krannhals ein gewissenhafter Partner, der sich aber andererseits von dem schönen Schein blenden ließ, der den Beschuldigten im persönlichen Umgang nach wie vor umgab. War die von Reinefarth kultivierte Aura der Wohlanständigkeit und Ehrbarkeit in einem überregionalen medialen Diskurs also gleichsam abstrahiert und dekonstruiert worden, hatte sie im kleinen Rahmen offensichtlich nichts von ihrer Wirkung eingebüßt. Für Al. persönlich trug sein Untersuchungsobjekt deutlich spürbar die Züge des tragischen Helden, dessen hervorstechende Sekundärtugenden in Zeiten der Wirren durch unglückliche Wendungen dauerhaft kompromittiert worden waren. In gewissem Sinn handelte es sich dabei nach wie vor um das gleiche Trugbild, das die Westerländer Gemeinde bereits 1951 in ihren Bann gezogen und es ihr leicht gemacht hatte zu verdrängen, dass das designierte Gemeindeoberhaupt knapp zehn Jahre zuvor wohl kaum wegen eines persönlichen Streits mit seinem Pfarrer aus der Kirche ausgetreten war. Und dieselbe Täuschung ließ die Stadtoberen noch 1963 anlässlich der widerwillig vollzogenen Abwahl ihres Bürgermeisters nach Worten ringen. Unter diesen Voraussetzungen befand sich das Arbeitsverhältnis von Al. und Krannhals in einem prekären, aber fruchtbaren Gleichgewicht dergestalt, dass die fachliche Beschlagenheit und cholerische Kompromisslosigkeit des Sachverständigen durch das ausgleichende Wesen und die systematische Gründlichkeit des Staatsanwalts erfolgreich und ermittlungsfördernd kanalisiert werden konnten.

Mit der Eröffnung der gerichtlichen Voruntersuchung geriet diese Balance jedoch zunehmend in Schieflage, wobei der Einbezug des sachlich-spröde disponierten Untersuchungsrichters He. eine wichtige Rolle spielte. Darüber hinaus wandelte sich nun der Zweck des laufenden Verfahrens. Nicht mehr die Grundlagenforschung bildete ab jetzt den erkenntnisleitenden Rahmen, sondern die konkrete Beweissuche für eine etwaige Anklage. Mit dieser Aufgabe aber war Krannhals überfordert, denn er sah sich außerstande, strafrechtlichen Anforderungen genügende schriftliche Beweise für die Schuld Reinefarths zu erbringen. Die verantwortliche Interpretation der Zeugenaussagen, die zusammengenommen durchaus gegen den Angeschuldigten ausgelegt werden konnten, gehörte zwar naturgemäß nicht zu seinem Aufgabenbereich. Dass der Historiker letztlich nicht über den Ausgang des Verfahrens zu entscheiden hatte, wurde von Seiten des Untersuchungsrichters jedoch stärker und häufiger als notwendig betont, der empfindliche Krannhals dadurch in beabsichtigter Weise zurückgesetzt. Bei dieser angespannten Konstellation war es eine Frage der Zeit, bis der renommierte Sachverständige die Nerven verlor und, von geradezu missionarischem Eifer beseelt, seine Kompetenzen in einer Form überschritt, die seinen faktischen Ausschluss aus der Untersuchung zur Folge hatte. Mit Krannhals verschwand aber nicht nur eine zentrale, wenn nicht die wichtigste Triebfeder der Nachforschungen, sondern auch das Bindeglied zur polnischen wissenschaftlichen Aufarbeitung des Warschauer Aufstandes. Obwohl nun He. den direkten Kontakt zu den dortigen Stellen suchte, war der im Anschluss gepflegte Informationsaustausch von Anfang an von Missverständnissen und unterschiedlichen Erwartungshaltungen begleitet. Dabei entbehrte das Agieren deutscherseits nicht einer gewissen Hilflosigkeit: Recht spät wurden die Verantwortlichen in Flensburg und Schleswig gewahr, dass die polnischen Behörden an einer nachhaltigen juristischen Aufarbeitung der Ereignisse von 1944 aus innenpolitisch-propagandistischen Gründen gar kein echtes Interesse hatten und man stattdessen über Jahre vorgeführt worden war. Demgegenüber belegt die beharrliche Ermittlungsarbeit der Hamburger Kollegen im Fall Hahn, dass gerade auch in der Zusammenarbeit mit Polen andere Wege möglich waren.[1319] So aber wandelte sich das einst recht zügig voranschreitende Reinefarth-Verfahren zu einem zähen Geduldsspiel, bei dem die Wasserstandsmeldungen über den polnischen Beitrag zum wichtigsten Entscheidungsfaktor über das weitere Vorgehen geworden waren. Zudem gelang es dem Angeschuldigten in dieser späteren Phase, höchstpersönlich eine informelle Kontrolle über die Ermittlungen auszuüben. Der Einfluss nahm schließlich in Form von direkten Empfehlungen zuhanden des Untersuchungsrichters He. ein geradezu skurriles Ausmaß an, vor allem wenn man sich vergegenwärtigt, wie allergisch Letzterer zuvor auf Versuche von Krannhals zur Einwirkung auf die generelle Ermittlungsstrategie reagiert hatte.

Die Außerverfolgungssetzung Reinefarths lässt sich aber nicht allein durch eine Beschreibung der Verlaufsdynamik des juristischen Aufarbeitungsprozesses herleiten. Entscheidend waren dafür eine Reihe weiterer Faktoren, die sich einerseits im Bereich der formalrechtlichen Vorgaben verorten, andererseits aber auch der Ebene des gefühlsmäßigen Deutens der ermittelnden Beamten zuordnen lassen. Durch die geltende Strafprozessordnung gestützt, verfolgten die Flensburger Juristen eine schematische Art der Beweisführung, die der Dimension und arbeitsteiligen Charakteristik des Großverbrechens in keiner Weise gerecht wurde und die Massenmorde sowie deren Veranlassung in eine Vielzahl von für sich schwer beweisbaren, zeitlich und nach militärischen Einheiten definierten Einzelbestandteilen zerlegte. Die jeweiligen Indizien wiederum konnten bei jedem dieser Elemente in die eine oder andere Richtung ausgelegt werden, denn die unausweichliche Interpretationsarbeit wird durch die Gesetzesparagrafen nicht angeleitet, sondern obliegt ausschließlich den zuständigen Justizbeamten. Es wäre freilich zu kurz gegriffen, die durch dieses Vorgehen beförderte, überaus einseitige, um nicht zu sagen tendenziöse Lesart des vorliegenden Beweismaterials pauschal als mittelbare Konsequenz politisch voreingenommener Staatsanwälte und Richter darzustellen.[1320] Mit Ausnahme von Al. waren die entscheidenden Personen in Bezug auf die nationalsozialistische Vergangenheit völlig unbelastet, weil größtenteils zu jung. Was sie jedoch aus ihrem Jugend- und jungen Erwachsenenalter mitgenommen hatten, war eine neutrale Sichtweise auf den Krieg als solchen. In dieser Optik waren Kriegsverbrechen, zumal bei Beteiligung der Wehrmacht und im Kontext der militärischen Auseinandersetzung mit Untergrundkämpfern, im Unterschied zu als typisch angesehenen NS-Verbrechen nur sehr schwer mit der aus dem Strafgesetzbuch hervorgehenden Definition von Mord in Verbindung zu bringen. Von ebenso großer Bedeutung war aber auch, dass diese unterbewussten Relativierungstendenzen von Reinefarth wie auch von den vernommenen deutschen Zeugen nach Kräften gefördert wurden. In diesem Bestreben wurden mitunter bizarre Geschichts- und Persönlichkeitsbilder konstruiert, die allerdings – wie das Beispiel Dirlewanger zeigt – eine nachhaltige Wirkung auf die Justizbeamten haben konnten.

So ist es wenig überraschend und bezeichnend, dass die aufwendige und kostspielige Untersuchung nach Jahren schließlich in erster Linie zutage förderte, wer alles von Schuldvorwürfen zu entlasten war. Dagegen ließ sich für die Entstehung des Verbrechens, wenn nicht durch Reinefarths Befehl, eine »überzeugende Erklärung« nicht finden, wie es in dem Abschlussbericht wortwörtlich heißt.[1321] Zu betonen ist an dieser Stelle noch einmal, dass die aus diesem unbefriedigenden Ergebnis unweigerlich folgernde Nichtverurteilung für den damaligen juristischen Umgang mit als Militärereignissen klassifizierten Tatkomplexen alles andere als eine Sensation darstellte. Dennoch: Geht man davon aus, dass die Legitimität eines jeden Strafverfahrens auf dem »Anspruch einer einzig richtigen Entscheidung« fußt und dass in einer Demokratie ein grundsätzlicher Zusammenhang besteht zwischen juristischer Wahrheitsfindung und der kollektiven Erinnerung an zurückliegendes Unrecht[1322], muss – angesichts des Ausmaßes und der politischen Bedeutung der Warschauer Verbrechen – bezweifelt werden, ob sich die beteiligten Beamten ihrer gesellschaftlichen Verantwortung vollauf bewusst waren, als sie dafür plädierten, die Schuldfrage nicht zumindest in einem öffentlichen Hauptverfahren abschließend klären zu lassen.

Das Ende der Ermittlungstätigkeit gegen Reinefarth brachte den Fall kurzzeitig noch einmal in die Schlagzeilen, nachdem die Rekonstruktionsbemühungen der Flensburger Justizbehörde in den zurückliegenden Jahren wiederholt, aber doch eher vereinzelt kommentiert und kritisiert worden waren. Dabei hatte sich gezeigt, dass die publizistische Bewertung des deutschen Vorgehens beim Warschauer Aufstand im Wandel begriffen war[1323] und sich von der Betrachtungsweise der Ermittler erheblich unterschied. In gewisser Hinsicht kam dies einem indirekten Sieg Krannhals' gleich, dessen Aufarbeitungsleistung sich im Feld der Öffentlichkeit besser entfalten konnte als im verreglementierten und vergleichsweise abgeschotteten strafrechtlichen Universum.

Noch ungleich markanter war der Wahrnehmungskontrast zur veröffentlichten Meinung indes – auch hinsichtlich der NS-Vergangenheit des Protagonisten generell – bei diesem selbst. Erstaunlich ist hierbei weniger, dass die jahrelange juristische Vereinnahmung die eigene Uneinsichtigkeit – sozusagen als innerer Reflex – noch verstärkte. Auffallend ist vielmehr, wie sehr ihn dieses Ungerechtigkeitsempfinden auch nach seiner Außerverfolgungssetzung, mithin auf freiwilliger Basis, zu sehr konkreten und unnachgiebigen Bemühungen zur Einforderung seiner ihm demnach vorenthaltenen Rechte antrieb. Seine Bereitschaft, im Ruhestandsalter und ohne jegliche finanzielle Notwendigkeit das zermürbende und extrem kostspielige rechtliche Hickhack um seine Wiederzulassung zum Notariat auf sich zu nehmen und bis zum bitteren Ende durchzufechten, spricht Bände dafür, wie wenig sich die eigene Konstruktion der Vergangenheit über die Jahrzehnte verändert hatte. Das Gefühl, zeit seines Lebens für eine gerechte Sache gekämpft zu haben, sei es nach 1918, in der »Kampfzeit«, im Krieg, für den politisch-wirtschaftlichen Wiederaufbau Sylts oder die Integration der Vertriebenen, ließ aus seiner Sicht kein anderes Vorgehen zu: Unter all diesen Kämpfen hatte ein einzelnes Ereignis von vielen, das im Unterschied zur Küstriner Episode nicht von ihm, sondern von außen zur Besonderheit gemacht worden war, zu seiner öffentlichen Demontage geführt. Nach wie vor überzeugt, dass mit Hilfe des staatlichen Rechts auch in einem Zeitabschnitt, in dem sich die westdeutsche Gesellschaft allmählich zur Friedensgesellschaft transformierte[1324] und die Bundespolitik in den Beziehungen zu Polen einen Paradigmenwechsel vollzog, Fakten zugunsten eines ehemaligen Besatzungsverbrechers zurechtgebogen werden konnten, führte er am Ende einen Kampf gegen Windmühlen und verschaffte den Landesbehörden die Möglichkeit, im allerletzten Moment eine amtliche Stimme gegen ihn und das, was er verkörperte, abzugeben.

Allerdings fand die Ablehnung von Reinefarths Zulassungsantrag zum Notariat, die als Stellungnahme gerade deshalb so aussagekräftig war, weil sie sich mit ihrer weit hergeholten Begründung in einer formalrechtlichen Grauzone bewegte, keine öffentliche Aufmerksamkeit mehr. Dabei war die fehlende Resonanz auf die Entscheidung nicht nur der Tatsache geschuldet, dass sie sich auf einen vergleichsweise unspektakulären Gegenstand bezog: Das negative Echo auf die einige Jahre zuvor gestattete Rechtsanwaltstätigkeit Reinefarths zeigt, dass behördliche Beschlüsse in Zusammenhang mit seiner Person nach wie vor auf Interesse stoßen konnten, sofern sie geeignet waren, die alten medialen Entrüstungsdiskurse kurzzeitig wieder aufleben zu lassen. Dass der bedeutsame und äußerst symbolträchtige, publizistisch aber offenkundig nicht verwertbare letzte Akt im Lehrstück um Reinefarth keine Zuschauer mehr hatte, passt deshalb in das Bild einer öffentlichen deutschen Vergangenheitsbewältigung, die betreffs Blickwinkel, Tiefe und Nachhaltigkeit noch einen langen Weg zu gehen hatte.

ANHANG

Anmerkungen

1 Linck, »Lange Schatten«, S. 28.
2 Im Lokalmedium erschienen unter anderem Todesanzeigen der Gemeinde, des Lions-Club und des Schützenvereins Westerland, wo er bis zuletzt Ehrenmitglied gewesen war. Sylter Rundschau, 9.5.1979.
3 Hermann Lübbe positionierte sich 1983 in einem viel diskutierten Aufsatz gegen die seit den 1960er-Jahren dominierende Verdrängungsthese: Die relative »Diskretion« sei vielmehr das notwendige »Medium der Verwandlung unserer Nachkriegsbevölkerung in die Bürgerschaft der Bundesrepublik Deutschland« gewesen. Lübbe, Nationalsozialismus im deutschen Nachkriegsbewusstsein, S. 585, 587. Zur Verdrängungsthese vgl. Mitscherlich, Unfähigkeit zu trauern. Den langen Atem der Verdrängungsthese dokumentieren Giordano, Zweite Schuld sowie die polemische Gegenposition von Kittel, Legende von der »Zweiten Schuld« aus den späten 1980er- bzw. frühen 1990er-Jahren. Als Überblick über die Debatten vgl. Berghoff, Zwischen Verdrängung und Aufarbeitung. Ich folge begrifflich Aleida Assmann, die fünf Strategien der Verdrängung herausgearbeitet und mit Blick auf die Situation in der frühen Bundesrepublik exemplarisch dokumentiert hat. Demnach versteht sich unter der Verdrängung der NS-Vergangenheit die Summe der Verhaltensweisen und öffentlichen Diskurse, die in Bezug auf die nationalsozialistischen Verbrechen auf ein »Aufrechnen«, »Externalisieren«, »Ausblenden«, »Schweigen« und »Umfälschen« hinauslaufen. Assmann, Schatten der Vergangenheit, S. 169–182.
4 Eindrücklich beschrieben bei Lüdtke, »Coming to Terms with the Past«, v.a. S. 543–547.
5 Bödeker, Biographie, S. 12.
6 Oelkers, Biographik, S. 299.
7 Bourdieu, Die biographische Illusion, hier S. 80. Vgl. dazu die luzide Kritik von Kraus, Geschichte als Lebensgeschichte, S. 323–325.
8 Raulff, Das Leben – buchstäblich, S. 67.
9 Pyta, Geschichtswissenschaft, S. 331–333.
10 So die Gedanken des Adenauer-Biografen Hans-Peter Schwarz, wiedergegeben a.a.O., S. 332.
11 Vgl. Kraus, Geschichte als Lebensgeschichte, S. 320.
12 Pyta, Geschichtswissenschaft, S. 332.
13 Meier, Faszination des Biographischen, S. 106–108.

14 Herbert, Best, S. 25.
15 Darauf wird noch genauer einzugehen sein.
16 So die schlüssige Argumentation von Longerich, der ich mich anschließe. Longerich, Biographie-Forschung, S. 4–6.
17 Vgl. dazu grundlegend die Darstellungen bei Mosse, Völkische Revolution, S. 249–326 sowie Herbert, Best, S. 51–119.
18 Der vorliegenden Arbeit soll ein pragmatisches, praxisorientiertes Verständnis des Diskursbegriffs zugrunde liegen, welches in einem wissenschaftlichen Kontext am ehesten durch den Ansatz von Habermas wiedergegeben wird. Demnach bezeichnet Diskurs »eine durch Argumentation gekennzeichnete Form der Kommunikation, in der problematisch gewordene Geltungsansprüche zum Thema gemacht und auf ihre Berechtigung hin untersucht werden.« Zit. nach: Geschichte: Lexikon der wissenschaftlichen Grundbegriffe, S. 155.
19 An dieser Stelle ist eine Problematisierung der Kategorie der Öffentlichkeit erforderlich. Ich beziehe mich hierbei auf die Ausführungen von Buschke in seiner Studie über Rechtsextremismus und die nationalsozialistische Vergangenheit im Spiegel der deutschen Presse während der Ära Adenauer. Buschke definiert Öffentlichkeit nach Jürgen Gerhards und Friedhelm Neidhardt als ein zwischen Gesellschaft und Politik vermittelndes Kommunikationssystem. Als solches stellt es »den Artikulationsort von Meinungen und Themen der Bürger und diverser Interessensorganisationen dar, die sich an die Politik als Problemlösungsadressaten und Problemlösungsinstanz richten und gleichzeitig der demokratischen Kontrolle ›von unten‹ dienen.« Umgekehrt sind die politischen Akteure auf Informationen über öffentliche Meinungsbildungsprozesse angewiesen, um ihre jeweiligen Positionen zu definieren. Dabei wäre jedoch das Bild von lediglich einer – universellen – Öffentlichkeit zu kurz gefasst: Auszugehen ist vielmehr »von der Existenz pluraler Öffentlichkeiten bzw. Teilöffentlichkeiten in Form von partiellen Kommunikationsräumen (…), die nicht von allen Mitgliedern einer Gesellschaft in gleicher Weise genutzt werden und die sich teilweise auch ausschließen oder zueinander in Konkurrenz treten können.« In modernen Staaten bilden für das politische System die Massenmedien den primären Referenzpunkt für die Bildung öffentlicher Meinungen. Diese Rolle wurde in der Bundesrepublik der 1950er- und 1960er-Jahre in erster Linie von der Presse eingenommen, wobei die Journalisten in den Meinungsbildungsdiskursen – gerade in Zusammenhang mit Fragen des Umgangs mit der nationalsozialistischen Vergangenheit – als Deutungseliten auftraten. Die publizistischen Stellungnahmen zu einem bestimmten Thema, beispielsweise in der Form von Kommentaren oder Leitartikeln, gaben jedoch stets bloß eine *veröffentlichte* Meinung wieder, die zwar in der Summe eine klare Tendenz haben konnte, jedoch nicht mit der öffentlichen Meinung in einem idealtypischen Sinn gleichgesetzt werden kann und im Übrigen auch nicht zwingend mit der privaten Mehrheitsmeinung der bundesdeutschen Bevölkerung, hervorgehend etwa aus Meinungsumfragen, korrespondieren musste. Die Bedeutung der Presse für die vorliegende Arbeit ergibt sich daher nicht ausschließlich aus ihrer Funktion als Beobachter und Spiegel, sondern mindestens so sehr aus ihrer Rolle als aktiver Teilnehmer öffentlicher Meinungsbildung, mithin auch als Beförderer von politischen und juristischen Entscheidungen und Entwicklungsprozessen in Bezug auf den

Fall Reinefarth. Buschke, Deutsche Presse und nationalsozialistische Vergangenheit, S. 18–21, Zitate S. 18, 19; Gerhards/Neidhardt, Strukturen und Funktionen moderner Öffentlichkeit. Vgl. zur theoretischen Verortung im Kontext der frühen Bundesrepublik auch Hodenberg, Geschichte der westdeutschen Medienöffentlichkeit, S. 31–86.

20 Pyta, Geschichtswissenschaft, S. 334.
21 Vgl. etwa Kühne, Kriegskultur; Müller/Volkmann, Mythos und Realität, hier Teil VII sowie anhand der Biografie Erich von Mansteins von Wrochem, Vernichtungskrieg und Geschichtspolitik. Vgl. auch ders., Kriegsdeutungen und gesellschaftliche Transformation.
22 Zur Funktion von NS-Verfahren als Stimulator gesellschaftlicher Auseinandersetzung mit dem Nationalsozialismus vgl. den Sammelband von Osterloh/Vollnhals, NS-Prozesse und deutsche Öffentlichkeit. Vgl. auch Weinke, Strafrechtliche Abrechnung.
23 Eine moderne institutionsgeschichtliche Gesamtdarstellung der Ordnungspolizei im Dritten Reich bleibt ein Desiderat der Forschung. Vgl. als knapper Überblick Dierl, Hauptamt Ordnungspolizei.
24 Vgl. zur Karriere von Kurt Daluege, Chef der Deutschen Ordnungspolizei ab 1936, die biografische Skizze von Cadle, Daluege. Die dem Aufsatz zugrunde liegende Dissertation blieb unveröffentlicht. Vgl. auch Graf, Politische Polizei, S. 338 f. Zu Dalueges Rolle als Führer des SS-Oberabschnitts Ost im Widerstreit gegen die SA vgl. Koehl, Black Corps, S. 36–84.
25 Als Gesamtdarstellung nach wie vor unentbehrlich: Birn, Die Höheren SS- und Polizeiführer. Vgl. auch die ältere Darstellung von Buchheim, Die Höheren SS- und Polizeiführer.
26 Zu den strukturellen Personalproblemen der Waffen-SS auf der obersten Führungsebene vgl. Wegner, Waffen-SS, S. 288–291.
27 Vgl. etwa Borgstedt, Kompromittierte Gesellschaft. Speziell in Bezug auf die Täter vgl. neuerdings Ullrich, Integration von NS-Tätern.
28 Vgl. dazu III.1, Vergangenheitspolitischer Aufbruch.
29 Korrekt wäre die Bezeichnung »Oberstaatsanwaltschaft«. Aus Gründen der besseren Lesbarkeit wird nachfolgend jeweils die verkürzte Form verwendet.
30 Vgl. als Überblick über Tendenzen und Perspektiven der Täterforschung: Stone, Historiography of Perpetrators; Paul/Mallmann, Sozialisation, Milieu und Gewalt; Matthäus, Historiography and the Perpetrators; Paul, Von Psychopathen. Vgl. auch Kühne, Der nationalsozialistische Vernichtungskrieg, S. 603–620.
31 Vgl. Paul, Von Psychopathen, S. 16–20.
32 Vgl. Arendt, Banalität des Bösen.
33 Vgl. Paul, Von Psychopathen, S. 20–27.
34 Vgl. Browning, Ordinary Men; Goldhagen, Hitler's Willing Executioners. Unter einer Vielzahl von Überblicken über die Goldhagen-Debatte vgl. etwa Pohl, Holocaustforschung und Goldhagens Thesen.
35 Longerich, Tendenzen und Perspektiven, S. 3.
36 Vgl. etwa Mallmann/Paul, Karrieren der Gewalt.
37 Vgl. etwa Wildt, Generation des Unbedingten; Banach, Heydrichs Elite; Birn, Sicherheitspolizei in Estland; Browder, Hitler's Enforcers; Orth, Konzentrationslager-SS;

Schreiber, Elite im Verborgenen; Hürter, Hitlers Heerführer, neuerdings auch Ingrao, Hitlers Elite.
38 Vgl. Mann, Perpetrators of Genocide.
39 Zur Bedeutung des Generationenbegriffs für die Sozialwissenschaften vgl. einführend Mannheim, Das Problem der Generationen, sowie Jaeger, Generationen in der Geschichte. Zum Generationenkonzept in Bezug auf die NS-Täterforschung vgl. unter anderem Herbert, Best, S. 40–43; Wildt, Generation des Unbedingten, S. 23–29, 68–71; Paul, Ganz normale Akademiker.
40 Vgl. Welzer, Täter; Kramer, Tätertypologien; Schneider, Täter ohne Eigenschaften.
41 Vgl. Paul/Mallmann, Sozialisation, Milieu und Gewalt, S. 16–18.
42 Vgl. ebenda.
43 Longerich, Biographie-Forschung, S. 1.
44 So vor kurzem Ruth Bettina Birn: Es sei evident, »dass die programmatischen Absichten der ›neuen‹ Täterforschung in der Realität durch die Beschränktheit der Quellen ausgehebelt« würden. Birn, Überlegungen am Beispiel von Erich von dem Bach-Zelewski, S. 189–191, hier S. 191.
45 Hans Mommsen erachtet den biografischen Zugang als »nur bedingt geeignet, die politisch-gesellschaftlichen Strukturen des Dritten Reiches aufzuschlüsseln, die durch eine systematische Erosion der Autonomie des Individuums zugunsten von dessen instrumenteller Verfügbarkeit für die Zwecke des Regimes« gekennzeichnet gewesen seien. Dies gelte notwendigerweise auch für die Analyse der Handlungsmotive der Täter. Mommsen, Probleme der Täterforschung, S. 426 f.
46 Lehnstaedt, Täterforschung als Kulturgeschichte, S. 73.
47 Longerich, Tendenzen und Perspektiven, S. 7.
48 Vgl. Herbert, Rückkehr in die Bürgerlichkeit, S. 173.
49 Vgl. Hachmeister, Rolle des SD-Personals.
50 Vgl. Paul, Zwischen Selbstmord.
51 Vgl. Wildt, Generation des Unbedingten, Kapitel »Rückkehr in die Zivilgesellschaft«.
52 Vgl. Lehmann, Kreisleiter der NSDAP in Schleswig-Holstein, Kapitel »Kreisleiter nach 1945«.
53 Vgl. Roth, Herrenmenschen, Kapitel »Politische Abrechnung nach 1945« und »Nachkriegskarrieren«.
54 Vgl. Noethen, Alte Kameraden und neue Kollegen; Schenk, Auf dem rechten Auge blind; Linck, Der Ordnung verpflichtet, Kapitel »Von der Besatzungszone zur Bundesrepublik«.
55 Vgl. neben den bereits genannten etwa Angrick, Besatzungspolitik und Massenmord, Kapitel »Epilog (…)«.
56 Der prominenteste Fall ist sicherlich Werner Best. Vgl. Herbert, Best, Kapitel »Fall und Wiederaufstieg« und »Vergangenheit und Gegenwart«. Kaum weniger wirkungsmächtig war die Nachkriegstätigkeit von Adolf von Bomhard, dem ehemaligen Befehlshaber der Ordnungspolizei im Reichskommissariat Ukraine und Spiritus Rector der nachhaltigen Geschichtsklitterung über die Rolle der Ordnungspolizei während des Krieges. Vgl. Hölzl, Legende von der sauberen Ordnungspolizei.
57 Vgl. Mallmann/Angrick, Gestapo nach 1945.

58 Vgl. Ullrich, Integration von NS-Tätern.
59 Vgl. Danker, Geschichten und Geschichtskonstruktionen, hier S. 250.
60 Vgl. als Überblick Fischer/Lorenz, Lexikon der »Vergangenheitsbewältigung« sowie Eitz/Stötzel, Wörterbuch der »Vergangenheitsbewältigung«.
61 Schlink, Bewältigung von Vergangenheit, S. 433. Dass sich der Begriff der Vergangenheitsbewältigung dennoch im öffentlichen Sprachgebrauch durchgesetzt hat, erklären Fischer und Lorenz mit dem Verweis auf die mehrdimensionale Anwendbarkeit sowie der Tatsache, dass er als »Signalwort des NS-Diskurses« exklusiv und untrennbar mit der deutschen Geschichte verbunden ist. Vgl. Fischer/Lorenz, Lexikon der »Vergangenheitsbewältigung«, S. 13 f., hier S. 14.
62 Vgl. Adorno, Was bedeutet: Aufarbeitung der Vergangenheit. Die Wendung wird heute weitgehend synonym zum Terminus der Vergangenheitsbewältigung verwendet, jedoch aufgrund der geringeren inneren Widersprüchlichkeit vielerorts vorgezogen.
63 Vgl. hierzu die Kritik von König an der betont kulturwissenschaftlichen Ausrichtung der beiden oben genannten Nachschlagewerke zur Vergangenheitsbewältigung: König, Sammelrezension zu Lexika der Vergangenheitsbewältigung.
64 Dokumentiert etwa durch Konzeptionen wie diejenigen der »Geschichtskultur«, »Erinnerungspolitik« oder »Gedächtnispolitik«, von deren begrifflichen Verwendung jedoch im Folgenden abgesehen wird. Zum Konzept der Geschichtskultur vgl. Rüsen, Was ist Geschichtskultur?, zur Erinnerungspolitik vgl. Reichel, Politik mit der Erinnerung, zur Gedächtnispolitik vgl. Rupnow, Vernichten und Erinnern, v. a. S. 86 f.
65 Vgl. Frei, Vergangenheitspolitik.
66 Vgl. Schmid, Vom publizistischen Kampfbegriff zum Forschungskonzept.
67 Vgl. maßgeblich Wolfrum, Geschichtspolitik. Eine nachteilige Folge der ungebrochenen theoretischen Dominanz dieses überzeugenden Werks ist es, dass – nach Feststellung von Schmid – die Weiterentwicklung des Konzepts seither weitgehend stagniert. Vgl. Schmid, Vom publizistischen Kampfbegriff zum Forschungskonzept, S. 71 f.
68 Vgl. dazu als Forschungsüberblick beispielsweise Bergem, Geschichtspolitik und Erinnerungskultur.
69 Cornelißen, Was heißt Erinnerungskultur?, S. 555.
70 Berek, Kollektives Gedächtnis, S. 38 f., 192. Zur Theorie von Erinnerungskultur und kollektivem Gedächtnis vgl. ferner auch Assmann, Schatten der Vergangenheit; Dies., Erinnerungsräume; Erll, Kollektives Gedächtnis und Erinnerungskulturen; Kansteiner, Postmoderner Historismus; König, Politik und Gedächtnis.
71 Zu den hier dargelegten Ausführungen zur »zweiten Geschichte« des Nationalsozialismus vgl. Reichel/Schmid/Steinbach, Die »zweite Geschichte«, S. 8 f., 15–17.
72 Vgl. jeweils einführend: Schmid, Regionale Erinnerungskulturen; Welzer/Lenz, Erste Befunde einer vergleichenden Tradierungsforschung. Vgl. mit Blick auf Schleswig-Holstein auch Andresen/Schmid, Geschichtspolitik in Schleswig-Holstein.
73 Auf jeweilige Forschungsergebnisse wird bei Bedarf und fortlaufend verwiesen.
74 Diese Tatsache wurde auch in einem unlängst erschienenen Sammelband über den Warschauer Aufstand konstatiert. Vgl. Bömelburg/Król/Thomae, Warschauer Aufstand 1944, S. 19.
75 Vgl. Sennerteg, Warszawas bödel.

293

76 Zur Quellenkritik bei der Auswertung von NS-Justizakten vgl. Bitterberg, Richter und ihre Historiker; Wildt, Differierende Wahrheiten; Meyer, Täter im Verhör, sowie die Sammelbände von Kuretsidis-Haider/Garscha, Gerechtigkeit nach Diktatur und Krieg, Kapitel IV und Finger/Keller/Wirsching, Vom Recht zur Geschichte, Kapitel »Quellenkritik (...)«.

77 Brückweh, Dekonstruktion von Prozessakten, S. 193 f. Zum Appell für eine kulturgeschichtliche Herangehensweise an Justizakten von NS-Verfahren vgl. auch Pyta, Prozesse gegen NS-Verbrecher; Lehnstaedt, Mehr als nur die Verbrechen.

78 Vgl. Herbert, Best, S. 23. Der Kontakt mit Reinefarths Familie gestaltete sich zwar zunächst durchaus vielversprechend, verlief später jedoch ohne ersichtliche Gründe im Sand.

79 Dafür, dass Reinefarths Geburtsname – wie in zahlreichen Darstellungen angegeben – »Heinrich« lautete, lieferten sämtliche vorhandenen Unterlagen keine Bestätigung. Vielmehr gab er, etwa auch gegenüber Behörden, stets die bekannte Kurzform an.

80 Vernehmung Heinz Reinefarth, 1.10.1964–15.1.1965, Angaben zum Lebenslauf, Bl. 1, Landesarchiv Schleswig-Holstein (LASH), Abt. 354, Nr. 11 213.

81 Finden sich unter Reinefarths früheren Vorfahren nebst einigen Akademikern vor allem niedrige Beamte und Handwerker, so hatten seine Großväter demgegenüber den Aufstieg in die obere Mittelschicht vollzogen. An seinen Großvater väterlicherseits und langjährigen hauptberuflichen Bürgermeister erinnert bis heute die Reinefarthstraße in Merseburg. Reinefarths Mutter war die Tochter eines Mathematikprofessors. Die Bildungsnähe des Elternhauses wird zudem durch die Mitgliedschaft seines Vaters in der Goethe-Gesellschaft dokumentiert. Vgl. SS-Ahnentafel Heinz Reinefarth, Bundesarchiv (BArch), BDC, RuSHA-Personalakte Reinefarth sowie Jahrbuch der Goethe-Gesellschaft, Namensnachweis für die Bände 1–20.

82 Obwohl mittlerweile etliche Studien zum Sozialprofil der SS-Elite vorliegen, ist eine diesbezügliche Verortung der Biografie Reinefarths wenig zielführend, müsste man sich doch zu diesem Zweck vorgängig entscheiden, ob man in Reinefarth den späteren Verwaltungsfachmann im SS-Hauptamt Ordnungspolizei, den Höheren SS- und Polizeiführer oder den Militärführer der Waffen-SS in der Kriegsendphase sehen will. Werden nachfolgend Umschreibungen wie »SS-Führer« oder »SS-Elite« verwendet, so werden darunter in einem allgemeinen Sinn hauptamtliche SS-Offiziere vom Sturmbannführer an aufwärts verstanden, deren Karriere vor oder nach der Machtergreifung in den Institutionen des späteren Reichssicherheitshauptamtes, der Ordnungspolizei oder der Allgemeinen SS begann. Vgl. zum Sozialprofil des Führungskorps von Sicherheitspolizei und SD: Banach, Heydrichs Elite, S. 35–50; zu den Höheren SS- und Polizeiführern: Birn, Die Höheren SS- und Polizeiführer, S. 350–362; zu den Offizieren der Waffen-SS: Wegner, Waffen-SS, S. 207–259.

83 Vgl. Einleitung, Forschungskontext.

84 Vgl. Wildt, Generation des Unbedingten, v. a. S. 23–26.

85 Buchrucker war eine schillernde Figur innerhalb der militaristischen Szene der Weimarer Republik. Nachdem er 1919 als Führer einer Freikorpseinheit im Baltikum im Einsatz gewesen war, wurde er zunächst in die vorläufige Reichswehr übernommen. Wegen seiner Rolle während des Kapp-Lüttwitz-Putschs wurde er aus dem aktiven Dienst

verabschiedet, später jedoch auf Mandatsbasis erneut eingestellt. Wes Geistes Kind und wie weit er zu gehen bereit war, demonstrierte er drei Jahre nach den Ausschreitungen von Cottbus noch weitaus wirkungsmächtiger: Im Vorfeld des Hitler-Putschs erhöhte er in der festen Annahme, »der große nationale Moment sei jetzt gekommen«, hinter dem Rücken des Wehrkreiskommandos III die Zahl der illegal angeworbenen Freiwilligen der »Schwarzen Reichswehr« auf 4500 und versuchte anschließend erfolgreich, die Küstriner Garnison zu einem dilettantischen Putschversuch zu überreden. Buchrucker wurde in der Folge wegen »vollendetem Hochverrat« zu zehn Jahren Festungshaft verurteilt. Sauer, Schwarze Reichswehr, S. 41, 58, 64 und 73.

86 Könnemann/Schulze (Hg.), Kapp-Lüttwitz-Ludendorff-Putsch, S. 794 f.
87 Vgl. Buchruckers Schießbefehle, in: Lausitzer Rundschau, 13. 3. 2010.
88 Buchrucker, Aufruhr bei Cottbus, S. 5.
89 Vernehmung Heinz Reinefarth, 1. 10. 1964–15. 1. 1965 (wie oben), Angaben zum Lebenslauf, Bl. 3.
90 Vgl. Buchruckers Schießbefehle, in: Lausitzer Rundschau, 13. 3. 2010.
91 Buchrucker, Aufruhr bei Cottbus, S. 11. Einer sozialdemokratischen Delegation, die am 17. März in der Kaserne erschienen war, um zwischen den verhärteten Fronten zu vermitteln und weitere Gewaltanwendung zu verhindern, beschied Buchrucker: »Diese rote Armee besteht aus Verbrechern und Buschkleppern.« – »Je mehr ich von dem Gesindel niederknalle, desto lieber ist es mir«. Zit. nach: Könnemann/Schulz, Kapp-Lüttwitz-Ludendorff-Putsch, S. 803.
92 Vgl. Herbert, Best, S. 42–50.
93 Die Suevia Jena war eine schlagende Verbindung mit langer Tradition und pflegte ein intensives Verbindungsleben. Reinefarth, der in seiner aktiven Zeit laut eigenen Angaben insgesamt 16 Partien focht, blieb der Landsmannschaft auch nach seiner Studienzeit verbunden. Vgl. Heinz Reinefarth, Handschriftlicher Lebenslauf, 1934, BArch, BDC, SS-Führer-Personalakte Heinz Reinefarth sowie Schlicht/Hempel/Ratsch, Die Landsmannschaft Suevia Jena.
94 Hoßfeld/John/Lemuth/Stutz (Hg.), Jenaer Universität, S. 26–28.
95 A. a. O., S. 37.
96 A. a. O., S. 26–31.
97 Bei den 1925 stattfindenden Wahlen für den Allgemeinen Studierendenausschuss machte beispielsweise weniger als die Hälfte aller Studenten von ihrem Wahlrecht Gebrauch. Fließ, Jenaer Studentenschaft, S. 269.
98 Für die Zeit des Wintersemesters 1924/25 dokumentiert das Strafregister der Jenaer Polizei nicht weniger als 230 zur Anzeige gebrachte Studenten in Zusammenhang mit Vergehen wie Beamtenbeleidigung, Widerstand gegen die Polizeigewalt, Körperverletzung oder wiederholten Pöbeleien gegenüber Mitgliedern des Reichsbanners Schwarz-Rot-Gold. A. a. O., S. 262–265.
99 Schlicht/Hempel/Ratsch, Die Landsmannschaft Suevia Jena, S. 12.
100 Mlynarczyk, Ludwig Hahn und die Mühlen der deutschen Justiz, S. 136.
101 Hoßfeld/John/Lemuth/Stutz (Hg.), Jenaer Universität, S. 36 f.
102 Ebenda.
103 Schmidt/Elm/Steiger (Hg.), Alma Mater Jenensis, S. 261.

104 So rechtfertigte etwa Professor Ludwig Plate, Nachfolger von Ernst Haeckel auf dem Lehrstuhl für Zoologie, in Vorlesungen den Antisemitismus und empfahl seinen Studenten im Frühjahr 1923, militärischen Organisationen beizutreten. Ebenda; Hoßfeld/John/Lemuth/Stutz (Hg.), Jenaer Universität, S. 36.
105 Vgl. Häupel, Gründung des Landes Thüringen, S. 156–170.
106 A.a.O., S. 124–127, Zitat S. 126.
107 Vgl. etwa: Tapken, Reichswehr in Bayern, S. 370–375.
108 A.a.O., S. 375.
109 A.a.O., S. 387.
110 A.a.O., S. 388–390.
111 Schmidt/Elm/Steiger (Hg.), Alma Mater Jenensis, S. 264.
112 Vernehmung Heinz Reinefarth, 1.10.1964–15.1.1965 (wie oben), Angaben zum Lebenslauf, Bl. 3 f.
113 Die Einzelheiten dieses Ereignisses werden in einer ostdeutschen Dokumentation aus den 1980er-Jahren anhand von Verhörprotokollen der thüringischen Polizei nachgezeichnet. Die Darstellung leitet zwar die Motive der beteiligten Studenten primär aus deren sozialen Bedingungen ab, welche sie angeblich »reaktionären politischen Einflüssen zugänglich machten«, vermittelt aber ansonsten einen anschaulichen Eindruck der Vorgänge. Vgl. John, Jenaer Studenten, hier S. 319.
114 A.a.O., S. 321.
115 John spricht hinsichtlich der Ausbildung von »paramilitärischen Einheiten«. Reinefarth gibt sowohl in seinem für die SS geschriebenen Lebenslauf als auch im Verhör von 1964 an, im November 1923 für einige Tage dem Bund Oberland angehört zu haben. Geht man davon aus, dass er diese Behauptung nicht frei erfunden hat, ferner, dass die formellen Zuständigkeiten in diesen chaotischen Tagen kaum bis ins letzte Detail geregelt gewesen sein dürften, so bietet sich eine nachträgliche Überbetonung des Bundes Oberland als plausible Erklärung für die etwas missverständliche Überlieferung an. A.a.O., S. 313, 321, Zitat S. 313; Heinz Reinefarth, Handschriftlicher Lebenslauf, 1934 (wie oben); Vernehmung Heinz Reinefarth, 1.10.1964–15.1.1965 (wie oben), Angaben zum Lebenslauf, Bl. 3.
116 Mehrere Studenten gaben im Nachgang zu den Ereignissen zu Protokoll, dass der Initiator der Aktion und Kontaktmann Roßbachs versucht habe, sie zum Anschluss an die Bewegung der Nationalsozialisten zu überreden. Dagegen habe sich ihr militärischer Anführer, ein Student höherer Semesters und Weltkriegsleutnant, der die Verbindungsfunktion zur Reichswehr wahrnahm, verwahrt. Vgl. John, Jenaer Studenten, S. 323 f., 330 f.
117 A.a.O., S. 313.
118 Ebenda.
119 Heinz Reinefarth, Handschriftlicher Lebenslauf, 1934 (wie oben).
120 Ebenda.
121 Herbert, Best, S. 87.
122 Personalbogen, BArch, R 3001/71865, Personalakte Heinz Reinefarth des Reichsjustizministeriums.
123 Vernehmung Heinz Reinefarth, 1.10.1964–15.1.1965 (wie oben), Angaben zum Lebenslauf, Bl. 1 f.
124 A.a.O., S. 2.

125 Heidi Reichelt hatte, gleich wie ihr Ehemann, keine Geschwister. Ihr früh verstorbener Vater war Rittergutsbesitzer und Immobilienmakler gewesen. Seiner Witwe und der Familie seiner Tochter hatte er nebst dem Anwesen in Klein Gaglow ein Mehrfamilienhaus in Leipzig und ein Sommerhaus in Westerland auf Sylt hinterlassen. Letzteres wurde für die Reinefarths nach dem Krieg zur Grundlage einer neuen Existenz. Sennerteg, Warszawas bödel, S. 59–62.

126 Ebenda.

127 Vgl. die einschlägige Darstellung aus dem Jahr 1934: Krüger, Kampf und Kämpfer um Cottbus, hier S. 9.

128 In seinem 1934 verfassten Lebenslauf strich er heraus, sich bereits am 21. Juli, also einige Tage vor dem überwältigenden Wahlsieg der NSDAP, um eine Mitgliedschaft in der Partei beworben zu haben. Dagegen erwähnte er dort – wenige Wochen nach dem Röhm-Putsch – seine frühere Zugehörigkeit zur SA nicht. Die nach dem Krieg gemachte Angabe, sein Übertritt zur SS sei deshalb erfolgt, weil die Cottbuser SA zum damaligen Zeitpunkt noch einen anderen Rechtsanwalt in ihren Reihen gehabt habe, die SS jedoch gar keinen, ist nicht stichhaltig. Vgl. Heinz Reinefarth, Handschriftlicher Lebenslauf, 1934 (wie oben); Vernehmung Heinz Reinefarth, 1.10.1964–15.1.1965 (wie oben), Angaben zum Lebenslauf, Bl. 3.

129 Zit. nach: Lausitzer Rundschau, 18.10.1958.

130 Vgl. etwa die entsprechende Bestätigung in: Vernehmung Heinz Reinefarth, 1.10.1964–15.1.1965 (wie oben), Angaben zum Lebenslauf, Bl. 3.

131 Personalbogen, BArch, R 3001/71 865, Personalakte Heinz Reinefarth des Reichsjustizministeriums.

132 Vgl. polemisch, aber diesbezüglich den Tatsachen entsprechend: Lausitzer Rundschau, 18.10.1958.

133 Beiden NS-Größen gegenüber geizte Daluege nicht mit Lob über die Verdienste seines Vertrauten. Anlässlich der Verleihung des Ritterkreuzes an Reinefarth schrieb er dem Reichsführer SS: »Lieber Heinrich! Ich darf Dir folgende hocherfreuliche Mitteilung machen; die mir soeben (…) übermittelt worden ist: Der mit dem Ritterkreuz ausgezeichnete Feldwebel Heinz Reinefarth (…) ist (…) 1932 seinerzeit wegen seiner Verdienste um den Bomben-Prozeß Gross-Gaglow von mir in die SS übernommen worden. (…) Reinefarth hat hervorragend am Aufbau des Kameradschaftsbundes Deutscher Polizeibeamten [sic] ehrenamtlich mitgeholfen und niemals einen Pfennig dafür genommen.« Reinefarths Wirken während der Kampfzeit wurde von Daluege auch betont, als es darum ging, dem hierbei entscheidungsbefugten Frick gegenüber eine direkte Verbeamtung seines Schützlings im Rang eines Ministerialdirigenten innerhalb der Ordnungspolizei schmackhaft zu machen: »Reinefarth ist einer der altverdienten Nationalsozialisten aus der Kampfzeit, die als Notar [sic!] politische Prozesse geführt haben trotz aller verbundenen Gefahr des Verlustes ihrer Stellung. Ich darf hier nur erwähnen den berühmten Prozess in Cottbus gegen SS-Führer und – Männer wegen der Sprengung der jüdischen Siedlung Gross-Gaglow und die vielen anderen Prozesse wegen Beseitigung von führenden Kommunisten in der Grenzmark [Posen-Westpreußen].« Daluege an Himmler, 2.7.1940, BArch, BDC, SS-Führer-Personalakte Heinz Reinefarth; Daluege an Frick, 26.3.1942, a.a.O.

134 Vgl. Daluege an Himmler, 2.7.1940, a.a.O.
135 Vgl. etwa aus einem Brief Heydrichs an Daluege aus dem Jahr 1936: »Da ich auch dienstlich genötigt bin, mich mit dem Kameradschaftsbund zu befassen und zu ihm Stellung zu nehmen, halte ich es für unbedingt erforderlich, daß wir uns über diesen Gegenstand offen aussprechen, um eine einheitliche Stellungnahme des Reichsführers SS und Chefs der Deutschen Polizei vorzubereiten. (...) Schon jetzt will ich Dir aber in aller Offenheit sagen, daß ich den Kameradschaftsbund nicht nur für überflüssig halte, sondern ihn auch grundsätzlich als schädlich ablehne. Er ist letzten Endes nichts anderes als eine Fortsetzung der früheren gewerkschaftlichen Methoden, die im nationalsozialistischen Staat untragbar sind.« Heydrich an Daluege, 26.9.1936, BArch, R 19/386.
136 Vgl. Luckner an SS-Abschnitt XII, 12.7 und 13.7.1933, BArch, BDC, SS-Führer-Personalakte Willi Luckner.
137 Vgl. Daluege an Frick, 26.3.1942 (wie oben).
138 Zur Stellung der jüdischen Rechtsanwälte im Dritten Reich vgl. Gruchmann, Justiz im Dritten Reich, S. 124–189 sowie Müller, Furchtbare Juristen, S. 67–75.
139 Reinefarth an den Landgerichtspräsidenten Cottbus, 10.2.1936, BArch, R 3001/71865, Personalakte Heinz Reinefarth des Reichsjustizministeriums.
140 Was sich aus deren jeweiligen Nachnamen offensichtlich erschließt. Vgl. ebenda.
141 Kube an Freisler, 13.2.1936, a.a.O.
142 Vgl. Kammergerichtspräsident an Gürtner, 20.6.1936, a.a.O.
143 Personalbogen, a.a.O.
144 Spruchgerichtsverfahren Heinz Reinefarth, Vernehmung vom 16./17.9.1948, Teil 2, Bl. 6, Archiv des Instituts für Zeitgeschichte München (IfZ), Mc 37.
145 Personalbogen, BArch, R 3001/71865, Personalakte Heinz Reinefarth des Reichsjustizministeriums; Personalberichte aus den Jahren 1934 und 1935, BArch, BDC, SS-Führer-Personalakte Heinz Reinefarth.
146 Personalberichte aus den Jahren 1934 und 1935, BArch, BDC, SS-Führer-Personalakte Heinz Reinefarth.
147 Dienstlaufbahn, a.a.O.
148 Vernehmung Heinz Reinefarth, 22./25.8.1958, Teil 1, Bl. 3, LASH, Abt. 354, Nr. 11316.
149 Vernehmung Heinz Reinefarth, 1.10.1964–15.1.1965 (wie oben), Angaben zum Lebenslauf, Bl. 5.
150 Vgl. dazu die Darstellung seines Spruchgerichts- und Entnazifizierungsverfahrens: II.1, »Dem Mann muss unbedingt geholfen werden«.
151 Wildt, Generation des Unbedingten, S. 166.
152 Vgl. zu dessen NS-Karriere die beiden Aufsätze von Angrick, Himmlers Mann für alle Fälle sowie Barelkowski, Karriere des Erich von dem Bach-Zelewski.
153 Vernehmung Erich von dem Bach-Zelewski, 29.8.1958, Bl. 2f., LASH, Abt. 354, Nr. 11200.
154 Vgl. III.3, Perzeptionen eines Massenverbrechens. Vgl. auch Barelkowski, Karriere des Erich von dem Bach-Zelewski sowie Birn, Überlegungen am Beispiel von Erich von dem Bach-Zelewski.
155 In die gleiche Richtung äußerte sich, wenngleich eindeutig zum Zweck der Entlastung,

auch Bach-Zelewski. Vgl. Vernehmung Erich von dem Bach-Zelewski, 29.8.1958 (wie oben), Bl. 3.

156 Hein, Elite, S. 275. Im November und Dezember 1937 hatte Reinefarth beim gleichen Artillerieregiment, bei dem er 1924 als Zeitfreiwilliger gedient hatte, eine vierwöchige Wehrübung absolviert, aus der er als Unterführer-Anwärter hervorgegangen war. Reinefarth an SS-Abschnitt XII, 8.11.1937, BArch, BDC, SS-Führer-Personalakte Heinz Reinefarth.

157 Vgl. zur veränderten öffentlichen Wahrnehmung der Waffen-SS während des Krieges: Leleu, La Waffen-SS, S. 659–677.

158 Hein, Elite, S. 276.

159 Reinefarth wog bei einer Körpergröße von 1,74 Meter lediglich 63 Kilogramm. Im Sommer 1939 beschied ihm ein ärztliches Zeugnis eine unterdurchschnittliche Erholungsfähigkeit in Zusammenhang mit körperlicher Anstrengung: »R[einefarth]. ist demnach nicht fähig, das für das Reichssportabzeichen notwendige Training ohne Schädigung seiner Gesundheit durchzuhalten.« SS-Ärztliches Zeugnis, 18.7.1939, BArch, BDC, SS-Führer-Personalakte Heinz Reinefarth.

160 Zu Reinefarths militärischer Laufbahn bis 1942 vgl. Spruchgerichtsverfahren Heinz Reinefarth, Vernehmung vom 16./17.9.1948, Teil 1, Bl. 1 f., IfZ, Mc 37 sowie Vernehmung Heinz Reinefarth, 1.10.1964–15.1.1965 (wie oben), Angaben zum Lebenslauf, Bl. 4.

161 Spruchgerichtsverfahren Heinz Reinefarth, Vernehmung vom 16./17.9.1948, Teil 1 (wie oben), Bl. 2.

162 Vgl. beispielsweise »Die Deutsche Polizei« Nr. 14, 1940: »Der Führer und Oberste Befehlshaber der Wehrmacht hat dem Feldwebel Hans [sic!] Reinefarth das Ritterkreuz zum Eisernen Kreuz verliehen«, in: BArch, BDC, SS-Führer-Personalakte Heinz Reinefarth.

163 Über den genauen Verlauf des Ereignisses existieren verschiedene Versionen. Übereinstimmend wird jedoch berichtet, dass Reinefarth vorgängig von einem Vorgesetzten den Auftrag erhalten habe, zusammen mit einem kleinen Trupp die Stellung mehrerer gegnerischer Batterien auszukundschaften. In dem einen Bericht wird sodann erwähnt, dass nach dem plötzlichen Aufeinandertreffen mit dem Feind zunächst das Feuer eröffnet worden sei, woraufhin sich der Gegner ergeben habe. Die beiden anderen Quellen betonen dagegen, die Gefangennahme sei ohne Gewaltanwendung zustande gekommen und ausschließlich der Geistesgegenwart und dem überzeugenden Auftreten Reinefarths geschuldet gewesen. Der Feldwebel habe die Franzosen demnach glauben gemacht, hinter ihm warte ein ganzes Wehrmachtsregiment. Vgl. ebenda; Leixner, Von Lemberg bis Bordeaux, S. 217, in: BArch, BDC, SS-Führer-Personalakte Heinz Reinefarth; Möller-Witten, Männer und Taten, S. 9–11.

164 Vgl. der bereits zitierte Brief Dalueges an Himmler, 2.7.1940 (wie oben).

165 Spruchgerichtsverfahren Heinz Reinefarth, Vernehmung vom 16./17.9.1948, Teil 1 (wie oben), Bl. 2; Tessin, Verbände und Truppen, Bd. 8, S. 33 f.

166 Spruchgerichtsverfahren Heinz Reinefarth, Vernehmung vom 16./17.9.1948, Teil 1 (wie oben), Bl. 2.

167 Vgl. etwa diesbezügliches Rundschreiben des SS-Oberabschnitts Fulda-Werra, 20.6.1941, BArch, BDC, SS-Führer-Personalakte Heinz Reinefarth.

168 Vgl. Reinefarth an den Ministerialrat im Reichsjustizministerium, Schoetensack, 27.2.1942, BArch, R 3001/71865, Personalakte Heinz Reinefarth des Reichsjustizministeriums.
169 Himmler trug die Beförderung am 16. April 1942 bei Hitler vor. Da Reinefarth dabei die SS-Ränge zwischen denjenigen des Hauptsturmführers und Brigadeführers übersprang, wurden die dazwischen liegenden Beförderungsschritte rückdatiert. Dienstkalender Himmlers, S. 398; Beförderungsurkunde zum SS-Brigadeführer und Generalmajor der Polizei, 20.4.1942 sowie SS-Oberabschnitt Spree an SS-Abschnitt XII, 21.4.1942, BArch, BDC, SS-Führer-Personalakte Heinz Reinefarth.
170 Erfassungsamt des SS-Hauptamts an SS-Personalhauptamt betreffend Zuteilung einer niedrigeren SS-Nummer für den SS-Brigadeführer Reinefarth, 24.4.1942, BArch, BDC, SS-Führer-Personalakte Heinz Reinefarth.
171 Reinefarth bezeichnete sich ab 1942 als »gottgläubig«. Vgl. Personalangaben, Stand 1945, a.a.O.
172 Innerhalb des SS-Führerkorps waren etwa zwei Drittel gottgläubig, unter den Höheren SS- und Polizeiführern mit einer Ausnahme alle. Bei Angehörigen der alten Oberschicht zeigte sich Himmler betreffend einen Verbleib in der Kirche durchaus kompromissbereit, wenn sie ansonsten die SS-Ideologie mittrugen. Schmeling, Waldeck und Pyrmont, S. 85f. Vgl. dazu in Bezug auf die Waffen-SS auch Wegner, S. 250–253.
173 Bracht an Daluege, 15.3.1941, BArch, BDC, SS-Führer-Personalakte Heinz Reinefarth.
174 Daluege an Luckner, 27.5.1941, a.a.O.
175 Laut eigenen Angaben gelang dies erst, als er bei Heeres-Oberbefehlshaber Walther von Brauchitsch persönlich vorstellig wurde. Daluege an Frick, 26.3.1942, a.a.O.
176 Ebenda.
177 Daluege an den Staatssekretär im Reichsfinanzministerium Reinhardt, 23.4.1942, in: LASH, Abt. 354, Nr. 11260.
178 Daluege an Frick, 26.4.1942, BArch, BDC, SS-Führer-Personalakte Heinz Reinefarth.
179 Daluege an Bracht, 27.3.1942, a.a.O.
180 Der sachbearbeitende Ministerialbeamte war der Meinung, wonach »die Ausbringung einer Offiziersstelle für Reinefarth (…) ein weiterer Schritt auf dem Wege der Veroffizierung des Polizeibeamtenkörpers« darstellen würde. Wenn Reinefarth Generalmajor der Polizei werden solle, so müsse Daluege ihm »eine entsprechende Planstelle des Polizeivollzugsdienstes [»vollzug« unterstrichen] übertragen (…). Planstellen für Generalmajore der Polizei stehen dem Chef der Ordnungspolizei besonders in den neuen Ostgebieten genügend zur Verfügung.« Interne Schreiben des Reichsfinanzministeriums, 7. und 21.5.1942, in: LASH, Abt. 354, Nr. 11260.
181 Reinhardt an Daluege, 31.5.1942, a.a.O.
182 Die Vermutung wird durch den Inhalt des im Jahr zuvor von Bracht für Reinefarth vorgeschlagenen Pflichtenhefts gestützt. So ist dort, nebst anderen, der Bereich »Verhältnis der Polizeibeamtenschaft zur NSDAP und ihren Gliederungen, insbesondere der SS« aufgeführt. Durch seine leitende Tätigkeit beim Aufbau des Kameradschaftsbunds Deutscher Polizeibeamter war Reinefarth für eine solche Aufgabe prädestiniert. Bracht an Daluege, 15.3.1941 (wie oben).

183 Neufeldt/Huck/Tessin, Geschichte der Ordnungspolizei, S. 42. Die Studie galt lange Zeit als Standardwerk zur Geschichte der Ordnungspolizei. Entstanden unter maßgeblicher Beratung des ehemaligen Chefs des dortigen Kommandoamts, Adolf von Bomhard, ist sie aufgrund ihres apologetischen Charakters hinsichtlich der Rolle der Ordnungspolizei im Vernichtungskrieg heute nicht mehr brauchbar. Für den Nachvollzug der Entwicklung der Organisationsstruktur ist sie aber nach wie vor nützlich. Zur Kritik am Werk sowie zu dessen Entstehung, insbesondere der Rolle von Bomhards, vgl. Hölzl, Legende von der sauberen Ordnungspolizei, S. 34.

184 So der Inhalt eines Gesprächs zwischen Daluege und Himmler, 25.10.1942. Dienstkalender Himmlers, S. 598.

185 Wildt, Generation des Unbedingten, S. 261f. Zu den personalpolitischen Kompetenzstreitigkeiten zwischen Heydrich und Daluege sowie zur Rolle Brachts vgl. auch Buchheim, Die SS – Das Herrschaftsinstrument, S. 90f. sowie Neufeldt/Huck/Tessin, Geschichte der Ordnungspolizei, S. 35f.

186 Zum Attentat und zur anschließenden Terrorwelle (zweite »Heydrichiade«) liegen zahlreiche Darstellungen vor. Vgl. etwa MacDonald, Heydrich; Haasis, Tod in Prag; Küpper, Karl Hermann Frank, S. 268–279; Steinkamp, Lidice; Brandes, Tschechen unter deutschem Protektorat (Teil 1), S. 251–267.

187 Küpper, Karl Hermann Frank, S. 261; Brandes, Tschechen unter deutschem Protektorat (Teil 1), S. 254.

188 Vgl. zur Laufbahn von Karl Hermann Frank die politische Biografie von Küpper, hier S. 262.

189 A.a.O., S. 261–263.

190 Wobei er Daluege brieflich an seinem Tatendrang teilhaben ließ: »Sehr geehrter Herr Generaloberst! Aus Wiesbaden erlaube ich mir Ihnen, Herr Generaloberst, ergebene Grüße zu senden. (…) Ich erhalte hier wirklich einen eingehenden Einblick in sämtliche Einzelheiten der Dienstgeschäfte eines Polizeipräsidiums. (…) Wenn ich meine Reisetätigkeit beendet habe, werde ich wohl die Grundlagen mitbringen, um endlich an die aktive Arbeit herangehen zu können.« Reinefarth an Daluege, 30.5.1942, BArch, BDC, SS-Führer-Personalakte Heinz Reinefarth.

191 Regierungspräsident Frankfurt/Oder an Oberbürgermeister Cottbus, 20.6.1942. Der Bundesbeauftragte für die Unterlagen des Staatssicherheitsdienstes der ehemaligen Deutschen Demokratischen Republik (BStU), Ministerium für Staatssicherheit (MfS), HA IX/11, PA 3031 (Heinz Reinefarth).

192 Ernennungsurkunde zum Generalinspekteur der Verwaltung in der Behörde des Reichsprotektors in Böhmen und Mähren, 30.7.1942, BArch, BDC, SS-Führer-Personalakte Heinz Reinefarth.

193 Laut eigener Aussage von 1964 wurde er im Juli 1942 »eines Tages« von Daluege nach Berlin gerufen, von wo aus er mit ihm am selben Tag nach Prag flog. Die Ernennung sei dann noch während des Fluges in mündlicher Form erfolgt. Reinefarth dürfte 1964 ein Interesse daran gehabt haben, sich nicht plötzlich auch noch in Zusammenhang mit dem Massaker von Lidice und der im Anschluss laufenden Terrorwelle verdächtig zu machen. Diese fand erst mit der Aufhebung des zivilen Ausnahmezustandes am 3. Juli 1942 ein Ende. Es empfahl sich aus seiner Sicht also, unter keinen Umständen den An-

schein zu erwecken, bereits an einem frühen Datum in Prag eingetroffen zu sein. Da der Flensburger Untersuchungsbehörde damals die in den Stasi-Unterlagen dokumentierte Aussetzung von Reinefarths informatorischer Beschäftigung in Cottbus nicht vorlag, sie sich in dieser Hinsicht also ausschließlich auf die Unterlagen aus dem Berlin Document Center stützen musste, konnte eine solche Aussage nicht widerlegt werden. Auf explizite Nachfrage des Untersuchungsrichters äußerte Reinefarth, er könne »aus eigener Erinnerung heute nicht mehr mit Bestimmtheit sagen«, an welchem Tag sich all dies zugetragen habe. Wenn man bedenkt, dass er bei anderen Gelegenheiten sehr wohl imstande war, zu bestimmten Ereignissen präzise zeitliche Angaben zu machen, erscheint diese Behauptung allerdings unglaubwürdig. Ungeachtet dessen gibt es hinsichtlich einer Mitverantwortlichkeit Reinefarths für die Terrormaßnahmen nach dem Heydrich-Attentat jedoch keine Hinweise. Die Vergeltungsaktionen wurden – in enger Abstimmung mit Hitler und Himmler – vielmehr gemeinschaftlich von Daluege und Frank initiiert. Küpper, Karl Hermann Frank, S. 268–279; Vernehmung Heinz Reinefarth, 1.10.1964–15.1.1965 (wie oben), Angaben zum Lebenslauf, Bl. 5.

194 Brandes, Tschechen unter deutschem Protektorat (Teil 2), S. 10.
195 Zit. nach: Ebenda.
196 Zit. nach: Kárný, Reinhard Heydrich, S. 48.
197 A.a.O., S. 49–52.
198 Brandes, Tschechen unter deutschem Protektorat (Teil 1), S. 224.
199 Vgl. beispielsweise die Übersichtsstudie von Marsálek, Protektorát Čechy a Morava. Hier taucht Reinefarth lediglich in einer Fußnote auf (S. 232), wobei unspezifisch darauf verwiesen wird, dass er von Daluege als Gegengewicht zu Frank nach Prag geholt worden sei. Blass bleibt seine Rolle auch in den spärlich vorhandenen Primärquellen, so etwa in einem Bericht Dalueges zuhanden von Hitler: »Die eingeleitete Verwaltungsreform, die eine starke Vereinfachung und Zentralisation des Apparates brachte, ist im organisatorischen Teil beendet, wird ständig auf ihre Auswirkungen hin überprüft und durch meinen Generalinspekteur inspiziert. Der Verwaltungsapparat läuft trotz der starken Einsparung deutscher Kräfte ungestört weiter.« Kurt Daluege, Bericht für den Führer für die Zeit vom 2.9. bis zum 3.11.1942, Národní archiv, 109-4-27.
200 Vernehmung Heinz Reinefarth, 1.10.1964–15.1.1965 (wie oben), Angaben zum Lebenslauf, Bl. 5f.
201 Die Behauptung ist zudem sachlich falsch. Verantwortlich hierfür zeichnete Frank, nachdem er die entsprechende Genehmigung von Martin Bormann und Reichskanzleichef Hans Heinrich Lammers eingeholt hatte. Vgl. Brandes, Tschechen unter deutschem Protektorat (Teil 2), S. 24; Vernehmung Heinz Reinefarth, 22./25.8.1958, Teil 1 (wie oben), Bl. 4.
202 Naudé gehörte zu den Verlierern von Heydrichs Verwaltungsreform und wurde Ende 1941 auf den faktisch unbedeutenden Posten eines Landesvizepräsidenten für Böhmen wegbefördert. Kárný, Reinhard Heydrich, S. 36.
203 Naudé, Erlebnisse, S. 151.
204 Der von Frank selber geleiteten Behörde gehörten neben Reinefarth der Minister für Wirtschaft und Arbeit, der Abteilungsleiter Ernährung, der Rüstungsinspekteur und Vorsitzende der Rüstungskommission, der Gewerkschaftsführer und der Wehrkreis-

befehlshaber an. In den Besprechungen des Zentralwirtschaftsstabes sollten alle Schritte einvernehmlich abgestimmt und entschieden werden. Vgl. Karl Hermann Frank, Politischer Bericht vom 4.11. bis 10.12.1942, Národní archiv, 109-5-130.

205 Küpper, Karl Hermann Frank, S. 289.
206 A. a. O., S. 292. Demgegenüber die zynische Darstellung Reinefarths: »Während meiner Tätigkeit in Prag habe ich es einmal erlebt, dass ein Zug mit tschechischen Arbeitern nach Deutschland abfuhr. Der Zug war mit Blumen geschmückt, Angehörige verabschiedeten sich von den Abreisenden, es wurde gesungen. Ich hatte keineswegs den Eindruck, dass es sich dabei um eine Zwangsmassnahme gehandelt haben könnte.« Spruchgerichtsverfahren Heinz Reinefarth, Vernehmung vom 16./17.9.1948, Teil 2 (wie oben), Bl. 8 f.
207 Küpper, Karl Hermann Frank, S. 263-265.
208 A. a. O., S. 266 f.
209 Cadle, Daluege, S. 75.
210 Brandes, Tschechen unter deutschem Protektorat (Band 2), S. 14.
211 A. a. O., S. 12-14.
212 Neliba, Frick, S. 87.
213 Naudé, Erlebnisse, S. 157.
214 Mit den Worten Reinefarths: »Da ich einerseits sachlich mit Franck [sic] nicht zusammenzuarbeiten wünschte, andererseits Daluege, der mich nach Prag berufen hatte, ausschied und ich im übrigen etatsmässig nicht in das Protektorat, sondern in das Reichsministerium des Innern gehörte, ergab es sich ohne Schwierigkeiten, dass ich, meinem Wunsche entsprechend, aus meinem Amt in Prag ausscheiden und in das Reichsministerium des Innern zurückkehren konnte.« Spruchgerichtsverfahren Heinz Reinefarth, Vernehmung vom 16./17.9.1948, Teil 1 (wie oben), Bl. 4.
215 SS-Hauptamt an SS-Oberabschnitt Spree, 24.11.1941, BArch, BDC, SS-Führer-Personalakte Heinz Reinefarth.
216 SS-Personalhauptamt an Kurt Daluege, 26.5.1942, a. a. O. Zur Bedeutung des Ehrendegens vgl. Longerich, Himmler, S. 298.
217 Birn, Die Höheren SS- und Polizeiführer, S. 363-373. Vgl. zu Himmlers Führungsstil auch ausführlich Longerich, Himmler, S. 309-364.
218 Im Wortlaut: »Reichsführer! Für Ihre Glückwünsche zu meinem Geburtstage sowie für das wunderschöne Geschenk darf ich Ihnen, Reichsführer, meinen herzlichsten Dank aussprechen und damit gleichzeitig meine besten Wünsche für das Jahr 1943 verbinden.« Reinefarth an Himmler, 4.1.1943, BArch, BDC, SS-Führer-Personalakte Heinz Reinefarth.
219 Persönlicher Stab Reichsführer SS an SS-Personalhauptamt, 14.10.1942, a. a. O. Zu Himmlers Detailversessenheit vgl. wiederum Longerich, Himmler, S. 309 f.
220 Wobei er die kleine Aufmerksamkeit offenherzig als Raubgut deklarierte: »Reichsführer! Aus unserer Warschauer Beute erlaube ich mir, Ihnen zwei Päckchen Tee mit den besten Grüssen zu übersenden. Heil Hitler! Ihr sehr ergebener Reinefarth!« Abschrift aus dem Kriegstagebuch der 9. Armee (KTB 9), Nr. 11, Anlageband IV 2, 14.8.1944, in: LASH, Abt. 354, Nr. 11249.
221 Dienstkalender Himmlers, S. 545-547.

222 Das Gespräch zwischen Daluege und Himmler über die mögliche Ablösung von Werner Bracht durch Reinefarth fand nur wenig später statt. A. a. O, S. 598.
223 Neufeldt/Huck/Tessin, Geschichte der Ordnungspolizei, S. 102, 113.
224 Reinefarth an SS-Personalhauptamt, 11. 10. 1943, BArch, BDC, SS-Führer-Personalakte Heinz Reinefarth.
225 Neufeldt/Huck/Tessin, Geschichte der Ordnungspolizei, S. 35.
226 Cadle, Daluege, S. 74 f.
227 Buchheim, Die SS – Das Herrschaftsinstrument, S. 91; Neufeldt/Huck/Tessin, Geschichte der Ordnungspolizei, S. 35.
228 Buchheim, Die SS – Das Herrschaftsinstrument, S. 91 f.
229 Neufeldt/Huck/Tessin, Geschichte der Ordnungspolizei, S. 50.
230 Vgl. beispielsweise eine Weisung betreffend »Dienststrafrechtliche Behandlung von Eheangelegenheiten in der Ordnungspolizei«, 27. 10. 1943, BStU, MfS, HA IX/11, PA 3031 (Heinz Reinefarth): »In allen Dienststrafverfahren gegen Angehörige der Ordnungspolizei (einschl. Pol.-Reserve) wegen ehebrecherischen Verhaltens oder wegen Ehescheidung behalte ich mir die Entscheidung vor. (...) Im Falle der Ehescheidung ist mir ohne Rücksicht auf die Notwendigkeit dienststrafrechtlicher Maßnahmen zu berichten, wenn ein Angehöriger der Ordnungspolizei, der zugleich der SS angehört, rechtskräftig für alleinschuldig oder mitschuldig erklärt worden ist. (...) Wenn die Einleitung eines Strafverfahrens erforderlich wird (...), ist Tatbericht bei dem zuständigen SS- und Polizeigericht einzureichen; in diesen Fällen erfolgt Vorlage an den RFSS durch das SS- und Polizeigericht. Über die Entscheidung des Gerichts ist dem Chef der Ordnungspolizei unter Beifügung einer Urteilsabschrift zu berichten.«
231 Die meisten Geschäftsbereiche gingen auf das Kommandoamt und das Wirtschaftsverwaltungsamt über, als Rumpf verblieb die kleine Dienststelle eines »Juristen beim Chef der Ordnungspolizei«. Neufeldt/Huck/Tessin, Geschichte der Ordnungspolizei, S. 50.
232 Spruchgerichtsverfahren Heinz Reinefarth, Vernehmung vom 16./17. 9. 1948, Teil 1 (wie oben), Bl. 5.
233 Himmler an Koppe, 18. 12. 1943, BArch, BDC, SS-Führer-Personalakte Heinz Reinefarth.
234 Himmler an Martin Bormann, 28. 12. 1943, a. a. O.
235 Fernspruch von Himmlers persönlichem Referenten, Brandt, an den Chef des SS-Personalhauptamts, v. Herff, 8. 1. 1944, a. a. O.
236 Die vollständige Amtsbezeichnung lautete sinngemäß: Beauftragt mit der Führung der Geschäfte des Höheren SS- und Polizeiführers beim Reichsstatthalter in Posen und im Wehrkreis XXI, des Führers des SS-Oberabschnitts Warthe und des stellvertretenden Reichskommissars für die Festigung deutschen Volkstums im Reichsgau Wartheland. Meldung der Amtsübernahme von Reinefarth an Himmler, 28. 1. 1944, a. a. O.
237 Ernennungsurkunde zum Höheren SS- und Polizeiführer und Führer des SS-Oberabschnitts Warthe, 20. 4. 1944, a. a. O.
238 Birn, Die Höheren SS- und Polizeiführer, S. 83.
239 Da der Warthegau Reichsgebiet war, hatten der IdS und der IdO im Gegensatz zu den gleichrangigen *Befehlshabern* der Sicherheitspolizei und des SD (BdS) respektive der

Ordnungspolizei (BdO) in den besetzten Gebieten keine Befehlsbefugnis gegenüber den nachgeordneten Stellen. A. a. O., S. 81–88.

240 Damit die HSSPF möglichst unabhängig blieben, vermied es Himmler bewusst, die Abgrenzung der Kompetenzen im Einzelnen festzulegen. Hingegen erwartete er von seinen Stellvertretern, dass sie Eigeninitiative entwickelten und imstande waren, sich selbständig gegen die verschiedenen Stellen von Staat, Partei und Wehrmacht durchzusetzen. Tendenziell war ihr Einfluss daher in den besetzten Gebieten größer als im Reich, wo die Polizeiverwaltungsstrukturen vergleichsweise gefestigt waren und der Befehlsweg demzufolge von den SS-Hauptämtern direkt zu den regionalen Behörden verlief. Für den Bedarfsfall sah jedoch ein Erlass Himmlers vom 21. Mai 1941 vor, dass diese auch dort direkt den HSSPF unterstellt werden konnten. A. a. O., S. 102–105, 116; Buchheim, Die SS – Das Herrschaftsinstrument, S. 120–122.

241 Bömelburg, Deutsche Besatzungspolitik in Polen, S. 62.

242 Vgl. Alberti, Verfolgung und Vernichtung, S. 56 f.; Aly, »Endlösung«, S. 23 f., 107–114; Longerich, Politik der Vernichtung, S. 243–292.

243 Vgl. Heinemann, »Rasse, Siedlung, deutsches Blut«, S. 190–195; Longerich, Himmler, S. 449–451.

244 Roth, Nationalsozialistische Umsiedlungspolitik, S. 14. Vgl. zu den Leitlinien von Greisers Besatzungspolitik seit neuerem auch dessen Biografie: Epstein, Model Nazi, hier S. 124–159. Vgl. dazu auch die etwas ältere biografische Skizze von Kershaw, Greiser.

245 Alberti, Verfolgung und Vernichtung, S. 5.

246 Vgl. grundlegend: Heinemann, »Rasse, Siedlung, deutsches Blut«, S. 187–303 sowie Leniger, Umsiedlungspolitik. Vgl. auch Madajczyk, Okkupationspolitik, S. 387–539, v. a. S. 512–517.

247 Die Einzelheiten sind in kompakter Form etwa nachzulesen bei: Roth, Nationalsozialistische Umsiedlungspolitik, S. 11–14; Klein, Gettoverwaltung Litzmannstadt, S. 134–151; Heinemann, »Rasse, Siedlung, deutsches Blut«, S. 197–201.

248 Die hierzu beispielhafte Debatte um die Schließung des Ghettos Litzmannstadt wird noch Erwähnung finden. Vgl. dazu ausführlicher: Alberti, Verfolgung und Vernichtung, S. 472–477; Klein, Kulmhof/Chelmno, S. 314–316.

249 Klein, Gettoverwaltung Litzmannstadt, S. 138–141.

250 Klein vertritt die These, dass Koppes Niedergang zu einem guten Teil hausgemacht war: Streitigkeiten innerhalb seiner Behörde, die sich durch seine Interventionen noch verschlimmerten, hätten schließlich dazu geführt, dass Himmler 1940 ein Machtwort sprach und ihn von seiner Beauftragung als RKFDV entband. A. a. O., S. 145–147.

251 A. a. O., S. 148–151; Alberti, S. 59.

252 Spruchgerichtsverfahren Heinz Reinefarth, Vernehmung vom 16./17. 9. 1948, Teil 1 (wie oben), Bl. 5, 7.

253 Reinefarth führte dazu weiter aus: »Ich habe meine Aufgaben darin gesehen und bin auch in dieser Hinsicht von Koppe eingewiesen worden, daß ich die Polizeiorgane im Warthegau zu inspizieren, aber nicht zu kommandieren hatte. Ich war also nicht befugt, direkte Befehle z. B. an einen Kriminalsekretär in Litzmannstadt zu geben und konnte auch die Versetzung eines Gestapoangehörigen von Posen nach Litzmannstadt nicht anordnen. Natürlich hätte ich bei solchen Personalangelegenheiten einen Wunsch äu-

ßern können, um diesen dann über [den IdS] Damzog erreichen. Eine Anordnung insoweit konnte ich aber nicht erlassen. Ich hatte den Eindruck, daß ich weder von dem IDS Damzog noch von dem BDO Dr. [Walter] Gudewill besonders ausführlich über ihre Aufgabengebiete informiert wurde.« Vernehmung Heinz Reinefarth im Voruntersuchungsverfahren gegen Koppe, Staatsanwaltschaft Bonn, 14.9.1962, LASH, Abt. 354, Nr. 11346.

254 Birn, Die höheren SS- und Polizeiführer, S. 131.
255 Vernehmung Heinz Reinefarth im Vorermittlungsverfahren gegen die ehemalige Bewachungsmannschaft des Polizeigefängnisses Radegast (Radogoszcz), Zentrale Stelle Ludwigsburg, 26.10.1966, IfZ, ED 901/7 (Nachlass Armin Ziegler, Bd. 7).
256 Laut Rolf-Heinz Höppner, Chef des SD-Leitabschnitts Posen und der dortigen UWZ, geschah dies schon allein deswegen, damit den HSSPF kein Anlass gegeben wurde, sich bei Himmler dahin gehend zu beschweren, sie würden absichtlich vom Informationsfluss abgeschnitten. Vernehmung Rolf-Heinz Höppner im Voruntersuchungsverfahren gegen Koppe, Staatsanwaltschaft Bonn, 22.1.1962, LASH, Abt. 354, Nr. 11345.
257 Zusammenfassend: Alberti, Verfolgung und Vernichtung, S. 511–516.
258 Birn, Die Höheren SS- und Polizeiführer, S. 167.
259 Longerich, Himmler, S. 678.
260 Vgl. Mazur, Gründe für die Auslösung des Warschauer Aufstands, S. 23.
261 Klein, Gettoverwaltung Litzmannstadt, S. 606 f.; Alberti, Verfolgung und Vernichtung, S. 476.
262 Der 1882 geborene Damzog war ein altgedienter Kripobeamter, dessen Laufbahn bereits vor dem Ersten Weltkrieg begonnen hatte. Während des Polen-Feldzugs leitete er die Mordaktionen der Einsatzgruppe V. Ende 1944 wurde er auf Betreiben von Ernst Kaltenbrunner von seinem Posten abberufen. Damzog verstarb kurz nach dem Kriegsende. Vgl. BArch, BDC, SS-Führer-Personalakte Ernst Damzog sowie die biografischen Abrisse bei Wildt, Generation des Unbedingten, S. 934; Mallmann/Böhler/Matthäus, Einsatzgruppen in Polen, S. 33 f.
263 Alberti, Verfolgung und Vernichtung, S. 479, 488–490.
264 A. a. O., S. 491–495.
265 Die dortige Herleitung basiert auf der Tatsache, dass anlässlich der Besprechung auch ein Rundgang im Ghetto Litzmannstadt stattfand, der möglicherweise von Reinefarth angeführt wurde. Reinefarth hatte jedenfalls Mitte Juni 1944 die Besichtigung einiger Ghettobetriebe angekündigt. Da die Ghettochronik zwischen dieser Bekanntgabe und dem am 13. Juli stattfindenden Besuch keine weiteren vergleichbaren Vorkommnisse verzeichnet, müsste es sich dabei um den von Reinefarth organisierten Anlass gehandelt haben. A. a. O., S. 491.
266 Reinefarth an v. Herff, 8.3.1944, BArch, BDC, SS-Führer-Personalakte Heinz Reinefarth.
267 Die Nachricht lautete wörtlich: »Der Höhere SS- und Polizeiführer Warthe im Reichsgau Wartheland u. im Wehrkreis XXI. (…) An den Inspekteur der Sicherheitspolizei und des SD im Hause. Betr.: Öffentliche Vollstreckung von Todesurteilen an Polen. Bezug: Bericht vom 26.1.44 (…) Der Reichsführer SS hat die öffentliche Exekution des Polen Tadeus Marciniak genehmigt. Gez. Reinefarth.« Diese Mitteilung ist angefügt bei:

Damzog an den Oberstaatsanwalt beim Sondergericht in Leslau, 19.7.1944, BStU, MfS, HA IX/11, RHE 4/71, Bd. 9.

268 Reinefarth an Brandt, 4.7.1944, BArch, NS 19/2656; Ostdeutscher Beobachter, 21.7.1944.
269 Vernehmung Joachim Kuke, 6.1.1966, LASH, Abt. 354, Nr. 11345.
270 Vernehmung Heinz Reinefarth im Voruntersuchungsverfahren gegen Koppe, Staatsanwaltschaft Bonn, 14.9.1962 (wie oben).
271 So die Aussage der ehemaligen Sekretärin Damzogs. Da Letzterer bereits seit längerem tot war, bestand für sie auch kein etwaiger Bedarf, die Verantwortlichkeit ihres ehemaligen Chefs zu relativieren. Vernehmung We. im Voruntersuchungsverfahren gegen Koppe, Staatsanwaltschaft Bonn, 17.1.1961, LASH, Abt. 354, Nr. 11346. Zur Sicherstellung der schutzwürdigen Belange Dritter in Zusammenhang mit Justizakten werden die Namen der beteiligten Zeugen und Justizbeamten im Folgenden anonymisiert. Ausgenommen davon sind Zeugen, die aufgrund ihres Rangs oder ihrer Funktion zum Zeitpunkt des Tatgeschehens als Persönlichkeiten der Zeitgeschichte betrachtet werden können oder bei denen die Nennung ihres Namens zum inhaltlichen Verständnis unerlässlich ist. Wegen des gegebenen thematischen Kontexts wird im Zweifelsfall die Zugehörigkeit zu einem militärischen Stab oder die kommandierende Funktion ab Stufe Bataillon als Maßstab genommen. Bei den Justizbeamten fällt die Anonymisierung für Persönlichkeiten des öffentlichen Interesses weg. Diese Handhabe kommt hier in erster Linie bei Behördenleitern zur Anwendung. Die Einheitlichkeit bringt es mit sich, dass bisweilen Juristen anonymisiert werden, die in anderen Publikationen im dortigen Zusammenhang mit vollem Namen genannt werden.
272 Heinemann, »Rasse, Siedlung, deutsches Blut«, S. 468–472. Vgl. zu den Flüchtlingen aus Transnistrien auch den älteren Aufsatz von Hofmann, Ende der volksdeutschen Siedlungen.
273 Ebenda. Vgl. zur Tätigkeit des Sonderkommandos R auch Buchsweiler, Volksdeutsche, S. 325–328; Angrick, Besatzungspolitik und Massenmord, S. 275–294 sowie Strippel, NS-Volkstumspolitik, S. 254.
274 Auszug aus der Niederschrift über die Dienstbesprechung der Ansiedlungsstabsführer und Außenstellendienstleiter, 26.4.1944, BArch, NS 19/2656.
275 Heinemann, »Rasse, Siedlung, deutsches Blut«, S. 471 f. Madajczyk setzt die Zahl der Ausgesiedelten und Verdrängten für diesen Zeitraum mit insgesamt ca. 100 000 Personen deutlich höher an und weist Reinefarth diesbezüglich die Hauptverantwortung zu. Madajczyk, Okkupationspolitik, S. 421.
276 Hoffmeyer zufolge war »diese Ablehnung (…) gepaart zum Teil mit einer unsachlichen Kritik und Überheblichkeit. Die gesamte Tätigkeit des Kommandos in Russland wird oft damit abgetan, dass gesagt wird, es seien die deutschen Siedlungsgebiete auf eine Art ›Wildwest-Manier‹ verwaltet worden und dass auch dementsprechend gearbeitet wurde.« Horst Hoffmeyer, Die Lage der Russlanddeutschen im Warthegau, Juni 1944, Bl. 3, BArch, NS 19/2656.
277 Ebenda.
278 Heinz Reinefarth, Stellungnahme zum Bericht »Die Lage der Schwarzmeerdeutschen im Reichsgau Wartheland« von SS-Brigadeführer Hoffmeyer, 26.6.1944, Bl. 6, a.a.O.
279 A.a.O., Bl. 10.

280 A.a.O., Bl. 8.
281 Reinefarth an Brandt, Begleitschreiben zur Stellungnahme zum Bericht Hoffmeyer, 26.6.1944, a.a.O.
282 Ebenda.
283 Reinefarth an Brandt, 4.7.1944, a.a.O.
284 Die Metapher ist einer Darstellung über die Laufbahn von Karl Wolff entlehnt und steht dort als begrifflicher Gegensatz zum »Motor«, sprich Hauptakteur des Dritten Reichs. Indes habe der NS-Staat angesichts seiner polykratischen Strukturen auf die stabilisierende Funktion dieser sogenannten »Schlichter« nicht verzichten können. Simms, Karl Wolff, S. 453.
285 Ostdeutscher Beobachter, 22.7.1944.
286 Was er später überbetonte, um die Bedeutung seines Posener Amtes herunterzuspielen: »Ich erinnere (…) daran, dass ich Himmler mehrfach gebeten hatte, mich in Posen abzulösen, da ich mein Amt im sechsten Kriegsjahr als ein Druckposten betrachtete.« Vernehmung Heinz Reinefarth, 22./25.8.1958, Teil 2, Bl. 1, LASH, Abt. 354, Nr. 11260.
287 Vgl. dazu etwa Mazur, Gründe für die Auslösung des Warschauer Aufstands, oder Borodziej, Warschauer Aufstand, hier S. 217–225.
288 Borodziej, Warschauer Aufstand, S. 225–231.
289 Die wissenschaftliche Literatur über den Warschauer Aufstand ist mittlerweile selbst für Experten zu einem »schier unübersehbaren Berg« (Borodziej, Warschauer Aufstand 1944, S. 21) angewachsen, wobei etwa 95 Prozent aller Publikationen in polnischer Sprache erscheinen. Diesen Sachverhalt, Stand 2003, widerspiegelt umfassend der bibliografische Anhang des vom Militärgeschichtlichen Forschungsamt (MGFA) herausgegebenen Sammelbandes über »Die polnische Heimatarmee«, S. 913–934. Der als Koproduktion des MGFA und des Zentrums für Historische Forschung der Polnischen Akademie der Wissenschaften 2011 erschienene Sammelband über den Warschauer Aufstand bietet darüber hinaus eine gute einführende Darstellung über Umwege und Entwicklungen der entsprechenden Forschungstätigkeit in Polen und Deutschland: Der Warschauer Aufstand, S. 9–21, hier S. 14–19. Zu der älteren westdeutschen Forschung und der zentralen Rolle von Hanns von Krannhals siehe III.1, Neue Fakten.
290 So der sinngemäße Befehl, den – nach der Äußerung des Stabsarztes der Brigade Dirlewanger – sämtliche in Warschau eingesetzten Verbände von ihren jeweiligen Vorgesetzten erhielten. Zit. nach: Krannhals, Warschauer Aufstand, S. 308f.
291 A.a.O., S. 328.
292 Vgl. Die Rede Himmlers vor den Gauleitern (Dokumentation), in: VfZ 1 (1953), S. 357–394.
293 Reinefarth gab diesen Umstand 1964 in der richterlichen Befragung im Unterschied zu früheren Aussagen zu, wissend, dass sich seine Anwesenheit während des Massakers von Wola vom 5. August 1944 angesichts der erdrückenden Beweislage nicht mehr leugnen ließ. Andererseits war ihm auch klar, dass dieser Umstand alleine strafrechtlich von vergleichsweise geringer Bedeutung war, solange ihm nicht nachgewiesen werden konnte, dass er von Himmler einen Bevölkerungsvernichtungsbefehl entgegengenommen und an seine Truppe weitergegeben hatte. Vernehmung Heinz Reinefarth, 1.10.1964–15.1.1965 (wie oben), Angaben zum Lebenslauf, Bl. 12.

294 Bereits Krannhals weist darauf hin, dass ein solcher Befehl an Reinefarth auch mit polnischen Quellen nicht zu beweisen ist. Dagegen gibt es mehrere indirekte Hinweise, die zusammengenommen klar in diese Richtung weisen. So ist beispielsweise überliefert, dass der SS- und Polizeiführer von Warschau, Paul Otto Geibel, bereits am Abend des 1. August ein Telegramm Himmlers erhielt mit dem Inhalt: »Vernichten Sie Zehntausende«. Der Generalmajor der Waffen-SS und Mitglied von Bach-Zelewskis Bandenbekämpfungsstab, Ernst Rode, sagte in Nürnberg aus, dass der Reinefarth unterstellte Oskar Dirlewanger berechtigt gewesen sei, mit seinem Sonderverband nach eigenem Ermessen umzubringen, wen er wolle. Vgl. Krannhals, Warschauer Aufstand, S. 308–310. Bach-Zelewski, der kurze Zeit nach Reinefarth in Warschau eintraf, um den Oberbefehl über die deutschen Kräfte zu übernehmen, bekannte 1946 sogar vor dem polnischen Staatsanwalt Jerzy Sawicki, dass ein derartiger Befehl bestanden habe. Borodziej, Warschauer Aufstand 1944, S. 121 f. Ferner musste Ludwig Hahn, Reinefarths Bundesbruder und zur Zeit des Aufstandes Kommandeur der Sicherheitspolizei in Warschau, 1964 im Gegensatz zu früheren Aussagen einräumen, dass auch er von Himmler per Telegramm einen Bevölkerungsvernichtungsbefehl erhalten habe, und zwar am 2. August: »Nach Ausbruch des Aufstandes bekam ich dann über den Fernschreiber der Ordnungspolizei ein Fernschreiben Himmler's [sic], das etwa folgenden Inhalt hatte: Der Aufstand sollte mit brutalen Mitteln niedergeschlagen werden, es sollten Häuser niedergebrannt werden und alle Polen vernichtet werden. (…) Ich weiß heute genau, daß in dem Fernschreiben eine Unterscheidung zwischen polnischen Kampfteilnehmern und Nichtkämpfern nicht enthalten war. Ich habe den Himmler'schen Befehl damals jedenfalls so aufgefaßt, daß alle Polen, die in die Hände der Deutschen gelangen würden, umzubringen seien.« Vernehmung Ludwig Hahn, 5.11.1964, Bl. 6, LASH, Abt. 354, Nr. 11 212. Vgl. auch Aktenvermerk zum Antrag der Staatsanwaltschaft Flensburg auf Außerverfolgungssetzung Reinefarths an die Große Strafkammer beim Landgericht Flensburg, 22.11.1966, Bl. 227 f., LASH, Abt. 354, Nr. 11 217. Angesichts dieser Fakten ist es äußerst unwahrscheinlich, dass ausgerechnet Reinefarth, der zum Zeitpunkt der schlimmsten Übergriffe gegen die Zivilbevölkerung die deutschen Angriffe anführte und koordinierte, anlässlich seiner Beauftragung im persönlichen Gespräch mit Himmler nicht in diesem Sinn informiert worden ist.

295 Das »Bataillon Reck«, aus dem später durch Zuführungen die »Angriffsgruppe Nord« entstand, bestand bei Einsatzbeginn am Morgen des 5. August aus der Stabskompanie der Junkerschule der Waffen-SS Treskau sowie drei Kompanien Fahnenjunker der Infanterieschule V, aufgefüllt durch eine Sturmgeschützabteilung, aus Posen. Das Bataillon Peterburs setzte sich zur gleichen Zeit zusammen aus der 1. Polizei-Reiter-Ersatzabteilung Posen, der 5. Wach-Abteilung der Schutzpolizei Litzmannstadt, der Gendarmerie-Kompanie Hohensalza in Weichselstädt und der Gendarmerie-Kompanie Litzmannstadt in Pabianice. Nachdem der Kommandant gewechselt hatte, wurde das Bataillon entsprechend umbenannt in »Sarnow«. Allerdings trat die Einheit als solche kaum in Erscheinung. Die jeweiligen Kompanie-Kommandanten operierten in Absprache mit Reinefarth weitgehend selbständig. Aktenvermerk zum Antrag der Staatsanwaltschaft Flensburg auf Außerverfolgungssetzung Reinefarths an die Große Strafkammer beim Landgericht Flensburg, 22.11.1966 (wie oben), Bl. 92 f., 145–149; Aktenvermerk zum An-

trag der Staatsanwaltschaft Flensburg auf Eröffnung der gerichtlichen Voruntersuchung gegen Reinefarth, 19.4.1963, Bl. 60–65, LASH, Abt. 354, Nr. 11 204; Bisheriges Ermittlungsergebnis über das Polizeibataillon »Peterburs«, 18.4.1963, Bl. 1–10, LASH, Abt. 354, Nr. 11 266.

296 Vernehmung Helmut Stühmer, 27.11.1963, LASH, Abt. 354, Nr. 11 260.
297 Ermittlungsergebnis Stab und Stabskompanie Kampfgruppe Reinefarth, 10.3.1964, LASH, Abt. 354, Nr. 11 260.
298 Ebenda.
299 Unterwegs legte die Fahrgemeinschaft bei der SD-Dienststelle Lowitsch (Lowicz) einen Zwischenhalt ein und ließ sich ein mit den örtlichen Verhältnissen in Warschau vertrautes Begleitkommando mitgeben. Vernehmung Heinz Reinefarth, 1.10.1964–15.1.1965 (wie oben), Bl. 48 f.; Vernehmung Helmut Stühmer, 27.11.1963 (wie oben). Die Aussagen decken sich mit Reinefarths kurz nach dem Aufstand publizierten Erinnerungsbericht »Um die Freiheit des Warthegaus«, in: Ostdeutscher Beobachter, 5.11.1944.
300 Der erfahrene Festungskommandant Stahel riet dabei Reinefarth telefonisch, trotz der prekären Lage nichts zu überstürzen: Reinefarth: »Komme aus Posen, habe aber erst wenig.« Stahel: »Lieber 1 Tag warten, klotzen, nicht kleckern. Wir halten es noch ein paar Tage aus.« Abschrift aus KTB 9, Nr. 11, Anlageband X, Handschriftliche Notizen des Kriegstagebuchführers, 4.8.1944, in: LASH, Abt. 354, Nr. 11 251. Vgl. auch Vernehmung Heinz Reinefarth, 1.10.1964–15.1.1965 (wie oben), Bl. 53.
301 Frieser, Panzerschlacht vor Warschau, S. 46, 51–55, Zitat S. 46.
302 Umbreit, Wehrmachtsverbände und Sondereinheiten, S. 145 f.
303 Vgl. Krannhals, Warschauer Aufstand, S. 124–128.
304 Bach-Zelewski wurde am 14. August formell zum Oberbefehlshaber aller in Warschau eingesetzten Kräfte ernannt, unter gleichzeitiger Bildung der (einige Tage später) nach ihm benannten Korpsgruppe: »SS-Obergruppenführer v. d. Bach hat für die Bereinigung der polnischen Hauptstadt Sonderauftrag des Führers. Ihm sind ebenfalls auf Befehl des Führers alle im Raum Warschau eingesetzten Verbände ohne jegliche Einschränkung unterstellt. Er hat allen Verbänden auch dem Wehrmachtskommandant von Warschau gegenüber die Befugnisse eines Komm. Generals.« Bis dahin waren die unter seinem Befehl stehenden Einheiten dem AOK 9 taktisch unterstellt. Bis zum 8. August war auf dem Papier sogar noch der handlungsunfähige Stadtkommandant Rainer Stahel dazwischengeschaltet. Abschrift aus KTB 9, Nr. 11, Anlageband IV 2, Schriftwechsel mit unterstellten und gleichgestellten Behörden, 14.8.1944, in: LASH, Abt. 354, Nr. 11 249; Krannhals, Warschauer Aufstand, S. 142; Klausch, Antifaschisten in SS-Uniform, S. 105.
305 Die Geschichte von Bach-Zelewskis Beauftragung und Befehlsübernahme ist nicht frei von Unklarheiten. Ob er wirklich erst am 5. August um etwa 17 Uhr die Befehlsgewalt übernommen hat, kann nicht mit Sicherheit festgestellt werden, da zur Beantwortung dieser Frage vorwiegend auf seine eigenen Angaben zurückgegriffen werden muss. Die erwähnte Äußerung gegenüber Jerzy Sawicki über die Tatsächlichkeit von Himmlers Vernichtungsbefehl diente letzten Endes dazu, sich selber als »Retter« der Zivilbevölkerung Warschaus zu inszenieren. Obwohl sich Bach-Zelewski und Reinefarth privat gut verstanden, darf angenommen werden, dass Letzterer im Rahmen der gegen ihn ge-

führten Ermittlungen versucht hätte, eine frühere Übernahme des Kommandos durch Bach-Zelewski – und sei es nur um einige Stunden – mit Entschiedenheit zu betonen. Falls dies wirklich den Tatsachen entsprochen hätte, wäre diesem Sachverhalt in Bezug auf die Verantwortung für das Massaker von Wola zumindest aus juristischer Sicht eine erhebliche Bedeutung zugekommen. Derartige Aussagen tätigte Reinefarth jedoch nie. Dass freundschaftliche Erwägungen zwischen den beiden durchaus in den Hintergrund treten konnten, wenn es hart auf hart ging, beweisen die belastenden Aussagen Bachs über Reinefarth in der Anfangszeit der Kriegsgefangenschaft. Vgl. Barelkowski, Karriere des Erich von dem Bach-Zelewski, S. 152 f., 159 f. sowie beispielsweise die Schutzschrift Reinefarths zuhanden des Untersuchungsrichters, 21.4.1964, LASH, Abt. 354, Nr. 11 213.

306 Was aus dem Kriegstagebuch der 9. Armee unzweifelhaft hervorgeht: »Die Führung über alle zur Niederschlagung des Aufstandes eingesetzten und noch eintreffenden Kräfte, soweit sie von außen gegen die Stadt eingesetzt werden, hat SS-Gruppenführer Reinefarth übernommen.« Reinefarth behauptete in seinen Aussagen vor dem Untersuchungsrichter, Himmler habe ihm nicht nur keinen Bevölkerungsvernichtungsbefehl erteilt, sondern ihn überhaupt über das Ausmaß des Aufstandes im Unklaren gelassen. Dennoch sei er vom Reichsführer dahin gehend unter Druck gesetzt worden, dass ihm innerhalb von 48 Stunden die erfolgreiche Niederschlagung gemeldet werden sollte. KTB 9, Nr. 11, Anlageband VI, Zusammenfassende Darstellungen, zit. nach: Aktenvermerk zum Antrag der Staatsanwaltschaft Flensburg auf Außerverfolgungssetzung Reinefarths an die Große Strafkammer beim Landgericht Flensburg, 22.11.1966 (wie oben), Bl. 90; Vernehmung Heinz Reinefarth, 1.10.1964–15.1.1965 (wie oben), Bl. 12 f.

307 Umbreit, Wehrmachtsverbände und Sondereinheiten, S. 147. Zur Geschichte der Einheit vgl. Klausch, Antifaschisten in SS-Uniform sowie Ingrao, Les chasseurs noirs. Zu ihrem Wirken in Weißrussland vgl. auch zahlreiche Passagen in Gerlach, Kalkulierte Morde. Zur Laufbahn Dirlewangers vgl. die biografische Skizze von Stang, Protagonist der Terrorkriegsführung.

308 Das 2. Bataillon traf als »Kampfgruppe Steinhauer« am Abend des 7. August in Warschau ein, Dirlewanger selber am 8. August. Klausch, Antifaschisten in SS-Uniform, S. 105–107; Aktenvermerk zum Antrag der Staatsanwaltschaft Flensburg auf Eröffnung der gerichtlichen Voruntersuchung gegen Reinefarth, 19.4.1963 (wie oben), Bl. 60.

309 Die Einheit wurde am 5. August allerdings nicht von Kaminski selber geführt, sondern von einem Major Frolow, über den nichts Näheres bekannt ist. Krannhals, Warschauer Aufstand, S. 126; Müller, An der Seite der Wehrmacht, S. 212 f. Zur Geschichte der Einheit vgl. auch die allerdings apologetisch gefärbte Spezialstudie von Michaelis, Die Brigade »Kaminski«.

310 Abschrift aus KTB 9, Nr. 11, Anlageband IV 2, Meldungen des AOK, 4.8.1944, in: LASH, Abt. 354, Nr. 11 249.

311 Dabei handelte es sich um die 1. Kompanie der Gendarmerieschule Weichselstädt sowie das Polizei-Wachbataillon IX aus Posen mit drei Kompanien. Insgesamt erhöhte sich die Stärke der deutschen Truppen mit echtem Kampfwert durch die Zuführung der verschiedenen Teile der Kampgruppe Reinefarth gegenüber dem 1. August von etwa 5000 auf etwas mehr als 11 000 Mann. Aktenvermerk zum Antrag der Staatsanwaltschaft Flensburg auf Außerverfolgungssetzung Reinefarths an die Große Strafkammer

beim Landgericht Flensburg, 22.11.1966 (wie oben), Bl. 92 f.; Krannhals, S. 122, 127. Zur Geschichte des Sonderverbandes Bergmann vgl. die Biografie über seinen umstrittenen Gründer: Wachs, Der Fall Theodor Oberländer; ferner Bojzow, Aspekte der militärischen Kollaboration in der UdSSR sowie Jeloschek/Richter/Schütte/Semler, Freiwillige vom Kaukasus, mit einem Kapitel über den Einsatz im Warschauer Aufstand (S. 270–286), das aber leider den tendenziösen Charakter der Darstellung exemplarisch widerspiegelt.

312 Während der Dauer der Niederschlagung des Warschauer Aufstandes veränderte sich die genaue Zusammensetzung der unter dem Befehl Reinefarths kämpfenden Truppen aufgrund von Verlusten, Neuzuführungen und taktischen Erwägungen naturgemäß laufend. Auf eine diesbezüglich minutiöse Darstellung wird in der Folge verzichtet, da erstens Kern und Charakter der am 5. August eingesetzten Kräfte mit Ausnahme der Ende August ausgeschiedenen Kaminski-Einheit bestehen blieben und weil zweitens die militärischen Operationen an sich hier nicht im Fokus stehen. Sofern für das Verständnis erforderlich, werden die betreffenden Einheiten im Zusammenhang genannt. Vgl. zu den deutschen militärischen Operationen während des Warschauer Aufstandes neben Krannhals die neuere Darstellung von Sawicki, Rozkaz: zdławić powstanie. Vgl. allgemein zu den militärischen Kampfhandlungen das ältere polnische Standardwerk von Kirchmayer, Powstanie Warszawskie sowie Borkiewicz, Powstanie warszawskie 1944.

313 Möglicherweise haben daneben zwei weitere, kleinere Einsatzbesprechungen stattgefunden. Einige Zeugen erwähnen, dass kurz nach der eigentlichen Besprechung eine weitere Zusammenkunft, diesmal für die Unterführer, stattgefunden habe. Diese sei von Reinefarth und dem Ia Fischer gemeinsam bestritten worden. Gesichert ist jedoch, dass vor Einsatzbeginn in einer Nebenstraße der Wolska-Straße eine gesonderte Besprechung mit den Führern der Dirlewanger-Einheit stattfand. Dennoch wurde die taktische Abstimmung mit dieser Einheit auch bei der Hauptbesprechung erörtert, wobei unklar ist, ob daran auch Angehörige aus dem Stab Dirlewangers selber teilgenommen haben. Jedenfalls wollte sich bei den Vernehmungen keiner der befragten Zeugen explizit daran erinnern. Dabei konnte es sich aber natürlich auch um Schutzbehauptungen handeln, um sich nicht der Komplizenschaft mit den Dirlewanger-Leuten verdächtig zu machen. Aktenvermerk zum Antrag der Staatsanwaltschaft Flensburg auf Außerverfolgungssetzung Reinefarths an die Große Strafkammer beim Landgericht Flensburg, 22.11.1966 (wie oben), Bl. 222–225. Auf die Einsatzbesprechung und die Weitergabe von Himmlers Mordbefehl durch Reinefarth weist im Übrigen bereits Krannhals hin, ohne diesen Sachverhalt jedoch zu belegen. Krannhals, Warschauer Aufstand, S. 312.

314 Aktenvermerk zum Antrag der Staatsanwaltschaft Flensburg auf Außerverfolgungssetzung Reinefarths an die Große Strafkammer beim Landgericht Flensburg, 22.11.1966 (wie oben), Bl. 225.

315 Die Eigenaussage betreffend die Abgabe des Kommandos über das Bataillon scheint glaubhaft, weil sie von anderer Seite bestätigt wurde. Vgl. Ermittlungsergebnis Stab und Stabskompanie Kampfgruppe Reinefarth, 10.3.1964, LASH, Abt. 354, Nr. 11260.

316 Vernehmung Friedrich Peterburs, 22.2.1962, a.a.O.

317 Ebenda.

318 Ebenda.

319 Ebenda.
320 Diese Aussage ist aber zweifelsohne berechnender als diejenige von Peterburs, da sie vor allem der eigenen Entlastung dienen soll. Reck gab weiter an, er habe nach dem knappen Bescheid nochmals Rücksprache mit seinen Offizieren genommen und beschlossen, die Zivilisten in den Raum westlich der Ringbahn bringen zu lassen, wo der Befehl nicht gegolten habe. Vernehmung Max Reck, 11.12.1962, in: Aktenvermerk zum Antrag der Staatsanwaltschaft Flensburg auf Außerverfolgungssetzung Reinefarths an die Große Strafkammer beim Landgericht Flensburg, 22.11.1966 (wie oben), Bl. 231 f.
321 In einem wissenschaftlichen Kontext und in deutscher Sprache trotz Unterschätzung der Opferzahlen und weitestgehender Exkulpation der in die Geschehnisse involvierten Wehrmachtseinheiten nach wie vor grundlegend: Das Unterkapitel »Rechtswidriges Verhalten kämpfender Einheiten«, in: Krannhals, Warschauer Aufstand, S. 303–325. Ein Stimmungsbild über die Härte der Warschauer Kämpfe vermitteln auch die edierten Tagebücher und Briefe des Hauptmanns Wilm Hosenfeld, der bei der dortigen Oberfeldkommandantur stationiert war: Hosenfeld, »Ich versuche jeden zu retten«, S. 822–853.
322 Diese Vorgänge wurden von der 9. Armee durchaus gutgeheißen. So meldete ihr Stabschef, Generalmajor Helmut Staedke, dem Stabschef der Heeresgruppe Mitte am selben Tag: »Säuberung langsam im Gange. Stadt brennt vielfach. Reinefahrdt [sic] sehr ordentlich.« Abschrift aus KTB 9, Nr. 11, Anlageband X, Handschriftliche Notizen des Kriegstagebuchführers, 5.8.1944, in: LASH, Abt. 354, Nr. 11251. Vgl. zu den Massentötungen auch Borodziej, Warschauer Aufstand, S. 229; Klausch, Antifaschisten in SS-Uniform, S. 105–120. Welche Einheiten in welchem Ausmaß für die in Wola begangenen Verbrechen verantwortlich sind, ist kaum noch zweifelsfrei aufzuklären. In den polnischen Zeugenaussagen ist immer wieder von »SS-Leuten«, »Gendarmen«, »Ukrainern« und »Kalmücken« die Rede, wobei die letzten beiden Bezeichnungen von der Warschauer Bevölkerung als Sammelbegriffe für die ostslawischen Hilfstruppen der Wehrmacht verwendet wurden. Die vorliegenden Ermittlungsakten weisen hierbei dem in Wola agierenden mittleren Angriffskeil mit der Sondereinheit Dirlewanger und dem Polizeibataillon Peterburs die Hauptschuld zu. Dabei wird jedoch suggeriert, dass die als Erste vorrückende Dirlewanger-Einheit als Hauptträgerin der Kampflast trotz ihres einschlägigen Rufs kaum noch dazu gekommen sein könne, die Zivilbevölkerung systematisch umzubringen. Dagegen treffe die Angehörigen des Bataillons Peterburs ein besonderer Tatverdacht: »Der Beginn der Massentötungen am westlichen Stadtrand Warschaus gegen 9 Uhr fällt räumlich und zeitlich mit dem Einsatz dieser Polizeikräfte zusammen, die praktisch hier – noch westlich der Bahnlinie – durch keine militärischen Aufgaben gebunden waren. Der Zusammensetzung nach handelte es sich um Polizeikräfte, die zum Teil ›Bandenkampferfahrung‹ mitbrachten und die zu einem anderen Teil als ›Volksdeutsche‹ den Polen mit mehr oder minder starkem nationalen Ressentiment gegenübergestanden haben dürften.« Im Bereich der Angriffsgruppe Nord hätten die Erschießungen dagegen erst ab Mittag begonnen und seien bereits von einem speziellen »Einsatzkommando Sicherheitspolizei« (von dem noch die Rede sein wird) übernommen worden. Aktenvermerk zum Antrag der Staatsanwaltschaft Flensburg auf Eröffnung der gerichtlichen Voruntersuchung gegen Reinefarth, 19.4.1963 (wie oben), Bl. 66, 68–72, Zitat Bl. 71 f.

323 Wobei der Kaminski-Einheit das Plündern quasi als notwendiges Übel gestattet worden war, wie der Eintrag im KTB 9 vom 7. August beweist: »Entsprechend ihren Kriegsgewohnheiten legen die Kosaken ganz offensichtlich auch hier einmal Wert auf eine ausgiebige Plünderung des besetzten Viertels, ein Verfahren, das von deutscher Seite in diesem Falle wohl oder übel geduldet werden muß.« Einige Tage später war der Zweckoptimismus jedoch bereits totaler Ernüchterung gewichen: »Kaminski größte Pleite (...). Unsere Plünderungsanweisung macht sich unangenehm fühlbar.« KTB 9, Nr. 11, Textband, 7.8.1944 sowie Anlageband X, Chefbesprechungen, 10.8.1944, in: LASH, Abt. 354, Nr. 11 273. Ende August wurde die außer Kontrolle geratene Einheit schließlich aus Warschau herausgezogen, nachdem sie auch vor Übergriffen auf deutsche Frauen nicht haltgemacht hatte und sich die Beschwerden derart gehäuft hatten, dass der Befehlshaber der »Angriffsgruppe Süd«, Generalmajor Günther Rohr, bei Bach-Zelewski ultimativ ihre Entfernung gefordert hatte. Kaminski selber wurde wenig später – offenbar auf Veranlassung von Bach-Zelewski – unter nicht restlos geklärten Umständen durch ein Standgericht hingerichtet (vgl. dazu auch die Aussagen Bach-Zelewskis während der Untersuchung gegen Reinefarth in III.3, Perzeptionen eines Massenverbrechens). Borodziej, Warschauer Aufstand, S. 229; Krannhals, Warschauer Aufstand, S. 315–320.

324 Zit. nach: Krannhals, Warschauer Aufstand, S. 312.

325 Borodziej, Warschauer Aufstand, S. 230. Zur Diskussion über die Opferzahlen vgl. Getter, Straty ludzkie i materalne sowie: Rejestr miejsc i faktów zbrodni.

326 In diesem Zusammenhang weist bereits Krannhals auf einen Zielkonflikt zwischen der Wehrmacht und Himmler hin: Hatte Letzterer die Niederwerfung des Aufstandes befohlen, implizierte der Auftrag des AOK 9 an die Kampfgruppe Reinefarth vorerst nur das Freikämpfen der Ost-West-Verbindung. Die Aufträge deckten sich also nicht, im Gegenteil, so der Schluss von Krannhals, waren »die ›Pazifikationen‹ mit denen sich die SS- und Polizeieinheiten beim Freikämpfen der Straße befassten (...) der Erfüllung des Auftrages der 9. Armee durchaus nicht förderlich.« Krannhals, Warschauer Aufstand, S. 133, 135 f., Zitat ebenda. Vgl. dazu auch Borodziej, Warschauer Aufstand, S. 230.

327 Bach-Zelewski notierte sich dazu in seinem privaten Kriegstagebuch, das er nach dem Krieg der über ihn urteilenden Spruchkammer zur Verfügung stellte: »Gestern war ein sehr schwerer Tag für mich. Häuserkampf in Warschau. Furchtbar! Ich habe Tausenden Frauen und Kindern das Leben gerettet, wenn es auch Polen waren. Der blutige und grausame Kampf geht weiter, wir kämpfen in Notwehr und trotzdem will ich den Kampf so menschlich wie möglich führen.« Zit. nach: Barelkowksi, Karriere des Erich von dem Bach-Zelewski, S. 153. Zur Problematisierung der angesichts der äußeren Ereignisse anscheinend zutreffenden, bisher jedenfalls unwiderlegten und auch in der polnischen Fachliteratur immer wieder zitierten Bach'schen Darstellung vgl. in diesem Unterkapitel weiter vorne.

328 Der Erschießungsbefehl wurde von Bach-Zelewski am 12. August weiter eingeschränkt und betraf von da an vorwiegend gefangen genommene Angehörige der Heimatarmee. Krannhals, Warschauer Aufstand, S. 321.

329 Anders als das Sonderkommando 7a war das Einsatzkommando Sicherheitspolizei bei der Kampfgruppe Reinefarth keine reguläre Einheit, sondern wurde aus Personal von Stapo- und Kripo-Leitstellen aus dem Warthegau sowie der KdS Warschau, Radom und

Lublin bzw. des BdS Krakau improvisiert zusammengestellt. Bis zum Eintreffen Spilkers am 13. August war es direkt dem Stab Reinefarths unterstellt. Spilker, der vor dem Ausbruch des Aufstandes ein direkt beim BdS Krakau angesiedeltes Sonderkommando zur Bekämpfung der polnischen Widerstandsbewegung geleitet hatte, sandte nach seinem Eintreffen seine Berichte mit Erschießungs- und Verbrennungszahlen sowohl an seinen Vorgesetzten in Krakau, SS-Oberführer Walther Bierkamp, als auch an Reinefarth, der diese regelmäßig abzeichnete. Aktenvermerk zum Antrag der Staatsanwaltschaft Flensburg auf Eröffnung der gerichtlichen Voruntersuchung gegen Reinefarth, 19.4.1963 (wie oben), Bl. 89–95; Aktenvermerk zum Antrag der Staatsanwaltschaft Flensburg auf Außerverfolgungssetzung Reinefarths an die Große Strafkammer beim Landgericht Flensburg, 22.11.1966 (wie oben), Bl. 187–192; Bisheriges Ermittlungsergebnis über das EK Sicherheitspolizei Kampfgruppe Reinefarth, 30.5.1963, Bl. 19–35, LASH, Abt. 354, Nr. 11282; Davies, Rising '44, S. 252 f.; Borodziej, Warschauer Aufstand, S. 230.

330 Borodziej, Warschauer Aufstand, S. 238.

331 A. a. O., S. 245.

332 Mit den bei dieser Gelegenheit gefangen genommenen Juden, die in keinster Weise ins Kampfgeschehen involviert gewesen waren, wurde ebenfalls kurzer Prozess gemacht: »Bei Unternehmen Czerniakow 4000 Personen aufgefangen (…). Aus dem Kessel strömen Zivilisten, darunter befanden sich nach bisherigen Feststellungen 120 Juden, die dem SD übergeben wurden.« Abschrift aus KTB 9, Nr. 11, Anlageband III 2, Korpstagesmeldungen, 2.9.1944, in: LASH, Abt. 354, Nr. 11248.

333 Dazu gehörte die Anerkennung als Kombattanten für die im Aufstand kämpfenden kommunistischen Einheiten. Den Mitgliedern der Armia Krajowa war dieser Status bereits Ende August zuerkannt worden, nachdem die polnische Exilregierung in London und Washington Druck gemacht hatte und die Deutschen daraufhin von dort aus vor weiteren Erschießungen gewarnt worden waren. Borodziej, Warschauer Aufstand, S. 242, 252.

334 Umbreit, Wehrmachtsverbände und Sondereinheiten, S. 145.

335 Ebenda.

336 Matthäus, Das »Unternehmen Barbarossa«, S. 385.

337 Vgl. unter anderem eine telefonische Mitteilung des Stabschefs der 9. Armee, Staedke, an Vormann vom 24. August: »SS-Bandenflieger haben in Warschau und Mzconow deutsche Truppen beworfen. So ist's, wenn Laien Krieg führen.« Abschrift aus KTB 9, Nr. 11, Anlageband X, Handschriftliche Notizen des Kriegstagebuchführers, in: LASH, Abt. 354, Nr. 11251.

338 Umbreit, Wehrmachtsverbände und Sondereinheiten, S. 146, 151.

339 Vgl. etwa eine Aussage Stühmers über einen Befehl Himmlers, der einige Tage nach dem 5. August eingetroffen sei und verlangt habe, alle Zivilisten, die mit der Waffe in der Hand angetroffen würden, seien unverzüglich zu erschießen. Kurz darauf sei eine Gruppe von 26 polnischen Zivilisten gefangen genommen worden, auf die dieses Kriterium zugetroffen habe: »Nach den gegebenen Anordnungen wären diese Polen dem SD zu übergeben gewesen, der dann das weitere zu erledigen gehabt hätte. Der Angeschuldigte gab mir in diesem Falle den Befehl die 26 Polen ebenfalls dem SD zu übergeben. (…) Ich bat den Angeschuldigten, diese Polen zu schonen. Er sagte mir dem Sinne nach, ich

wisse doch, daß der neue Befehl gekommen sei und es könne ihn den Kopf kosten, wenn er diesen Befehl nicht befolge. Ich fragte ihn, ob er mir ausdrücklich befehle, die Polen zum SD zu bringen. Darauf entfernte er sich wortlos. Im Laufe des Vormittags wurde ich von dem Angeschuldigten wiederholt gefragt, warum die Polen noch nicht dem SD übergeben worden seien. Der Angeschuldigte wies mich jedes Mal wieder auf den Befehl Himmlers und die Folgen einer Nichtbefolgung hin. Wenn ich ihn aber fragte, ob er mir den ausdrücklichen Befehl zur Übergabe der Polen an den SD gebe, schwieg er. Schließlich sagte er dann zu mir, machen Sie was Sie wollen. Daraufhin habe ich die Polen nach Pruszkow gebracht.« Vernehmung Helmut Stühmer, 27.11.1963 (wie oben).

340 Abschriftlicher Auszug KTB Bach-Zelewski, 6.8.1944, in: LASH, Abt. 354, Nr. 11259.
341 Barelkowski, Karriere des Erich von dem Bach-Zelewski, S. 154.
342 Abschriftlicher Auszug KTB Bach-Zelewski, 21.9.1944, in: LASH, Abt. 354, Nr. 11259.
343 Die folgende Panegyrik Reinefarths wurde auf Geheiß von Himmlers Adjutant Werner Grothmann in die Personalakte des dabei angesprochenen Bach-Zelewski aufgenommen: »Reichsführer! Für die anerkennenden Worte, die Sie in dem an SS-Obergruppenführer von dem Bach gerichteten Fernschreiben auch meiner Kampfgruppe zollten, darf ich Ihnen, Reichsführer, zugleich im Namen meiner Offiziere und Männer danken. (...) Reichsführer, ich halte es aber auch für meine kameradschaftliche Ehrenpflicht, immer wieder zu betonen, daß diese Erfolge niemals ohne die rücksichtslose und unermüdliche Unterstützung durch SS-Obergruppenführer von dem Bach hätten errungen werden können. (...) Daß der Obergruppenführer stets vorn war und dadurch den Männern immer wieder neuen Ansporn gab, überraschte allerdings mich, seinen alten Mitkämpfer vor 12 Jahren nicht mehr. (...) Reichsführer, dieser unmittelbare Bericht über den mir vorgesetzten Korpsgruppenkommandeur mag vielleicht nicht den militärischen Bestimmungen über den Dienstweg entsprechen; trotzdem halte ich es für meine Pflicht, die von der Truppe täglich erlebten Verdienste des Obergruppenführers von dem Bach in dem schweren Ringen um Warschau auch zu Ihrer Kenntnis zu bringen.« Reinefarth an Himmler, 9.9.1944, BArch, BDC, SS-Führer-Personalakte Heinz Reinefarth. Auch für Dirlewanger fand er nur lobende Worte, wie aus dem Antrag für die Verleihung des Ritterkreuzes ersichtlich: »Um den Aufstand polnischer und bolschewistischer Banden in Warschau niederzuschlagen, wurde das SS-Sonderregiment Dirlewanger am 5.8.1944 am Westrand der Stadt Warschau eingesetzt. Gleich nach Verlassen der Ausgangsstellung entwickelten sich schwere Strassenkämpfe. Gut getarnte und schwer verbarrikadierte Schützenstände der Banditen mussten niedergekämpft werden. Lediglich dem [sic] taktischen Fähigkeiten, der Kühnheit und Kaltblütigkeit des SS-Oberführers Dirlewanger ist es zu verdanken, dass der Angriff fliessend vorgetragen werden konnte und die befohlenen Tagesziele erreicht wurden. Auch hierbei zeigte SS-Oberführer Dirlewanger grösste Tatkraft und kämpfte an der Spitze seiner Männer mit der Waffe in der Hand Widerstandsnester nieder. (...) SS-Oberführer Dirlewanger (...) hat durch seine wiederholten Taten gezeigt, dass er zu den Tapfersten der Tapferen gehört.« Vorschlag für die Verleihung des Ritterkreuzes an Dirlewanger, 10.9.1944, BArch, BDC, SS-Führer-Personalakte Oskar Dirlewanger. Neben den NS-typischen Verschleierungsformulierungen fallen vor allem die Tatsachenverdrehungen ins Auge: Bach-Zelewski war mitnichten »stets vorn«, sondern hielt sich häufig außer-

halb Warschaus beim AOK 9 oder bei Generalstabschef Guderian auf. Dirlewanger war am 5. August, auf den sich Reinefarth hier bezieht, noch gar nicht in Warschau eingetroffen.

344 Die Auszeichnungen wurden dem Trio am 30. September 1944 verliehen. Vgl. entsprechende Meldungen in den jeweiligen SS-Führer-Personalakten, BArch, BDC.

345 Abschrift aus KTB 9 Nr. 11, Anlageband X, Handschriftliche Notizen des Kriegstagebuchführers, 19./20. 8. 1944, in: LASH, Abt. 354, Nr. 11 251.

346 Zit. nach: Krannhals, Warschauer Aufstand, S. 250. Diese Einschätzung hielt er auch 1958 in seiner Aussage vor der Staatsanwaltschaft Flensburg im Wesentlichen aufrecht: »Seine militärischen Erfolge verdankt Herr Reinefarth ausschließlich seiner persönlichen, beinahe einmaligen Tapferkeit. Denn für die Stellung eines höheren Befehlshabers war er überhaupt nicht ausgebildet; nach meinen Feststellungen fehlte es ihm an den einfachsten Voraussetzungen.« Vernehmung Erich von dem Bach-Zelewski, 29. 8. 1958 (wie oben), Bl. 3.

347 Krannhals, Warschauer Aufstand, S. 196.

348 Der völkerrechtswidrige Charakter dieser Kriegshandlungen wurde kurz nach Kriegsende vom Brigadegeneral und Historiker Jerzy Kirchmayer, dem Doyen der Geschichtsschreibung über den Warschauer Aufstand, für die Polnische Hauptkommission für die Erforschung nationalsozialistischer Kriegsverbrechen erstmals in einem Gutachten amtlich hergeleitet. Kirchmayer baute seine Argumentation zunächst auf eine seiner Ansicht nach von deutscher Seite bewusst und politisch motiviert vollzogene Abtrennung des Kampfgebiets vom Operationsgebiet der 9. Armee auf: »In einer in der Kriegsgeschichte nicht anzutreffenden und den Grundsätzen der Operationshandlung widersprechenden Weise wurde Warschau, das sich auf der Linie der Kampffront befand (...), von der deutschen politischen Führung aus dem Operationsgebiet herausgeschieden und mit Rücksicht auf das Prestige der Erhaltung des Mythos des Generalgouvernements im Machtbereich der deutschen Zivilverwaltung zurückgelassen.« Daraus habe die deutsche Betrachtung der Aufständischen als »Banditen« resultiert. Da aber der Aufstand »den Charakter eines allerdeutlichsten volksbefreienden Kampfes« gehabt habe und sich die Aufständischen zudem von Anfang an alle Bedingungen im Sinne des Artikels 1 des Zusatzes der Haager Konvention gehalten hätten, um als kämpfende Seite anerkannt zu werden, [nachfolgend durch den amtlichen Übersetzer unterstrichen] »haben die Kommandanten der deutschen Kampfgruppen, die selbstständig in der ersten Phase des Aufstandes handelten, insbesondere der Gen. Reinefarth, die Bestimmungen der Haager- und Genfer-Konventionen im Verhältnis zu den Aufständischen in Warschau gebrochen (...), für sich das unbegrenzte Recht der Wahl der Mittel zur Schädigung der Aufständischen usurpiert und in der Ausführung willkürlich diese Mittel angewandt.« Bemerkenswerterweise wird Bach-Zelewski explizit entlastet und seine Rolle von derjenigen seiner Untergebenen deutlich kontrastiert: »Auf der Stufe des Korpskommandanten, d.h. auf der Stufe des Gen. v. d. Bach, schien die deutsche Seite die Aufständischen als kämpfende Seite anzusehen, d.h. sie verletzte nicht Art. 1 des Zusatzes zur Haager Konvention, jedoch auf den niedrigeren Stufen der Führung, die dem Korpskommandanten unterstellt waren, dauerten die Übertretungen anderer Bestimmungen der Haager und Genfer Konventionen (...) weiterhin und dies in der

Form sehr scharfer und häufiger Grausamkeiten, obwohl sie im Vergleich zur Anfangsphase des Aufstandes eines Tendenz zur stufenweisen Verringerung erkennen liessen.« Gutachten Jerzy Kirchmayer (amtliche Übersetzung), Abschnitt II, Bl. 3 f., LASH, Abt. 354, Nr. 11 260.

349 Reinefarth reiste am Nachmittag des 7. Oktober aus Warschau ab, nachdem er laut eigenen Angaben die Kapitulationsverhandlungen »beratend unterstützt« hatte. Vgl. Vernehmung Heinz Reinefarth, 1.10.1964–15.1.1965 (wie oben), Angaben zum Lebenslauf, Bl. 9, mit Bezug auf das Kriegstagebuch der 9. Armee; Spruchgerichtsverfahren Heinz Reinefarth, Vernehmung vom 16./17.9.1948, Teil 1 (wie oben), Bl. 10.

350 Vgl. etwa: »Beispielhafter Einsatz in Warschau. Die Kampfgruppe Reinefarth bei der Liquidation des verbrecherischen Aufstandes.« Ostdeutscher Beobachter, 22.9.1944.

351 Der Ostdeutsche Beobachter sprach in Zusammenhang mit der Verleihung des Eichenlaubs an Reinefarth von einer »Hohe[n] Auszeichnung (…) für den Soldatengeist (…) des Warthelandes.« Ostdeutscher Beobachter, 1.10.1944. Reinefarths Ehrung sorgte aber auch in einem überregionalen Kontext für Schlagzeilen. Vgl. entsprechende Berichte in: Völkischer Beobachter (Berliner Ausgabe), 22.10.1944; Das Schwarze Korps, 16.11.1944.

352 Mit dem Anlass wurde gleichzeitig inoffiziell die Inszenierung des Jahrestags der Errichtung des Warthegaus nachgeholt. Der eigentliche Jahrestag am 26. Oktober war in diesem Jahr auf Geheiß Greisers als Feiertag ausgesetzt worden: Der Gauleiter war ursprünglich der Ansicht gewesen, man habe aufgrund der Kriegsereignisse keine Zeit zum Feiern. Epstein, Model Nazi, S. 297; Ostdeutscher Beobachter, 7.11.1944.

353 So der Inhalt einer Meldung Greisers an Parteisekretär Bormann, in der er davon ausging, dass die erfolgreiche Aufstandsniederschlagung zeitnah zu erwarten sei und Reinefarth demzufolge »in kurzer zeit (…) nach posen zurückkehren« würde. Greiser an Bormann (Datum unleserlich), BArch, BDC, SS-Führer-Personalakte Heinz Reinefarth. Im amtlichen Schriftverkehr verwendete Greiser später die reichsweit übliche Funktionsbezeichnung »Gaustabsführer«.

354 Ostdeutscher Beobachter, 5.11.1944.

355 Wenngleich Reinefarths erneute Abwesenheit ab November 1944 später von Greiser herangezogen wurde, um die mangelhafte Verteidigung und chaotisch verlaufende Räumung Posens zu entschuldigen. Arthur Greiser, »Aufbau und Kampfeinsatz des deutschen Volkssturms im Reichsgau Wartheland«, 20.2.1945, Bl. 4 (angehängt an entsprechende Stellungnahme des Wehrkreiskommandanten), in: Kriegstagebuch des Stv. Generalkommandos Wehrkreis XXI, Sonderbeilage I, Einsatz des Volkssturmes im Wehrkreis, BArch, RH 53–21/17.

356 Die Ernennungsurkunde trägt das Datum vom 22. November, wurde aber auf den 1. Juli 1944 rückdatiert. Reinefarth gab später an, er sei als Generalleutnant der Polizei mit einem entsprechenden Rang bei der Waffen-SS versehen worden, weil ihm am Oberrhein mehrere Wehrmachtsoffiziere im Generalsrang unterstanden hätten. Die vorliegenden Quellen stützen diese Aussage jedoch nicht. Ernennungsurkunde zum Generalleutnant der Waffen-SS und der Polizei, 22.11.1944, BArch, BDC, SS-Führer-Personalakte Heinz Reinefarth; Vernehmung Heinz Reinefarth, 22./25.8.1958, Teil 1 (wie oben), Bl. 6; Vernehmung Heinz Reinefarth, 1.10.1964–15.1.1965 (wie oben), Angaben zum Lebenslauf, Bl. 9.

357 Vernehmung Heinz Reinefarth, 22./25.8.1958, Teil 1 (wie oben), Bl. 6.
358 Fischers Einsatz im Stab Reinefarths ergibt sich aus dem Greiser-Bericht über den Volkssturm im Reichsgau Wartheland (vgl. oben), in dem seine Abwesenheit ebenfalls beklagt wird. Über die Besetzung des Korps-Stabs und die Zusammensetzung der einzelnen Einheiten lagern Kopien aus französischen Geheimdienstquellen im Nachlass Vopersal im Bundesarchiv-Militärarchiv Freiburg i. Br.: BArch, N 756/93b. Zur Laufbahn des später im RuSHA-Prozess verurteilten SS-Standartenführers Herbert Hübner vgl. den biografischen Abriss bei Heinemann, »Rasse, Siedlung, deutsches Blut«, S. 620.
359 Longerich, Himmler, S. 736; Vernehmung Heinz Reinefarth im Voruntersuchungsverfahren gegen Koppe, Staatsanwaltschaft Bonn, 14.9.1962 (wie oben).
360 Vgl. dazu erhellend: Zimmermann, Pflicht zum Untergang, insbesondere S. 282–323.
361 Himmlers Kommandostelle wurde am 22. Januar 1945 in »Heeresgruppe Oberrhein« umbenannt und am nächsten Tag von SS-Oberstgruppenführer Paul Hausser übernommen. Am 29. Januar wurde die Heeresgruppe jedoch bereits wieder aufgelöst. Dementsprechend sind die im Bundesarchiv erhaltenen Überreste dieser Kommandobehörde äußerst dürftig. Vgl. BArch, RH 19-XIV.
362 Zit. nach: Rogall, Räumung des »Reichsgaus Wartheland«, S. 29.
363 Herbert Hübner, »Bericht über die Räumung der Dienststelle Posen« an das Rasse- und Siedlungshauptamt, 11.3.1945, Bl. 2, in: LASH, Abt. 354, Nr. 11 260.
364 Rogall, Räumung des »Reichsgaus Wartheland«, S. 29.
365 Auch hier pflegte Reinefarth in seinem Stab alte Seilschaften: Neben dem in Warschau und am Oberrhein eingesetzten und mittlerweile zum Oberstleutnant der Schutzpolizei beförderten Kurt Fischer gehörte auch der Schupo-Major Günther Bock dazu. Bock hatte in Warschau die Polizei-Reiter-Ersatzabteilung Posen kommandiert und avancierte nach dem Krieg zum Kommandeur der Landespolizei in Schleswig-Holstein; eine Kontinuität, die für alle Beteiligten spätestens dann eine pikante Note erhielt, als Bock in den Ermittlungsverfahren gegen Reinefarth mehrfach als Zeuge zur Aussage vorgeladen wurde. Kriegstagebuch des Stv. Generalkommandos Wehrkreis XXI, 18.1.1945, BArch, RH 53–21/14.
366 Rogall, Räumung des »Reichsgaus Wartheland«, S. 29 f.
367 Herbert Hübner, »Bericht über die Räumung der Dienststelle Posen« an das Rasse- und Siedlungshauptamt, 11.3.1945 (wie oben), Bl. 4.
368 Wobei Reinefarths Auffangstab unter mehreren der zuverlässigste gewesen zu sein scheint: Ein Stabsoffizier des evakuierten Wehrkreises XXI in Posen erzählt in einem Bericht von einer am 30. Januar 1945 stattfindenden Meldung beim Oberbefehlshaber des V. SS-Freiwilligen-Gebirgskorps, dem ehemaligen HSSPF Ost Friedrich-Wilhelm Krüger. Auf die Frage nach der Auffangorganisation für das Korps habe Krüger geantwortet, dass auf der Linie Crossen–Sternberg–Zilenzig eine derartige Organisation unter dem Befehl des Generalleutnants Erich Schroeck stehe. Schroeck sei aber leider »dem Korps mehr oder weniger aus der Hand geglitten (…)«. Krüger habe dann aber gleichsam beruhigend darauf hingewiesen, dass weiter westlich noch die Auffangorganisation Reinefarth stünde. »Bericht Windthorst«, Bl. 11, Kriegstagebuch des Stv. Generalkommandos Wehrkreis XXI, Beiheft zu den Anlagen, BArch, RH 53–21/16.
369 Lakowski, Zusammenbruch der deutschen Verteidigung, S. 588–590.

370 Aktenvermerk zur Einstellungsverfügung der Ermittlungen gegen Reinefarth zum Komplex Küstrin, 1.10.1958, Bl. 7, LASH, Abt. 354, Nr. 5918.
371 Le Tissier, Siege of Küstrin, S. 92.
372 Kohlase, Als Küstrin in Trümmer sank, S. 12 f.
373 Vgl. Wegner, Choreographie des Untergangs, hier S. 517.
374 Bericht Körner über den Verlauf der Belagerung Küstrins an Bormann, 5.4.1945, Bl. 2, 9, IfZ, Fa 91/2.
375 Kohlase, Als Küstrin in Trümmer sank, S. 14; Le Tissier, Siege of Küstrin, S. 107.
376 Bericht Körner über den Verlauf der Belagerung Küstrins an Bormann, 5.4.1945 (wie oben), Bl. 34–36.
377 Kohlase, Als Küstrin in Trümmer sank, S. 13–15.
378 A.a.O., S. 14; Le Tissier, Siege of Küstrin, S. 183–185.
379 Le Tissier, Siege of Küstrin, S. 191 f.
380 Lakowski, Zusammenbruch der deutschen Verteidigung, S. 599.
381 Dieser Vorgang stellte gleichzeitig eine der letzten Amtshandlungen Guderians als Generalstabschef dar. Am gleichen Tag wurde er von Hitler entlassen und durch den wesentlich gefügigeren General Hans Krebs, bisher Chef der Operationsabteilung, ersetzt. A.a.O., S. 599 f.
382 Zit. nach: Kohlase, Als Küstrin in Trümmer sank, S. 439.
383 Le Tissier, Siege of Küstrin, S. 154.
384 Der Vorgang wurde in den Nachkriegsermittlungen mit Ausnahme Reinefarths von allen Zeugen bestätigt, also auch vom zuständigen Kriegsrichter. Aktenvermerk zur Einstellungsverfügung der Ermittlungen gegen Reinefarth zum Komplex Küstrin, 1.10.1958 (wie oben), Bl. 3, 16 f.
385 Im Kontext der Kriegsendphase bewegte man sich damit quantitativ allerdings wohl kaum in außergewöhnlichen Sphären. Die Zahl stammt vom Leiter des Kriegsgerichts Küstrin, der sicherlich kein Interesse hatte, diesbezüglich zu übertreiben. Die Urteile hätten sich auf »Feigheit vor dem Feinde, Selbstverstümmelung und Plünderung« bezogen. Etwas durchsichtig ist dagegen seine Aussage, wonach Reinefarth damals mit dem Hinweis, in der Festung Frankfurt/Oder seien zum selben Zeitpunkt bereits acht oder neun Hinrichtungen wegen Plünderns vollstreckt worden, von der 9. Armee unter Druck gesetzt worden sei. Er distanzierte sich jedoch recht deutlich von Reinefarths Einlassung, man habe alle Todesurteile zur Bewährung ausgesetzt. A.a.O., Bl. 12–15, Zitat Bl. 14. Vgl. zur NS-Militärjustiz in den Monaten vor der Kapitulation Messerschmidt, Wehrmachtsjustiz 1933–1945, S. 401–431.
386 Zit. nach: Kohlase, Als Küstrin in Trümmer sank, S. 426.
387 Die anderen Soldaten gelangten zumeist auf Schlauchbooten (bei denen sich zuerst die Soldaten der Wehrmacht und der Waffen-SS bedienten) und improvisierten Flößen an das Westufer der Oder. A.a.O., S. 14, 17, 241, 305 f., 354.
388 Le Tissier, Siege of Küstrin, S. 227 f.
389 Kohlase, Als Küstrin in Trümmer sank, S. 306 f.; Bericht Körner über den Verlauf der Belagerung Küstrins an Bormann, 5.4.1945 (wie oben), Bl. 25 f.
390 Bericht Körner über den Verlauf der Belagerung Küstrins an Bormann, 5.4.1945 (wie oben), Bl. 26.

391 Zit. nach: Kohlase, Als Küstrin in Trümmer sank, S. 306.
392 A. a. O., S. 308 f.
393 Laut Körner bestand die Abmachung, dass diejenigen, die auf irgendeine Art und Weise ausfielen, zurückgelassen werden sollten. Davon sei auch Reinefarth betroffen gewesen. Der völlig entkräftete Festungskommandant sei im Niemandsland liegen geblieben, später aber wie zahlreiche Verwundete geborgen worden. Bericht Körner über den Verlauf der Belagerung Küstrins an Bormann, 5. 4. 1945 (wie oben), Bl. 30; Le Tissier, Siege of Küstrin, S. 260.
394 Vgl. zahlreiche Erlebnisberichte, abgedruckt in: Kohlase, Als Küstrin in Trümmer sank.
395 So die Erinnerungen des ehemaligen Ordonnanzoffiziers im Stab Reinefarths in Küstrin, a. a. O., hier S. 242 f.
396 Vernehmung Heinz Reinefarth, 1. 10. 1964–15. 1. 1965 (wie oben), Angaben zum Lebenslauf, Bl. 9. Vgl. auch eine Gesprächsnotiz eines Mitarbeiters von Himmlers Adjutanten Grothmann: »SS-Gruf. Reinefarth ist festgesetzt worden und hat entsprechendes Verfahren wegen des eigenmächtigen Verlassens des Festungsraumes Küstrin zu erwarten.« Vermerk über Gespräch mit SS-Obersturmbannführer Werner Grothmann, 4. 4. 1945, in: SS-Führer-Personakte Reinefarth.
397 Laut eigenen Angaben ist er von der dort lebenden Ufa-Schauspielerin Sybille Schmitz denunziert worden. A. a. O., Bl. 10. Die Zusammenkunft mit Greiser wird auch in dessen Biografie erwähnt: Epstein, Model Nazi, S. 310.
398 Vernehmung Hermann Körner, 6. 9. 1958, Bl. 3, LASH, Abt. 354, Nr. 5918.
399 Bericht Körner über den Verlauf der Belagerung Küstrins an Bormann, 5. 4. 1945 (wie oben), Bl. 10.
400 A. a. O., Bl. 31. Die Bedeutung von Körners Rückendeckung unterstreicht auch Kohlase, der zudem (unbelegt) davon ausgeht, dass die militärischen Organe ohnehin gegen eine Verurteilung Reinefarths waren. Le Tissier führt die Nichtverurteilung darauf zurück, dass Hitler in diesen Tagen und Wochen mit dringenderen Problemen beschäftigt gewesen sei. Kohlase, Als Küstrin in Trümmer sank, S. 428; Le Tissier, Siege of Küstrin, S. 263.
401 Der zuständige Generalrichter Hoffmann hat sich zu dem Sachverhalt zwar ebenfalls geäußert, jedoch in Form eines »Persilscheins«, den er Reinefarth für das Spruchgerichtsverfahren ausstellte. Darin gibt er an, dass Hitler von dem Verfahren die Todesstrafe erwartete: »Die Reichskriegsanwaltschaft war jedoch auf Grund der Ermittlungen der Ueberzeugung, dass kein Grund zur Anklage-Erhebung gegeben und Reinefarths Verhalten militaerisch richtig, verantwortungsbewusst und menschlich zu billigen war.« Eidesstattliche Erklärung Eduard Hoffmann im Spruchgerichtsverfahren Reinefarth, 15. 6. 1948, IfZ, Mc 37.
402 Kwiet, Legendenbildung, S. 117.
403 Preliminary Interrogation Report Heinz Reinefarth, 13. 9. 1945, National Archives and Records Administration (NARA), RG 238, 190: 12/13/04, Box 17.
404 Vernehmung Heinz Reinefarth, 1. 10. 1964–15. 1. 1965 (wie oben), Angaben zum Lebenslauf, Bl. 10.
405 Buscher, Bestrafen und erziehen, S. 96–101.
406 Musial, NS-Kriegsverbrecher vor polnischen Gerichten, S. 25 f.

407   Jerzy Sawicki war ein international angesehener Jurist und Mitglied der polnischen Delegation beim Internationalen Militärgerichtshof in Nürnberg. Als Staatsanwalt des zur Verfolgung der NS-Verbrechen gegründeten Obersten Nationaltribunals war er später unter anderem Ankläger im Prozess gegen Arthur Greiser. Vgl. die biografische Skizze bei Barelkowski, Karriere des Erich von dem Bach-Zelewski, S. 159.

408   Die Aussagen Bach-Zelewskis wurden von Sawicki 1946 veröffentlicht und vom Historiker Hanns von Krannhals für die Staatsanwaltschaft Flensburg übersetzt. In der Erstauflage noch anonym publiziert, wurde Sawickis Buch in der 1962 erschienenen dritten Auflage schließlich sogar ins Deutsche übersetzt. Zburzenie Warszawy: zeznania generałów niemieckich; Vernehmung Erich von dem Bach-Zelewski durch Jerzy Sawicki, 26.1.1946 (Übersetzung Krannhals), Bl. 10 f., LASH, Abt. 354, Nr. 11 207.

409   Musial, NS-Kriegsverbrecher vor polnischen Gerichten, S. 28 f.

410   A. a. O., S. 43–46.

411   A. a. O., S. 30–32.

412   Borodziej, »Hitleristische Verbrechen«, S. 420 f.

413   Dieses von Dieter Pohl gezogene Fazit ist repräsentativ für die aktuelle wissenschaftliche Bewertung. Pohl, Nationalsozialistische Judenverfolgung in Ostgalizien, S. 392.

414   Vgl. dazu an einem Ort konzentriert den voluminösen Quellenfundus in fünf Bänden: Instytut Pamięci Narodowej (IPN), GK 164/1402, Bd. 1–5.

415   Czeslaw Pilichowski (Direktor der Hauptkommission für die Erforschung nationalsozialistischer Verbrechen in Polen), Angelegenheit der Nachforschung und Dokumentation der Verbrechen des Heinz Reinefarth, 11.1.1967 (amtliche Übersetzung), LASH, Abt. 354, Nr. 11 218.

416   Mit den Worten von Jakub Prawin, dem Chef der Polnischen Militärmission: »However it has to be stressed that it is not merely intended to try and punish the respective culprits [Bach-Zelewski und Reinefarth] but also to clear up as correct as possible the facts of the happenings of these eventful days in order to get a most objective picture of them.« Prawin versprach zudem freies Geleit für Bach-Zelewski und Reinefarth und vergaß auch nicht, darauf hinzuweisen, dass es für diese Art des Vorgehens einen Präzedenzfall mit umgekehrten Vorzeichen gebe. So hätten die polnischen Stellen den amerikanischen Behörden seinerzeit RuSHA-Chef Richard Hildebrandt zur Verfügung gestellt, damit dieser in dem Fall Rasse- und Siedlungshauptamt vernommen werden konnte. Der vorhergehenden Abmachung entsprechend und ohne Rücksicht auf das gegen ihn in Nürnberg verhängte Urteil sei er dann an Polen zurückgegeben worden, um sich für zusätzliche Verbrechen, die er dort begangen hatte, zu verantworten. Prawin an Clay, 1.7.1948, in: LASH, Abt. 354, Nr. 11 260.

417   Clay an Prawin, 17.7.1948, in: LASH, Abt. 354, Nr. 11 233.

418   Laut eigener Aussage hatten die Amerikaner Reinefarth bereits 1947 zwischen zwei Aufenthalten in Nürnberg 14 Tage »Urlaub auf Ehrenwort« gewährt, den er genutzt hatte, um sich zum ersten Mal seit dem Kriegsende mit seiner Familie zu treffen. Der Zeitpunkt der definitiven Heimkehr nach Westerland erschließt sich neben Reinefarths Angaben unter anderem auch aus einer nachträglichen Meldung des Kripo-Außenpostens Westerland, bei welchem sich der Freigelassene anzumelden hatte. Heinz Reinefarth, Bisherige Untersuchungen wegen meiner Tätigkeit während des War-

schauer Aufstandes 1944, Bl. 1, LASH, Abt. 354, Nr. 11 200; Polizeiabteilung Westerland an Polizeiinspektion Niebüll, 2.10.1948, Sylter Archiv, Ordner Reinefarth (ohne Signatur).

419 Wember, Umerziehung im Lager, S. 241.
420 OCCWC-Vernehmung Heinz Reinefarth, 19.9.1946, Bl. 2–6, 12–14, Zitat Bl. 13, IfZ, Zs 1138 (Zeugenschriftentum Reinefarth).
421 Nach seiner eigenen Darstellung trifft Ersteres zu. Vernehmung Heinz Reinefarth, 22./25.8.1958, Teil 2 (wie oben), Bl. 15.
422 A. a. O., Bl. 9.
423 Dass das Gespräch nicht wie ein Verhör ablief, ergibt sich aus dem Inhalt des Protokolls zweifelsfrei, auch wenn Reinefarth die Freundschaftlichkeit der Atmosphäre später vermutlich bewusst übertrieb, als er bekundete: »Mir wurde dabei von Anfang an bedeutet, daß meine eigene Tätigkeit aus Dokumenten und Zeugenaussagen bekannt sei und ich nicht als Angeklagter vernommen würde.« Heinz Reinefarth, Bisherige Untersuchungen wegen meiner Tätigkeit während des Warschauer Aufstandes 1944, Bl. 1, LASH, Abt. 354, Nr. 11 200.
424 A. a. O., Bl. 10 f.
425 A. a. O., Bl. 8 f.
426 Heinz Reinefarth, Short description of the fight for Warsaw (amtliche Übersetzung), 23.9.1946, IfZ, Zs 1138.
427 Vgl. Records of the United States Nuernberg War Crimes Trials Interrogations, 1946–1949, Alphabetical list of persons interrogated, NARA, M-1009.
428 Vgl. zur Arbeit des OCCWC die Aufzeichnungen von Taylor, Nürnberger Prozesse.
429 Vgl. den Aufsatz von Bernd Wegner über die Arbeit der »Historical Division« der US Army: Wegner, Erschriebene Siege.
430 Vgl. Breitman/Goda/Naftali/Wolfe, U.S. Intelligence and the Nazis.
431 A. a. O., S. 450.
432 A. a. O., S. 426–430, 449 f.
433 Musial, NS-Kriegsverbrecher vor polnischen Gerichten, S. 30 f.
434 Headquarters 970th CIC Detachment, European Command an War Crimes Group, European Command, 17.9.1947, NARA, RG 319, IRR Personal File Heinz Reinefarth.
435 War Crimes Group, European Command an Headquarters 970th CIC Detachment, European Command, 12.9.1947, a. a. O.
436 Memorandum von Headquarters Intelligence Division, European Command zuhanden des dortigen British Liaison Officer, 4.3.1949, a. a. O.
437 Headquarters Intelligence Division, European Command an Headquarters Intelligence Division, 70 Headquarters Control Commission for Germany (British Element), 18.1.1949, a. a. O.
438 Czeslaw Pilichowski, Angelegenheit der Nachforschung und Dokumentation der Verbrechen des Heinz Reinefarth, 11.1.1967 (amtliche Übersetzung), Bl. 2, LASH, Abt. 354, Nr. 11 218.
439 British Embassy Memorandum, 20.2.1951, zit. nach: Breitman/Goda/Naftali/Wolfe, U.S. Intelligence and the Nazis, S. 450.
440 Department of State Memorandum, 13.3.1951, zit. nach: Ebenda.

441 So die im Kontext der frühen NS-Täterforschung von Ulrich Herbert geprägte Umschreibung für die Jahre nach der Entlassung aus Kriegsgefangenschaft oder Internierung. Vgl. Herbert, Rückkehr in die Bürgerlichkeit.

442 Der Flüchtlingsbegriff schließt im Folgenden auch die Vertriebenen aus der Sowjetzone mit ein. Reinefarth lebte bekanntlich vor dem Krieg in Cottbus, war aber gebürtiger Posener. Seine Nachkriegskarriere ist ohne die von ihm betriebene Instrumentalisierung seines Flüchtlingsschicksals nur unvollständig erklärbar.

443 Jessen-Klingenberg, »In allem widerstrebt uns dieses Volk«, S. 81f., Steensen, Nordfriesland im 19. und 20. Jahrhundert, S. 380. Vgl. zur wirtschaftlichen und sozialen Lage in Schleswig-Holstein in der frühen Nachkriegszeit unter anderem auch Wissel, Demokratie und Integration; Jürgensen/Lange, Schleswig-Holstein nach dem Zweiten Weltkrieg; Freund, Heimatvertriebene und Flüchtlinge, S. 76–85; Schäfer, Schleswig-Holsteinische Gemeinschaft, S. 16–22 sowie mit Blick auf die Maßnahmen der SPD-Regierung die beiden Aufsätze von Danker, »Raus aus dem Elend« und Loose, Wir bauen auf!

444 Jessen-Klingenberg, »In allem widerstrebt uns dieses Volk«, S. 85.

445 Steensen, Nordfriesland im 19. und 20. Jahrhundert, S. 393–398.

446 Linck, »»Festung Nord« und »Alpenfestung«, S. 571–574.

447 Vgl. anschaulich und mit zahlreichen Beispielen: Paul, Schweigekartell und Weißwäschersyndikat.

448 Schmid, Geschichtspolitik und Erinnerungskultur in Schleswig-Holstein, S. 114.

449 Vgl. zu den zwei Kernbegriffen im Zusammenhang mit der frühen Vergangenheitsbewältigung Assmann/Frevert, Geschichtsvergessenheit, S. 53–63.

450 Danker, Landtag und die Vergangenheit, S. 192f. Vgl. dazu auch Christen, Entnazifizierung im Schleswig-Holsteinischen Landtag.

451 Ausführliche Darstellungen der Konzeption und Umsetzung der britischen Besatzungs- und Bestrafungspolitik finden sich u.a. bei: Bloxham, Pragmatismus als Programm; Wember, Umerziehung im Lager; Vollnhals, Entnazifizierung, politische Säuberung und Rehabilitation. Speziell auf die Situation in Schleswig-Holstein fokussiert sich die Studie von Seggern, Alte und neue Demokraten in Schleswig-Holstein.

452 So die viel zitierte Wortschöpfung von Lutz Niethammer hinsichtlich der Entnazifizierung in Bayern. Vgl. Niethammer, Mitläuferfabrik.

453 Danker, Vergangenheits»bewältigung« im frühen Land Schleswig-Holstein, S. 31f.

454 Für Schleswig-Holstein liegen in dieser Hinsicht aber keine genauen Ergebnisse vor. Uwe Danker stützt die These, indem er das Beispiel von Hinrich Lohse anfügt, der nach vorzeitiger Entlassung aus der vom Spruchgericht verhängten Haftstrafe in die Kategorie III eingeteilt wurde. Dies bedeutete nichts anderes, als dass selbst der ehemalige schleswig-holsteinische Gauleiter und Oberpräsident mit dem Beendigungsgesetz von 1951 automatisch als »entlastet« galt. Robert Bohn verweist auf die britische Handhabung in Nordrhein-Westfalen, wo erwiesenermaßen lediglich 0,01 Prozent aller Geprüften eine Einstufung in die Kategorien I oder II erhielten. Ebenda; Bohn, Scheitern der Entnazifizierung, S. 179f. Statistische Angaben zur Entnazifizierung in Schleswig-Holstein finden sich ferner bei Danker/Schwabe, Schleswig-Holstein und der Nationalsozialismus, S. 175.

455 Niethammer, Mitläuferfabrik, S. 543.

456 Vgl. mit Bezug auf die Justiz: Godau-Schüttke, Renazifizierung der schleswig-holsteinischen Justiz. Geprägt hat den Begriff ursprünglich Paul Pagel, der sich offensichtlich schwertat mit dem, was in den frühen 1950er-Jahren um ihn herum geschah.
457 Bohn, Scheitern der Entnazifizierung, S. 176.
458 Worüber Ministerpräsident von Hassel seine Genugtuung kaum verbarg: Der Landesvater bilanzierte 1956 stolz, man habe in Schleswig-Holstein »50% hereingenommen, also wesentlich mehr als unser Soll«. Schleswig-Holsteinischer Landtag, Antwort, S. 17, zit. nach: Roth, Herrenmenschen, S. 400 f.
459 Bohn, Scheitern der Entnazifizierung, S. 182.
460 Zum Justizapparat vgl. Godau-Schüttke (wie oben). Zur Polizei vgl. Linck, Der Ordnung verpflichtet, sowie Paul, Gestapo in Schleswig-Holstein, insbesondere S. 254–259.
461 Vgl. Wember, Umerziehung im Lager, S. 276–285, 344 f.
462 A. a. O., S. 280–282.
463 Zur Bedeutung der eidesstattlichen Erklärungen im Rahmen der Entnazifizierung vgl. Ullrich, Integration von NS-Tätern, S. 70–78. Basierend auf einer partiellen Auswertung der Quellengrundlage in Bezug auf Schleswig-Holstein vgl. auch den älteren Aufsatz von Hoch, Zeit der »Persil«-Scheine.
464 Vgl. Eidesstattliche Erklärung Eduard Hoffmann im Spruchgerichtsverfahren Reinefarth, 15. 6. 1948, IfZ, Mc 37.
465 Eidesstattliche Erklärung Rolf-Heinz Höppner im Spruchgerichtsverfahren Reinefarth (undatiert), a. a. O.
466 Barelkowski, Karriere des Erich von dem Bach-Zelewski, S. 164.
467 Eidesstattliche Erklärung Erich von dem Bach-Zelewski im Spruchgerichtsverfahren Reinefarth, 18. 4. 1948, IfZ, Mc 37.
468 Ebenda.
469 Ebenda.
470 Ebenda.
471 Wember, Umerziehung im Lager, S. 283.
472 A. a. O., S. 301.
473 Vgl. a. a. O., S. 304–310.
474 Vgl. Ullrich, Integration von NS-Tätern, S. 52–56.
475 Spruchgerichtsverfahren Heinz Reinefarth, Vernehmung vom 16./17. 9. 1948, Teil 2 (wie oben), Bl. 5 f.
476 Spruchgerichtsverfahren Heinz Reinefarth, Vernehmung vom 16./17. 9. 1948, Teil 1 (wie oben), Bl. 8.
477 A. a. O., Bl. 9.
478 Spruchgerichtsverfahren Heinz Reinefarth, Vernehmung vom 16./17. 9. 1948, Teil 2 (wie oben), Bl. 8.
479 A. a. O., Bl. 7.
480 Heinz Reinefarth, Stellungnahme zur Anklageschrift des Spruchgerichts Hamburg-Bergedorf, 17. 3. 1949, Bl. 2 f., IfZ, Mc 37.
481 A. a. O., Bl. 2.
482 Spruchgerichtsverfahren Heinz Reinefarth, Vernehmung vom 16./17. 9. 1948, Teil 2 (wie oben), Bl. 10.

483 Urteil der 1. Spruchkammer des Spruchgerichts Hamburg-Bergedorf gegen Reinefarth, 21.6.1949, Bl. 12, IfZ, Mc 37.
484 A. a. O., Bl. 11.
485 Wember, Umerziehung im Lager, S. 312 f., 320.
486 Bezeichnenderweise kam die einzige Verurteilung zur Maximalstrafe von zehn Jahren Gefängnis, die von einem Spruchgericht überhaupt je ausgesprochen wurde, unter genau umgekehrten Vorzeichen zustande. Dem ehemaligen HSSPF Elbe Udo von Woyrsch wurde neben seinen vielfältigen Unrechtsaktivitäten explizit auch sein »schlechtes Charakterbild« zum Verhängnis. Zit. nach: A. a. O., S. 330 f.
487 Reinefarth an Entnazifizierungsausschuss Niebüll, 14.8.1948, sowie beispielsweise Öffentlicher Kläger des Entnazifizierungsausschusses Niebüll an Aktionsausschuss der antifaschistischen Parteien Cottbus, 22.2.1949, LASH, Abt. 460.17, Nr. 313, Geschäftszeichen 11544, Entnazifizierungsakte Heinz Reinefarth.
488 Vgl. dazu sinnbildlich zwei Aussagen: Fritz Rehm, einst Gerichtsassessor in Cottbus, nunmehr Landgerichtsrat in Hamburg: »Er [Reinefarth] stand bei sämtlichen Cottbuser Juristen, die zum Teil antinationalsozialistisch eingestellt waren, in dem Ruf eines toleranten Nationalsozialisten, der in keiner Weise versuchte, Leute zu seiner Ansicht zu bekehren oder vor allen Dingen Gegnern des Systems Schwierigkeiten zu bereiten.« Der Journalist und nach eigenen Angaben der SPD angehörende Martin Zimmermann, für dessen Arbeitgeber (»Deutsche Landwirtschaftliche Presse«) Reinefarth als freier Mitarbeiter über mehrere Jahre hinweg juristische Fragen aus dem Leserkreis beantwortet hatte, bekundete: »Er war zweifellos ein Anhänger der nationalsozialistischen Idee; ich hatte oft den Eindruck, daß er als ausgesprochener Idealist die negativen Seiten nicht genügend in Rechnung stellte und auch verhältnismäßig wenig über Auswüchse im dritten Reich orientiert war. Soweit ihm Sachen (wie Judenverfolgung, Einstellung gegen die Kirche u. a.) bekannt waren, lehnte er sie genau so scharf ab wie die meisten anständigen Menschen; er zog aber keine weitgehende Schlußfolgerung inbezug auf seine eigene Einstellung daraus, weil er der Meinung war, daß sich allmählich die positiven Dinge stark durchsetzen würden. Bezeichnend für Reinefarth war, daß man ihm gegenüber trotz seiner Zugehörigkeit zur SS unbedenklich seine Meinung äußern konnte, auch in schärfster Form, eine Tatsache, von der ich häufig in Gesprächen Gebrauch machte. (...) Daß er zu einer so führenden Stellung kam, war wohl hauptsächlich durch die Tatsache bedingt, daß R. ein Mensch ist, der sich für eine von ihm als richtig erkannte Idee immer mit seiner ganzen Persönlichkeit einsetzen wird, ohne Rücksicht auf die damit verbundenen persönlichen und materiellen Gefahren. Jedenfalls tat er sicher nichts des persönlichen Vorteils wegen, sondern alles aus innerer Überzeugung.« Erklärungen Fritz Rehm und Martin Zimmermann im Entnazifizierungsverfahren Heinz Reinefarth, 23.10 und 1.11.1948, a. a. O.
489 Michael an den Entnazifizierungs-Hauptausschuss Flensburg, 15.8.1949, a. a. O.
490 Personal- und Befähigungsnachweisung vom 23.10.1947, LASH, Abt. 786, Nr. 159, Personalakte Curt Michael des schleswig-holsteinischen Justizministeriums.
491 Wobei die Aufpolierung in der bewährten anekdotischen Form erfolgte, wie die nachstehenden Ausführungen zu seiner Rolle in Warschau exemplarisch dokumentieren: »Anstatt die Bevölkerung befehlsgemäß zu vernichten, habe ich zu ihrer Rettung

Kampfpausen eingelegt, persönlich und durch beauftragte Soldaten Brot sowie andere Lebensmittel aus den Beständen meiner Truppen an sie verteilt und ihre Kranken in meine Lazarette aufgenommen. (…) Weiter habe ich durch Truppen das in Warschau befindliche Herz des berühmten Komponisten Chopin gerettet, das dem polnischen Erzbischof von Warschau in feierlicher Form überreicht worden ist.« Reinefarth an den Öffentlichen Kläger des Entnazifizierungsausschusses Niebüll, 17.2.1949, LASH, Abt. 460.17, Nr. 313, Geschäftszeichen 11 544, Entnazifizierungsakte Heinz Reinefarth.

492 Konkret drückte er sich wie folgt aus: »Obwohl mir nunmehr völlig klar war, daß ich entweder beim Durchbruch fallen oder bei Erreichen der eigenen Linien die Todesstrafe würde erleiden müssen, entschloß ich mich zur Rettung meiner Soldaten zum Durchbruch, der gelang. 2 Stunden später bereits war ich verhaftet und alsbald in das berüchtigte Wehrmachtsgefängnis Fort Zinna in Torgau eingeliefert. Meine vorgeschriebenen Gefängnis-Spaziergänge führten mich an den Leichen der durch Genickschuß hingerichteten Soldaten bei den Erschießungspfählen vorbei. (…) Für diese meine Haltung habe ich allerdings die schwersten Folgen auf mich nehmen müssen. Meine wirtschaftlichen Verhältnisse sind die denkbar schlechtesten. Meine Familie und ich haben im Osten alles verloren. Meine jetzt 13jährige Tochter hat auf der Fluch [sic] aus dem Osten ihren rechten Oberarm eingebüßt. Ich beziehe Arbeitslosenfürsorgeunterstützung.« Nach alldem bat er deshalb darum, dass sein Verfahren recht bald durchgeführt werde, »damit ich wieder Gelegenheit bekomme, meine Familie zu ernähren.« Ebenda.

493 Vgl. Ullrich, Integration von NS-Tätern, S. 52.

494 Reemtsma, Tötungslegitimationen, S. 96 f. Reemtsma negiert nicht die rassisch fundierte innere Bereitschaft als wichtigen Einflussfaktor, betont aber gleichzeitig den außerordentlichen situativen und institutionellen Rahmen der Verbrechen. Dieser habe es den Tätern ermöglicht, ihr Handeln zu externalisieren und dadurch gleichsam sich selber zu bleiben. Demgegenüber entwickelte insbesondere Welzer die These, wonach die Täter in der Regel im Lauf der Zeit eine völlig neue, nationalsozialistische Moral entwickelt hätten. Welzer, Täter, S. 48–67. Vgl. zur Thematik des Moralverständnisses und Schuldbewusstseins von NS-Tätern ferner – ohne Anspruch auf Vollständigkeit – die frühe Pionierstudie von Jäger, Verbrechen unter totalitärer Herrschaft, sowie Bar-On, Holocaust Perpetrators and Their Children; Kramer, Tätertypologien; Wildt, Gewalt als Partizipation; Schneider, Täter ohne Eigenschaften.

495 Erstinstanzliche Entscheidung des Entnazifizierungs-Hauptausschusses Flensburg im Fall Heinz Reinefarth, 5.9.1949, LASH, Abt. 460.17, Nr. 313, Geschäftszeichen 11 544, Entnazifizierungsakte Heinz Reinefarth.

496 Antrag des Öffentlichen Klägers des Entnazifizierungs-Hauptausschusses Flensburg, 4.9.1949, a. a. O.

497 Reinefarth an den Entnazifizierungs-Hauptausschuss Flensburg, 12.10.1949, a. a. O.

498 Reinefarth an den Öffentlichen Kläger des Entnazifizierungs-Hauptausschusses Flensburg, 21.11.1949, a. a. O.

499 Öffentlicher Kläger des Entnazifizierungs-Hauptausschusses Flensburg an Reinefarth, 2.12.1949, a. a. O.

500 Revidierte Entscheidung des Entnazifizierungs-Hauptausschusses Flensburg im Fall Heinz Reinefarth, 9.12.1949, a. a. O.

501 Vgl. dazu etwa Henke, Trennung vom Nationalsozialismus, S. 40.
502 Bewerbungsschreiben Heinz Reinefarth, 15.9.1949, Sylter Archiv, Ordner Reinefarth (ohne Signatur).
503 Seggern, Alte und neue Demokraten in Schleswig-Holstein. S. 47–50; Rudzio, Neuordnung des Kommunalwesens, S. 134–137.
504 Die Gründe dafür sind nicht bekannt. Das erwähnte Bewerbungsschreiben enthält lediglich den aufgetragenen Vermerk: »Absage erteilt am 19.12.1949.« Bewerbungsschreiben Heinz Reinefarth, 15.9.1949, Sylter Archiv, Ordner Reinefarth (ohne Signatur).
505 In welchem Umfang der materielle Besitz, über den die Familie insbesondere dank der wohlhabenden Herkunft seiner Frau einst verfügt hatte, in den Westen gerettet werden konnte, ist auf der Grundlage der vorliegenden Quellen nicht zu eruieren. Wenn Reinefarth davon sprach, »im Osten alles verloren« zu haben (vgl. oben), so liegt zwar der Verdacht nahe, dass er durch Übertreiben das Mitleid des Entnazifizierungsausschusses wecken wollte. So gab er in einem Fragebogen an, seine Familie von wöchentlich gut 25 Mark Arbeitslosengeld ernähren zu müssen. Andererseits wies er auch nach dem Urteil wiederholt auf seine schwierige wirtschaftliche Lage hin. Der Versuch, nach erfolgter Entlastung nun auch noch den größeren Teil der Verfahrensgebühren von zehn Mark erlassen zu bekommen – da er infolge des strengen Winters einen beträchtlichen Teil seines bescheidenen Etats für Heizmaterial habe ausgeben müssen –, war jedoch nicht von Erfolg gekrönt. Der ob des stetigen Drängens und Lamentierens sichtlich entnervte Geschäftsführer des Ausschusses mochte sich wohl gefragt haben, weshalb unter dem Heer von Flüchtlingen ausgerechnet der ehemalige SS-General ein Recht auf Vorzugsbehandlung haben sollte, und fertigte den Antragsteller mit dem Hinweis ab, »dass der Ausschuss sich absolut nicht vorschreiben lässt, wann Niederschlagungen vorzunehmen sind.« Alles in allem dürfte es also in jenen Jahren um die finanzielle Situation der Familie Reinefarth nicht sonderlich gut bestellt gewesen sein, wobei dies für viele Vertriebenenhaushalte zutraf. Entnazifizierungs-Fragebogen Heinz Reinefarth, 2.9.1949; Reinefarth an den Öffentlichen Kläger des Entnazifizierungs-Hauptausschusses Flensburg, 31.1.1950; Geschäftsführer des Entnazifizierungs-Hauptausschusses Flensburg an Reinefarth, 6.2.1950, LASH, Abt. 460.17, Nr. 313, Geschäftszeichen 11544, Entnazifizierungsakte Heinz Reinefarth.
506 Vgl. zur Karriere von Rudolf Katz den Aufsatz von Gerhard Paul, Remigration des Dr. Rudolf Katz.
507 Vgl. den umfangreichen Schriftverkehr in Reinefarths schleswig-holsteinischer Justizpersonalakte, hier Landesgerichtspräsident Flensburg an Katz, 15.5.1950, LASH, Abt. 786, Nr. 1543, Personalakte Heinz Reinefarth des schleswig-holsteinischen Justizministeriums.
508 Vgl. Paul, Remigration des Dr. Rudolf Katz., S. 707.
509 Notiz Katz, 11.5.1950, LASH, Abt. 786, Nr. 1543, Personalakte Heinz Reinefarth des schleswig-holsteinischen Justizministeriums.
510 Katz an Reinefarth, 20.7.1950, a.a.O.
511 Wittenburg an Reinefarth, 30.10.1950, a.a.O.
512 Godau-Schüttke, Renazifizierung der schleswig-holsteinischen Justiz, S. 64.

513 Reinefarth an das Landesjustizministerium, 1.11.1950, LASH, Abt. 786, Nr. 1543, Personalakte Heinz Reinefarth des schleswig-holsteinischen Justizministeriums.
514 Zulassungsurkunde zur Rechtsanwaltschaft, 13.11.1950, a.a.O.
515 Die Originaldokumente zu seinem Antrag zum Notariat aus dem Jahr 1951 fehlen in der Justizpersonalakte. Die diesbezügliche Chronologie wird aber aus dem ablehnenden Beschluss des schleswig-holsteinischen Notarverwaltungssenats gegen die Beschwerde Reinefarths wegen Nichtzulassung zum Notariat nach seiner Zeit als Bürgermeister ersichtlich. Beschluss des Notarverwaltungssenats des schleswig-holsteinischen Oberlandesgerichts im Verfahren Reinefarth gegen den Justizminister des Landes Schleswig-Holstein, 21.6.1971, Bl. 6, a.a.O.
516 Frankfurter Neue Presse, 29.9.1961.
517 Vgl. zur Geschichte des Nationalsozialismus in Schleswig-Holstein einführend die beiden Sammelbände von Danker und Schwabe, Schleswig-Holstein und der Nationalsozialismus sowie Paul, Landunter.
518 Paul, »Darum steht der Friese in der Front Adolf Hitlers«, S. 28. Vgl. zu dieser Thematik mit Blick auf Sylt auch die Studie von Voigt, Sylter Weg ins Dritte Reich. Wilhelm Koops hat in seiner Regionalstudie über den Kreis Südtondern jedoch darauf hingewiesen, dass der Sog der NS-Bewegung in engen, klein- und mittelbäuerlich geprägten Dorfgemeinschaften wesentlich größer war als etwa auf Sylt, wo infolge der starken wirtschaftlichen Bedeutung des Tourismussektors bei der einheimischen Bevölkerung eine von der Norm abweichende Sozialstruktur vorlag. Vgl. Koops, Südtondern in der Zeit der Weimarer Republik, S. 396.
519 Erstaunlicherweise existiert zur Geschichte des GB/BHE keine Monografie neueren Datums. Die bis dato umfassendste Studie entstand bereits 1966 als Dissertation bei Wolfgang Abendroth: Neumann, Block der Heimatvertriebenen und Entrechteten. Zu Unrecht weitgehend unbekannt ist eine vorzügliche Kieler Magisterarbeit aus dem Jahr 2001, die sich auf die Entwicklung im BHE-Stammland konzentriert: Rott, Block der Heimatvertriebenen und Entrechteten (BHE) in Schleswig-Holstein. Ausführlichere Beachtung findet der BHE auch in einem Handbuch über die Partei- und Verbandsszene im Schleswig-Holstein der späten 1940er- und 1950er-Jahre: Varain, Parteien und Verbände, sowie in Bezug auf die nationale Ebene bei Stöss, Parteien-Handbuch. Im Kontext der Flüchtlingsfrage beschäftigen sich auch die bereits erwähnten Darstellungen von Freund, Heimatvertriebene und Flüchtlinge, sowie Schäfer, Schleswig-Holsteinische Gemeinschaft, eingehender mit der Geschichte des BHE. Interessante vergleichende Perspektiven bietet schließlich der Aufsatz von Schneider, Parteien in der Landespolitik.
520 Die Koalitionsverhandlungen wurden von der CDU geführt, obwohl diese nur drittstärkste Partei geworden war. Sie hatte sich im Vorfeld der Wahlen mit der FDP und der DP zum »Deutschen Wahlblock« zusammengeschlossen, um die Vorherrschaft der SPD zu brechen. Obwohl diese noch ein Gesetz durch den abtretenden Landtag gebracht hatte, wonach Parteien, die untereinander Wahlkreise aufteilen, d.h. selber nicht in jedem Kreis einen Direktkandidaten stellen, von der Verteilung der Verhältnismandate ausgeschlossen sein sollten, hielten die drei Parteien an ihrem Bündnis fest. Eine Klage vor dem schleswig-holsteinischen Verwaltungsgericht gegen die offensichtliche Benachtei-

ligung durch das Wahlsystem blieb erfolglos. Die Anzahl der gewonnenen Sitze aus den Direktmandaten machte den Wahlblock aber dennoch zur stärksten Fraktion. Er war nun jedoch auf die Koalition mit dem BHE angewiesen, um eine absolute Mehrheit zu erreichen. Der neuen Regierung gehörten am Ende neben Ministerpräsident Walter Bartram (CDU) je ein Vertreter der CDU (Paul Pagel) und der DP (Otto Wittenburg) sowie die beiden BHE-Schwergewichte Waldemar Kraft und Hans-Adolf Asbach an. Vgl. Schäfer, Schleswig-Holsteinische Gemeinschaft, S. 47–65.

521 Rosemann, Westerland, S. 162; Steensen, Nordfriesland im 19. und 20. Jahrhundert, S. 381.
522 Gütschow, Sylt, S. 40.
523 Sylter Rundschau, 11.11.1950.
524 A.a.O., 7.12.1950.
525 A.a.O., 10.10.1949.
526 A.a.O., 12.10.1950.
527 Vgl. einführend zur Entstehungs- und Wirkungsgeschichte des geschichtsmächtigen gleichnamigen Werks: Wehrs, Schwierigkeiten einer Geschichtsrevision.
528 Herbert, NS-Eliten in der Bundesrepublik, S. 110–112.
529 Vgl. dazu den Aufsatz von Schildt, Auseinandersetzung mit dem »Dritten Reich« in Schleswig-Holstein, hier S. 273.
530 Auf diesen Sachverhalt hat etwa Alf Lüdtke hingewiesen: Lüdtke, »Coming to Terms with the Past«, S. 549.
531 Vgl. etwa König, Politik und Gedächtnis, S. 509–514.
532 Dieses Stimmungsbild verdanke ich der Schilderung eines Zeitzeugen: Mdl. Auskunft Ernst-Wilhelm Stojan, 27.9., 7.11., 9.11. und 15.11.2011.
533 Schäfer, Schleswig-Holsteinische Gemeinschaft, S. 65–69.
534 »Geheimnis der Friedensliste«, Der Spiegel (23/1955), 1.6.1955.
535 Sylter Rundschau, 24.11.1950.
536 A.a.O., 27.11.1950.
537 A.a.O., 28.11.1950.
538 A.a.O., 18.12.1950.
539 Aus dem Inhalt der anlässlich einer »Heimat-Kundgebung für die Rechte der einheimischen Bevölkerung« gefassten Resolution bzw. eines offenen Briefs der Gegenseite: A.a.O., 7.12.1950 und 4.4.1951.
540 Handbuch für Schleswig-Holstein 1950/51, S. 228. Zum Leben von Andreas Nielsen vgl. etwa den biografischen Abriss in einem Beitrag zu seinem 65. Geburtstag, Flensburger Nachrichten, 28.10.1948.
541 Vgl. neuerdings die Biografie von Terhalle, Otto Schmidt(-Hannover).
542 Sylter Rundschau, 4.12.1950.
543 A.a.O., 18.12.1950.
544 Dabei tat sich namentlich, aber nicht nur, der BHE hervor. So berichtete die Sylter Rundschau beispielsweise über eine anonyme Zettelkampagne gegen Lobsien, in welcher gleichzeitig Werbung für den BHE gemacht worden war. Kurz darauf war die Arbeitsweise des Bürgermeisters Gegenstand eines vertraulich behandelten Tagesordnungspunkts der Stadtvertretung, wobei die Diskussion über »angebliche Dienst-

unterlassungen des Bürgermeisters« trotzdem an die Presse durchsickerte. A. a. O., 9. und 13. 3. 1951.
545 A. a. O., 26. 4. 1951.
546 »Stimmen für und gegen eine Friedenswahl« sowie Berichte über Mitgliederversammlungen des BHE, a. a. O., 7. 2., 13. 2., 7. 3. und 5. 4. 1951.
547 A. a. O., 13. 4. 1951. Zum Leitmotiv der Sammlung und Blockbildung als Charakteristikum der frühen schleswig-holsteinischen Nachkriegspolitik vgl. Siegfried, Sammlung und Differenz.
548 Sylter Rundschau, 23. und 24. 4. 1951.
549 A. a. O., 30. 4. 1951.
550 A. a. O., 23. und 30. 4. 1951.
551 Rott, Block der Heimatvertriebenen und Entrechteten (BHE) in Schleswig-Holstein, S. 155.
552 Schäfer, Schleswig-Holsteinische Gemeinschaft, S. 75.
553 Sylter Rundschau, 17. 5. 1951.
554 Zit. nach: A. a. O., 18. 5. 1951.
555 A. a. O., 17. 5. 1951.
556 A. a. O., 21. und 26. 5. 1951.
557 A. a. O., 3. 8. 1951.
558 A. a. O., 23. und 27. 8. 1951.
559 A. a. O., 4., 12. und 23. 10. 1951.
560 A. a. O., 30. 10., 3. 11. und 5. 11. 1951.
561 A. a. O., 3. 11. 1951.
562 Ebenda.
563 Zur Übertragung dieses Begriffs aus der Diskursanalyse auf den westdeutschen Kontext nach 1945 vgl. wiederholt: Knoch, Tat als Bild, beispielsweise S. 805–818.
564 Sylter Rundschau, 5. 11. 1951.
565 Ebenda.
566 Zit. nach: A. a. O., 6. 11. 1951.
567 Zit. nach: Ebenda.
568 Zit. nach: Ebenda.
569 Zit. nach: Ebenda.
570 Zit. nach: Ebenda.
571 Ebenda.
572 Vgl. ebenda. Die hier vertretene Interpretation stützt sich auch auf die Zeitzeugenaussage eines ehemaligen Westerländer Politikers (SPD): Mdl. Auskunft Ernst-Wilhelm Stojan (wie oben).
573 Gütschow, Sylt, S. 40.
574 Wedemeyer/Voigt, Bad und Stadt, S. 198.
575 Sylter Rundschau, 10. 2. 1951.
576 A. a. O., 13. und 21. 8. 1951.
577 Nickelsen, gelernter Kaufmann, leitete im Mandatsverhältnis die Massageabteilung des Kurbadehauses Westerland. Im Winter 1951/52 verweigerte ihm die Stadtvertretung die Weiterführung der Anstellung unter den bisherigen Bedingungen. Gleichzeitig über-

warf er sich mit dem SSW, der seine Fronde gegen Reinefarth und die Heimatvertriebenen nicht mehr mittragen wollte. Im Februar 1952 wurde er von der Stadtvertretung auf Antrag seiner eigenen Partei aus dem Magistrat und den Ausschüssen abgewählt. Danach wirkte er noch bis zum Ende der Legislatur als parteiloser Stadtvertreter, nahm aber kaum noch an Sitzungen teil. 1955 wurde sein Vertrag mit der Kurverwaltung durch Beschluss der Stadtvertretung nicht mehr verlängert. Vgl. Protokolle der Stadtvertretung Westerland 1951–1955, Sylter Archiv; Sylter Rundschau, 5.1.1952.

578 Protokoll der Stadtvertretung Westerland, 3.10.1951, Sylter Archiv; Sylter Rundschau, 29.11.1951.

579 Gesamtdeutscher Block/BHE, Nachrichtendienst der Partei, Jahrgang 4, Nr. 24, 25.12.1953, in: LASH, Abt. 399 163 (Nachlass Hans-Adolf Asbach), Nr. 171.

580 Reinefarth war seit 1953 Mitglied des Kreistags und des Kreisausschusses Südtondern. Daneben war er unter anderem Vorstandsmitglied des Fremdenverkehrsverbands Nordmark sowie Vorsitzender des Ortsausschusses Sylt der Deutschen Gesellschaft zur Rettung Schiffbrüchiger und der Deutschen Lebens-Rettungs-Gesellschaft Westerland. Von der Landesregierung wurde er zudem zum ehrenamtlichen Landesarbeitsrichter ernannt. Handbuch des Schleswig-Holsteinischen Landtages, 4. Wahlperiode, S. 303; Heinz Reinefarth, Beschwerde an das Oberlandesgericht Schleswig-Holstein wegen Nichtzulassung zum Notariat, 4.1.1970, Bl. 6, LASH, Abt. 786, Nr. 1543, Personalakte Heinz Reinefarth des schleswig-holsteinischen Justizministeriums.

581 Der saarländische Zahnarzt hatte das Kriegsende als Oberstabsarzt der Wehrmacht auf Sylt erlebt und sich anschließend in Westerland niedergelassen. 1951 zusammen mit Reinefarth in die Stadtvertretung gewählt, wurde er 1955 Nachfolger Nielsens als Bürgervorsteher, nachdem dieser das Amt nach Schmidt-Hannovers vorzeitigem Abgang noch einmal knapp vier Jahre lang ausgeübt hatte. Handbuch für Schleswig-Holstein 1955, S. 227. Zum Lebenslauf Tamblés vgl. Vierhaus/Herbst (Hg.), Handbuch der Mitglieder des Deutschen Bundestages, Bd. 2, S. 869.

582 Zum gleichen Kreis zählte auch Hinrich Christiansen, der prägende Kopf der Westerländer CDU ab Mitte der 1950er-Jahre. Charter-Urkunde des Westerländer Lions Club, 4.1.1955, in: www.lions-club-sylt.de, 7.5.2012.

583 Petersen blieb über zwei Jahrzehnte Kurdirektor. Seine letzten Dienstjahre waren geprägt durch die Nachwehen der Auseinandersetzungen um das Hochhausprojekt »Atlantis«, das die Inselgemeinde in zwei unversöhnliche Lager spaltete und auch überregional enormes Aufsehen erregte. Die durch die Stadtvertretung 1975 ausgesprochene fristlose Kündigung machte er auf juristischem Weg rückgängig. 1979 schied er schließlich aus gesundheitlichen Gründen aus seinem Amt aus. Vgl. etwa den Artikel zu seinem Tod im Sylter Spiegel, 23.2.2000. Zu Petersens öffentlicher Parteinahme für Reinefarth vgl. III.1, Ende einer Öffentlichen Laufbahn.

584 Als Ausnahme, die die Regel bestätigt, können die Jubiläumsfeierlichkeiten des Jahres 1955 gesehen werden, als das hundertjährige Bestehen des Bades und gleichzeitig der fünfzigste Jahrestag der Verleihung der Stadtrechte begangen wurde. Der Charakter des offiziellen Festakts als reine Veranstaltung für die Honoratioren und Ehrengäste, bei der die Bevölkerung weitgehend außen vor blieb, sorgte für so viel Unmut, dass sich die Stadtvertretung gezwungen sah, die Feierstunde durch einen Festabend für die Einwoh-

585 nerschaft sowie eine Kinderveranstaltung zu bereichern. Protokoll der Stadtvertretung Westerland, 6. 9. 1955, Sylter Archiv.
585 Wendt publizierte auch im »Ostpreußenblatt«, dem Organ der Landsmannschaft Ostpreußen. Vgl. etwa dort, Jahrgang 2, Nr. 23, 25. 11. 1951.
586 Der Doppelpass mit der Presse ging sogar so weit, dass die Westerländer Journalisten (nicht aber auswärtige Pressevertreter) durch Beschluss der Stadtvertretung explizit auch für den vertraulichen Teil ihrer Sitzungen zugelassen wurden. Protokolle der Stadtvertretung Westerland, 16. 3. 1953, 8. 8. 1955, Sylter Archiv.
587 Vgl. Sylter Rundschau, 28. 1. 1952.
588 A. a. O., 8. 1. 1952.
589 A. a. O., 11. 2. 1952.
590 A. a. O., 25. 1. 1952.
591 Westerland und die Bäderinsel Sylt. Denkschrift des Fremdenverkehrsvereins Westerland, April 1952, in: www.fvv-westerland.de, 7. 5. 2012.
592 Steensen, Nordfriesland im 19. und 20. Jahrhundert, S. 417.
593 Vgl. beispielsweise die einstimmigen Beschlüsse der Stadtvertretung zur Aufnahme von sechsstelligen Krediten für den Bau der Saunaliegehalle und der Schlickbadeanlage. Protokolle der Stadtvertretung Westerland, 11. 8. 1953, 4. 3. 1955, Sylter Archiv.
594 Wedemeyer/Voigt, Bad und Stadt, S. 213.
595 Gütschow, Sylt, S. 44.
596 Zit. nach: A. a. O., S. 54.
597 Anfang 1953 wurde in Westerland die Sylter Kreisberufsschule eingeweiht, im September 1956 folgte die Eröffnung des Sylter Gymnasiums. A. a. O., S. 44 f. Der schlechte Zustand des städtischen Krankenhauses und die Konkurrenz durch die »Nordsee-Klinik« im Norden der Stadt beschäftigten Reinefarth und die Gemeindebehörden jahrelang und führten schließlich zur Übernahme der städtischen Gesundheitsversorgung durch die private Nordsee-Klinik. Vgl. u. a. Reinefarth an Regierungsdirektor Kujath, 18. 5. 1957, Sylter Archiv, Ordner Reinefarth (ohne Signatur).
598 Sylter Rundschau, 24. 12. 1953.
599 Ebenda.
600 Ebenda.
601 Protokoll der Stadtvertretung Westerland, 25. 11. 1958, Sylter Archiv.
602 A. a. O., 30. 8. 1957.
603 Vgl. Neumann, Block der Heimatvertriebenen und Entrechteten, S. 137–165; Rott, Block der Heimatvertriebenen und Entrechteten (BHE) in Schleswig-Holstein, S. 139–149.
604 Varain, Parteien und Verbände, S. 256 f.
605 Zit. nach: Roth, Herrenmenschen, S. 406.
606 Zu Asbachs Karriere vgl. den Aufsatz von Bewersdorf, Hans-Adolf Asbach, sowie die oben zitierte prosopografische Studie von Roth über die Kreishauptleute im besetzten Polen: Roth, Herrenmenschen, v. a. S. 354–372 sowie 396–409.
607 A. a. O., S. 407 f.; Varain, Parteien und Verbände, S. 259 f.; »Was man in Bonn lernt«, Der Spiegel (47/1957), 20. 11. 1957.
608 Varain, Parteien und Verbände, S. 260–267.
609 Zit. nach Speich, Kai-Uwe von Hassel, S. 165.

610 Veranschaulicht wird das Vorgehen Asbachs beispielsweise durch folgenden von einem altgedienten Abgeordneten an ihn gerichteten Brief: »Sie haben am Sonntag, dem 22.6.1958 in Neumünster bei der Verlesung von Namen, die Ihrer Auffassung nach für eine Nominierung auf der Landesliste in Frage kamen, auch meinen Namen genannt. Obwohl Sie weder von mir noch von irgend jemand anderem autorisiert waren, haben Sie sofort nach Nennung meines Namens wörtlich hinzugefügt: ›Sie kandidieren ja wohl nicht mehr?‹ Damit haben Sie mir (…) nicht einmal mehr die Wahl gelassen, selbst zu entscheiden und zu erklären, ob ich kandidieren wolle oder nicht. Sie haben dann, um die Ohrfeige erst richtig spürbar zu machen, als Herr (…) auf eine Kandidatur verzichtete, das mit bewegten Worten bedauert, während Sie nach Ihrem Affront mir gegenüber nicht einmal ein [unterstrichen] höfliches Wort des Bedauerns oder Dankes für notwendig hielten. Ich habe deswegen die Tagung verlassen und werde auch an keiner mehr teilnehmen. Im Übrigen werde ich meine Konsequenzen ziehen zu einem Zeitpunkt, den ich für richtig halte.« Später hielt er Asbach gegenüber auch nicht hinter dem Berg, weshalb er die Angelegenheit gegen außen vorderhand auf sich beruhen lassen wolle: »Sie dürfen sicher sein, dass ich klug genug bin, keine Schritte zu unternehmen, die Ihnen Gelegenheit geben, ›die historische Schuld‹, den BHE ruiniert zu haben, auf andere Schultern abzuwälzen.« Eginhard Schlachta an Asbach, 24.6. und 1.8.1958, LASH, Abt. 399 163 (Nachlass Hans-Adolf Asbach), Nr. 37.

611 Schleswig-Holsteinische Volks-Zeitung, 14.8.1958.

612 Der umtriebige Interessenvertreter war Bundesvorsitzender der Landsmannschaft Ostpreußen und Vorsitzender des Landesverbandes der Heimatvertriebenen in Schleswig-Holstein. Im Zuge der Krise um Kraft und Oberländer hatte er sich dem Anschluss an die Gruppe verweigert und war als einziger in Schleswig-Holstein gewählter Bundesparlamentarier dem GB/BHE treu geblieben. Vgl. Freund, Heimatvertriebene und Flüchtlinge, S. 172.

613 Gille hatte sich für diese Aufgabe durch seine langjährige Tätigkeit als Bürgermeister von Lötzen in Ostpreußen empfohlen. Vgl. Fisch, Ostpreußen 1944/45, S. 245.

614 Zit. nach: Roth, Herrenmenschen, S. 407.

615 Vgl. zu den Lebensstationen des gebürtigen Pommern Asbach: Bewersdorf, Hans-Adolf Asbach, S. 72.

616 1957 ließ Reinefarth Asbach eine Abschrift seiner Klageschrift des vor dem schleswig-holsteinischen Verwaltungsgericht anhängigen Verfahrens zukommen. Im Antwortbrief Asbachs über ein Gespräch mit Helmut Lemke heißt es: »Ich habe dem I. M. erklärt, nachdem ich den Fall in allen Einzelheiten vorgetragen hatte, dass die Regierung unmöglich einen derartigen Rechtsstandpunkt vertreten könne, noch die Rechtsverteidigung in dieser abrupten Form führen könne. I. M. möchte den Kläger [Reinefarth] bitten zu prüfen, ob ein Vergleich möglich ist. Er (I. M.) sei an die Rechtslage gebunden, wolle sich aber bereit finden, den Prozess sehr ›lahm‹ zu führen, da ihm jetzt auch gewisse Bedenken gekommen seien.« Zögerlichen Widerspruch gab es dagegen seitens eines Mitarbeiters von Lemke, der auf die besonderen Umstände von Reinefarths Beförderung hinwies: »Der Ministerialdirektor wiederholte, dass keine spezielle Vorbildung gegeben sei und kein plausibler Anlass zu so einer hohen Beförderung bestanden hätte. Aber auch bei ihm besteht eine erhebliche Unsicherheit und Neigung, die Sache

in der bisherigen Form zu verfolgen.« Der Klage war nach mehreren Jahren tatsächlich Erfolg beschieden, allerdings nicht in dem gewünschten Ausmaß: Die Höhe von Reinefarths 131er-Rente entsprach schließlich derjenigen eines Leutnants der Schutzpolizei; ein Rang, den Reinefarth gar nie innegehabt hatte. Begründet wurde diese Einstufung von der zuständigen Behörde mit Reinefarths unbestrittener Verbeamtung im Hauptamt Ordnungspolizei, wobei man sich aber für die Berechnung nicht an der direkten Ernennung zum Generalmajor der Polizei orientierte, sondern an seinem regulär erreichten Leutnantsrang bei der Wehrmacht. Die Rente war demnach so gering, dass sie in keinem Verhältnis stand zu den Zahlungen, die Reinefarth von der Gemeinde Westerland nach seinem Ausscheiden als Bürgermeister erwarten konnte. Reinefarth an Asbach, 17.3.1957; Asbach an Reinefarth, 11.4.1957, LASH, Abt. 399 163 (Nachlass Hans-Adolf Asbach), Nr. 3; Schleswig-Holsteinische Volks-Zeitung, 29.9.1961.

617 So die Version von Hassels Biograf Volker Koop: Demnach brachte ein Auftritt Asbachs in Segeberg das Fass zum Überlaufen, wo er in populistischer Manier den Bau einer Arbeitersiedlung angekündigt hatte, obwohl er wusste, dass dem Land dafür jegliche Mittel fehlten. Dagegen sei Asbachs Personalpolitik bei dem Entscheid für den Ministerpräsidenten nicht ausschlaggebend gewesen. Koop, Kai-Uwe von Hassel, S. 39 f.

618 Bohn, Scheitern der Entnazifizierung, S. 182.

619 Vgl. Roth, Herrenmenschen, S. 402–409; Godau-Schüttke, Heyde-Sawade-Affäre, S. 120–132.

620 Roth, Herrenmenschen, S. 407.

621 Vgl. Teschke, Aftermath of the Third Reich, S. 3; Tauber, Beyond Eagle and Swastika, S. 921.

622 Dabei wandte er sich an seinen Fraktionskollegen und späteren parteiinternen Widersacher Eginhard Schlachta, der gleichzeitig Mitglied der Flensburger Stadtverordnetenversammlung war. Asbach an Schlachta, 10.8.1955, LASH, Abt. 399 163 (Nachlass Hans-Adolf Asbach), Nr. 3.

623 Im Rahmen der Bestrebungen um Erlangung einer NS-Beamtenrente sah Reinefarth deshalb die Gelegenheit gekommen, den Ministerpräsidenten gegebenenfalls mit den Fakten des Spruchgerichtsurteils zu konfrontieren, wie er Asbach mitteilte: »Ich hielt es aber doch für richtig, Ihnen einmal die Unterlagen dafür in die Hand zu geben, welchen ›Verbrecher‹ Sie in den Reihen Ihrer Partei haben. Sie können damit vielleicht auch manchen Angriffen des MP begegnen, der die Dinge ja auch nicht kennt, da ich damit nicht hausieren zu gehen pflege.« Reinefarth an Asbach, 17.3.1957 (wie oben).

624 Vgl. Schleswig-Holsteinischer Landtag, Fundstellenverzeichnis, S. 54 f.

625 Zit. nach: Sylter Rundschau, 24.10.1959.

626 Zit. nach: Ebenda.

627 Zit. nach: Ebenda.

628 Der Übertritt erfolgte am 8. Mai 1961, knapp einen Monat nach der Gründung der neuen Gesamtdeutschen Partei. Vgl. Schleswig-Holsteinischer Landtag, Fundstellenverzeichnis, S. 54.

629 »Urlaub auf Sylt«, Der Spiegel (50/1957), 11.12.1957; mdl. Auskunft Annelie Thorndike, 11.7.2009.

630 Zit. nach: »Urlaub auf Sylt«, Der Spiegel (50/1957), 11.12.1957.

631 Zit. nach: Ebenda.
632 Mdl. Auskunft Annelie Thorndike (wie oben).
633 Leide, NS-Verbrecher und Staatssicherheit, S. 74.
634 Karl Raddatz, Lebenslauf vom 6.8.1958, BArch, DC 20/8305 (Abteilung DDR, Ministerrat, Personalakte Karl Raddatz).
635 Leide, NS-Verbrecher und Staatssicherheit, S. 74.
636 Vgl. zur Arbeit des Ausschusses für Deutsche Einheit Amos, Westpolitik der SED, S. 124-126, 258-267, sowie Weinke, Verfolgung von NS-Tätern im geteilten Deutschland, S. 141-160.
637 Neues Deutschland, 7.9.1957.
638 »Urlaub auf Sylt«, Der Spiegel (50/1957), 11.12.1957.
639 Vgl. Knoch, Tat als Bild, S. 806-808.
640 Vgl. zu Hans Thieme und seinen Erlebnissen in Warschau den auszugsweisen Abdruck seiner Kriegserinnerungen: Thieme, Erinnerungen eines deutschen Stabsoffiziers (biografische Notiz S. 301).
641 Leserbrief Hans Thieme, Der Spiegel (2/1958), 8.1.1958.
642 Die SPD scherte allerdings aus und enthielt sich bei der Abstimmung der Stimme. Protokoll der Stadtvertretung Westerland, 17.1.1958, Sylter Archiv.
643 So die zusammenfassende Rückblende des Leitenden Flensburger Oberstaatsanwalts an den schleswig-holsteinischen Justizminister anlässlich des ersten Ermittlungsverfahrens gegen Reinefarth. Die Staatsanwaltschaft Flensburg hatte sich bei Aufnahme ihrer Ermittlungstätigkeit von den Kollegen in Hamburg informieren lassen, wo besagter Strafantrag seinerzeit eingereicht worden war. Biermann an Leverenz, 3.7.1958, LASH, Abt. 354, Nr. 11223.
644 Leserbrief Helmut Sündermann, Der Spiegel (5/1958), 29.1.1958.
645 Zit. nach: Die WELT, 31.3.1958.
646 Ebenda.
647 Zit. nach: Südschleswigsche Heimatzeitung, 26.3.1958.
648 Unter der Rubrik »Die Meckerei der Woche« war unter anderem Folgendes zu lesen: »Führende SS-Leute und verwandte Gesinnungsgenossen genießen auch heute wieder wesentliche Vorrechte vor jenen Zeitgenossen, die sie zur Nazizeit heruntertrampelten. Ein großer SS-General hat mit Bravour zum Sprung ausgeholt, alle Hürden und den Hindenburgdamm genommen und landete als Bürgermeister in Westerland. Ja, in Westerland ist er reingefahren – der ehemalige SS-General Reinefarth, und regiert dort, als hätte das ›Tausendjährige Reich‹ nie bestanden. Jetzt melden sich die Polen und wollen Reinefarth holen, sintemalen seit dem Warschauer Aufstand noch eine Liste ungesühnter Morde – die dem Konto Reinefarth von einem Professor [Thieme] zugeschrieben werden – beglichen werden soll.« Flensburger Presse, 17.4.1958.
649 Mdl. Auskunft Annelie Thorndike (wie oben).
650 »Der Spiegel berichtete ...«, Der Spiegel (27/1958), 2.7.1958; Sylter Rundschau, 9.5.1958.
651 Heinz Reinefarth, Bisherige Untersuchungen wegen meiner Tätigkeit während des Warschauer Aufstandes 1944, Bl. 2, LASH, Abt. 354, Nr. 11200.
652 Ulrich Brochhagen hat den Vorgang auf der Basis von Archivunterlagen des Auswärtigen Amts und des Foreign Office rekonstruiert: Brochhagen, Nach Nürnberg, S. 226.

653 Flensburger Tageblatt, 3.7.1958.
654 A.a.O., 10.5.1958.
655 Zit. nach: Brochhagen, Nach Nürnberg, S. 227.
656 Illustrated, 7.6.1958.
657 Südschleswigsche Heimatzeitung, 17.5.1958.
658 Die Weltbühne, 4.6.1958.
659 Vgl. etwa Thorndike an den Generalstaatsanwalt beim Hanseatischen Oberlandesgericht Hamburg, 17.7.1958, LASH, Abt. 354, Nr. 11199.
660 Hamburger Echo, 31.7.1958.
661 Biermann an Voss und Leverenz, 17.4.1958, LASH, Abt. 354, Nr. 11223.
662 Erklärung Biermann, 24.4.1958, LASH, Abt. 354, Nr. 11219.
663 Godau-Schüttke, Heyde-Sawade-Affäre, S. 212–214.
664 Godau-Schüttke, Renazifizierung der schleswig-holsteinischen Justiz, S. 78–81, Zitat S. 78.
665 Vgl. den ersten Band der Ermittlungsakten der Staatsanwaltschaft Flensburg gegen Reinefarth betreffend den Warschauer Aufstand, LASH, Abt. 354, Nr. 11199.
666 Staatsanwaltschaft Freiburg an Reinefarth, 4.6.1958, LASH, Abt. 354, Nr. 11199.
667 Südschleswigsche Heimatzeitung, 9.6.1958.
668 Erklärung zit. nach: Sylter Tageblatt, 1.8.1958.
669 Gesamtdeutscher Block/BHE, Landesverband Schleswig-Holstein, Schnellinformation Nr. 5, 1.8.1958, in: LASH, Abt. 605, Nr. 2626, Dokumentensammlung Reinefarth der Landeskanzlei.
670 Zit. nach: Schleswig-Holsteinische Volks-Zeitung, 1.8.1958.
671 Der Chef der Landeskanzlei, Vermerk betreffend Bürgermeister Reinefarth, 1.8.1958, LASH, Abt. 605, Nr. 2626, Dokumentensammlung Reinefarth der Landeskanzlei.
672 Ebenda.
673 Der Innenminister des Landes Schleswig-Holstein an die Stadtverwaltung Westerland, 2.8.1958, a.a.O.
674 Der Chef der Landeskanzlei, Vermerk betreffend Bürgermeister Reinefarth, 9.8.1958, a.a.O.
675 Ebenda.
676 Ebenda. Vgl. zu dem Vorgang der Beurlaubung Reinefarths auch Kasten, »Ansehen des Landes Schleswig-Holstein«, S. 271.
677 Biermann an Leverenz, 2.8.1958, LASH, Abt. 354, Nr. 11223.
678 Vgl. zum Fall Eisele: Bergmann, Antisemitismus in öffentlichen Konflikten, S. 200–204.
679 Voss an Biermann, 12.8.1958, a.a.O.
680 Vgl. etwa Hamburger Echo, 4.9.1958.
681 Sylter Rundschau, 31.7.1958.
682 Hamburger Morgenpost, 31.7.1958.
683 Frankfurter Rundschau, 26.9.1958.
684 Vorwärts, 8.8.1958.
685 Neue Ruhr Zeitung, 7.8.1958.
686 Pfälzer Abendzeitung, 11.8.1958.

687 Thieme an Lemke, 2.8.1958, LASH, Abt. 354, Nr. 11 223.
688 Thieme an Richard Hansen, 2.8.1958, a.a.O.
689 Ebenda.
690 Zit. nach: Flensburger Tageblatt, 7.8.1958.
691 Biermann an Voss, 15.8.1958, LASH, Abt. 354, Nr. 11 223.
692 Vgl. die Personalakten von Walter Al. und Gerhard Te. des schleswig-holsteinischen Justizministeriums: LASH, Abt. 786, Nr. 2 und Nr. 6820. Die Vita von Walter Al. wird noch eingehender zu betrachten sein.
693 Ein Beispiel unter vielen: »Meldung über angebliche Erschiessungen und Verbrennungen vom 28.8.1944«. Dazu der Kommentar: »Bedenken ergeben sich bereits aus der äusseren Form dieses Dokumentes. Es bleibt völlig unklar, welche Dienststelle genau die angebliche Aufstellung gefertigt hat. Eine weitere Fotokopie dieses angeblichen Dokumentes befindet sich auf Seite 13 des bereits genannten Heftes Stadt und Gemeinde [eine DDR-Publikation] (…). Vergleicht man die Datumsangaben mit der Lupe, so erscheint es jedenfalls nicht ausgeschlossen, dass das Datum auf Bl. 78 d. A. lautet: 28. [»8« unterstrichen] August 1944, dasjenige auf der zweiten Fotokopie jedoch 29. [»9« unterstrichen] August 1944. (…) Schlüssige Beweise bezüglich des Unterschiedes könnten jedoch allenfalls durch eine mikroskopische Untersuchung geschaffen werden.« Aktenvermerk über das Ergebnis der vorläufigen Auswertung der von Thorndike übersandten Dokumente, 19.8.1958, Bl. 5, LASH, Abt. 354, Nr. 11 199.
694 A.a.O., Bl. 2 f., hier Bl. 3.
695 Vernehmung Heinz Reinefarth, 22./25.8.1958, Teil 2 (wie oben), Bl. 2.
696 A.a.O., Bl. 4.
697 A.a.O., Bl. 10 f.
698 A.a.O., Bl. 19.
699 Vernehmung Erich von dem Bach-Zelewski, 29.8.1958 (wie oben), Bl. 7.
700 A.a.O., Bl. 8.
701 Aktenvermerk zur Einstellungsverfügung der Ermittlungen gegen Reinefarth zum Komplex Warschau, 1.10.1958, Bl. 18 f., LASH, Abt. 354, Nr. 11 201.
702 Vernehmung Hans Thieme, 27.8.1958, Bl. 2–4, LASH, Abt. 354, Nr. 11 200.
703 Vermerk über den Verlauf der Vernehmung des Zeugen Prof. Dr. Thieme, LASH, Abt. 354, Nr. 11 219.
704 Ebenda.
705 Ebenda.
706 Ebenda.
707 Thieme an Te., 31.8.1958, LASH, Abt. 354, Nr. 11 200.
708 Ein relevanter Mehrwert sprang dabei allerdings nicht heraus. Wegner bekundete lediglich: »Er [Reinefarth] hat aus seiner Einstellung zum Nationalsozialismus nie einen Hehl gemacht und ist ein aktiver Angehöriger der SS geworden.« Wegner an Staatsanwaltschaft Flensburg (ohne Datum), LASH, Abt. 354, Nr. 11 201.
709 Te. an Thieme, 4.9.1958, LASH, Abt. 354, Nr. 11 200.
710 Dort hatte Thieme seine bereits an Lemke und Hansen übersandten Überlegungen in komprimierter Form veröffentlicht: Der Thorndike-Film sei nur der äußere Anlass gewesen, um »westdeutsche Zeugen auf den Plan zu rufen, die keineswegs dem Kom-

munismus, sondern unserer Demokratie dienen wollen wenn sie einen solchen Bürgermeister für untragbar erklären.« FAZ, 26. 8. 1958.
711 Te. an Thieme, 4. 9. 1958 (wie oben).
712 Krannhals, Hanns von. Zum Aufstand in Warschau 1944, in: Ostdeutsche Wissenschaft 3–4 (1956/57), S. 158–179.
713 Te. an Krannhals, 1. 9. 1958, LASH, Abt. 354, Nr. 11 200.
714 Vgl. das mehrfach erwähnte Werk: Krannhals, Warschauer Aufstand.
715 Te. an Krannhals, 1. 9. 1958, LASH, Abt. 354, Nr. 11 200.
716 Krannhals an Staatsanwaltschaft Flensburg, 5. 9. 1958, LASH, Abt. 354, Nr. 11 201.
717 Vernehmung Hanns von Krannhals, 23. 9. 1958, Bl. 4 f., 9, LASH, Abt. 354, Nr. 11 201.
718 A. a. O., Bl. 7.
719 A. a. O., Bl. 8.
720 Vgl. III.1, Neue Fakten.
721 Roos an Staatsanwaltschaft Flensburg, 7. 9. 1958, Bl. 2, LASH, Abt. 354, Nr. 11 201.
722 A. a. O., Bl. 3.
723 Zit. nach: Sylter Tageblatt, 27. 8. 1958.
724 Zit. nach: Sylter Rundschau, 27. 8. 1958.
725 Vgl. etwa Lübecker Nachrichten, 4. 9. 1958.
726 Zit. nach: Frankfurter Rundschau, 25. 9. 1958.
727 Zit. nach: Ebenda.
728 Thieme an Te., 8. 9. 1958, LASH, Abt. 354, Nr. 11 201.
729 Thieme an Te., 19. 9. 1958, a. a. O.
730 Vernehmung Hans Thieme, 26. 9. 1958, a. a. O.
731 Al. an Reinefarth, 1. 10. 1958, a. a. O.
732 Aktenvermerk zur Einstellungsverfügung der Ermittlungen gegen Reinefarth zum Komplex Warschau, 1. 10. 1958 (wie oben), Bl. 51.
733 A. a. O., Bl. 57.
734 A. a. O., Bl. 58.
735 A. a. O., Bl. 59–61.
736 Nicht zu verwechseln mit dem gleichnamigen Mitarbeiter Adolf Eichmanns.
737 Vernehmung Kurt Becher durch die Staatsanwaltschaft Hannover, 8. 4. 1961 bzw. dortiger Vermerk vom 13. 4. 1963, in: LASH, Abt. 354, Nr. 11 260.
738 Staatsanwaltschaft Flensburg, Vermerk zu Kurt Becher, 6. 2. 1963, a. a. O.
739 Abschrift eidesstattliche Versicherung Reinefarth für Kurt Becher, 15. 8. 1957, a. a. O.
740 Vernehmung Günther Bock, 2. 9. 1958, a. a. O.
741 Ebenda.
742 Vernehmung Günther Bock, 6. 8. 1963, a. a. O.
743 Aktenvermerk zur Einstellungsverfügung der Ermittlungen gegen Reinefarth zum Komplex Warschau, 1. 10. 1958 (wie oben), Bl. 62.
744 Vernehmung Erich von dem Bach-Zelewski, 29. 8. 1958 (wie oben), Bl. 11 f.
745 Vgl. Aktenvermerk zur Einstellungsverfügung der Ermittlungen gegen Reinefarth zum Komplex Warschau, 1. 10. 1958 (wie oben).
746 A. a. O., Bl. 63.
747 A. a. O., Bl. 64.

748 A. a. O., Bl. 66.
749 Der Aktenvermerk zur Einstellungsverfügung betreffend die Beschuldigungen im Befehlsbereich Reinefarths als HSSPF Warthe umfasste beispielsweise lediglich zwei Seiten und stützte sich im Wesentlichen auf das Spruchgerichtsurteil sowie die Nürnberger Aussagen der ehemaligen SS-Generäle Adolf von Bomhard und Karl von Eberstein. Demnach sei das Amt des Höheren SS- und Polizeiführers innerhalb des Reichsgebiets recht bedeutungslos gewesen. Vgl. Aktenvermerk zur Einstellungsverfügung der Ermittlungen gegen Reinefarth zum Komplex Warthe, 1.10.1958, LASH, Abt. 354, Nr. 11315. Für das andere Verfahren vgl. Aktenvermerk zur Einstellungsverfügung der Ermittlungen gegen Reinefarth zum Komplex Küstrin, 1.10.1958 (wie oben).
750 Biermann an Nehm, 29.9.1961, LASH, Abt. 354, Nr. 11224.
751 Nachtrag zum Aktenvermerk zur Einstellungsverfügung der Ermittlungen gegen Reinefarth zum Komplex Warschau, 1.10.1958, Bl. 1–3, 5, LASH, Abt. 354, Nr. 11201.
752 Süddeutsche Zeitung, 10.10.1958.
753 FAZ, 9.10.1958.
754 Der Mittag, 11.10.1958.
755 Flensburger Presse, 16.10.1958.
756 Der Abend, 10.10.1958.
757 FAZ, 9.10.1958.
758 A. a. O., 18.10.1958.
759 Neues Deutschland, 3.10.1958.
760 Freie Erde, 7.10.1958.
761 Lausitzer Rundschau, 21.10.1958.
762 A. a. O., 29.10.1958.
763 CDU-Bezirksvorstand Cottbus an von Hassel, 7.11.1958, LASH, Abt. 354, Nr. 11202.
764 Kaul war der einzige sowjetzonale Anwalt, der an westdeutschen Gerichten auftreten konnte, da er noch vor der Trennung der Berliner Justizsysteme beim dortigen Kammergericht zugelassen worden war. Durch seine Tätigkeit in Diensten der DDR-Propaganda, unter anderem als Nebenkläger im Frankfurter Auschwitz-Prozess, war er in beiden deutschen Staaten eine bekannte Persönlichkeit. Zur Karriere von Kaul vgl. Rosskopf, Anwalt im geteilten Deutschland.
765 Flensburger Tageblatt, 16.10.1958.
766 Braunbuch (3. Aufl.), S. 2.
767 Auszug aus einer Unterredung des I. Sekretärs der Botschaft der DDR in der VRP mit Genossen Dr. Pilichowski von der Hauptkommission, 20.1.1967, BStU, MfS, HA IX/11, RHE 4/71, Bd. 9.
768 Braunbuch (3. Aufl.), S. 98.
769 In Bezug auf den Fall Reinefarth kam die in der DDR ab 1964/65 betriebene groß angelegte Sammlungs- und Systematisierungsaktion von Archivmaterialien unter politisch-operativen Vorzeichen (Aktion »Konzentration«) zu spät. Bei diesem Unternehmen wurde nicht nur das in den DDR-Archiven verstreut lagernde Material inventarisiert, sondern auch in Polen – in direkter Konkurrenz zu den dort erstmals offiziell akkreditierten Justizbeamten der Zentralen Stelle Ludwigsburg – riesige Bestände kopiert. Institutionell schlugen sich die Bemühungen in der Schaffung eines speziellen Dokumen-

tationszentrums beim Ministerium des Innern sowie im Aufbau der Hauptabteilung IX/11 des MfS nieder. Letztere erhielt den Auftrag, eine »einheitliche, systematische Erfassung, Archivierung, politisch-operative Auswertung und Nutzbarmachung aller im Bereich des MfS vorhandenen und noch zu beschaffenden Materialien des Faschismus aus der Zeit bis 1945« sicherzustellen und »Belastungsmaterial über Nazi- und Kriegsverbrechen sowie Verbrechen gegen die Menschlichkeit zur operativen Bearbeitung und Einleitung von Ermittlungsverfahren vorzubereiten.« Das MfS stellte dabei selbstkritisch fest, dass die bisherige – eher fallbezogene – Vorgehensweise »in der Regel vom Zufall« bestimmt gewesen sei. Zu der Kopieraktion des MfS in Polen vgl. Weinke, Verfolgung von NS-Tätern im geteilten Deutschland, S. 209–221. Zu den institutionellen Implikationen der Aktion »Konzentration« vgl. Leide, NS-Verbrecher und Staatssicherheit, S. 96–105, 168–176, Zitate S. 101, 170.

770 Zit. nach: »Universitäts-Hörsaal als Tribunal«, Die ZEIT (51/1958), 19.12.1958.
771 Zit. nach: Kasten, »Ansehen des Landes Schleswig-Holstein«, S. 272.
772 Gille an von Hassel, 27.11.1958, LASH, Abt. 605, Nr. 2626, Dokumentensammlung Reinefarth der Landeskanzlei.
773 »Universitäts-Hörsaal als Tribunal«, Die ZEIT (51/1958), 19.12.1958.
774 Zit. nach: Der Mittag, 28.11.1958.
775 Zit. nach: Ebenda.
776 Vgl. Lehmann, Kreisleiter und Parteiorganisation der NSDAP in Kiel, S. 150.
777 Pressestelle der schleswig-holsteinischen Landesregierung, Protokoll eines Pressegesprächs mit dem CDU-Fraktionsvorstand, 25.11.1958, LASH, Abt. 605, Nr. 2626, Dokumentensammlung Reinefarth der Landeskanzlei.
778 Ebenda.
779 Pressestelle der schleswig-holsteinischen Landesregierung, Protokoll eines Pressegesprächs bei Oppositionsführer Käber, 28.11.1958, Bl. 3, a.a.O.
780 A.a.O., Bl. 4.
781 Pressestelle der schleswig-holsteinischen Landesregierung, Protokoll einer Pressekonferenz der SPD-Landtagsfraktion, 29.11.1958, Bl. 5, a.a.O.
782 Notiz für Herrn Ministerpräsident von Hassel, 29.11.1958, a.a.O.
783 Ebenda.
784 Erklärung des CDU-Landesverbandes Schleswig-Holstein zu der Auseinandersetzung Hessenauer – Gille – Käber um Reinefarth, 29.11.1958, a.a.O.
785 Speich, Kai-Uwe von Hassel, S. 210.
786 Karl H. Wolfbrandt an von Hassel (ohne Datum), LASH, Abt. 605, Nr. 2626, Dokumentensammlung Reinefarth der Landeskanzlei. Dass sich demgegenüber die Meinung in einigen Fällen gegen Hessenauer richtete, soll nicht verschwiegen werden. Vgl. diverse Schreiben, a.a.O.
787 Otto Skibowski an von Hassel, 12.12.1958, und an Gille, 30.11.1958, a.a.O.
788 Vgl. zahlreiche von Hassel signierte Antwortschreiben, a.a.O.
789 Vgl. Kasten, »Ansehen des Landes Schleswig-Holstein«.
790 Uwe Danker kontrastiert von Hassel in dieser Beziehung mit dessen Innenminister und einstigen NS-Bürgermeister von Schleswig, Helmut Lemke. Vgl. Danker, Vergangenheits»bewältigung« im frühen Land Schleswig-Holstein, S. 41.

791 Speich, Kai-Uwe von Hassel, S. 208.
792 A.a.O., S. 165f., 209f.
793 Zit. nach: Kasten, »Ansehen des Landes Schleswig-Holstein«, S. 272.
794 Dazu zählten Interessenvertretungen unterschiedlichster Provenienz wie etwa die deutschen Jungdemokraten, der »Bund der Verfolgten des Naziregimes«, die »Politischen Arbeitskreise an den Schulen in Schleswig-Holstein« oder das Studentenparlament der Universität Kiel. Letzteres beschloss in einer Resolution unter anderem, GB/BHE-Mitglieder, die sich nicht offiziell von Reinefarth distanziert hatten, nicht mehr zu Veranstaltungen der Kieler Studentenschaft einzuladen. A.a.O., S. 273; »Universitäts-Hörsaal als Tribunal«, Die ZEIT (51/1958), 19.12.1958.
795 In einem Schreiben an einen pfälzischen Bezirksverband, der sich wie mehrere andere Regional- und Lokalverbände der CDU außerhalb von Schleswig-Holstein hinter Hessenauer gestellt hatte, verwies Hassel dabei insbesondere auf die FAZ. Diese mache ihm und seinen Mitstreitern »schon seit Jahren Sorge (...), da sie sehr ungenau ist. Sie wissen aber, dass wir auf die Berichterstattung der Zeitungen keinen Einfluss haben.« Von Hassel an den CDU-Bezirksverband Montabaur, 16.12.1958, LASH, Abt. 605, Nr. 2626, Dokumentensammlung Reinefarth der Landeskanzlei.
796 Speich, Kai-Uwe von Hassel, S. 210.
797 Zit. nach: Hamburger Abendblatt, 12.12.1958.
798 Die WELT, 5.12.1958.
799 Zit. nach: Speich, Kai-Uwe von Hassel, S. 210.
800 Hamburger Abendblatt, 13.12.1958.
801 Der Mittag, 20.12.1958.
802 Hamburger Abendblatt, 17. und 18.12.1958.
803 Reinefarth an Te., 30.10.1958, LASH, Abt. 354, Nr. 11219.
804 Ebenda.
805 Die WELT, 30.10.1958; FAZ, 31.10.1958.
806 Zit. nach: Thieme an Al., 3.11.1958, LASH, Abt. 354, Nr. 11219.
807 Ebenda.
808 Al. an Thieme, 11.11.1958, a.a.O.
809 Staatsanwaltschaft Freiburg an Staatsanwaltschaft Flensburg, 13.11.1958, LASH, Abt. 354, Nr. 11201.
810 »Die bösen Deutschen«, Die ZEIT (7/1959), 13.2.1959.
811 Asbach an Reinefarth, 17.2.1959, LASH, Abt. 399163 (Nachlass Hans-Adolf Asbach), Nr. 154.
812 Schleswig-Holsteinischer Landtag, Stenographische Berichte, S. 94.
813 Asbach an Reinefarth, 17.2.1959 (wie oben).
814 Weinke, Strafverfolgung von Kriegs- und NS-Verbrechen, S. 62. Vgl. zur Vorgeschichte und Gründung der Zentralen Stelle auch dies., Geschichte der Zentralen Stelle, S. 10–28; von Miquel, Ahnden oder amnestieren?, S. 146–185; Greve, Umgang mit den NS-Gewaltverbrechen, S. 43–56.
815 Weinke, Geschichte der Zentralen Stelle, S. 28.
816 A.a.O., S. 21; von Miquel, Ahnden oder amnestieren?, S. 376.
817 Zu nennen ist dabei in erster Linie der spätere Leiter der Zentralen Stelle, Adalbert

Rückerl, der in seinen Publikationen die Gründung der Institution rückblickend als direkte Folge einer intensivierten öffentlichen Auseinandersetzung mit dem Nationalsozialismus und als verantwortungsbewusste Entscheidung der beteiligten Minister darstellte. Vgl. Fröhlich, »Ulmer Einsatzgruppen-Prozess«, S. 250 f.

818 A. a. O., S. 262.
819 Lübbe, Nationalsozialismus im deutschen Nachkriegsbewusstsein, S. 585.
820 Vgl. zur Begriffsbildung das nachhallende Standardwerk von Frei, Vergangenheitspolitik. Vgl. auch die diesbezüglichen Anmerkungen in der Einleitung.
821 Ich folge mit dieser Begrifflichkeit Aleida Assmann: Assmann/Frevert, Geschichtsvergessenheit, S. 144; Zur Periodisierung der deutschen Vergangenheitsbewältigung vgl. ferner unter vielen: König, Zukunft, S. 17 f.; Frei, Deutsche Lernprozesse, S. 89 f., 96–98; Schildt, Umgang mit der NS-Vergangenheit, S. 45–54.
822 Gallus, Zäsuren, S. 43.
823 A. a. O., S. 49.
824 Herbert, Liberalisierung als Lernprozess, S. 41.
825 Vgl. Conze, Eine bürgerliche Republik?, Zitate S. 528.
826 Vgl. Wolfrum, Das westdeutsche »Geschichtsbild« entsteht.
827 Vgl. Fröhlich, Rückkehr zur Demokratie, S. 111–115, Zitat S. 115.
828 Jarausch, Umkehr, S. 188 f.
829 Hodenberg, Geschichte der westdeutschen Medienöffentlichkeit, S. 444 f.
830 Knoch, Tat als Bild, S. 585.
831 A. a. O., S. 587.
832 Reichel, Zwischen Dämonisierung und Verharmlosung, S. 685.
833 Ders., Vergangenheitsbewältigung in Deutschland, S. 85.
834 Weinke, Strafrechtliche Abrechnung, S. 139.
835 Vgl. etwa: Buschke, Deutsche Presse und nationalsozialistische Vergangenheit, S. 312–357; Brochhagen, Nach Nürnberg, S. 276–297.
836 Vgl. personenbezogen: Wachs, Der Fall Theodor Oberländer.
837 Vgl. Krause, Eichmann-Prozess in der deutschen Presse.
838 Als Reaktion auf die Schmierwelle wurde der pendente Gesetzentwurf zum Tatbestand der Volksverhetzung bereits im Frühsommer 1960 vom Bundestag gutgeheißen. Er ersetzte interessanterweise den Paragrafen über die Bestrafung von »Anreizung zum Klassenkampf«. Brochhagen, Nach Nürnberg, S. 283.
839 Herbert, Neue Antworten und Fragen, S. 14.
840 Van Laak, Widerstand gegen die Geschichtsgewalt, S. 21.
841 Rückerl, NS-Verbrechen vor Gericht, S. 329.
842 Eichmüller, Strafrechtliche Verfolgung von NS-Verbrechen, S. 71.
843 Steinbach, Diskussion in der Öffentlichkeit, S. 29.
844 Hodenberg, Geschichte der westdeutschen Medienöffentlichkeit, S. 444.
845 Ullrich, Integration von NS-Tätern, S. 168.
846 Ernst Lautz war im Dritten Reich Oberreichsanwalt und Ankläger am Volksgerichtshof. Im Nürnberger Juristenprozess wurde er zu zehn Jahren Haft verurteilt. Nach maßgeblicher Einflussnahme von Bundestagspräsident Eugen Gerstenmaier, der als Mitglied des »Kreisauer Kreises« Lautz seinerzeit als Angeklagter gegenübergestanden hatte, be-

mühte sich die schleswig-holsteinische Landesregierung in einem langwierigen juristischen Verfahren mit Erfolg um die Aberkennung von Lautz' Pension. Vgl. Kasten, »Ansehen des Landes Schleswig-Holstein«, S. 268–270.

847 Franz Schlegelberger, ehemals Staatssekretär im nationalsozialistischen Justizministerium und 1941/42 kommissarischer Reichsjustizminister, wurde im Nürnberger Juristenprozess zu lebenslanger Haft verurteilt, 1951 wegen Haftunfähigkeit allerdings bereits wieder entlassen. Wie bei Lautz war die Frage seiner Pension Gegenstand jahrelanger gerichtlicher Auseinandersetzungen. Nach mehreren Interventionen der SPD-Landtagsfraktion erreichte der schleswig-holsteinische Finanzminister Carl-Anton Schaefer (CDU) 1959 mittels einer Gesetzesänderung die Streichung der üppigen Pension. Der Vorgang wurde allerdings vom Verwaltungsgericht prompt rückgängig gemacht, was 1960 überregional ein gewaltiges Medienecho auslöste. Vgl. Wulf, Franz Schlegelberger, S. 164–176; Förster, Jurist im Dienst des Unrechts, S. 170–175.

848 Martin Fellenz bekleidete während des Krieges den Rang eines SS-Hauptsturmführers und fungierte als Stabsführer des SS- und Polizeiführers Krakau. In dieser Funktion war er an der Deportation und Vernichtung der westgalizischen Juden beteiligt. Nach 1945 führte er in Schleswig ein normales Leben als Kaufmann und geachteter Ratsherr (FDP). 1960 wurde er nach einem Hinweis eines ehemaligen Mitarbeiters verhaftet und später wegen Beihilfe zum Mord zu einer mehrjährigen Gefängnisstrafe verurteilt, aufgrund der langen Untersuchungshaft aber kurz nach der Urteilsverkündung freigelassen. Nachdem der Bundesgerichtshof das Urteil aufgehoben hatte, wurde Fellenz im Revisionsverfahren zu sieben Jahren Zuchthaus verurteilt. Vgl. »Martin Fellenz war ein angesehener Bürger«, Die ZEIT (47/1962), 23.11.1962; »Gesteh und geh«, Der Spiegel (12/1964), 18.3.1964; Paul, Schweigekartell und Weißwäschersyndikat, S. 365.

849 Herta Oberheuser zeichnete als Ärztin im KZ Ravensbrück für grausame Menschenversuche verantwortlich. Im Nürnberger Ärzteprozess zu 20 Jahren Haft verurteilt, kam sie bereits nach wenigen Jahren frei und eröffnete 1952 in Stocksee bei Neumünster eine Privatpraxis. 1956 wurde sie von einer Patientin als »Bestie von Ravensbrück« identifiziert. Die Publizität des Falls führte zu massiver Kritik an der schleppenden Handhabung ihrer Akte durch die schleswig-holsteinischen Behörden. Erst 1958 wurde ihr die Approbation entzogen, der Beschluss nach dem Gang durch die rechtlichen Instanzen schließlich 1960 bestätigt. Vgl. Danker/Schwabe, Schleswig-Holstein und der Nationalsozialismus, S. 180 f.

850 Der Kinderarzt Werner Catel war einer der maßgeblichen Akteure der nationalsozialistischen Kinder-»Euthanasie«. 1954 wurde er trotz seiner Vergangenheit Professor für Kinderheilkunde an der Universität Kiel. Auf öffentlichen Druck hin wurde er 1960 vorzeitig emeritiert. Catel rechtfertigte noch in den 1960er-Jahren die Ermordung von schwer behinderten Kindern. Vgl. Petersen/Zankel, Werner Catel.

851 Auf diesen für Schleswig-Holstein wohl spektakulärsten Skandal wurde bereits verwiesen. Die verheerende überregionale Berichterstattung rührte dabei nicht nur von der nachlässigen Ermittlungsarbeit der Flensburger Justizbehörde, sondern vor allem von der Tatsache her, dass die Identität des für das Landessozialgericht als Gutachter tätigen Heyde/Sawade innerhalb der schleswig-holsteinischen Verwaltung bis in die höchsten Chargen zahlreichen Funktionsträgern bekannt war, mithin ein zehntausendfacher

Mörder von höchster amtlicher Warte aus jahrelang gedeckt wurde. 1962 wurde Heyde/Sawade zusammen mit anderen Protagonisten der NS-»Euthanasie« vor dem Frankfurter Landgericht angeklagt. Ein Jahr später nahm er sich unmittelbar vor Prozessbeginn das Leben. Vgl. Godau-Schüttke, Heyde-Sawade-Affäre.

852 Zit. nach: »Welle der Prozesse«, Die ZEIT (50/1965), 10.12.1965.
853 Kasten, »Ansehen des Landes Schleswig-Holstein«, S. 274 f.
854 Zit. nach: Danker/Schwabe, Schleswig-Holstein und der Nationalsozialismus, S. 183.
855 Speich, Kai-Uwe von Hassel, S. 214; »Die Schatten weichen«, Der Spiegel (6/1962), 7.2.1962.
856 Schleswig-Holsteinischer Landtag, Stenographische Berichte, S. 1894 f.
857 Speich, Kai-Uwe von Hassel, S. 216 f. Zitat ebenda.
858 So die Feststellung von Uwe Danker: Danker, Landtag und die Vergangenheit, S. 198–201.
859 Reichel, Zwischen Dämonisierung und Verharmlosung, S. 688.
860 Zit. nach: Thieme an Te., 3.11.1958, LASH, Abt. 354, Nr. 11 219.
861 Thieme unterstrich dabei, dass diesem Aspekt auch in Bezug auf seine persönliche Situation eine erhebliche Relevanz zukam: »Ich erlaubt mir, Ihnen anbei diesen Artikel zu senden. Sie werden verstehen, daß er – die Zuverlässigkeit des Texts dieser Wahlreden vorausgesetzt – für den Fall, daß es doch noch zu einem Beleidigungsprozess kommen sollte, für mich von einiger Bedeutung ist, denn wer heute so auf den Vorwurf reagiert, damals jene Äußerung getan zu haben (›kein strafrechtlicher Belang, die Polen sind ja nicht umgelegt worden‹), dem ist sie auch wohl zuzutrauen. Das ist wieder ein Beispiel jener von mir als ›fatal‹ bezeichneten Selbstsicherheit, und ich frage mich, wie sich dieses Verhalten – während das Ermittlungsverfahren noch schwebte! – mit dem von Ihnen gewonnenen Persönlichkeitsbild vereinen lässt. Sollte, wer eine solche Äußerung in jener Situation heute nur als ›unanständig‹ zu charakterisieren vermag, damals einwandfrei verfahren sein?« Thieme an Al., 4.10.1958, LASH, Abt. 354, Nr. 11 219.
862 Thieme an Staatsanwaltschaft Flensburg, 9.12.1958, LASH, Abt. 354, Nr. 11 202.
863 Biermann an Voss, 3.1.1959, LASH, Abt. 354, Nr. 11 223.
864 Thieme an Staatsanwaltschaft Flensburg, 12.1.1959, LASH, Abt. 354, Nr. 11 219.
865 Vgl. Barelkowski, Karriere des Erich von dem Bach-Zelewski, S. 165.
866 Te. an Staatsanwaltschaft Nürnberg-Fürth, 18.11.1958, LASH, Abt.354, Nr. 11 201.
867 Th. an Hessenauer, 9.12.1958, LASH, Abt. 354, Nr. 11 202.
868 Th. an Hessenauer, 16.12.1958, a. a. O.
869 Biermann an Th., 18.7.1959, a. a. O.
870 Walter Al., Vermerk über eine Besprechung bei Generalstaatsanwalt Voss, 29.1.1959, Bl. 1 f., LASH, Abt. 354, Nr. 11 223.
871 A. a. O., Bl. 2 f.
872 A. a. O., Bl. 3.
873 Ebenda.
874 Voss an Biermann, 14.5.1959, a. a. O.
875 Vermerk zur Stellungnahme Reinefarth zu den Vorwürfen von Aloys Th. und zum Artikel »Reinefarth beim Warschauer Aufstand« in der FAZ vom 12.12.1958, 19.5.1959,

LASH, Abt. 354, Nr. 11202. Im betreffenden Artikel, verfasst von dem renommierten Historiker und Publizisten Günther Gillessen, war – den Tatsachen entsprechend, aber entgegen dem Ermittlungsergebnis – unter anderem von schweren Übergriffen am 6. und 7. August 1944 die Rede gewesen.

876 Stellungnahme Reinefarth zu den Vorwürfen von Aloys Th. und zum FAZ-Artikel, 19.5.1959, a.a.O.
877 Biermann an Th., 18.7.1959, a.a.O.
878 Thieme an Staatsanwaltschaft Flensburg, 1.3.1959, LASH, Abt. 354, Nr. 11219.
879 Biermann an Voss, 19.5.1959, LASH, Abt. 354, Nr. 11223.
880 Al. an Thieme, 18.7.1959, LASH, Abt. 354, Nr. 11202.
881 Ebenda.
882 Thieme an Al., 29.9./7.11.1959, a.a.O.
883 Ebenda.
884 Thieme an Al., 26.6.1960, LASH, Abt. 354, Nr. 11219.
885 Al. an Thieme, 5.7.1960, a.a.O.
886 Vgl. Godau-Schüttke, Renazifizierung der schleswig-holsteinischen Justiz.
887 Persönliche Beurteilung aus dem Jahr 1932, LASH, Abt. 786, Nr. 2, Personalakte Walter Al. des schleswig-holsteinischen Justizministeriums.
888 Personalangaben, a.a.O.
889 Persönliche Beurteilung vom 26.8.1933, a.a.O.
890 Bericht zum allgemeinen Fragebogen des Ersten Staatsanwalts Al., September 1945, a.a.O. Nicht außer Acht gelassen werden darf hier indes, dass der Verfasser dieser Zeilen womöglich selber nicht ganz unbefangen war. Oberstaatsanwalt Paul Thamm war seit 1937 Ankläger vor dem NS-Sondergericht gewesen und seit 1942 sogar Leiter der Abteilung für Sondergerichtssachen in Kiel. Weil sich einige NS-Oppositionelle, denen er eine milde Strafe hatte zuteilwerden lassen, nach der Kapitulation für ihn einsetzten, wurde er von den britischen Besatzern trotz seines willfährigen Dienstes für die politische NS-Justiz sogleich als Leiter der Kieler Staatsanwaltschaft eingesetzt und blieb dies bis in die späten 1960er-Jahre. Vgl. zur Karriere Thamms: Danker, Vergangenheits»bewältigung« im frühen Land Schleswig-Holstein, S. 36, 41; Godau-Schüttke, Renazifizierung der schleswig-holsteinischen Justiz, S. 149–160.
891 Persönliche Beurteilung aus dem Jahr 1956, LASH, Abt. 786, Nr. 2, Personalakte Walter Al. des schleswig-holsteinischen Justizministeriums.
892 Vgl. etwa: Persönliche Beurteilung aus dem Jahr 1962, a.a.O.
893 Ärztliche Atteste aus den Jahren 1960 und 1964, a.a.O.
894 Vgl. Walter Al., Vermerk über den Inhalt der Nürnberger Akten in der Voruntersuchung gegen Bach-Zelewski und andere, 6.7.1961, LASH, Abt. 354, Nr. 11203, Zitat Bl. 6.
895 Der Untersuchungsrichter I. bei dem Landgericht Nürnberg-Fürth an Biermann, 9.6.1961, LASH, Abt. 354, Nr. 11203.
896 Vgl. Wahnschaffe, Rezeption des Warschauer Aufstands, S. 36–50, hier S. 36.
897 Zuweilen wird er bis 1945 in den Unterlagen auch als »Detlef Hans Krannhals« geführt, so etwa in seiner Personalakte der Reichskulturkammer. Nach dem Krieg verwendete er den Namen »Detlef« nicht mehr und schrieb den anderen Vornamen mit doppeltem »n«. Zu dieser Zeit legte er sich außerdem das Adelsprädikat »von« zu und begründete

dies damit, dass auch sein Großvater den Adelstitel getragen habe. 1966 berichtete die Presse jedoch darüber, dass das Oberverwaltungsgericht Lüneburg nach einer sechsjährigen rechtlichen Auseinandersetzung entschieden habe, Krannhals stehe der Titel nicht zu, da dieser seinem Vorfahren nur von Amtes wegen, mithin nicht vererbbar verliehen worden war. Vgl. a. a. O., S. 6, 37.

898 A. a. O., S. 37–40.
899 Persönliche Beurteilung vom 6.10.1944, in: LASH, Abt. 354, Nr. 11 233.
900 Vgl. Wahnschaffe, Rezeption des Warschauer Aufstands, S. 38–43.
901 Vgl. Krannhals, Warschauer Aufstand, S. 312. Zur Kritik an Krannhals vgl. Wahnschaffe, Rezeption des Warschauer Aufstands, S. 36 f., 45–48 sowie in Kurzform den Forschungsüberblick im Sammelband des MGFA und des Zentrums für Historische Forschung der Polnischen Akademie der Wissenschaften: Der Warschauer Aufstand, hier S. 16 f.
902 Zit. nach: Wahnschaffe, Rezeption des Warschauer Aufstands, S. 36.
903 Vgl. Walter Al., Vermerk über den Stand der Forschungen des Historikers Krannhals über den Warschauer Aufstand, 20.7.1961, Bl. 3, 13 f., LASH, Abt. 354, Nr. 11 203.
904 Nehm prägte die schleswig-holsteinische Justiz insbesondere durch seine pragmatische Personalpolitik, wobei er sich vornehmlich altbewährter Kräfte bediente, deren Karrieren bereits vor 1945 begonnen hatten. Folge davon war eine wohl funktionierende Behörde, aber auch einige personelle Problemfälle, die jedoch in der Regel ohne öffentliches Aufsehen intern bereinigt werden konnten. Vgl. Godau-Schüttke, Renazifizierung der schleswig-holsteinischen Justiz, S. 116–125.
905 Nehm an Biermann, 8.6.1961, LASH, Abt. 354, Nr. 11 224.
906 Der Untersuchungsrichter I. bei dem Landgericht Nürnberg-Fürth an Biermann, 9.6.1961, LASH, Abt. 354, Nr. 11 203.
907 Walter Al., Vermerk über den Stand der Forschungen des Historikers Krannhals über den Warschauer Aufstand, 20.7.1961, Bl. 5, a. a. O.
908 Walter Al., Vermerk über den Inhalt der Nürnberger Akten in der Voruntersuchung gegen Bach-Zelewski und andere, 6.7.1961, Bl. 21, a. a. O.
909 Walter Al., Vermerk über den Stand der Forschungen des Historikers Krannhals über den Warschauer Aufstand, 20.7.1961, Bl. 12, a. a. O.
910 A. a. O., Bl. 17.
911 Ebenda.
912 Walter Al., Handschriftlicher Vermerk über eine Besprechung bei Generalstaatsanwalt Nehm, 12.7.1961, LASH, Abt. 354, Nr. 11 224.
913 Walter Al., Vermerk über den Stand der Forschungen des Historikers Krannhals über den Warschauer Aufstand, 20.7.1961 (wie oben), Bl. 23 f.
914 Walter Al., Vermerk über eine Besprechung bei Generalstaatsanwalt Nehm, 20.7.1961, LASH, Abt. 354, Nr. 11 224.
915 Biermann an Leverenz, 20.7.1961, a. a. O.
916 Ebenda.
917 Vgl. Godau-Schüttke, Renazifizierung der schleswig-holsteinischen Justiz, S. 84 f.
918 Nehm an Biermann, 27.7.1961, LASH, Abt. 354, Nr. 11 224.
919 Biermann an den Präsidenten des Schleswig-Holsteinischen Landtags, 1.8.1961, LASH, Abt. 354, Nr. 11 203.

920 Biermann an Nehm, 4.8.1961, LASH, Abt. 354, Nr. 11224.
921 Schleswig-Holsteinischer Landtag, Stenographische Berichte, S. 2323f.
922 FAZ, 21.9.1961; Frankfurter Rundschau, 22.9.1961; Die WELT, 28.9.1961; »Mehr Polen als Pulver«, Der Spiegel (39/1961), 20.9.1961. Die nationale Berichterstattung hatte schon vor der Genehmigung durch den Landtag dazu geführt, dass Bundesjustizminister Schäffer das Verfahren aufmerksam verfolgte. Schäffer bat Leverenz deshalb, ihn über den Stand der Untersuchung und damit zusammenhängende wesentliche Entscheidungen auf dem Laufenden zu halten. Schäffer an Leverenz, 4.9.1961, LASH, Abt. 354, Nr. 11224.
923 Leserbrief Hanns von Krannhals, Die WELT, 20.10.1961.
924 Krannhals an Al., 9.9.1961, LASH, Abt. 354, Nr. 11233.
925 Walter Al., Vermerk über den Stand der Forschungen des Historikers Krannhals über den Warschauer Aufstand, 20.7.1961 (wie oben), Bl. 4.
926 Als im Herbst 1962 in diversen Medien der Stand der Ermittlungen nach einem Jahr kritisch resümiert wurde, wurden entsprechende Vorwürfe vom sozialdemokratischen »Vorwärts« erneut aufs Tapet gebracht (»Reinefarth-Hinweis einfach ignoriert«) und von den regionalen Zeitungen übernommen (»Akten in den USA vermutet – Aber die Staatsanwaltschaft hielt Nachfrage für aussichtslos«). In einer Presseerklärung, die vorgängig durch die Hände von Generalstaatsanwalt Nehm und des Justizministers ging, wurde diese Kritik jedoch zurückgewiesen. Vorwärts, 1.9.1962; Schleswig-Holsteinische Volks-Zeitung, 14.9.1962; Entwurf einer Presseerklärung, 6.9.1962, LASH, Abt. 354, Nr. 11229.
927 Frankfurter Neue Presse, 29.9.1961.
928 Schleswig-Holsteinische Volks-Zeitung, 11.10.1961.
929 »Die rote Peitsche«, Frankfurter Illustrierte (48/1961), 26.11.1961.
930 Vgl. zu diesem trivialliterarischen Massenphänomen der 1950er- und 60er-Jahre unter anderem: Knoch, Der späte Sieg des Landsers; Lemke, Verkappte Verherrlichung.
931 »Die rote Peitsche«, Frankfurter Illustrierte (48/1961), 26.11.1961.
932 A.a.O. (49/1961), 3.12.1961. In derselben Ausgabe wurde ein längerer Brief Reinefarths mit zahlreichen Richtigstellungen abgedruckt. Reinefarth, der für die Geschichte vorgängig interviewt worden war, äußerte darin unter anderem, dass er das im Wortlaut abgedruckte Telefongespräch mit Vormann »jedenfalls in der wiedergegebenen Form« entschieden bestreite.
933 Leserbrief, Frankfurter Illustrierte (51/1961), 17.12.1961.
934 Leserbrief, Der Spiegel (28/1962), 11.7.1962.
935 Dieses Schreiben wurde vom Spiegel nicht veröffentlicht, vom Verfasser aber als Durchschrift auch an die Staatsanwaltschaft eingesandt. Leserbrief vom 9.6.1962, in: LASH, Abt. 354, Nr. 11229.
936 »Nacht über Wola«, Der Spiegel (23/1962), 6.6.1962.
937 Krannhals an Wild, 12.6.1962, in: LASH, Abt. 354, Nr. 11233. Die Gegendarstellung wurde publiziert: Der Spiegel (28/1962), 11.7.1962.
938 Zit. nach: Südschleswigsche Heimatzeitung, 29.9.1961.
939 Schleswig-Holsteinische Volks-Zeitung, 14.10.1961.
940 Stuttgarter Zeitung; Die WELT; Flensburger Tageblatt, 23.1.1962.

941 Hamburger Abendblatt; Die WELT, 4.6.1962; »Der Spiegel berichtete …«, Der Spiegel (24/1962), 13.6.1962.
942 Wann genau dies passierte, erschließt sich aus den vorhandenen Dokumenten nicht. Biermann schreibt im August 1962 lediglich, dass sich Kujath »bereits vor längerer Zeit« gemeldet habe. Biermann an Leverenz, 23.8.1962, LASH, Abt. 354, Nr. 11 224.
943 Walter Al., Vermerk über Unterredungen betreffend eine mögliche Abwahl von Bürgermeister Reinefarth, 22.8.1962, LASH, Abt. 354, Nr. 11 220.
944 Ebenda.
945 Protokoll der Stadtvertretung Westerland, 17.9.1962, Sylter Archiv. Leider musste bei der Rekonstruktion dieser Ereignisse auf die Auswertung der Magistratsprotokolle verzichtet werden, da diese auf Nachfrage weder im Sylter Archiv (dort mit Ausnahme eines einzelnen – zufällig aufgefundenen – Protokolls, vgl. Beleg unten) noch im Bestand des Innenministeriums im Landesarchiv Schleswig-Holstein verfügbar waren.
946 Für diese These spricht die Chronologie: Der Entscheid zur Eröffnung der gerichtlichen Voruntersuchung fiel im April 1963, die Abwahl erfolgte im darauffolgenden Juni.
947 Protokoll der Stadtvertretung Westerland, 22.11.1962, Sylter Archiv.
948 A. a. O., 7.3.1963.
949 Protokoll des Magistrats Westerland, 8.4.1963, Sylter Archiv.
950 Flensburger Tageblatt, 23.5.1963.
951 Sylter Rundschau, 6.6.1963.
952 Leserbrief Hans Petersen, ebenda.
953 Ebenda.
954 Protokoll der Stadtvertretung Westerland, 6.6.1963, Sylter Archiv.
955 Ebenda.
956 Ebenda.
957 A. a. O., 8.7.1963.
958 Stuttgarter Zeitung; Die WELT, 10.7.1963.
959 Hanns von Krannhals, »Geschichtsakten als Kriminal-Kartei«, Die ZEIT (10/1965), 5.3.1965.
960 Hanns von Krannhals, »Soll Zeitgeschichte die Justiz ersetzen?«, Schleswig-Holsteinische Volks-Zeitung, 3.10.1964.
961 Ebenda.
962 Ebenda.
963 Wildt, Differierende Wahrheiten, S. 51–57, Zitat S. 54.
964 Stolleis, Der Historiker als Richter – der Richter als Historiker, S. 178 f.
965 Vgl. als Sammelband mit einem Schwerpunkt auf der juristischen Nachgeschichte des Nationalsozialismus einführend Frei/van Laak/Stolleis, Geschichte vor Gericht; Kuretsidis-Haider/Garscha, Gerechtigkeit nach Diktatur und Krieg sowie Finger/Keller/Wirsching, Vom Recht zur Geschichte. Vgl. auch die Überlegungen in dem Aufsatz von Haberer, History and Justice.
966 Vgl. Biermann an Leverenz, 14.12.1961, LASH, Abt. 354, Nr. 11 224.
967 Erich Biermann, Vermerk über eine Besprechung bei Generalstaatsanwalt Nehm am 16.11.1961 (ohne Datum), a. a. O.

968 Vgl. Biermann an Leverenz, 14.12.1961, a.a.O.
969 Erich Biermann, Vermerk über eine Mitteilung von Generalstaatsanwalt Nehm, 13.12.1961, a.a.O.
970 Biermann an Leverenz, 14.12.1961, Bl. 7, a.a.O.
971 Walter Al., Vermerk über Herkunft und Auswertung der »Warschau-Akte«, 22.1.1965, LASH, Abt. 354, Nr. 11214.
972 Vgl. Weinke, Verfolgung von NS-Tätern im geteilten Deutschland, S. 114–118, 183.
973 Walter Al., Vermerk über Herkunft und Auswertung der »Warschau-Akte«, 22.1.1965 (wie oben). Der Schriftwechsel selber ist dokumentiert in: LASH, Abt. 354, Nr. 11233 sowie in kleinerem Umfang in den Handakten (Band 2), a.a.O., Nr. 11220. Krannhals' gesamtes Wirken als Sachverständiger für westdeutsche Justizbehörden ist als Bestandteil einer im Bundesarchiv Koblenz lagernden Sammlung überliefert: Sammlung Krannhals zur NS-Besatzungspolitik in Osteuropa, BArch, ZSg 122.
974 Krannhals an Al., 7.5.1962, LASH, Abt. 354, Nr. 11233.
975 Helmut Be., Jahrgang 1927, wechselte kurze Zeit später als Sachbearbeiter für Strafrechtsfragen ins Landesjustizministerium. 1965 legte er ein bedeutendes Gutachten gegen die strafrechtliche Freistellung von Richtern vor, die während der Zeit des Dritten Reiches Unrechtsurteile gefällt hatten. Be. beendete seine berufliche Laufbahn als Ministerialdirigent. Vgl. Walle, Tragödie, S. 207 f.
976 Vgl. diverse Vermerke, a.a.O.
977 Vgl. etwa: Krannhals an Be., 11.4.1962, a.a.O.
978 Vermerk über eine Besprechung bei Justizminister Leverenz, 2.3.1962, LASH, Abt. 354, Nr. 11224.
979 Vermerk über eine Besprechung bei Justizminister Leverenz, 10.7.1962, a.a.O.
980 Der Generalstaatsanwalt, Entwurf einer Presseveröffentlichung, 6.7.1962, LASH, Abt. 354, Nr. 11233.
981 Krannhals an Al., 7.5.1962, a.a.O.
982 Hanns von Krannhals, Vermerk über eine Forschungsreise nach Warschau vom September/Oktober 1962, 15.11.1962, Bl. 1, a.a.O.
983 Vgl. a.a.O.
984 Vermerk über eine Besprechung bei Generalstaatsanwalt Nehm, 7.1.1963, LASH, Abt. 354, Nr. 11224.
985 Ebenda.
986 Vermerk über eine Besprechung bei Justizminister Leverenz, 16.4.1963, a.a.O.
987 Ebenda.
988 Aktenvermerk zum Antrag der Staatsanwaltschaft Flensburg auf Eröffnung der gerichtlichen Voruntersuchung gegen Reinefarth, 19.4.1963 (wie oben), Bl. 138.
989 Zur Kritik an der gerichtlichen Voruntersuchung in Zusammenhang mit NSG-Verfahren vgl. Kuhlmann, 60 Jahre NSG-Justiz in Hamburg, S. 162 f.
990 Vgl. LASH, Abt. 786, Nr. 6538, Personalakte Ernst-M. He. des schleswig-holsteinischen Justizministeriums.
991 Vernehmung Heinz Reinefarth, 14.–16.8.1963, Bl. 12–14, LASH, Abt. 354, Nr. 11204, Zitat Bl. 14.
992 Krannhals an Al., 29.4.1963, LASH, Abt. 354, Nr. 11233.

993 Mlynarczyk, Ludwig Hahn und die Mühlen der deutschen Justiz, S. 142 f. Vgl. auch Die WELT, 13.12.1963.
994 He. an Krannhals, 26.11.1963, LASH, Abt. 354, Nr. 11 207.
995 Krannhals an He., 4.12.1963, a. a. O.
996 Krannhals an Al., 4.12.1963, LASH, Abt. 354, Nr. 11 220.
997 Al. an Krannhals, 23.12.1963, a. a. O.
998 Nehm an Biermann, 20.5.1964, LASH, Abt. 354, Nr. 11 225.
999 Ebenda.
1000 Nehm an Biermann, 3.6.1964, a. a. O.
1001 Vernehmung Hanns von Krannhals, 22./23.6.1964, Bl. 1–7, LASH, Abt. 354, Nr. 11 210. Von Leszczyński war 1961 eine knapp hundertseitige dokumentarische Darstellung über Reinefarth erschienen: Leszczyński, Reinefarth.
1002 Vernehmung Hanns von Krannhals, 22./23.6.1964 (wie oben), Bl. 13.
1003 A. a. O., Bl. 10 f.
1004 A. a. O., Bl. 7–9, hier Bl. 8.
1005 Zit. nach: Biermann an Nehm, 24.6.1964, LASH, Abt. 354, Nr. 11 225.
1006 Vernehmung Hanns von Krannhals, 22./23.6.1964 (wie oben), Bl. 12.
1007 Biermann an Nehm, 24.6.1964, LASH, Abt. 354, Nr. 11 225.
1008 Ebenda.
1009 Biermann an Nehm, 2.7.1964, a. a. O. Zitat Krannhals ebenda.
1010 Ebenda.
1011 Al. an Biermann, 10.8.1964, LASH, Abt. 354, Nr. 11 220.
1012 Al. an Biermann, 20.8.1964, LASH, Abt. 354, Nr. 11 221.
1013 Al. an Nehm, 22.7.1964, LASH, Abt. 354, Nr. 11 225.
1014 Ebenda.
1015 Vgl. LASH, Abt. 786, Nr. 2, Personalakte Walter Al. des schleswig-holsteinischen Justizministeriums.
1016 Vgl. Weinke, Verfolgung von NS-Tätern im geteilten Deutschland, S. 180–192.
1017 Greve, Umgang mit den NS-Gewaltverbrechen, S. 300.
1018 A. a. O., S. 287–289.
1019 Vgl. Weinke, Verfolgung von NS-Tätern im geteilten Deutschland, S. 194 f., ferner ausführlich: von Miquel, Ahnden oder amnestieren?, S. 224–319.
1020 He. an Al., 27.6.1964, LASH, Abt. 354, Nr. 11 210; Staatsanwalt Be. an He., 8.7.1964, LASH, Abt. 354, Nr. 11 211.
1021 He. an Zentrale Stelle, 27.6.1964, LASH, Abt. 354, Nr. 11 210.
1022 Staatsanwalt Hi. an He., 14.7.1964, LASH, Abt. 354, Nr. 11 211.
1023 Al. an Nehm, 30.7.1964, mit beiliegendem Schreiben von He. an Al. vom 23.7.1964, LASH, Abt. 354, Nr. 11 225.
1024 Nehm an Biermann, 24.8.1964, a. a. O.
1025 He. an Krannhals, 27.8.1964, LASH, Abt. 354, Nr. 11 233.
1026 Ebenda.
1027 He. an Zentralnachweisstelle des Bundesarchivs, 23.7.1964, LASH, Abt. 354, Nr. 11 211; He. an BDC, 30.3.1965, mit Verweis auf eine erste Anfrage am 11.6.1964, LASH, Abt. 354, Nr. 11 214.

1028 Krannhals an He., 21.9.1964, LASH, Abt. 354, Nr. 11212.
1029 He. an Polnische Militärmission Berlin (Entwurf für den Dolmetscher), 31.8.1964, LASH, Abt. 354, Nr. 11211.
1030 He. an die oben genannten Institutionen und andere, 2.9.1964, a.a.O.
1031 Ebenda.
1032 Karbach an He., 10.9.1964, LASH, Abt. 354, Nr. 11212.
1033 He. stieß damit durchaus auf Verständnis. Karbach zeigte sich zwar interessiert an dem Warschauer Komplex, versprach aber, die ihm vorgetragenen Bedenken bei seinen Nachforschungen zu berücksichtigen, »selbst auf die Gefahr hin, dass die eine oder andere Quelle dadurch nicht ausgeschöpft wird.« He. an Karbach, 28.9.1964; Karbach an He., 13.10.1964, a.a.O.
1034 He. an Zentrale Stelle, 8.10.1964, a.a.O.
1035 Staatsanwalt St. an He., 29.10.1964, a.a.O.
1036 Vgl. Krannhals an Al., 21.8.1964, LASH, Abt. 354, Nr. 11211.
1037 Vgl. He. an Krannhals, 27.8.1964, LASH, Abt. 354, Nr. 11233.
1038 Vgl. He. an Krannhals, 30.9.1964, LASH, Abt. 354, Nr. 11212.
1039 Vgl. dazu III.3, Rahmenbedingungen von NSG-Ermittlungen.
1040 He. an Krannhals, 30.9.1964, LASH, Abt. 354, Nr. 11212.
1041 Ebenda.
1042 Ebenda.
1043 Vernehmung Heinz Reinefarth, 1.10.1964–15.1.1965 (wie oben), Zusammenfassende Inhaltsangabe, Bl. 1–12, 38–51.
1044 Der ehemalige Gestapo-Mann Friedrich-Karl Bauer war Reinefarth nach eigenen Angaben 1945 in Frankfurt/Oder begegnet. 1954 wurde er in Diensten des BfV von einem Doppelagenten an die Zonengrenze gelockt, gewaltsam verschleppt und ein Jahr später in Rostock zu lebenslangem Zuchthaus verurteilt. Nach Bekunden seines Gefängniskameraden ließ Bauer dem Staatssicherheitsdienst zwischen 1956 und 1963 bei mehreren Gelegenheiten anscheinend frei erfundene Informationen über Reinefarth zukommen, weil er sich davon eine vorzeitige Haftentlassung versprach. Immer wenn sich Bauer mit den Stasi-Beamten getroffen habe, seien anschließend in den DDR-Medien neue Artikel gegen den früheren SS-General erschienen. Der Befund wurde von einem dritten Zeugen bestätigt, der weiter angab, Bauer sei seinerzeit gar nicht entführt worden, sondern freiwillig in die DDR eingereist. Der Angesprochene kam nach einem Agenten-Ringtausch schließlich Ende 1965 frei. Im März 1966 informierte das BfV die Staatsanwaltschaft Flensburg von Bauers Entlassung und Rückkehr in die Bundesrepublik. Einige Wochen danach wurde er im Landeskriminalamt Niedersachsen zu dem Sachverhalt vernommen, wobei er die uneinträglichen Kooperationsversuche mit dem Staatssicherheitsdienst abstritt. Zudem habe der Zeuge, der ihn ins Spiel gebracht hatte, seine Aussagen entstellt wiedergegeben. Die Vorwürfe gegen Reinefarth basierten demnach auf einem Missverständnis. Bauer wurde später zu einem gefragten Insider über den – im Vergleich zu seiner eigenen Geschichte – ähnlich gelagerten Fall seines früheren obersten Chefs, Otto John. Vgl. Gieseking, Fall Otto John, S. 441f.; Schriftliche Erklärung des Zeugen Siegfried Al., 25.1.1965; Vernehmung Wilhelm Ro. in der Polizeidirektion Lübeck, 13.8.1965; BfV an Staatsanwaltschaft Flensburg, 16.3.1966; Ver-

nehmung Friedrich-Karl Bauer im LKPA Niedersachsen, 5.4.1966, LASH, Abt. 354, Nr. 8469.

1045 Vernehmung Heinz Reinefarth, 1.10.1964–15.1.1965 (wie oben), Angaben zum Lebenslauf, Bl. 9–9b.

1046 Dies förderte eine parallel laufende Untersuchung der Staatsanwaltschaft Kiel zutage, die berechtigterweise von einem dringenden Tatverdacht gegen die Gestapo-Leitstelle Frankfurt/Oder ausging. Vgl. Aktenvermerk zur Einstellungsverfügung der Ermittlungen gegen Reinefarth zum Komplex Sonnenburg, Bl. 2, LASH, Abt. 354, Nr. 8469. Zur Ermordung der etwa 800 Sonnenburger Gefängnisinsassen vgl. Nürnberg, Sonnenburg, S. 203.

1047 Vgl. Breitman/Goda/Naftali/Wolfe, U.S. Intelligence and the Nazis, S. 298–302. Zu der erfolglosen juristischen Aufarbeitung seines Wirkens im Dritten Reich vgl. Bergander, Ermittlungen gegen Roeder.

1048 Vernehmung Heinz Reinefarth, 1.10.1964–15.1.1965 (wie oben), Bl. 231–233.

1049 Reinefarth an Staatsanwaltschaft Flensburg, 19.3.1965, LASH, Abt. 354, Nr. 11214.

1050 Reinefarth an He., 30.7.1965, LASH, Abt. 354, Nr. 11215.

1051 Pö. an He., 10.8.1965, a.a.O.

1052 Vernehmung Pö., 18.8.1965, a.a.O.

1053 He. an Reinefarth, 12.2.1966, LASH, Abt. 354, Nr. 11216.

1054 Reinefarth an He., 17.2.1966, a.a.O.

1055 Vernehmung Heinz Reinefarth, 1.10.1964–15.1.1965 (wie oben), Zusammenfassende Inhaltsangabe, Bl. 66.

1056 Vgl. etwa: He. an Karbach, 14.11.1964, LASH, Abt. 354, Nr. 11212.

1057 Vgl. Weinke, Geschichte der Zentralen Stelle, S. 84.

1058 Rückerl an He., 29.12.1964, LASH, Abt. 354, Nr. 11214.

1059 Vgl. Weinke, Geschichte der Zentralen Stelle, S. 84f.

1060 Weinke, Verfolgung von NS-Tätern im geteilten Deutschland, S. 227.

1061 Zur polnischen Rezeption des Warschauer Aufstandes vgl. Król, Perzeptionen des Aufstands in Polen. Eine vergleichende deutsch-polnische Perspektive, welche auch die Nachgeschichte des Ghetto-Aufstandes integriert, verfolgt in seinem Aufsatz Friedrich, Kontaminierte Erinnerung.

1062 Karbach an He., 20.11.1964, LASH, Abt. 354, Nr. 11212.

1063 He. an Sch., 5.7.1965, LASH, Abt. 354, Nr. 11221.

1064 Als Beispiel hierfür eignet sich etwa die vom Institute for Jewish Research arrangierte Befragung der Zeugin Si. im deutschen Generalkonsulat in New York: He. an Generalkonsulat New York, 2.3.1965, LASH, Abt. 354, Nr. 11214.

1065 Hermann Sch., geboren 1930 als Sohn eines Pastors, arbeitete ab Herbst 1963 als Gerichtsassessor und ab Frühjahr 1964 als Staatsanwalt bei der Flensburger Justizbehörde. Nach dem Ausscheiden von Walter Al. trug er neben Untersuchungsrichter He. die Hauptlast der Ermittlungsarbeit. Für seinen Einsatz im Fall Reinefarth und bei anderen NS-Verfahren verdiente er sich im Lauf der Jahre »besondere Anerkennung« von Seiten des Leitenden Flensburger Oberstaatsanwalts. Vgl. LASH, Abt. 786, Nr. 6784, Personalakte Hermann Sch. des schleswig-holsteinischen Justizministeriums, hier persönliche Beurteilung aus dem Jahr 1966.

1066 He. an Sch., 18.2.1965, LASH, Abt. 354, Nr. 11 221.
1067 Ebenda.
1068 Staatsanwalt von Be. an He., Februar 1965 (Datum z.T. unleserlich), a.a.O.
1069 Vermerk über eine Unterredung bei der Staatsanwaltschaft Hamburg betreffend den Sachverständigen Krannhals, 3.6.1965, a.a.O.
1070 He. an den Direktor des Archivs Yad Vashem, Josef Kermisz, Herbst 1965 (undatiert), LASH, Abt. 354, Nr. 11 215.
1071 Krannhals an Sch., 18.11.1965, LASH, Abt. 354, Nr. 11 221.
1072 Sch. an Krannhals, 28.6.1966, LASH, Abt. 354, Nr. 11 222.
1073 Wahnschaffe, Rezeption des Warschauer Aufstands, S. 50.
1074 Vermerk über eine Unterredung bei der Staatsanwaltschaft Lübeck betreffend eine Dienstreise nach Polen, 3.6.1965, LASH, Abt. 354, Nr. 11 221.
1075 Sch. an He., 13.7.1965, LASH, Abt. 354, Nr. 11 215.
1076 Biermann an Nehm, 8.12.1965, LASH, Abt. 354, Nr. 11 225.
1077 He. an Rückerl, 6.1.1966, LASH, Abt. 354, Nr. 11 216.
1078 He. an Sch., 12.2.1966, a.a.O.
1079 Hermann Sch., Vermerk über einen Anruf von He. und eine Besprechung bei Generalstaatsanwalt Nehm, 30.3.1966, LASH, Abt. 354, Nr. 11 221.
1080 So die Mitteilung des Nachfolgers Biermanns als Leitender Oberstaatsanwalt der Justizbehörde Flensburg, Helmut Frohberg, an Nehm, 5.5.1966, LASH, Abt. 354, Nr. 11 225.
1081 Sch. an Krannhals, 3.6.1966, LASH, Abt. 354, Nr. 11 221; Krannhals an Sch., 4.7.1966, LASH, Abt. 354, Nr. 11 222.
1082 Vgl. beispielsweise He. an Reinefarth, 4.1.1966, LASH, Abt. 354, Nr. 11 216.
1083 Mündliche Unterredung mit dem Angeschuldigten Reinefarth, 3.5.1966, a.a.O.
1084 Aktenvermerk zum Antrag der Staatsanwaltschaft Flensburg auf Außerverfolgungssetzung Reinefarths an die Große Strafkammer beim Landgericht Flensburg, 22.11.1966 (wie oben), Bl. 356.
1085 Zit. nach: Kieler Nachrichten, 25.11.1966.
1086 Schleswig-Holsteinische Volks-Zeitung, 25.11.1966.
1087 Zit. nach: Flensburger Tageblatt, 25.11.1966.
1088 Zit. nach: Südschleswigsche Heimatzeitung, 25.11.1966.
1089 Zit. nach: Kieler Nachrichten, 25.11.1966.
1090 Sylter Rundschau, 28.11.1966.
1091 Beschluss der 1. Großen Strafkammer des Landgerichts Flensburg im Verfahren gegen Reinefarth, 24.5.1967, Bl. 1, LASH, Abt. 354, Nr. 11 218.
1092 Presseerklärung des Justizministeriums, 6.7.1967, LASH, Abt. 354, Nr. 11 225.
1093 Südschleswigsche Heimatzeitung, 5.9.1967.
1094 Frohberg an Nehm, 7.12.1967, LASH, Abt. 354, Nr. 11 226.
1095 Nehm an Frohberg, 9.8.1967, LASH, Abt. 354, Nr. 11 225.
1096 Frohberg an Nehm, 10.8.1967, a.a.O.
1097 FAZ, 10.12.1966.
1098 Zit. nach: A.a.O., 12.12.1966.
1099 Südschleswigsche Heimatzeitung, 12.12.1966.
1100 Vgl. Weinke, Verfolgung von NS-Tätern im geteilten Deutschland, S. 228.

1101 Prawo i życie, 1.1.1967 (amtliche Übersetzung).
1102 Vgl. Czeslaw Pilichowski, Angelegenheit der Nachforschung und Dokumentation der Verbrechen des Heinz Reinefarth, 11.1.1967 (amtliche Übersetzung), LASH, Abt. 354, Nr. 11218.
1103 Trybuna Ludu, 18.7.1967.
1104 In Ludwigsburg sah man sich im darauffolgenden Herbst gezwungen, die Kollegen in Flensburg zu einer rascheren Bearbeitung der nach dort weitergeleiteten Unterlagen anzumahnen, um angesichts eines bevorstehenden Besuchs einer Arbeitsgruppe aus Warschau mögliche Unstimmigkeiten zu vermeiden. Zentrale Stelle an Staatsanwaltschaft Flensburg, 9.10.1967, LASH, Abt. 354, Nr. 11222.
1105 Der Morgen, 8.8.1967.
1106 Böx an Auswärtiges Amt, 7.8.1967 (Abschrift), in: LASH, Abt. 354, Nr. 11226.
1107 Ebenda.
1108 Verfügung Sch., 30.3.1967, LASH, Abt. 354, Nr. 11348.
1109 Landesverband Schleswig-Holstein des VDWV an He., 22.9.1964, LASH, Abt. 354, Nr. 11341.
1110 He. an Sch., 2.11.1964, a.a.O.
1111 Biermann an Nehm, 7.7.1965, LASH, Abt. 354, Nr. 11342.
1112 Biermann an Nehm, 25.11.1965, a.a.O.
1113 Buchheim an He., 16.7.1965, a.a.O.; Scheffler an Sch., 19.9.1965, LASH, Abt. 354, Nr. 11343.
1114 Aktenvermerk zur Einstellungsverfügung der Ermittlungen gegen Reinefarth zum Komplex Warthe (zweites Verfahren), 14.4.1966, LASH, Abt. 354, Nr. 11343.
1115 Staatsanwalt Hi. an Pilichowski, 18.4.1967, LASH, Abt. 354, Nr. 11348.
1116 Aktenvermerk zur Einstellungsverfügung der Ermittlungen gegen Reinefarth zum Komplex Warthe (drittes Verfahren), 3.4.1968, a.a.O.
1117 Dies, obwohl Scheffler Reinefarth bereits während des zweiten Verfahrens von der wissenschaftlichen Warte aus keineswegs entlastet hatte. Auf dem damaligen Stand der historischen Forschung hatte er mit Bezug auf die Einflussmöglichkeiten des Beschuldigten in Chelmno argumentiert: »Der Nachweis, daß die Vernichtungsaktion in Chelmno sowohl in der früheren als auch in der späteren Phase durch direkte Befehle des RSHA ausgelöst und geleitet worden ist, kann nach meinen Kenntnissen nur schwer geführt werden.« Auch die überaus dominante Rolle Greisers sagte ihm zufolge »letzten Endes nichts über eine Zu- oder Unzuständigkeit des HSSPF« aus. Vielmehr habe sich im Warthegau ein ähnliches Bild wie an anderen Zentren nationalsozialistischer Vernichtungspolitik präsentiert: »Die Organisation der Endlösung setzte sich aus einer Vielzahl selbstständiger Faktoren zusammen, die führungsmäßig einigermassen erfassbar sind, deren jeweilige Befehlsgeber aber nicht immer das mehr oder minder gelenkte Nebeneinander überschauten, wohl aber ihre vorgesehene bzw. gegebene Funktion ausführten und so das Ganze funktionieren liessen.« Ebenfalls nichts geändert hatte an der Einstellung des zweiten Ermittlungsverfahrens der Umstand, dass Wilhelm Koppe in einem Gutachten Buchheims zuhanden der Staatsanwaltschaft Bonn durch Himmler übertragene Sondervollmachten attestiert worden waren. Scheffler an Sch., 19.9.1965 (wie oben); Aktenvermerk zur Einstellungsverfügung der Ermittlun-

gen gegen Reinefarth zum Komplex Warthe (zweites Verfahren), 14.4.1966 (wie oben), Bl. 18–20.
1118 Staatsanwalt Ze. an Sch., 29.4.1968, LASH, Abt. 354, Nr. 11348.
1119 Pilichowski an Zentrale Stelle, 29.7.1968 (amtliche Übersetzung), a.a.O.
1120 Rückerl an Frohberg und Nehm, 3. und 19.12.1968, a.a.O.
1121 Sch. an Nehm, 22.5.1968, LASH, Abt. 354, Nr. 11226.
1122 Nehm an Pilichowski, 29.10.1968, a.a.O.
1123 Pilichowski an Nehm, 16.12.1968, a.a.O.
1124 Nehm an Pilichowski, 12.2.1969, a.a.O.
1125 Hermann Sch., Vermerk über einen Besuch von zwei Vertretern der Polnischen Hauptkommission bei der Staatsanwaltschaft Flensburg, 1.4.1969, Bl. 1, LASH, Abt. 354, Nr. 11222.
1126 Vgl. detailliert unter III.3, Beispiele der Beweisführung.
1127 Hermann Sch., Vermerk über einen Besuch von zwei Vertretern der Polnischen Hauptkommission bei der Staatsanwaltschaft Flensburg, 1.4.1969 (wie oben), Bl. 1f.
1128 A.a.O., Bl. 2f., Zitat Bl. 3.
1129 A.a.O., Bl. 3f.
1130 A.a.O., Bl. 4.
1131 Zur Befehlsfrage vgl. I.2, »Weniger Munition als Gefangene« sowie III.3, Befehle und Unterstellungsverhältnisse.
1132 Hermann Sch., Vermerk über einen Besuch von zwei Vertretern der Polnischen Hauptkommission bei der Staatsanwaltschaft Flensburg, 1.4.1969 (wie oben), Bl. 5–7.
1133 Zit. nach: Kieler Nachrichten, 5.4.1969.
1134 Hermann Sch., Zweiter Vermerk über einen Besuch von zwei Vertretern der Polnischen Hauptkommission bei der Staatsanwaltschaft Flensburg, 2.4.1969, LASH, Abt. 354, Nr. 11222.
1135 Der von Reinefarth kontaktierte He., der ansonsten nicht in die Besuchsaktion involviert war, wurde von der Staatsanwaltschaft dahin gehend instruiert, dem Anfragenden lediglich die Anwesenheit der Polen zu bestätigen. Hermann Sch., Vermerk über einen Anruf von He., 28.3.1969, a.a.O.
1136 Trybuna Ludu, 7.8.1969 (Zitat nach amtlicher Übersetzung), in: LASH, Abt. 354, Nr. 11226.
1137 Ebenda.
1138 Vgl. etwa: Hermann Sch., Vermerk zu den Nachermittlungen betreffend die Einsatzkommandos der Sicherheitspolizei bei den Kampfgruppen Reinefarth und Reck, 21.4.1969, LASH, Abt. 354, Nr. 11349.
1139 Frohberg an Nehm, 9.12.1969; Nehm an Frohberg, 5.1.1970, LASH, Abt. 354, Nr. 11226.
1140 Kuhlmann, 60 Jahre NSG-Justiz in Hamburg, S. 161.
1141 Paul, Gestapo in Schleswig-Holstein, S. 248f. Zum Befehlsnotstand vgl. etwa Kwiet, Legendenbildung, S. 122.
1142 Jakobczyk, »Das Verfahren ist einzustellen«, S. 252.
1143 Solf, NS-Täter aus juristischer Perspektive, S. 79, 89.
1144 Freudiger, Juristische Aufarbeitung von NS-Verbrechen, S. 35.
1145 A.a.O., S. 408f.

1146 A.a.O., S. 63f., 408f.
1147 Kwiet, Legendenbildung, S. 129.
1148 Vgl. Freudiger, Juristische Aufarbeitung von NS-Verbrechen, S. 223–227.
1149 So die Gedanken von Kruse, Zweierlei Maß, nach: A.a.O., S. 263, 266, Zitat S. 263.
1150 A.a.O., S. 269.
1151 Vgl. a.a.O., S. 411f.
1152 A.a.O., S. 419. Klaus Bästlein vertritt darüber hinaus die Ansicht, dass der Tatbestand der »Kriminellen Vereinigung« aus dem Reichsstrafgesetzbuch von 1871 durchaus hätte angewandt werden können, um staatliche und militärische Befehle von Institutionen zu kriminalisieren, die in Nürnberg nicht zu verbrecherischen Organisationen erklärt worden waren. Bästlein, Historiografie des Völkermords, S. 321f.
1153 Kuhlmann, 60 Jahre NSG-Justiz in Hamburg, S. 154.
1154 Biermann an Nehm, 9.3.1965, LASH, Abt. 354, Nr. 11225.
1155 Biermann an Nehm, 7.4.1965, a.a.O.
1156 Von Hassel an He., 11.2.1964, LASH, Abt. 354, Nr. 11208.
1157 Mit einer Fülle von Beispielen beispielsweise dokumentiert bei Klemp, »Nicht ermittelt«.
1158 Vgl. Matthäus, Alte Kameraden und neue Polizeimethoden, vor allem S. 188–192.
1159 Hölzl, Legende von der sauberen Ordnungspolizei, S. 37–39.
1160 Klemp, »Nicht ermittelt«, S. 397–399.
1161 Finger/Keller, Täter und Opfer, S. 124.
1162 Reinefarth an He., 22.2.1965, LASH, Abt. 354, Nr. 11214; Vermerk zu oben genannter Befehlssammlung (ohne Datum), LASH, Abt. 354, Nr. 11284.
1163 Vgl. Finger/Keller, Täter und Opfer, S. 120–124.
1164 Riedel, Wert von Justizakten, S. 194.
1165 Aktenvermerk zum Antrag der Staatsanwaltschaft Flensburg auf Eröffnung der gerichtlichen Voruntersuchung gegen Reinefarth, 19.4.1963 (wie oben), Bl. 20–56.
1166 Aktenvermerk zum Antrag der Staatsanwaltschaft Flensburg auf Außerverfolgungssetzung Reinefarths an die Große Strafkammer beim Landgericht Flensburg, 22.11.1966 (wie oben), Bl. 24–86.
1167 A.a.O., Bl. 23.
1168 Massentötungen in Warschau-Wola am 5./6. August 1944 (Eine Zusammenfassung polnischer Aussagen in der »Warschau-Akte«), 10.11.1962, Bl. 1f., LASH, Abt. 354, Nr. 11243.
1169 A.a.O., Bl. 66.
1170 A.a.O., Bl. 68.
1171 A.a.O., Bl. 71f.
1172 Aktenvermerk zum Antrag der Staatsanwaltschaft Flensburg auf Eröffnung der gerichtlichen Voruntersuchung gegen Reinefarth, 19.4.1963 (wie oben), Bl. 31f.
1173 A.a.O., Bl. 33f.
1174 A.a.O., Bl. 36.
1175 Die These leitet sich indirekt aus dem staatsanwaltschaftlichen Kommentar zur Warschau-Akte vom Herbst 1962 ab. Dort wird festgehalten, dass sich die Frage nach ihrer prozessualen Verwertbarkeit erst dann ernsthaft stellen werde, wenn anlässlich eines

etwaigen Hauptverfahrens »gesetzliche Hinderungsgründe dem Erscheinen der Zeugen in der Hauptverhandlung entgegenstehen.« Massentötungen in Warschau-Wola am 5./6. August 1944 (Eine Zusammenfassung polnischer Aussagen in der »Warschau-Akte«), 10.11.1962 (wie oben), Bl. 3.

1176 Vgl. ausführlich: Pöppmann, Robert M. W. Kempner.
1177 1965 hielt Kempner an der Ost-Akademie Lüneburg einen Vortrag über die juristische Bewältigung der NS-Vergangenheit. Darin äußerte er sich offenbar kritisch über die von ihm selber mitgestalteten Nürnberger Prozesse, die in zu milde Urteilssprüche gemündet hätten. Kempners Auftritt war einer rechtsgerichteten Wochenzeitschrift einen längeren Artikel wert, in dem er als fanatischer »Deutschenhasser« verunglimpft und zusammen mit Krannhals als Nestbeschmutzer auf Staatskosten bezeichnet wurde. Deutsche Wochenzeitung für nationale Politik, Kultur und Wissenschaft (13/1965).
1178 Vgl. beispielsweise Kempner an He., 4.12.1964, LASH, Abt. 354, Nr. 11 212.
1179 Al. an Kempner, 27.7.1964, LASH, Abt. 354, Nr. 11 220.
1180 Sch. an Kempner, 12.2.1965, LASH, Abt. 354, Nr. 11 214.
1181 He. an Kempner, 18.2.1965, a. a. O.
1182 Obwohl Kempners Empörung zweifelsohne echt war, warf er seinen Namen in diesem Fall aus nicht ganz uneigennützigen Motiven in die Waagschale, denn die Verfolgung und Ermordung von katholischen Geistlichen während der Zeit des Nationalsozialismus war gewissermaßen das Steckenpferd der publizistischen Tätigkeit seiner Frau. Benedicta Maria Kempner wandte sich im Zuge der Außerverfolgungssetzung Reinefarths schließlich selber an die Flensburger Staatsanwaltschaft, gab sich als Verfasserin des Buches »Priester vor Hitlers Tribunalen« zu erkennen und reichte gegen den Freigesprochenen Strafanzeige ein wegen des Verdachts der Beteiligung an diesen Morden während des Warschauer Aufstandes. Sie beabsichtige, sich mit Hinterbliebenen und Freunden der ermordeten Priester in Verbindung zu setzen, um später auf die Sache zurückkommen zu können. Die Anzeige selber verlief jedoch im Sand. Als sich Robert Kempner einige Zeit später nach dem Stand der Dinge erkundigte, wurde ihm mitgeteilt, es hätten sich keine Anhaltspunkte darüber ergeben, welchen Einheiten die Mörder an den Warschauer Geistlichen angehört hätten. Die von ihm in das Verfahren eingebrachte Liste der Mordopfer sei deshalb an die Zentrale Stelle weitergeleitet worden und von dort für das RSHA-Verfahren an das Berliner Kammergericht gelangt. Kempner an Sch., 20.2.1965, LASH, Abt. 354, Nr. 11 221; Benedicta Maria Kempner an Oberstaatsanwalt Flensburg, 12.7.1967; Kempner an Oberstaatsanwalt Flensburg, 12.11.1968; Oberstaatsanwalt Flensburg an Kempner, 3.1.1969, LASH, Abt. 354, Nr. 11 218.
1183 Vernehmung Hans Zi., 21.11.1963, LASH, Abt. 354, Nr. 11 207.
1184 Vernehmung Otto We., 21.1.1964, LASH, Abt. 354, Nr. 11 208.
1185 Vernehmung Günther Bock, 6.8.1963, LASH, Abt. 354, Nr. 11 260.
1186 Al. an Landeskriminalamt Nordrhein-Westfalen, 6.3.1964, LASH, Abt. 354, Nr. 11 209.
1187 Vernehmung He., 17.3.1964, a. a. O.
1188 Vernehmung He., 16.4.1964, a. a. O.
1189 Vernehmung Johann Ba., 23.10.1962, LASH, Abt. 354, Nr. 11 266.
1190 Ebenda.
1191 Ebenda.

1192 Vernehmung Otto Ri., 7.10.1963, a.a.O.
1193 Ebenda.
1194 Vernehmung Georg Hu., 22.10.1963, a.a.O.
1195 »Nacht über Wola«, Der Spiegel (23/1962), 6.6.1962.
1196 Ke. an Krannhals, 10.6.1962, LASH, Abt. 354, Nr. 11266.
1197 Vernehmung Ernst Ke., 3.7.1962, a.a.O.
1198 Ebenda.
1199 Doppelvernehmung Ernst Ke. und Richard So., 6.11.1963, a.a.O.
1200 Krannhals an Al., 31.7.1964, LASH, Abt. 354, Nr. 11211.
1201 Vernehmung Walther Wenck, 22.10.1964, LASH, Abt. 354, Nr. 11212.
1202 Vernehmung Rupert Gruber, 18.1.1964, LASH, Abt. 354, Nr. 11208.
1203 Ebenda.
1204 Koppe an He., 17.12.1964, LASH, Abt. 354, Nr. 11282.
1205 Biermann an Nehm, 20.8.1964, LASH, Abt. 354, Nr. 11225.
1206 Barelkowski, Karriere des Erich von dem Bach-Zelewski, S. 165.
1207 He. an Fernschreibstelle der Polizeiinspektion Flensburg, 5.8.1964, und an das Landgerichtsgefängnis Flensburg, 10.8.1964, LASH, Abt. 354, Nr. 11211.
1208 Ernst-M. He., Vermerk über die Vernehmung von Erich von dem Bach-Zelewski, 18.8.1964, a.a.O.
1209 Ebenda. He. dürfte mit seiner Vermutung tendenziell richtiggelegen haben. Kurz vor seinem Tod wurde Bach-Zelewski 1971 wegen »Wahnvorstellungen aus der Nazizeit« sogar kurzzeitig in eine Klinik verlegt. Zit. nach: Barelkowski, Karriere des Erich von dem Bach-Zelewski, S. 167.
1210 Biermann an Nehm, 20.8.1964 (wie oben). Vgl. dazu auch II.3, Ein beschleunigtes Ermittlungsverfahren.
1211 Erich von dem Bach-Zelewski, Persönliche Stellungnahme, 17.8.1964, hier Bl. 8–13, LASH, Abt. 354, Nr. 11211.
1212 A.a.O., Bl. 10.
1213 Ernst-M. He., Vermerk über die Vernehmung von Erich von dem Bach-Zelewski, 18.8.1964 (wie oben).
1214 Biermann an Nehm, 20.8.1964 (wie oben).
1215 Bisheriges Ermittlungsergebnis über das SS-Sonderkommando »Dirlewanger«, 19.9.1963, LASH, Abt. 354, Nr. 11272.
1216 Ebenda.
1217 Aktenvermerk zum Antrag der Staatsanwaltschaft Flensburg auf Eröffnung der gerichtlichen Voruntersuchung gegen Reinefarth, 19.4.1963 (wie oben), Bl. 56.
1218 A.a.O., Bl. 105.
1219 Vgl. Aktenvermerk zum Antrag der Staatsanwaltschaft Flensburg auf Außerverfolgungssetzung Reinefarths an die Große Strafkammer beim Landgericht Flensburg, 22.11.1966 (wie oben), Bl. 341–353.
1220 Aktenvermerk zum Antrag der Staatsanwaltschaft Flensburg auf Eröffnung der gerichtlichen Voruntersuchung gegen Reinefarth, 19.4.1963 (wie oben), Bl. 12 f.
1221 A.a.O., Bl. 13.
1222 A.a.O., Bl. 13 f.

1223 Aktenvermerk zum Antrag der Staatsanwaltschaft Flensburg auf Außerverfolgungssetzung Reinefarths an die Große Strafkammer beim Landgericht Flensburg, 22. 11. 1966 (wie oben), Bl. 220.
1224 Aktenvermerk zum Antrag der Staatsanwaltschaft Flensburg auf Eröffnung der gerichtlichen Voruntersuchung gegen Reinefarth, 19. 4. 1963 (wie oben), Bl. 14 f.
1225 Aktenvermerk zum Antrag der Staatsanwaltschaft Flensburg auf Außerverfolgungssetzung Reinefarths an die Große Strafkammer beim Landgericht Flensburg, 22. 11. 1966 (wie oben), Bl. 94 f.
1226 A. a. O., Bl. 96–99, Zitat Bl. 98 f.
1227 Aktenvermerk zum Antrag der Staatsanwaltschaft Flensburg auf Eröffnung der gerichtlichen Voruntersuchung gegen Reinefarth, 19. 4. 1963 (wie oben), Bl. 16.
1228 A. a. O., Bl. 103 f.
1229 A. a. O., Bl. 104.
1230 Vgl. Bisheriges Ermittlungsergebnis über das Polizeibataillon »Peterburs«, 18. 4. 1963, LASH, Abt. 354, Nr. 11 266.
1231 Aktenvermerk zum Antrag der Staatsanwaltschaft Flensburg auf Außerverfolgungssetzung Reinefarths an die Große Strafkammer beim Landgericht Flensburg, 22. 11. 1966 (wie oben), Bl. 341 f.
1232 Aktenvermerk zum Antrag der Staatsanwaltschaft Flensburg auf Eröffnung der gerichtlichen Voruntersuchung gegen Reinefarth, 19. 4. 1963 (wie oben), Bl. 105.
1233 Vgl. I.2, »Weniger Munition als Gefangene«.
1234 Aktenvermerk zum Antrag der Staatsanwaltschaft Flensburg auf Eröffnung der gerichtlichen Voruntersuchung gegen Reinefarth, 19. 4. 1963 (wie oben), Bl. 126.
1235 Ebenda.
1236 Dieser Vorgang erschließt sich aus einem freiwilligen Hinweis des Journalisten Günter Koch an die Adresse von Generalstaatsanwalt Nehm, der die Information sogleich an die Staatsanwaltschaft Flensburg weiterleitete. Koch hatte die Ermittlungen gegen Hahn durch eine Strafanzeige bei der Zentralen Stelle 1959 überhaupt erst angeregt. Koch an Nehm, 19. 10. 1961; Nehm an Biermann, 25. 10. 1961, LASH, Abt. 354, Nr. 11 224. Zu den Bemühungen Kochs vgl. Mlynarczyk, Ludwig Hahn und die Mühlen der deutschen Justiz, S. 139 f.
1237 Biermann an Nehm, 12. 11. 1964, LASH, Abt. 354, Nr. 11 225.
1238 Aktenvermerk zum Antrag der Staatsanwaltschaft Flensburg auf Außerverfolgungssetzung Reinefarths an die Große Strafkammer beim Landgericht Flensburg, 22. 11. 1966 (wie oben), Bl. 228.
1239 Aktenvermerk zum Antrag der Staatsanwaltschaft Flensburg auf Eröffnung der gerichtlichen Voruntersuchung gegen Reinefarth, 19. 4. 1963 (wie oben), Bl. 119.
1240 A. a. O., Bl. 118.
1241 Ermittlungsergebnis Stab und Stabskompanie Kampfgruppe Reinefarth, 10. 3. 1964, LASH, Abt. 354, Nr. 11 260.
1242 Ebenda.
1243 Aktenvermerk zum Antrag der Staatsanwaltschaft Flensburg auf Außerverfolgungssetzung Reinefarths an die Große Strafkammer beim Landgericht Flensburg, 22. 11. 1966 (wie oben), Bl. 242–244, hier Bl. 244.

1244 A. a. O., Bl. 246.
1245 Ebenda.
1246 A. a. O., Bl. 319 f.
1247 A. a. O., Bl. 252 f.
1248 Vgl. Klausch, Antifaschisten in SS-Uniform, S. 113.
1249 A. a. O., S. 111–113.
1250 Aktenvermerk zum Antrag der Staatsanwaltschaft Flensburg auf Eröffnung der gerichtlichen Voruntersuchung gegen Reinefarth, 19. 4. 1963 (wie oben), Bl. 69.
1251 A. a. O., Bl. 68 f.
1252 A. a. O., Bl. 60.
1253 Aktenvermerk zum Antrag der Staatsanwaltschaft Flensburg auf Außerverfolgungssetzung Reinefarths an die Große Strafkammer beim Landgericht Flensburg, 22. 11. 1966 (wie oben), Bl. 100–106.
1254 A. a. O., Bl. 102.
1255 Vgl. Bisheriges Ermittlungsergebnis über das SS-Sonderkommando »Dirlewanger«, 19. 9. 1963, LASH, Abt. 354, Nr. 11 272.
1256 Aktenvermerk zum Antrag der Staatsanwaltschaft Flensburg auf Außerverfolgungssetzung Reinefarths an die Große Strafkammer beim Landgericht Flensburg, 22. 11. 1966 (wie oben), Bl. 100 f., 350 f.
1257 Aktenvermerk zur Einstellungsverfügung der Ermittlungen gegen Reinefarth zum Komplex Warschau, 1. 10. 1958 (wie oben), Bl. 34 f.
1258 Herausgehoben etwa im Abschlussbericht über das Ergebnis der Vorermittlungen: Aktenvermerk zum Antrag der Staatsanwaltschaft Flensburg auf Eröffnung der gerichtlichen Voruntersuchung gegen Reinefarth, 19. 4. 1963 (wie oben), Bl. 17 f.
1259 Vgl. I.2, »Weniger Munition als Gefangene«.
1260 Vgl. II.3, Ein beschleunigtes Ermittlungsverfahren.
1261 Krannhals an Al., 26. 11. 1961, LASH, Abt. 354, Nr. 11 282.
1262 Vgl. etwa anhand der Vernehmung des ehemaligen Mitarbeiters des BdS Krakau und späteren Oberstudienrats Fu. Weil dieser vor der Befragung auf einen angeblich unmittelbar bevorstehenden Krankenhausaufenthalt hingewiesen hatte, wurde sie in aller Eile durchgeführt und lediglich in Form eines Vermerks festgehalten: »Die Rolle Spilkers während des Warschauer Aufstandes wurde mit dem Zeugen eingehend erörtert. (…) Spilker soll sich nachrichtendienstlich mit den massenweise hinausströmenden Flüchtlingen beschäftigt haben. Nähere Angaben über die personelle Zusammensetzung des Kommandos von Spilker und dessen Aufgaben konnte der Zeuge nicht machen. Von Erschießungen wusste er nichts. Der Zeuge vermochte sich nicht vorzustellen, daß Spilker mit Erschießungen zu tun gehabt habe. Er schilderte ihn als einen klaren und sauberen Menschen, dem Böses nicht zuzutrauen sei. Bei diesem Zeugen kam – ebenso wie bereits bei den Vernehmungen der Zeugen Erich Mü(…), Max Mü(…) und Ni(…) – vor allem eine gewisse Hochachtung vor Spilker als nachrichtendienstlicher Kapazität zum Ausdruck, eines Mannes also, der bei seinen fachlichen Qualitäten und Interessen sich kaum mit der Leitung eines gewöhnlichen Erschießungskommandos befaßt haben dürfte.« Vermerk über die Vernehmung des Zeugen Hans Fu., 2. 2. 1962, a. a. O.
1263 Eidesstattliche Erklärung Wilhelm Koppe, 15. 12. 1964, a. a. O.

1264 Aktenvermerk zum Antrag der Staatsanwaltschaft Flensburg auf Außerverfolgungssetzung Reinefarths an die Große Strafkammer beim Landgericht Flensburg, 22.11.1966 (wie oben), Bl. 351.
1265 Bisheriges Ermittlungsergebnis über das EK Sicherheitspolizei Kampfgruppe Reinefarth, 30.5.1963, Bl. 13–15, LASH, Abt. 354, Nr. 11 282.
1266 Aktenvermerk zum Antrag der Staatsanwaltschaft Flensburg auf Außerverfolgungssetzung Reinefarths an die Große Strafkammer beim Landgericht Flensburg, 22.11.1966 (wie oben), Bl. 193.
1267 A.a.O., Bl. 193 f.
1268 A.a.O., Bl. 196–198, hier Bl. 198.
1269 A.a.O., Bl. 198–217.
1270 Vgl. I.2, »Weniger Munition als Gefangene«.
1271 Aktenvermerk zum Antrag der Staatsanwaltschaft Flensburg auf Außerverfolgungssetzung Reinefarths an die Große Strafkammer beim Landgericht Flensburg, 22.11.1966 (wie oben), Bl. 335.
1272 A.a.O., Bl. 178 f.
1273 A.a.O., Bl. 180.
1274 A.a.O., Bl. 182 f.
1275 A.a.O., Bl. 183 f.
1276 A.a.O., Bl. 184.
1277 Ebenda.
1278 A.a.O., Bl. 351 f.
1279 A.a.O., Bl. 355.
1280 Reinefarth an Große Strafkammer beim Landgericht Flensburg, 11.1.1967, LASH, Abt. 354, Nr. 11 218.
1281 Vgl. etwa in dem Begleitschreiben an He. zu der vorerwähnten Befehlssammlung, die er dem Untersuchungsrichter zukommen ließ. Reinefarth schrieb, er halte die Befehlssammlung »wegen der zahlreichen in ihnen zitierten Befehle und Erlasse für interessant. Ich selbst berufe mich nach wie vor auf keine dieser Anordnungen [letzter Satz unterstrichen].« Hätte er dies getan, hätte er allerdings auch seine grundlegende Strategie konterkariert, die bekanntlich darauf abzielte, Erhalt und Weitergabe des Himmler'schen Vernichtungsbefehls respektive die Umsetzung oder Duldung völkerrechtswidriger Vorgehensweisen jedwelcher Art von vornherein abzustreiten. Mit dem Überreichen des Dokuments an die Ermittlungsbehörde verband er jedoch den Hinweis, dass sich mit dem Inhalt allenfalls etwaige Erschießungen außerhalb des Kampfgeschehens erklären ließen. Reinefarth an He., 22.2.1965, LASH, Abt. 354, Nr. 11 214.
1282 Flensborg Avis, 19.6.1964.
1283 Al. an Nehm, 16.7.1964, LASH, Abt. 354, Nr. 11 225.
1284 Al. an Nehm, 25.7.1964, a.a.O.
1285 »Habe weniger Munition als Gefangene«, Die ZEIT (31/1964), 31.7.1964.
1286 Abendpost, 4.8.1964.
1287 Biermann an Nehm, 13.8.1964, LASH, Abt. 354, Nr. 11 225.
1288 Siegfried, Zwischen Aufarbeitung und Schlußstrich, S. 99–101, Zitat S. 101.
1289 Heinz Reinefarth, Lebenslauf für Rechtsanwälte und Notare (Ergänzungen vom

19.1.1967), LASH, Abt. 786, Nr. 1543, Personalakte Heinz Reinefarth des schleswig-holsteinischen Justizministeriums.

1290 Reinefarth an den Justizminister des Landes Schleswig-Holstein, 23.11.1966, a.a.O.
1291 Der Präsident des Oberlandesgerichts an den Justizminister des Landes Schleswig-Holstein, 25.9.1967, a.a.O.
1292 Reinefarth an den Justizminister des Landes Schleswig-Holstein, 26.9.1967, a.a.O.
1293 Reinefarth an den Vorstand der schleswig-holsteinischen Rechtsanwaltskammer und Notarkammer, 26.8.1967, a.a.O.
1294 Der Präsident des Oberlandesgerichts an den Justizminister des Landes Schleswig-Holstein, 12.10.1967, a.a.O.
1295 Die WELT; Hamburger Abendblatt, 6.1.1968; Frankfurter Rundschau; FAZ, 8.1.1968.
1296 Der entsprechende Beschluss erfolgte unmittelbar nach Bekanntwerden der Zulassung, wurde aber aus nicht näher bekannten Gründen erst im Juni 1968 durch die Polnische Militärmission an den schleswig-holsteinischen Justizminister übersandt. Polnische Militärmission an den Justizminister des Landes Schleswig-Holstein, 20.6.1968, LASH, Abt. 786, Nr. 1543, Personalakte Heinz Reinefarth des schleswig-holsteinischen Justizministeriums.
1297 Der Verfasser des Schreibens, Dr. Richard Weyl, war ein viel beschäftigter Vertreter von jüdischen NS-Opfern vor deutschen Gerichten. Weyl an die Konferenz der deutschen Justizminister, 27.1.1968, a.a.O.
1298 Vorstand der schleswig-holsteinischen Notarkammer an den Justizminister des Landes Schleswig-Holstein, 11.1.1968; Beschluss des Notarverwaltungssenats des schleswig-holsteinischen Oberlandesgerichts im Verfahren Reinefarth gegen den Justizminister des Landes Schleswig-Holstein, 21.6.1971, Bl. 8 f., a.a.O.
1299 Der Justizminister des Landes Schleswig-Holstein, Vermerk über eine Mitteilung des Sachbearbeiters der Staatsanwaltschaft Flensburg Sch. vom 4.12.1969, 11.12.1969, a.a.O.
1300 Vgl. Godau-Schüttke, Renazifizierung der schleswig-holsteinischen Justiz, S. 126–128.
1301 Der Justizminister des Landes Schleswig-Holstein an Reinefarth, 11.12.1969, LASH, Abt. 786, Nr. 1543, Personalakte Heinz Reinefarth des schleswig-holsteinischen Justizministeriums.
1302 Reinefarth an den Notarverwaltungssenat des schleswig-holsteinischen Oberlandesgerichts, 4.1.1970, a.a.O.
1303 Ebenda.
1304 Der Generalstaatsanwalt an den Notarverwaltungssenat des schleswig-holsteinischen Oberlandesgerichts, 20.2.1970, a.a.O.
1305 Reinefarth an den Notarverwaltungssenat des schleswig-holsteinischen Oberlandesgerichts, 8.3.1970, a.a.O.
1306 Beschluss des Notarverwaltungssenats des schleswig-holsteinischen Oberlandesgerichts im Verfahren Reinefarth gegen den Justizminister des Landes Schleswig-Holstein, 21.6.1971, Bl. 17–21, 26 f., Zitat Bl. 26, a.a.O.
1307 A.a.O., Bl. 26.
1308 A.a.O., Bl. 28 f.
1309 Der Generalstaatsanwalt an den Justizminister des Landes Schleswig-Holstein, 4.8.1971, a.a.O.

1310 Beschluss des Senats für Notarsachen des Bundesgerichtshofs im Verfahren Reinefarth gegen den Justizminister des Landes Schleswig-Holstein, 13.12.1971, a.a.O.

1311 Bereits der ablehnende Entscheid des schleswig-holsteinischen Notarverwaltungssenats war pauschal mit einem Betrag von 20 000 Mark in Rechnung gestellt worden. Der gleichlautende Beschluss des Bundesgerichtshofes zog eine zusätzliche Forderung von 50 000 Mark nach sich. Beschluss des Notarverwaltungssenats des schleswig-holsteinischen Oberlandesgerichts im Verfahren Reinefarth gegen den Justizminister des Landes Schleswig-Holstein, 21.6.1971, Bl. 2; Beschluss des Senats für Notarsachen des Bundesgerichtshofs im Verfahren Reinefarth gegen den Justizminister des Landes Schleswig-Holstein, 13.12.1971, Bl. 2, a.a.O.

1312 Barelkowski, Karriere des Erich von dem Bach-Zelewski, S. 167.

1313 Mlynarczyk, Ludwig Hahn und die Mühlen der deutschen Justiz, S. 147.

1314 Klein, Schuld und Sühne des Dr. Otto Bradfisch, S. 232.

1315 In einer erzählerischen Überblicksdarstellung der Geschichte Sylts ist – ohne die Quelle zu nennen – von einer Begebenheit die Rede, welche darauf hinweist, dass sich Reinefarth bis zum Ende seiner Tage nie mehr ganz sicher fühlte. In seinem Praxisbüro habe er im Schreibtisch eine Pistole aufbewahrt, und sei jemand unvermittelt in das Zimmer eingetreten, habe er instinktiv zur Schublade gegriffen. Derartige Ängste waren zwar übersteigert, entbehrten aber nicht jeder realistischen Grundlage: Wenige Jahre vor seinem Tod erntete in der deutschen Presse das Ableben von Joachim Peiper, ehemaliger Regimentskommandeur in der 1. SS-Panzer-Division »Leibstandarte SS Adolf Hitler«, ein breites Echo. Peiper, namhafter Kriegsverbrecher und unter anderem verantwortlich für das berüchtigte Massaker von Malmedy, kam 1976 unter nicht restlos geklärten Umständen gewaltsam ums Leben, nachdem er sich trotz Morddrohungen geweigert hatte, seinen französischen Wohnsitz zu verlassen. Vgl. etwa: »Pech für ihn«, Der Spiegel (30/1976), 19.7.1976. Zu Peipers Vita vgl. Westemeier, Himmlers Krieger. Reinefarths Sicherheitsvorkehrungen am Arbeitsplatz werden erwähnt bei Walloch, Sylt-Lesebuch, S. 78.

1316 Der Präsident des Landgerichts Flensburg an den Justizminister des Landes Schleswig-Holstein, 30.11.1973; Der Justizminister des Landes Schleswig-Holstein an Reinefarth, 20.12.1973, LASH, Abt. 786, Nr. 1543, Personalakte Heinz Reinefarth des schleswig-holsteinischen Justizministeriums.

1317 Vgl. etwa Sylter Rundschau, 9.5.1979.

1318 Vgl. Weinke, »Bleiben die Mörder unter uns?«, S. 269.

1319 Vgl. auch die lobende Erwähnung der Staatsanwaltschaft Hamburg bei Klemp, »Nicht ermittelt«, S. 359.

1320 Dass die größtenteils bruchlose Überführung der juristischen Funktionseliten in die Beamtenschaft der Bonner Republik nicht nur unter moralischen Gesichtspunkten kritisch zu bewerten ist, sondern auch den demokratischen Rechtsstaat als solchen real in Mitleidenschaft zog, hat Joachim Perels dennoch berechtigterweise in die Diskussion eingebracht. Vgl. Perels, Das juristische Erbe.

1321 Aktenvermerk zum Antrag der Staatsanwaltschaft Flensburg auf Außerverfolgungssetzung Reinefarths an die Große Strafkammer beim Landgericht Flensburg, 22.11.1966 (wie oben), Bl. 356.

1322 Vgl. dazu die gehaltvollen rechtsphilosophischen Überlegungen anhand der in Bielefeld geführten NSG-Ermittlungen zum Tatkomplex Bialystok: Schulz, Kollektive Erinnerung, Zitat S. 40.
1323 Hier muss Klaus-Peter Friedrich widersprochen werden, der die einsetzende kritische Erinnerung mit dem vierzigsten Jahrestag von 1984 in Zusammenhang bringt. Friedrich, Kontaminierte Erinnerung, S. 431 f.
1324 Vgl. komprimiert: Wette, Militarismus in Deutschland, S. 226–228.

Abkürzungsverzeichnis

Gilt nur für Akronyme, ohne Archivsignaturen

AG	Aktiengesellschaft
AOK	Armeeoberkommando
BArch	Bundesarchiv
BDC	Berlin Document Center
BdO	Befehlshaber der Ordnungspolizei
BdS	Befehlshaber der Sicherheitspolizei und des SD
BfV	Bundesamt für Verfassungsschutz
BGH	Bundesgerichtshof
BHE	Block der Heimatvertriebenen und Entrechteten (später: GB/BHE = Gesamtdeutscher Block/Bund der Heimatvertriebenen und Entrechteten)
BKA	Bundeskriminalamt
BRD	Bundesrepublik Deutschland
BStU	Der Bundesbeauftragte für die Unterlagen des Staatssicherheitsdienstes der ehemaligen Deutschen Demokratischen Republik
CDU	Christlich Demokratische Union Deutschlands
CIC	Counter Intelligence Corps
CSU	Christlich-Soziale Union in Bayern
DDR	Deutsche Demokratische Republik
DEFA	Deutsche Film AG
DKP	Deutsche Konservative Partei
DM	Deutsche Mark
DNVP	Deutschnationale Volkspartei
DP	Deutsche Partei
EK	Einsatzkommando
EUCOM	United States European Command
FAZ	Frankfurter Allgemeine Zeitung
FDP	Freie Demokratische Partei
GDP	Gesamtdeutsche Partei
Gestapo	Geheime Staatspolizei
HSSPF	Höherer SS- und Polizeiführer
IfZ	Institut für Zeitgeschichte
IdO	Inspekteur der Ordnungspolizei

IdS	Inspekteur der Sicherheitspolizei und des SD
IPN	Instytut Pamięci Narodowej (dt.: Institut für Nationales Gedenken)
ITV	Independent Television
IZRG	Institut für schleswig-holsteinische Zeit- und Regionalgeschichte der Universität Flensburg
KdS	Kommandeur der Sicherheitspolizei und des SD
KGB	Komitet gossudarstwennoi besopasnosti pri Sowjete Ministrow SSSR (dt.: Komitee für Staatssicherheit beim Ministerrat der UdSSR)
KPD	Kommunistische Partei Deutschlands
KTB	Kriegstagebuch
KZ	Konzentrationslager
LASH	Landesarchiv Schleswig-Holstein
LKPA	Landeskriminalpolizeiamt
MfS	Ministerium für Staatssicherheit
MGFA	Militärgeschichtliches Forschungsamt
NARA	National Archives and Records Administration
NATO	North Atlantic Treaty Organization
NDR	Norddeutscher Rundfunk
NS	Nationalsozialismus
NSDAP	Nationalsozialistische Deutsche Arbeiterpartei
NSG	Nationalsozialistische Gewaltverbrechen
NSKK	Nationalsozialistisches Kraftfahrkorps
NSRB	Nationalsozialistischer Rechtswahrerbund
OCCWC	Office of the US Chief of Counsel for War Crimes
OKH	Oberkommando des Heeres
OKW	Oberkommando der Wehrmacht
RFSS	Reichsführer SS
RKFDV	Reichskommissar für die Festigung deutschen Volkstums
RONA	Russkaja Oswoboditelnaja Narodnaja Armija (dt.: Russische Volksbefreiungsarmee)
RSHA	Reichssicherheitshauptamt
RuS/RuSHA	Rasse- und Siedlung/Rasse- und Siedlungshauptamt
SA	Sturmabteilung
SBZ	Sowjetische Besatzungszone
SD	Sicherheitsdienst des Reichsführers SS
SED	Sozialistische Einheitspartei Deutschlands
Sipo	Sicherheitspolizei
SPD	Sozialdemokratische Partei Deutschlands
SS	Schutzstaffel
SSSR	Sojus Sowjetskich Sozialistitscheskich Respublik (dt.: Union der Sozialistischen Sowjetrepubliken)
SSW	Südschleswigscher Wählerverband
TN	Technische Nothilfe
UdSSR	Union der Sozialistischen Sowjetrepubliken

US/USA	United States/United States of America
USPD	Unabhängige Sozialdemokratische Partei Deutschlands
UWZ	Umwandererzentralstelle
VfZ	Vierteljahrshefte für Zeitgeschichte
VDWV	Verband Demokratischer Widerstandskämpfer und Verfolgter
VRP	Volksrepublik Polen
WOB	Westerländer Ordnungsblock
YIVO	Yidisher visnshaftlekher institut (engl. Bezeichnung: YIVO Institute for Jewish Research)
ZDF	Zweites Deutsches Fernsehen

Quellen und Literatur

Unveröffentlichte Quellen

Archiv des Instituts für Zeitgeschichte, München
ED 901   Nachlass Armin Ziegler
Fa 91/2   Bericht Körner
Mc 37   Spruchgerichtsakten Heinz Reinefarth
Zs 1138   Zeugenschriftentum Heinz Reinefarth

Bundesarchiv, Berlin
BDC   Bestand SSO- und RuSHA-Personalakten
DC 20   Ministerrat der DDR
NS 19   Persönlicher Stab Reichsführer SS
R 19   Hauptamt Ordnungspolizei
R 3001   Reichsjustizministerium

Bundesarchiv-Militärarchiv, Freiburg i. Br.
N 756   Nachlass Vopersal
RH 19-XIV   Oberbefehlshaber/Heeresgruppe Oberrhein
RH 53–21   Wehrkreiskommando XXI (Posen)

Der Bundesbeauftragte für die Unterlagen des Staatssicherheitsdienstes der ehemaligen Deutschen Demokratischen Republik, Berlin
HA IX/11   Abteilung Aufklärung von Nazi- und Kriegsverbrechen

Instytut Pamięci Narodowej [Institut für Nationales Gedenken, Warschau]
GK 164/1402   Personenbezogene Unterlagen betreffend deutsche Militärführer beim Warschauer Aufstand

Landesarchiv Schleswig-Holstein, Schleswig
Abt. 354   Landgericht und Staatsanwaltschaft Flensburg
Abt. 399 163   Nachlass Hans-Adolf Asbach
Abt. 460   Entnazifizierungsakten des Landes Schleswig-Holstein
Abt. 605   Ministerpräsident und Staatskanzlei (bis 1964: Landeskanzlei)
Abt. 786   Personalakten des schleswig-holsteinischen Justizministeriums

Národní archiv, Praha [Nationalarchiv, Prag]
109   Staatssekretär beim Reichsprotektor

National Archives and Records Administration, Washington
M-1019   Records of the United States Nuernberg War Crimes Trials Interrogations, 1946–1949
RG 238   Collection of World War II War Crimes Records
RG 319   Records of the Army Staff

Sylter Archiv, Westerland
Ordner Reinefarth (ohne Signatur)
Protokolle der Stadtvertretung Westerland

Publizierte Quellen, Dokumentationen

Charter-Urkunde des Westerländer Lions-Club, in: www.lions-club-sylt.de, 7.5.2012.
Der Dienstkalender Heinrich Himmlers 1941/42. Im Auftrag der Forschungsstelle für Zeitgeschichte in Hamburg bearbeitet, kommentiert und eingeleitet von Peter Witte, Michael Wildt, Martina Voigt, Dieter Pohl, Peter Klein, Christian Gerlach, Christoph Dieckmann und Andrej Angrick. Hamburg 1999.
Die Rede Himmlers vor den Gauleitern (Dokumentation), in: Vierteljahrshefte für Zeitgeschichte 1 (1953), S. 357–394.
Hosenfeld, Wilm. »Ich versuche jeden zu retten«. Das Leben eines deutschen Offiziers in Briefen und Tagebüchern. Im Auftrag des Militärgeschichtlichen Forschungsamtes herausgegeben von Thomas Vogel. München 2004.
John, Jürgen. Jenaer Studenten in den bayerischen Putschvorbereitungen (Dokumentation), in: Zeitschrift für Geschichtswissenschaft 32 (1984), S. 313–331.
Könnemann, Erwin / Schulze, Gerhard (Hg.). Der Kapp-Lüttwitz-Ludendorff-Putsch: Dokumente. München 2002.
Rogall, Joachim. Die Räumung des »Reichsgaus Wartheland« vom 16. bis 26. Januar 1945 im Spiegel amtlicher Berichte. Hg. vom Ludwig-Petry-Institut Mainz. Sigmaringen 1993.
Schleswig-Holsteinischer Landtag, 4. Wahlperiode. Fundstellenverzeichnis der Stenographischen Berichte. Kiel 1962.
Schleswig-Holsteinischer Landtag, 4. Wahlperiode. Stenographische Berichte. Kiel 1962.
Schleswig-Holsteinischer Landtag, 12. Wahlperiode. Drucksache 12/608, 6.12.1989: Antwort der Landesregierung auf die Große Anfrage der Fraktion der SPD »Rechtsextremismus in Schleswig-Holstein«. Kiel 1989.
Westerland und die Bäderinsel Sylt. Denkschrift des Fremdenverkehrsvereins Westerland, April 1952, in: www.fvv-westerland.de, 7.5.2012.
Zburzenie Warszawy: zeznania generałów niemieckich przed polskim prokuratorem członkiem polskiej delegacji przy Miedzynarodowym Trybunale Wojennym w Norymberdze [Die Zerstörung Warschaus: Aussagen deutscher Generäle vor dem polnischen Staatsanwalt und Mitglied der polnischen Delegation beim Internationalen Militärgerichtshof in Nürnberg]. Kattowitz 1946.

Printmedien (bis 1945)
Das Schwarze Korps
Ostdeutscher Beobachter
Völkischer Beobachter

Printmedien (Ost)
Der Morgen
Die Weltbühne
Freie Erde
Lausitzer Rundschau (Verwendung in einem Fall für die Zeit nach 1990)
Neues Deutschland
Prawo i życie (poln.)
Trybuna Ludu (poln.)

Printmedien (West)
Abendpost
Das Ostpreußenblatt
Der Abend
Der Mittag
Der Spiegel
Deutsche Wochenzeitung für nationale Politik, Kultur und Wissenschaft
Die WELT
Die ZEIT
Flensborg Avis
Flensburger Nachrichten
Flensburger Presse
Flensburger Tageblatt
Frankfurter Allgemeine Zeitung
Frankfurter Illustrierte
Frankfurter Neue Presse
Frankfurter Rundschau
Hamburger Abendblatt
Hamburger Echo
Hamburger Morgenpost
Illustrated (brit.)
Kieler Nachrichten
Lübecker Nachrichten
Neue Ruhr Zeitung
Pfälzer Abendzeitung
Schleswig-Holsteinische Volks-Zeitung
Stuttgarter Zeitung
Süddeutsche Zeitung

Südschleswigsche Heimatzeitung
Sylter Rundschau
Sylter Spiegel
Sylter Tageblatt
Vorwärts

Mündliche Auskünfte
Ernst-Wilhelm Stojan, Westerland
Annelie Thorndike, Bansin

Nachschlagewerke
Asendorf, Manfred / Flemming, Jens / von Müller, Achatz / Ullrich, Volker. Geschichte: Lexikon der wissenschaftlichen Grundbegriffe. Reinbek 1994.
Handbuch des Schleswig-Holsteinischen Landtages. 4. Wahlperiode 1958. Hg. vom Sekretariat des Schleswig-Holsteinischen Landtages. Kiel 1959.
Handbuch für Schleswig-Holstein. Im Auftrage des Ministeriums des Innern des Landes Schleswig-Holstein nach amtlichen Unterlagen bearbeitet und herausgegeben von Heinrich Langmaack (div. Ausgaben).
Jahrbuch der Goethe-Gesellschaft. Namensnachweis für die Bände 1–20. Bearb. von Max Hecker. Weimar 1936.
Nationalrat der Nationalen Front des demokratischen Deutschlands, Dokumentationszentrum der staatlichen Archivverwaltung der DDR (Hg.). Braunbuch. Kriegs- und Naziverbrecher in der Bundesrepublik und in West-Berlin. Ost-Berlin ³1968.
Tessin, Georg. Verbände und Truppen der deutschen Wehrmacht und der Waffen-SS im Zweiten Weltkrieg 1939–1945. 14 Bde. Osnabrück 1967–1998.
Vierhaus, Rudolf / Herbst, Ludolf (Hg.). Biographisches Handbuch der Mitglieder des Deutschen Bundestages 1949–2002. 2 Bde. München 2002.

Zeitgenössische Literatur (bis 1959), Memoiren, Erinnerungsliteratur
Buchrucker, Bruno. Der Aufruhr bei Cottbus im März 1920. Cottbus 1920.
Fließ, Gerhard. Die politische Entwicklung der Jenaer Studentenschaft vom November 1918 bis zum Januar 1933. Diss. Jena 1959.
Kirchmayer, Jerzy. Powstanie Warszawskie [Der Warschauer Aufstand]. Warschau 1959.
Krüger, Otto. Kampf und Kämpfer um Cottbus. Cottbus 1934.
Mannheim, Karl. Das Problem der Generationen, in: Kölner Vierteljahrshefte für Soziologie 7 (1928), S. 157–185 und 309–330.
Möller-Witten, Hanns. Männer und Taten. Ritterkreuzträger erzählen. München 1959.
Naudé, Horst. Erlebnisse und Erkenntnisse – Als politischer Beamter im Protektorat Böhmen und Mähren 1939–1975. München 1975.
Neufeldt, Hans Joachim / Huck, Jürgen / Tessin, Georg. Zur Geschichte der Ordnungspolizei 1936–1945. Koblenz 1957.

Schlicht, Otto / Hempel, Horst / Ratsch, Kurt. Die Landsmannschaft Suevia Jena, in: www.sachsenschwaben.de, 15.11.2010.

Sekundärliteratur

Adorno, Theodor W. Was bedeutet: Aufarbeitung der Vergangenheit, in: Ders. Eingriffe. Neun kritische Modelle. Frankfurt/Main ⁹1980, S. 125–146.

Alberti, Michael. Die Verfolgung und Vernichtung der Juden im Reichsgau Wartheland 1939–1945. Wiesbaden 2006.

Aly, Götz. »Endlösung«. Völkerverschiebung und der Mord an den europäischen Juden. Frankfurt/Main 1998.

Amos, Heike. Die Westpolitik der SED 1948/49–1961: »Arbeit nach Westdeutschland« durch die Nationale Front, das Ministerium für Auswärtige Angelegenheiten und das Ministerium für Staatssicherheit. Berlin 1999.

Andresen, Knud / Schmid, Harald. Geschichtspolitik in Schleswig-Holstein nach 1945. Skizze eines Forschungsprojektes, in: Demokratische Geschichte. Jahrbuch für Schleswig-Holstein 19 (2008), S. 113–130.

Angrick, Andrej. Erich von dem Bach-Zelewski. Himmlers Mann für alle Fälle, in: Smelser, Ronald / Syring, Enrico (Hg.). Die SS: Elite unter dem Totenkopf. 30 Lebensläufe. Paderborn u.a. 2000, S. 28–44.

Ders. Besatzungspolitik und Massenmord. Die Einsatzgruppe D in der südlichen Sowjetunion 1941–1943. Hamburg 2003.

Arendt, Hannah. Eichmann in Jerusalem. Ein Bericht von der Banalität des Bösen. München 1964.

Assmann, Aleida. Der lange Schatten der Vergangenheit. Erinnerungskultur und Geschichtspolitik. München 2006.

Dies. Erinnerungsräume. Formen und Wandlungen des kulturellen Gedächtnisses. München ⁴2009.

Dies. / Frevert, Ute. Geschichtsvergessenheit – Geschichtsversessenheit. Vom Umgang mit deutschen Vergangenheiten nach 1945. Stuttgart 1999.

Banach, Jens. Heydrichs Elite. Das Führungskorps der Sicherheitspolizei und des SD 1936–1945. Paderborn 1998.

Barelkowski, Matthias. Vom »Schlagetot« zum »Kronzeugen« nationalsozialistischer Verbrechen. Die Karriere des Erich von dem Bach-Zelewski, in: Bömelburg, Hans-Jürgen / Król, Eugeniusz Cezary / Thomae, Michael (Hg.). Der Warschauer Aufstand 1944. Ereignis und Wahrnehmung in Polen und Deutschland. Im Auftrag des Militärgeschichtlichen Forschungsamtes und des Zentrums für Historische Forschung der Polnischen Akademie der Wissenschaften. Paderborn 2011, S. 129–170.

Bar-On, Dan. Holocaust Perpetrators and Their Children. A Paradoxical Mentality, in: Heimannsberg, Barbara / Schmidt, Christian J. (Hg.). The Collective Silence. German Identity and the Legacy of Shame. San Francisco 1993, S. 195–208.

Bästlein, Klaus. Zur Historiografie des Völkermords an den europäischen Juden am Beispiel des Reichskommissariats Ostland, in: Lehmann, Sebastian / Bohn, Robert / Danker, Uwe (Hg.). Reichskommissariat Ostland. Tatort und Erinnerungsobjekt. Paderborn u.a. 2012, S. 303–329.

Berek, Mathias. Kollektives Gedächtnis und die gesellschaftliche Konstruktion der Wirklichkeit. Eine Theorie der Erinnerungskulturen. Wiesbaden 2009.
Bergander, Hiska D. Die Ermittlungen gegen Dr. jur. et rer. pol. Manfred Roeder, einen »Generalrichter« Hitlers – Eine Untersuchung zur unbewältigten Rechtsgeschichte der NS-Justiz. Diss. Bremen 2006.
Bergem, Wolfgang. Geschichtspolitik und Erinnerungskultur. Forschungsbericht, in: Jahrbuch für Politik und Geschichte 1 (2010), S. 233–253.
Berghoff, Hartmut. Zwischen Verdrängung und Aufarbeitung. Die bundesdeutsche Gesellschaft und ihre nationalsozialistische Vergangenheit in den Fünfziger Jahren, in: Geschichte in Wissenschaft und Unterricht 49 (1998), S. 96–114.
Bergmann, Werner. Antisemitismus in öffentlichen Konflikten. Kollektives Lernen in der politischen Kultur der Bundesrepublik 1949–1989. Frankfurt/Main 1997.
Bewersdorf, Arne. Hans-Adolf Asbach. Eine Nachkriegskarriere: Vom Kreishauptmann zum Landessozialminister, in: Demokratische Geschichte 19 (2008), S. 71–112.
Birn, Ruth Bettina. Die Höheren SS- und Polizeiführer. Himmlers Vertreter im Reich und in den besetzten Gebieten. Düsseldorf 1986.
Dies. Die Sicherheitspolizei in Estland 1941–1944. Eine Studie zur Kollaboration im Zweiten Weltkrieg. Paderborn 2006.
Dies. »Neue« oder alte Täterforschung? Einige Überlegungen am Beispiel von Erich von dem Bach-Zelewski, in: Totalitarismus und Demokratie 7 (2010), S. 189–211.
Bitterberg, Christoph. Die Richter und ihre Historiker. Zum Umgang mit NS-Prozeßmaterialien als historische Quellen (unveröffentlichtes Manuskript). Hamburg 1997.
Bloxham, Donald M. Pragmatismus als Programm. Die Ahndung deutscher Kriegsverbrechen durch Großbritannien, in: Frei, Norbert (Hg.). Transnationale Vergangenheitspolitik. Der Umgang mit deutschen Kriegsverbrechern in Europa nach dem Zweiten Weltkrieg. Göttingen 2006, S. 140–179.
Bödeker, Hans Erich. Biographie. Annäherungen an den gegenwärtigen Forschungs- und Diskussionsstand, in: Ders. (Hg.). Biographie schreiben (= Göttinger Gespräche zur Geschichtswissenschaft, Bd. 18). Göttingen 2003, S. 9–63.
Bohn, Robert. »Schleswig-Holstein stellt fest, dass es in Deutschland nie einen Nationalsozialismus gegeben hat.« Zum mustergültigen Scheitern der Entnazifizierung im ehemaligen Mustergau, in: Demokratische Geschichte 17 (2006), S. 173–186.
Bojzow, Valentin. Aspekte der militärischen Kollaboration in der UdSSR 1941–1944, in: Röhr, Werner (Hg.). Okkupation und Kollaboration (1938–1945). Beiträge zu Konzepten und Praxis der Kollaboration in der deutschen Okkupationspolitik. Hüthig u. a. 1994, S. 294–317.
Bömelburg, Hans-Jürgen. Die deutsche Besatzungspolitik in Polen 1939–1945, in: Chiari, Bernhard (Hg.). Die polnische Heimatarmee. Geschichte und Mythos der Armia Krajowa seit dem Zweiten Weltkrieg. Herausgegeben im Auftrag des Militärgeschichtlichen Forschungsamtes. München 2003, S. 51–86.
Ders. / Król, Eugeniusz Cezary / Thomae, Michael (Hg.). Der Warschauer Aufstand 1944. Ereignis und Wahrnehmung in Polen und Deutschland. Im Auftrag des Militärgeschichtlichen Forschungsamtes und des Zentrums für Historische Forschung der Polnischen Akademie der Wissenschaften. Paderborn 2011.
Borgstedt, Angela. Die kompromittierte Gesellschaft. Entnazifizierung und Integration, in:

Reichel, Peter / Schmid, Harald / Steinbach, Peter (Hg.). Der Nationalsozialismus – die zweite Geschichte. Überwindung – Deutung – Erinnerung. München 2009, S. 85–104.

Borkiewicz, Adam. Powstanie warszawskie 1944: Zarys dzialań natury wojskowej [Der Warschauer Aufstand 1944: Abriss der militärischen Handlungen]. Warschau ³1969.

Borodziej, Wlodzimierz. Der Warschauer Aufstand 1944. Frankfurt/Main 2001.

Ders. Der Warschauer Aufstand, in: Chiari, Bernhard (Hg.). Die polnische Heimatarmee. Geschichte und Mythos der Armia Krajowa seit dem Zweiten Weltkrieg. Herausgegeben im Auftrag des Militärgeschichtlichen Forschungsamtes. München 2003, S. 217–253.

Ders. »Hitleristische Verbrechen«. Die Ahndung deutscher Kriegs- und Besatzungsverbrechen in Polen, in: Frei, Norbert (Hg.). Transnationale Vergangenheitspolitik. Der Umgang mit deutschen Kriegsverbrechern in Europa nach dem Zweiten Weltkrieg. Göttingen 2006, S. 399–437.

Bourdieu, Pierre. Die biographische Illusion, in: Ders. Praktische Vernunft. Zur Theorie des Handelns. Frankfurt/Main 1998, S. 75–83.

Brandes, Detlef. Die Tschechen unter deutschem Protektorat. 2 Bde. München 1969/1975.

Breitman, Richard / Goda, Norman J. W. / Naftali, Timothy / Wolfe, Robert (Hg.). U. S. Intelligence and the Nazis. Washington 2004.

Brochhagen, Ulrich. Nach Nürnberg. Vergangenheitsbewältigung und Westintegration in der Ära Adenauer. Hamburg 1994.

Browder, George C. Hitler's Enforcers. The Gestapo and the SS Security Service in the Nazi Revolution. New York 1996.

Browning, Christopher. Ordinary Men. Reserve Police Battalion 101 and the Final Solution in Poland. New York 1992.

Brückweh, Kerstin. Dekonstruktion von Prozessakten – Wie ein Strafprozess erzählt werden kann, in: Finger, Jürgen / Keller, Sven / Wirsching, Andreas (Hg.). Vom Recht zur Geschichte. Akten aus NS-Prozessen als Quellen der Zeitgeschichte. Göttingen 2009, S. 193–204.

Buchheim, Hans. Die Höheren SS- und Polizeiführer, in: Vierteljahrshefte für Zeitgeschichte 11 (1963), S. 362–391.

Ders. Die SS – das Herrschaftsinstrument, in: Ders. / Broszat, Martin / Jacobsen, Hans-Adolf / Krausnick, Helmut. Anatomie des SS-Staates. München ⁷1999, S. 13–212.

Buchsweiler, Meir. Volksdeutsche in der Ukraine am Vorabend und Beginn des Zweiten Weltkriegs – ein Fall doppelter Loyalität? Gerlingen 1984.

Buscher, Frank. Bestrafen und erziehen. »Nürnberg« und das Kriegsverbrecherprogramm der USA, in: Frei, Norbert (Hg.). Transnationale Vergangenheitspolitik. Der Umgang mit deutschen Kriegsverbrechern in Europa nach dem Zweiten Weltkrieg. Göttingen 2006, S. 94–139.

Buschke, Heiko. Deutsche Presse, Rechtsextremismus und nationalsozialistische Vergangenheit in der Ära Adenauer. Frankfurt/Main 2003.

Cadle, Caron. Kurt Daluege – Der Prototyp des loyalen Nationalsozialisten, in: Smelser, Ronald / Syring, Enrico / Zitelmann, Rainer (Hg.). Die braune Elite 2. Darmstadt 1993, S. 66–79.

Christen, Ulf B. Die Entnazifizierung im Schleswig-Holsteinischen Landtag 1946–1951, in: Demokratische Geschichte 6 (1991), S. 189–212.

Conze, Eckart. Eine bürgerliche Republik? Bürgertum und Bürgerlichkeit in der westdeutschen Nachkriegsgesellschaft, in: Geschichte und Gesellschaft 30 (2004), S. 527–542.
Cornelißen, Christoph. Was heißt Erinnerungskultur? Begriff – Methoden – Perspektiven, in: Geschichte in Wissenschaft und Unterricht 54 (2003), S. 548–563.
Danker, Uwe. Vergangenheits»bewältigung« im frühen Land Schleswig-Holstein, in: Landeszentrale für politische Bildung Schleswig-Holstein (Hg.). Die Anfangsjahre des Landes Schleswig-Holstein. Kiel 1998, S. 26–43.
Ders. Der Landtag und die Vergangenheit. Das Thema »Vergangenheitsbewältigung« im Schleswig-Holsteinischen Landtag 1947–1992, in: Demokratische Geschichte 17 (2006), S. 187–208.
Ders. »Raus aus dem Elend«. Selbstverortung und Programmatik schleswig-holsteinischer Nachkriegspolitik in sozialdemokratischer Regie, in: Demokratische Geschichte 19 (2008), S. 145–170.
Ders. Geschichten und Geschichtskonstruktionen für Gerichte und Öffentlichkeit. Täternarrationen am Beispiel des Hinrich Lohse, in: Lehmann, Sebastian / Bohn, Robert / Ders. (Hg.). Reichskommissariat Ostland. Tatort und Erinnerungsobjekt. Paderborn u. a. 2012, S. 229–250.
Ders. / Schwabe, Astrid. Schleswig-Holstein und der Nationalsozialismus. Neumünster 2005.
Davies, Norman. Rising '44. The battle for Warsaw. London 2003.
Dierl, Florian. Das Hauptamt Ordnungspolizei 1936–1945, in: Kenkmann, Alfons / Spieker, Christoph (Hg.). Im Auftrag: Polizei, Verwaltung und Verantwortung (Schriften / Villa ten Hompel, Bd. 1). Essen 2001, S. 159–175.
Eichmüller, Andreas. Die strafrechtliche Verfolgung von NS-Verbrechen und die Öffentlichkeit in der frühen Bundesrepublik Deutschland 1949–1958, in: Osterloh, Jürgen / Vollnhals, Clemens (Hg.). NS-Prozesse und deutsche Öffentlichkeit. Besatzungszeit, frühe Bundesrepublik und DDR. Göttingen 2011, S. 53–73.
Eitz, Thorsten / Stötzel, Georg (Hg.). Wörterbuch der »Vergangenheitsbewältigung«. Die NS-Vergangenheit im öffentlichen Sprachgebrauch. Hildesheim 2007.
Epstein, Catherine. Model Nazi. Arthur Greiser and the Occupation of Western Poland. Oxford u. a. 2010.
Erll, Astrid. Kollektives Gedächtnis und Erinnerungskulturen. Eine Einführung. Stuttgart ²2011.
Finger, Jürgen / Keller, Sven / Wirsching, Andreas (Hg.). Vom Recht zur Geschichte. Akten aus NS-Prozessen als Quellen der Zeitgeschichte. Göttingen 2009.
Finger, Jürgen / Keller, Sven. Täter und Opfer – Gedanken zu Quellenkritik und Aussagekontext, in: Dies. / Wirsching, Andreas (Hg.). Vom Recht zur Geschichte. Akten aus NS-Prozessen als Quellen der Zeitgeschichte. Göttingen 2009, S. 114–131.
Fisch, Bernhard. Ostpreußen 1944/45. Mythen und Realitäten, in: Pletzing, Christian (Hg.). Vorposten des Reichs? Ostpreußen 1933–1945. München 2006, S. 213–246.
Fischer, Torben / Lorenz, Matthias N. (Hg.). Lexikon der »Vergangenheitsbewältigung« in Deutschland. Debatten- und Diskursgeschichte des Nationalsozialismus nach 1945. Bielefeld 2007.
Förster, Michael. Jurist im Dienst des Unrechts. Leben und Werk des ehemaligen Staatssekretärs im Reichsjustizministerium, Franz Schlegelberger (1876–1970). Baden-Baden 1995.

Frei, Norbert. Vergangenheitspolitik. Die Anfänge der Bundesrepublik und die NS-Vergangenheit. München 1996.
Ders. Deutsche Lernprozesse. NS-Vergangenheit und Generationenfolge seit 1945, in: Uhl, Heidemarie (Hg.). Zivilisationsbruch und Gedächtniskultur. Das 20. Jahrhundert in der Erinnerung des beginnenden 21. Jahrhunderts. Innsbruck 2003, S. 87–102.
Ders. / van Laak, Dirk / Stolleis, Michael (Hg.). Geschichte vor Gericht. Historiker, Richter und die Suche nach Gerechtigkeit. München 2000.
Freudiger, Kerstin. Die juristische Aufarbeitung von NS-Verbrechen. Tübingen 2002.
Freund, Michael. Heimatvertriebene und Flüchtlinge in Schleswig-Holstein. Ein Beitrag zu ihrer gesellschaftspolitischen Bedeutung als Bundes- und Landtagsabgeordnete. Diss. Kiel 1975.
Friedrich, Klaus-Peter. Kontaminierte Erinnerung: Vom Einfluss der Kriegspropaganda auf das Gedenken an die Warschauer Aufstände 1943 und 1944. Über Veränderungsprozesse in der polnischen und deutschsprachigen Publizistik und Erinnerungskultur, in: Zeitschrift für Ostmitteleuropa-Forschung 55 (2006), S. 395–432.
Frieser, Karl-Heinz. Ein zweites »Wunder an der Weichsel«? Die Panzerschlacht vor Warschau im August 1944 und ihre Folgen, in: Bömelburg, Hans-Jürgen / Król, Eugeniusz Cezary / Thomae, Michael (Hg.). Der Warschauer Aufstand 1944. Ereignis und Wahrnehmung in Polen und Deutschland. Im Auftrag des Militärgeschichtlichen Forschungsamtes und des Zentrums für Historische Forschung der Polnischen Akademie der Wissenschaften. Paderborn 2011, S. 45–64.
Fröhlich, Claudia. Rückkehr zur Demokratie – Wandel der politischen Kultur in der Bundesrepublik, in: Reichel, Peter / Schmid, Harald / Steinbach, Peter (Hg.). Der Nationalsozialismus – die zweite Geschichte. Überwindung – Deutung – Erinnerung. München 2009, S. 105–126.
Dies. Der »Ulmer Einsatzgruppen-Prozess« 1958. Wahrnehmung und Wirkung des ersten großen Holocaust-Prozesses, in: Osterloh, Jürgen / Vollnhals, Clemens (Hg.). NS-Prozesse und deutsche Öffentlichkeit. Besatzungszeit, frühe Bundesrepublik und DDR. Göttingen 2011, S. 233–262.
Gallus, Alexander. Zäsuren in der Geschichte der Bundesrepublik, in: Schwarz, Hans-Peter (Hg.). Die Bundesrepublik Deutschland. Eine Bilanz nach 60 Jahren. Köln u. a. 2008, S. 35–56.
Gerhards, Jürgen / Neidhardt, Friedhelm. Strukturen und Funktionen moderner Öffentlichkeit. Fragestellungen und Ansätze, in: Müller-Doohm, Stefan / Neumann-Braun, Klaus (Hg.). Öffentlichkeit, Kultur, Massenkommunikation. Beiträge zur Medien- und Kommunikationssoziologie. Oldenburg 1991, S. 31–89.
Gerlach, Christian. Kalkulierte Morde. Die deutsche Wirtschafts- und Vernichtungspolitik in Weißrußland. Hamburg 1999.
Getter, Marek. Straty ludzkie i materalne w Powstaniu Warszawskim [Personelle und materielle Verluste im Warschauer Aufstand], in: Biuletyn IPN 8–9 (2004), S. 62–74.
Gieseking, Erik. Der Fall John. Entführung oder freiwilliger Übertritt in die DDR? Lauf 2005.
Giordano, Ralph. Die zweite Schuld oder Von der Last Deutscher zu sein. Hamburg 1987.
Godau-Schüttke, Klaus-Detlev. Ich habe nur dem Recht gedient. Die Renazifizierung der schleswig-holsteinischen Justiz nach 1945. Baden-Baden 1993.

Ders. Die Heyde-Sawade-Affäre. Wie Juristen und Mediziner den NS-Euthanasieprofessor Heyde nach 1945 deckten und straflos blieben. Baden-Baden 1998.

Goldhagen, Daniel Jonah. Hitler's Willing Executioners. Ordinary Germans and the Holocaust. New York 1996.

Graf, Christoph. Politische Polizei zwischen Demokratie und Diktatur: Die Entwicklung der preußischen Politischen Polizei vom Staatsschutzorgan der Weimarer Republik zum Geheimen Staatspolizeiamt des Dritten Reiches. Berlin 1983.

Greve, Michael. Der justitielle und rechtspolitische Umgang mit den NS-Gewaltverbrechen in den sechziger Jahren. Frankfurt/Main u. a. 2001.

Gruchmann, Lothar. Justiz im Dritten Reich 1933–1940. Anpassung und Unterwerfung in der Ära Gürtner (= Quellen und Darstellungen zur Zeitgeschichte, Bd. 28). München ³2001.

Gütschow, Wolf-Dietrich. Sylt – die großen Jahrzehnte. Hamburg 2005.

Haasis, Hellmut G. Tod in Prag: Das Attentat auf Reinhard Heydrich. Reinbek 2002.

Haberer, Erich. History and Justice: Paradigms of the Prosecution of Nazi Crimes, in: Holocaust and Genocide Studies 19 (2005), S. 487–519.

Häupel, Beate. Die Gründung des Landes Thüringen. Staatsbildung und Reformpolitik 1918–1923. Köln u. a. 1995.

Hachmeister, Lutz. Die Rolle des SD-Personals in der Nachkriegszeit, in: Wildt, Michael (Hg.). Nachrichtendienst, politische Elite und Mordeinheit. Der Sicherheitsdienst des Reichsführers SS. Zur nationalsozialistischen Durchdringung der Bundesrepublik. Hamburg 2003, S. 347–369.

Hein, Bastian. Elite für Volk und Führer? Die Allgemeine SS und ihre Mitglieder 1925–1945. München 2012.

Heinemann, Isabel. »Rasse, Siedlung, deutsches Blut«. Das Rasse- und Siedlungshauptamt der SS und die rassenpolitische Neuordnung Europas. Göttingen 2003.

Henke, Klaus-Dietmar. Die Trennung vom Nationalsozialismus. Selbstzerstörung, politische Säuberung, »Entnazifizierung«, Strafverfolgung, in: Ders. / Woller, Hans (Hg.). Politische Säuberung in Europa. Die Abrechnung mit Faschismus und Kollaboration nach dem Zweiten Weltkrieg. München 1991, S. 21–83.

Herbert, Ulrich. Rückkehr in die Bürgerlichkeit? NS-Eliten in der Bundesrepublik, in: Weisbrod, Bernd (Hg.). Rechtsradikalismus in der politischen Kultur der Nachkriegszeit. Die verzögerte Normalisierung in Niedersachsen. Hannover 1995, S. 157–173.

Ders. Best. Biographische Studien über Radikalismus, Weltanschauung und Vernunft 1903–1989. Bonn 1996.

Ders. NS-Eliten in der Bundesrepublik, in: Loth, Wilfried / Rusinek, Bernd-A. (Hg.). Verwandlungspolitik. NS-Eliten in der westdeutschen Nachkriegsgesellschaft. Frankfurt/Main 1998, S. 93–115.

Ders. Vernichtungspolitik. Neue Antworten und Fragen zur Geschichte des »Holocaust«, in: Ders. (Hg.). Nationalsozialistische Vernichtungspolitik 1939–1945. Neue Forschungen und Kontroversen. Frankfurt/Main 1998, S. 9–66.

Ders. Liberalisierung als Lernprozess. Die Bundesrepublik in der deutschen Geschichte – eine Skizze, in: Ders. (Hg.). Wandlungsprozesse in Westdeutschland. Belastung, Integration, Liberalisierung 1945–1980. Göttingen 2002, S. 7–49.

Hoch, Gerhard. Die Zeit der »Persil«-Scheine, in: Demokratische Geschichte 4 (1989), S. 355–371.

Hodenberg, Christina von. Konsens und Krise. Eine Geschichte der westdeutschen Medienöffentlichkeit 1945 bis 1973. Göttingen 2006.

Hofmann, Rainer. Das Ende der volksdeutschen Siedlungen in »Transnistrien« im Jahre 1944, in: Boberach, Heinz / Booms, Hans (Hg.). Aus der Arbeit des Bundesarchivs. Beiträge zum Archivwesen, zur Quellenkunde und Zeitgeschichte. Boppard am Rhein 1978, S. 447–455.

Hölzl, Martin. Grüner Rock und weiße Weste. Adolf von Bomhard und die Legende von der sauberen Ordnungspolizei, in: Zeitschrift für Geschichtswissenschaft 50 (2002), S. 22–43.

Hoßfeld, Uwe / John, Jürgen / Lemuth, Oliver / Stutz, Rüdiger (Hg.). »Im Dienst an Volk und Vaterland«. Die Jenaer Universität der NS-Zeit. Köln 2005.

Hürter, Johannes. Hitlers Heerführer. Die deutschen Oberbefehlshaber im Krieg gegen die Sowjetunion 1941/42. München 2006.

Ingrao, Christian. Les chasseurs noirs: La brigade Dirlewanger. Paris 2006.

Ders. Hitlers Elite. Die Wegbereiter des nationalsozialistischen Massenmords. Berlin 2012.

Jaeger, Hans. Generationen in der Geschichte. Überlegungen zu einer umstrittenen Konzeption, in: Geschichte und Gesellschaft 3 (1977), S. 429–452.

Jäger, Herbert. Verbrechen unter totalitärer Herrschaft: Studien zur nationalsozialistischen Gewaltkriminalität. Olten u. a. 1967.

Jakobczyk, Mandy. »Das Verfahren ist einzustellen.« Staatsanwaltliche Ermittlungen wegen nationalsozialistischen Gewaltverbrechen in Schleswig-Holstein bis 1965, in: Demokratische Geschichte 15 (2003), S. 239–290.

Jarausch, Konrad H. Die Umkehr. Deutsche Wandlungen 1945–1995. München 2004.

Jeloschek, Albert / Richter, Friedrich / Schütte, Ehrefried / Semler, Johannes. Freiwillige vom Kaukasus. Der »Sonderverband Bergmann« und sein Gründer Theodor Oberländer. Graz 2003.

Jürgensen, Kurt / Lange, Ulrich. Schleswig-Holstein nach dem Zweiten Weltkrieg, in: Lange, Ulrich. (Hg.). Geschichte Schleswig-Holsteins. Von den Anfängen bis zur Gegenwart. Neumünster ²2003, S. 623–767.

Kansteiner, Wulf. Postmoderner Historismus – Das kollektive Gedächtnis als neues Paradigma der Kulturwissenschaften, in: Jaeger, Friedrich / Straub, Jürgen (Hg.). Handbuch der Kulturwissenschaften, Bd. 2: Paradigmen und Disziplinen. Stuttgart 2004, S. 119–139.

Kárný, Miroslav. Reinhard Heydrich als Stellvertretender Reichsprotektor in Prag, in: Ders. / Milotová, Jaroslava / Kárná, Margita (Hg.). Deutsche Politik im »Protektorat Böhmen und Mähren« unter Reinhard Heydrich 1941–1942. Eine Dokumentation (= Nationalsozialistische Besatzungspolitik in Europa 1939–1945, Bd. 2). Berlin 1997, S. 9–75.

Kasten, Bernd. »Das Ansehen des Landes Schleswig-Holstein«. Die Regierung von Hassel im Umgang mit Problemen der nationalsozialistischen Vergangenheit 1954–1961, in: Zeitschrift der Gesellschaft für Schleswig-Holsteinische Geschichte 118 (1993), S. 267–284.

Kershaw, Ian. Arthur Greiser – Ein Motor der »Endlösung«, in: Smelser, Ronald / Syring, Enrico / Zitelmann, Rainer (Hg.). Die braune Elite 2. Darmstadt 1993, S. 116–127.

Kittel, Manfred. Die Legende von der »Zweiten Schuld«. Vergangenheitsbewältigung in der Ära Adenauer. Berlin u. a. 1993.

Klausch, Hans-Peter. Antifaschisten in Uniform. Schicksal und Widerstand der deutschen politischen KZ-Häftlinge, Zuchthaus- und Wehrmachtgefangenen in der SS-Sonderformation Dirlewanger. Bremen 1993.

Klein, Peter. Kulmhof/Chelmno, in: Benz, Wolfgang / Distel, Barbara (Hg.). Der Ort des Terrors. Geschichte der nationalsozialistischen Konzentrationslager, Bd. 8. München 2008, S. 301–328.

Ders. Die »Gettoverwaltung Litzmannstadt« 1940–1944. Eine Dienststelle im Spannungsfeld von Kommunalbürokratie und staatlicher Verfolgungspolitik. Hamburg 2009.

Ders. Der Mordgehilfe. Schuld und Sühne des Dr. Otto Bradfisch, in: Mallmann / Klaus-Michael / Angrick, Andrej (Hg.). Die Gestapo nach 1945. Karrieren, Konflikte, Konstruktionen. Darmstadt 2009, S. 221–234.

Klemp, Stefan. »Nicht ermittelt«. Polizeibataillone und die Nachkriegsjustiz – Ein Handbuch. Essen 2005.

Knoch, Habbo. Die Tat als Bild. Fotografien des Holocaust in der deutschen Erinnerungskultur. Hamburg 2001.

Ders. Der späte Sieg des Landsers – Populäre Kriegserinnerungen der fünfziger Jahre als visuelle Geschichtspolitik, in: Arbeitskreis Historische Bildforschung (Hg.). Der Krieg im Bild – Bilder vom Krieg. Frankfurt/Main u. a. 2003, S. 163–186.

Koehl, Robert L. The Black Corps. The Structure and Power Struggles of the Nazi SS. Madison 1983.

Kohlase, Fritz. 1945: Als Küstrin in Trümmer sank. Betrachtungen, Berichte und Briefe. Frankfurt/Oder ²2006.

König, Helmut. Die Zukunft der Vergangenheit. Der Nationalsozialismus im politischen Bewusstsein der Bundesrepublik. Frankfurt/Main 2003.

Ders. Politik und Gedächtnis. Weilerswist 2008.

Ders. Sammelrezension zu Lexika der Vergangenheitsbewältigung von Fischer/Lorenz und Eitz/Stötzel, in: Hist-Soz-u-Kult, 20.10.2008, http://hsozkult.geschichte.hu-berlin.de/rezensionen/ 2008-4-059, 17.1.2013.

Koop, Volker. Kai-Uwe von Hassel. Eine politische Biographie. Köln 2007.

Koops, Wilhelm. Südtondern in der Zeit der Weimarer Republik (1918–1933). Ein Landkreis zwischen Obrigkeitsstaat und Diktatur. Neumünster 1993.

Kramer, Helgard. Tätertypologien, in: Dies (Hg.). NS-Täter aus interdisziplinärer Perspektive. München 2006, S. 253–309.

Krannhals, Hanns von. Zum Aufstand in Warschau 1944, in: Ostdeutsche Wissenschaft 3–4 (1956/57), S. 158–179.

Ders. Der Warschauer Aufstand 1944. Frankfurt/Main 1962.

Kraus, Hans-Christof. Geschichte als Lebensgeschichte. Gegenwart und Zukunft der politischen Biographie, in: Ders. / Nicklas, Thomas (Hg.). Geschichte der Politik. Alte und neue Wege (= Historische Zeitschrift, Beihefte, Neue Folge, Bd. 44). München 2007, S. 311–332.

Krause, Peter. Der Eichmann-Prozess in der deutschen Presse. Frankfurt/Main 2002.

Król, Eugeniusz Cezary. Perzeptionen des Aufstands in Polen, in: Bömelburg, Hans-Jürgen / Ders. / Thomae, Michael (Hg.). Der Warschauer Aufstand 1944. Ereignis und Wahrnehmung in Polen und Deutschland. Im Auftrag des Militärgeschichtlichen Forschungsamtes und des Zentrums für Historische Forschung der Polnischen Akademie der Wissenschaften. Paderborn 2011, S. 171-192.

Kruse, Falko. Zweierlei Maß für NS-Täter? Über die Tendenz schichtenspezifischer Privilegierungen in Urteilen gegen nationalsozialistische Gewaltverbrecher, in: Kritische Justiz 11 (1978), S. 236-253.

Kuhlmann, Jochen. Maywald, Arajs und andere. 60 Jahre NSG-Justiz in Hamburg, in: Demokratische Geschichte 17 (2006), S. 135-172.

Kühne, Thomas. Der nationalsozialistische Vernichtungskrieg und die »ganz normalen« Deutschen. Forschungsprobleme und Forschungstendenzen der Gesellschaftsgeschichte des Zweiten Weltkrieges. Erster Teil, in: Archiv für Sozialgeschichte 39 (1999), S. 580-662.

Ders. (Hg.). Von der Kriegskultur zur Friedenskultur? Zum Mentalitätswandel in Deutschland seit 1945 (= Jahrbuch für Historische Friedensforschung 9). Münster 2000.

Küpper, René. Karl Hermann Frank (1898-1946). Politische Biographie eines sudetendeutschen Nationalsozialisten. München 2010.

Kuretsidis-Haider, Claudia / Garscha, Winfried R. (Hg.). Gerechtigkeit nach Diktatur und Krieg. »Transitional Justice« 1945 bis heute. Strafverfahren und ihre Quellen. Graz 2010.

Kwiet, Konrad. Von Tätern zu Befehlsempfängern. Legendenbildung und Strafverfolgung nach 1945, in: Matthäus, Jürgen / Ders. / Förster, Jürgen / Breitman, Richard (Hg.). Ausbildungsziel Judenmord? »Weltanschauliche Erziehung« von SS, Polizei und Waffen-SS im Kontext der »Endlösung«. Frankfurt/Main 2003, S. 114-138.

Laak, Dirk van. Widerstand gegen die Geschichtsgewalt. Zur Kritik an der »Vergangenheitsbewältigung«, in: Frei, Norbert / Ders. / Stolleis, Michael (Hg.). Geschichte vor Gericht. Historiker, Richter und die Suche nach Gerechtigkeit. München 2000, S. 11-28.

Lakowski, Richard. Der Zusammenbruch der deutschen Verteidigung zwischen Ostsee und Karpaten, in: Das Deutsche Reich und der Zweite Weltkrieg, Halbbd. 10.1. Stuttgart 2008, S. 491-679.

Lehmann, Sebastian. Kreisleiter der NSDAP in Schleswig-Holstein. Lebensläufe und Herrschaftspraxis einer regionalen Machtelite. Bielefeld 2007.

Ders. Kreisleiter und Parteiorganisation der NSDAP in Kiel, in: Mitteilungen der Gesellschaft für Kieler Stadtgeschichte, Bd. 84, Heft III (2008), S. 115-152.

Lehnstaedt, Stephan. Täterforschung als Kulturgeschichte. Ein neuer Blick auf die Ludwigsburger Akten, in: Mitteilungen aus dem Bundesarchiv. Themenheft 16 (2008), S. 72-83.

Ders. Mehr als nur die Verbrechen. Kulturgeschichtliche Fragen an Justizakten, in: Finger, Jürgen / Keller, Sven / Wirsching, Andreas (Hg.). Vom Recht zur Geschichte. Akten aus NS-Prozessen als Quellen der Zeitgeschichte. Göttingen 2009, S. 167-179.

Leide, Henry. NS-Verbrecher und Staatssicherheit. Die geheime Vergangenheitspolitik der DDR. Göttingen ³2007.

Lemke, Bernd. Die verkappte Verherrlichung. Der Zweite Weltkrieg in den »Landser«-Kriegsromanen, in: Newsletter des Arbeitskreises Militärgeschichte e.V. Nr. 8 (1998), S. 20-23.

Leleu, Jean-Luc. La Waffen-SS. Soldats politiques en guerre. Paris 2007.

Leniger, Markus. Nationalsozialistische »Volkstumsarbeit« und Umsiedlungspolitik 1933-1945. Berlin 2006.

Leszczyński, Kazimierz. Heinz Reinefarth. Warschau u.a. 1961.

Le Tissier, Tony. The Siege of Küstrin 1945: Gateway to Berlin. Barnsley 2009.

Linck, Stephan. Der Ordnung verpflichtet. Die Polizei 1933–1949. Der Fall Flensburg. Paderborn 2000.
Ders. »Festung Nord« und »Alpenfestung«. Das Ende des NS-Sicherheitsapparates, in: Paul, Gerhard / Mallmann, Klaus-Michael (Hg.). Die Gestapo im Zweiten Weltkrieg. »Heimatfront« und besetztes Europa. Darmstadt 2000, S. 569–595.
Ders. »Lange Schatten der NS-Zeit«. Gedenken und Aufarbeitung nach 1945 in Schleswig-Holstein, in: Grenzfriedenshefte (1/2009), S. 23–34.
Longerich, Peter. Politik der Vernichtung. Eine Gesamtdarstellung der nationalsozialistischen Judenverfolgung. München u. a. 1998.
Ders. Tendenzen und Perspektiven der Täterforschung, in: Aus Politik und Zeitgeschichte (14–15/2007), S. 3–7.
Ders. Heinrich Himmler. Biographie. München 2008.
Ders. Was kann die Biographie-Forschung zur Geschichte der NS-Täter beitragen? Paper, präsentiert auf der Konferenz über »Täterforschung im globalen Kontext«, Bundeszentrale für politische Bildung, Bonn, Januar 2009.
Loose, Henning. Wir bauen auf! Sozialdemokratische Wirtschaftspolitik in Schleswig-Holstein 1947–1950, in: Demokratische Geschichte 7 (1992), S. 243–259.
Lübbe, Hermann. Der Nationalsozialismus im deutschen Nachkriegsbewusstsein, in: Historische Zeitschrift 236 (1983), S. 579–599.
Lüdtke, Alf. »Coming to Terms with the Past«. Illusions of Remembering, Ways of Forgetting Nazism in West Germany, in: Journal for Modern History 65 (1993), S. 542–572.
MacDonald, Callum. The Assassination of Reinhard Heydrich. Edinburgh 2007.
Madajczyk, Czeslaw. Die Okkupationspolitik Nazideutschlands in Polen 1939–1945. Ost-Berlin 1987.
Mallmann, Klaus-Michael / Paul, Gerhard (Hg.). Karrieren der Gewalt. Nationalsozialistische Täterbiographien. Darmstadt 2004.
Mallmann, Klaus-Michael / Böhler, Jochen / Matthäus, Jürgen. Einsatzgruppen in Polen. Darstellung und Dokumentation. Herausgegeben im Auftrag des Deutschen Historischen Instituts Warschau und der Forschungsstelle Ludwigsburg der Universität Stuttgart. Darmstadt 2008.
Mallmann, Klaus-Michael / Angrick, Andrej (Hg.). Die Gestapo nach 1945. Karriere, Konflikte, Konstruktionen. Darmstadt 2009.
Mann, Michael. Were the Perpetrators of Genocide »ordinary Men« or »Real Nazis«? Results from Fifteen Hundred Biographies, in: Holocaust and Genocide Studies 14 (2000), S. 331–366.
Marsálek, Pavel. Protektorát Čechy a Morava. Státoprávní a politické aspekty nacistického okupačního režimu v českých zemích 1939–1945 [Das Protektorat Böhmen und Mähren. Staatsrechtliche und politische Aspekte des nationalsozialistischen Besatzungsregimes in den Böhmischen Ländern 1939–1945]. Prag 2002.
Martin, Bernd / Lewandowska, Stanislawa (Hg.). Der Warschauer Aufstand 1944. Warschau 1999.
Matthäus, Jürgen. Das »Unternehmen Barbarossa« und der Beginn der Judenvernichtung, Juni – Dezember 1941, in: Browning, Christopher. Die Entfesselung der »Endlösung«. Nationalsozialistische Judenpolitik 1939–1942. München 2003.

Ders. Historiography and the Perpetrators of the Holocaust, in: Stone, Dan (Hg.). The Historiography of the Holocaust. Basingstoke u. a. 2004, S. 197–215.

Ders. Alte Kameraden und neue Polizeimethoden. Die Sonderkommissionen zur Aufklärung von NS-Verbrechen, in: Mallmann, Klaus-Michael / Angrick, Andrej (Hg.). Die Gestapo nach 1945. Karrieren, Konflikte, Konstruktionen. Darmstadt 2009, S. 183–199.

Mazur, Grzegorz. Die politischen Gründe für die Auslösung des Warschauer Aufstands, in: Bömelburg, Hans-Jürgen / Król, Eugeniusz Cezary / Thomae, Michael (Hg.). Der Warschauer Aufstand 1944. Ereignis und Wahrnehmung in Polen und Deutschland. Im Auftrag des Militärgeschichtlichen Forschungsamtes und des Zentrums für Historische Forschung der Polnischen Akademie der Wissenschaften. Paderborn 2011, S. 23–43.

Meier, Christian. Die Faszination des Biographischen, in: Niess, Frank (Hg.). Interesse an der Geschichte. Frankfurt/Main u. a. 1989, S. 100–111.

Messerschmidt, Manfred. Die Wehrmachtsjustiz 1933–1945. Hg. vom Militärgeschichtlichen Forschungsamt. Paderborn ²2008.

Meyer, Ahlrich. Täter im Verhör. Die »Endlösung der Judenfrage« in Frankreich 1940–1944. Darmstadt 2005.

Michaelis, Rolf. Die Brigade »Kaminski«. Partisanenbekämpfung in Rußland, Weißrußland, Warschau. Barsinghausen 2007.

Miquel, Marc von. Ahnden oder amnestieren? Westdeutsche Justiz und Vergangenheitsbewältigung in den sechziger Jahren. Göttingen 2004.

Mitscherlich, Alexander u. Margarete. Die Unfähigkeit zu trauern. Grundlagen kollektiven Verhaltens. Zürich 1967.

Mlynarczyk, Jacek Andrzey. Vom Massenmörder zum Lebensversicherer. Dr. Ludwig Hahn und die Mühlen der deutschen Justiz, in: Mallmann, Klaus-Michael / Angrick, Andrej (Hg.). Die Gestapo nach 1945. Karriere, Konflikte, Konstruktionen. Darmstadt 2009, S. 136–151.

Mommsen, Hans. Probleme der Täterforschung, in: Kramer, Helgard (Hg.). NS-Täter aus interdisziplinärer Perspektive. München 2006, S. 425–433.

Müller, Ingo. Furchtbare Juristen. Die unbewältigte Vergangenheit unserer Justiz. München 1987.

Müller, Rolf-Dieter. An der Seite der Wehrmacht: Hitlers ausländische Helfer beim »Kreuzzug gegen den Bolschewismus« 1941–1945. Berlin 2007.

Ders. / Volkmann, Hans-Erich (Hg.). Die Wehrmacht. Mythos und Realität. Im Auftrag des Militärgeschichtlichen Forschungsamtes. München 1999.

Musial, Bogdan. NS-Kriegsverbrecher vor polnischen Gerichten, in: Vierteljahrshefte für Zeitgeschichte 47 (1999), S. 25–56.

Neliba, Günter. Wilhelm Frick – Reichsinnenminister und Rassist, in: Smelser, Ronald / Syring, Enrico / Zitelmann, Rainer (Hg.). Die braune Elite 2. Darmstadt 1993, S. 80–90.

Neumann, Franz. Der Block der Heimatvertriebenen und Entrechteten 1950–1960. Ein Beitrag zur Geschichte und Struktur einer politischen Interessenpartei. Meisenheim 1968.

Niethammer, Lutz. Die Mitläuferfabrik. Die Entnazifizierung am Beispiel Bayerns. Berlin u. a. ²1982.

Noethen, Stefan. Alte Kameraden und neue Kollegen. Polizei in Nordrhein-Westfalen 1945–1953. Essen 2003.

Nürnberg, Kaspar. Sonnenburg, in: Benz, Wolfgang / Distel, Barbara (Hg.). Der Ort des Ter-

rors. Geschichte der nationalsozialistischen Konzentrationslager, Bd. 2. München 2005, S. 200–203.
Oelkers, Jürgen. Biographik. Überlegungen zu einer unschuldigen Gattung, in: Neue Politische Literatur 19 (1974), S. 296–309.
Orth, Karin. Die Konzentrationslager-SS. Sozialstrukturelle Analysen und biographische Studien. Göttingen 2000.
Osterloh, Jürgen / Vollnhals, Clemens (Hg.). NS-Prozesse und deutsche Öffentlichkeit. Besatzungszeit, frühe Bundesrepublik und DDR. Göttingen 2011.
Paul, Gerhard. Ganz normale Akademiker. Eine Fallstudie zur regionalen staatspolizeilichen Funktionselite, in: Ders. / Mallmann, Klaus-Michael (Hg.). Die Gestapo – Mythos und Realität. Darmstadt 1995, S. 236–254.
Ders. Zwischen Selbstmord, Illegalität und neuer Karriere. Ehemalige Gestapo-Bedienstete im Nachkriegsdeutschland, in: Ders. / Mallmann, Klaus-Michael (Hg.). Die Gestapo – Mythos und Realität. Darmstadt 1995, S. 529–547.
Ders. Staatlicher Terror und gesellschaftliche Verrohung. Die Gestapo in Schleswig-Holstein. Hamburg 1996.
Ders. »Herr K. ist nur Politiker und als solcher aus Amerika zurückgekommen.« Die gelungene Remigration des Dr. Rudolf Katz, in: Ders. / Gillis-Carlebach, Miriam (Hg.). Menora und Hakenkreuz – Zur Geschichte der Juden in und aus Schleswig-Holstein, Lübeck und Altona 1918–1998. Neumünster 1998, S. 699–712.
Ders. Landunter. Schleswig-Holstein und das Hakenkreuz. Münster 2001.
Ders. »Darum steht der Friese in der Front Adolf Hitlers.« Die nordfriesischen Inseln unterm Hakenkreuz, in: Ders. Landunter. Schleswig-Holstein und das Hakenkreuz. Münster 2001, S. 21–37.
Ders. »…zwinkerte man mit den Augen und schwieg«. Schweigekartell und Weißwäschersyndikat im hohen Norden oder: Wie aus NS-Tätern und ihren Gehilfen Nachbarn und Kollegen wurden, in: Ders. Landunter. Schleswig-Holstein und das Hakenkreuz. Münster 2001, S. 346–389.
Ders. Von Psychopathen, Technokraten des Terrors und »ganz gewöhnlichen« Deutschen. Die Täter der Shoah im Spiegel der Forschung, in: Ders. (Hg.). Die Täter der Shoah. Fanatische Nationalsozialisten oder ganz normale Deutsche? Göttingen 2002, S. 13–90.
Ders. / Mallmann, Klaus-Michael. Sozialisation, Milieu und Gewalt. Fortschritte und Probleme der neueren Täterforschung, in: Dies. (Hg.). Karrieren der Gewalt. Nationalsozialistische Täterbiographien. Darmstadt 2004, S. 1–32.
Perels, Joachim. Das juristische Erbe des »Dritten Reiches«. Beschädigungen der demokratischen Rechtsordnung. Frankfurt/Main u. a. 1999.
Petersen, Hans-Christian / Zankel, Sönke. »Ein exzellenter Kinderarzt, wenn man von den Euthanasie-Dingen einmal absieht.« – Werner Catel und die Vergangenheitspolitik der Universität Kiel, in: Dies. / Prahl, Hans-Werner (Hg.). Uni-Formierung des Geistes. Universität Kiel und der Nationalsozialismus, Bd. 2. Kiel 2007, S. 133–179.
Pohl, Dieter. Nationalsozialistische Judenverfolgung in Ostgalizien 1941–1944. Organisation und Durchführung eines staatlichen Massenverbrechens. München 1996.
Ders. Die Holocaustforschung und Goldhagens Thesen, in: Vierteljahrshefte für Zeitgeschichte 45 (1997), S. 1–48.

Pöppmann, Dirk. »Jeder Prozess ist politisch.« Eine politische Biografie über Robert M. W. Kempner. Diss. Bochum 2004/05.

Pyta, Wolfram. Geschichtswissenschaft, in: Klein, Christian (Hg.). Handbuch Biographie. Methoden, Traditionen, Theorien. Stuttgart 2009, S. 331–338.

Ders. Prozesse gegen NS-Verbrecher als symbolische Ordnungen der Erinnerung an den Holocaust. Überlegungen zum erinnerungskulturellen Stellenwert der strafrechtlichen Verfolgung nationalsozialistischer Gewaltverbrechen, in: Kuretsidis-Haider, Claudia / Garscha, Winfried R. (Hg.). Gerechtigkeit nach Diktatur und Krieg. »Transitional Justice« 1945 bis heute. Strafverfahren und ihre Quellen. Graz 2010, S. 97–112.

Raulff, Ulrich. Das Leben – buchstäblich. Über neuere Biographik und Geschichtswissenschaft, in: Klein, Christian (Hg.). Grundlagen der Biographik. Theorie und Praxis des biographischen Schreibens. Stuttgart u. a. 2002, S. 55–68.

Reemtsma, Jan Philipp. Tötungslegitimationen. Die mörderische Allianz von Zivilisation und Barbarei, in: Koch, Gertrud (Hg.). Bruchlinien. Tendenzen der Holocaustforschung. Köln u. a., S. 85–103.

Reichel, Peter. Zwischen Dämonisierung und Verharmlosung: Das NS-Bild und seine politische Funktion in den 50er Jahren. Eine Skizze, in: Schildt, Axel / Sywottek, Arnold (Hg.). Modernisierung im Wiederaufbau. Die westdeutsche Gesellschaft der 50er Jahre. Bonn 1993, S. 679–692.

Ders. Politik mit der Erinnerung. Gedächtnisorte im Streit um die nationalsozialistische Vergangenheit. München 1995.

Ders. Vergangenheitsbewältigung in Deutschland. Die Auseinandersetzung mit der NS-Diktatur von 1945 bis heute. München 2001.

Reichel, Peter / Schmid, Harald / Steinbach, Peter. Die »zweite Geschichte« der Hitler-Diktatur. Zur Einführung, in: Dies. (Hg.). Der Nationalsozialismus – Die Zweite Geschichte. Überwindung – Deutung – Erinnerung. München 2009, S. 7–21.

Rejestr miejsc i faktów zbrodni popelnionych przez okupanta hitlerowskiego na ziemiach polskich w latach 1939–1945. Powstanie Warszawskie 1 VIII – 2 X 1944 [Verzeichnis von Orten und Verbrechen, die vom faschistischen Besatzer in den Jahren 1939–1945 auf polnischem Boden verübt wurden. Warschauer Aufstand 1.8.–2.10.1944]. Bearbeitet von Maja Motyl und Stanislaw Rutkowski. Warschau 1994.

Riedel, Joachim. Der Wert von Justizakten als historische Quelle aus Sicht eines Juristen, in: Kuretsidis-Haider, Claudia / Garscha, Winfried R. (Hg.). Gerechtigkeit nach Diktatur und Krieg. »Transitional Justice« 1945 bis heute. Strafverfahren und ihre Quellen. Graz 2010, S. 191–199.

Rosemann, Frank. Westerland. 100 Jahre Stadt – 150 Jahre Bad. Westerland 2005.

Rosskopf, Annette. Friedrich Karl Kaul. Anwalt im geteilten Deutschland 1906–1981. Berlin 2002.

Roth, Markus. Herrenmenschen. Die deutschen Kreishauptleute im besetzten Polen – Karrierewege, Herrschaftspraxis und Nachkriegsgeschichte. Göttingen 2009.

Ders. Nationalsozialistische Umsiedlungspolitik im besetzten Polen – Ziele, beteiligte Institutionen, Methoden und Ergebnisse, in: Neander, Eckhart / Sakson, Andrzej (Hg.). Umgesiedelt – Vertrieben. Deutschbalten und Polen 1939–1945 im Warthegau, Marburg 2010, S. 9–20.

Rott, Eva-Maria. Der Block der Heimatvertriebenen und Entrechteten (BHE) in Schleswig-Holstein 1950 bis 1957. Magisterarbeit Kiel 2001.
Rückerl, Adalbert. NS-Verbrechen vor Gericht. Versuch einer Vergangenheitsbewältigung. Heidelberg 1982.
Rudzio, Wolfgang. Die Neuordnung des Kommunalwesens in der Britischen Zone. Zur Demokratisierung und Dezentralisierung der politischen Struktur: eine britische Reform und ihr Ausgang. Stuttgart 1968.
Rupnow, Dirk. Vernichten und Erinnern. Spuren nationalsozialistischer Gedächtnispolitik. Göttingen 2005.
Rüsen, Jörn. Was ist Geschichtskultur? Überlegungen zu einer neuen Art, über Geschichte nachzudenken, in: Ders. / Grütter, Theo / Füßmann, Klaus (Hg.). Historische Faszination. Geschichtskultur heute. Köln u. a. 1994, S. 3-26.
Sauer, Bernhard. Schwarze Reichswehr und Fememorde. Eine Milieustudie zum Rechtsradikalismus in der Weimarer Republik. Berlin 2004.
Sawicki, Tadeusz. Rozkaz: zdlawić powstanie. Siły zbrojne III Rzeszy w walce z Powstaniem Warszawskim 1944 [Der Befehl lautet: »Der Aufstand ist niederzuschlagen«. Die Streitkräfte des »Dritten Reiches« bei der Bekämpfung des Warschauer Aufstandes von 1944]. Warschau 2001.
Schäfer, Thomas. Die Schleswig-Holsteinische Gemeinschaft 1950-1958. Mit einem Beitrag zur Entstehung des »Blocks der Heimatvertriebenen und Entrechteten« (Quellen und Forschungen zur Geschichte Schleswig-Holsteins, Bd. 92). Neumünster 1987.
Schenk, Dieter. Auf dem rechten Auge blind. Die braunen Wurzeln des BKA. Köln 2001.
Schildt, Axel. »Jetzt liegen alle großen Ordnungs- und Gesittungsmächte zerschlagen im Schutt«. Die öffentliche Auseinandersetzung mit dem »Dritten Reich« in Schleswig-Holstein nach 1945, in: Zeitschrift der Gesellschaft für Schleswig-Holsteinische Geschichte 119 (1994), S. 261-276.
Ders. Der Umgang mit der NS-Vergangenheit in der Öffentlichkeit der Nachkriegszeit, in: Loth, Wilfried / Rusinek, Bernd-A. (Hg.). Verwandlungspolitik. NS-Eliten in der westdeutschen Nachkriegsgesellschaft. Frankfurt/Main u. a. 1998, S. 19-54.
Schlink, Bernhard. Die Bewältigung von Vergangenheit durch Recht, in: König, Helmut / Kohlstruck, Michael / Wöll, Andreas (Hg.). Vergangenheitsbewältigung am Ende des zwanzigsten Jahrhunderts. Wiesbaden 1998, S. 433-451.
Schmidt, Siegfried / Elm, Ludwig / Steiger, Günter (Hg.). Alma Mater Jenensis. Geschichte der Universität Jena. Weimar 1983.
Schmeling, Anke. Josias Erbprinz zu Waldeck und Pyrmont. Der politische Weg eines hohen SS-Führers. Kassel 1993.
Schmid, Harald. Vom publizistischen Kampfbegriff zum Forschungskonzept. Zur Historisierung der Kategorie »Geschichtspolitik«, in: Ders. (Hg.). Geschichtspolitik und kollektives Gedächtnis. Erinnerungskulturen in Theorie und Praxis. Göttingen 2009, S. 53-75.
Ders. Regionale Erinnerungskulturen – ein einführender Problemaufriss, in: Ders. (Hg.). Erinnerungskultur und Regionalgeschichte. München 2009, S. 7-22.
Ders. Das Landesgedächtnis. Geschichtspolitik und Erinnerungskultur in Schleswig-Holstein, in: Fuge, Janina / Hering, Rainer / Ders. (Hg.). Das Gedächtnis von Stadt und Region. Geschichtsbilder in Norddeutschland. Hamburg u. a. 2010, S. 110-137.

Schneider, Christoph. Täter ohne Eigenschaften. Über die Tragweite sozialpsychologischer Modelle in der Holocaust-Forschung, in: Mittelweg 20 (5/2011), S. 3–23.

Schneider, Herbert. Parteien in der Landespolitik, in: Gabriel, Oscar W. / Niedermayer, Oskar / Stöss, Richard (Hg.). Parteiendemokratie in Deutschland. Opladen 1997, S. 407–426.

Schreiber, Carsten. Elite im Verborgenen. Ideologie und regionale Herrschaftspraxis des Sicherheitsdienstes der SS und seines Netzwerks am Beispiel Sachsens. München 2008.

Schulz, Lorenz. Kollektive Erinnerung durch Feststellen strafrechtlicher Verantwortung, in: Anders, Freia / Kutscher, Hauke-Hendrik / Stoll, Katrin (Hg.). Bialystok in Bielefeld. Nationalsozialistische Verbrechen vor dem Landgericht Bielefeld 1958 bis 1967. Bielefeld 2003, S. 18–53.

Seggern, Jessica von. Alte und neue Demokraten in Schleswig-Holstein. Demokratisierung und Neubildung einer politischen Elite auf Kreis- und Landesebene 1945–1950. Stuttgart 2005.

Sennerteg, Niclas. Warszawas bödel. Et tyskt öde [Der Henker von Warschau. Ein deutsches Schicksal]. Lund 2003.

Siegfried, Detlef. Mythos »Einheit«. Sammlung und Differenz in den Parteien der frühen schleswig-holsteinischen Nachkriegspolitik, in: Landeszentrale für politische Bildung Schleswig-Holstein (Hg.). Die Anfangsjahre des Landes Schleswig-Holstein. Kiel 1998, S. 54–69.

Ders. Zwischen Aufarbeitung und Schlußstrich. Der Umgang mit der NS-Vergangenheit in den beiden deutschen Staaten 1958 bis 1969, in: Schildt, Axel / Ders. / Lammers, Karl Christian (Hg.). Dynamische Zeiten. Die 60er Jahre in den beiden deutschen Gesellschaften. Hamburg ²2003, S. 77–113.

Simms, Brendan. Karl Wolff. Der Schlichter, in: Smelser, Ronald / Syring, Enrico. Die SS: Elite unter dem Totenkopf. 30 Lebensläufe. Paderborn 2000, S. 441–456.

Solf, Ursula. Wenn das Recht im Auge des Betrachter liegt: NS-Täter aus juristischer Perspektive, in: Kramer, Helgard (Hg.). NS-Täter aus interdisziplinärer Perspektive. München 2006, S. 79–93.

Speich, Mark. Kai-Uwe von Hassel – Eine politische Biographie. Bonn 2001.

Stang, Knut. Dr. Oskar Dirlewanger – Protagonist der Terrorkriegsführung, in: Mallmann, Klaus-Michael / Paul, Gerhard (Hg.). Karrieren der Gewalt. Nationalsozialistische Täterbiographien. Darmstadt 2004, S. 66–75.

Steensen, Thomas. Nordfriesland im 19. und 20. Jahrhundert, in: Geschichte Nordfrieslands. Hg. vom Nordfriisk Institut in Zusammenarbeit mit der Stiftung Nordfriesland. Bredstedt ²1996.

Steinbach, Peter. Nationalsozialistische Gewaltverbrechen. Die Diskussion in der Öffentlichkeit nach 1945. Berlin 1981.

Steinkamp, Peter. Lidice 1942, in: Überschär, Gerd R. (Hg.). Orte des Grauens. Verbrechen im Zweiten Weltkrieg. Darmstadt 2003, S. 126–135.

Stolleis, Michael. Der Historiker als Richter – der Richter als Historiker, in: Frei, Norbert / van Laak, Dirk / Ders. (Hg.). Geschichte vor Gericht. Historiker, Richter und die Suche nach Gerechtigkeit. München 2000, S. 173–182.

Stone, Dan. The Historiography of Perpetrators. Paper, präsentiert auf der Konferenz über »Täterforschung im globalen Kontext«, Bundeszentrale für politische Bildung, Bonn, Januar 2009.

Stöss, Richard (Hg.). Parteien-Handbuch: Die Parteien der Bundesrepublik Deutschland 1945–1980. 4 Bde. Opladen 1986.

Strippel, Andreas. NS-Volkstumspolitik und die Neuordnung Europas. Rassenpolitische Selektion der Einwandererzentralstelle des Chefs der Sicherheitspolizei und des SD 1939–1945. Paderborn 2011.

Tapken, Kai Uwe. Die Reichswehr in Bayern von 1919 bis 1924. Hamburg 2002.

Tauber, Kurt P. Beyond Eagle and Swastika. German Nationalism since 1945. 2 Bde. Middleton 1967.

Taylor, Telford. Die Nürnberger Prozesse: Hintergründe, Analysen und Erkenntnisse aus heutiger Sicht. München ²1994.

Terhalle, Maximilian. Deutschnational in Weimar. Die politische Biografie des Reichstagsabgeordneten Otto Schmidt(-Hannover) 1888–1971. Köln u. a. 2009.

Teschke, John P. Hitler's legacy. West Germany confronts the Aftermath of the Third Reich. New York u. a. 1999.

Thieme, Hans. Erinnerungen eines deutschen Stabsoffiziers an den Warschauer Aufstand, in: Martin, Bernd / Lewandowska, Stanislawa (Hg.). Der Warschauer Aufstand 1944. Warschau 1999, S. 301–307.

Ullrich, Christina. »Ich fühl mich nicht als Mörder«. Die Integration von NS-Tätern in die Nachkriegsgesellschaft. Darmstadt 2011.

Umbreit, Hans. Wehrmachtsverbände und Sondereinheiten im Kampf gegen die Aufständischen und die Zivilbevölkerung: Planloser Terror oder militärisches Kalkül?, in: Martin, Bernd / Lewandowska, Stanislawa (Hg.). Der Warschauer Aufstand 1944. Warschau 1999, S. 141–152.

Varain, Heinz Josef. Parteien und Verbände. Eine Studie über ihren Aufbau, ihre Verflechtung und ihr Wirken in Schleswig-Holstein 1945–1958. Köln u. a. 1964.

Voigt, Harald. Der Sylter Weg ins Dritte Reich. Die Geschichte der Insel Sylt vom Ende des Ersten Weltkrieges bis zu den Anfängen der nationalsozialistischen Diktatur. Eine Fallstudie. Münsterdorf 1977.

Vollnhals, Clemens. Entnazifizierung. Politische Säuberung und Rehabilitation in den vier Besatzungszonen 1945–49. München 1991.

Wachs, Philipp-Christian. Der Fall Theodor Oberländer (1905–1998). Ein Lehrstück deutscher Geschichte. Frankfurt/Main 2000.

Wahnschaffe, Julia. Die Rezeption des Warschauer Aufstands 1944 als Spiegelbild der deutschpolnischen Beziehungen. Magisterarbeit Freiburg i. Br. 2006.

Walle, Heinrich. Die Tragödie des Oberleutnants zur See Oskar Kusch (= Historische Mitteilungen, Beiheft, 13). Stuttgart 1995.

Walloch, Karl-Heinz. Das Sylt-Lesebuch. Geschichte und Geschichten von Einheimischen und Fremden. Hamburg 1995.

Wedemeyer, Manfred / Voigt, Harald. Westerland. Bad und Stadt im Wandel der Zeit. Westerland 1980.

Wegner, Bernd. Hitlers Politische Soldaten. Die Waffen-SS 1933–1945. Paderborn 1982.

Ders. Erschriebene Siege. Franz Halder, die »Historical Division« und die Rekonstruktion des Zweiten Weltkrieges im Geiste des deutschen Generalstabs (1945–1961), in: Hansen, Ernst Willi / Schreiber, Gerhard / Ders. (Hg.). Politischer Wandel, Organisierte Gewalt und Nationale Sicherheit. Beiträge zur neueren Geschichte Deutschlands und Frankreichs (= Festschrift für Klaus-Jürgen Müller). München 1995, S. 287–302.

Ders. Hitler, der Zweite Weltkrieg und die Choreographie des Untergangs, in: Geschichte und Gesellschaft 26 (2000), S. 493–518.

Wehrs, Nikolai. Von den Schwierigkeiten einer Geschichtsrevision. Friedrich Meineckes Rückblick auf die »deutsche Katastrophe«, in: Danyel, Jürgen / Kirsch, Jan-Holger / Sabrow, Martin (Hg.). 50 Klassiker der Zeitgeschichte. Göttingen 2007, S. 29–32.

Weinke, Annette. Die Verfolgung von NS-Tätern im geteilten Deutschland. Vergangenheitsbewältigungen 1949–1969 oder: Eine deutsch-deutsche Beziehungsgeschichte im Kalten Krieg. Paderborn 2002.

Dies. »Alliierter Angriff auf die nationale Souveränität«? Die Strafverfolgung von Kriegs- und NS-Verbrechen in der Bundesrepublik, der DDR und Österreich, in: Frei, Norbert (Hg.). Transnationale Vergangenheitspolitik. Der Umgang mit deutschen Kriegsverbrechern in Europa nach dem Zweiten Weltkrieg. Göttingen 2006, S. 37–93.

Dies. Eine Gesellschaft ermittelt gegen sich selbst. Die Geschichte der Zentralen Stelle Ludwigsburg 1958–2008. Darmstadt 2008.

Dies. Strafrechtliche Abrechnung als Medium gesellschaftlichen Wandels? Bundesrepublik und DDR, in: Lingen, Kerstin von (Hg.). Kriegserfahrung und nationale Identität in Europa nach 1945. Erinnerung, Säuberungsprozesse und nationales Gedächtnis. Paderborn 2009, S. 131–149.

Dies. »Bleiben die Mörder unter uns?« Öffentliche Reaktionen auf die Gründung und Tätigkeit der Zentralen Stelle Ludwigsburg, in: Osterloh, Jürgen / Vollnhals, Clemens (Hg.). NS-Prozesse und deutsche Öffentlichkeit. Besatzungszeit, frühe Bundesrepublik und DDR. Göttingen 2011, S. 263–282.

Welzer, Harald. Täter. Wie aus ganz normalen Menschen Massenmörder werden. Frankfurt a. M. 2005.

Ders. / Lenz, Claudia. Opa in Europa. Erste Befunde einer vergleichenden Tradierungsforschung, in: Ders. (Hg.). Der Krieg der Erinnerung. Holocaust, Kollaboration und Widerstand im europäischen Gedächtnis. Frankfurt/Main 2007, S. 7–40.

Wember, Heiner. Umerziehung im Lager. Internierung und Bestrafung von Nationalsozialisten in der britischen Besatzungszone Deutschlands. Essen 1991.

Westemeier, Jens. Himmlers Krieger. Joachim Peiper und die Junkerschulgeneration der Waffen-SS in Krieg und Nachkriegszeit. Paderborn 2012.

Wette, Wolfram. Militarismus in Deutschland. Geschichte einer kriegerischen Kultur. Frankfurt/Main 2008.

Wildt, Michael. Differierende Wahrheiten. Historiker und Staatsanwälte als Ermittler von NS-Verbrechen, in: Frei, Norbert / van Laak, Dirk / Stolleis, Michael (Hg.). Geschichte vor Gericht. Historiker, Richter und die Suche nach Gerechtigkeit. München 2000, S. 46–59.

Ders. Generation des Unbedingten. Das Führungskorps des Reichssicherheitshauptamtes. Hamburg ²2008.

Ders. Gewalt als Partizipation. Der Nationalsozialismus als Ermächtigungsregime, in: Lüdtke,

Alf / Ders. (Hg.). Staats-Gewalt. Ausnahmezustand und Sicherheitsregimes. Historische Perspektiven. Göttingen 2008, S. 215–240.

Wissel, Manfred. Demokratie und Integration: Flüchtlinge und Vertriebene in Schleswig-Holstein 1945–1950, in: Wewer, Göttrik (Hg.). Demokratie in Schleswig-Holstein. Historische Aspekte und aktuelle Fragen. Opladen 1998, S. 247–287.

Wolfrum, Edgar. Geschichtspolitik in der Bundesrepublik Deutschland. Der Weg zur bundesrepublikanischen Erinnerung 1948–1990. Darmstadt 1999.

Ders. Das westdeutsche »Geschichtsbild« entsteht. Auseinandersetzung mit dem Nationalsozialismus und neues bundesrepublikanisches Staatsbewusstsein, in: Frese, Matthias / Paulus, Julia / Teppe, Karl (Hg.). Demokratisierung und gesellschaftlicher Aufbruch. Die sechziger Jahre als Wendezeit der Bundesrepublik. Paderborn u. a. 2003, S. 227–246.

Wrochem, Oliver von. Erich von Manstein. Vernichtungskrieg und Geschichtspolitik. Paderborn 2006.

Ders. Kriegsdeutungen und gesellschaftliche Transformation. Wehrmachtikonen, Sinnstiftung und soldatische Identitäten in Westdeutschland, in: Lingen, Kerstin von (Hg.). Kriegserfahrung und nationale Identität in Europa nach 1945. Erinnerung, Säuberungsprozesse und nationales Gedächtnis. Paderborn 2009, S. 189–205.

Wulf, Arne. Staatssekretär Prof. Dr. Dr. h.c. Franz Schlegelberger, 1876–1970. Frankfurt/Main 1991.

Zimmermann, John. Pflicht zum Untergang. Die deutsche Kriegführung im Westen des Reiches 1944/45. Paderborn 2009.

Bildnachweis

1 LASH, Abt. 354, Nr. 11 202.
2 BArch, Bild 183-J06 300.
3 BArch, Bild 183-J09 397.
4 LASH, Abt. 354, Nr. 11 260.
5 Martin/Lewandowska (Hg.), Der Warschauer Aufstand 1944, Bildteil nach S. 322.
6 Kohlase, Als Küstrin in Trümmer sank, S. 463. Im Vergleich zur angegebenen Quelle wurde hier eine in wenigen Details überarbeitete Version verwendet, welche von Fritz Kohlase freundlicherweise zur Verfügung gestellt wurde.
7 Archiv Syltpicture.
8 Sylter Archiv.
9 Handbuch des Schleswig-Holsteinischen Landtages. 3. Wahlperiode 1954. Hg. vom Sekretariat des Schleswig-Holsteinischen Landtages. Kiel 1957, S. 248.
10 Landesarchiv Baden-Württemberg, Staatsarchiv Freiburg W 134 Nr. 048 025b / Fotograf: Willy Pragher. Permalink: http://www.landesarchiv-bw.de/plink/?f=5-225 140–1
11 LASH, Abt. 354, Nr. 11 316.
12 Freie Erde (Organ der Bezirksleitung Neubrandenburg der SED), 7. 10. 1958.
13 LASH, Abt. 605, Nr. 2626.
14 LASH, Abt. 605, Nr. 2626.
15 Ost-Akademie Lüneburg. Ich danke Herrn Dr. Bernhard Schalhorn für die Überlassung des Bildes.

16 LASH, Abt. 354, Nr. 11 217.
17 LASH, Abt. 354, Nr. 11 260.
18 Sylter Rundschau, 9.5.1979.

Personenregister

Ohne: Reinefarth, Heinz

A
Adenauer, Konrad 117, 154 f., 167 f., 289 f.
Al., Siegfried (Zeuge) 352
Al., Walter (Justizbeamter/Flensburg) 139 f., 142, 146, 149–151, 163 f., 174–178, 181 f., 184, 188, 194–202, 204–206, 208, 210. 235, 241, 244, 266, 283, 285, 338 f., 342, 345–353, 358 f., 361 f.
Andersen, Hermann 114
Asbach, Hans-Adolf 114, 121–126, 159, 164 f., 279, 281, 330, 332–335, 342
Aschenauer, Rudolf 235

B
Ba., Johann (Zeuge) 241 f., 358
Bach-Zelewski, Erich von dem 35, 57, 60 f., 63–66, 80–83, 85, 91 f., 132, 140–142, 144, 147, 149 f., 172 f., 178, 195 f., 200–202, 210, 214 f., 227–229, 245–247, 249 f., 252, 254, 258, 260–262, 273, 292, 298 f., 309–311. 314, 316 f., 322, 325, 338 f., 345–347, 359, 364
Barbie, Klaus 85
Bartoszewski, Wladyslaw 203
Bartram, Walter 88, 330
Bast, Gerhard 60
Bauer, Friedrich-Karl 352 f.
Bauer, Fritz 231
Be. (Justizbeamter/Hamburg, Vorname unbekannt) 351
Be., Günther von (Justizbeamter/Hamburg) 216, 354
Be., Helmut (Justizbeamter/Flensburg) 196, 198, 350
Becher, Kurt 147, 149, 339
Berkelmann, Theodor 46
Best, Werner 27, 31, 292
Bierkamp, Walther 261, 264, 315
Biermann, Erich 133 f., 136 f., 139, 150, 172 f., 174 f., 181–184, 188, 195, 199, 202, 205, 220, 233, 267, 336–338, 340, 345–351, 354 f., 357, 359 f., 362
Bö., Joachim (Justizbeamter/Lübeck) 217 f.
Bock, Günther 147–149, 198, 240 f., 319, 339, 358
Bomhard, Adolf von 292, 301, 340
Bonhoeffer, Dietrich 213
Bormann, Martin 76, 302, 304, 318, 320 f.
Bothmann, Hans 50
Böx, Heinrich 222, 355
Bracht, Werner 38 f., 45, 300 f., 304
Bradfisch, Otto 49, 223, 273, 364
Brandt, Rudolf 49, 53, 304, 307 f.
Brauchitsch, Walther von 300
Broszat, Martin 145
Bucher, Ewald 207
Buchheim, Hans 223, 270, 355
Buchloh, Karl 119
Buchrucker, Bruno 26, 294 f.
Büchs, Herbert 244
Bühler, Josef 81, 84
Busse, Theodor 75

C
Canaris, Wilhelm 213
Catel, Werner 170, 344
Chopin, Frédéric 327
Christiansen, Hinrich 332

Claussen, Ludwig 136
Clay, Lucius D. 82, 322

D
Daluege, Kurt 5, 13, 16, 32, 34, 36–45, 48, 79, 291, 297–304
Damm, Walter 157
Damzog, Ernst 48–50, 306 f.
Dietrich, Sepp 37
Dirlewanger, Oskar 6, 57, 64 f., 82, 132, 137, 140 f., 143, 145–149, 173, 176, 178, 181 f., 186, 204, 238, 247 f., 252, 259–261, 285, 308 f., 311–313, 316 f., 359, 361
Dohle (Ministerialbeamter, Vorname unbekannt) 199
Dohnanyi, Hans von 213
Dönhoff, Marion Gräfin 164
Dönitz, Karl 157, 244

E
Eberstein, Karl von 340
Eichmann, Adolf 18, 169, 184 f., 339
Eicke, Theodor 37
Eisele, Hans 137 f., 337
Eisenhower, Dwight D. 81

F
Fe. (Zeuge, Vorname unbekannt) 248
Fellenz, Martin 170, 344
Fischer, Kurt 56, 65, 68, 148, 312, 319
Fischer, Ludwig 81, 229
Forman, Stanley 131
Forster, Albert 179
Frank, August 45
Frank, Hans 24, 81
Frank, Karl Hermann 39 f., 42 f., 301–303
Freisler, Roland 33, 298
Freytag von Loringhoven, Bernd 244
Frick, Wilhelm 32, 38, 43, 297 f., 300
Friedlaender, Ernst 162
Frohberg, Helmut 220, 227, 229, 354, 356
Frolow (Sondereinheitsoffizier, Vorname unbekannt) 83, 311
Fu., Hans (Zeuge) 361

Fuchs, Günter 223
Funk, Walther 235
Fussenegger, Erwin 258

G
Gaul, Gerhard 268 f.
Geibel, Paul Otto 82, 204, 227, 252, 309
Gerlich, Gerhard 157
Gerstenmaier, Eugen 343
Gille, Alfred 109, 122, 153, 156–159, 185, 281, 334, 341
Gillessen, Günther 346
Globke, Hans 185, 190
Göring, Hermann 231
Gr. (Zeugin, Vorname unbekannt) 214
Greil, Max 28
Greiser, Arthur 46–48, 51, 66, 68 f., 76, 81, 84, 305, 318 f., 321 f., 355
Grothmann, Werner 316, 321
Gruber, Rupert 359
Guderian, Heinz 64, 66, 70, 72, 85, 317, 320
Gudewill, Walter 306
Gumkowski, Janusz 198, 215, 217, 221
Gürtner, Franz 33, 298

H
Haeckel, Ernst 296
Hahn, Ludwig 28, 195, 197, 200 f., 204, 216, 225, 227, 250, 252, 273, 284, 309, 360
Hansen, Richard 138, 338
Hassel, Kai-Uwe von 117, 122, 124 f., 136, 154, 156, 158–162, 170 f., 183, 185, 190, 234, 280, 325, 335, 340–342, 357
Hausser, Paul 319
He. (Zeuge, Vorname unbekannt) 241, 358
He., Ernst-M. (Justizbeamter/Flensburg) 199, 201 f., 205–218, 223, 225, 233, 238, 244–247, 283 f., 350–359, 362
Heinrici, Gotthard 72
Herff, Maximilian von 304, 306
Herwarth von Bittenfeld, Hans-Heinrich 131
Hessenauer, Ernst 156–162, 173, 185, 280, 341 f., 345

Heuss, Theodor 117
Heyde, Werner (auch: Sawade, Fritz) 134, 170, 182, 344 f.
Heydebreck, Claus-Joachim von 170
Heydrich, Lina 159
Heydrich, Reinhard 24, 32, 39 f., 42 f., 231, 298, 301 f.
Hi. (Justizbeamter/Zentrale Stelle, Vorname unbekannt) 351, 355
Hildebrandt, Richard 322
Himmler, Heinrich 5, 13, 16, 24, 32, 37–40, 42–49, 51, 53–55, 57–61, 63–66, 68–70, 72, 75, 80, 82, 88, 91, 93, 101, 137, 140, 145, 147, 149, 180, 182 f., 186, 204, 231 f., 240, 245, 247, 250–252, 255 f., 260, 269, 272, 277, 297–306, 308–312, 314–316, 319, 321, 355, 362
Hindenburg, Paul von 107
Hitler, Adolf 30, 38 f., 42, 48, 53, 55, 63, 68 f., 72, 74, 76, 79, 95, 97, 127, 129, 140, 221, 231, 240, 244, 255 f., 295, 300, 302, 320 f.
Hoffmann, Eduard 75, 91, 321, 325
Hoffmann, Volkmar 145, 170
Hoffmeyer, Horst 50–53, 307 f.
Hohberg, Anton von 172, 245
Höppner, Rolf-Heinz 91, 306, 325
Hosenfeld, Wilm 313
Hu., Georg (Zeuge) 240–242, 359
Hübner, Herbert 68, 319
Hugenberg, Alfred 107

J
John, Otto 352

K
Käber, Wilhelm 130, 135 f., 157 f., 190, 341
Kahr, Gustav Ritter von 29
Kaltenbrunner, Ernst 306
Kaminski, Bronislaw 57–60, 64, 82 f., 92, 140 f., 143, 149, 182, 247, 249 f., 311 f., 314
Kanter, Ernst 154 f.
Karbach, Oscar 209, 215, 352 f.
Katz, Rudolf 100, 328
Kaufmann, Fred 84

Kaul, Friedrich Karl 154, 340
Ke., Ernst (Zeuge) 242 f., 359
Kempner, Benedicta Maria 358
Kempner, Robert 238 f., 358
Kermisz, Josef 354
Kirchmayer, Jerzy 312, 317 f.
Kirkpatrick, Sir Ivone 131
Koch, Günter 360
Komorowski, Tadeusz (»Bor«) 62, 141, 203, 207
König, Günter 189
Koppe, Wilhelm 46–48, 223, 244 f., 261, 304–307, 319, 355, 359, 361
Körner, Hermann 70, 75 f., 320 f.
Kraft, Waldemar 121 f., 330, 334
Krannhals, Hanns von 6, 143–145, 178–184, 187, 191 f., 194, 196–213, 216–218, 220, 227, 236, 239, 242, 244, 251 f., 256, 261, 263, 266, 281–284, 286, 308 f., 312, 314, 322, 339, 346–352, 354, 358 f., 361
Krebs, Hans 320
Kreipe, Werner 244
Krüger, Friedrich-Wilhelm 319
Krumey, Hermann 226
Kube, Wilhelm 33 f., 298
Kujath (Ministerialbeamter, Vorname unbekannt) 188, 333, 349
Kuke, Joachim 49, 307

L
Lammers, Hans Heinrich 302
Lautz, Ernst 170, 343 f.
Lemke, Helmut 124, 130, 132, 135, 138, 334, 338, 341
Leszczyński, Kazimierz 203, 226 f., 351
Leverenz, Bernhard 133 f., 136, 170, 173 f., 182 f., 195, 197–199, 208, 219, 336 f., 347–350
Liebehenschel, Arthur 81
Litt, Theodor 172
Lloyd, Selwyn 131
Lobsien, Fritz 107 f., 110, 114, 330 f.
Lohse, Hinrich 324
Lu., Wanda (Zeugin) 237 f.

Lübke, Friedrich Wilhelm 114
Luckner, Willi 32, 38, 298, 300
Lüttwitz, Smilo von 66

M
Marciniak, Tadeus 306
Mehlhorn, Herbert 47 f.
Mentzel, Walter 157, 165
Meyer-Detring, Wilhelm 244
Michael, Curt 96, 326
Moczar, Mieczyslaw 215, 221 f.
Model, Walter 56
Mü., Erich (Zeuge) 361
Mü., Max (Zeuge) 361

N
Naudé, Horst 41–43, 302
Nehm, Eduard 150, 173 f., 181–184, 195, 197 f., 202, 204 f., 208, 218, 220, 225 f., 229, 233, 266, 270 f., 340, 347–351, 354–357, 359 f., 362
Neurath, Konstantin von 39, 43
Ni., Fritz (Zeuge) 361
Nickelsen, Arthur 106 f., 109–114, 331 f.
Nielsen, Andreas 107–110, 112 f., 116, 118, 330, 332
Norden, Albert 127, 155

O
Oberheuser, Herta 135, 170, 344
Oberländer, Theodor 121 f., 169, 190, 312, 334
Ohlendorf, Otto 235
Osterloh, Edo 156–158
Ot., Hans-Georg (Zeuge) 150, 152

P
Pagel, Paul 88, 325, 330
Peiper, Joachim 364
Peterburs, Friedrich 55, 58 f., 251 f., 254–257, 260, 309 f., 312 f., 360
Petersen, Hans 116–118, 131, 189, 332, 349
Petersen, Klaus 189
Petzel, Walter 69

Pilichowski, Czeslaw 154, 217, 221–225, 322 f., 340, 355 f.
Plate, Ludwig 296
Pö. (Zeuge, Vorname unbekannt) 213 f., 353
Prawin, Jakub 322
Pusch, Hanns Ulrich 136

R
Raddatz, Karl 127, 132, 336
Raeder, Erich 157
Rathenau, Walter 28
Reck, Max 55, 59, 227, 229, 254–256, 260, 309, 313, 356
Rehm, Fritz 326
Reinefarth, Bertha 25, 294
Reinefarth, Fritz 25, 31, 35, 176, 294
Reinefarth, Heidi (geb. Reichelt) 31, 112, 297, 328
Reinhardt, Fritz 39, 300
Ri., Otto (Zeuge) 242, 359
Rietdorf, Johannes 118
Ro., Wilhelm (Zeuge) 352
Rode, Ernst 85, 227, 309
Roeder, Manfred 213, 353
Rohr, Günther 65, 83, 178, 181, 314
Roos, Hans 145, 149, 176, 339
Rosenberg, Franz Adalbert Freiherr von 187–189
Roßbach, Gerhard 29, 296
Rückerl, Adalbert 224 f., 342 f., 353 f., 356

S
Sauckel, Fritz 42
Sawicki, Jerzy 80, 142 f., 215, 228, 246 f., 309 f., 322
Sch., Hermann (Justizbeamter/Flensburg) 216, 223, 226, 239, 269, 353–356, 358, 363
Schaefer, Carl-Anton 344
Schäffer, Fritz 348
Scheele, Hans-Karl von 76
Scheffler, Wolfgang 223, 355
Schindler, Albert 234
Schlachta, Eginhard 334 f.
Schlegelberger, Franz 170, 344

Schmidt, Willi 254
Schmidt-Hannover, Otto 107–109, 111, 113, 115, 332
Schmitz, Sybille 321
Schoetensack, Hermann 300
Schörner, Ferdinand 159
Schroeck, Erich 319
Schüle, Erwin 181, 195, 207, 215, 218
Schulte, Marcel 185
Schwarz, Henning 229, 269 f., 273
Schwerin von Krosigk, Johann Ludwig Graf 38
Serwanski, Edward 236, 238
Si. (Zeugin, Vorname unbekannt) 353
Skibowski, Otto 341
So., Richard (Zeuge) 243, 359
Speer, Albert 42
Speidel, Hans 164
Spilker, Alfred 60, 196, 233, 261–264, 315, 361
St., Alfred (Justizbeamter/Zentrale Stelle) 352
St., Zofia (Zeugin) 237
Staedke, Helmut 313, 315
Stahel, Rainer 56, 146, 176, 182, 310
Staschynskij, Bogdan 231
Stojan, Ernst-Wilhelm 190, 330 f.
Stühmer, Helmut 56, 254, 262, 310, 315 f.
Stürtz, Emil 76
Sündermann, Helmut 130, 336
Swingler, Stephen 131
Szulc, Waclaw 226–228

T

Tamblé, Richard 116, 120, 136, 332
Taylor, Telford 84 f.
Te., Gerhard (Justizbeamter/Flensburg) 139 f., 142 f., 149 f., 152, 163, 173–175, 338 f., 342, 345
Th., Aloys (Zeuge) 173 f., 345 f.
Thamm, Paul 346
Thieme, Hans 128 f., 133 f., 137–139, 141–143, 145, 149 f., 163 f., 171 f., 175–178, 182, 200, 213, 258, 279, 282, 336, 338 f., 342, 345 f.
Thieme, Karl 128
Thierack, Otto Georg 134
Thomale, Wolfgang 244
Thorndike, Andrew 127 f., 131–133, 135–138, 140, 142, 150, 152, 164, 172, 184, 198, 261, 337 f.
Thorndike, Annelie 127 f., 131 f., 138, 335 f., 338

V

Vormann, Nikolaus von 56, 59, 65, 85, 181 f., 203, 258, 315, 348
Voss, Adolf 133 f., 137, 172–175, 177, 337 f., 345

W

Walter, Franz 70–72
Warlimont, Walter 244
We. (Zeugin, Vorname unbekannt) 307
We., Otto (Zeuge) 240 f., 358
Wegner, Kurt 143, 338
Wenck, Walther 244, 359
Wendt, Karl 117, 333
Werner, Fritz 204, 214, 256
Weyl, Richard 363
Wild, Dieter 187, 348
Windthorst (Wehrmachtsoffizier, Vorname unbekannt) 319
Wittenburg, Otto 100, 328, 330
Wolfbrandt, Karl H. 341
Wolff, Karl 95 f., 235, 308
Woyrsch, Udo von 326

Z

Ze., Dietrich (Justizbeamter/Zentrale Stelle) 356
Zi., Hans (Zeuge) 358
Zielinski, Günter 190
Zimmermann, Martin 326
Žukov, Georgi 69, 71

Über den Autor:

Philipp Marti, geboren 1979 in Solothurn, Studium der Geschichte, Sportwissenschaft und Soziologie an der Universität Bern. Dissertationsprojekt zum »Fall Reinefarth«, 2011/12 Forschungsaufenthalt am Institut für schleswig-holsteinische Zeit- und Regionalgeschichte der Universität Flensburg, 2013 Promotion in Bern. Berufliche Tätigkeit als Geschichtsdidaktiker am Zentrum Politische Bildung und Geschichtsdidaktik der Pädagogischen Hochschule Nordwestschweiz und als Mittelschullehrer am Gymnasium Burgdorf.